Helmut Kindler

Zum Abschied
ein Fest

Die Autobiographie eines
deutschen Verlegers

Foto auf Seite 2: Christian Altdorfer, Zürich

Vollständige Taschenbuchausgabe Dezember 1992
Droemersche Verlagsanstalt Th. Knaur Nachf., München
Copyright 1991 bei Kindler Verlag GmbH, München
Das Werk einschließlich aller seiner Teile
ist urheberrechtlich geschützt.
Jede Verwertung außerhalb der engen Grenzen
des Urheberrechtsgesetzes ist ohne Zustimmung des Verlags
unzulässig und strafbar.
Das gilt insbesondere für Vervielfältigungen, Übersetzungen,
Mikroverfilmungen und die Einspeicherung und
Verarbeitung in elektronischen Systemen.
Umschlaggestaltung: Graupner + Partner, München
Satzarbeiten: Compusatz GmbH, München
Druck und Bindearbeiten: Ebner Ulm
Printed in Germany
ISBN 3-426-75042-2
2 3 5 4 1

Nina,
Dir zu danken,
schrieb ich dieses Buch

Die Gliederung meiner Autobiographie in die drei Hauptteile
»Das gesprochene Wort«,
»Das geschriebene Wort«,
»Das gedruckte Wort«
verdanke ich einem Brief
des Präsidenten der Bundesrepublik Deutschland,
Richard von Weizsäcker.
In dem Brief, den er mir zu meinem
75. Geburtstag am 3. Dezember 1987
schrieb, heißt es: »Ihre Leidenschaft galt
stets dem Wort, zunächst dem gesprochenen,
dann dem geschriebenen, später dem
gedruckten.«

Inhalt

KAPITELÜBERSICHT

Teil III: Das gedruckte Wort

EPILOG

Prolog

Von der Poesie des Korbflechtens

Freilich erfahren wir erst im Alter, was
uns in der Jugend begegnete.

Goethe

Es war wie das Schlußbild eines Films: eine einsame Landstraße, baumgesäumt, die auf den ersten Blick verlassen wirkte, ausgestorben, bis das Auge einen Menschen erspäht, der sich immer weiter entfernt. Es muß ein Mann sein, ein älterer Mann, der gegen Ende der Straße, da, wo die gegenüberstehenden Bäume scheinbar immer enger zusammenrücken, ins Unendliche geht – zu einem Punkt wird, der verschwindet. Wer ist dieser Mann? Sein Gesicht kann ich nicht beschreiben. Ich habe ja nicht einen Mann gesehen, sondern nur den Rücken eines Menschen, einen gebeugten Rücken, rheumagebeugt oder ischiasgebeugt, wer weiß, offenbar schmerzgebeugt.

Diesen Schmerz versuchte der Mann einzudämmen, zu lindern, erträglicher zu machen, indem er beim Gehen die rechte Hand gegen den Rücken preßte. So entschwand er meinen Augen.

Dieses verblassende Bild hatte sich meiner Netzhaut eingeprägt, als mein Vater mir, dem Zehnjährigen, seinen Großvater beschrieb, in knappen, dabei anschaulichen Worten. Also von meinem Urgroßvater ist die Rede, von meinem Urgroßvater, den ich nie gesehen habe. Als er starb, war ich noch nicht auf der Welt.

Wie gesagt, mein Vater hatte mir geschildert, wie er als Kind seinem Großvater, den er liebte, nach einem Besuch im elterlichen Haus nachgeblickt hatte, bis dieser Großvater in der Ferne verschwand. Den schmerzgeplagten Gang seines Großvaters hatte mir mein Vater, indem er von ihm sprach, mitleidend vorgemacht, andeutungsweise. Und er hatte mir seinen Großvater als charaktervolle Persönlichkeit zu schildern vermocht – mit Hilfe eines einziges Satzes, der tief in mein Knabenhirn eindrang. Mein Vater sagte zu mir: »Dein schmerzgebeugter Urgroßvater war ein aufrechter Mann.«

Es hätte meinem Vater weh getan, wenn ich bei der Vorstellung »Ein gebeugter aufrechter Mann« das Gesicht verzogen hätte. Und heute würde ich es mir übelnehmen, wenn mir diese Kennzeichnung paradox erschiene.

Ich übernehme den Satz: Mein Urgroßvater war ein gebeugter aufrechter Mann.

Was hätte er doch alles mit seiner Hand, mit der er nun so häufig den ihn quälenden Rücken zu besänftigen versuchte, zustande gebracht.

Das, was er mit seinen Händen ein Leben lang gemacht hatte, war auch seinem Sohn noch ziemlich geläufig, und der Enkel, mein Vater, versuchte, mindestens die elementaren Geheimnisse seines geliebten Handwerks zu ergründen: das Handwerk eines Korbmachers. Mein Urgroßvater hatte es sich ausgesucht. Korbflechten war eine Fähigkeit, die früher in manchen Familien auf dem Lande für eigene Bedürfnisse ausgeübt wurde. Korbwaren »haben«, lesen wir in Stifters *Nachsommer*, »so gut wie bedeutendere Gegenstände ihre Geschichte«. Man brauchte Wiegen für die Neugeborenen, man brauchte auch Waschkörbe, Henkelkörbe für das Einsammeln von Früchten, Futterkrippen für die Ställe, Tragkörbe für die Weinernte, Brutkörbchen für das Nisten der Hühner, vielleicht auch Bienen- oder Angler-Körbe. Natürlich verlangte Korbflechten als *Beruf* besondere Kunstfertigkeit.

Kürzlich habe ich in Camacha auf Madeira Korbmachern zugesehen, die im Gebirge in 700 Meter Höhe inmitten von Weidenpflanzungen arbeiteten.

Ich ließ mir sagen, daß die Weidenruten »geköpft« werden, um möglichst lange, glatte Ruten zu bekommen. Das heißt, man nimmt der Weide alle Zweige, die dann in Gestalt langer Ruten nachwachsen und eine neue Krone bilden. Wird das Köpfen Jahre hindurch wiederholt, vernarbt das obere Ende des Stammes schließlich, und der Baum wird zur »Kopfweide«.

Überwältigend war die Vielfalt der Handarbeiten, die ich sah, von kleinen, grazil geflochtenen Schachteln und Körbchen bis zu herrlichen Korbsesseln, bewundernswert der Motivreichtum der Muster, schmückend, zierend, dekorativ: geometrische Ornamente, geschwungene Leisten, Mäanderformen, Girlanden, Gitterdekore, stilisierte Blätter, Rankenwerk und Rosetten, teppichartige Wirkungen voller überraschender Einfälle. Ich sah in Camacha, daß die geschmeidigen Weidenzweige geschält oder ungeschält verarbeitet werden. Will man sie schälen, so zieht man sie im frischen Zustand durch eine elastische hölzerne oder eiserne Zange und löst die geplatzte Rinde mit den Händen ab. Nach dem Schälen werden die Ruten an der Luft und Sonne möglichst schnell getrocknet. Zu ganz feinen Arbeiten spaltet man die Ruten in drei oder vier Schienen. Dies geschieht mit dem Reißer, einem etwas kegelförmig gedrechselten Stück von hartem Holz, welches von der Mitte bis an das obere dünne Ende so ausgeschnitten ist, daß es drei oder vier keilförmige, wie Strahlen von einem Mittelpunkt auslaufende Schneiden bildet. Zur Verwandlung der dreiseitigen Spaltstücke in glatte Schienen zieht man sie wiederholt durch den Korbmacherhobel und dann durch den Schmaler, um die Seitenkanten zu beschneiden und alle Schienen gleich breit zu machen. Beim Flechten selbst fertigt man zuerst den Boden des Korbes und dann die Seitenwände. Dies geschieht auf einem einfachen Gestell, der Maschine, auf welcher der Boden befestigt wird. Eckige Körbe werden über hölzernen Formen geflochten.

Der Beruf des Korbmachers ist selten geworden. Im Tessin dürfte es nur noch drei oder vier Leute geben, die Körbe flechten. Und auch in Graubünden, wo einst Obersaxen als Hochburg der Korbflechterei galt, setzt sich das Erbe nicht auf die Jugend fort. Heute hat sich die Industrie der Produktion von Korbmöbeln angenommen, und Designer entwerfen einfallsreiche Modelle.

Mein Großvater, der die Korbmacherei im Gegensatz zu seinem Vater auch nur noch nebenher, man könnte sagen zum Vergnügen ausübte, konnte Sinn und Bedeutung dieses Handwerks lediglich in einfachen Worten ausdrücken. So sagte er zum Beispiel: »Das Korbflechten stärkt Geist und Seele.« Er empfand Genugtuung an einer Beschäftigung, die einem Menschen Phantasie, Fingerfertigkeit und Konzentration abverlangt. »Ist dieser Korb nicht nützlich und schön?« begann mein Großvater das Gespräch, wenn er aus der reichhaltigen Sammlung seines Vaters ein besonders gelungenes Stück entnahm und der komplizierten Verschlingung und Verschränkung des Flechtmaterials mit dem Zeigefinger nachspürte. Bewundernd verwies mein Großvater auf die Korbböden: kreisförmige, spiralenförmige, sternförmige, strahlenförmige. Ich habe damals nur ein begrenztes Interesse für die Kostbarkeiten aus dem reichhaltigen Sortiment aufgebracht. Aber wahrgenommen habe ich sie doch. So sehe ich in der Erinnerung einen Torten- und Kuchenständer mit drei Stockwerken vor mir, der nur bei festlichen Gelegenheiten benutzt wurde. Meine Großmutter wachte über all die Korbwaren, staubte sie täglich sorgfältig ab. Den überlieferten Schaukel-stuhl, in dem mein Großvater abends die Zeitung las, überließ er mir, seinem Enkelsohn, wenn ich in den Ferien zu Besuch kam. Mein Großvater wußte natürlich mehr von seinem Vater zu erzählen als mein Vater von seinem Großvater. Demnach hatten meine Urgroßeltern ein kleines Anwesen in Langenöls und nahe dem Haus zwei Morgen Land gepachtet mit einem Roggen- und einem Zuckerrübenfeld. Das Roggenfeld lieferte meinem Ur-großvater das Stroh für einfachere Flechtwaren, aber auch für Wassereimer – Wassereimer aus Stroh, deren Böden und Seiten-flächen mit Harz abgedichtet wurden. Das Zuckerrübenfeld war meinem Urgroßvater willkommen, weil es seiner Meinung nach den besten Grund für eine kleine Weidenplantage abgab, die er mit großen Mühen anlegte und Jahr für Jahr hegte und pflegte. Puschkin widmet eines seiner Gedichte der Weide: »Und voller Dank hat sie mit mir gelebt, / Um, wenn ich schlaflos lag, mit Trauerzweigen / Sich mir, Träume fächelnd, herzuneigen.« (Aus dem Russischen von Urs Heftrich.) Schließlich ist die Weide das edelste Gewächs in den Händen eines Korbmachers. »Die Weide biegt sich – aber brechen tut sie nicht«, zitierte mein Großvater meinen Urgroßvater. Die Weide wird als Königin unter den Flechtpflanzen bezeichnet. Ja, mein Urgroßvater soll nicht da-von abzubringen gewesen sein, zu betonen, daß von der Weide besondere Kräfte ausgehen. Flechtarbeiten aus Weiden hätten, so meinte er, eine heilende Ausstrahlung. Was er nicht wußte: Weide heißt lateinisch *salix*.

Tatsächlich wird von der Weide Salicyl gewonnen, ein Mittel, das Schutz gegen Pilze und Bakterien bietet. Wenn junge Hunde an den Hundekörben knabbern, bleiben sie von der kaum heilbaren Staupe für ihr ganzes Leben verschont.

Den im Phantasiefilm sich entfernenden Urgroßvater habe ich in meinem späteren Leben noch einige Male vor meinem inneren Auge gesehen. Als Verleger machten meine Frau und ich 1970 die Bekanntschaft einer Autorin, Isabella Bielicki, auf die wir durch einen Beitrag in der von Alexander Mitscherlich herausgegebenen Zeitschrift »Psyche« aufmerksam geworden waren. Er befaßte sich mit pädagogischen Fragen aus psychotherapeutischer Sicht und war von seltener Klarheit. In dem Artikel war auch davon die Rede, welche Rolle Großeltern zukommt. Ich fühlte mich angesprochen. Erstens, weil meine Frau mich mit ihren langjährigen tiefenpsychologischen Studien angesteckt hatte; zweitens als Verleger, den die Autorin des Beitrags interessierte; drittens als Großvater, der am Leben seiner Enkel teilnehmen wollte. Es kam zu einem Briefwechsel, danach zu einem Besuch bei der Verfasserin in Mainz, die gerade im Begriff war, sich dort als Kinderärztin niederzulassen. Kurz zuvor war sie mit ihrem Mann, einem Psychiater, und den Söhnen aus Warschau in die Bundesrepublik übersiedelt. Die Familie, jüdischer Herkunft, hatte, wie auch andere der wenigen Überlebenden des Holocaust, den antisemitischen Druck von seiten der Regierung wie der Bevölkerung Polens nicht mehr ertragen können und war in die Bundesrepublik gezogen. In Polen erwiesen sich Antisemitismus und katholische Kirche auch unter kommunistischer Herrschaft als therapieresistent.

Isabella Bielicki war gern bereit, ein Buch für den Kindler Verlag zu schreiben, legte meiner Frau und mir dar, was ihr als Psychologin, als Ärztin und Pädagogin am Herzen lag. Sie sprach von einem Grundbedürfnis aller Babys, das sie aus dem vorgeburtlichen menschlichen Dasein ableitete.

Sie sagte, den wehrlosen kleinen Geschöpfen fehle die Wiege, die Korbwiege. Eine solche Korbwiege hatte in der Korbsammlung meines Großvaters in Kerzdorf ihren Platz gefunden. Ja, ich sah sie plötzlich vor mir. War die Wiege nicht über Jahrhunderte bei allen Völkern in Gebrauch, wie man antiken Bildern und Darstellungen entnehmen kann? Doch eines Tages, vor etwa 200 Jahren, hatte die Wiege ausgeschaukelt. Ein Braunschweiger Hofarzt hatte 1790 behauptet: »Die Milch wird durch die ständige Bewegung im Magen verkäst.« Zahlreiche Kollegen schlossen sich damals diesem Irrglauben an. Diese Meinung hat sich allerdings gründlich geändert. Frau Bielicki erinnerte daran, daß die Frucht im Mutterleib während der ganzen Schwangerschaft in einem flüssigen Medium aufgehängt ist. »Ständig ist die Frucht im Mutterleib der wiegenden, rhythmischen Bewegung des Körpers der Mutter ausgesetzt. Sie wird gewiegt von dem rhythmischen Pulsschlag des mütterlichen Herzens, von ihrem Atem, von jeder Bewegung und Regung. Die Bewegung des Körpers der Mutter wirkt durch den Gleichgewichtssinn der Frucht – einen vollendeten Aufnahmeapparat – als ein natürlicher und unentbehrlicher Reiz für die richtige Entwicklung des Kindes; von Anfang an ist er einer der wichtigsten Wege für den Kontakt mit der äußeren Welt, mit der Mutter.

Bei den europäischen Völkern spielten die Wiegen und die Wiegenlieder, die von Generation zu Generation weitergegeben wurden, wahrscheinlich die Rolle des sanften Übergangs vom ›Wiegen‹ im Mutterschoß zum selbständigen Wiegen auf den eigenen Beinen.« (Nachzulesen in Isabella Bielicki, »Dein Kind braucht Liebe«, das 1971 im Kindler Verlag erschien.)

Ich hoffe, meine Enkeltochter Jessica, die sich mit 19 Jahren in Istanbul verheiratet hat, wird einmal ihrem Kind eine Korbwiege gönnen.

Eine andere »Wiederbegegnung« mit meinem Urgroßvater verdanke ich um dieselbe Zeit einem poetischen Werk: Die Erinnerung stellte sich bei der Lektüre eines Buches ein. Das kam so:

Wolfgang von Einsiedel, einer der letzten deutschen Privatge-
lehrten, verantwortlich für die Umsetzung des von Graf Bompiani in dessen Verlag in Mailand herausgegebenen Werkes »Dizionario delle Opere di tutti i Tempi e di tutte de Letterature« in ein
entsprechendes deutschsprachiges Werk – das als »Kindlers
Literatur Lexikon« bekannt werden sollte –, Wolfgang von
Einsiedel hatte im Laufe der Vorarbeiten damit begonnen, diejenigen Literaturen aufzulisten, aus denen jeweils Werke bedeutender Autoren behandelt, das heißt analysiert und interpretiert
werden sollten. Zahlreiche Fachgelehrte halfen ihm dabei. Die
Liste wurde immer umfangreicher. Von *Bompiani* blieb nur
noch wenig übrig. Ich stieß beim Lesen der Listen auf mir völlig
Unbekanntes, darunter die neuprovenzalische Literatur, die sogar einen Nobelpreisträger aufzuweisen hatte: Frédéric Mistral.
Gabriela Mistral, die Dichterin, die 1945, einundvierzig Jahre
nach Frédéric Mistral, den Nobelpreis verliehen bekam, war mir
durchaus ein Begriff. Teile der Werke der chilenischen Dichterin
kannte ich schon, bevor ich 1955 chilenischer Honorarkonsul in
München wurde, und mir fiel auch ein, daß Gabriela Mistral, die
mit bürgerlichem Namen Lucila Godov Alcayaga hieß, sich aus
Bewunderung für den provenzalischen Dichter seinen Namen
als Pseudonym für ihre Lyrik gewählt hatte. Aber erst 1962 oder
1963 las ich sein sicher berühmtestes Buch *Mirèio*, das Hans
Roesch in deutscher Übersetzung *Mireille* nennt. Mistrals Epos
wurde seinerzeit im europäischen Schrifttum in eine Reihe gestellt mit Shakespeares *Romeo und Julia*, mit Bernardin de Saint-
Pierres *Paul et Virginia* und Gottfried Kellers *Romeo und Julia
auf dem Dorfe*, denn wie diese gehört *Mireille* zu den Dichtun-
gen, in denen die aufkeimende Liebe zweier junger Menschen
das Thema ist, eine Liebe, die unerfüllt bleibt und einen tragi-
schen Verlauf nimmt. Aber was mich an dem Buch fesselte, war
etwas anderes: Vater und Sohn waren Korbflechter.

Im ersten der zwölf Gesänge erfährt der Leser bereits, daß vor ihrem Häuschen unmittelbar am Ufer der Rhone, von Fluten umspült, zwei Männer handwerkern, ein alter und ein junger, Vater und Sohn, der Korbmachermeister Ambrosius und der Korbmachergeselle Vinzenz.

Und die zweite Strophe des siebenten Gesangs von *Mireille* lautet:

> Der Alte sitzt vor seinem Rhonehüttchen
> – es ist kaum größer als die Schale einer Nuß –,
> vorm Wind geschützt, auf einem Baumstumpf
> und schält die Rinde von den Weidenzweigen;
> der junge Mann, der auf der Schwelle hockt,
> biegt mit den kräftigen, geschickten Händen
> die weißen Ruten flink zum Korbgestell zusammen.

Frédéric Mistrals *Mireille* empfand ich als Hommage für meinen Urgroßvater.

Meine Gedanken überspringen den so oft besungenen Strom der Rhone, an dem der Korbflechter und sein Sohn ihrer Beschäftigung nachgehen. Meine Gedanken halten Tausende von Kilometern entfernt inne, an einem unscheinbaren Flüßchen, dem Queis (heutiger Name Kwisa), der vom Isergebirge an der kleinen Ortschaft Wingendorf vorbeiführt, nahe dem bescheidenen Gehöft, in dem mein Vater geboren wurde. Meine Großeltern wohnten dort, bevor sie Jahre später, als mein Vater und seine vier Brüder versorgt waren, in ein bequemeres Haus im nicht weit entfernten Kerzdorf zogen, wo die Erinnerungsstücke an meinen Urgroßvater das Wohnzimmer schmückten.

In Wingendorf also machen wir halt und gehen zu dem weidenumstandenen Queis, der mit der Kindheit meines Vaters eng verbunden ist. Er erzählte manchmal davon, daß er sich mit einem Bauernburschen eine Flasche Kirsch mit Rum geteilt habe und beide torkelnd ins Wasser gefallen und beinahe ertrunken seien. Kirsch mit Rum war in dieser Zeit in Schlesien sehr beliebt. Ich bin dem Getränk (⅔ Kirschlikör, ⅓ Rum) als After-Dinner-Genuß bis heute zugetan. Ein andermal watete er im Queis mit dem jungen Töchterchen eines benachbarten Bauernhofes, das ihm seinen ersten Kuß erlaubte. War die Erzählung meines Vaters nicht vergleichbar der Liebesgeschichte zwischen Vinzenz und der zauberhaften Mireille, die Mistral in seinen Versgesängen beschworen hat? Und wachsen nicht am Rhonearm Weiden wie am Uferrand des Queis? Und war das Haus von Ambrosius und Vinzenz nicht ebenso häufig von steigenden Fluten der Rhone bedroht wie das Haus der Großeltern in Wingendorf, wenn der Queis Hochwasser führte? Mein Vater hat es meinem Bruder und mir manchmal erzählt: Der sonst harmlose Queis schwoll bei Schneeschmelze im Gebirge so mächtig an, daß er zu einem reißenden Fluß wurde, über die Ufer trat, mit Geröll, Steinen und Holzblöcken gegen das Haus brandete. Das änderte sich erst nach dem Bau der Talsperren von Marklissa und Goldenberg.

Wenn mein Vater meinte, der Queis berge manche Geheimnisse, so hielten wir das für recht phantasievolle Ausschmückungen seiner Kindheitserlebnisse. Wenn wir es noch hinnahmen, daß mein Vater als Junge im Flußsand Muscheln gesucht hatte, so zweifelten wir doch an seiner Erzählung, wonach er mehrfach eine Muschel, die eine Perle enthielt, gefunden haben wollte. Und über seine kühne Behauptung, im Queis hätten er und seine Brüder Goldkörnchen aufgespürt – wobei sie sich geschworen hatten, diese Entdeckung niemandem zu verraten –, diese Geschichte nahm ich ihm nicht ab. Hingegen zweifelte ich nicht daran, daß er aus den Ruten wildgewachsener Weiden am Queis seinen ersten selbstgefertigten Korb zustande gebracht hat.

Als mir meine Eltern zur Konfirmation ein vielbändiges Konversationslexikon schenkten, ein antiquarisches Exemplar des »Meyer« aus dem Jahr 1890, sagte mein Vater: »Schlag doch mal im Band 13 unter dem Stichwort *Queis* nach.« Dort las ich, daß der Queis 1020 m über dem Meeresspiegel auf dem Hohen Iserkamm entspringt. Er fließt in nördlicher Richtung und mündet nach einem Lauf von 105 Kilometern zwischen Sprottau und Sagan in den Bober, den größten linken Nebenfluß der Oder. Der Queis »bildet die Grenze zwischen Schlesien und der Lausitz und enthält Perlmuscheln und Goldsand«.

Bücher, immer wieder Bücher, die Erinnerungen heraufbeschwören:

Ich kann nicht mehr sagen, wann ich Horst Langes Roman *Schwarze Weide* gelesen habe. Erschienen ist er während der Nazijahre im Henry Goverts Verlag. Lange lebte mit seiner Frau, der Dichterin Oda Schaefer, bis zu seinem Tod 1971 in München. Die Taschenbuchausgabe, die, nachdem die Originalausgabe vergriffen war, im Kindler Verlag erschien, konnte er 1965 hoch erfreut in Empfang nehmen.

In seinem Roman schildert Lange die dramatischen Ereignisse in einem kleinen schlesischen Dorf, durch das sich ein verschilfter Bach, die »Schwarze Weide«, schlängelt, dem das Dorf seinen Namen verdankt. Dieser Bach schwillt an und überschwemmt die kleine Ortschaft mit seinen reißenden Fluten. In meiner Vorstellung sah ich Wingendorf und den idyllischen Queis, der sich, wie wir gehört haben, bei Unwetter und Schneeschmelze in einen gefährlich überflutenden Strom verwandelte. Eine Passage gegen Ende des Buches erinnerte mich an Ferien, die ich bei meinen Großeltern in Schlesien verbracht hatte. Ich war vielleicht zwölf Jahre alt. Mein Großvater, der wußte, daß ich Klavierstunden bekam, nötigte mich während einer Rast nach einem ausgedehnten Spaziergang in einer Dorfwirtschaft, in der ein Klavier stand, ihm etwas vorzuspielen. Mein Spiel muß erträglich gewesen sein, denn nach der Rückkehr sagte er, wie sehr er sich freue, daß ich musikalisch sei (was ich keineswegs war); er habe eine Überraschung für mich. Und er entnahm der Schublade einer Kommode eine kleine Flöte. Ich solle einmal versuchen, darauf zu spielen. Das mißlang. »Ich schenke dir diese Flöte. Dann kannst du darauf üben. Ich habe sie selbst geschnitzt, sie ist aus Weidenholz gefertigt.«

In Horst Langes Roman macht der Autor – oder ist es der Held des Romans? – am Ufer des friedlichen Baches aus trockenem Schilf und toten Erlenästen ein Feuer und läßt sich alsbald auf einem Weidenstumpf nieder. »Ich wählte«, so schreibt er, »unter den biegsamen Gerten diejenige aus, welche am dicksten war und die wenigsten Augen zeigte, schnitt sie ab und zerteilte sie dort, wo sie mir brauchbar zu sein schien. Dann begann ich die Rinde rundum vorsichtig mit dem Griff meines Messers locker zu klopfen. Es war mir früher nie gelungen, eine Weidenflöte zu machen, die Töne gegeben hätte; immer zerstörte die Ungeduld, welche in meinen Fingern saß, alles, kaum daß es der Vollendung nahe gewesen war, aber jetzt wollte ich es noch einmal versuchen… Es hatte lange gedauert, bis die Rinde vom weißen Holz abkam, das sich so glatt anfühlte, als wäre es mit Seife eingerieben. Ich trocknete das hohle, feuchte Rohr, nachdem ich die Fingerlöcher und die Mundkerbe eingeschnitzt hatte, über der Glut meines Feuers, setzte den Stöpsel ein und führte die Flöte an meine Lippen. Endlich, nach mehreren vergeblichen Bemühungen, gab es ein schwaches, hauchiges Pfeifen. Ich blies stärker, die Rinde begann unter meinen Fingerspitzen zu vibrieren, der Laut wurde dunkler und voller, und zuletzt, indes ich die Löcher zudeckte und wieder öffnete, brachte ich drei, vier Töne hervor, die dem Ruf des Pirols glichen und die ich wieder und wieder mir selbst vorspielte.«

Mich überkam beim Lesen dieser Passage ein beklemmendes Gefühl. Denn das Geschenk meines Großvaters, die kleine Flöte, hatte mir so gut wie nichts bedeutet. Freude und Dank hatte ich vorgetäuscht und nicht nachempfunden, wie stolz der Großvater auf seine kleine Weidenflöte war und wieviel Liebe daraus sprach, daß er sie mir schenkte.

Nie habe ich Töne herausgebracht, die dem Ruf des Pirols glichen.

Ich schließe, fünfundsiebzigjährig, diesen Rückblick in die Kindheit mit Goethes *Marienbader Korb*, worüber Eckermanns *Gespräche* vom 24. September 1827 über eine Fahrt mit Goethe nach Berka Auskunft geben: »Im Wagen zu unseren Füßen lag ein aus Binsen geflochtener Korb mit zwei Handgriffen, der meine Aufmerksamkeit erregte. ›Ich habe ihn‹, sagte Goethe, ›aus Marienbad mitgebracht, wo man solche Körbe in allen Größen hat, und ich bin so an ihn gewöhnt, daß ich nicht reisen kann, ohne ihn bei mir zu führen. Sie sehen, wenn er leer ist, legt er sich zusammen und nimmt wenig Raum ein; gefüllt dehnt er sich nach allen Seiten aus und faßt mehr, als man denken sollte. Er ist weich und biegsam und dabei so zähe und stark, daß man die schwersten Sachen darin fortbringen kann.‹ Er sieht sehr malerisch und sogar antik aus, sagte ich. ›Sie haben recht‹, sagte Goethe, ›er kommt der Antike nahe, denn er ist nicht allein so vernünftig und zweckmäßig als möglich, sondern er hat auch dabei die einfachste, gefälligste Form, so daß man also sagen kann: er steht auf dem höchsten Punkt der Vollendung. Auf meinen mineralogischen Exkursionen in den böhmischen Gebirgen ist er mir besonders zustatten gekommen. Jetzt enthält er unser Frühstück. Hätte ich einen Hammer mit, so möchte es nicht an Gelegenheit fehlen, hin und wieder ein Stückchen abzuschlagen und ihn mit Steinen gefüllt zurückzubringen!‹«

Dieses Gespräch, das mir erneut die Augen öffnete für die Kunstfertigkeit des Korbflechtens, ist für mich eine Laudatio an den Vater des von mir geliebten Großvaters.

Vielleicht interessiert es den Leser zu erfahren, wann ich diese Rückschau geschrieben habe. Es war, wenige Tage nachdem ich im Jahr 1987 folgendes Gedicht von Heinrich Böll zu lesen bekam:

> Wir kommen weit her
> Liebes Kind
> und müssen weit gehen
> keine Angst
> alle sind bei Dir
> die vor Dir waren
> Deine Mutter, Dein Vater
> und alle, die vor ihnen waren
> Weit weit zurück
> alle sind bei Dir
> keine Angst
> wir kommen weit her
> und müssen weit gehen
> liebes Kind
>
> Dein Großvater
> 8. Mai 1985

Böll hatte dieses Gedicht seiner Enkeltochter Samay am 8. Mai 1985 in ihr Poesiealbum geschrieben.
Und ich sollte hinzufügen, daß ich die »Wiederbegegnung« mit meinem Urgroßvater und seinem Handwerk, dem Korbflechten, der Literatur verdanke. Nicht zuletzt verdanke ich sie Büchern, die ich später verlegt habe. Sie dokumentieren bereits drei von

mehreren Schwerpunkten des Kindler Verlags: die Psychologie (mit dem Band *Dein Kind braucht Liebe* von Isabella Bielicki), das enzyklopädische Programm (mit *Kindlers Literatur Lexikon*, in welchem Frédéric Mistrals Buch *Mireille* behandelt wird) und die Belletristik (mit dem Roman *Schwarze Weide* von Horst Lange).

Ich will damit sagen: Diese Rückschau konnte ich nur schreiben, weil ich 1945 Verleger wurde. Deshalb gehört sie an den Anfang meiner Autobiographie.

Teil I

Das gesprochene Wort

KAPITEL 1
Mein zwölfter Geburtstag

Stets war ich begierig, Schilderungen meines Vaters aus seiner kriminalistischen Berufsarbeit erzählt zu bekommen. Seine Kindheitsvorstellungen von polizeilicher »Allmacht« waren im Laufe der Jahre nüchternen Einsichten gewichen. Ursprünglich hatte er als Kind in dem kleinen Dorf in Schlesien, in Wingendorf, wo er aufgewachsen war, angstvoll und hingerissen zugleich zu dem uniformierten Polizisten hoch zu Pferde aufgesehen, der von Zeit zu Zeit durch die Dörfer ritt, um seinem vorgesetzten Amt in Lauban möglichst berichten zu können: »Keine besonderen Vorkommnisse.«
In seiner Kindheit war dieser uniformierte Polizist für meinen Vater eine alle und alles überragende Gestalt. Wie schön, wenn er das einmal werden könnte.
Er wurde es nicht. Jedenfalls nicht in Schlesien und nicht auf dem Dorf, sondern in Lichtenberg, damals noch einer der östlichen Vororte der kaiserlich-königlichen Hauptstadt Berlin. Der Umgang mit Pferden machte meinem Vater Freude, der dienstliche Umgang mit Menschen hingegen machte ihm zu schaffen. Es lag ihm nicht, »auf einem hohen Roß« zu sitzen. Er empfand sich, nachdem Kaiser und König 1918 abgedankt hatten, als Bürger unter Bürgern. Er wechselte in die zivile Polizeiverwaltung und bald darauf zur Kriminalpolizei. Aus dieser Zeit stammen die Erzählungen, von denen ich nicht genug bekommen konnte.

Es waren die Fälle, die auch in den Zeitungen standen und mit denen er selbst nur selten oder wenig zu tun hatte. Da gab es die großen Verbrechen, die Morde und Raubüberfälle, die nächtlichen Straßenräuber, die Einbrecher, die Eisenbahndiebe, die Erpresser, die Betrüger und so weiter. Besonderes Aufsehen erregten die Fassadenkletterer, die es heute nicht mehr gibt. Die glatten Betonklötze der Neubauten erweisen sich als zu schwierig für dieses »Gewerbe«. Robert M. W. Kempner[1], der als junger Jurist bei einem der berühmtesten Strafverteidiger Berlins, Rechtsanwalt Dr. Erich Frey, als Referendar tätig war und der es bis zu seiner Amtsenthebung durch Hermann Göring bis zum Justitiar der preußischen Polizei gebracht hatte, berichtet in seinen Lebenserinnerungen, daß Dr. Frey einen Fassadenkletterer mit der Behauptung verteidigte, der Angeklagte habe in einer Wohnung im vierten Stock nur baden wollen. »Wer zu Frey kam, kam frei«, hieß es.

Als Kriminalbeamter hatte mein Vater ein kleines Büro im Schlesischen Bahnhof, der samt Umgebung zu den verrufensten Gegenden von Berlin gehörte. Manchmal besuchte ich ihn, ließ mir erklären, mit welchen Mitteln Gangster sich der Koffer Reisender bemächtigten, welche Gefahren gleich bei Ankunft in Berlin auf Menschen lauerten, die von weit her zum ersten Mal in die Hauptstadt kamen, wo sie glaubten, Arbeit finden und ihr Glück machen zu können. Viele lernten nicht das Glück, sondern das Unglück kennen. Für sie hatte mein Vater ein Herz. Ich erinnere mich, wie er einmal nach Hause kam und meine Mutter bat, ihm von der Haushaltskasse zwanzig Mark zu geben. Er hatte einer Frau mit vier kleinen Kindern, der man im Zug ihr Gepäck und ihre Handtasche gestohlen hatte, sein Taschengeld geschenkt und außerdem im Bahnhofsrestaurant fünf Tassen heiße Schokolade spendiert. Ein anderes Mal wurde *er* beschenkt: Er kam mit einer Torte nach Hause, dem Geschenk eines jungen jüdischen Einwanderers, der, wie so viele, aus den Ghettos in Polen nach Berlin gekommen war. Mein Vater hatte ihm einige Mark geliehen, nachdem er ihn auf einem Bahnsteig angesprochen hatte, wo der junge Mann hilflos auf und ab gegangen war. Er war wider Erwarten nicht abgeholt worden und wußte nicht, wie er in die Grenadierstraße kommen sollte, wo seine Schwester wohnte. Eine Woche später brachte er das geliehene Geld zurück – und eine Torte.

Mein Vater war beliebt, am wenigsten allerdings bei manchen uniformierten Polizisten, die sich daran störten, daß er zu »weich« war und seine Pistole dienstwidrig stets zu Hause in der Schublade ließ. Aber so »weich« mein Vater auch gewesen sein mochte, energisch konnte er seine Überzeugung vertreten: Man darf einen Menschen nicht zum »Verbrecher stempeln«.

Der Einstellung meines Vaters zur Kriminalität kam entgegen, daß sich gerade in der Beamtenschaft der preußischen Polizei unter Ministerpräsident Otto Braun während der Weimarer Republik Menschenfreundlichkeit, Toleranz und demokratisches Verständnis entwickelt hatten. Die größten Verdienste um die Integrierung der Polizei in den preußischen Staat gebühren dem Polizeivizepräsidenten Bernhard Weiss. Robert M. W. Kempner hat meiner Frau Nina und mir erzählt, wie sehr sich Dr. Weiss um die Demokratisierung der Polizeibeamten bemüht hat. Das wurde auch von der Bevölkerung Berlins wahrgenommen. »Die Polizei, dein Freund und Helfer« – dieser Satz ist wohl damals entstanden.

Am aufregendsten fand ich die Geschichten, die mein Vater von »Sarowka« erzählte. »Sarowka« war eine Kneipe gegenüber dem Schlesischen Bahnhof, einer der vielen Bouillonkeller, wie die Berliner sagten. Die Besonderheit von »Sarowka« bestand darin, daß dort der mächtigste Verein der sogenannten Unterwelt verkehrte, der Verein »Immertreu«. Immer wieder mußte mein Vater dieses Lokal berufsmäßig aufsuchen. Im allgemeinen wurden Kriminalbeamte bei »Sarowka« von den »Immertreu«-Leuten in der Weise empfangen, daß sie mit den Beamten an der Theke etwas bestellten, meist: »Für den Herrn eine Molle und ein Korn.« Da mein Vater so gut wie nie Alkohol trank, wußten die bei »Immertreu«, daß sie ihm, wenn er erschien, ein Malzbier anbieten mußten. Mein Vater revanchierte sich dann und bestellte jedesmal für einen oder mehrere der Herren auf seine Kosten ein Bier.

Gelegentlich mußten uniformierte Polizisten das Lokal betreten, um jemanden festzunehmen. Das erwies sich als schwierig, denn die uniformierten Polizisten waren weniger beliebt als die zivilen Kriminalbeamten. Wenn nur drei oder vier Polizisten überraschend eindrangen, wurden sie von den »Immertreu«-Männern umstellt und so eingezwängt, daß sie sich nicht mehr rühren konnten. Schließlich sagte einer der Männer: »Holen Sie mal Herrn Kindler.« Wenn der erschien, öffnete sich die Umzingelung, mein Vater wurde mit Handschlag begrüßt, das Malzbier bestellt, und diejenigen, die festgenommen werden sollten, erklärten meinem Vater: »Mit Ihnen kommen wir mit.« Mein Vater, das wußte man, fesselte nie Festgenommene oder Verhaftete. Er war aber nicht der einzige unter den Kriminalbeamten, die auf diese Weise mit Menschen umgingen. Der Leiter des Morddezernats, Kriminalkommissar Gennat, einer der erfolgreichsten Kriminalisten, war durch seine kumpelhafte Art, die des Mordes oder des Totschlags Verdächtigen zu behandeln, eine Berühmtheit geworden. Mein Vater erhielt zu allen festlichen Veranstaltungen des Vereins »Immertreu« eine Einladung; für Gennat war jedesmal ein Ehrenplatz reserviert. Alle Ringvereine feierten Feste. »Immertreu«, wußte ich von meinem Vater, war der bekannteste. In ihm aufgenommen zu werden galt für einen Ganoven als Auszeichnung und eine besondere Ehre.

»Immertreu« veranstaltete jährlich einen großen Ball, zu dem nicht nur die Creme der Unterwelt erschien, sondern auch Prominenz aus Kunst und Wissenschaft. Es spielten mehrere Kapellen, darunter die Kapelle der Berliner Kriminalpolizei, selbstverständlich ohne Honorar. Ehrengäste waren der Polizeipräsident und Polizeivizepräsident und die höheren Beamten wie Kriminalkommissar Gennat vom Morddezernat. Es waren auch viele Geschäftsleute unter den Gästen, unbescholtene, redliche Kaufleute, vielfach waren sie Ehrenmitglieder von »Immertreu«, und zwar dadurch, daß sie statt einer öffentlichen Einbruch- und Diebstahlversicherung eine monatliche Zahlung an »Immertreu« leisteten. Dadurch waren sie vor Überfällen, Einbruch und Diebstahl sicher.

All das, was ich über »Sarowka« hörte, machte mich neugierig, und eines Tages, als mich meine Eltern nach einem Geburtstagswunsch fragten, sagte ich, mein einziger Wunsch sei ein Besuch mit meinem Vater bei »Sarowka«.

Es war mein zwölfter Geburtstag, den ich dort mit meinem Vater verbrachte. Ich schätze, daß es dreißig Männer waren, die sich in Schale geworfen hatten und sich äußerst wohlerzogen benahmen, als sie meinen Vater und mich zu einem blumengeschmückten Tisch führten. Nachdem wir Platz genommen hatten, begann einer der Herren an einem der anderen Tische auf einer Mundharmonika »Hoch soll er leben!« zu spielen, und alle stimmten in den Gesang ein. Gastgeber war »Bizeps-Karl«, wie er sich vorstellte. Breitschultrig stand er fest auf seinen Füßen; selbstsicher und gut gelaunt, hieß er meinen Vater und mich willkommen. Sein Schwiegervater wurde »Latten-Willi« genannt, der uns erzählte: »Meine Tochter, die Juwelen-Else, ist seit drei Jahren glücklich mit meinem Schwiegersohn, dem Bizeps-Karl, verheiratet.«

Es wurde aufgetragen. Zuerst Rollmöpse mit einem Schnaps.

Dann Buletten mit Kartoffelsalat. Dazu Bier und, aufmerksam, wie man war, Malzbier für meinen Vater. Allerdings nicht für mich, den Zwölfjährigen. Die Nachspeise bestand aus roter Grütze. Nach dem Essen erhob sich Bizeps-Karl, holte ein Papier aus seiner Tasche, auf das er seine Festtagsrede zu meinem Geburtstag geschrieben hatte. Er hat sie dann liegenlassen, und ich habe sie mir angeeignet. Das war meine Revanche für ein Erlebnis, auf das ich noch zu sprechen kommen werde. Bizeps-Karl streckte sich und begann seine Rede:

»Kriminalität, lieber Helmut«, sprach er zu meiner Verwirrung mich gleich an, »hat Tradition. Kriminalität hat es immer gegeben. Zu allen Zeiten. Sie gehört einfach zu unserer Gesellschaft. Gäb's keine Kriminalität, würde der Staat zu wackeln beginnen. Zu wackeln«, wiederholte er, um dann auszuführen: »Denn dann gäb's ja auch keine Staatsanwälte, keine Richter, keine Rechtsanwälte, keine Bürohengste, die Protokolle schreiben und Akten registrieren. Es gäbe keine Zuchthäuser, es gäbe keine Gefängnisse, es gäbe keine Polizisten, dein Vater säße nicht hier, unseren Verein hätten wir auch nie gründen können. Also, wie ich schon sagte, das ganze Staatsgefüge mit Tausenden von Beamten und Angestellten, mit Häusern und Büros, mit Institutionen aller Art wäre nicht vorhanden, die Arbeitslosigkeit wäre unvorstellbar hoch.«

Jetzt machte er eine kleine Pause, blickte freundlich in die Runde, um sich dann wieder mir zuzuwenden.

»Ich sagte, die Kriminalität hat Tradition. Das gilt auch für unseren Verein. Und so will ich dir, lieber Helmut, erzählen, wie er entstanden ist.« – »Au ja«, rief einer vom Nebentisch, was Bizeps-Karl veranlaßte, den Anwesenden zu sagen: »Ihr wißt das alles. Aber für unseren Geburtstagsjungen ist das wahrscheinlich alles neu. Also anjefangen hat das Janze« – allmählich kam er in den Berliner Tonfall – »1895, vor 29 Jahren, und zwar

36

in der ›Schnurrbartdiele‹. Die jibt es heute nicht mehr. In der ›Schnurrbartdiele‹ verkehrten die Ringkämpfer. Wir, das heißt unsere Vorgänger, gingen immer zu den Ringkampfveranstaltungen. Die waren seinerzeit sehr populär. Freunde von meinem Schwiegervater hier und fünf oder sechs seiner Kollegen, die damals gerade aus dem Knast kamen, verkehrten noch in der ›Schnurrbartdiele‹. Für Ringkämpfer und Athleten haben Leute wie wir immer etwas übrig.« – »Haben wir«, bemerkte der Vorlaute am Nebentisch. Aber Bizeps-Karl las sofort weiter von seinem Zettel ab: »Die Ringkämpfer gründeten in der ›Schnurrbartdiele‹ den Ringverein. Aber dann, eines Tages, ist der Boß der Ringkämpfer, als der mal übern Durst jetrunken hatte, in 'n Müggelsee jefallen und ersoffen. Ertrunken«, verbesserte er sich. »Und da hat mein Schwiegervater mit seinen Freunden den Ringverein übernommen. Der Name ›Ringverein‹ ist uns geblieben, hat Tradition. Es jab bald noch andere Ringvereine. Wir jaben uns den Namen ›Immertreu‹. Die Mitglieder sind Brüder, Knastbrüder. Manche Vereine nehmen auch Luden auf, die ihre Pferdchen laufen lassen. Laß dir von deinem Vater sagen, wat det heißt. Mit zwölf biste in ein Alter jekommen, wo dir als Heranwachsender dein Vater Aufklärung schuldig ist. In Berlin jibt's ne Menge Luden und zahllose Pferdchen, die für sie anschaffen. Mit denen wolln wir nichts zu tun haben. Wir achten auf Anstand und Sitte.«

Riesiger Beifall. Ich wußte nicht recht, ob ich auch klatschen sollte. Aber da mein Vater es nicht tat, unterließ ich es auch. Bizeps-Karl setzte, von dem Beifall motiviert, jetzt mit beschwörender Stimme seine Rede fort: »Wir sind, merk dir das, Helmut, keine Verbrecherorganisation.« Und in leiserem Tonfall: »Jewiß, wir haben mal wat verbrochen. Det stimmt. Ick hoffe, du hast noch nichts verbrochen.«

Wieder ein, man kann sagen, gütiger Blick zu mir.

»Wenn man für det, wat man nich hätte machen sollen, seine jerechte Strafe absitzt, und man kommt raus, fängt die Bestrafung erst an. Du bist aus der Jesellschaft ausgeschlossen. Det heißt, wat sich so Jesellschaft nennt. Denn zu dieser feinen Jesellschaft jehören ja auch nich wenige, die Knastbrüder wären, wenn sie sich hätten erwischen lassen. Es jibt viele, denen man nichts nachweisen kann: Stehkragenbetrüjer, Finanzschieber.« Jetzt nickte mein Vater zustimmend. Bizeps-Karl strahlte, als er fortfuhr: »Wir möchten aber ooch mit Menschen verkehren, möchten mit Menschen zusammenkommen, die det erlebt haben, wat wir erlebt haben. Die wissen, wat Knast bedeutet. Mit denen wollen wir jemütliche Abende verbringen, wie heute abend mit dir, lieber Helmut, und deinem von uns hochjeschätzten Vater. ›Ehre Vater und Mutter‹, heißt et – und daran halten wir fest. Treu, immer treu. Det sind wir. Wir wissen Treue und Vertrauen zu schätzen. Wir denken, du wirst det verstehen, nämlich daß wir Freunde brauchen wie andere Menschen auch. Wie andere lieben wir auch Jeselligkeit, Sport, Kegeln, Billard, Musik und von Zeit zu Zeit ein schönes Fest. Und weil uns die Jesellschaft oder die, die sich dafür hält, von ihrem Leben ausschließt, müssen wir uns verbinden, brüderlich, um das Leben, das nicht immer leicht ist, zu ertragen.«

Immer wieder gelang es Bizeps-Karl zeitweise, Hochdeutsch zu sprechen.

»Ich wiederhole: brüderlich. Das bedeutet, wir helfen einander. Wir kümmern uns um Bräute, Frauen und Kinder derjenigen Vereinsmitglieder, die in Nöten sind, in Haft zum Beispiel. Die Familien dieser Männer unterstützen wir, aus Menschlichkeit, versteht sich, und damit sie nicht auf die schiefe Bahn kommen. Wenn eine Frau ihrem Mann, der hinter Gittern sitzt, nicht treu ist, werden wir ungemütlich.«

Das fanden die anwesenden »Immertreu«-Mitglieder auch; man

hörte das Gemurmel und unterdrücktes Lachen an allen Tischen. Unser Redner kam in Stimmung: »Das heißt, wir knöpfen uns die Dame vor und reden ihr ins Gewissen. Beim zweiten Mal halbieren wir die Unterstützung, und beim drittenmal kriegt se ne jehörige Abreibung. Vor allem liegen uns unsere Mitglieder am Herzen, die ihre Strafe verbüßt haben, die holen wir ab und bringen sie nach Hause. Zu Hause entkorken wir ne Flasche Sekt. Dann jibt's ne Torte mit Schlagsahne für die janze Familie. Am nächsten Tag begleitet einer unserer Brüder den Entlassenen, damit er irgendwo ne anständige Anstellung kriegt. Wir haben Freunde, Budiker zum Beispiel, die Kellner brauchen. Wir haben namhafte Geschäftsleute, die sich bei uns versichert haben. Die sind uns auch jefällig. Wenn wir einem honorigen Geschäftsinhaber einen entlassenen Häftling für die Portokasse empfehlen, kann er sich drauf verlassen, det die Kasse imma stimmt. Denn mit Kleinjeld geben wir uns nicht ab.« An dieser Stelle gab's kein Weiterreden. Orkanartig weitete sich der Applaus zu jubelnder Begeisterung aus. Diesmal klatschte ich mit. Bizeps-Karl kam zum Schluß, seinen Zettel hatte er aus der Hand gelegt. »In diesem Sinne wünschen wir dir hier alle ein gutes, glückliches neues Lebensjahr und entkorken ne Flasche Sekt, und da wird auch dein Vater ausnahmsweise mitmachen. Hoff ick jedenfalls.«

Sektflaschen wurden entkorkt, jeder kam an unseren Tisch, stieß mit mir und meinem Vater an. Der Mundharmonikaspieler, Spitzname »Koteletten-Emil«, spielte meisterhaft ein Lied nach dem anderen. Es wurde ein überschäumender Abend, wie ich ihn noch nie erlebt hatte. Witze wurden erzählt, von Prozeßtricks wurde gesprochen, von Anwälten, vom berühmten Dr. Frey, der war Ehrenmitglied bei »Immertreu«. In allen schweren Fällen verpflichtete »Immertreu« ihn als Anwalt und sorgte für pünktliche Honorarzahlung.

Ein Witz, den ich an diesem Abend zu hören bekam, ist mir noch gegenwärtig: »Der Richter sagt zum Angeklagten: ›Wie konnten Sie einen Mord begehen für eine Mark, die Ihr Opfer in der Tasche hatte.‹ – ›Herr Vorsitzender. Hier ne Mark und da ne Mark. Det läppert sich zusammen!‹«

Das Gelächter wollte nicht verstummen, bis Bizeps-Karl zu meinem Vater sagte: »Wie spät ist es eigentlich?« Mein Vater griff zu seiner Taschenuhr, griff aber ins Leere. Keine Taschenuhr. Bizeps-Karl grinste. Sein Schwiegervater ebenfalls. »Die haben Se vielleicht zu Hause verjessen.« Mein Vater: »Nein, die habe ich nicht vergessen, ich weiß doch, was ich bei mir habe.« Dann wollte er seine Brieftasche herausziehen, aber es gab auch keine Brieftasche. Die anderen Taschen, in denen er verschiedene Utensilien, unter anderem einen Kamm, hatte, waren ebenfalls leer.

»Na, wie haben wir das jemacht?« triumphierte Bizeps-Karl, langte in seine Tasche und sagte: »Hier ist Ihre Uhr, hier ist Ihre Brieftasche, hier ist Ihr Kamm, fehlt Ihnen sonst noch was?« Mein Vater mußte lachen. Bizeps-Karl oder seine Freunde hatten ein Meisterstück im Taschendiebstahl demonstriert. Ich fand das großartig.

»Ich hab' mich revanchiert«, sagte ich und hielt ihm seine Rede entgegen.

Es wurde musiziert und gesungen, und um Mitternacht wurde eine heiße Erbsensuppe serviert. Als wir Abschied nahmen, intonierte der Mundharmonikaspieler »Üb immer Treu und Redlichkeit«.

Wir fuhren nach Hause. »Üb immer Treu und Redlichkeit«, sagte mein Vater.

Es war ein herrlicher Geburtstag.

KAPITEL 2

Drei Klassiker

Die Räuber (1926)

Mein Vater bekam als Kriminalbeamter zuweilen Freikarten für einen Theaterabend. In jeder Vorstellung saß »für alle Fälle« ein Kriminalbeamter.

Einmal, 1926, erhielt mein Vater zwei Freikarten für das renommierte »Staatstheater« am Gendarmenmarkt, und zwar für eine Premiere. Das Glück, eine Premiere besuchen zu können, hatte er noch nie gehabt. Was aber problematisch war: Die Aufführung fiel auf den 12. September – auf den Geburtstag meines Vaters, den fünfundvierzigsten. Mittags hatte es eines seiner Leibgerichte gegeben: »Schlesisches Himmelreich«. Das Rezept hat der Autor des im Kindler Verlag 1980 erschienenen Romans *Sonntags Schlesisches Himmelreich*, Christian Opitz, verraten: »Räucherspeck und Rauchfleisch, insgesamt ein Pfund, werden mit einem Lorbeerblatt, Gewürzkorn und einer Zwiebel weich gekocht. Ein Pfund gemischtes Backobst, tags zuvor eingeweicht, wird nun mit zwei Eßlöffeln Zucker gekocht und mit etwas Stärke sämig gebunden. Dazu reicht man Schlesische Hefeklöße, die mit in warmer Milch aufgelöster Hefe, Mehl, Eiern, Butter, Zucker, Salz und etwas Muskat zubereitet werden. Man serviert das Gericht in einer großen Schüssel, in die man das in Scheiben geschnittene Fleisch, das heiße Backobst und die Klöße füllt, über die etwas heiße, braune Butter gegossen wird.«

Diesen Abend wollte mein Vater, es war noch dazu ein Sonntag, mit meiner Mutter verbringen. Sie aber meinte, das Schauspiel *Die Räuber* von Schiller, das müßte unbedingt *ich* sehen; sie würde gern zu Hause bleiben, Heinz-Werner, meinen neun Jahre jüngeren Bruder, ins Bett bringen, dann noch etwas lesen und natürlich auf uns warten. Mein Vater hatte zur Feier des Tages eine Bowle angesetzt.

Ich war zwar begierig darauf, das »Staatstheater« kennenzulernen, aber ausgerechnet *Die Räuber*, die hatte ich erst vor kurzem gesehen – in einer Vorstellung im »Theater der höheren Schulen«, einer Institution, die an Nachmittagen in einem der Berliner Theater Klassiker spielte. Als Schüler konnte man ein preisgünstiges Abonnement abschließen, was mir meine Eltern gern ermöglicht hatten.

Ich ahnte nicht, was mir – und meinem irritierten Vater – bevorstand. Ich sah ein Stück, das ich noch nicht gesehen hatte. Oder doch? Ja, es waren *Die Räuber*. Nein, es waren nicht *Die Räuber*. Es war alles anders, ganz anders als die Vorstellung, die ich vor wenigen Monaten gesehen und gehört hatte. Die Bühnenbilder waren anders, auch die Kostüme der Darsteller – was heißt Kostüme? Es waren keine »Kostüme«, vielmehr trugen die Schauspieler moderne Kleidung. Bei Franz Moor beispielsweise sah man die Hosenträger unter einer offenen Arbeitsjoppe. Und die Schauspieler sprachen auch anders als die, die ich gesehen hatte, sie gestikulierten anders, führten sich anders auf. Und mitreißende Musik verstärkte die Dramatik. Es war aufregend, erregend, und wenn ich auch nicht alles begriff – ich war überwältigt.

Auf dem Programmzettel stand: Regie Erwin Piscator. Ich hatte den Namen noch nie gehört. Später erfuhr ich, daß Piscator mit

der Inszenierung der *Räuber* im »Staatstheater« seinen endgültigen Durchbruch errungen und einen Skandal ausgelöst hatte.
Am Tag nach der Premiere hatte mir mein Vater vorgelesen, was
im »Berliner Lokal-Anzeiger« zu lesen stand: eine vernichtende
Kritik.

Jahre später, als die Nazis regierten, wurde mein Vater angehalten, den »Lokal-Anzeiger« abzubestellen und statt dessen den
»Völkischen Beobachter« zu abonnieren. Zwar bestellte er den
»Lokal-Anzeiger« ab, aber er abonnierte auf Vorschlag meiner
Mutter – die »Berliner Morgenpost« aus dem Ullstein Verlag.
Zwar konnte die »Berliner Morgenpost« auch nicht umhin, sich
nationalsozialistisch und völkisch zu gebärden, aber meine Mutter, der die Heiratsschwindlervisage Hitlers vom ersten Tage an
zuwider war, meinte, um Nuancen würde sich die »Morgenpost« doch noch vorteilhaft vom »Lokal-Anzeiger« unterscheiden. Mindestens soviel war richtig: Ein Beamter, der nicht den
»Völkischen Beobachter« oder den »Angriff« las, war in den
Augen der Vorgesetzten, der Kollegen, der Freunde und Nachbarn kein Nazi. Wer den »Völkischen Beobachter« las, unterschrieb seine Briefe bestimmt mit »Heil Hitler«, aus Überzeugung oder Opportunismus. Unter den Abonnenten des »Berliner
Lokal-Anzeigers« gab es sicher viele Leser, die zwischen
deutschnationaler und nationalsozialistischer Gesinnung unterschieden und ihre Distanz gegenüber dem Hitlerregime zum
Beispiel darin zum Ausdruck brachten, daß sie ihre Post »Mit
deutschem Gruß« abfertigten. Bei Lesern der »Berliner Morgenpost« durfte man vermuten, daß viele von ihnen ihre Briefe
weder mit »Heil Hitler« noch »Mit deutschem Gruß« unterschrieben.

Zudem fanden meine Eltern die »Morgenpost« berlinischer als
andere Blätter. Als sie nach dem Zweiten Weltkrieg aus Berlin
nach München übersiedelten, weil dort seit 1949 beide Söhne

mit ihren Familien lebten, bestellte mein Vater aus Berlin die »Berliner Morgenpost« und war zufrieden, auch wenn sie mit einem Tag Verspätung eintraf.

Um noch einmal auf Piscators legendäre *Räuber*-Premiere zurückzukommen: Drei oder vier Jahre später erzählte er mir, dem Theatereleven, was er beabsichtigt hatte: alles Private zurückzudrängen, das Politische zu betonen.

Die Räuber haben sich viele Interpretationen gefallen lassen müssen, von Regisseuren, Dramaturgen, Kritikern und Literaturwissenschaftlern. Für mich ist Schillers Stück das große Drama gegen die Tyrannis.

Shylock (1927)

Im Jahr nach der *Räuber*-Premiere konnte ich, kurz vor meinem 15. Geburtstag, meinen Vater noch einmal ins »Staatstheater« begleiten. Gespielt wurde Shakespeares *Kaufmann von Venedig*. Voller Spannung wartete ich, daß der Vorhang aufging.

Bald war ich verstört, verwirrt, aber auch entzückt (von dem Liebreiz der Frauen). Ich konnte dem Handlungsablauf nicht ganz folgen. Meinem Vater, der das Stück auch noch nie gelesen oder gesehen hatte, machte es einige Mühe, mir in der Pause Personen und Vorgänge zu erklären. Nach der Pause kamen Szenen, die mich entsetzten. Was für ein Gedanke: Shylock, ein Darlehnsgeber, stellt die Forderung an den Bürgen seines Schuldners, einem Kaufmann in Venedig, falls dieser die geliehene Summe nicht pünktlich zurückzahlen würde, sei er berechtigt, dem Bürgen ein Pfund Fleisch aus seinem Körper nahe dem Herzen zu schneiden.

Gegen Ende des Stückes stellt sich heraus: Der Schuldner kann nicht zahlen. Der Darlehnsgeber besteht auf seinem Recht.

So spannend die Geschichte ist, ich fand sie unerträglich. Und auch als es dank eines Tricks dazu kommt, daß der Darlehnsgeber auf sein vermeintliches Recht, sein unmenschliches Recht, verzichten muß, bin ich nicht getröstet. Dieser, wie mir schien, schurkische Darlehnsgeber, Shylock, war ein Jude. Der Schauspieler, der die Rolle verkörperte, hieß Fritz Kortner. Ihm möchte ich im Leben nicht begegnen, dachte ich. Und doch erregte er mein Mitleid. Als es in einem verzweifelten, haßerfüllten Ausbruch aus ihm herausstürzt: »Ich bin ein Jud. Hat nicht ein Jud Augen? Hat nicht ein Jud Hände, Sinne, Neigungen, Leidenschaften... wie ein Christ?« und er das Menschenrecht einklagt, das dem Juden verweigert wird, konnte ich meine Tränen nicht zurückhalten.

Kritiker haben sich oft beim *Kaufmann von Venedig* schwergetan. Die Lösung, Shylock durch eine List auszumanövrieren, hatte schon Fritz Engel unter Kaiser Wilhelm im »Berliner Tageblatt« zu der Bemerkung veranlaßt, das sei eigentlich kaum noch in der Operette statthaft.

Als komische Figur von Shakespeare konzipiert, war Shylock, ein Jud mit krummer Nase und schmuddeligem Bart, hämischem Lachen im Parkett preisgegeben. In subtileren Inszenierungen belächelte man Shylock, manchmal rührte er das lustspielgeile Publikum sogar. Meines Erachtens geht Shylocks Schicksal mit dem Mummenschanz ringsum einfach nicht zusammen, die ganze Lustspielkomposition bricht auseinander.

Friedrich Luft hat 1966 die Auffassung vertreten: »Das Stück bleibt nach Auschwitz unspielbar.«

Für mich bleibt unbegreiflich, daß *Der Kaufmann von Venedig* nach wie vor auf Spielplänen erscheint. Und was veranlaßt, frage ich mich, jüdische Regisseure, sich ausgerechnet dieses Stückes anzunehmen? Bezeugt es das löbliche Bedürfnis, der Thematik, die ihnen doch am ärgsten zu schaffen machen dürfte, nicht auszuweichen: Seht her, wie selbstkritisch wir sind!? Oder bezeugt es den ihnen oftmals attestierten Selbsthaß? Heute vertrete ich – bei allem Respekt vor dem Genie Shakespeares – den Standpunkt: Eine Aufführung des Stückes, schon im Kaiserreich schwer zu ertragen, in der Weimarer Republik von Kortner in ein Trauerspiel verwandelt, ist meines Erachtens nicht mehr zu verantworten. Was hat sich, frage ich, der gefeierte Regisseur Max Reinhardt gedacht, als er sich darauf einließ, seine letzte Inszenierung dieses Werkes am 18. Juli 1934 auf dem Campo di San Trovasa in Venedig mit italienischen Schauspielern vorzuführen? Ich machte einige Tage Ferien in Venedig.

Reinhardts Einstudierung ließ ich mir natürlich nicht entgehen. Gewiß war es reizvoll, den *Kaufmann von Venedig* am Ort des dramatischen Geschehens zu spielen. Daß Italien faschistisch war, schreckte Reinhardt offenbar nicht. Aber wie konnte er es über sich bringen, im Sommer 1934 den Juden Shylock dem Vergnügen der Zuschauer auszuliefern? Unter ihnen sah ich zahllose deutsche Touristen und unter ihnen Nazis mit Parteiabzeichen. Zu einem Zeitpunkt, als die Diskriminierung der Juden in Deutschland längst begonnen hatte! Gleich nach der Berufung Hitlers zum Reichskanzler wurden Juden verhöhnt und gedemütigt. Der Reichstagsbrand am 27. Februar 1933 bildete den ersten Auftakt für eine große Verhaftungswelle. Noch in der Nacht zum 28. Februar wurden zahlreiche Menschen verschleppt. Die Aktion war sorgsam vorbereitet. Und mit der Notverordnung des Reichspräsidenten von Hindenburg am 28. Februar wurden die demokratischen Grundrechte, Artikel 114 der Weimarer Verfassung, aufgehoben. Die Unverletzlichkeit der persönlichen Freiheit war nicht mehr gegeben. Die Pressefreiheit war eingeschränkt. Die Grundlage zur »vorbeugenden« Inhaftierung politischer Gegner und Juden ohne Gerichtsverfahren war geschaffen. Am 23. März beschließt der

Reichstag gegen die Stimmen der SPD das »Ermächtigungsgesetz«. Neben polizeilichen »Schutzhaftlagern« entstanden in den ersten Monaten des Jahres 1933 wilde Lager der SA und der SS, in denen Antifaschisten und Juden festgehalten, gequält und verschiedentlich auch ermordet wurden. Nach einiger Zeit wurden diese Lager aufgelöst, man ging daran, die Verfolgung von Hitlergegnern und Juden *systematisch* in Gang zu setzen: Die ersten großen Konzentrationslager entstanden – in Oranienburg und in Dachau. Im April 1933 wurde der Boykott gegen jüdische Ärzte, Rechtsanwälte und Geschäftsinhaber beschlossen, im selben Monat die Ausschaltung jüdischer Beamter und Universitätslehrer verfügt. Die Auflösung der Gewerkschaften erfolgte am 2. Mai. Am 10. Mai 1933 kommen die Schriften von Brecht und Freud, von Kästner, Heinrich Mann und Remarque, von Tucholsky, Zuckmayer und vielen anderen auf den Scheiterhaufen – Schriften von Juden und Nichtjuden. Am 22. Juni wird die SPD verboten. Ab 14. Juli darf es nur noch eine Partei geben: die NSDAP. Im Sommer 1934 hat die Verfemung der jüdischen Künstler, Publizisten und Wissenschaftler längst die Weltpresse mobilisiert. Max Reinhardt aber spielt den *Shylock* nicht weit vom Ghetto in Venedig, in dem damals etwa 2000 Juden lebten, woran heute, nach der Nazibarbarei, nur noch ein Museum und eine Gedenkstätte erinnern. Deutsche Touristen, in Venedig überall anzutreffen – hier sieht man sie selten.

Wer interessiert sich schon dafür, was Jahre später mit den jüdischen Mitbürgern Venedigs geschehen ist?

1957 kam es zwischen dem großen Theatermann Kortner, damals 65, und mir, dem um zwanzig Jahre Jüngeren, in der Halle des Münchner Hotels Vier Jahreszeiten zu einem denkwürdigen Gespräch über den Shylock.

Als ich ihm erzählte, ich hätte ihn vor dreißig Jahren im *Kauf-*

mann von Venedig in Berlin gesehen, meinte er: »Ich war blutjung, als ich den Shylock das erste Mal spielte. Nicht in Berlin, sondern in Wien unter Max Reinhardt. Ich habe ihn häufig gespielt, einmal auch unter der Regie von Berthold Viertel. An die Vorstellung in Berlin, die Sie 1927 gesehen haben, erinnere ich mich genau, schon deshalb, weil ich mit Jürgen Fehling, dem Regisseur, viele Auseinandersetzungen über den Shylock hatte.«

Sein Bericht brachte mich dazu, ihm zu sagen: »Sie müssen Ihre Erinnerungen schreiben.«

Kortner: »Jetzt schon? Ich habe noch einiges vor.« Aber Stunden später, als wir uns verabschiedeten, gab er mir die Hand, lachte und versprach, mein Autor zu sein.

Von da an trafen wir uns häufiger. Bald kam Kortner jede Woche regelmäßig an einem Mittwoch um zehn Uhr in den Verlag, um mit mir über seine Erinnerungen zu sprechen. Er las mir jedesmal vor, was er inzwischen geschrieben hatte – las ab von kleinen Zetteln, die er aus der oberen Uhrtasche seines Jacketts zog. Dann sprachen wir darüber. Die darauffolgende Woche kam er, um mir den korrigierten Text vorzulegen, nunmehr säuberlich getippt. Gleichzeitig zog er neue Zettel aus der Jackentasche und las die Fortsetzung. So ging das Woche für Woche.

Mit dem Thema Shylock hatte unsere Autoren-Verleger-Beziehung begonnen. In der Halle des Hotels kamen wir sehr bald auf den Antisemitismus zu sprechen. Ich sagte: »Man sollte den *Kaufmann von Venedig* heute nicht mehr spielen.« Kortner antwortete nicht. Es geschah öfter, daß wir uns bei schwierigen Themen ziemlich lange schweigend gegenübersaßen. Indem wir schwiegen, miteinander schwiegen, kamen wir uns näher. In dieser Nacht brachte ich ihn bis vor sein Haus. Zum Abschied sagte er: »Ich werde über den Shylock nachdenken.«

Eine Woche später fragte ich ihn: »Haben Sie über den Shylock nachgedacht?« Er steckte sich eine Zigarre in den Mund, die er sich aber nicht anzündete. »Ich denke immer noch nach.« Diesem Satz folgte wieder nur Schweigen. Wir konnten es beide meisterhaft.

Nathan (1945)

Bei unserer nächsten Zusammenkunft sagte ich: »Sie sollten den Nathan spielen.« Mit Nina, meiner Frau, hatte ich Lessings *Nathan der Weise* 1945 in Berlin gesehen. Das »Deutsche Theater« im sowjetisch besetzten Sektor der Stadt hatte die erste Spielzeit nach dem Zweiten Weltkrieg mit diesem Stück eröffnet. In dieser Aufführung hatte ich den Juden Nathan in mein Herz geschlossen und glaubte mich endlich von dem Juden Shylock befreit. »Ein Erlebnis für alle, die nach der Schumannstraße pilgerten. Die Theatersaison hat ihre erste Weihe empfangen«, schrieb Paul Wiegler, der von mir Verehrte, dem ich für manchen Rat während der Nazijahre zu danken habe. Den Nathan spielte Paul Wegener. Er übernahm die Rolle trotz körperlicher Beschwerden. Er spielte seine Rolle auch noch am Abend des 11. Juli 1948, an dem er auf der Bühne zusammenbrach. Zwei Tage später starb er.

Hatte mich Nathan von Shylock befreit? Als Nathan in der Pogromerzählung von der Ermordung seiner Frau und seiner sieben Söhne berichtet, sah ich im Geist wiederum Shylock vor mir. Shylock, immer wieder Shylock.

Kortner hatte 1957 meinen Vorschlag, »Sie sollten den Nathan spielen«, scharf und blitzschnell mit Nein beantwortet.

In den nächsten Monaten arbeiteten wir in der üblichen Weise an dem Manuskript seiner Memoiren weiter, das heißt, er schrieb, ich war sein Zuhörer, zumeist begeistert zustimmend, gelegentlich zögernd kritisch. Für Änderungen, die ich ihm vorschlug, war er aufgeschlossen. Ich brachte ihn dazu, manches sehr viel ausführlicher zu schildern, anderes zu streichen.

Sein Schweigen zum Shylock und sein Nein zum Nathan verfolgten mich bis in den Schlaf. Ich hatte ein Traumgesicht: Kortner als Shylock und Kortner als Nathan. Ja, Shylock ist Nathan, und Nathan ist Shylock.

Auf mein nächstes Treffen mit Kortner bereitete ich mich sorgfältig vor. Mit Lessing hatte ich mich schon in der Schule beschäftigt, hatte in der Untersekunda im Deutschunterricht ein Referat über Lessings *Emilia Galotti* übernommen. Damals, um 1929, als Sechzehnjähriger bereits mit dramaturgischen Überlegungen und Fragen der Interpretation von Theaterstücken beschäftigt, da ich Regisseur als Berufsziel vor Augen hatte, damals hatte ich in meinem Vortrag behauptet, Lessing habe mit der *Emilia Galotti* ein politisches Anliegen aufgegriffen: den Kampf gegen fürstlichen Despotismus. Gewiß, vordergründig spiele sich ein persönlicher Konflikt zwischen fürstlichem Liebhaber und tugendhaftem Bürgermädchen ab, aber an diesem Konflikt demonstrierte der Dichter, daß Emilia Galotti ein Opfer der Fürstenwillkür wird. Es sei ein revolutionäres Stück.

Unser Deutschlehrer korrigierte mich behutsam: Lessings *Emilia Galotti* habe zu ihrer Zeit sicher als politisches Fanal gewirkt, aber da Emilias Vater es nicht über sich gebracht hatte, den Prinzen zu töten, sondern die Tochter erdolchte, könne man nicht von einem revolutionären, sondern nur von einem vorrevolutionären Stück sprechen. Goethe kam ihm und mir mit dessen Äußerung über *Emilia Galotti* zu Hilfe: »Der entscheidende Schritt zur sittlich erregten Opposition gegen die tyrannische Willkürherrschaft.«

Am Tag darauf wurde ich zum Direktor gerufen und in die

literarische Arbeitsgemeinschaft der Schule aufgenommen, die an und für sich nur literaturinteressierten Schülern der Oberstufe offenstand.

Für mein weiteres Gespräch mit Kortner mußte ich mich auf *Nathan* vorbereiten. Vier Dinge wollte ich vorbringen. Erstens: Wie kam Lessing dazu, dieses Theaterstück zu schreiben? Zweitens: Lessings *Nathan* trägt Züge seines Freundes Moses Mendelssohn. Drittens: Die aufklärerisch-humanistische Gesinnung des Stückes ist zu betonen. Viertens: *Nathan* ist ein großangelegtes dramatisches *Gedicht*.

Als wir uns nach einigen Tagen wiedersahen, fragte ich Kortner: »Wollen Sie mir nicht sagen, warum Sie den Nathan nicht spielen wollen?«

Kortner: »Ich will Ihnen zunächst sagen, warum ich Ihre Auffassung von Shylock nicht teile. Ich antworte Ihnen mit Heinrich Heine, der geschrieben hat, daß Shakespeares Drama uns eigentlich weder Juden noch Christen zeigt, sondern Unterdrücker und Unterdrückte.«

Ich unterbrach ihn: »Das hätte Brecht sagen können.«

Kortner nickte und fuhr fort: »Sie fragen nach dem Nathan. Kennen Sie das Stück? Haben Sie es gesehen?«

Ich schilderte ihm meinen Eindruck von der Aufführung 1945 in Berlin.

Kortner: »Ich empfehle Ihnen, das Stück zu *lesen*. Vielleicht kommen Sie dahinter, warum ich zum Nathan nein gesagt habe.«

Aus meinem vorbereiteten Plädoyer wurde nichts. Ich hörte mich nur sagen: »Lessing verleiht wahre Herzensgüte, die doch angeblich den *christlichen* Menschen auszeichnen soll, der *jüdischen* Gestalt, dem Nathan. Hingegen zeichnen sich die Christen in dem Stück, denken Sie nur an den Tempelherrn, durch Vorurteile aus.« Und ich erklärte, in dem Stück auch bei der

Lektüre nichts entdeckt zu haben, was ihn, Kortner, abgestoßen haben könnte.

Kortner verwies auf den 4. Aufzug, 7. Auftritt: »Nathan! Nathan! Ihr seid ein Christ! – Bei Gott, Ihr seid ein Christ! Ein beßrer Christ war nie!«

Und nach einer Weile, seinen Blick forschend auf mich gerichtet: »Das soll ich mir sagen lassen?«

»Aber Herr Kortner«, beschwor ich ihn, »Nathan erwidert doch dem Klosterbruder: ›Wohl uns, denn was mich Euch zum *Christen* macht, das macht Euch mir zum *Juden*.‹«

Kortner: »Ich habe mir gedacht, daß Sie das zitieren würden. Ich kann mich damit nicht zufriedengeben. Es ist eine Replik. Die hat nichts von der Aussagekraft des Klosterbruders.«

Ich machte ein zweifelndes Gesicht. Kortner aufgebracht: »Ich habe es erlebt! Beifall nach den Sätzen des Klosterbruders! Orkanartiger Beifall! Nach Nathans Erwiderung rührte sich keine Hand.«

Ich war ratlos. Hatte Kortner recht? War der Beifall der Zuschauer verräterisch? War Kortner hier tiefer in die Szene eingedrungen?

Während der weiteren Arbeiten an seiner Autobiographie und den damit verbundenen regelmäßigen Zusammenkünften kam Kortner noch einige Male auf den Nathan zu sprechen. Ich sah ein, daß die vielen in Jamben gehaltenen Verse den Schauspieler dazu verführen könnten zu deklamieren, was Kortner haßte, und daß der Zuschauer keiner geringen Anstrengung ausgesetzt sei, dem Gedankengut des Stückes zu folgen. *Nathan der Weise* sei, so Kortner, ein Lesedrama.

Auch Piscator erzählte mir 1956, er habe als Zuschauer einer Aufführung des *Nathan* in Düsseldorf eine fatale Publikumsreaktion erlebt, über die er in sein Tagebuch notierte: »Gestern abend *Nathan* in der Inszenierung von Stroux! Der harmloseste, den ich je sah!... Man wollte ihn als Komödie spielen, zehn Jahre nachdem man Millionen Nathane umgebracht hatte. Und es wurde auch gelacht, am meisten, als der Prälat sagte – und es mehrmals in der Wiederholung leichthin sagte: ›Der Jude wird verbrannt‹... Die lachten, waren keine, und keine mehr, die lachen konnten, denn sie sind verbrannt. Ausgezeichneter Stoff für eine Komödie über eine Komödie. Lessing wäre ein Schmierfink gewesen, hätte er den Prälaten dem Menschenfreund Nathan und dem verständnisvollen Sultan gleichgesetzt. Da lag sein Angriff – allerdings vor 150 Jahren –, da ›drohte‹ nur die Gefahr, da war sie noch nicht *vorbei*. (Oder ist es tatsächlich, wie der Deutsche tut – und spielt? Harmlos, vergebend? Kann man das? Darf man das? Schon! Vielleicht nur, weil man die Gefahr persönlich nicht mehr empfindet. Weil's einem gutgeht, man wieder aufgenommen ist in die Gesellschaft der ›Mörder‹, die allerdings von nichts gewußt haben...)«

KAPITEL 3

Das große Jahr (1928)

Bis Herbst 1927 besuchte ich widerwillig ein Reformrealgymnasium in Berlin-Lichtenberg – das Wort »Reform« bezog sich lediglich darauf, daß der Lateinunterricht nicht mehr im Vordergrund stand – und wechselte dann zur Friedrich-Ebert-Schule in der Nähe des Alexanderplatzes, die aufgeschlossen und reformfreudig war. Viele Mitschüler gehörten dem *Sozialistischen Schülerbund* an, dem ich im Januar 1928 auf Anraten meines Klassenkameraden Leo Kerz beitrat. Er und ich hatten aber nicht nur politisch, sondern auch literarisch und künstlerisch gleiche Interessen. Er war klein, schmächtig und zart, ebenso intelligent wie sensibel. Schon damals konnte man in ihm einen jungen Künstler vermuten. Neben Leo Kerz gab es noch sieben oder acht weitere jüdische Mitschüler in der Klasse. Während es in der Klasse meiner »alten« Schule nur einen einzigen jüdischen Schüler gegeben hatte, der völlig isoliert war und die antisemitische Einstellung der meisten Lehrer und Mitschüler immer wieder zu spüren bekam, waren in meiner »neuen« Schule die jüdischen Schüler gleichberechtigt und integriert. Mir wie den meisten Schülern war es gleichgültig, daß die jüdischen wie auch die katholischen Mitschüler nicht am protestantischen Religionsunterricht teilnahmen. Sie hatten eben einen anderen Glauben.

Für Leo und mich wurde 1928 *das* Theaterjahr, und viele

Vorstellungen besuchten wir gemeinsam. Das großartige Jahr 1928 begann für mich Ende Januar, noch nicht zwei Monate nach meinem 15. Geburtstag, mit dem Stück *Die Abenteuer des braven Soldaten Schwejk.*

Schwejk

Dem Stück, das im »Theater am Nollendorfplatz« unter der Regie des Hausherrn Piscator gespielt wurde, lag der Roman von Hašek *Die Abenteuer des braven Soldaten Schwejk* zugrunde. Die Theaterfassung stammte dem Programmheft nach von Max Brod und Hans Reimann, doch wie ich später erfuhr, war diese Fassung von Piscator nicht akzeptiert worden, so daß er sie gemeinsam mit Bert Brecht, Leo Lania und seinem Dramaturgen Felix Gasbarra umgearbeitet hatte. Aus dem Trottel *Schwejk* wurde eine Gestalt, die den Krieg entheroisierte. Mit den Mitteln der Satire wurde die Habsburgermonarchie vernichtender Lächerlichkeit preisgegeben.

Alfred Polgar schloß seine Theaterrezension mit den Sätzen: »Unangegriffen von all dem Spaß blieb die menschliche Substanz der Figur, ohne Schaden behauptet sie sich in den Strapazen des Komischen, die Pallenberg ihr zumutet. Er ist durchaus bezaubernd als Soldat und brav, fügsam dem Gott, der die Flinten wachsen ließ und das Korn, in das man sie wirft.«

Der Erfolg hat Piscator recht gegeben: Er hatte Schwankhaftes eliminiert, Harmloses verschärft.

Leo Kerz sah sich Piscators Inszenierung des *Schwejk*, sein größter Bühnenerfolg, eine Woche später, Anfang Februar 1928, an. Dann lieh er mir die drei Bände des Romans, die, aus dem Tschechischen übersetzt, vor einiger Zeit erschienen waren und die Piscator zu seiner Theaterbearbeitung inspiriert hatten.

Der *Schwejk* – als Theaterstück und als Roman – war nun ein fortwährendes Thema zwischen Leo Kerz und mir. Unsere Begeisterung kannte keine Grenzen. Wir schwelgten in Erinnerung an die Theateraufführung und die vielen komischen Passagen im Roman.

Piscators *Schwejk* und Hašeks Roman kamen auch an einem Diskussionsabend des *Sozialistischen Schülerbundes* zur Sprache. Einer der Teilnehmer aus der Oberprima hatte zwei ältere Hefte der »Weltbühne« mitgebracht, in denen sich Beiträge über Hašeks Roman befanden. Am Ende einer Besprechung, die Kurt Tucholsky unter seinem Pseudonym Ignaz Wrobel 1926 verfaßt hatte, heißt es: »Laß uns anstoßen: auf Euch beide, Hašek. Auf einen großen Dichter und auf den braven Soldaten Schwejk.«

Tucholskys Rezension hatte zur Folge, daß ich mir jetzt häufig »Die Weltbühne« kaufte, vor allem aber, daß Kurt Tucholsky mein Lieblingsschriftsteller wurde. Sein Sammelband *Lerne lachen, ohne zu weinen* hat mich auf allen Reisen begleitet. Im Ersten Weltkrieg sollen viele Studenten unter den Freiwilligen »ihren« Nietzsche im Tornister getragen haben. Als ich Januar 1943 in Uniform in Berlin den Zug nach Warschau besteigen mußte, war Tucholsky *mein* Nietzsche.

Dreigroschenoper

Was niemand für möglich gehalten hatte – Leo und mir gelang es tatsächlich, zwei Karten für die legendäre Uraufführung der *Dreigroschenoper* am 31. August 1928 zu ergattern. So haben wir diese denkwürdige Vorstellung, einen der sensationellsten Erfolge in der Geschichte des deutschen Theaters, in der Inszenierung von Erich Engel erlebt. Seine *Schriften über Theater und Marxismus* habe ich 1971 verlegt. Nach der Premiere der *Drei-*

groschenoper schrieb Monty Jacobs, Kritiker der »Vossischen Zeitung«, in diesem Werk sei »Bert Brechts bestes Teil zu spüren: der Lyriker, der Bänkelsänger, der Balladenschöpfer«. Ich war von der Handlung, von den theatralischen Mitteln, vor allem von den Weillschen Songs fasziniert, aber was ich auf der Bühne sah, war noch etwas anderes: Macheath, der Londoner Straßenräuber, genannt Mackie Messer, kam mir sehr bekannt vor. War das nicht derselbe Herr, der bei »Immertreu« in der Kneipe »Sarowka« den Ton angegeben hatte? Und war nicht jener, der diese unvergessene Geburtstagsrede auf mich gehalten und meinem Vater und mir seinen Schwiegervater vorgestellt hatte, Macheaths Schwiegervater Peachum so verblüffend ähnlich? Für mich waren die Ganoven auf der Bühne von den Existenzen, die mich bei »Sarowka« gefeiert hatten, kaum zu unterscheiden. Ich genoß das Bühnengeschehen. Die revolutionäre Gesellschaftstheorie, die hinter dem Stück steht, sollte mir erst später aufgehen.

Die »Eingeweihten« erwarteten eine zustimmende Rezension von Herbert Ihering; hingegen war man auf eine negative Kritik von Alfred Kerr gefaßt. Über Iherings Stil soll Kerr einmal gespottet haben: »Sprüht wie Leder.« – Im Fall der *Dreigroschenoper* konnte ich mich wider Erwarten durchaus mit Kerr identifizieren. Hier ein Satz aus seiner Kritik als Beleg: »Und man hat, ohne viel zu rechten, einen prachtvollen Abend.«

Ba Nacht ofn Alten Mark

Leo Kerz und ich sahen im Oktober im »Theater des Westens« ein Gastspiel des Moskauer »Jüdischen Theaters«. Dem Bühnengeschehen liegt die Dichtung *Ba Nacht ofn Alten Mark* (Bei Nacht auf dem Alten Markt) des 1915 verstorbenen Jiddischpoeten Isaac Leib Perez zugrunde, der neben Schalom Alechem und Mendele zu den drei Großen der jiddischen Literatur zählt. Das Gastspiel des »Moskauer Jüdischen Theaters« 1928 in Berlin ergriff die Zuschauer, Leo hatte Tränen in den Augen.

In der Pause war er sehr in sich gekehrt; auch ich schwieg. Für mich verdichtete sich das, was ich bisher gesehen hatte, zu einem märchenhaften, hinreißenden Gemälde, unwirklich, traumhaft, geheimnisvoll. Chagall könnte es auf eine Leinwand gezaubert haben. Ja, Chagall war wie kein anderer Künstler von der mystischen Sehnsucht des Chassidismus inspiriert.

Der Beifall des vollbesetzten Hauses war tumultuarisch. Als wir das Theater verließen, wirkte Leo verändert. »Was ist los mit dir?« fragte ich ihn. Nachdem wir uns in ein Café gesetzt und etwas zu trinken bestellt hatten, rückte er mit der Sprache heraus. Ich hatte ihn gefragt, wie er die Aufführung fände. Seine Antwort: »Sie sprachen nicht nur Jiddisch, sie spielten jiddisch: ihre Gebärden waren beredter als das Wort.« – »Das stimmt«, sagte ich. Leo sah mich aus seinen großen tiefbraunen Augen an: »Ich dachte, das stört dich. Du weißt, ich bin ein Freidenker, aber mit Rücksicht auf meine Eltern behalte ich es für mich. Ich hatte vermutet, das Theaterstück und die Inszenierung würden dir fremd vorkommen. Es ist ja eigentlich auch für mich fremd, obwohl ich vieles weiß aus dem, was sie mir erzählt haben über ihre Kindheit in Galizien. Ich verstehe auch noch ziemlich gut Jiddisch. Aber du wirst damit Mühe gehabt haben.«

Ich antwortete mit einem Satz, den ich bei Kurt Pinthus gelesen hatte: »Jiddisch ist die erste Weltsprache.« Tatsächlich wurde es damals, 1928, überall verstanden, das heißt überall von den Juden: in Polen, in Ungarn, in Rumänien, in New York, in Moskau, in Kapstadt. Leo wußte, ich war kein Jude.

»Meine Mameloschn[2], das Jiddische, habe ich verdrängt, fast vergessen«, fuhr Leo in seinen Gedanken fort.

An all das mußte ich zurückdenken, als mir Wolfgang von Einsiedel – es muß um 1960 gewesen sein– mitteilte, er habe für den Essay über die jiddische Literatur für das Literatur Lexikon, das unser Verlag vorbereitete, Lajb Fuks als Autor gewonnen. Lajb Fuks war Konservator der Bibliotheca Rosenthaliana, Abteilung für Judaica und Hebraica der Universitätsbibliothek Amsterdam.

»Vor allem der Chassidismus«, schreibt er, »hat die jiddische Literatur verjüngt und erneuert. Die Rabbis, die ihn verkündeten, bedienten sich nicht nur des Jiddischen, sie erhoben es sogar zur Gebetssprache, denn wenn der wahre Glaube nicht im Verstand, sondern im Herzen wurzelte: warum sollte man dann nicht auch in der Sprache des Herzens zu Gott beten? Die Erde war nicht länger nur Jammertal, sie konnte auch schön sein, und auch mit Gesang und Tanz konnte man dem Herrn dienen. Der Chassidismus löste den Stummen die Zunge: Ein Strom von Erzählungen, Parabeln und Liedern quoll aus dem Innern des Volksgemüts empor.

Heute ist der Hauptstrom der jiddischen Literatur versandet.«

Revolte im Erziehungshaus

Keine Theateraufführung – weder Günther Weisenborns *U-Boot S 4* noch Bruckners *Verbrecher* – hat für Leo und mich so weitreichende Folgen gehabt wie ein Zeitstück, nämlich *Revolte im Erziehungshaus* von Peter Martin Lampel.

Lampel deckte in seinem sozialkritischen Zeitstück die inhumanen Zustände in einer Fürsorgeanstalt auf. Weder stellt er Anstaltsleiter und Erzieher als Bösewichter auf die Bühne, noch werden die jungen Menschen, die hier erzogen und gebessert werden sollen, von ihm als leichte Fälle geschildert.

Die *Revolte im Erziehungshaus*, die den 34jährigen Peter Martin Lampel 1928 zum umworbenen Autor machte, forderte nicht nur Pädagogen, Behörden, Parteien und Kirchen heraus, sondern beschäftigte auch das Parlament. Die hitzigen Auseinandersetzungen bewirkten Reformen. Der Aufruhr in den Jahren 1928 und 1929, den Lampels Zeitstück verursacht hat, ist vergleichbar dem Tumult im Jahr 1963, als Hochhuths Stück *Der Stellvertreter*, von Piscator inszeniert, in Berlin zur Uraufführung kam.

Noch nach 36 Jahren war mir der Ablauf des Stückes gegenwärtig. Als *Kindlers Literatur Lexikon* beim Buchstaben P angelangt war, erkundigte ich mich bei der Redaktion, ob vorgesehen sei, unter R die *Revolte im Erziehungshaus* zu berücksichtigen. Das war der Fall, und der Beitrag war noch nicht vergeben. Also schrieb ich über das Stück – den einzigen Beitrag, den ich beigesteuert habe. Die Redaktion hat ihn allerdings gekürzt und bearbeitet. Aber ich erkenne mein Manuskript in der betreffenden Veröffentlichung wieder:

»...Das Stück machte Lampel über Nacht berühmt. Es war Anlaß hitziger Diskussionen über eine notwendige Reform der Erziehungshäuser. Die Anwürfe des Autors, zunächst als Erfindungen abgetan, wurden in einem zwei Jahre später stattfindenden Prozeß in allen wesentlichen Punkten bestätigt. Kennzeichnend für den dokumentarischen Grundzug des Stücks ist der Verzicht auf literarisches Raffinement:

›...Lampel schönfärbt in keinem Moment. Er stellt sachlich dar, auch wo er vielleicht durch Zusammenrückung übertreibt. Er macht aus den Zöglingen keine Edelmenschen, aus den Erziehern nicht individuelle Schurken. Er zeigt ein System auf, das Erzieher und Zöglinge verdirbt. Deshalb springt sein Stück über die Rampe‹ (H. Ihering).«

Die Zustände, wie Lampel sie in *Revolte im Erziehungshaus* geschildert hatte, beschäftigten mich wochenlang. Das Stück offenbarte das Resultat einer verfehlten Erziehung, die meiner Meinung nach von Grund auf geändert werden mußte. Wie sehr hatte ich unter den – wenn auch nicht vergleichbaren – Erziehungsmethoden in jener Schule gelitten, aus der ich im Herbst 1927 ausgeschieden war.

Mir kam die verwegene Idee, Lampel möge ein Theaterstück über Zustände an deutschen Gymnasien schreiben. Den Mißständen in Erziehungsheimen stünden Mißstände anderer Art in höheren Schulen gegenüber. Ich stellte mir vor, welch herrliche Rollen die Pauker abgeben würden. Was waren das doch für verquere Typen: hochmütig, beschränkt, anmaßend, nationalistisch, ohne Einsicht, daß Deutschland 1918 den Krieg verloren hatte. Fast allen Lehrern dieser Schule fehlte die Bereitschaft, mit der Republik auch nur eine Vernunftehe einzugehen und demokratische Spielregeln zu akzeptieren. Die Lehrpläne waren ohnehin unzeitgemäß. Den Lehrkräften (was für ein Ausdruck!) waren sie nicht reaktionär genug. Am deutschen Wesen wird die Welt genesen – das war ihr Credo. In einem Schauspiel, dachte ich, sollte es gelingen, dieses deutsche Wesen als Unwesen bloßzustellen. Die Schikanen der Lehrer sollten gezeigt werden, aber auch die Toleranz derjenigen Lehrer, die mit der Zeit gingen, die einer Schulklasse nicht mit donnerndem Kommiß- oder näselndem Kasinoton gegenübertraten. Solche Lehrer, die von den Schülern geschätzt waren, wurden im Lehrerkollegium als Schlappschwänze angesehen und verdächtigt, »Sozis« zu sein.

Ich, damals sechzehn Jahre alt, suchte Peter Martin Lampel auf und fand in ihm einen aufmerksamen, ja, aufnahmebereiten

Zuhörer. »Schreiben Sie alles auf, was Sie für richtig halten, und bringen Sie es mir. Dann sehen wir weiter.«

In dem Exposé, das ich ihm eine Woche später brachte, hatte ich versucht, die Lehrer des Gymnasiums in Berlin-Lichtenberg, das ich, wie gesagt, bis 1927 besucht hatte, zu porträtieren und genau zu charakterisieren; ich hatte ihre Namen und Spitznamen aufgelistet und mich ausführlich über den Unterricht ausgelassen. Einen Höhepunkt bildete die Beschreibung des Ferienhauses der Schule in Tangersdorf. Dort wurde nämlich nach allen Regeln der Kunst »strammgestanden« und kommandiert. Schießübungen gehörten zum Ausflugsprogramm. Ich bezeichnete das Ferienheim Tangersdorf als Kaserne mit Exerzierplatz. Disziplin artete aus in Drill.

Ich schloß meine Ausarbeitung mit dem Satz: »Schreiben Sie ein Schauspiel über ein deutsches Gymnasium, über die Erziehung zum deutschen Untertan.«

Um es vorwegzunehmen: Lampel schrieb alsbald das Schauspiel *Pennäler,* in welchem er mein Material verarbeitete.

Leo Kerz ist nicht der einzige, der nach dem Zweiten Weltkrieg zu mir sagen wird: »Eigentlich warst du ja schon Verleger, als du Lampel 1928 veranlaßt hast, das Stück *Pennäler* zu schreiben.« Als »Honorar« versprach mir Lampel, mich zu gegebener Zeit dem Regisseur des Stückes als Regieassistent vorzuschlagen. Vielleicht, meinte er noch, könnte ich vorher schon einige Erfahrungen sammeln, nämlich bei den bevorstehenden Proben zu seinem bereits vorliegenden Stück *Giftgas über Berlin*, das die geheime Aufrüstung der Reichswehr unter General von Seeckt aufdeckte. Ernst Josef Aufricht hatte Lampel zugesagt, *Giftgas über Berlin* mit der Gruppe junger Schauspieler im »Theater am Schiffbauerdamm« herauszubringen.

KAPITEL 4

Von Flex zu Remarque

Etwa zu dieser Zeit begann ich, mich von einem Kreis gleichaltriger Freunde zu lösen, dem ich seit meinem 13. Lebensjahr verbunden war: einer Gruppe des *Deutschen Pfadfinderbundes*. Die Pfadfindergruppe, der ich seit 1925 angehörte und der ich im Begriff war Ende 1928 Lebewohl zu sagen, wurde von einem Medizinstudenten im zweiten Semester, Rudi Pallas, »geführt«. Die letzten Heimabende, an denen ich Ende 1928 teilnahm, hinterließen einen unerwarteten Eindruck, der deutlich macht, wie aufgeschlossen Rudi Pallas war: Er las uns Woche für Woche die Fortsetzungen von *Im Westen nichts Neues* aus der »Vossischen Zeitung« vor, die im November und Dezember 1928 einen Vorabdruck des Romans brachte.

Zwei Jahre zuvor hatte mir Rudi Pallas das Buch *Der Wanderer zwischen beiden Welten* von Walter Flex geschenkt. Es war das Kultbuch der bündischen Jugend: »Seiner Wandervogel-Ideologie, seiner idealistischen Verzerrung und Ästhetisierung des Krieges, die der einer ganzen Generation von Kriegsfreiwilligen entsprach, aber auch seiner Darstellung einer starken, homoerotisch getönten Freundschaftserfahrung verdankte das millionenfach verbreitete Büchlein seine verführerische Kraft und breite Wirkung« *(Kindlers Literatur Lexikon)*.

Man macht sich keine Vorstellung davon, was die Veröffentlichung von *Im Westen nichts Neues* zu diesem Zeitpunkt bedeutete. Die Menschen in Deutschland schieden sich wegen des Buches von Remarque, als es 1929 erschien, in zwei feindliche Lager. Schon Ludwig Renns Buch *Krieg*, das ein Jahr zuvor veröffentlicht worden war, hatte vielfach Entrüstung hervorgerufen. Das Kriegserlebnis der »verlorenen Generation« hatte weltweit seine Interpreten gefunden: Renn, Remarque, Ernest Hemingway, dessen *A Farewell to Arms* 1929 in den Staaten die Menschen bewegte.

Haßerfüllte Parteien gruppierten sich: für Remarque und gegen Remarque. Fanatische Gegner sahen in dem Buch die Ehre des deutschen Soldaten, vor allem die Ehre des deutschen Offiziers, verletzt. »Deutschland erwache«, begannen SA-Horden zu grölen. Politiker fühlten sich herausgefordert, Demokraten auf der einen, Reaktionäre auf der anderen Seite. Familien brachen auseinander, Freundschaften gingen in die Brüche. Der Deutsche Offiziersbund protestierte in der »Vossischen Zeitung«.

Den Erfolg des Buches, ein nie dagewesener, konnten die Ewiggestrigen nicht aufhalten, obschon manche Buchhändler in Berlin und erst recht in der Provinz die ausgestellten Exemplare aus Gegnerschaft oder aus Angst vor dem braunen Terror aus dem Schaufenster nahmen.

Allerdings wurde auch von links Kritik geübt. In der »Weltbühne« hieß es am 2. April 1929: »Die Pazifisten liegen schief, wenn sie die Schrecken des Schützengrabens sprechen lassen... *Im Westen nichts Neues* wird auf keinem Weihnachtstisch pfadfindender Knaben fehlen.«

Daß das ausgerechnet in der »Weltbühne« stehen mußte, deren Stellungnahmen und Informationen ich so viel zu verdanken hatte, veranlaßte mich, dem Herausgeber Carl von Ossietzky zu schreiben. Und zwar, daß ich dem Verfasser des Beitrags entschieden widersprechen müsse: Auf dem Weihnachtstisch »pfadfindender Knaben« wird noch immer Walter Flex liegen. Leider.

Die Kommunisten beklagten fehlende politische Konsequenzen in Remarques Buch; ihr revolutionäres Credo hätte vom Autor den Appell erwartet, den Krieg in den Bürgerkrieg zu verwandeln. Nein, ein Kommunist, ein Revolutionär, war Remarque gewiß nicht. Und es gab noch eine Schicht, die das Buch wohl politisch tolerierte, es aber hochmütig als nichtliterarisch abqualifizierte. Ein solcher Erfolg – das konnte in den Augen mancher Literaten, Germanisten und Kritiker, keine Literatur sein. Dabei war, das ist noch heute meine Überzeugung, Remarques nüchtern unpathetische Berichtsform das für dieses Thema angemessene literarische Stilmittel.

Ein deutsches Buch – ein amerikanischer Film

Die Geschichte der Verfilmung von Remarques Buch *Im Westen nichts Neues* hat eine Vorgeschichte. Deutschland gehörte zu den Ländern, die über eine große Filmproduktion verfügten. So lag es nahe, daß sich eine der Firmen um die Filmrechte des Remarquebuches bemühen würde. Um so mehr, als man mit einem hervorragenden Geschäft rechnen konnte. Aber weder eine deutsche Filmgesellschaft noch ein deutscher Produzent konnten sich dazu entschließen, diesen Film zu machen. Man fürchtete die politischen Auseinandersetzungen. Lieber drehte man Operettenstreifen und Schwänke oder noch einen Film vom »Alten Fritz«. Denn Fridericus-Rex-Filme waren Kassenschlager.

Remarques Darstellung der Kriegserlebnisse, obschon ihm eine *beabsichtigte* pazifistische Darstellung der Kriegserlebnisse ferngelegen hatte, waren zum Mahnmal gegen den Krieg geworden. Bei einer buchgetreuen Verfilmung würde das nicht anders sein. Also ließ man die Finger davon.

Der Film *Im Westen nichts Neues*, der aber dann eines Tages doch in Berlin zur Erstaufführung kam, war kein deutscher Film. Eine amerikanische Filmgesellschaft mit dem amerikanischen Regisseur Lewis Milestone hatte mit amerikanischen Schauspielern Remarques Buch verfilmt, das inzwischen in 32 Sprachen übersetzt worden war.

Amerikanische, englische und französische Publizisten, und nicht nur die Filmkritiker unter ihnen, waren alarmiert, sie sahen in der Unterlassung der deutschen Filmindustrie, sich des Stoffes ihres erfolgreichsten deutschen Autors anzunehmen, ein Menetekel, das nichts Gutes verhieß.

In der deutschen Presse eskalierten die Auseinandersetzungen. In der Entscheidung der Film-Oberprüfstelle vom 11. Dezember 1930 heißt es: »Das Reichswehrministerium halte sich für die Beurteilung der Frage für zuständig, ob das Ansehen der deutschen Wehrmacht geschädigt werde. Es bejahe diese Frage ausdrücklich. In einer Herabsetzung des Ansehens der Wehrmacht liege aber eine Schädigung des gesamten deutschen Ansehens.« Das Auswärtige Amt blies in dasselbe Horn. Es befürwortete das Verbot des Films.

KAPITEL 5

Piscatorschüler (1929)

Das gesprochene Wort

Die *Revolte im Erziehungshaus* hatte für Leo Kerz und mich mehrere Folgen. Erstens besiegelte sie unsere Freundschaft. Zweitens hatten wir nach der Vorstellung, die uns beide erschüttert hatte, erklärt, wir würden mit der Schule aufhören und zum Theater gehen. Ich sagte: »Ich werde Regisseur.« Er sagte: »Ich werde Bühnenbildner.«

Gemeinsam überlegten wir, wie wir unsere Ziele am besten erreichen könnten. Wir wußten weder, wie man Regisseur, noch, wie man Bühnenbildner werden könnte. Wir wußten nur, man kann Schauspielunterricht nehmen. Und so versicherten wir uns gegenseitig, es würde wohl vernünftig sein, zunächst einmal Schauspielunterricht zu nehmen.

Wir hatten gehört, man müsse *vorsprechen*, also eine Szene aus einem bekannten Theaterstück vorspielen. Wir entschieden uns für Frank Wedekinds *Frühlings Erwachen*, das 1891 im Druck erschienen war. Aber keine Bühne hatte gewagt, das Stück herauszubringen. Fünfzehn Jahre vergingen bis zur Uraufführung 1906 in den »Kammerspielen« in Berlin. Erst 1912 verfügte ein Berliner Gericht die endgültige Freigabe des Stückes.

Jeder von uns beiden studierte den berühmten Monolog des Moritz aus Wedekinds *Frühlings Erwachen* ein, in dem er darlegt, daß er sich das Leben nehmen wird. Wir erreichten es, daß Piscator bereit war, uns auf der Bühne des »Theaters am Nollendorfplatz« anzuhören.

Es war aufregend. Piscator wollte wissen, was wir tun. Wir erklärten, daß wir zum Theater wollten. Nach einem kurzen Gespräch mit Piscator, in welchem Leo Kerz zugab, Bühnenbildner, und ich, Regisseur werden zu wollen, durften wir unseren Monolog sprechen.

Ich kann ihn noch heute auswendig:

»Besser ist besser. – Ich passe nicht hinein. Mögen sie einander auf die Köpfe steigen. – Ich ziehe die Tür hinter mir zu und trete ins Freie. – Ich gebe nicht so viel darum, mich herumdrücken zu lassen.

Ich habe mich nicht aufgedrängt. Was soll ich mich jetzt aufdrängen! – Ich habe keinen Vertrag mit dem lieben Gott. Mag man die Sache drehen, wie man sie drehen will. Man hat mich gepreßt. – Meine Eltern mache ich nicht verantwortlich. Immerhin mußten sie auf das Schlimmste gefaßt sein. Sie waren alt genug, um zu wissen, was sie taten. Ich war ein Säugling, als ich zur Welt kam – sonst wäre ich wohl auch noch so schlau gewesen, ein anderer zu werden. – Was soll ich dafür büßen, daß alle andern schon da waren.«

Irgendwann unterbrach mich Piscator: »Beginnen Sie noch einmal von vorn.« Ich war irritiert, schluckte, holte Luft und fing wieder an: »Besser ist besser. – Ich passe nicht hinein. Mögen sie einander auf die Köpfe steigen. – Ich ziehe die Tür...« Piscator legte seine Hand auf meine Schulter: »Wiederholen Sie noch einmal bitte: ›Ich ziehe die Tür hinter mir zu und trete ins Freie.‹« Ich sprach den Satz noch einmal. Dann sprach Piscator den Satz. Er versuchte mir klarzumachen, wie ich mit diesem Satz umgehen sollte. Ich müsse mir vorstellen, daß ich eine Tür hinter mir zumache. Also: »Ich ziehe die Tür hinter mir zu...« Piscator:

»Jetzt geben Sie acht, nach dem ›und‹ muß eine kleine Pause entstehen, und indem Sie ausatmen, geschieht das Entscheidende: Sie treten ins Freie. Ins Freie, hören Sie? Diese Worte müssen als Befreiung, als Ergebnis Ihres Verhaltens, von Ihnen gesprochen werden. So…« Und er machte es mir vor. Und ich versuchte, es ihm nachzumachen: »Ich ziehe die Tür hinter mir zu – und trete ins… Freie.«

Jetzt war Leo dran. Auch er mußte diesen Satz wiederholen. Auch er wurde unterwiesen. Bis Piscator zu uns beiden sagte: »Ich bin im Begriff, eine Schule in der Potsdamer Straße einzurichten, in der man Schauspieler ausbildet, Dramaturgen, Regieassistenten, auch Bühnenbildner. Ich werde Sie beide dort aufnehmen.«

Wir waren benommen vor Glück und fanden nur hilflose Worte des Dankes.

Leo Kerz und ich kamen in zwei verschiedene Gruppen. Mein Freund schaffte es zudem, von Piscators Bühnenbildner Traugott Müller als Assistent angenommen zu werden. Ich kam in die Klasse für Schauspieler. Mit drei weiteren mir unbekannten Anwärtern absolvierte ich meine erste Stunde.

Was hatte ich zu erwarten? Auf Atemübungen war ich gefaßt. Oder würde man uns gleich einen Text in die Hand drücken, den wir spielen sollten? Oder stand mir ein Monolog aus einem der großen klassischen Stücke bevor? Wahrscheinlich, beruhigte ich mich, würde man uns mit einem Vortrag zunächst einmal mit dem ganzen Lehrprogramm vertraut machen.

Nichts dergleichen. Man drückte uns ein Buch in die Hand, kein Theaterstück, vielmehr das *Kommunistische Manifest* von Karl Marx.

Unser Lehrer las uns die ersten Sätze vor: »Ein Gespenst geht um in Europa – das Gespenst des Kommunismus.«

Ich war betroffen. So war es. Der Kommunismus war das Gespenst, das umging. Marx und Engels hatten dieses Manifest verfaßt.

Abschnitt für Abschnitt wurde gelesen, dann besprochen. Dem »Märchen vom Gespenst des Kommunismus« wurde von Marx und Engels entgegengehalten, »daß die ökonomische Produktion und die aus ihr mit Notwendigkeit folgende gesellschaftliche Gliederung einer jeden Geschichtsepoche die Grundlage bilden für die politische und intellektuelle Geschichte jeder Epoche: daß demgemäß... die ganze Geschichte eine Geschichte von Klassenkämpfen gewesen ist«.

So verlief also meine erste Schauspielunterrichtsstunde mit Karl Marx und Friedrich Engels.

Leo Kerz, dem ich sofort erzählte, wie sehr mich der Text des legendären Manifestes aufgewühlt habe, kaufte sich ein Exemplar, las es, um immer wieder mit mir darüber zu diskutieren. Wir hatten beide einen einzigen Einwand: die Forderung nach einer »Diktatur des Proletariats«. Aber als Hanns Eisler in der Piscatorschule, auf das Klavier hämmernd, sang: »Wir geben dem Feind einen kräftigen Tritt / Und was wir spielen, ist Dynamit / Unterm Hintern der Bourgeoisie«, sangen wir mit und fühlten uns als Revolutionäre. War der Rausch verklungen, überkamen uns Zweifel, ob die angestrebte »klassenlose Gesellschaft« machbar sei.

Im Jahr 1959 hatte ich Gelegenheit, an einer Veranstaltung teilzunehmen, auf der der damalige Vorsitzende der SPD, Erich Ollenhauer, sich zum *Godesberger Grundsatzprogramm* äußerte. Am Anfang seiner Rede ging er auf das *Kommunistische Manifest* ein: »Angefangen vom Kommunistischen Manifest von 1848 bis zum Heidelberger Programm des Jahres 1925 war jedes dieser Programme Ausdruck einer bestimmten geschichtlichen Situation. Jedes Programm versuchte Aussagen über die

Aufgaben der Sozialdemokratischen Partei in einer bestimmten geschichtlichen Periode zu machen. Keines der Programme wurde von seinen Verfassern oder von den Beschlußkörperschaften als ein für alle Zeiten unabänderlich geltendes Dogma angesehen. Das gilt vor allem auch für das Kommunistische Manifest, das zweifellos von allen programmatischen Erklärungen der internationalen sozialistischen Arbeiterbewegungen immer das hervorragendste und das bewegendste historische Dokument des Freiheitskampfes der Arbeiterbewegung bleiben wird. Aber seine Verfasser, Karl Marx und Friedrich Engels, haben selbst schon im Jahre 1872 auf die begrenzte Gültigkeit seiner Feststellungen und auf die Notwendigkeit der Revision bestimmter Teile hingewiesen.«

Das, was Ollenhauer 1959 sagte, entsprach dem, was ich in 30 Jahren Lehrzeit begriffen hatte: daß alle Dinge in Fluß sind. Und wenn ich später versuchte, mir politisch eine eigene Meinung zu bilden, so stellte sich mir stets die Frage: Hätte ich ohne die Grundlage der marxistischen Lehre, die mich beeindruckt hatte, der Naziideologie zu widerstehen vermocht?

Gewiß, man mußte nicht sozialistischen Utopien anhängen, um den Hitler-Faschismus zu verabscheuen. Den Ekel vor dem, was heraufkam und sich 1933 etablierte, teilte ich mit meinen Eltern. Und weder mein Vater noch meine Mutter hatte je eine Zeile Marx, Engels oder Bebel gelesen. Mein Vater war allein aus seinem christlichen Glauben heraus außerstande, den Naziparolen zu folgen.

Als er nach der sogenannten Reichskristallnacht während einer Sonntagspredigt sich von unserm Pastor eine antijüdische Haßorgie anhören mußte, stand er auf und verließ die Kirche, die er nie mehr betrat. In seinem christlichen Glauben war er allerdings nicht zu erschüttern.

Marx wurde vielfach von Leuten verteufelt, die nie eine Zeile von ihm gelesen hatten. So hat der Kindler Verlag 1962 – sechs Jahre vor den Studentenunruhen – einen Band *Ausgewählte Schriften von Karl Marx* im Umfang von 1322 Seiten veröffentlicht. Boris Goldenberg, der Herausgeber, vermittelt dem Leser eine umfassende Auswahl aus sämtlichen Schaffensperioden von Marx, die ihn als Philosophen, Ökonomen, Historiker und revolutionären Politiker zeigen. Im Jahr darauf folgte der 1540 Seiten starke Band *Ausgewählte Schriften von Lenin*[3], herausgegeben von Hermann Weber. »Revolutionen sind Lokomotiven der Geschichte«, zitierte Lenin Marx. »Die Revolutionen sind die Festtage der Unterdrückten«, fügte Lenin hinzu.

Mit der pazifistischen Gesinnung, zu der sich meine Frau Nina und ich bekannten, vertrug sich die marxistische und leninistische Weltsicht nur schlecht. Von der während der Hitler-Diktatur herbeigesehnten Demokratie blieb im sowjetisch besetzten Teil Deutschlands nur wenig übrig, so daß ich bereits 1945 mit meinem Austritt aus der von den Sowjets gegründeten »Berliner Zeitung« die Konsequenzen zog. In einem 1972 veröffentlichten Interview für die »Literaturnaja gaseta« sagte ich: »Die sogenannten sozialistischen Länder haben an humaner Lebensentfaltung sogar einen noch größeren Nachholbedarf als die sogenannten kapitalistischen Länder.« Und 1946 haben Heinz Ullstein und ich als Verleger der Wochenzeitung »sie« gemeinsam mit meinem Freund Gerhard Grindel, dem Leitartikler der Zeitung, den von den Stalinisten angestrebten Zusammenschluß von Kommunisten und Sozialdemokraten zur SED radikal bekämpft. In Berlin verhinderte die Wahl den Zusammenschluß. Die SPD ging als Sieger hervor.

Eine Analyse des kommunistischen Systems:
Die neue Klasse

Als 1957 eine in amerikanischer Sprache publizierte Neuerscheinung weltweit Aufsehen erregte, ließen meine Frau und ich nicht locker, bis wir im erbitterten Wettbewerb um die deutschsprachigen Rechte zu dem ersehnten Vertragsabschluß kamen. Das Buch enthielt die Analyse des kommunistischen Systems aus der Feder von Milovan Djilas: *Die neue Klasse*. Djilas, neben Tito hervorragender Führer des Partisanenkampfes im Zweiten Weltkrieg und dessen Stellvertreter nach dem Krieg, hatte 1954 wegen tiefgreifender Differenzen mit der Partei seine Ämter verloren und war kurz darauf gefangengesetzt worden. Freunde von Djilas hatten sein Manuskript *Novaklasa* in die USA gebracht, woraufhin er zu weiteren sieben Jahren Gefängnis verurteilt wurde.

Ich zitiere drei Stellen aus dieser Analyse:

»1. Im kommunistischen System Politiker zu sein ist ein idealer Beruf für alle jene Leute, die den Wunsch oder die Absicht haben, als Parasiten auf Kosten anderer zu leben.

2. Die Welt hat selten Helden mit einer solchen Bereitschaft zu Opfern und Leiden gesehen, wie es die Kommunisten vor und während der Revolution gewesen sind. Sie hat wahrscheinlich niemals so charakterlose Lumpen und dumme, verbohrte Advokaten verwelkter Formeln gesehen, wie es die Kommunisten werden, sobald sie zur Macht gelangt sind.

3. Demagogie und Verdrehungen sind bei den kommunistischen Führern unvermeidlich, weil sie gezwungen sind, die idealste aller Gesellschaften und die vollständige Abschaffung jeglicher ›Ausbeutung des Menschen durch den Menschen‹ zu versprechen. Trotzdem kann man nicht sagen, daß die Kommunisten das Volk betrogen, das heißt, daß sie absichtlich und

bewußt etwas anderes taten, als sie versprochen hatten. Tatsache ist einfach, daß sie nicht imstande waren, die Ziele zu erreichen, an die sie so fanatisch glaubten. Das können sie aber nicht zugeben, selbst wenn sie gezwungen sind, eine Politik zu betreiben, die allem widerspricht, was sie vor und während der Revolution versprochen haben. Von ihrem Standpunkt aus wäre das auch ein Eingeständnis, daß sie selbst überflüssig geworden seien. Und das ist natürlich für sie unmöglich.«

Djilas führt dem Leser vor Augen: Die ersehnte »klassenlose Gesellschaft« gibt es nicht. Eugen Kogon hat Djilas' Buch in den »Frankfurter Heften« besprochen. Er schloß seine Rezension mit den Worten: »Die Frage nach der Freiheit hängt aufs engste mit der sozialen Gerechtigkeit zusammen. Ohne diese ist die Freiheit nur ein Wort, aber ohne Freiheit läßt sich auch Gerechtigkeit nicht verwirklichen.«

Giftgas über Berlin

Ursprünglich hatte Piscator erwogen, ein Stück von Lampel in seinem Theater herauszubringen. Aber nach dem Erfolg der *Revolte im Erziehungshaus* wollte Aufricht, Berlins jüngster Theaterdirektor, im Jahr 1929 nicht auf Lampels neues Stück *Giftgas über Berlin* für sein »Theater am Schiffbauerdamm« verzichten.

Die Besetzung von *Giftgas über Berlin* bestand wieder aus den Mitgliedern der »Gruppe junger Schauspieler«. Brecht hatte sich bereit erklärt, die Inszenierung zu übernehmen. Und Lampel hatte ihn und Aufricht gebeten, mich volontieren zu lassen. Ich empfand dieses »Volontariat« allerdings als erschlichene Probensitzung, denn meine Anwesenheit wurde lediglich geduldet. Ich war mit meinen noch nicht siebzehn Jahren zu unerfahren, um Brechts Leistung als Regisseur beurteilen zu können, fand allerdings seine Art den Schauspielern gegenüber manchmal etwas überheblich. Während dieser Proben zu allen möglichen Tages- und Nachtzeiten erhielt ich einen ersten Einblick in die Welt vor und hinter der Bühne, erlebte Probenkräche und erregte Auseinandersetzungen über mögliche Kürzungen. Aufregend fand ich die erste Kostümprobe, bei der sich beispielsweise ein Schauspieler dank Maske und Uniform in den General Seeckt verwandelte.

Meine Erinnerungen an das Theater am Schiffbauerdamm decken sich mit Aufrichts Erinnerungen. In *Erzähle, damit du dein Recht erweist* schreibt er:

»Im Parterre lag neben den beiden Stargarderoben und gegenüber einer Tür, die zur Bühne und zur Beleuchtungsbrücke und einer anderen Tür, die in den Zuschauerraum und in meine Loge führte, das Zimmer Vier, so genannt, weil an seiner Tür ein Schild mit der Nummer Vier angebracht war. Ein Eckschrank, in den die Regisseure ihre Garderobe hingen, ein Sofa, zwei Sessel und mehrere Stühle sowie ein Schreibtisch waren die Einrichtung. Auf allen Möbelstücken, an den Wänden entlang und auf dem Fußboden standen leere Kaffeetassen und gefüllte Aschbecher. Durch dieses Zimmer Vier ging der Pulsschlag des Theaters. Zu allen Zeiten, auch nachts, wenn in dem Theater gearbeitet wurde, war es vollgestopft von Zugehörigen und Nichtzugehörigen, von Schauspielern und Theaterschülern, Regisseuren, Bühnenautoren und Journalisten, Agenten und Verlegern, Billetthändlern, Schwätzern und Parasiten, die alle zusammen das Arbeitsklima des Theaters ausmachten. Von dort verteilte sich diese Masse in die Büros, in die Gänge und in den Zuschauerraum und flutete wieder zurück. Wir hatten keine Bürostunden. Wir hielten uns zu jeder Tageszeit und oft auch die Nächte in unserem Theater auf.«

Vermutlich hat Aufricht, der das erzählt, mit den »Nichtzugehö-rigen« und den »Theaterschülern« auch an Leute wie mich gedacht.

Aufricht konnte nicht voraussehen, was er sich aufgeladen hatte. In einer Matinee sollte *Giftgas über Berlin* zur Diskussion gestellt werden. In seinem Erinnerungsbuch schreibt er darüber: »Lampel dramatisierte einen Vorfall, der sich in Hamburg ereig-net hatte: Die Reichswehr, entgegen den Abmachungen des Friedensvertrages von Versailles, hatte Giftgas produziert. Durch ein technisches Versehen entwichen giftige Gase ihren Behältern und töteten mehrere Zivilisten... Agierende Personen des Schauspiels waren der kommandierende General Seeckt, der Chef der Reichswehr, und der stets in politische Intrigen verwik-kelte Oberst Schleicher. Beide traten in persona auf, von Schau-spielern in Kostüm und Maske dargestellt... Trotz vieler drama-turgischer Mängel waren wir als Pazifisten von dem Thema fasziniert. Ich schlug vor, die Uraufführung in den Abendspiel-plan zu übernehmen und die ›Dreigroschenoper‹ zwei Monate in einem anderen Theater zu spielen. Sie zog in das nahe gelegene ›Komödienhaus‹ um. Ich komplettierte die Gruppe durch einige Mittelpunktschauspieler und nahm alle finanziellen Risiken und dadurch die gesamte Verantwortung auf mich.«

Was passierte? Die Reichswehr, deren heimliche Wiederaufrü-stung Lampels Stück zum Thema hatte, alarmierte über das Innenministerium den Berliner Polizeipräsidenten und versuch-te, die Vorstellung zu unterbinden. Lampel, Aufricht und Brecht gründeten sofort eine Vereinigung gegen die Wiedereinführung der Zensur, der unter anderen Albert Einstein, Thomas Mann, Heinrich Mann, Lion Feuchtwanger, Ernst Toller und Erwin Piscator beitraten. Aufricht und Brecht hatten auch den Kritiker Monty Jacobs in der »Vossischen Zeitung« aufgesucht, um ihn zum Beitritt zu bewegen. Monty Jacobs wollte sich erst ein Urteil über den literarischen Wert des Stückes bilden. Aufricht berichtet, wie Brecht auf Monty Jacobs losging: »Das möchte Ihnen so passen, ein literarisches Kaffeekränzchen zu veranstalten. Wir kämpfen bedingungslos gegen jede Zensur, auch wenn sie das *Dreimäderlhaus* verbieten.«

Hinter den Kulissen – nicht des Theaters, sondern der Reichswehr – wurde der preußische Innenminister Albert Grzesinski gedrängt, die Vorstellung zu verhindern. Schließlich wurde dem Theater eine geschlossene Aufführung am 5. März 1929 auferlegt, die sich der Berliner Polizeipräsident Zörgiebel, auch er ein Sozialdemokrat, ansah. Zu den geladenen Vertretern der Behörden, kulturellen Verbände und politischen Parteien gehörte eine Gruppe Jungkommunisten, die den Polizeipräsidenten fortwährend mit groben Beschimpfungen attackierten, so daß die Vorstellung immer wieder gestört wurde. Der Aufruhr während und nach der Premiere war Vorwand, »mit Rücksicht auf Sitte und Ordnung« weitere Vorstellungen zu untersagen. Lampels antimilitaristisches Zeitstück wurde nur dieses eine Mal gezeigt.

Kein Zweifel, für das Verbot hatte vor allem ein Mann gesorgt, der in der Weimarer Republik eine hervorragende, aber keineswegs nur rühmliche Rolle gespielt hatte: General Hans Seeckt. Natürlich war es gewagt, ihn in »Kostüm und Maske« auftreten zu lassen, das heißt in Uniform, Monokel im Auge, sein Gesicht so raffiniert geschminkt, daß man glauben konnte, Seeckt sei es selbst, der auf der Bühne stand. Er gilt als »Schöpfer« der Reichswehr, die er in der Weimarer Republik aufbaute. Diese Reichswehr war ein »Staat im Staate«, denn der monarchistisch gesinnte Offizier Hans Seeckt hatte die Integration der Truppe in die Republik verhindert, indem er monarchistisch-nationalistische Traditionen förderte. Im Oktober 1931 trat er der »Harzburger Front« bei und wurde so einer der Steigbügelhalter Hitlers.

KAPITEL 6

Vier Herren unterhalten sich

Lampel sagte mir bei einer Besprechung, er erwarte am nächsten Abend Alfred Döblin, Bert Brecht und Herbert Ihering zu einem Gespräch über Theater und Rundfunk. Falls ich Lust hätte, könnte ich dazukommen. Sicher würde mich das Gespräch interessieren. Noch heute empfinde ich es als aufregend, daß ich mit meinen 16 Jahren Gelegenheit hatte, vier Berühmtheiten kennenzulernen. Das heißt, mit Döblin hatte ich mich schon einmal bekannt gemacht...

Selbstverständlich sagte ich zu, woraufhin Lampel noch erwähnte, Traute Hodann, Frau des Arztes und Sexualforschers Max Hodann, würde für Brötchen und Getränke sorgen. Hodanns wohnten im selben Haus. Lampel hatte bemerkt, daß ich für Traute Hodann schwärmte.

Als ich am Abend eintraf, war Ihering schon da. Offenbar hatte Lampel ihm erzählt, ich als Gymnasiast hätte ihm Material für ein Schülerstück geliefert. Wir gerieten sofort in eine lebhafte Debatte über das »Theater der höheren Schulen«. Ich vertrat die Auffassung, man solle Schülern statt für diese, wie es hieß, kulturelle Einrichtung verbilligte Karten für Jessners Staatstheater, Reinhardts Deutsches Theater, für die Piscator-Bühnen und für die Volksbühne zur Verfügung stellen. Ihering war ganz meiner Meinung und sagte sinngemäß: Klassiker wie *Die Räuber* oder *Kabale und Liebe*, für Schüler gespielt, dürften nicht ihres revolutionären Gehaltes beraubt werden. Und das sei im »Theater der höheren Schulen« der Fall. Außerdem sollten Schülern nicht nur Klassiker, sondern auch Stücke zeitgenössischer Autoren zugängig gemacht werden.

In das Gespräch schaltete sich dann auch Lampel ein, bis Döblin und Brecht erschienen. Ihering sagte noch rasch: »Schreiben Sie mir auf zwei Seiten auf, was Sie zum Thema ›Theater der höheren Schulen‹ zu sagen haben, und schicken Sie mir Ihr Manuskript in die Redaktion des ›Börsen-Courier‹.« Das tat ich gleich am nächsten Tag, und Ihering überwies mir mein erstes Honorar!

Ich verschwand in der Küche, um Traute Hodann beim Anrichten der Salate und Brötchen zu helfen und um Weinflaschen zu entkorken. Dann verließ ich die Küche.

Döblin und Brecht hatten es sich bequem gemacht. Ich war neugierig, ob Döblin mich wiedererkennen würde. Zwei Jahre zuvor, nach einer Lesung im Berliner Sender, die mich sehr beeindruckt hatte, wollte ich ihn kennenlernen. Unter dem Vorwand, ich hätte ein verstauchtes Bein, fand ich mich in seiner Arztpraxis in der Frankfurter Allee ein. Er verschrieb mir eine Salbe und fragte mich verständnisvoll schmunzelnd, an wieviel schulfreie Tage ich dächte. Er habe die Schule gehaßt, fügte er hinzu, gehaßt. Ich bat um drei schulfreie Tage und erhielt das Attest.

Jetzt stellte mich Lampel ihm vor. Döblin sah mich an, prüfend durch seine dicken Brillengläser: »Gehen Sie immer noch zur Schule?« Dann gab Brecht mir grinsend die Hand. Wir hatten uns ja über Wochen, wenn auch selten gesprochen, so doch während der Proben von *Giftgas über Berlin* täglich gesehen.

Brecht wollte wissen, woran Lampel jetzt arbeite. Dessen Antwort war: »An einem Stück über Gymnasiasten; Kindler hat mir die Anregung gegeben und mir Unterlagen geliefert.«

Brecht meinte lediglich, Probleme von Bürgersöhnchen interessierten *ihn* nicht. Ich empfand das *Bürgersöhnchen* als Dolchstoß. War Brecht nicht selber ein Bürgersöhnchen? Schließlich hatte es sein Vater zum Direktor einer der größten deutschen Papierfabriken in Augsburg gebracht. Glaubte Brecht, er könne die Klasse, der er den Rücken gekehrt hatte, verleugnen? Hatte er das nicht als Vorwurf sogar von seiten der kommunistischen Presse zu hören bekommen? Wiederholt hatte ihm die »Rote Fahne« vorgehalten, er gestaltete in seinen Stücken nicht die proletarische Wirklichkeit. Und ich fand, daß die proletarische Kostümierung, die er sich zugelegt hatte, ihn nicht zu einem Genossen der Arbeiter machte. Und dieser Mann sollte mein Idol sein? Seine *Dreigroschenoper* hatte mich hingerissen. Und seine *Hauspostille* war eines meiner Lieblingsbücher.

Gewiß hatte Brecht seinen Satz vom Bürgersöhnchen gegen Lampel gerichtet, aber ich fühlte mich mit betroffen. Lampel nahm es gelassen, Ihering und Döblin schwiegen zu Brechts Äußerung.

Als sich das Gespräch der beabsichtigten Rundfunkdiskussion zuwandte, erklärte Ihering, ohne Piscator als Teilnehmer wolle er nicht mitmachen. Gleich zu Anfang bezeichnete Brecht den Rundfunk als ein Medium, dessen man sich viel stärker bedienen müsse. Es hatte bereits bemerkenswerte literarische Sendungen gegeben. So zwei Jahre zuvor, also 1927, den von Brecht als Hörspiel bearbeiteten *Macbeth*; und Brechts Lustspiel *Mann ist Mann* war vom Radio gesendet worden, noch bevor die Volksbühne es gespielt hat. Von Alfred Braun war die Rede. Von Hause aus Schauspieler, war Alfred Braun als »Die Stimme« der Berliner Funkstunde *der* Publikumsliebling geworden. Um es vorwegzunehmen: Im Februar 1933 wurde Alfred Braun von der SA festgenommen und in ein Lager verschleppt. Was warf man ihm vor? Erstens, daß er SPD-Mitglied war, zweitens, daß er »jüdisch versippt« sei, und drittens, weil er Brechts Stück *Die heilige Johanna der Schlachthöfe* als Hörspiel gesendet hatte. Der Kritiker Fritz Walter hatte damals im »Berliner Börsen-Courier« seine Hörspielrezension mit den Sätzen eingeleitet: »Es wird einmal zu den denkwürdigsten, aber unrühmlichsten Merkmalen in der Kulturgeschichte unserer Zeit gehören, daß das Theater die Vermittlung eines der größten und bedeutendsten Dramen der Epoche dem Rundfunk überlassen mußte.«

Eineinhalb Jahre nach dem Abend in Lampels Haus, am 30. September 1930, saß ich mit Kopfhörer in der elterlichen Wohnung am Radio und hörte Döblins *Berlin Alexanderplatz*. Die Sendung begann mit den Geräuschen des Berliner Verkehrs, mit vielfältigem Stimmengewirr, dem Klingeln der Straßenbahnen, dem Hupen der Omnibusse, dem Kreischen der Bremsen vieler Autos. Dazwischen und danach Stimmen der Zeitungsausrufer, Anpreisungen von preiswerten »frischen Fischen«, von Bockwurst »mit Mostrich«, von Damenstrümpfen aus »echter Kunstseide«, von Füllhaltern mit »Joldfeder«. Die Rollen waren erstklassig besetzt – mit Heinrich George als Franz Biberkopf, mit Hilde Körber als Mieze, mit Hans Heinrich von Twardowski als Reinhold und mit Gerhard Bienert als Klempner-Karl. Die Sendung dieses berühmten Romans war ein faszinierendes Erlebnis.

Wieder einmal bin ich den Ereignissen vorausgeeilt. Die Diskussion der vier Herren drehte sich noch immer um die beabsichtigte Round-table-Konferenz im Rundfunk. Zwischendurch bat mich Traute Hodann, ihr noch einmal in der Küche zu helfen. Ich erzählte ihr von Brechts Diktum, ein Stück über *Bürgersöhnchen* interessierte ihn nicht, und ihre Reaktion auf mein Klagelied lautete: »Wenn man öffentlich wirken will, muß man auf Kritik gefaßt sein«, um fortzufahren: »Fragen Sie mal Dr. Döblin, was er von Thomas Mann hält. Sie werden etwas zu hören bekommen, was Sie nicht für möglich halten. Und Brecht wird sich dabei vor Vergnügen eine neue Zigarre anzünden. Aber Sie können auch Brecht fragen, was er von Sigmund Freud hält. Brecht wird boshaft werden und in diesem Fall Döblin zu einer Laudatio auf Freud provozieren. Mit Ihering wird Brecht sich nicht anlegen, schließlich verdankt er Ihering den Kleistpreis. Sie wissen doch, was Ihering 1922 geschrieben hatte: ›Mit Brecht hat sich das dichterische Antlitz Deutschlands verändert‹?« Dieser Satz blieb mir im Gedächtnis. Ich setzte ihn 1980 über das von mir verlegte Buch von Herbert Ihering, das alle Rezensionen und Berichte enthält, die Ihering vor Brechts Emigration und nach seiner Rückkehr über ihn und sein Theater veröffentlicht hatte.

Als ich ins Arbeitszimmer zurückkehrte, drehte sich die Unterhaltung um das Verbot von *Giftgas über Berlin*. Ihering wandte sich mit einer Frage an Lampel: »Sie hatten mir doch einmal ein Giftgasstück skizziert, das nicht in der Gegenwart, sondern im Weltkrieg 1915 spielt. Den Plan haben Sie dann aber fallenlassen. Wie sah er aus?«

Was Lampel antwortete, hat sich mir eingeprägt. Natürlich kann ich es nicht im Wortlaut und nicht in allen Einzelheiten wiedergeben. Aber das Wichtigste habe ich behalten:

»Ursprünglich plante ich ein Stück über den ›schwarzen Tag von Ypern‹.« Bis dahin hatte ich noch nie etwas von einem »schwarzen Tag von Ypern« gehört. »Das war am 22. April 1915«, erinnerte Lampel seine Gäste. Ein deutscher Wissenschaftler hatte an diesem Tag den Fronteinsatz des von ihm entwickelten Chlorblaseverfahrens persönlich ausprobiert und geleitet. Sein Name sagte mir wenig. Er hieß Fritz Haber, war Nobelpreisträger, aber wofür er den Preis erhalten hatte, wußte ich nicht. Ich fand das, was Lampel erzählte, so spannend und erregend, daß ich mir einbilde, die Sätze noch genau im Ohr zu haben:

»Für diesen Fritz Haber war schon Ende 1914 klar, daß der vom Generalstab geplante Blitzsieg gegen Frankreich gescheitert war. Die deutsche Offensive war in einem mörderischen materialverschlingenden Stellungskrieg steckengeblieben. Haber behauptete nun, Gasgeschosse könnten die Front in Bewegung bringen.« Es entstand eine Pause. Döblin drängte: »Erzählen Sie doch weiter, bitte.«

Lampel fuhr fort: »Habers Initiative stieß auf vielfache Skepsis, aber Haber setzte sich mit seiner Energie durch: Er bestand auf einen Test.«

»Was war das für ein Test?« wollte Brecht wissen.

Lampel: »Testobjekte waren die englischen und französischen Soldaten am 22. April 1915 vor Ypern.«

Aus dem, was Lampel noch weiter erzählte, wurde mir klar, daß an diesem Tag der Gaskrieg begonnen hatte. Das Thema Gaskrieg hatte mich ja schon über Wochen während der Proben zu Lampels Stück *Giftgas über Berlin* gefangengenommen. Was ich jetzt vernahm, erfüllte mich mit Schrecken: Die Gaswolken, die auf Habers Befehl und während seiner Anwesenheit in die Luft geblasen worden waren, drangen in die gegenüberliegende Stellung des Feindes bei Langemarck ein.

Lampel stand auf und holte ein Buch, es hieß *Ypern und sein Untergang*, und es war von einem englischen Kapitän namens H. B. C. Pollard. In einem Schweizer Verlag war es auf deutsch erschienen. Lampel hat es mir später geschenkt, und so kann ich im Wortlaut zitieren, was Lampel daraus vorlas:

»Die Schützengräben nördlich des Kanals und links von den Kanadiern wurden von den französischen Kolonialtruppen, Turkos und Zuaven, gehalten. Die Dunkelheit trat bereits ein, als von den deutschen Schützengräben sich vor der französischen Frontlinie jene seltsame, grünschillernde Wolke des Todes erhob.« Alle hörten aufmerksam zu.

»Es war ein neues teuflisches Instrument der Kriegsführung, ein Werkzeug, auf das weiße Truppen gänzlich unvorbereitet waren und das für diese tapferen Afrikaner wie der Schrecken von etwas Übernatürlichem wirkte – wahrhaftig, niemand kann sie tadeln, wenn sie ausbrachen und die Flucht ergriffen.

In der fortschreitenden Dunkelheit der grauenvollen Nacht kämpften sie schreckbesessen, rannten blindlings in die Gaswolke hinein und brachen unter den Zuckungen des Erstickungstodes zusammen, während das langsam wirkende Stickgas ihre dunklen Gesichter überzog. Hunderte von Soldaten fielen hin und starben; andere lagen hilflos da, mit schaumbedeckten, todeszuckenden Lippen, die armen kranken Leiber von Zeit zu Zeit von heftigem Erbrechen geschüttelt. Sie sollten erst später sterben, eines langsamen, schmachtenden Todes nach namenloser Agonie.«

Lampel fuhr nach einer Weile mit eigenen Worten fort:

»Dennoch behauptete sich die gegnerische Front. Man war Habers Ratschlag nicht gefolgt, den Gasangriff durch eine deutsche Großoffensive zu unterstützen.

Haber, obgleich damals nur Vizewachtmeister, wurde oberster Leiter und Koordinator der gesamten chemischen Kriegsführung, auch der Ausbildung von Gastruppen. Sein Dahlemer Institut funktionierte er in ein reines Kriegsforschungsinstitut um, er holte viele namhafte Physiker und Chemiker aus dem Feld zurück, um sie an der Entwicklung von neuen, noch wirksameren Kampfgasen und Einsatzmethoden zu beteiligen.

Im Juni 1915 unternahm Haber die ersten Versuche mit wirksameren Substanzen. An der Ostfront setzte ein Sonderregiment, zu dem auch Otto Hahn gehörte, ein Gemisch aus Chlorgas und dem weitaus giftigeren Phosgen ein. Haber schreibt: ›Von besonderer Wichtigkeit sind zwei Seiten der Gaswirkung: Die eine ist besonders dem Gelbkreuzkampfstoff, die andere dem Blaukreuzkampfstoff eigen. Der Gelbkreuzkampfstoff besitzt die Eigenschaft, daß er, mit den Kleidern der Menschen oder mit ihren Schuhen in enge, warme Aufenthaltsräume verschleppt, dort Erkrankungen hervorruft, indem er durch Wärme verdunstet und dann eingeatmet wird... Der Blaukreuzkampfstoff, ein Reizgas, hat den wichtigen Vorteil, daß er den Gegner unter die Maske zwingt.‹«

Es entstand eine längere Pause. Dann meinte Ihering:

»Aber für die Gasangriffe kann Haber doch nicht den Nobelpreis bekommen haben?«

»Nein«, erwiderte Lampel, »den Nobelpreis hat er verdient. Den bekam er nicht für sein Giftgas, sondern für das schon vor dem Weltkrieg entwickelte Verfahren der Ammoniaksynthese.«

Die Diskussion wurde noch lebhafter. Ich glaube, es war Brecht, der wissen wollte, wie er sich ein Stück über diesen Fritz Haber vorgestellt habe. Er wäre die Hauptfigur wie der General Seeckt in *Giftgas über Berlin*, meinte Lampel.

»Interessant und historisch stichfest. Aber wie weiter?« wollte Ihering wissen.

Lampel: »Ich hatte an verschiedene Handlungsabläufe gedacht, mich aber noch nicht festgelegt. Es gibt zwei Gegenspieler, erstens seine Frau. Ihr Name: Clara Immerwahr. Sie hatte mit 26 Jahren das Studium der Chemie bei Professor Richard Abegg in Breslau begonnen, das sie im Jahr 1900 mit der Promotion auf dem Gebiet der physikalischen Chemie beendete. Das zeigt schon, daß sie eine ungewöhnliche Frau war.

Clara Haber hatte von wissenschaftlicher Arbeit eine andere Vorstellung als ihr Mann. Freude an der Wissenschaft sollte sich paaren mit Freude an der Partnerschaft, Freude am Leben. Giftgas war für sie ›eine Perversion der Wissenschaft, ein Zeichen der Barbarei‹.«

Nach Lampels Vortrag sah ich diesen ekelhaften Haber mit

seiner sympathischen Frau in meiner Vorstellung bereits auf der Bühne. Als Haber stellte ich mir Fritz Kortner vor, als dessen Frau Kortners Frau Johanna Hofer. Ich hatte Kortner und Johanna Hofer kurze Zeit vorher im »Romanischen Café« beobachtet. Da saß er unfreundlich und brummig, und ich war überrascht, wie liebenswürdig, wie liebenswert seine Frau sich ihm immer wieder zuwandte. Ja, die beiden wären die geeigneten Hauptdarsteller. In meiner Phantasie war das Stück schon reif für eine Aufführung. Aber Lampel hat es nie geschrieben. Der setzte an diesem Abend seinen Bericht fort, aus dem ich folgendes behalten habe:

Nach dem Gasangriff bei Ypern kam es zur entscheidenden Auseinandersetzung. Clara Haber beschwor ihren Mann, diese Arbeit nicht fortzusetzen. 15000 Engländer und Franzosen seien schutzlos dem Gasangriff ausgesetzt gewesen, 5000 entsetzlich zugrunde gegangen. Sie verwies auf die Haager Konvention, gegen die er bewußt verstieße. Fritz Haber ließ jedoch moralische Bedenken nicht aufkommen, war vielmehr stolz auf sein »patriotisches« Tun. Schon wieder war er im Begriff, an die Front zu fahren, diesmal an die Ostfront, um die Gaswaffe erneut zu erproben. Clara Haber aber wollte nicht mehr leben, wenn er nicht bereit sei, ihrer Forderung, das Unternehmen sein zu lassen, zu entsprechen. Das sagte sie ihm.

Seine Antwort: Er machte sich auf den Weg zur Front.

Nach qualvoller Nacht hat sie im Morgengrauen mit einem Schuß ihr Leben beendet.

Es war eine eindrückliche Schilderung. Auch Brecht, Döblin und Ihering waren bewegt, am meisten aber wohl ich. Wieder kam mir alles wie eine Theaterinszenierung vor. Bestimmt wäre das Publikum genauso erschüttert wie wir.

Brecht brachte mich in die Wirklichkeit zurück, als er, zu Lampel gewandt, kopfschüttelnd sagte:

»Sie wollen doch wohl nicht ein Zweipersonenstück schreiben. Das ist nichts.« Dann zündete er sich eine Zigarre an, die ihm während Lampels langer Erzählung ausgegangen war.

Ihering meinte darauf:

»Lampel hat ja nicht behauptet, daß nur zwei Personen auftreten sollen.«

Lampel, dankbar für diesen Einwand, erklärte, es würde nicht nur in diesem Stück, sondern auch in Wirklichkeit einen weiteren Gegenspieler geben. Dieser Gegenspieler hieß Hermann Staudinger.

Döblin: »Der Pazifist?«

Lampel bejahte. Er stellte seinen Pazifisten vor:

Staudinger war dreizehn Jahre jünger als Haber. Er wurde Chemiker wie Haber, mit dem er kollegial und freundschaftlich verbunden war, bis er 1912 einem Ruf als Ordinarius an die Eidgenössische Technische Hochschule in Zürich folgte, und zwar als Nachfolger des berühmten Richard Willstätter[4], der übrigens auch etwas mit dem Gaskrieg zu tun hatte, genauer: mit dem Gasschutz. Er entwickelte die Dreischichteinlage der Gasmasken des deutschen Heeres.

Den deutschen Gelehrten Staudinger empörte die systematische Nutzung chemisch-wissenschaftlicher Erkenntnisse in Form des Gaskrieges. Vor seinen Studenten äußerte er:

»Wir haben entweder vernichtenden Krieg, wenn wir daran glauben, daß die Beziehungen der Völker sich nur als Machtfrage regeln lassen; wir haben Frieden, wenn wir den Weg der Verständigung suchen.«

Staudinger arbeitete mit dem Internationalen Roten Kreuz zusammen und veröffentlichte 1917 seine Warnungen in der Zeitschrift »Die Friedenswarte«. Und Monate später sandte er seine genaue Analyse der Lage, einschließlich einiger praktischer Empfehlungen zur raschen Beendigung des tobenden Krieges, an die leitenden Militärs Deutschlands und Österreichs sowie an den Papst. Über die Reaktion des Heiligen Stuhls wissen wir nichts. Das deutsche Hauptquartier reagierte ausgesprochen ungnädig.

In Deutschland war Staudinger damit als Vaterlandsverräter gebrandmarkt.

Nach Lampels Bericht fragte Ihering den Gastgeber: »Wissen Sie, für wen Ypern Inbegriff allen Schreckens und Wendepunkt seines Denkens war?«

Lampel: »Ich verstehe Ihre Frage nicht.«

Ihering: »Piscator hat den Gasangriff vor Ypern erlebt – als Frontsoldat. Von diesem Erlebnis ist er nie mehr losgekommen.«

Lampel: »Woher wissen Sie das?«

Ihering: »Er hat es mir erzählt. Die ›reine‹ Kunst, die ›erhabene‹ Kunst, die er so sehr geliebt hatte, vermochte ihn von da an nicht mehr zu befriedigen. Piscator würde ein solches Stück, wie es Ihnen, Lampel, vorschwebt, mit Sicherheit sehr interessieren. Außerdem, Lampel, diese Tatbestände sind Zündstoff für ein Schauspiel. Sie sollten es schreiben, Warum haben Sie es nicht geschrieben?«

Döblin fragend: »Weil beide noch leben – Fritz Haber und Hermann Staudinger? Willstätter ebenfalls?«

Lampel: »Das kommt hinzu. Aber ich greife dieses Thema nicht auf. Ich verzichte auf den Beifall der Antisemiten.«

Brecht ließ keine Pause entstehen: »Sie sind ein Philosemit, weil Sie noch vor Jahren ein Antisemit waren.«

Lampel: »So ist es.«

Brecht: »Der Philosemitismus ist die Kehrseite des Antisemitismus. Ich bin weder das eine noch das andere. Alle sollten das sein: weder Antisemit noch Philosemit.«

Ihering versuchte, den Disput zu entschärfen: »Ich halte es mit einem der Assistenzärzte in Schnitzlers Komödie *Professor*

Bernhardi. Der gibt zu, Antisemit zu sein, fügt jedoch hinzu, er sei auch Antiarier geworden. Wörtlich sagt dieser Assistenzarzt: ›Ich finde, die Menschen sind im allgemeinen eine recht mangelhafte Gesellschaft, und ich halte mich an die wenigen Ausnahmen da und dort.‹«

Niemand lachte. Als Ihering dann sagte: »Ich verstehe Sie, Lampel. Wir müssen die Wirkung des Stückes bedenken«, pflichtete ihm Döblin bei: »Ich verstehe Sie auch, lieber Lampel. Ich sage das als deutscher Schriftsteller jüdischer Herkunft.«

»Was heißt jüdischer Herkunft«, konterte Brecht. »Hinter dem Antisemitismus versteckt sich der Klassenkampf.«

»Sie sollten nicht nur Marx lesen«, warf Döblin ein.

»Sondern?« fragte Brecht.

»Freud zum Beispiel, außerdem die fünf Bücher Mosis', um nicht so einseitig zu urteilen. Ich würde nicht Klassenkampf sagen, sondern Konkurrenzkampf. Die nichtjüdischen Wirtschaftshyänen nehmen den Antisemitismus als Vorwand, lästige jüdische Konkurrenten auszuschalten.«

Ich litt darunter, daß Lampels Stellungnahme zerredet wurde, und faßte Mut zu sagen:

»Beifall von Antisemiten wäre mir auch zuwider.« Es war wahrscheinlich der einzige Satz von mir während dieser Diskussion.

Ihering nahm das Thema noch einmal auf. Er sagte: »Die Bürger und Kleinbürger sind mit dem Gift des klerikalen Judenhasses geimpft.« Brecht jedoch beharrte im Zusammenhang mit dem Antisemitismus auf seiner Klassenkampfthese.

Die Frage des Antisemitismus hat mich seitdem immer wieder beschäftigt, mein ganzes Leben lang. Brecht hielt auch noch 1933 in seinem Stück *Die Rundköpfe und die Spitzköpfe* an seiner Einstellung fest. Erst die rassistischen Maßnahmen der Hitler-Diktatur verhalfen ihm zu einer tieferen Einsicht in die

Abgründe menschlichen Handelns. Das bezeugt sein Zyklus *Furcht und Elend des Dritten Reiches*. Er hat es seiner Frau, Helene Weigel, einer Jüdin, gewidmet. Die stärkste Szene heißt »Die jüdische Frau«. Über diese Szene schrieb nach einer von Ernst Ginsberg inszenierten Aufführung im Januar 1947 in Basel Max Frisch:

»Eine Jüdin, verheiratet mit einem blonden Arzt, packt für die Abreise, obschon er sich nicht verändert hat. Er verlangt auch nicht, daß sie geht. Nur sieht sie, daß er in der Nacht nicht mehr schläft. Darum packt sie geheim. Nur eines hofft sie von seiner Liebe: Er soll nicht sagen, es sei ja nur ein Abschied für vier Wochen, und ihr zugleich den Wintermantel geben, jetzt im Frühjahr. Der Gatte, als er die Koffer sieht, ist entsetzt; er will nicht, daß sie geht, nicht seinetwegen. Erst als sie behauptet, sie tue es ihretwegen, nimmt er es gerne an, sofort und tröstet sie und sich mit den Worten, es sei ja nur ein Abschied für vier oder fünf Wochen. Sie läßt es darauf ankommen: Willst du mir vielleicht den Wintermantel geben? sagt sie. Und er gibt ihn – gefällig ...
Die Geburt einer Lüge.«

Wie gesagt, damals im Frühjahr 1929 bei Lampel war Brecht von seiner Klassenkampftheorie durchdrungen. Ich höre ihn noch beim Abschied den Satz wiederholen: »Letzten Endes ist Philosemitismus eine Spielart des Antisemitismus.« Spielart...
Lampel beschloß den Abend, indem er Brecht erwiderte: »Es wäre schön, wenn wir alle so denken dürften wie Sie. Vielleicht kommt diese Zeit einmal. Wer weiß? Aber solange es Antisemiten gibt, will ich ein Philosemit sein.«
Ein halbes Jahrhundert später habe ich diesen Satz noch einmal gehört, von meiner Frau:
»Solange es Antisemiten gibt, will ich ein Philosemit sein.« Nina sagte es in einem anderen Zusammenhang. Es war ein Gespräch

mit Freunden in Zürich über die Schändung jüdischer Friedhöfe durch Neonazis in Deutschland.

Habers Schicksal endete tragisch. Er, der Vater des Gaskrieges, ein deutscher Nobelpreisträger, wurde unter Hitler von seinem geliebten Vaterland verstoßen. Daß ihm, dem Juden Fritz Haber, das Letzte, der Tod in der Gaskammer, erspart blieb, verdankt er seinem frühen Tod. Er starb im Januar 1934 in der Schweiz.

Über Hermann Staudinger, dem 1953 als »Vater der Kunststoffe« der Nobelpreis verliehen wurde, schreibt Claudia Crüll (in unserer Enzyklopädie *Die Großen der Weltgeschichte*), Staudinger sei im Dritten Reich von 1933 bis 1945 »mit einem strikten Ausreiseverbot belegt« gewesen und hatte »mit erheblichen Schwierigkeiten zu kämpfen«.

Heute wissen wir Genaueres dank des 1988 von Hugo Ott im Campus Verlag erschienenen Buches *Martin Heidegger: Unterwegs zu einer Biographie*. Ott ist Professor für Wirtschafts- und Sozialgeschichte an der Universität Freiburg. Wir erfahren, daß Staudinger 1934 in seinem Amt an der Universität einer bösen politischen Denunziation ausgesetzt war: Ein Kesseltreiben gegen ihn begann. Seine pazifistische Einstellung im Ersten Weltkrieg wurde ausgegraben. Der Denunziant, der diese Niedertracht beging, war der Philosoph Martin Heidegger.

KAPITEL 7

Meine erste Gage

Trotz des Skandals, den *Giftgas über Berlin* ausgelöst hatte, war Aufricht entschlossen, an der Uraufführung der *Pennäler* festzuhalten. Hans Hinrich wurde als Regisseur verpflichtet, Karlheinz Stroux wurde erster, ich zweiter Regieassistent. Als Tagesgage für Probenzeit und Spieldauer wurden fünf Mark pro Tag vereinbart. Diesen Betrag benötigte ich täglich für Taxis zwischen Elterhaus, Schule und Theater. Die Friedrich-Ebert-Schule ließ mich übrigens gewähren und gab mir die Zeit für meine selbstgewählten Pflichten. Hans Hinrich übertrug mir zudem die Rolle eines Pennälers. Daß ich selber noch Pennäler war, wußte nur Hans Hinrich, doch hatte er mir versprochen, es für sich zu behalten. Da ich älter aussah, als ich war, schöpfte niemand Verdacht. Die Schauspieler hätten sich kaum damit einverstanden erklärt, daß ich mitspiele. Es war die Zeit großer Arbeitslosigkeit, auch unter Schauspielern.

Frühlings Erwachen

Nach dem zweiten Probentag von *Pennäler* sprach mich Karlheinz Stroux an, ob ich heute abend in der »Volksbühne« für einen erkrankten Schauspieler einspringen könne. In der »Volksbühne« gab es, von Karl Heinz Martin inszeniert, Frank

Wedekinds *Frühlings Erwachen.* »Sie haben doch schon in der Provinz gespielt«, vermutete Stroux. Ich log: »Ja.«

»Eine Probe ist dann wohl nicht nötig«, meinte er und veranlaßte, daß ich ein Rollenbuch, in dem mein Text angestrichen war, beim Portier der »Volksbühne« abholen konnte. Das Stück kannte ich ja gut. Leo Kerz und ich hatten es erst vor kurzem Szene für Szene gelesen und uns dann für die Textstelle entschieden, die wir Piscator vorgesprochen hatten. Abends würde ich aufpassen, wenn es hieß: »Ich ziehe die Tür hinter mir zu und trete ins Freie.«

Stroux machte kurz vor der Vorstellung lediglich eine sogenannte Stellprobe mit mir. Das heißt, er erklärte mir meine kleine Rolle, sagte mir, was auf der Bühne vorginge, wer spielte, von wo ich zu kommen und wie ich mich zu bewegen hätte. Ich versuchte, alles zu behalten. Noch nie hatte ich mich so konzentriert. Ich hatte Herzklopfen.

Die Aufführung lief, und ich wartete auf mein Stichwort. Kaum hatte ich die ersten Sätze gesprochen, näherte sich mir Ernst Ginsberg, den ich in den beiden Probetagen bei *Pennäler* im »Theater am Schiffbauerdamm« kennengelernt hatte, und flüsterte: »Sprechen Sie lauter! Es ist ein Riesenhaus.«

Es ging dann alles gut.

Peter Lorre, der den Moritz spielte, sagte nach der Vorstellung: »Ich gratuliere, aber eigentlich hätte es doch eine richtige Probe mit Ihnen geben müssen.«

Abend für Abend spielte ich nun in *Frühlings Erwachen,* nicht für fünf, sondern für sechs Mark. Die brauchte ich auch dringend für meine häufigen Taxifahrten, denn mein Pensum war mit Schluß der abendlichen Vorstellung keineswegs beendet. Dazu hielt Berlin für einen neugierigen, lebenshungrigen Sechzehnjährigen zu viele Verführungen bereit.

Eines Abends bat mich Peter Lorre nach der Vorstellung in seine Garderobe und eröffnete mir: »Sie können sicher gut Englisch.« Er hatte ein Buch in englischer Sprache und hoffte, ich könnte es ihm – wenigstens in großen Zügen – übersetzen. Ich aber mußte ihn enttäuschen, da mein Schulenglisch sehr zu wünschen übrigließ.

Lorre goß mir und sich einen Slibowitz ein. »Schmeckt er Ihnen?« Nach dem zweiten Glas winkte ich dankend ab. Er goß sich, während er sich umzog, immer wieder ein Glas ein. Er wollte wissen, wo ich ausgebildet worden sei. Ich gestand, noch die Piscatorschule zu besuchen.

Lorre: »Ich habe überhaupt keine Schauspielschule besucht. Darauf sollten wir trinken.«

Ich wehrte ab, was ihn nicht hinderte, mir ein drittes Glas einzuschenken.

Lorre: »Sie sehen gut aus, Sie könnten zum Film gehen.« Er wurde immer gesprächiger: »Sehen Sie mich an: Ich hatte überhaupt keine Chance als Filmschauspieler. Schon am Theater war es nicht immer ganz leicht für mich. Man wollte mir immer nur kleine Chargen geben. Aber jetzt bin ich durch, bin groß – trotz meiner ein Meter zweiundsechzig.«

Ich wußte nicht recht, was ich sagen sollte. Tatsächlich war er nur ein Meter zweiundsechzig groß, und sein Gesicht war auch nicht das eines Liebhabers. Aber es war von ungewöhnlicher, ja unvergleichbarer Ausdruckskraft. Die hervorquellenden Basedowaugen gaben dem Gesicht etwas Zwingendes. Ich dachte, er könnte einen Zwerg spielen, vielleicht einen Clown.

Lorre fuhr fort: »Marieluise Fleißer hat mir gesagt, ich sehe aus wie eine Kaulquappe. Aber Brecht hat das nicht gestört. Ihm verdanke ich die Rolle in dem Fleißer-Stück, die mir den Durchbruch gebracht hat. Sie haben doch *Pioniere in Ingolstadt* gesehen?«

Ich: »Leider nicht. Ich war damals nicht in Berlin.« Das war geschwindelt. Natürlich hatte ich von diesem Stück gehört. Brecht hatte sich für die Fleißer eingesetzt. Und wie bei *Giftgas* hatte es auch bei diesem Stück Schwierigkeiten mit der Zensur gegeben.

Lorre lachend: »Dann haben Sie auch nicht die Kritiken gelesen: ›Peter Lorre mit Glotzaugen‹.«

Er sah auf die Uhr. Ich sagte noch: »Aber im *Danton* als Saint-Just in der ›Volksbühne‹ habe ich Sie gesehen. Einzigartig.«

Lorre abrupt: »Bis morgen.«

Am nächsten Abend bat er mich wieder in seine Garderobe. »Sie müssen nicht trinken«, sagte er, indem er sich und mir aus einer neuen Flasche Slibowitz eingoß. Ich hatte mir vorgenommen, das Gespräch zu beginnen, und fragte ihn gleich, wann er das erste Mal aufgetreten sei, wo und in welchem Stück. Keine Antwort. Vom Abend zuvor wußte ich, daß er nie eine Schauspielschule besucht hatte. Ob er einen Schauspieler als Lehrer gehabt habe, fragte ich weiter.

Auf diese Frage ging Lorre ein und lachte: »Mein Schauspiellehrer war ein Arzt.« Er spielte die Pause, die entstand, wie in einem Theaterstück aus. Statt mir nun die erhoffte Antwort zu geben, kam er mit einer Gegenfrage: »Kennen Sie Wien?« Schon wieder eine Frage, die ich mit einem Nein beantworten mußte.

»Eine herrliche Stadt«, begann er. Er kam auf die Kaffeehäuser zu sprechen, auf die Theater, das Musikleben, die Oper, rühmte das vielfältige künstlerische Leben und, was mich überraschte, die sozialen Einrichtungen dieser Stadt. Lorre nannte Namen, Berühmtheiten offenbar, von denen mir die meisten damals noch kein Begriff waren.

»Meinen Lehrer habe ich in Wien kennengelernt«, setzte Lorre das Gespräch an diesem Abend fort. Was er mir, dem noch nicht 17jährigen »Kollegen«, erzählte, habe ich behalten: »Mein Lehrer und ich hatten vom ersten Augenblick an Kontakt miteinander. Meist fand ich nicht ohne weiteres Zugang zu anderen Menschen, stieß auf Ablehnung meines Aussehens wegen. Hier war es anders. Erstens war der Mann Jude wie ich, zweitens stammte er aus Rumänien, wo auch ich eine Zeitlang mit meinen Eltern gelebt hatte. Wo wir auch waren, stets ging ich in eine deutsche Schule. Zu Hause wurde ebenfalls Deutsch gesprochen, wie in so vielen gebildeten jüdischen Familien Südosteuropas. Später übersiedelten wir nach Wien. Der Mann, von dem ich spreche, war nicht nur Arzt, sondern auch Theatermann, außerdem ein Psychologe. Er heißt Jakob Moreno.« Meinem Gesichtsausdruck war wohl anzusehen, daß ich diesen Namen noch nie gehört hatte. »Den Namen sollten Sie sich merken«, fuhr Lorre fort. »Moreno hat etwas entdeckt, was Ursachen seelischer Leiden aufdeckt, schneller und gezielter vielleicht als Freuds Traumanalyse.«

Jakob Moreno, so erklärte mir Lorre, vertrat die Auffassung, daß das etablierte Theater mit den festgelegten Handlungsabläufen, Monologen und Dialogen »Theater« sei. Er wollte das Theater erneuern. Nicht *gelernte* Schauspieler sollten auf der Bühne stehen, nicht *einstudierte* Texte sollten vorgetragen werden, vielmehr sollten sich *Laien* zu einem Stegreiftheater zusammentun.

»Sie müssen wissen«, fuhr Lorre fort, während er sich jetzt ungeniert einen Schluck »aus der Pulle« genehmigte, »Moreno hielt Vorträge, entfesselte Diskussionen, forderte eine Revolutionierung des Schauspiels.« Jedenfalls gründete er in Wien im Jahr 1921 ein Stegreiftheater. Die Spielfläche befand sich inmitten eines Saales. Die Zuschauer ringsum durften, ja sollten sich in das *improvisierte* Spiel einmischen.

»1923 gewann Moreno mich für seine Truppe. Aber jetzt trinken Sie den Rest.« Mit diesen Worten reichte er mir die nahezu leer getrunkene Slibowitzflasche und sprach dabei unentwegt weiter: »Im Spiel der Laienspieler offenbarten sich tragische Eheszenen, ergreifende Vereinsamungen, Depressionen, Aggressionen und alle denkbaren mitmenschlichen Verhaltensweisen, wobei ›Vergessenes‹ zutage gefördert, Unbewußtes bewußtgemacht wurde.« – »Unbewußtes bewußtgemacht wurde«, wiederholte er.

Mir wurde erst Jahrzehnte später klar, daß auf diese Weise das entstand, was seit Moreno als Gruppentherapie bezeichnet wird. Sein therapeutisches Programm lautete: Therapie durch Stegreiftheater. Er nannte seine Methode das *Psychodrama*. So hat Nina, meine Frau, die über viele Jahre Teilnehmerin der *Lindauer Psychotherapiewochen* gewesen ist, dort unter Moreno an Kursen für das Psychodrama teilgenommen. Das Psychodrama, in unser Werk *Die Psychologie des 20. Jahrhunderts* eingegangen, wird noch immer praktiziert. Constance Neurath in London, erzählte uns, wie sehr ihr eine solche Therapie bei Problemen, die ihr zu schaffen machten, geholfen hat.

Lorre vertraute mir noch an, er verdanke es Moreno, daß er nicht mehr wie vordem unter Minderwertigkeitskomplexen leide, und beendete seine Erzählung mit den Worten: »Der Regisseur Leo Mittler sah sich auf einer Wienreise eine Vorstellung der Moreno-Truppe an und ›entdeckte‹ mich. Er engagierte mich nach Breslau. Ich verdiente Geld, hundert Mark im Monat. Aber ich spielte nur ›Wurzen‹.«

Jetzt, 1929, war Lorre in Berlin, der aufregendsten Theaterstadt des Kontinents. Und er, dem es zu schaffen machte, daß sein Äußeres, seine untersetzte Gestalt, sein gedunsenes Gesicht mit den hervorquellenden Augen, ihm den Weg auf die Leinwand versperrte – er wurde »der Filmschauspieler des Jahres«.

1931, im Januar, begann der Regisseur Fritz Lang, wie man weiß, mit den Dreharbeiten zu dem Tonfilm M. Als Hauptdarsteller, der Gestalt des Mörders, hatte sich Lang den so unheimlich wirkenden Peter Lorre in den Kopf gesetzt. Lorre spielte zu dem Zeitpunkt gerade in Brechts Lustspiel *Mann ist Mann* im »Berliner Staatstheater«. Brecht hatte die Soldaten mit Riesenpratzen versehen und auf hohe Kothurne gestellt. Ich fand, Lorre wirkte wie ein hilfloser Zwerg als Galy Gay zwischen den stolzierenden Soldatenungeheuern. Ich mußte an mein erstes Gespräch mit Lorre denken, als ich mir vorgestellt hatte, er könnte einen Zwerg abgeben.

Lang hat mit dem Film M einen neuen Filmtyp geschaffen, der in der ganzen Welt Aufsehen erregte. Peter Lorre spielte den pathologischen Kindesmörder beängstigend, bedrohlich. Aber den Ovationen, die Lorre bei der Premiere in Berlin im Mai 1931 entgegengebracht wurden, folgte außerhalb der Kinowelt der teuflische Verdacht, daß Lorre auch im Leben ein durch und durch böser Mensch sein müsse.

Von dieser Belastung sollte sich Lorre nie befreien können. 1931 oder 1932, bei einem zufälligen Zusammentreffen in einem Lokal in Berlin, sagte er zu mir: »Ich verstehe die Welt nicht mehr; ich habe doch den Kindesmörder im Grunde nicht als *Unmenschen*, sondern als einen *Menschen* dargestellt, den seine Triebhaftigkeit selbst zerstört. Ich habe mir die Vorstellung, die Fritz Lang von der Rolle hatte, Szene für Szene, Schritt für Schritt, Satz für Satz zu eigen gemacht. Das war gut so. Ich bin Fritz Lang zu großem Dank verpflichtet. Aber das war nicht alles. In meinem Unterbewußtsein gab es die bohrende Frage: Was würde mein Lehrer Jakob Moreno von mir erwarten? Diese Erwartung, genauer, diese von mir *vermutete* Erwartung Morenos, zwang mich, den Unmenschen so zu spielen, wie ich ihn zu spielen versucht habe, als Menschen. Es war eine Qual.«

Nach einer Spielzeit von ungefähr drei Wochen fand die letzte Vorstellung von *Frühlings Erwachen* in der »Volksbühne« statt. Die Premiere von *Pennäler* im »Theater am Schiffbauerdamm« stand bevor. Wie in *Frühlings Erwachen* spielte Ginsberg in *Pennäler* eine der Hauptrollen, ich eine kleine Rolle. Für die Schule blieb mir immer weniger Zeit. Mehr als täglich zwei Stunden am Schulunterricht teilzunehmen, konnte ich mir im Hinblick auf die Proben, die am Theater angesetzt waren, nicht leisten, doch sorgte der Direktor der Friedrich-Ebert-Schule dafür, daß die Lehrer auf meine Situation Rücksicht nahmen. Ein Thema beherrschte alle Probenpausen: Der Tonfilm war geboren. In einem der großen Kinos lief der lang erwartete Film, der aus Amerika kam: *Der singende Narr* mit Al Jolson als Hauptdarsteller. Al Jolson war es, der zu den Entdeckern von George Gershwin zählt. Er sang Lieder, die Gershwin komponiert hatte, bevor dieser mit der *Rhapsody in Blue* und der Oper *Porgy and Bess* die musikalische Welt eroberte.

Lampels Schauspiel *Pennäler* war in gewisser Weise eine Fortsetzung von Wedekinds *Frühlings Erwachen*. Bei Wedekind geht es um Gymnasiasten 1890; bei Lampel um Gymnasiasten 1929. Dazwischen liegen Erster Weltkrieg und Untergang der Monarchie. 1890: sexuelle Not, Kampf um erotische Befreiung, aber Furcht vor der Öffentlichkeit. 1929: eine freiere Jugend als bei Wedekind, politisch aufgeschlossener.

Die letzten Probentage verliefen für alle sehr angenehm. Hans Hinrich akzeptierte mich als seinen Assistenten, behandelte mich nicht einen Augenblick als Anfänger, der ich doch war, und war auch mit meiner kleinen schauspielerischen Leistung zufrieden.

Doch dann, in der Generalprobe von *Pennäler*, ein Tag vor der

Uraufführung, wurden Direktor, Regisseur und Ensemble von einer entsetzlichen Nachricht aufgescheucht. Meine vorige Schule hatte eine einstweilige Verfügung beantragt, die Aufführung zu untersagen, da das Ferienheim der Schule, in dem kommandiert und exerziert wurde, beim Namen genannt wurde: Tangersdorf. Die Premiere war aufs äußerste gefährdet. In der Krisensitzung kam mir der Einfall, der dazu führte, daß der einstweiligen Verfügung nicht stattgegeben wurde: Wir änderten den Namen von Tangersdorf in Prangersdorf.

Die Aufführung wurde ein Erfolg, auch dank des Regisseurs und der Schauspieler. Neben Ernst Ginsberg spielten unter anderem zwei später berühmt gewordene Theaterdirektoren mit: Karlheinz Stroux und Hans Schweikart. Stroux sah ich in den Nazijahren nur einmal in Berlin wieder, Hinrich erst nach dem Krieg in München. Von den Wiederbegegnungen mit Schweikart wird noch zu sprechen sein.

Beziehungen zu Mädchen und Frauen boten sich im vergnügens-enthemmten Berlin ständig an. Allerdings erlaubte mir meine kleine Gage keine großartigen Liebschaften. Einmal kam ich glimpflich davon. Sie hieß Hertha.

Hertha

Vor einem Buchladen im Umkreis der Friedrichstraße stand, wie ich fand, eine reizende Person. Ich sprach sie an. In einer der Seitenstraßen hatte sie eine geschmackvoll eingerichtete Wohnung. Sie führte mich ins Schlafzimmer, zeigte auf das aufgeschlagene Bett und sagte: »Ich heiße Hertha. Kaffee bekommst du nachher, jetzt darf ich dich bitten, mich zu entjungfern.« Natürlich war mir klar, daß es sich nicht um eine Entjungferung handelte, aber ich fand sie sympathisch, ihre Gelöstheit und Heiterkeit ansteckend.

Beim Kaffee fragte ich sie nach ihrem Beruf. »Nun«, sagte sie, »ich lass' mich täglich entjungfern.« Ich war wie vor den Kopf gestoßen, wurde grob: »Du gehst also auf den Strich, läßt dich von Männern anquatschen.« Das hätte ich nicht sagen sollen. Sie reagierte auf der Stelle: »Angequatscht hast *du* mich. Ich lasse mich sonst *nie* von Männern anquatschen. Ich suche mir die Männer aus, die *ich* anspreche, und sage ihnen zweierlei: erstens meinen Preis und zweitens, daß ich nur eine halbe Stunde Zeit habe. So ist das. Jetzt weißt du alles. Und nun sag' ich dir auf Wiedersehen. Heute in einer Woche, Mittwoch. Mittwoch ist mein freier Tag. Wenn du nicht kommst, werde ich traurig sein, wenn du kommst, werde ich mich freuen.«

Unsere Beziehung dauerte ungefähr zwei Monate. Unseren letzten Mittwoch verbrachten wir in einem behaglichen Lokal, auf jedem Tisch brannte eine Kerze, voller Übermut prostete sie mir zu und trug mir dieses Gedicht vor:

> Was geschieht, ist offenbar nicht
> Als ein Abschluß aufzufassen;
> Hertha spricht: – »Man kann sich gar nicht
> Oft genug entjungfern lassen.«

Sie behauptete, es sei ein Gedicht von Alfred Kerr und er habe es ihr gewidmet. Das glaubte ich nicht.

Es war aber von Kerr. Das entdeckte ich allerdings erst, als mir kürzlich Helga Bemmann[6] das von ihr herausgegebene Buch schickte, das im Berliner Verlag »Der Morgen« erschienen ist: Alfred Kerr, *Sätze meines Lebens*.

KAPITEL 8
Schulabgang (1930)

In der Obersekunda wurde mir klar, daß ich unmöglich die Rückstände in verschiedenen Fächern, vor allem in den naturwissenschaftlichen, aufholen könnte. Der Mathematikunterricht fand so gut wie ohne mich statt. Das heißt, hier wurden keine Fragen mehr an mich gestellt. Nur einmal sah der Mathematiklehrer, als ich die Klasse betrat, auf und verkündete: »Ich sehe, Kindler ist da. Das wäre eine Gelegenheit, eine mathematische Arbeit zu schreiben«, um dann fortzufahren: »Die schriftliche Arbeit würde aber zwei Stunden in Anspruch nehmen, und«, zu mir gewandt, »ich weiß nicht, ob Sie so lange hierzubleiben gedenken.« – Meine Antwort: »Leider nein.« Eine Stunde später fuhr ich zu einer Theaterprobe. Auch die Vergabe der Zeugnisnoten vollzog sich erfreulich human. Die Lehrer trugen der Klasse vor, welche Noten jeder Schüler zu erwarten hatte. Eigentlich waren es nur Vorschläge, denn jeder Schüler wurde gefragt, ob er die betreffende Note als angemessen empfände. Erhob der Schüler keine Einwände, wurde an die Klasse die Frage gerichtet, ob jemand dazu noch etwas sagen möchte. In einigen Fällen wurde dann die vorgesehene Note zugunsten des Schülers korrigiert. Bei mir hieß es lediglich: »Ich habe Ihnen die Note ›mangelhaft‹ zugedacht. Mit Rücksicht auf Ihre außerschulischen Arbeiten und Ihre, wie ich hörte, lobenswerte Mitwirkung in der literarischen Arbeitsgemeinschaft habe ich Ihnen mit Absicht keine Gelegenheit gegeben, das, was Sie wissen und was Sie nicht wissen, unter Beweis zu stellen. Ich fürchte, es könnte sich bei einer Prüfung ein ›ungenügend‹ herausstellen. Ich begnüge mich mit ›mangelhaft‹ in der Erwartung, daß Sie im nächsten Jahr intensiv mitmachen, Versäumtes aufholen und nicht etwa in Mathematik aufgeben. Ich sehe sonst beim besten Willen nicht, wie Sie das Abitur bestehen wollen.« Die Klasse stimmte der Zensurnote zu.

Dennoch mußte ich mich entscheiden: Theater oder Schule. Nach längerem Gespräch an einem der nächsten Abende mit dem Regisseur Hans Hinrich entschloß ich mich für das Theater, die Schule wollte ich mit Ende des Schuljahres verlassen. Zwei Theaterzusagen, die ich für die nächsten Monate hatte, wollte ich allerdings neben der Schule noch unbedingt wahrnehmen. Heinrich Fischer, Aufrichts Chefdramaturg und Stellvertreter im »Theater am Schiffbauerdamm«, hatte mir versprochen, ich könne Hans Heinrich von Twardowski assistieren, der bald darauf ein Stück von Hermann Kesten, *Die Heilige Familie*, herausbringen werde. Außerdem hatte mir Piscator die Regieassistenz für die Dramatisierung des Plievier-Romans *Des Kaisers Kulis* zugesagt. Während der Proben- und Spielzeit dieser beiden Stücke wollte ich versuchen, Schule und Theater noch einmal miteinander zu verbinden.

Die Heilige Familie

Ich weiß nicht, was Ernst Josef Aufricht und Heinrich Fischer veranlaßt hat, das Schauspiel *Die Heilige Familie* von Hermann Kesten zur Uraufführung zu bringen. Die Premiere war am 12. Juni 1930. Wohnungsnot ist das Thema, das eine Familie, die Kesten vorstellt, zersetzt. Hans Heinrich von Twardowski, ein namhafter Schauspieler, führte Regie und erweckte Kestens Personen zum Leben: den Vater, die Mutter, den Sohn, den Onkel, einen Zimmernachbarn. Aber das Stück überzeugte nicht. Ich assistierte dem Regisseur und spielte wieder einmal mit, neben großen Schauspielern wie Paul Bildt, Rudolf Platte und Maria Fein, deren Tochter Maria Becker später im Exil eine der bedeutendsten und beliebtesten Schauspielerinnen des Zürcher Theaters werden wird.

Twardowski war ein guter Lehrmeister. Behutsam, stets freundlich, ging er mit den Darstellern um. Den Autor Hermann Kesten lernte ich damals nicht kennen, doch hörte ich von Twardowski, er sei Lektor des Berliner Kiepenheuer-Verlages und verdiene, als Autor gefördert zu werden.

Ich hätte mir damals nicht träumen lassen, daß ich dreißig Jahre später fünf seiner besten Bücher veröffentlichen würde.

Des Kaisers Kulis

Piscator hatte mir schon vor einigen Monaten gesagt, er werde den »Roman der deutschen Kriegsflotte«, *Des Kaisers Kulis*, von Theodor Plievier dramatisieren. Der Autor stammte aus einer kinderreichen Arbeiterfamilie im »roten Wedding« in Berlin. Als ich einmal, 15- oder 16jährig, während eines großen Streiks durch den Berliner Wedding kam, waren die Straßen in ein Meer von roten Fahnen gehüllt. Mir fällt das beim Schreiben dieser Zeilen ein, weil ich nie vergessen werde, wie fassungslos ich war, als ich einen Tag nach Hitlers Ernennung zum Reichskanzler durch dieselben Straßen ging und kein rotes Fahnenmeer, aber doch eine beträchtliche Anzahl roter Fahnen sah, auf denen über Nacht das weiße Rund mit dem schwarzen Hakenkreuz aufgenäht worden war. Von heut auf morgen gab es den

»roten Wedding« nicht mehr, den Hanns Eisler in seinem Kampflied besungen hatte.

Theodor Plievier wurde bei Ausbruch des Krieges eingezogen, diente vier Jahre in der Kaiserlichen Marine und nahm am Matrosenaufstand in Wilhelmshaven teil. Als überzeugter Kriegsgegner schildert er mit beklemmender Intensität das Geschehen, das er hautnah miterlebt hat. Plievier hat seinen Roman den beiden Matrosen Köbes und Reichpietsch gewidmet, die 1917 von einem kaiserlichen Kriegsgericht wegen Meuterei und Anstiftung zum Aufruhr zum Tod verurteilt wurden.

Es war faszinierend zu erleben, wie Erwin Piscator im Berliner »Lessingtheater« Plieviers Buch in Szene setzte. Piscator »dramatisierte« nicht, er vermittelte episches Theater. Der Autor, der auch die Rolle des Matrosen Köbes übernommen hatte, war sein ständiger Gesprächspartner während der Proben. Piscator verteilte »Matrosen« im Zuschauerraum, die in das Bühnengeschehen einbezogen waren. Die Generalprobe war eine einzige Katastrophe, und Piscator mußte noch am Premierenabend eine Szene proben, während die Zuschauer bereits ins Theater strömten. Aber das war noch nicht alles. Nach dem ersten Teil des Stückes nahm die Pause kein Ende; Plievier und Piscator mußten die letzte Szene für den Schauspieler Erwin Kalser erst noch schreiben! Die Souffleuse heulte und schrie.

Dennoch, das Resultat der Inszenierung war beeindruckend, da Piscator dem Theater gab, was des Theaters ist. Der 30. August 1930 wurde zu einem der großen Berliner Theaterabende.

Im Herbst 1930 schied ich mit dem Zeugnis der Primareife aus der Schule aus. Meine Mutter weinte. Doch 1936 bot sich mir die Chance, während eines mehrmonatigen Aufenthalts in Bukarest an der dortigen deutschen Schule das Abitur als Externer nachzuholen. Meine Mutter konnte aufatmen.

Der von mir verehrte Leiter der Friedrich-Ebert-Schule überreichte mir beim Abschied den Roman *Unterm Rad* von Hermann Hesse mit folgender Widmung: Helmut Kindler bei seinem Abgang als Anerkennung für seinen schönen Bericht über
das Sommerfest der Schule.

Ich erinnere mich nur noch dunkel an meinen Aufsatz über das
Sommerfest im Jahr 1930, eine Wanderung in der Mark Brandenburg, weiß aber noch, daß ich über den Bericht das Motto
gesetzt hatte: Für Theodor Fontane.

Ich lese Hermann Hesse

Ich verschlang den Roman *Unterm Rad*, bald darauf den *Step-
penwolf*, von da an las ich alles von Hesse, wollte alles über ihn
wissen. Ich erfuhr, daß er schon seit 1912 in der Schweiz lebte,
ein kämpferischer Pazifist, der im Ersten Weltkrieg über den
Einmarsch der deutschen Truppen in das neutrale Belgien und
über den Einsatz von Giftgas vor Ypern entsetzt war.

Nach 1933 wurde Hermann Hesses Haus in Montagnola bei
Lugano Durchgangsstation zahlreicher Flüchtlinge aus
Deutschland.

Man wird Hesse und seinem Werk nicht gerecht, wenn man
seine politische Gesinnung, seine sein Dasein bestimmende Humanität nicht in das Porträt dieses Dichters einbezieht. Einer
seiner vielen Briefe, die seine Weltanschauung bezeugen, sei hier
zitiert. Hesse veröffentlichte diesen »Brief nach Deutschland« in
»Die Neue Zeitung« vom 2. August 1946. Er stellt eine General-
antwort auf Briefe dar, die er nach dem Zweiten Weltkrieg
erhalten hat:

»Ich erinnere solche Briefschreiber auch gelegentlich daran, daß
das deutsche Elend ja nicht erst mit Hitler begonnen habe und

daß schon im Sommer 1914 der trunkene Jubel des Volkes über Österreichs gemeinsames Ultimatum an Serbien eigentlich manchen hätte aufwecken können. Ich erzählte, was Romain Rolland, Stefan Zweig, Frans Masereel, Annette Kolb und ich in jenen Jahren durchzukämpfen und zu erleiden hatten. Aber darauf ging keiner ein, sie wollten überhaupt keine Antwort hören, keiner wollte wirklich diskutieren, wirklich an irgendein Lernen und Denken gehen...

Da sind nun zum Beispiel alle jene alten Bekannte, die mir früher jahrelang geschrieben, damit aber in dem Augenblick aufgehört hatten, als sie merkten, daß man sich durch Briefwechsel mit mir, dem Wohlüberwachten, recht Unangenehmes zuziehen könne. Jetzt teilen sie mir mit, daß sie noch leben, daß sie stets warm an mich gedacht und mich um mein Glück, im Paradies der Schweiz zu leben, beneidet hätten und daß sie, wie ich mir ja denken könne, niemals mit diesen verfluchten Nazis sympathisiert hätten. Es sind aber viele dieser Bekenner jahrelang Mitglieder der Partei gewesen. Jetzt erzählen sie ausführlich, daß sie in all diesen Jahren stets mit einem Fuß im Konzentrationslager gewesen seien, und ich muß ihnen antworten, daß ich nur jene Hitlergegner ganz ernst nehmen könne, die mit beiden Füßen in jenen Lagern waren, nicht mit dem einen im Lager, mit dem anderen in der Partei.

Auch erinnere ich sie daran, daß wir hier im Paradies der Schweiz während der Kriegsjahre jeden Tag mit dem freundnachbarlichen Besuch der braunen Teufel haben rechnen müssen und daß in unserem Paradies auf uns Leute von der schwarzen Liste schon die Gefängnisse und Galgen warteten...

Dann gibt es treuherzige alte Wandervögel, die schreiben mir, sie seien damals, so etwa um 1934, nach schwerem Ringen in die Partei eingetreten, einzig, um dort ein heilsames Gegengewicht gegen die allzu wilden und brutalen Elemente zu bilden.

Andere wieder haben mehr private Komplexe und finden, während sie im tiefen Elend leben und von wichtigeren Sorgen umgeben sind, Papier und Tinte und Zeit und Temperament in Überfluß, um mir in sehr langen Briefen ihre tiefe Verachtung für Thomas Mann auszusprechen und ihr Bedauern oder ihre Entrüstung darüber, daß ich mit einem solchen Manne befreundet sei.

Und wieder eine Gruppe bilden jene, die offen und eindeutig all die Jahre mit an Hitlers Triumphwagen gezogen haben, einige Kollegen und Freunde aus früheren Zeiten her. Sie schreiben mir jetzt rührend freundliche Briefe, erzählen mir eingehend von ihrem Alltag, ihren Bombenschäden und häuslichen Sorgen, ihren Kindern und Enkeln, als wäre nichts gewesen, als wäre nichts zwischen uns, als hätten sie nicht mitgeholfen, die Angehörigen und Freunde meiner Frau, die Jüdin ist, umzubringen und mein Lebenswerk zu diskreditieren und schließlich zu vernichten. Nicht einer von ihnen schreibt, er bereue, er sehe die Dinge jetzt anders, er sei verblendet gewesen. Und auch nicht einer schreibt, er sei Nazi gewesen und werde es bleiben, er bereue nichts, er stehe zu seiner Sache. Wo wäre je ein Nazi zu seiner Sache gestanden, wenn diese Sache schiefging? Ach, es ist zum Übelwerden.«

KAPITEL 9

Horváth und Zuckmayer

Italienische Nacht (1931)

Die Probe war beendet, das Theater ausgestorben, nur das Regiepult stand noch in der Mitte der 7. oder 8. Parkettreihe. Francesco von Mendelssohn, der Regisseur, wollte hierher zurückkommen, um eine Szene mit mir zu besprechen, über die es zwischen ihm und Oskar Sima, einem der Hauptdarsteller, eine Meinungsverschiedenheit gegeben hatte: Ich fühlte mich mit meinen 18 Jahren sehr geschmeichelt. »Warten Sie auf mich, ich will nur noch ganz kurz etwas mit Aufricht besprechen.«

Nach zehn Minuten erschien Mendelssohn in Begleitung eines Herrn, den ich nicht kannte. Als ich aufstehen wollte, bedeutete mir Mendelssohn, mich noch etwas zu gedulden. Dann nahm er mit dem Herrn auf den äußersten beiden Sitzen der Reihe, in der ich saß, Platz.

»Hier sind wir ungestört«, hörte ich ihn sagen. Und dann fiel der Name des Gastes: von Horváth, Autor des Stückes, das wir probten: *Italienische Nacht*. Aus Gesprächen unter den Schauspielern kannte ich Horváth nur unter dem Spitznamen »Herr Nestroy«, den ihm Oskar Sima gegeben hatte. Francecso von Mendelssohn fand den Spitznamen nicht passend. Das hatte vor drei Tagen bei der Leseprobe zu einer Spannung zwischen Sima und Mendelssohn geführt. »Horváth ist kein Nestroy«, hatte

Mendelssohn gesagt. »Für mich ist Nestroy das höchste Lob, das man dem Autor einer Komödie spenden kann«, polterte Sima. »Die *Italienische Nacht* ist eine Satire mit verdammt ernstem Hintergrund«, erwiderte der Regisseur. »Horváth ist ein Molnár«, hatte sich Fritz Kampers unaufgefordert eingemischt. »Gut«, sagte Mendelssohn abschließend, »Horváth hat einiges von Nestroy, einiges von Molnár, schließlich ist er ein halber Ungar. Aber er hat auch etwas von Brecht; er ist eben Horváth, unverwechselbar.« – »Für Brecht ist er nicht entschieden genug«, wandte Kampers ein. Mendelssohn begann zu dozieren: »Die *Italienische Nacht* ist kein Lehrstück, wie es *Brecht* geschrieben hätte. Man kann vielleicht sagen, es ist insofern ein Lehrstück, als es die Zuschauer davor bewahren will, die Gefahr zu unterschätzen, die von den Hitlerleuten ausgeht. Es ist eine Satire. Die Nazis werden lächerlich gemacht, aber Horváth zeigt auch, wie verspießert die Sozialdemokraten sind. Und der Zuschauer wird nicht ganz froh seines Lachens.«

Das alles fuhr mir durch den Kopf, während ich angespannt dem zuzuhören versuchte, was Autor und Regisseur miteinander besprachen. Es ging nicht um die Aufführung. Die Frage, um die es ging, war ein Erlebnis, das Horváth vor kurzem in Bayern gehabt hatte.

Mendelssohn: »Ich hab' gehört, daß sich der Zusammenstoß in einem Wirtshaus in Murnau zwischen Sozialdemokraten und den Hitlerleuten in Wirklichkeit ganz anders abgespielt hat, als Sie ihn in Ihrem Stück schildern. Viel aggressiver.«

Horváth: »Die Saalschlacht beim Kirchmeier in Murnau hat sich erst vor kurzem zugetragen, da war die *Italienische Nacht* längst fertig. Ullstein hatte mein Typoskript schon im vorigen Jahr bekommen und vervielfältigt.«

»Aufricht behauptet, Sie hätten ihm Ihr Manuskript abends bei Schwannecke gegeben.«

»Nein, der Arcadia Verlag, der Bühnenvertrieb von Ullstein, hat es Aufricht im vorigen Jahr angeboten. Aufricht habe ich erst später bei Schwannecke kennengelernt. Heinz Ullstein hatte mich zum Essen eingeladen und mich mit ihm bekannt gemacht, und Sie können sich denken, daß ich ihn gebeten habe, doch meine *Italienische Nacht* zu lesen. Das Stück schmorte bei ihm. Es lag zwischen zehn oder zwanzig anderen Stücken, unberührt, wie das so ist. Heinz Ullstein, wir sind befreundet, er kennt alles, was ich schreibe, beschwor Aufricht, meiner Bitte zu entsprechen. Es wäre ein Stück für sein Schiffbauerdamm-Theater. Seit Viktor Schwannecke die *Bergbahn* von mir in der ›Volksbühne‹ inszeniert hat, bevorzuge ich sein Lokal.«

»Also hat sich die Brecht-Geschichte nicht wiederholt? Sie wissen doch, bei Schwannecke, wo man immer alle trifft, hatte Aufricht seinerzeit Brecht gefragt, ob er vielleicht ein Stück für ihn habe. Brecht hatte nicht viel mehr als eine Idee. Und die stammte, glaube ich, nicht mal von ihm, sondern von Elisabeth Hauptmann, seiner getreuen Mitarbeiterin. So entstand die *Dreigroschenoper* zum Teil überhaupt während der Proben. Weills Musik wollte Erich Engel, der Regisseur, bei der Generalprobe in letzter Minute weglassen, so angstvoll sah man der Premiere entgegen.«

Horváth unterbricht Mendelssohn: »Brecht und Aufricht haben sich nicht bei Schwannecke kennengelernt, sondern bei Schlichter in der Lutherstraße. Brecht und seine Frau, die Weigel, gehören zu den Stammgästen bei Schlichter. Bei Schlichter sind sich ja auch Brecht und Weill mit dessen Frau, der Lenya, das erste Mal begegnet. Das war ein Glück für Brecht. Denn den immensen Erfolg verdankt die *Dreigroschenoper* doch der Weillschen Musik. Sie verdeckt Schwächen in Brechts Texten.«

Mendelssohn: »Überdeckt sie vielleicht nicht auch manche Stärken in Brechts Songtexten?«

Es verging einige Zeit, bis Horváth und Mendelssohn wieder zur Sache kamen: dem Zusammenstoß von Linken und Rechten im Lokal.

Mendelssohn: »Wollen Sie die echte Saalschlacht nicht als dramatische Szene in die *Italienische Nacht* einbauen?«

Horváth: »Das möchte ich nicht, Schmeißen mit Biergläsern«, und dabei bemühte er sich noch einmal, den Berliner Tonfall zu treffen, »Schmeißen mit Biergläsern – det is Kintopp.«

Auf die Frage bayrische Sprache oder Hochdeutsch gab der Autor eine Antwort, auf die ich – und wahrscheinlich auch Mendelssohn – nicht gekommen wäre: »Die Menschen müssen hochdeutsch sprechen, aber so outriert, daß man sofort hört, das Hochdeutsche ist ungewohnt für sie; sie sind im Alltag gewohnt, Dialekt zu sprechen.«

»Das wird nicht ganz leicht sein«, verabschiedete Mendelssohn den Autor, den er hinausbegleitete.

Es verging etwa eine halbe Stunde, bis Mendelssohn wiederkam. Er setzte sich neben mich und fragte: »Haben Sie gehört, was wir geredet haben?« Auf mein Ja meinte er, das sei gut. »Ich wollte eigentlich mit Ihnen über Oskar Sima sprechen. Er will sich von mir nichts sagen lassen. Er ist nur auf die Lacher aus. Das Tragische hinter den Worten existiert für ihn nicht.«

An dieser Stelle sei angefügt, daß Sima das Stück noch im selben Jahr als Regisseur in Wien herausbrachte, als Posse, nahezu entpolitisiert.

Mendelssohn erzählte mir, er habe bei der Verabschiedung vor dem Theater noch die Frage an Horváth gerichtet, die tags zuvor schon die Schauspieler debattiert hatten, warum er ausgerechnet Sozialdemokraten eine »italienische Nacht« feiern läßt. Eine »italienische Nacht« hätte besser zu den Nazis gepaßt; symbolisch könne eine »italienische Nacht« doch nur bedeuten: Das faschistische Italien, also Mussolini, wird gefeiert. Horváth habe erwidert: »Das ist es ja. Sie wissen nicht, was sie sagen, sie wissen nicht, was sie tun, diese saturierten verspießerten Sozialdemokraten. Sie sehen nicht, was heraufzieht, unterschätzen die Nazis.« Mendelssohn, nach einer Pause: »Es war aufregend, worauf Horváth noch zu sprechen kam, nämlich auf die ›italienischen Nächte‹ in Mussolinis Gefängnissen und Verbannungsorten. Wie viele Gegner des Faschismus wurden umgebracht, wie viele kamen in Haft! Horváth hat recht: Wer denkt schon daran?«

An einem der darauffolgenden Tage kam Mendelssohn im »Romanischen Café« noch einmal auf die faschistische Verfolgung der italienischen Antifaschisten zu sprechen und vermittelte mir ein Bild des faschistischen Terrors, von dem ich bis dahin nicht allzuviel erfahren hatte.

»Nicht nur die Gründungsmitglieder der Partito Comunista Italiano wie Palmiro Togliatti, Antonio Gramsci oder Luigi Longo wurden eingesperrt oder mußten ins Exil gehen. Auch Männer, die uns politisch vielleicht näherstehen, wie der Chefredakteur des ›Avanti‹, Pietro Nenni, der Jurist Filippo Turati, der Priester Luigi Sturzo, mußten Italien verlassen. Ignazio Silone ist vor kurzem in die Schweiz geflüchtet. De Gasperi wurde kaltgestellt. Und was ist mit den Brüdern Carlo und Nello Rosselli geschehen? Wen interessiert es schon, daß Giovanni Amendola, ein Gelehrter, Gründer der Partito Democratico, an den Folgen des letzten von drei faschistischen Überfällen gestorben ist? Ein zentrales Anliegen der Arbeiterbewegung, die internationale Solidarität, ist verkommen. Aus einer revolutionären Partei ist ein Verein von Kleinbürgern geworden. Die Genossen wissen schon nicht mehr, auf welche heimtückische Art Giacomo Matteotti, der Generalsekretär der Partito Socialista, von den Faschisten ermordet worden war. Das erregte 1924 Aufsehen. Das ist die ›italienische Nacht‹.«

In Horváths Stück, in dem ich als Regieassistent mitwirkte, bekam auch ich wieder eine kleine Rolle, eine besondere Rolle, zu der es nämlich gehörte, an »unpassender« Stelle mit erhobener Hand »Heil Hitler« zu schreien. Das sollte komisch wirken. Es war nicht leicht, das hinzukriegen, doch nach vielen Proben schaffte ich es, und die Zuschauer lachten.

Horváths *Italienische Nacht* hatte einen durchschlagenden Erfolg und erreichte von allen in Berlin aufgeführten Horváth-Stücken die längste Spieldauer. Es gab hervorragende Kritiken, nur die rechtsgerichtete Presse fiel über den Autor her, verstieg sich sogar zu der Lüge, Horváth, Sohn eines ungarischen Diplomaten und einer deutschen Mutter, sei Jude.

Vom Herbst 1935 an hält sich Horváth, da in Deutschland unerwünscht, vorwiegend in Wien und Henndorf bei Salzburg auf, und erst die Besetzung Österreichs durch Hitler am 12. März 1938 zwingt ihn, aus Österreich zu flüchten. Nach einer Odyssee durch zahlreiche Städte Europas lebte er in Paris, wo er am 1. Juni 1938 bei einem Gewitter von einem herabstürzenden Ast eines Baumes gegenüber dem Théâtre Marigny im Alter von 36 Jahren getötet wurde.

1953 werde ich in unserem Verlag in München Horváths Romane *Jugend ohne Gott* und *Ein Kind unserer Zeit* in einem Band unter dem Obertitel *Das Zeitalter der Fische* (»Es kommen kalte Zeiten, das Zeitalter der Fische…«) herausbringen.

Der Hauptmann von Köpenick

Während wir Horváths *Italienische Nacht* im Theater am Schiffbauerdamm probten, kam es im Deutschen Theater zur Uraufführung des neuesten Stückes von Carl Zuckmayer: *Der Haupt-*

mann von Köpenick. Heinz Hilpert führte Regie. Die Hauptrolle spielte Werner Krauß. Zu den überschwenglichen Kritiken gab es allerdings auch einige bedenkenswerte Einwände, unter anderem den, daß Zuckmayer sein Stück »Ein deutsches Märchen« genannt und damit die satirische Schärfe verschleiert hätte. Für diese satirische Schärfe hatte ein ungenannter Mitarbeiter gesorgt, dem Zuckmayer nicht nur die Idee zu dem Stück, sondern auch szenische und textliche Einwirkungen verdankte. Auf diesen Mitarbeiter werde ich in einem späteren Kapitel zu sprechen kommen.

Einige Zeit nach der Uraufführung mußte Krauß die Rolle aufgeben, da er eine andere Verpflichtung eingegangen war. Da das so erfolgreiche Stück weiter auf dem Spielplan bleiben sollte, übernahm Max Adalbert die Rolle des Hauptmann von Köpenick. Die Kritik erschien erneut in erster Besetzung. Adalbert hatte sich von Krauß' Vorstellung der Rolle freigemacht und überzeugte mit einer eigenen Meisterleistung.

Ich nahm an der Premiere mit Krauß teil und sah Monate darauf in einer Schauspieler-Nachtvorstellung die Aufführung mit Max Adalbert.

Schauspieler-Nachtvorstellungen waren eine einzigartige Einrichtung. Erfolgreiche Stücke gab es in einer besonderen Nachtvorstellung für diejenigen Schauspieler, die selbst allabendlich auf anderen Bühnen standen und infolgedessen keine Gelegenheit hatten, andere Stücke, Inszenierungen und Kollegen zu sehen. Aber die Schauspieler-Nachtvorstellungen waren ein Ereignis besonderer Art: Oben spielten die berühmtesten Schauspieler des deutschen Theaters, unten saßen die zum Teil nicht weniger berühmten Schauspieler Berlins. Zwischen ihnen drängten sich Filmgewaltige, Dirigenten, Intendanten, Regisseure, Politiker, Wissenschaftler, Industrielle – Prominente über Prominente. Dazwischen Nichtprominente, die es verstanden hatten, sich eine der Karten, die schwarz gehandelt wurden, zu beschaffen, wie beispielsweise ich.

In einer solchen Nachtvorstellung sah ich Zuckmayers Stück. Bekanntschaft mit dem Autor selbst schloß ich erst als Verleger, nachdem der Kindler Verlag eine Bildbiographie über Zuckmayer und sein Werk herausbrachte.

KAPITEL 10

Kino und Kabarett

Gebannt vor der Leinwand

Das Berlin der Weimarer Republik war eines der Kulturzentren Europas. Neben den Theatern boten Varietés, Kabaretts und immer stärker auch die Lichtspieltheater alles, was die vergnügungssüchtige wie kulturbeflissene Bevölkerung sich wünschte. Das Kino zog Leo Kerz und mich zunehmend in Bann, und wir sahen alle bedeutenden deutschen wie ausländischen Produktionen. Besonders in Erinnerung sind mir geblieben die Filme mit der Garbo, die, wie Truman Capote später schreiben wird, dem Film »einen Hauch von Poesie gab«, und Charlie Chaplin, diesem »Inbegriff des unermüdlich mit den Tücken der Welt kämpfenden kleinen Mannes« (Tucholsky).

Die Filme, die die Russen in den zwanziger Jahren drehten, bedurften keiner Filmstars. Sie schufen einzigartige Werke, über die Herbert Ihering 1926 schrieb: »Wenn von den Dokumenten der letzten zwanzig Jahre alles verlorenginge und nur der *Panzerkreuzer Potemkin* gerettet würde, man hätte ein Zeugnis ablegendes, gültiges Menschenwerk bewahrt, wie die *Ilias*, wie das *Nibelungenlied*.«

Es gab eindrucksvolles deutsches Filmschaffen – beispielsweise Langs Film *M*, beispielsweise G. W. Pabsts Antikriegsfilm *Westfront 1918* –, aber die meisten Filme gehörten zu jenen Militärschwänken und seichten Komödien, die Leo und ich uns nicht ansehen wollten. Einmal bekamen wir nach einem Kinobesuch Krach miteinander. Wir hatten *Kuhle Wampe* angesehen, den Brecht zu verantworten hat. Eine kurze Zusammenfassung des Inhalts:

Der Sohn einer Arbeiterfamilie stürzt sich aus dem Fenster, als er erfährt, daß die Arbeitslosenunterstützung gekürzt werden soll. Mutter und Tochter müssen aus der Wohnung ziehen, sie können die Miete nicht mehr aufbringen. In der Laubenkolonie *Kuhle Wampe* kommen sie unter. Der Film hat eindrucksvolle dokumentarische Szenen, und das Milieu ist realistisch geschildert. Und doch hat der Film in mir zwiespältige Gefühle ausgelöst. Denn nicht nur eine Kleinbürgerfamilie, die die Welt der Biertische verkörpert, wird verhöhnt, sondern auch Arbeiter werden attackiert, und zwar diejenigen, die nicht mit der kommunistischen, sondern mit der sozialdemokratischen Partei sympathisieren. Der Angriff hätte, meine ich, den Nationalsozialisten gelten sollen. Indem die Kommunisten – im Film wie im politischen Alltag – die Sozialdemokraten als Gegner bekämpften, machten sie sich mitschuldig an dem, was bald darauf kam. Diese Kritik an Bert Brecht hat Leo mir so übelgenommen, daß er eine Woche nicht mit mir sprach. Ich blieb bei meiner Meinung: Brecht ist ein großer Lyriker. Brecht ist ein großer Stückeschreiber. Ein großer Filmautor ist er nicht.

Abgelehnt haben wir auch die zahlreichen Fridericus-Rex-Filme mit Otto Gebühr, der den »Alten Fritz« so verkörperte, wie er im Bewußtsein unkritischer Deutscher verwurzelt war: als geliebte Bilderbuchfigur. Zehn Filme über den Preußenkönig kamen in die Kinos; die Krönung seiner Karriere wird Otto Gebühr 1941 mit dem Veit-Harlan-Film *Der große König* erleben.

Ich muß hier eine Anmerkung anfügen: Der Anzeige einer Buchversandfirma entnahm ich heute, am 16. Februar 1990, daß für Videos mit folgender Überschrift geworben wird: »Drei unvergeßliche Filme über Friedrich den Großen«. Unter ihnen *Der große König* mit dem ausdrücklichen Hinweis: »Ein Film von Veit Harlan«.

Muß man daran erinnern, daß es sich um einen der erfolgreichsten Propagandafilme des »Dritten Reichs« gehandelt hat? Daß Parallelen zwischen dem Preußenkönig und dem »Führer« suggeriert werden sollten? Daß Goebbels seinem Tagebuch anvertraute, dieser Film vermag, »eine härtere Art der Kriegsführung zu begründen und einzuleiten«? Daß es Veit Harlan war, der ein Jahr zuvor den widerlichen antisemitischen Film *Jud Süß* inszeniert hatte? Daß dieser Veit-Harlan-Film SS-Truppen vor mörderischen Einsätzen gegen Juden vorgeführt wurde? Daß Veit Harlan 1943 den Vorschlag von Goebbels akzeptiert hatte, den Durchhaltefilm *Kolberg* zu drehen? Daß dieser Film am 30. Januar 1945 vor Soldaten in der Atlantikfestung La Rochelle uraufgeführt und am Tag darauf im bombengeschädigten Berlin gezeigt wurde?

Fragen über Fragen im Jahr 1990 in der Bundesrepublik Deutschland!

Jettchen Gebert
Ein Film, von dem meine Mutter schwärmte

Näher eingehen möchte ich auf einen Film, den ich nie gesehen habe, den ich aber genau kenne. Meine Mutter hat ihn nämlich gesehen. Es war wahrscheinlich ihr erster Film, und er hat sie tief beeindruckt. Er spielte in einer Welt, die ihr nicht vertraut gewesen war, in einer jüdischen Familie.

Das Erlebnis dieses Films hatte zur Folge, daß sie, nachdem sie als junges Mädchen aus Schlesien in die Reichshauptstadt gekommen war, nicht einen Augenblick zögerte, eine Stellung als Kindermädchen, die ihr von einer jüdischen Familie im Berliner Grunewald angeboten wurde, anzunehmen. Diese Stellung gab sie nach einigen Jahren, 1910, auf, um meinen Vater zu heiraten, einen 28jährigen berittenen Polizisten. Von Pferden verstand mein Vater etwas: Er hatte in einem schlesischen Dragoner-Regiment gedient. Bald allerdings ließ er sich in die Polizeiverwaltung versetzen; schon damals war er froh, keine Uniform mehr tragen zu müssen, und erst recht später, als er sich endgültig für die Kriminalpolizei entschied. Er war ein durch und durch ziviler Mensch.

Den Film *Jettchen Gebert* muß meine Mutter vor ihrer Verheiratung gesehen haben. Conrad Veidt spielte eine der Hauptrollen, einen jugendlichen Liebhaber. Für ihn schwärmte meine Mutter, was meinen Vater amüsierte. Ins Kino gingen meine Eltern selten. Aber wenn ein Film mit Conrad Veidt lief, *mußte* mein Vater mit ihr eine Vorstellung besuchen. Nach einiger Zeit bedauerte meine Mutter, daß Conrad Veidt fast nur noch in dämonischen Rollen zu sehen war, so ausdrucksvoll und eindrucksvoll er sie auch gestaltete. Für Mama blieb er der jugendliche Liebhaber aus *Jettchen Gebert*.

Den Roman kannte sie in- und auswendig. Sie besaß nur wenige Bücher, die sie aber über alles liebte. Das Buch *Jettchen Gebert* hat meine Mutter mit in die Ehe gebracht. Sie hatte es 1910 von dem jüdischen Ehepaar im Grunewald zum Abschied erhalten. Erst dann wurde meiner Mutter klar, daß »ihr« Film nach diesem Roman, der seinerzeit sehr viele Leser gefunden hat, gedreht worden war. Der Autor hieß Georg Hermann.

Jahrzehnte später ließ ich mir von der Redaktion unseres Literaturlexikons zeigen, was eine Mitarbeiterin, Dietlind Amlong, über *Jettchen Gebert* geschrieben hatte:

»Dieser Roman spielt in den Jahren 1839/49.

Hermann entwirft das Bild einer typischen jüdischen Familie und gibt zugleich eine kulturhistorische Studie vom Berlin jener Tage. Die detaillierten Milieuschilderungen und die zuweilen ironische Zeichnung der Personen wie auch die Ausgewogenheit des Stils machen den Einfluß Fontanes deutlich. Der Roman entstand außerdem unter dem Eindruck von Thomas Manns ›Buddenbrooks‹ (1901), ein Werk, mit dem ›Jettchen Gebert‹ vielfach verglichen wurde.«

Nach diesem Buch also war der Film *Jettchen Gebert* mit Conrad Veidt entstanden. Es war, wie ich mir sagen ließ, Conrad Veidts erste Rolle im Film gewesen. 1933, auf dem Höhepunkt seiner Laufbahn, verließ er Deutschland und sein geliebtes Berlin, um in London die ihm angetragene Rolle des Jud Süß nach dem berühmten Roman von Lion Feuchtwanger zu übernehmen, der in Hitlers Deutschland nicht gezeigt werden durfte. Joseph Goebbels sorgte für eine andere Interpretation des *Jud Süß:* in einem antisemitischen Machwerk, das Veit Harlan 1940 inszenierte.

Zu diesem Zeitpunkt war die Villa im Grunewald, an die meine Mutter gern zurückdachte, längst in »arischen« Besitz übergegangen. Lion Feuchtwanger schrieb im Exil seinen Roman *Exil.* Und der Autor von *Jettchen Gebert*, Georg Hermann, verfaßte in Holland, wohin er geflüchtet war, den *Rosenemil.*

Nach dem Einmarsch der deutschen Truppen in Holland wurde Hermann verschleppt und 1943 in einem KZ, wahrscheinlich Auschwitz, vergast. Hermanns letzter Roman *Rosenemil* fesselte mich so wie *Jettchen Gebert* meine Mutter. Beim Lesen des Buches – 1946 oder 1947 – stieg in mir die Erinnerung an »Immertreu« auf, an meinen Geburtstag bei »Sarowka« in Berlin gegenüber dem Schlesischen Bahnhof.

Ein Kabarett, gleichgültig ob mit C oder K, kann nur in einer Gesellschaft gedeihen, in der es eine freie Meinungsäußerung gibt. Die »Katakombe«, 1929 in Berlin von Werner Finck, Hans Deppe und Rudolf Platte gegründet, war ein Kabarett, das auf Leo und mich eine starke Faszination ausübte. Zur »Katakombe« hatte ich schon früh eine enge Beziehung, denn mit Hans Deppe, dem Regisseur der *Revolte im Erziehungshaus*, hatte mich Lampel bekannt gemacht. Mit Rudolf Platte war ich 1930 während der Proben zu Hermann Kestens Schauspiel *Die Heilige Familie* in Kontakt gekommen. Und Werner Finck hatten Leo und ich 1930 oder 1931 einmal »vorgesprochen«.

Die »Katakombe« war im Keller des Vereins Berliner Künstler in der Bellevuestraße untergebracht. Friedrich Wolf hatte nach der Eröffnung 1929 an Erich Weinert geschrieben: »Das ist wirklich der Montmartre Berlins, wundervoll.« Leo und ich hatten uns eine pantomimische Ulk-Szene ausgedacht, doch was wir zum Ausdruck bringen wollten in unserer Duo-Pantomime, habe ich vergessen, verdrängt. Denn niemand, weder Werner Finck noch Hans Deppe, fand es komisch, was wir da machten. Ein dritter, uns unbekannter Herr meinte: »Eines muß man sagen, die haben aber Chuzpe.« Chuzpe, ein jüdischer Ausdruck für eine bestimmte Art von Dreistigkeit, haben viele Berliner in ihren Sprachschatz aufgenommen, vor allem Künstler.

Die Pantomime ging daneben. Die Chuzpe blieb uns erhalten. Nach unserem mißglückten Auftritt gingen wir ins »Romanische Café«. Dort bestellten wir uns eine Spezialität des Hauses: zwei Eier im Glas, das Höchste, was wir uns leisten konnten.

Meiner Mutter habe ich häufig von dieser Köstlichkeit vorgeschwärmt und ihr auch manches vom »Romanischen Café« als Treffpunkt berühmter Maler, Schriftsteller, Journalisten und

Schnorrer erzählt. Sie bat mich, ich möchte sie doch einmal dorthin mitnehmen. Wir hatten Glück und ergatterten in der drangvollen Enge zwei Plätze. Ich erklärte ihr, daß der linke quadratische Raum mit etwa zwanzig Tischen den Arrivierten unter den Dauergästen reserviert war. Er wurde »Bassin für Schwimmer« genannt. Links der noch wesentlich größere Raum das »Bassin für Nichtschwimmer«, wo wir saßen, hatten sich Leute bei einem Kaffee und einem Glas Wasser niedergelassen; die meisten waren in Zeitungen, die aushingen und die man sich nehmen konnte, vertieft. Im oberen Stockwerk gab es eine Galerie mit Tischen für Schachspieler. Die Außenterrasse belegten vorzugsweise Touristen. Für meine Mutter war der Besuch eine arge Enttäuschung, da das Café weder architektonisch noch vom Angebot her herausragend war. Für meine Mutter war es ein verqualmtes, etwas schmuddeliges Restaurant. Und auch die Berühmtheiten, die sie entdeckt hatte, sahen in ihren Augen überhaupt nicht nach Berühmtheiten aus.

Der Abend nach unserem Reinfall in der »Katakombe« brachte Leo und mir eine angenehme Überraschung. An dem kleinen Marmortisch, an dem wir saßen, nahm ein Herr Platz, mit dem wir bald ein äußerst lebhaftes Gespräch führten, nachdem er gehört hatte, wie stark uns sein Stück *Karl und Anna* ergriffen hätte. Es war Leonhard Frank. Zwei Sätze von Leonhard Frank habe ich behalten: »Die Münchner Boheme war meine Universität. In einem Münchner Kaffeehaus habe ich mein Abitur gemacht.« Leo und ich waren tief beeindruckt, einem leibhaftigen Pazifisten gegenüberzusitzen, der er ja schon im Ersten Weltkrieg gewesen ist. Während wir miteinander sprachen, wurde ein Nebentisch frei, an den sich eine junge Dame und ein kleiner Herr setzten. Von Leonhard Frank erfuhren wir: Das war Friedrich Hollaender mit seiner Frau Blandine Ebinger. »Vor drei Jahren haben an diesem Tisch«, erzählte Frank, »Klabund

und seine Frau Carola Neher gesessen, kurz bevor Klabund starb. Und die Ebinger singt heute noch Lieder, die Klabund geschrieben hat.«

Es muß im Jahr 1932 gewesen sein, als Leo Kerz mich mit Gerhard Grindel bekannt machte. Gerhard Grindel war mit dem jungen Regisseur Ernst Lönner befreundet, der Unterricht in der Piscatorschule gab. Leo Kerz war einer seiner Schüler.

Als Leo Kerz emigrierte, hinterließ er mir seinen Freund Gerhard Grindel, einen gedrungenen Dreißigjährigen, dessen markanter Kopf auffallend war. Als Mitglied der Liga für Menschenrechte hatte er Schreibverbot bekommen. Zwischen Gerhard Grindel und Blandine Ebinger bestand eine herzliche Freundschaft. Nachdem sich Friedrich Hollaender von Blandine getrennt hatte und emigrierte, war es Grindel, der Blandine Ebinger und deren Tochter Philine immer wieder beistand.

Mit Leonhard Frank kamen wir auch auf die »Katakombe« zu sprechen, und ich freute mich, daß er unsere Bewunderung für Werner Finck teilte.

Besonders gut gefielen mir Werner Fincks Soli. Er stand allein auf der Bühne und sprach – ohne aufzuhören, oft nur halbe Sätze. Das Publikum wußte schon, was er sagen wollte. Er sprach, hielt inne, stotterte (absichtlich), machte Wortspiele. Einen Vierzeiler beendete er zum Beispiel überraschend so:

> Gestern trat ein Fräulein an mein Bette
> Und behauptete, die Märchenfee zu sein,
> Und sie fragte mich, ob ich drei Wünsche hätte,
> Und ich sagte, um sie reinzulegen: nee!

Ich bewunderte Werner Finck, bewunderte einen Künstler, der *allein* auf der Bühne stand und die Zuschauer erobern mußte. In seinem Kabarett traten auch andere Künstler alleine auf, unter ihnen ein Mann, der auf Leo und mich einen unauslöschlichen Eindruck machte: ein junger, kräftiger Mann, kein Intellektueller, kein Literatengesicht. Das Gesicht eines Kämpfers. Und ein Kämpfer war er: Ernst Busch. Fritz J. Raddatz schrieb einmal über ihn: »Als junger Mann schon füllte er, ein deutscher Yves Montand, riesige Säle, ein Barrikaden-Tauber, der revolutionäre Lieder der Arbeiterbewegung sang, in Hemd und Hose, die Mütze schief auf dem Kopf und die Hände in den Taschen; und gleichzeitig war er ein Star des Kabaretts, konnte mit List und Perfidie Texte von Brecht und Tucholsky, Mehring und Wedekind vortragen.« Er war ein ebenso bedeutender Schauspieler wie Sänger. Als Sänger gelang es ihm, Worte, auf die es ankam, in unnachahmlicher Weise zu verdeutlichen. Er war der glänzende Interpret von Brecht-Songs, die Hanns Eisler vertont hatte, so wie Lotte Lenya die unerreichte Interpretin jener Brecht-Texte war, zu denen Kurt Weill die Musik komponiert hatte. Als wir ihn das erste Mal hörten, sang er ein Lied, das Anna Gmeyner für die Schlußszene ihres Stückes *Heer ohne Helden* verfaßt hatte, das Lied der Bergarbeiter. Hanns Eisler hämmerte dazu auf dem Klavier seine dramatische Musik.

Sein zweites Lied an diesem Abend, wieder von Eisler vertont, war das berühmte »Stempellied«:

> Keenen Sechser in der Tasche
> Bloß 'n Stempelschein
> Durch die Löcher der Kledasche
> Kiekt die Sonne rein…

Für das »Stempellied« zeichnet als Verfasser David Weber. Das war ein Pseudonym des Lyrikers Robert Gilbert, des 1899 in Berlin geborenen und kürzlich in Minusio am Lago Maggiore verstorbenen Sohns des Operettenkomponisten Jean Gilbert.

Robert komponierte, gleich seinem Vater, ebenfalls und wurde als Verfasser mit seinen Libretti zu etwa sechzig Operetten sowie Drehbüchern und Gesangstexten zu etwa hundert Spielfilmen bekannt. Er schrieb auch Schlager (»Das gab's nur einmal«), Kabarett-Texte und Kriminalromane. Später fertigte Robert Gilbert die deutschen Fassungen amerikanischer Musicals (»My Fair Lady«). Und seit 1950 erschienen von ihm in der Bundesrepublik Deutschland fünf Lyrikbände, Verse, die Berlin mit Spree und Panke besangen. Robert Gilbert gilt in der akademischen Literaturwissenschaft als Schriftsteller der leichten Muse, wobei man vergißt, daß Robert Gilbert sich nicht nur der leichten Muse verschrieben hat. Schon in der Weimarer Republik veröffentlichte er bemerkenswerte revolutionäre Chansons. Seine Berliner Gedichte berühren sich mit der Kunst von Heinrich Zille und George Grosz. Seine Wiener Gedichte aus dem Jahre 1933 bis zum »Anschluß« Österreichs 1938 erinnern an Horváths Theaterstücke, sie sind in ihrer hinterfotzigen Gemütlichkeit unverwechselbar und böse Zeiten vorausahnend. Während seiner Emigrationszeit – elf Jahre in den USA – publizierte er einen Band sozialkritischer Gedichte und Chansons, über die Brecht urteilte: »Sie haben ein klassisches Buch geschrieben.« In seinem 1972 erschienenen Band *Mich hat kein Esel im Galopp verloren (Gedichte aus Zeit und Unzeit)* stellte der Piper Verlag ihn als Satiriker und Pazifisten, als einen politischen Dichter vor. In ihrem Nachwort schrieb Hannah Arendt: »Denjenigen, die um das Poetische der Kinderzeit als den Urquell aller Dichtung wissen und die Erinnerung an die lorbeerlose Urzeit sich nicht haben nehmen lassen von den Trubeln des Lebens und dem Unfug der Karrieren, wird es nicht schwerfallen, in Robert Gilbert jenen Nachfahr zu entdecken, den Heine nie gehabt hat.«

Den Leser mag die ausführliche Schilderung dieser Vita verwundern. Da aber die akademische Literaturwissenschaft offenbar noch nie etwas von dem deutschen Schriftsteller Robert Gilbert gelesen oder gehört hat, konnte ich nicht darauf verzichten, ihn vorzustellen.

Untrennbar verknüpft mit dem Kabarett waren die großen Diseusen. Die größte von ihnen, Yvette Guilbert, habe ich einmal in Paris gehört – ein unglaublich bewegendes, betörendes Erlebnis. Eine Frau steht auf der Bühne. Es gibt keine Requisiten. Tausend Menschen sehen sie an, sehen in ein Gesicht, ein Menschengesicht, das die Zuschauer förmlich hypnotisiert. Sie hören eine Stimme, die lockend sein kann, verführerisch und Sekunden später frech, bald wieder schneidend, kalt, grausam, böse, schließlich sinnlich frivol, zärtlich, herzlich und herzlos. Das alles in einem einzigen Chanson. In *einem* Lied konzentriert sich der Inhalt eines ganzen Romans. Was für eine Arbeit steckt hinter einem einzigen Lied, hinter einem einzigen Auftritt! Wie ernst nimmt eine Diseuse ihren Auftrag.

Meine Begeisterung teilte ich mit vielen prominenten Zeitgenossen, unter ihnen Sigmund Freud, der in einem seiner letzten Briefe, 1938, an die große französische Diseuse geschrieben hatte: »Es ist Entbehrung genug, daß ich in den letzten Jahren nicht mehr eine Stunde wieder jung werden durfte unter dem Zauber von Yvette.«

Über das Erarbeiten eines Chansons sprachen Grindel und ich manches Mal mit Blandine Ebinger. Es werden nicht mehr viele Jahre vergehen, bis auch Blandine Ebinger Deutschland verläßt, da das Leben für ihre aus der Ehe mit Hollaender stammende, halbjüdische Tochter immer schwieriger wird. Ich habe 1933 noch zwei ihrer berühmtesten Chansons, die Friedrich Hollaender vor seiner Scheidung für sie geschrieben und vertont hatte, auf einer privaten Veranstaltung gehört, zwei aus der Folge *Lieder eines armen Mädchens*: »Das Jroschenlied« und »Wenn ick mal tot bin«. Eine der fünf Strophen lautet:

> »Wenn ick mal tot bin,
> kommt ooch Pastor Eisenlohr,
> der liest 'n schönen Vers aus seine Bibel vor:
> Wer ohne Schuld tut sein,
> der schmeiß den ersten Stein
> uff Liesken Puderbach, det liebe Engelein.
> Doch ick – ick lieg janz still,
> wenn ick mal tot bin.
> Wenn ick mal tot bin,
> mach ick, was ick will.«

Ein »Schimmel« geht um die Welt

Friedrich Hollaender, der rechtzeitig aus Hitler-Deutschland geflohen war, verbrachte dreiundzwanzig Jahre in Hollywood und schrieb dort die Musik zu 175 Filmen. Als ich ihn nach seiner Rückkehr in München kennenlernte, erzählte er mir, wie er zu seinem Chanson »Ich bin von Kopf bis Fuß auf Liebe eingestellt« gekommen war. Der Produktionschef des Ufa-Films Erich Pommer sagte zu ihm: »Uns fehlt die sentimentale Nummer.« Hollaender setzte sich an den Flügel und probierte die Töne aus, die ihm durch den Kopf gingen: A, C, C — C, D, B, B – B, C, C, A – A... Pommer meinte, zu diesen Tönen ließe sich doch kein Text finden. Hollaender erwiderte: »Wir machen einen Schimmel.« Was ein Schimmel ist? Man brabbelt irgendwelche Worte zu der Melodie. Hollaender brabbelte: »Ich bin von Kopf bis Fuß auf Liebe eingestellt.« Um ihn herum standen Pommer und Heinrich Mann, dessen Roman *Professor Unrat* die Vorlage zu dem Film *Der blaue Engel* bildete, sowie Zuckmayer, der in Anlehnung an den Roman das Drehbuch verfaßt hatte. Anwesend waren auch Emil Jannings, der Hauptdarsteller, und die junge Marlene Dietrich. Hollaender brabbelte weiter, bis die Umstehenden Beifall klatschten und damit nicht aufhören wollten. »Das ist doch nur der Schimmel«, stotterte Hollaender. »Wat heißt hier Schimmel?« brüllte Jannings. »Det is der Text.« Und alle stimmten ihm zu.

»Der Schimmel ging um die Welt«, sagte Hollaender 1963 zu mir und erinnerte mich daran, daß mit diesem Lied der Jannings-Film zum Marlene-Dietrich-Film wurde. Hollaender und ich kamen überein, daß er seine Erinnerungen schreiben sollte. Ich erzählte das der Journalistin Ursula von Kardorff[8], die sich die Korrekturbögen, die sogenannten »Fahnen«, kommen ließ, um der »Süddeutschen Zeitung« vorzuschlagen, einen Vorabdruck zu bringen. Erst durch Vorabdrucke, Lizenzen für Buchgemeinschaften, für Taschenbücher und fremdsprachige Ausgaben werden Neuerscheinungen rentabel. Ursula von Kardorff hatte mit ihrem Vorschlag kein Glück. Aber sie brachte die erste Besprechung in der Münchener »Abendzeitung«: »Weiß Gott, schreiben kann Friedrich Hollaender. Begeistert habe ich seine Fahnen geschwungen... Mitunter, wie im Brennglas verdichtet, umreißt er das Unheil im Nebensatz, als Hitler vor 1933 zur feierlichen Ufa-Premiere geladen wird: ›Im Wandelgang stehen seine zukünftigen Opfer Spalier.‹«

KAPITEL 11
Vaterland

1931 schrieb Peter Martin Lampel ein neues Stück: *Vaterland*. Das »Theater am Schiffbauerdamm« konnte sich nicht zur Annahme des Stückes entschließen. Lampel aber nahm Einwände, die ihm die Dramaturgie des Theaters vorgetragen hatte, nicht zur Kenntnis und veranlaßte mich, ein Theater zu pachten. Das Geld für die Pacht stellte er mir zur Verfügung. Ich, gerade 19, war der Produzent. Als Regisseur verpflichtete ich den Schauspieler Norbert Schiller, der kurz zuvor am »Staatstheater« den Don Carlos gespielt hatte. Ihm, dem Regisseur, stand ich als Assistent zur Verfügung, und er befreundete mich auch mit einer kleinen komischen Rolle, die ich spielen sollte.

In *Revolte im Erziehungshaus* bewirkte die Anklage gegen unerträgliche Zustände in einer Fürsorgeanstalt, daß die Öffentlichkeit mobilisiert wurde, daß sie die Empörung des Autors teilte, daß das Ministerium sich einschaltete, daß Untersuchungen eingeleitet wurden und sich daraufhin in Erziehungsanstalten manches besserte. Schließlich war eine Reform der Fürsorgeerziehung im Reichstag gesetzlich verankert worden. Im Stück *Vaterland* verarbeitet Lampel hauptsächlich Selbsterlebtes, Privates, wenn er die Verbohrtheit der Parteien beklagt, einen neuen Geist predigt, ein neues Vaterland fordert.

Mit Alfred Kerr bin ich der Meinung: »Der Begriff ›Vaterland‹ als Gemütskomplex in Ehren; aber der Begriff ›Vaterland‹,

Lampel, wird ja von Wechselbeziehungen der Völker mit gemeinschaftlichem Postbetrieb, Handel, wissenschaftlicher Zusammenarbeit heut eingeengt; vielmehr: erweitert. Es kommt, Lampel, darauf an, die friedlichen (hervorbringenden) Teile der verschiedenen Vaterländer zu sammeln: damit es keines mehr gibt. Oder nur so gibt, wie es neben Husum ein Passau gibt.«

Kerrs Kritik über Lampels *Vaterland* enthält außerdem einen Absatz, der mir sehr einleuchtete und den ich im Gedächtnis behielt: »Einmal heißt es in *Vaterland* (ungefähr): ›Ein mittelmäßiger Soldat ist gewiß nicht schön; aber ein untermittelmäßiger Journalist – schauderhaft.‹ Ich bin dieser Meinung mitnichten. Noch ein untermittelmäßiger Journalist erfüllt im Durchschnitt mehr Aufgaben für das Endziel dieser zu befriedenden, hochzubringenden Erde. Der eine schützt sie; der andere jedoch fördert sie – auch wenn er dreifach mittelmäßig ist.«

Kerr lobt ausdrücklich die Leistung der Schauspieler, nicht aber das Stück. Wörtlich heißt es im »Berliner Tageblatt« vom 19. Dezember 1931: »...Demokratisierung der Schauspielkunst. Namenlose (selbst wenn hier Namen wie Gnass, der wie Sokolow spricht und den man lange nicht sah, genannt werden). Oder: Lütjohann, oder: Kindler, oder: Ben Spanier, oder: Venohr... aber die Aufzählung hat keinen Zweck. Aus einem nicht unrühmlichen Grund: weil sie ein Ganzes bilden... Die Gesamtheit gut von einem unerprobten Regisseur durchkittet, von dem Schauspieler Norbert Schiller (der schriftstellerisch eine wertvoll-humorige Begabung ist). Ein Kommunismus des Mimentums ist erreicht.«

Eröffnete sich mir mit gerade 19 Jahren ernsthaft die Möglichkeit, den Beruf eines Schauspielers in Berlin zu ergreifen? Ihering schrieb: »Es gab einige sympathische und erfreuliche schauspielerische Leistungen. Ich nenne Franz Weilhammer, Reinhold Lütjohann, Helmut Kindler...«

Aber ich wollte gar kein Schauspieler sein. Regisseur wollte ich werden. Norbert Schiller meinte, ich hätte das Zeug dazu.

Eines Tages, nach dem Zweiten Weltkrieg, meine Frau und ich waren längst Zeitschriftenverleger, bedeutete mir unsere Münchener Sekretärin, Hildegard Schulz, sie möchte sich vergewissern, daß ich am nächsten Tag von 14.00 bis 15.00 Uhr anwesend sei: ein alter Bekannter habe sich angemeldet, er wolle mich überraschen, er habe deshalb darum gebeten, mir seinen Namen nicht zu nennen. Ich wußte nicht recht, was ich davon halten sollte. Da ich zögerte, sagte unsere langjährige Sekretärin: »Sie werden sich freuen.«

Die Überraschung am nächsten Tag war groß. Ein strahlender Held betrat das Zimmer: Don Carlos. Den hatte er einst im Berliner Staatstheater verkörpert: Norbert Schiller, der Regisseur von Lampels Stück *Vaterland*. Ich erkannte ihn sofort. Es war ein glücklicher Augenblick. Ich wußte, er war zu Beginn der Nazijahre nach Amerika emigriert, da er als jüdischer Künstler sofort unter Arbeitsverbot fiel, nicht spielen, nicht inszenieren durfte. Über dreißig Jahre hatten wir uns nicht gesehen.

Norbert Schiller gab mir ein Manuskript mit Gedichten, die er »drüben« geschrieben und von denen er einige bereits in Zeitungen und Zeitschriften publiziert hatte. Er bat mich, einen Blick hineinzuwerfen. Was hatte Kerr in seiner Kritik damals in Klammern eingefügt: »Norbert Schiller – der eine wertvollhumorige Begabung ist.« Der Humor war ihm vergangen. Seine Gedichte waren von abgrundtiefer Traurigkeit. Hier hatte ein Unglücklicher nach Worten gesucht, die Einsamkeit zu bewältigen. Es waren Klagen eines Künstlers, der elend darunter litt, aus seinem Vaterland verstoßen, aus seinem Beruf herausgerissen, aus der Welt seiner Sprache entfernt worden zu sein. »Mein geliebtes Deutsch«, zitierte er Goethe.

Seine Gedichte enthielten Gedanken, die mich schmerzlich berührten. Aber hielten sie literarischen Ansprüchen stand? Das fragte ich mich. Und so waren meine Worte, auf die er angestrengt wartete, ohnmächtig, töricht, womöglich verlogen. Spürte er meine widersprüchlichen Empfindungen? »Vielleicht«, meinte mein Gast, der mich vor einer halben Stunde voller Wiedersehensfreude umarmt hatte, jetzt unsicher, fast devot: »Vielleicht können Sie das eine oder andere doch einmal veröffentlichen?« – »Vielleicht, aber die Redaktion bringt in unserer Illustrierten keine Gedichte.« Warum sagte ich: »...bringt die Redaktion«? Wollte ich mich hinter der Redaktion verstecken? Hätte ich nicht sagen müssen: »In unserer Illustrierten bringen wir keine Gedichte«? Nachdenklich sagte er jetzt: »In Ihrer Zeitschrift *Das Schönste* könnte ich es mir vorstellen.« Er kannte also unsere Kunstzeitschrift, die wir damals herausgaben. »Ich werde mit Fassmann sprechen.« Das wollte ich wirklich tun. Fassmann war immer guten Willens. Es konnte auch sein, daß Fassmann die Gedichte, die sich Norbert Schiller abgerungen hatte, gar nicht so kritisch beurteilte, wie ich es in diesem Augenblick tat. War meine Kritik, die ich nicht offen auszusprechen fertigbrachte, anmaßend? Das könnte doch sein. Wie oft hatte ich mich geirrt, wie viele Bücher hatte ich gemacht, die ich besser nicht gemacht hätte. Und es waren nicht immer menschliche Motive, mitfühlsame Überlegungen, auf die ich mich hätte berufen können. Es waren die leidigen Sachzwänge: die Spekulation auf einen höchst fragwürdigen Publikumsgeschmack, in anderen Fällen Rücksichtnahme auf einen Autor, den man nicht verlieren wollte. Dessen erstes Buch war doch gut, er drohte, sein zweites Romanmanuskript einem anderen Verlag zu geben, wenn es uns nicht gefiele. Es gefiel uns nicht. Meiner Frau nicht, mir nicht, dem Lektorat nicht. Aber wir nahmen es in unser Programm – in der Hoffnung auf ein drittes, besseres

Manuskript in zwei oder drei Jahren. Das dritte aber war, als es endlich fertig vorlag, wiederum enttäuschend. Dann gab es Bücher, Sachbücher, die wir verlegten, weil wir auf das betreffende Thema nicht verzichten wollten, auch wenn es trotz dreimaligen Umschreibens nicht das geworden war, was wir erwartet hatten. Und dann die Irrtümer: Eine geschätzte Cheflektorin plädiert für eine dem Verlag angebotene Arbeit. Ich kann ihre Meinung nicht teilen. Oder umgekehrt. Wer hat recht? Und auch das ist gar nicht so selten: Wir gewinnen einen Autor für eine Auftragsproduktion, bevorschussen das Projekt, nehmen ihm kostspielige Recherchen ab, die mit verschiedenen Reisen verbunden sind, versuchen, den Autor Kapitel für Kapitel zu beraten – die Arbeit aber erfüllt am Ende längst nicht unsere Wünsche, bleibt hinter unseren Vorstellungen zurück. Mittelmaß. Wir bringen die Arbeit nicht. Vertragsbruch. Irrtümer, Versäumnisse. Als Christa Wolfs erster Roman in Ostdeutschland angekündigt worden war, sprach Klaus Gysi – Mitbegründer des Aufbau Verlages in Ost-Berlin, später Kulturminister der DDR, dann Botschafter in Rom – mit meiner Frau über Buch und Autorin. Er könne vielleicht bewirken, daß dem Kindler Verlag die Rechte für die westdeutsche Ausgabe übertragen würden. Meine Frau las das Buch, wollte Gysi um seine Vermittlung bitten. Eigensinnig bestand ich darauf, es auch noch zu lesen. Soll ich – nach so vielen Jahren – bekennen, daß ich den Roman schwach fand? »Schwach«, sagte ich zu Nina, meiner Frau. Gysi muß wohl gedacht haben: »Schwachsinnig«, als wir ihm sagten, wir seien nicht interessiert. Wie konnte ich mich so in Christa Wolf täuschen? Als Leser ihrer Werke darf ich heute versichern: Verehrte Christa Wolf, ich gehöre seit langem zu den Menschen, für die Ihr Name die zeitgenössische deutsche Literatur verkörpert.

Damals, als Norbert Schiller bei mir war, hatte Christa Wolf ihren Roman noch nicht veröffentlicht.

Das Gespräch mit Norbert Schiller berührte auch unsere Buchproduktion, die meiner Frau und mir mehr noch als Zeitschriftenverlag und Druckerei am Herzen lag. »In Ihrem Buchverlag«, sagte mein Besucher, »gibt es einige herausragende Bücher. Ich muß Ihnen überhaupt gratulieren, was Sie in diesen Jahren auf die Beine gestellt haben.«

»Meine Frau und ich«, warf ich ein.

»Immer höre ich«, führte Norbert Schiller das Gespräch fort, »Lyrik verkauft sich nicht, aber *Gedichte gegen den Krieg* soll ein Erfolg sein. Ich habe mir den Band gekauft.« – »Kurt Fassmann, den ich schon erwähnte, hat ihn herausgegeben«, erwiderte ich. »Ich weiß«, erwiderte Norbert Schiller, »auf Anregung von Helmut und Nina Kindler entstand die Anthologie. Sie haben *Gedichte gegen den Krieg* Herrn Fassmann in Auftrag gegeben. Er dankt Ihnen beiden dafür in seinem Vorwort.« Und dann begann er, die Konzeption des Buches zu rühmen. »Das Grauen des Krieges von der Dichtung im Altertum über alle Epochen bis in unsere Tage.« Ein vergleichbares Buch habe es noch nicht gegeben, meinte er.

Tatsächlich spiegelt die Sammlung alle Phasen der Entwicklung von der ersten Auflehnung gegen das von den Göttern verhängte Schicksal in der Poesie der Antike, der arabischen und der asiatischen Welt bis zu den mahnenden Stimmen der Zeitgenossen. Die Dreiteilung war wohlüberlegt: Vom Altertum bis 1914. Von 1914 bis 1945. Nach Hiroshima.

»Ja«, sagte mein Gast, »Sie haben eine große Bestandsaufnahme verlegt.«

Diese Äußerung, die ich für abschließend hielt, war zu meiner Überraschung Auftakt zu einem Einwand: »Wie kommt es«, fragte mein Freund, »daß Fassmann unter den 74 Lyrikern deutscher Zunge auch Gottfried Benn aufgenommen hat?«

Die Frage alarmierte mich, denn ich hatte für sie durchaus

Verständnis. Meine Antwort lautete: »Während der Vorbereitungen gab es immer wieder freundschaftliche Diskussionen sowohl über Texte fremdsprachiger Dichter als auch über die deutschen Lyriker im 20. Jahrhundert, bei denen Fassmann nach Antikriegslyrik forschte. Dieser stellte mir eines Tages eine listige Falle. Er las mir ein Gedicht vor: *In Memoriam Höhe 317*. Das Gedicht hat drei Strophen zu je acht Zeilen. Die ersten vier Zeilen habe ich im Kopf: ›Auf den Bergen, wo / Unbekannte nachten / nicht auf Sarg und Stroh / Opfer aus den Schlachten.‹ Als Fassmann das Gedicht zu Ende gelesen hatte, fragte er mich: ›Von wem ist das?‹ Ich begann zu raten: ›Oskar Loerke?‹ Fassmann schüttelte den Kopf. ›Dann vielleicht Ernst Toller? Trakl? Auch nicht? Ist ja auch gleichgültig‹, fuhr ich fort, ›in jedem Fall sollte es erscheinen, von wem es auch ist.‹ – ›Das wollte ich nur hören‹, entgegnete Fassmann. ›Das Gedicht stammt von Gottfried Benn.‹«

Norbert Schiller gegenüber betonte ich, daß Fassmann Benns Hinwendung 1933 zum Nazismus ebenso erschreckend fand wie ich. Dazu könnte ich noch viel sagen. Aber Fassmanns Satz »Benn bleibt ein großer Dichter« habe ich nicht widersprochen. Übrigens brachte Fassmann dann noch ein zweites Gedicht von Benn. Brecht, um das zu erwähnen, war mit drei Gedichten vertreten.

Der Nachmittag mit Norbert Schiller ist mir lange nachgegangen. Er hatte sich im Exil von Deutschland, seinem Deutschland, nicht befreien können. Dabei sprach er von seiner amerikanischen Frau, die er geheiratet hatte, und den Kindern in einer Weise, die ich als nobel empfand. Aber er gestand auch, daß er, obschon er inzwischen die fremde Sprache gut sprechen gelernt habe, nicht amerikanisch zu denken vermochte. Er dachte deutsch. Ein deutscher Jude, ein deutscher Schriftsteller, ein Don Carlos. In seinen Träumen in New York ist er als Don Carlos häufiger aufgetreten als in Berlin auf der Bühne. Jede freie Minute verbringe er mit seinen deutschen Büchern. Ich hörte ihn sagen: »Ich lebe mit den deutschen Klassikern.« Er sagte es mir und sagte es doch wie zu sich selbst.

In den Winterwochen 1931 in Berlin hatte es zwischen ihm, dem Regisseur, und mir, seinem Assistenten, einige schöne, vertrauensvolle Gespräche gegeben, ausgelöst durch Dialoge in Lampels Stück *Vaterland*, Dialoge, die er und ich und – wie wir gelesen hatten – auch Alfred Kerr für nicht unproblematisch hielten. Die Stellen betrafen die Einstellung junger Menschen zum Vaterland. Und jetzt fiel es wieder, dieses Wort: Vaterland, unvermittelt. »Ich beneide Sie nur um eines« waren seine Worte, als er mich verließ: »Sie haben ein Vaterland.«

KAPITEL 12
Eine Freundschaft (1932)

Ich schätze, ich habe Ilse Stöbe schon 1930 kennengelernt. In der Vorstellung von *Mond von links,* einer Komödie des russischen Autors Bill-Bjelozerkowski, saß sie neben mir. Während der Aufführung begann die junge Dame neben mir mit Papier zu rascheln. Mißbilligend sah ich sie an. Sie reagierte unbekümmert, indem sie mir eine Pralinenschachtel, die sie ausgepackt hatte, unter die Nase hielt und mich mit einer begütigenden Kopfbewegung einlud, mich zu bedienen. Ich griff zu, und sie strahlte.

Unser Gespräch während der Pause drehte sich um das Theaterstück und um zeitgenössische russische Schriftsteller; sie nannte Namen und Werke, von denen ich noch nichts gehört hatte. Ihre spürbare Überlegenheit imponierte mir. Trotzdem entwickelte sich ein anregendes Gespräch über Kunst und Politik. Ob ich häufig ins Konzert gehe, fragte sie mich. »Selten« war meine Antwort. »Manchmal bekomme ich zwei Karten«, sagte sie, »dann lade ich Sie ein. Die heutige Theaterkarte hat mir mein Chef geschenkt.« Auf meine Frage, wer ihr Chef sei, erfuhr ich: Sie war die Sekretärin von Theodor Wolff, dem Chefredakteur des »Berliner Tageblatts«.

Margret Boveri wird 1975 in ihrem Buch über das »Berliner Tageblatt« schreiben: »Chefsekretärin war Ilse Stöbe. Sie saß in dem kleinen Zimmer zwischen dem Chefredakteur und dem

Chef vom Dienst... und entzückte mit ihrer vielgerühmten blonden Schönheit Theodor Wolff.«

Nach dem Theater gingen Ilse Stöbe und ich gemeinsam zur nächsten U-Bahn-Station und setzten unser Gespräch auch in der U-Bahn fort. Ich wollte alles über Theodor Wolff wissen, dessen Leitartikel ich stets las. »Er schreibt seine Leitartikel an einem Stehpult«, erfuhr ich. Später hatte ich immer den Wunsch, ein Stehpult zu besitzen – ein Wunsch, den ich mir merkwürdigerweise nie erfüllt habe.

Beim Abschied ging es noch einmal um die russische Komödie, die wir gesehen hatten. Sie fragte, ob ich in der vergangenen Woche die Kritik in der »Roten Fahne« gelesen hätte. Mich wunderte, daß ausgerechnet die Kritik in der »Roten Fahne« für sie von Interesse war. Nein, ich hatte sie nicht gelesen. »Durus hat sie verfaßt.« Mir sagte der Name nichts. »Sie sollten lesen, was er schreibt.« Und um mich zu motivieren, zog sie eine Seite der Zeitung aus ihrer Handtasche und las mir folgenden Satz aus der Besprechung von Durus vor: »Der russische Autor vermöbelt hier den sentimental-vertrottelten Mond von rechts, diese weichliche Scheibe aus Wachs, dieses Liebeskonfekt in gleißender Stanniolpackung.«

Liebeskonfekt in gleißender Stanniolpackung – das gefiel mir.

Mit der Liebe zwischen Ilse Stöbe und mir war es allerdings nichts. Es kam auch erst bei einem Besuch von mir im »Berliner Tageblatt« im Januar 1932 zu einem Wiedersehen. Von da an entstand eine herzliche, vertrauens- und liebevolle Freundschaft. Liebevoll, aber platonisch. Sie war schließlich die Geliebte Herrnstadts.

Rudolf Herrnstadt in Warschau und Ilse Stöbe in Berlin bildeten ein antifaschistisches Duo. Beide waren von Anfang an davon überzeugt, daß Hitlers Aufrüstung dazu bestimmt war, die Sowjetunion in absehbarer Zeit mit Krieg zu überziehen, um sie als Getreide- und Rohstofflieferant kolonialisieren und schließlich als Siedlungsraum germanisieren und annektieren zu können. »Volk ohne Raum« hieß die Devise, nach der man antreten würde. *Volk ohne Raum* hieß der Roman von Hans Grimm, der mit seiner Forderung nach Expansion mehr Deutsche zu Herrenmenschenmentalität und nationalsozialistischer Anmaßung verführte als Hitlers *Mein Kampf*. Grimm konnte spannend erzählen.

Das Duo Herrnstadt / Ilse Stöbe bildete den Kern einer Gruppierung, die von Berlin über Warschau nach Moskau führte. Herrnstadt, dieser überragende Journalist, wurde 1903 in Gleiwitz geboren. Er stammte aus einem großbürgerlichen und wohlhabenden jüdischen Elternhaus. Sein Vater, sozialdemokratischer Stadtverordneter, war Rechtsanwalt. In Herrnstadts Elternhaus wurde neben Deutsch auch Polnisch und Russisch gesprochen. Nach Studienjahren und Praktikum in einem oberschlesischen Zellstoffwerk wandte er sich der Literatur und dem Journalismus zu. 1928 kam er zum »Berliner Tageblatt« und wurde 1929 Korrespondent des Blattes in Warschau. Er vermochte sich vertrauliche Informationen zu beschaffen, die weit über das hinausgingen, was er als Korrespondent für seine Zeitungsartikel benötigte. Einen der Artikel aus der letzten Zeit, den Herrnstadt für das »Berliner Tageblatt« aus Warschau über die Situation in Polen schrieb, wertete Margret Boveri in ihrem Buch über diese Zeitung als »scharfsinnig und ohne kommunistische Nebentöne«. Das Festhalten an dem jüdischen Mitarbeiter Herrnstadt bis 1936 bezeugt die Zivilcourage des Chefredakteurs Paul Scheffer gegenüber dem Propagandaministerium. Immer noch versuchte er, das Blatt im Geist des legendären Chefredakteurs Theodor Wolff weiterzuführen, der Anfang 1933 Deutschland verließ. Ilse Stöbe verlor nicht nur ihren verehrten Chef, sondern auch ihren väterlichen Freund. Die Gespräche, die ich in diesen

Tagen mit ihr hatte, sind unvergessen. »Mit den Morden an den entschiedensten Kriegsgegnern seinerzeit hat es angefangen, mit dem Mord an Kurt Eisner in München, an Karl Liebknecht und Rosa Luxemburg in Berlin wurde der politische Terror eingeleitet, kaum daß die Republik gegründet worden war.« Das waren ihre Worte. Ich versuchte sie aufzurichten, indem ich davon sprach, wie sehr mich die Gedenkblätter an die Ermordeten bewegt hätten, die Kurt Tucholsky, Käthe Kollwitz und Bert Brecht der Nachwelt überliefert haben:

Tucholsky schrieb aus Empörung über eine Gesellschaft, für die Ordnung Unterordnung heißt, das Gedicht »Eisner«, das mit den Worten beginnt: »Da war ein Mann, der noch an Ideale glaubte... In Deutschland ist das tödlich.«

Käthe Kollwitz' Gedenkblatt ist ein Holzschnitt, der den aufgebahrten Karl Liebknecht, umringt von abschiednehmenden Arbeitern, darstellt.

Bert Brechts von Kurt Weill vertontes Requiem zum Gedenken an Rosa Luxemburg ist die »Ballade vom ertrunkenen Mädchen«, deren Leiche aus dem Berliner Landwehrkanal gefischt wurde: »Als sie erschlagen war und hinunterschwamm...«

Um Herrnstadt war Ilse in tiefer Sorge. Sie mußte sich fragen, ob man ihm als Jude gestatten würde, überhaupt noch als Korrespondent zu arbeiten. Ich erwiderte, wir könnten froh sein, daß er in Warschau lebe, so daß er hier einem Zugriff der Nazis nicht ausgesetzt sei.

Herrnstadt bezog seine Informationen in Warschau nicht nur aus der deutschen Botschaft. Er unterhielt auch Beziehungen zu allen westlichen Botschaften in Warschau. Zudem pflegte er kollegiale Beziehungen zu den meisten der in Warschau akkreditierten Auslandskorrespondenten. Seine Verbindung zur Sowjetbotschaft, die ihm besonders am Herzen lag, trat nach außen nicht in Erscheinung.

Herrnstadt gewann in Warschau zwei deutsche Mitarbeiter. Der eine war Gesandtschaftsrat Rudolf von Scheliha, der Hitler haßte, dabei aber aus seiner kritischen Einstellung zum Kommunismus und Sowjetsystem, auch Herrnstadt gegenüber, keinen Hehl machte. Von Scheliha glaubte, seine Informationen würden von Herrnstadt nach London, nicht nach Moskau, weitergeleitet. Herrnstadt ließ von Scheliha in diesem Glauben. Die vertrauensvolle Beziehung zwischen dem Journalisten und dem Diplomaten erklärt sich auch aus Schelihas Empörung über Hitlers diffamierende Maßnahmen gegen die Juden.

Herrnstadts zweiter Mitarbeiter wurde der Journalist Gerhard Kegel, der im Auftrag der »Breslauer Neuesten Nachrichten« im Spätherbst 1933 in Warschau eingetroffen war. Auch er erlangte, möglicherweise auf Herrnstadts Empfehlung, Zugang zur deutschen Botschaft, er wurde Mitglied der NSDAP, um schließlich als wissenschaftlicher Hilfsarbeiter an die handelspolitische Abteilung der deutschen Botschaft in Warschau verpflichtet zu werden.

Ilse Stöbe lebte nur noch zeitweise in Berlin. Dem »Berliner Tageblatt« gehörte sie nicht mehr an. Sie war Herrnstadt nach Warschau gefolgt. Aus der Chefsekretärin von Theodor Wolff war eine Journalistin geworden. Herrnstadt und Kegel machten sie mit den in Warschau akkreditierten deutschen Korrespondenten und dem Personal der verschiedenen Botschaften bekannt, so daß es nicht ausbleiben konnte, daß ihr eines Tages Rudolf von Scheliha in der deutschen Botschaft vorgestellt wurde. Ilse Stöbe erhielt Einladungen zu Empfängen und wurde in den Kreis der Diplomatengattinnen einbezogen. Dort lernte sie, wachsam, wie sie war, Gesellschaftsgeschwätz und Gerüchte von echten Nachrichten zu unterscheiden, die Herrnstadt dann der Zentrale in Moskau übermittelte.

Bei einem ihrer Aufenthalte in Berlin gestand sie mir ihr politisches Engagement, natürlich ohne ihre Kontakte preiszugeben. Sie eröffnete mir lediglich, Rudolf Herrnstadt würde sich über einen Besuch von mir in Warschau freuen. Zu dem vorgeschlagenen Termin könnte sie ebenfalls in Warschau sein.

Herrnstadt in Warschau prüfte mich auf Herz und Nieren. Er wußte, wie sehr ich Piscator schätzte, und hatte zwei oder drei Artikel von mir im »Berliner Tageblatt« gelesen, die ihm zugesagt hatten. Im übrigen war er über mich hinlänglich von Ilse Stöbe informiert worden, glaubte, meine politische Gesinnung zu kennen. Jedenfalls wußte er, daß ich ein entschiedener Antinazi war.

Herrnstadt und ich führten in der Woche, in der ich sein Gast in Warschau war, zahlreiche Gespräche über Zeitungen, Zeitschriften und Journalismus, meist zu dritt. Auch als es konkret um meine politische Einstellung ging, war Ilse Stöbe zugegen. Mit meinen, wenn auch recht lückenhaften, theoretischen Kenntnissen des Marxismus offenbar zufrieden, wollte Herrnstadt schließlich wissen, ob ich bereit sei, der Kommunistischen Partei beizutreten, wobei er betonte, daß diese Mitgliedschaft nach außen nicht in Erscheinung treten dürfte. Er wartete geduldig auf meine Antwort. Schließlich sagte ich ihm: »Ich möchte keiner Partei beitreten, da ich finde, ein Journalist solle unabhängig sein.« Sein Gesicht wurde abweisend, und so fügte ich hinzu: »Unabhängig, nicht neutral.« Herrnstadt fragte daraufhin: »Wie würden Sie Ihre ›unabhängige‹ Position bezeichnen?«, wobei sein ironischer Tonfall nicht zu überhören war. Meine Antwort: »Ich bin Sozialist.« – »Heißt das, Sie würden der Sozialdemokratischen Partei beitreten, wenn man Ihnen das antragen würde?« – »Nein«, erwiderte ich, »ich sagte schon: Ich möchte keiner Partei beitreten.«

Am nächsten Tag eröffnete Ilse Stöbe die Diskussion mit den Worten: »Herrnstadt und ich gehen davon aus, daß du bereit bist, uns zu helfen. Unsere Arbeit ist nicht in erster Linie parteigebunden, doch mußt du wissen, sie geschieht im Einvernehmen mit unseren Genossen in Moskau. Alles, was wir tun, tun wir Deutschland zuliebe.« Sodann wollte sie wissen, was mich eigentlich vom Kommunismus trenne. »Du kennst meinen Respekt vor der Arbeiterbewegung«, erwiderte ich. »Ich will dir sagen, womit ich mich nicht befreunden kann: Ich kann mich mit der Forderung einer *Diktatur des Proletariats* keinesfalls einverstanden erklären. *Jede* Diktatur lehne ich ab.« Darauf hielt mir Herrnstadt einen Vortrag. »Sie haben das *Kommunistische Manifest* gelesen«, begann er und fuhr dann sinngemäß fort, ich müßte doch dann wissen, was Marx und Engels proklamiert hätten, daß nämlich die Diktatur des Proletariats als Herrschaftsform nur vorübergehend gelte, und zwar für eine Übergangsphase: von der Überwindung der bürgerlichen Ordnung bis zur Festigung einer sozialistischen Gesellschaft. Es ginge darum, durch die sogenannte Diktatur des Proletariats dafür zu sorgen, daß das dank einer Revolution Erreichte nicht durch bürgerlichen Widerstand, mit dem man leider rechnen müsse, in Frage gestellt oder rückgängig gemacht würde. Diktatur dürfe, dozierte Herrnstadt, nicht mit Despotie, Tyrannis oder Terrorherrschaft verwechselt werden. Schließlich ginge Diktatur im politischen Leben auf das Jahr 498 vor unserer Zeitrechnung zurück, als die Römer in einen gefährlichen Krieg mit den Latinern verwickelt waren. Es durfte in der Römischen Republik eine mit unbeschränkter Macht ausgestattete Magistratsperson nur in Notzeiten, bei Gefahr der öffentlichen Ordnung oder zur Überwindung von Krisen eingesetzt werden, und niemals länger als sechs Monate. Von dieser politischen Tradition, dieser geschichtlichen Erfahrung, seien Marx und Engels ausgegangen.

Das war Herrnstadts Abschiedsvorlesung für mich.

Sechs Wochen später in Berlin benachrichtigte mich Ilse Stöbe, man schlage mir vor, mich für einige Monate in Bukarest niederzulassen. Man erwarte von mir unverfängliche journalistische Arbeiten für deutsche Zeitungen und Berichte für eine amerikanische Presseagentur. Die *eigentlichen* Aufgaben würde ich in Wien erfahren.

So geschah es. Zwei Herren, die ich in meinem Leben nur dieses eine Mal gesehen habe, legten mir dar, welche vertraulichen Berichte sie von mir erwarteten. Ich solle mich mit Mitgliedern der deutschen Botschaft in Bukarest bekannt machen und von den Betreffenden journalistische Porträts anfertigen. Diese Personenbeschreibungen hätte ich in deutscher Sprache an die mir genannte amerikanische Presseagentur zu senden.

In der deutschen Botschaft in Bukarest machte ich meinen Antrittsbesuch. Ein Artikel von mir über die Reise eines türkischen Politikers, der in der Essener »Nationalzeitung« erschienen war, öffnete mir die Türen. Die Unterlagen zu diesem Artikel hatte mir mein hervorragend informierter Ansprechpartner, ein jüdischer Journalist, der für die »Prager Presse« schrieb, geliefert. Damit war mein Entree in der Botschaft gelungen, was einige Wochen später einen willkommenen Nebeneffekt zur Folge hatte: Man arrangierte es, mir in der deutschen Schule das Abitur als Externer zu ermöglichen. Die Prüfung bestand aus einer schriftlichen Arbeit und zwei mehrstündigen Unterhaltungen, einem Frage-und-Antwort-Spiel.

Meine Berichte über Angehörige der Botschaft – Nazis, Nichtnazis und Nazigegner – blieben über Monate die einzigen Aufträge, die mir abverlangt wurden. Offenbar wurde ich aber nach einem halben Jahr doch von der deutschen NS-Sippschaft in Bukarest beargwöhnt. Denn eines Tages erreichte mich die telefonische Nachricht meines Vaters aus Berlin, eine Haussuchung in der elterlichen Wohnung habe Manuskripten und

145

Büchern von mir gegolten. Mein Vater, besorgt um mich, bat mich, nach Berlin zurückzukommen.

Die Haussuchung war sehr zivil verlaufen, man hatte in Unterlagen meines Schreibtisches nur ganz oberflächlich geblättert, von meinen Büchern nicht ein Exemplar mitgenommen. Diese Rücksichtnahme der Beamten hatte aber nicht mir gegolten, sondern meinem Vater, dem ehemaligen Kollegen. Mein Vater hatte daraufhin allerdings marxistische und antifaschistische Literatur, die sich in einem großen Koffer im Keller befand, verbrannt. Der Koffer mit dem verräterischen Inhalt gehörte aber nicht mir, sondern dem Schriftsteller Günther Weisenborn[9]. Der hatte ihn mir zum Aufbewahren bei meinen Eltern gegeben, als ich im Februar 1933 Regieassistent des Stückes *Warum lacht Frau Balsam?* war, das er mit Richard Huelsenbeck verfaßt hatte. Als bekannter antifaschistischer Autor mußte Weisenborn auf einen »Besuch« der SA gefaßt sein – die Gestapo war 1933 erst im Entstehen.

In Berlin suchte ich Ilse Stöbes Mutter auf, die mir sagte, Ilse käme erst in einem Monat wieder nach Hause, sei allerdings telefonisch bei Herrnstadt in Warschau zu erreichen. Ich rief dort an, um ihr mitzuteilen, daß meine Eltern mich gebeten hätten, nach Berlin zurückzukommen. Sie sagte: »Wir besprechen alles, wenn ich wieder da bin.«

Etwa 14 Tage später trafen wir uns, und sie riet mir – mit Grüßen von Herrnstadt –, von weiteren »Aktivitäten« unbedingt abzusehen, man würde mir nur noch gelegentlich Kurierfahrten nach Wien übertragen; man sei mir dankbar für meine Interviews und Informationen, im übrigen blieben wir ja in persönlichem Kontakt. Schließlich bat sie mich noch um einen Abschlußbericht. Später kamen wir bei einem Glas Wein auf das Leben der Menschen in Bukarest zu sprechen. Sie hörte mir aufmerksam zu und schlug mir dann vor: »Schreib das! Biete dem ›Berliner Tageblatt‹ eine solche Schilderung an. Das ist auch ein gutes Alibi für deinen Aufenthalt dort.«

Kurz darauf erschien mein Beitrag *Gang durch Bukarest* im »Berliner Tageblatt«. Karl Korn hatte ihn akzeptiert.

Im Februar 1938 war ich das letzte Mal in Wien. Die Kurierfahrten von Berlin nach Wien endeten mit dem »Anschluß« Österreichs an das Deutsche Reich. Und mit dem Überfall Hitler-Deutschlands auf Polen löste sich die von Herrnstadt geleitete Warschauer Zentrale, man könnte sagen, von selbst auf. Während Herrnstadt sich nach Moskau absetzte, kehrte Ilse Stöbe nach Berlin zurück.

Und mit den Mitgliedern der deutschen Botschaft in Warschau wurde auch Gesandtschaftsrat von Scheliha nach Berlin in das Auswärtige Amt versetzt.

Ilse Stöbe fielen jetzt Herrnstadts Aufgaben zu, das heißt, sie sollte Scheliha dazu bewegen, ihr alle wichtigen Nachrichten, die ihm im Auswärtigen Amt zugängig waren, auszuhändigen. Im Mai 1940 trat sie in die Informationsabteilung des Auswärtigen Amtes ein.

Von der Zentrale in Moskau wurde sie zur Leiterin der Informationsgruppe Scheliha ernannt. Scheliha erhielt den Decknamen *Arier*, den ihm kurioserweise Herrnstadt zugedacht haben soll. Auch Ilse Stöbe hatte einen Decknamen von der Zentrale bekommen: *Alta*. Eines Tages wurde Ilse Stöbe angewiesen, ihre Stellung im Auswärtigen Amt aufzugeben und nach Dresden überzusiedeln, um die Abteilung für Auslandswerbung der Parfümerie-Produktion der Lingner Werke zu übernehmen. Während der Wochenenden muß sie nach Berlin fahren, um Scheliha und dessen journalistischen Mitarbeiter Carl Helfrich zu treffen. In einem Brief an Herrnstadt schreibt sie, wie umfangreich und strapaziös ihre Arbeit sei. Es wird der letzte Brief sein, den Ilse an ihn schreiben kann.

Am 22. Juni 1941 überzogen Hitlers Armeen die Sowjetunion mit Krieg.

Nach Hitlers unseliger Kriegserklärung an die Sowjetunion verließen die Mitglieder der deutschen Botschaft Moskau. Unter ihnen auch Gerhard Kegel.

Seit dem Krieg gegen die Sowjetunion gab es nur noch die Möglichkeit, Informationen auf geheimen Funkwegen weiterzuleiten, sei es nach Moskau, sei es nach Brüssel, wo Leopold Trepper (der *Grand Chef* der »Roten Kapelle«) amtierte. 1974 erwarb ich nach einem ausführlichen Gespräch mit Trepper die Rechte an seiner Autobiographie *Die Wahrheit*.

Ilse Stöbe wurde am 12. September 1942 und Rudolf von Scheliha am 29. Oktober 1942 verhaftet. Ilse Stöbe gab in den Verhören Kegels Namen nicht preis, so daß er ungeschoren blieb.

Dieses Kapitel ist der Zeit weit vorausgeeilt. Doch es galt, eine Freundschaft, die rund elf Jahre gewährt hat und die aus dem Geschehen in den letzten Jahren der Weimarer Republik bis in die vorletzten Jahre des Dritten Reiches nicht einfach herauszulösen ist, von ihrem Beginn bis zu ihrem Ende überschaubar zu machen.

Ich kehre zurück in die Welt des Theaters, der ich mich verschrieben hatte. Von der wirtschaftlichen Misere und der von Tag zu Tag steigenden Arbeitslosigkeit blieben auch die Bühnen in Berlin nicht verschont, einige mußten schließen. Außerdem hatten sich die Spielpläne geändert: Konventionelle klassische Stücke, Operetten, Lustspiele und Revuen dominierten gegenüber dem politisch engagierten Theater. War es eine Vorahnung des heraufziehenden Tausendjährigen Reiches?

KAPITEL 13

Mein Abschied vom Theater

Die letzten beiden Stücke, in denen ich 1932 und zu Beginn des Jahres 1933 mitwirkte, wurden im Deutschen Künstlertheater in der Nürnberger Straße (dem späteren »Kleinen Haus« des Staatstheaters) herausgebracht.

Mit der Arbeit an Anna Gmeyners Komödie *Automatenbuffet* und dem Stück *Warum lacht Frau Balsam?* von Richard Huelsenbeck und Günther Weisenborn verabschiedete ich mich von den Brettern, die vier Jahre mir die Welt bedeuteten.

Wolf Keienburg, einer meiner engsten Mitarbeiter im Kindler Verlag, wollte eines Tages im Jahr 1982 von mir wissen, ob ich schon am Theater etwas für mein späteres Verlegerdasein gelernt hätte. Ich antwortete: »Ja, den Umgang mit Texten, über die während der Proben gestritten wurde, die geändert – erweitert oder gekürzt – wurden, weil Schauspieler, Regisseur und Dramaturg immer wieder Autoren korrigieren mußten, da dieser oder jener Satz ›Papier‹, das heißt nicht zu sprechen, war.«

Ich zitiere aus einer Festschrift, die Keienburg anläßlich meines 70. Geburtstages herausgebracht hat: »Kindler äußerte seine Meinung, und er durfte sie äußern. Und im Grunde erwiesen sich seine verlegerischen Interessen bereits, als er Lampel nach dessen *Revolte im Erziehungshaus* aufforderte: ›Sie müssen das Stück *Pennäler* schreiben!‹ Als Journalist und als Verleger hat Kindler dann oft Manuskripte selber gekürzt. Nicht selten hörten ihn

Mitarbeiter sagen: ›Hier machen wir einen Strich!‹ Umstellungen von Romankapiteln, Einschübe und, wie gesagt, Striche machte er gern und machten ihn den Verfassern der Manuskripte nicht immer zu einem bequemen Partner. Heinrich Fischer, damals Aufrichts Dramaturg am ›Theater am Schiffbauerdamm‹, hat dem jungen Mann schon 1930 attestiert, Kindler sei auch für die Laufbahn eines Dramaturgen geeignet, ›da er das Theater auch aus geistigen Gesichtspunkten heraus zu betrachten gewohnt ist‹. Kindler kann noch heute diesen Satz auswendig.

Und auf meine Frage, was ihn bewegt, wenn er an die zurückliegende Zeit am Theater denkt, war seine Antwort: ›Gehen Sie mal die Namen der Autoren durch – welches unerwartete Schicksal hat das Hitler-Regime den meisten von ihnen aufgeladen: Verbot, Vertreibung, Verzweiflung, Vernichtung. Und auch unter den Schauspielern sind nicht wenige, die Schreckliches erlebten, *wenn* sie überlebten.‹

Und warum gab Kindler im Februar 1933, also unmittelbar nach Hitlers Machtantritt, das Theater und damit sein Berufsziel auf, Regisseur zu werden, wollte ich wissen. Weil er nicht auf Kosten derer Karriere machen wollte, die Berufsverbot erhielten und später (aber das war damals noch nicht bekannt) Lebensverbot. Als junger nichtjüdischer Theaterschüler hatte er alle Chancen, rasch voranzukommen. Aber es war ihm unmöglich, aus dem Unglück anderer Nutzen zu ziehen. Es waren in erster Linie jüdische Regisseure, die ihn gefördert hatten, denen er sich verbunden fühlte. So zog er es vor, die Verwaltung von Mietshäusern zu übernehmen. Allerdings begann er bald, Schreibversuche, die er in den letzten Jahren nebenher (nebenher: nebenher Theater, nebenher Schule, nebenher Schreiben) gemacht hatte, fortzusetzen.«

Während der Nazijahre begriff ich rasch, daß mein Abschied

vom Theater im Jahre 1933 ein Fehler war. Abgesehen davon, daß ich im sogenannten Dritten Reich die Möglichkeit gehabt hätte, am Theater Karriere zu machen, wäre es nicht allzu schwierig gewesen, bei der Theaterarbeit den Wünschen und Einflüssen der Naziherrschaft weitgehend auszuweichen. Im Journalismus, dem ich mich zuwandte, war das wesentlich schwieriger.

Teil II

Das geschriebene Wort

KAPITEL 14
Hitler an der Macht

Dem 30. Januar 1933 war der 20. Juli 1932 vorausgegangen: die Entmachtung der preußischen Regierung.

Ein halbes Jahr zuvor, im Sommer 1932, hatte mein Vater gesagt: »Ich sehe schwarz für die Zukunft.« Jetzt war es soweit: Hitler ist Reichskanzler. Das, was sich vor einem halben Jahr ereignet hatte, betraf Preußen, das größte Land des Deutschen Reiches, mit Berlin als Preußens und zugleich Deutschlands Hauptstadt. Während republikanische Gesinnung und demokratische Spielregeln im Deutschland der Weimarer Republik von Anfang an und von Jahr zu Jahr zunehmend gefährdet waren, während Beamte, vor allem in der Justiz, vielfach dem Kaiserreich nachtrauerten, zeichnete sich die preußische Regierung bis zum Sommer 1932 durch Kontinuität, Stabilität und staatliches Verantwortungsbewußtsein aus. Vier Politikern war das zu verdanken: Otto Braun, Carl Severing, Albert Grzesinski und Bernhard Weiss. Alle vier gehörten der SPD an. Otto Braun stand seit 1920, abgesehen von kurzen Unterbrechungen, als Ministerpräsident an der Spitze einer Koalitionsregierung. Carl Severing war unter Otto Braun von 1920 bis 1926 und von 1930 bis 1932 der preußische Innenminister. Albert Grzesinski, der von 1926 bis 1930 das Amt des Innenministers in Preußen versah, war anschließend bis Juli 1932 Berlins Polizeipräsident. Und Weiss war von 1928 an Berliner Polizeivizepräsident.

Von der Persönlichkeit Otto Brauns war mein Vater besonders angetan. Er erzählte uns, daß Otto Braun als Jüngling eine Steindruckerlehre absolviert hatte. Mein Vater hatte ebenfalls das Steindruckerhandwerk erlernt, aber es nie ausgeübt, ebensowenig wie der preußische Ministerpräsident. Noch mehr beeindruckt hatte meinen Vater der Polizeivizepräsident Bernhard Weiss. Unterstützt von Severing, hatte Weiss sich große Verdienste erworben, die Polizei für tolerantes Denken und humane Dienstauffassung zu gewinnen. Daß ihm das gelang, während in den meisten deutschen Behörden Beamte wirkten, die im Grunde ihres Herzens Feinde der Republik waren, muß man wahrlich als eine Meisterleistung bezeichnen. Sein Werdegang war außergewöhnlich. Nach einem Jurastudium wurde er Amtsrichter in Berlin. Im Ersten Weltkrieg erwarb er als bayerischer Rittmeister das EK I und begann dann seine Laufbahn im Berliner Polizeidienst. Dr. Weiss war wohl der erste nichtgetaufte Jude im höheren preußischen Verwaltungsdienst. Sein Durchgreifen gegen die SA machte ihn zu einem der verhaßtesten Gegner von Goebbels, der ihn als »Isidor Weiss« verunglimpfte.

In seinem Buch *Das Auge des Gesetzes* schreibt Frank Arnau: »Das stärkste Bollwerk gegen den nationalsozialistischen Umsturz bildete die preußische, besonders die Berliner Polizei, die ideologisch den Sozialdemokraten nahestand. Innenminister Severing unterschätzte allerdings jahrelang den Einfluß der Demagogen genauso wie die staatspolitische Bedeutung einer schlagkräftigen Metropol-Polizei. Er hielt alle Leute für so anständig, wie er selber war – ein verhängnisvoller Fehler für einen Polizeichef. Als ihm in letzter Minute Polizeipräsident Grzesinski und Polizeikommandeur Oberst Heimannsberg den Vorschlag machten, die Berliner Polizei sofort rücksichtslos einzusetzen, den Generalstreik auszurufen, die Reichsregierung zu verhaften, Hindenburg für unmündig zu erklären und den Reichsgerichtspräsidenten Dr. Walter Simons als gesetzlichen Stellvertreter zu bestellen, da lehnte Severing ab und verbot jede durchgreifende Maßnahme.

Die so dokumentierte Schwäche der preußischen Regierung hatte zwangsläufig Rückwirkungen auf die gesinnungstreuen Polizeitruppen, die sich dem heraufkommenden neuen Regime preisgegeben sahen.«

Dann kam es zum Preußen-Putsch. Nach dem nationalsozialistischen Wahlsieg 1932 beseitigte ein Staatsstreich des Herrn von Papen am 20. Juli 1932 die preußische Regierung. Otto Braun wurde kaltgestellt. Polizeivizepräsident Weiss kam kurzfristig in Haft. Reichspräsident Paul von Hindenburg setzte aufgrund des Artikels 48 der Reichsverfassung, des sogenannten Diktaturparagraphen, den amtierenden deutschen Reichskanzler von Papen als Reichskommissar von Preußen ein.

»Ich sehe schwarz für die Zukunft«, hatte damals mein Vater gesagt.

30. Januar 1933

Am Abend des 30. Januar 1933 – es war ein Montag – saß ich mit Gerhard Grindel, dem Freund meines Freundes Leo Kerz, in einer Kneipe in der Nähe vom Alexanderplatz. Das Radio lief auf voller Lautstärke. Reporter berichteten über die Fackelzüge und Aufmärsche, übertrugen Hurra- und Heil-Hitler-Geschrei, das teilweise von dröhnender Marschmusik übertönt wurde. Als es einige Sekunden still war, weil man einen Redner ankündigte, fragte der Wirt, ob die Gäste die Sendung weiterhören wollten. »Abstellen!« kam es von den Tischen wie aus einem Munde. Gerhard sagte: »Na denn prost«, und der Wirt spendierte für alle eine Lage: »Für jeden eine Molle und ein' Korn!«

Ob er die Runde ausgab, weil Hindenburg, der Reichspräsident, Hitler zum Reichskanzler berufen hatte oder weil die Männer hier an den Tischen einstimmig von den festlichen Umzügen nichts hören wollten, ließ er nicht erkennen. Jedenfalls wurde der historische Tag hier nicht gefeiert.

Als ich nachts nach Hause kam, ging ich ins Schlafzimmer meiner Eltern, die noch wach waren und bis vor wenigen Minuten die Radioübertragung aus der Reichskanzlei gehört hatten. »Es ist ein Unglück«, sagte meine Mutter und wollte wissen: »Was sagst du denn?« – »Das bedeutet Krieg« war meine Antwort, die meine Befürchtung ausdrückte. Im Radio hatten meine Eltern die Übertragung der Ereignisse vor der Reichskanzlei gehört. Ein Reporter hatte Männer und Frauen aus der begeisterten Menge an das Mikrophon gebeten und sie nach ihren Empfindungen und Gedanken gefragt. Manche, erklärte mein Vater, konnten vor Ergriffenheit kaum sprechen. Alle bezeugten ihre Dankbarkeit, daß sie diesen Tag erleben durften, und beschworen ihre Erwartungen. Sie hatten der NSDAP ihre Stimme gegeben, und der Führer dieser Partei war nun Kanzler des Deutschen Reiches geworden. Jetzt, meinten sie, würde endlich alles besser werden.

Mein Vater erzählte mir dann von einem Interview, das ihn, wie er sagte, wieder aufgerichtet habe: »Ein Mann, der von dem Reporter an das Mikrophon gebeten worden war, hatte voller Zorn und Erregung berichtet, daß eine Gruppe von Polizisten, die in einem offenen Streifenwagen an der Reichskanzlei vor-übergefahren sei, es nicht für nötig gehalten habe, sich von den Sitzen zu erheben, um Hitler auf dem Balkon ihre Ehrerbietung zu erweisen. Kein Hochruf, kein Hitlerruf aus der Reihe dieser Polizisten.« Ich freute mich mit meinem Vater. Abschließend meinte er: »Vielleicht wirtschaftet dieser Hitler in drei Monaten ab, und der ganze Spuk ist zu Ende.« Dann fuhr mein Vater fort:

»Die Propaganda sollte die Menschen nicht täuschen. Hitler ist lediglich Reichskanzler einer Koalitionsregierung. Es gibt in ihr nur zwei Nazis: Frick, den Innenminister, und Göring, dem allerdings der gesamte preußische Polizeiapparat unterstellt ist. Aber die übrigen sechs Minister sind Konservative, vier von ihnen Adlige. Hitler hat noch immer nicht die alleinige Macht. Gottlob!«

Ob schon damals oder erst später publik wurde, was Herr von Papen zur Ernennung von Hitler und zur Bildung des Kabinetts geäußert hatte, ist mir nicht mehr in Erinnerung. Jedenfalls hatte er die Rechnung ohne den Wirt gemacht, als er seinen politischen Freunden stolz und arrogant verkündete: »Wir haben uns Herrn Hitler engagiert ... In zwei Monaten haben wir ihn in die Ecke gedrückt, daß er quietscht.«

31. Januar 1933

Am Nachmittag des nächsten Tages traf ich mich mit Leo und Gerhard Grindel im »Romanischen Café«. Es war brechend voll. An einem Tisch begrüßten wir Hans Hinrich, der uns bat, an seinem Tisch Platz zu nehmen. Er war in Gesellschaft von zwei Bekannten, die mit Film und Presse zu tun hatten. Hinrich und ich hatten uns seit seiner *Pennäler*-Inszenierung nur einige wenige Male kurz gesehen. Das Gespräch jetzt an diesem Marmortisch drehte sich ausschließlich um das politische Ereignis, das die meisten als vorübergehende Erscheinung abtun wollten. Wir sechs am Tisch fanden es eigentlich ulkig, als wir erzählt bekamen, daß sich ein unbedeutender technischer Mitarbeiter der Ufa heute morgen in SA-Uniform wichtigtuerisch vor das Eingangstor zum Filmgelände in Babelsberg postiert hatte. Im Mosse-Haus hatte sich ähnliches ereignet: Der Fahrstuhlführer hatte sich heute früh den Benützern des Lifts ebenfalls uniformiert gezeigt. Jüdische Mitarbeiter unter den Redakteuren des »Berliner Tageblatts« haben es aber gar nicht komisch gefunden, daß sie der Fahrstuhlführer, den sie seit Jahren kannten und mochten, von heut auf morgen in scheißbrauner Uniform und mit dem Hitlergruß provozierte.

Hans Hinrich, jüdischer Herkunft, war gläubiger Katholik. Er ahnte nicht, daß das am Ende kein Schutz für ihn sein sollte. Aber an diesem Nachmittag war er noch heiter gestimmt und erzählte, was er wenige Stunden zuvor erlebt hatte. Er war im Treppenhaus Zeuge eines Dialogs zweier jüdischer Bewohner geworden. Beide Herren waren Inhaber namhafter Konfektionsfirmen. »Was wird jetzt werden?« fragte der eine. Die Antwort des anderen: »Es wird halb so schlimm werden, Sie werden sehen, die *Frau Hitler* wird auch Kleider brauchen.«

Von den weiteren Witzen, die die Runde machten, habe ich nur den vom kleinen jüdischen Schuljungen behalten: »Moritz kommt mittags nach Hause und hat ein Hakenkreuz an seinem Revers. ›Wo hast du das Ding her?‹ fragt entsetzt der Vater. ›Von Fritz Müller. Hab' ich getauscht gegen meine Matze!‹«

Anekdoten und Witze waren bald erschöpft, und Fragen und Antworten mündeten in tiefernste Diskussion. Als ich wiederholte, was ich in der vergangenen Nacht meinen Eltern gesagt hatte, nämlich »Hitler – das bedeutet Krieg«, schwiegen alle.

Gerhard Grindel kritisierte mich, nachdem wir uns voneinander verabschiedeten: »Sie haben allen den Spaß vermasselt. Krieg? Daran ist vorläufig nicht zu denken.«

Ob er wohl recht hat, fragte ich mich. Gerhard war zehn Jahre älter als ich, gebildeter, erfahrener. Er gehörte als überzeugter Pazifist der *Liga für Menschenrechte* an, schrieb Chansons und Texte für politische Kabaretts. Seine Formulierungen waren meisterhaft, seine Pointen saßen.

Der Gedanke, Hitler könne Krieg bedeuten, ließ mich nicht los. Gerhard hatte es ja auch nicht ausgeschlossen. An Krieg sei *vorläufig* nicht zu denken, hatte er gesagt.

3. Februar 1933

Drei Tage später geschah etwas, was auch heute noch so gut wie unbekannt ist.

Gerhard Grindel erfuhr es damals von einem amerikanischen Korrespondenten, der Beziehungen zu führenden Reichswehroffizieren hatte. Hitler hatte am 3. Februar 1933 die ranghöchsten Offiziere des Heeres und der Marine zur Geheimhaltung der Ausführungen verpflichtet, die er ihnen vortrug.

Es war geschickt eingefädelt. Hitler war nicht der Gastgeber, und sein Vortrag fand auch nicht in der Reichskanzlei statt. Der Reichswehrminister von Blomberg lud offiziell ein, und zwar zu einer Lagebesprechung in die Wohnung des Heereschefs von Hammerstein-Equord[10]. Hitler, der neuernannte Reichskanzler, war Gast. Ein Gast, der nach dem Essen eine zweistündige Rede hielt. Sie kulminierte in seinen Kriegsplänen: »Eroberung neuen Lebensraums im Osten« und dessen »rücksichtslose Germanisierung!« Der Vormarsch zu den Weizenfeldern in der Ukraine und die Gewinnung der Ölquellen im Kaukasus war das schon immer anvisierte Ziel. »Volk ohne Raum« war die Devise.

Das war der wahre Hitler, der sein Volk und die Welt mit seinen pathetischen Friedensschalmeien zu täuschen versuchen wird. Oder muß man sagen: zu täuschen *vermochte*?

Es war ein Sonntag. Meine Mutter tischte das Mittagessen auf. Es gab Rindsrouladen und Kartoffelpüree, das Lieblingsgericht der ganzen Familie.

Wir wollten es uns schmecken lassen. Da wandte sich meine Mutter an unseren Vater: »Du ißt ja gar nicht.« – »Mir schmeckt kein Essen mehr.« – »Bist du krank?« fragten wir. »Die Politik macht mich krank«, meinte er und fuhr fort: »Heute ist der 26. Februar. Heute vor vier Wochen, das war der 29. Januar, gab es Kasseler Rippchen mit Sauerkraut. Da hat es mir noch geschmeckt. Da habe ich noch nicht geahnt, was am nächsten Tag sein würde. Da hat man uns Herrn Hitler beschert. Entschuldigt, ich verderbe euch das schöne Essen.« Und er ergriff Messer und Gabel und zwang sich zu essen. Für uns alle war jedoch die Mittagsfreude beeinträchtigt.

Nachdem meine Mutter das Geschirr abgeräumt hatte, begann ein Gespräch, das mich insofern erstaunte, als mein Vater ein eher unpolitischer Mensch war. Meine Mutter, die mit den Sozialdemokraten sympathisierte, war viel engagierter als mein Vater. »Nächsten Sonntag ist Wahl«, begann er das Gespräch. Hitler hatte ja bereits am 1. Februar den Reichstag aufgelöst und für den 5. März Neuwahlen angesagt. »Was soll dabei herauskommen? Hitler, Göring und Goebbels verfügen über Rundfunk und Presse. NSDAP, SA und SS veranstalten Versammlungen und Aufmärsche. An allen Litfaßsäulen klebt das Bild des ›Führers‹. SPD und Zentrum haben so gut wie keine Möglichkeit, um Wählerstimmen zu werben. Wahlversammlungen der SPD werden von SA-Mitgliedern gewalttätig aufgelöst.«

Wir kannten unseren Vater nicht wieder. Seine Stimme zitterte, als er uns mitteilte, was Göring in diesen Tagen verfügt hatte. »50000 Hilfspolizisten hat er aufstellen lassen. 50000! Zum größten Teil SA-Leute, aber auch Angehörige der SS und des Stahlhelm. Vor allem wurden diejenigen SA-Männer zu Hilfspolizisten befördert, die sich schon mit Verhaftungen von Nazigegnern und in der Politik, im Rundfunk und in der Presse ›hervorgetan‹ haben. Damit sind alle Willkürakte nachträglich legalisiert. Es heißt ja so schön, die Menschen werden lediglich in *Schutzhaft* genommen. In Wirklichkeit wurden Lager eingerichtet, in denen man sie tyrannisiert und mißhandelt. Auch Tote hat es bereits gegeben. Diese Hilfspolizisten sollen auch dafür sorgen, daß die Polizei jetzt so durchgreift, wie die Nazis sich das vorstellen. Leider gibt es ja auch schon bei den regulären Polizisten seit ein, zwei Jahren Nazianhänger, aber die Mehrzahl weiß noch immer, was Recht und Gesetz ist. Jetzt will man sie gefügig machen. Diese SA-Rowdys werden sich als Hilfspolizisten bestimmt als Denunzianten bewähren. Mit weißer Armbinde, mit Revolver und Gummiknüppel ausgerüstet, verstärken sie Terror und Gewaltherrschaft. Göring hat ihnen rücksichtslosen Schußwaffengebrauch befohlen. Ich hoffe nur, daß die Kripo von alldem nicht berührt wird.«

In der Nacht vom 27. zum 28. Februar 1933

In der Nacht darauf wurde mein Vater geweckt, mußte in ein Auto steigen, um einen Mann im Westen Berlins zu verhaften. Ein Zettel mit Name und Adresse wurde ihm vom Fahrer gegeben. Mein Vater fragte nach dem Haftbefehl. »Gibt keinen Haftbefehl« war die Antwort des Uniformierten, der am Steuer saß. »Dann handelt es sich also um eine vorläufige Festnahme«, erklärte mein Vater. »Das ist doch Jacke wie Hose. Der Reichstag brennt! Brandstiftung durch Kommunisten!« Mein Vater bezweifelte die Täterschaft.

Dem von ihm Festzunehmenden habe mein Vater, wie er uns erzählte, gesagt: »Wenn Sie jetzt verschwinden, habe ich Sie nicht angetroffen.« Der Betreffende habe jedoch erwidert, er käme mit, denn er habe sich nichts zuschulden kommen lassen. So mußte ihn mein Vater im Polizeipräsidium abliefern.

Am nächsten Morgen faßte mein Vater den Entschluß: »Ich lass' mich pensionieren.«

5. März 1933

Noch in der Nacht des Reichstagsbrandes hatte Göring verfügt, mit den kommunistischen Abgeordneten und Gewerkschaftsfunktionären rücksichtslos »aufzuräumen«. Die kommunistischen Zeitungen wurden verboten. Und um es der SPD unmöglich zu machen, ihre Wähler zu erreichen, durfte die sozialdemokratische Presse bis nach der Wahl nicht mehr erscheinen.

In dieser Situation fand am 5. März 1933 die von Hitler verfügte Reichstagswahl statt. Die Wahlbeteiligung betrug über 88 Prozent. Aber nur mit den Stimmen der konservativen Koalitionsparteien konnte Hitlers Regierung mit 51,9 Prozent auf über die Hälfte der Stimmen kommen. Die NSDAP allein genommen konnte an diesem 5. März 1933 nicht die Mehrheit des Volkes gewinnen, auf sie fielen 43,9 Prozent der Wählerstimmen. Die angeschlagene SPD erreichte 18,3 und die KPD trotz Tausender verhafteter Genossen noch immer 12,3 Prozent der Stimmen.

»Den Nazis wird schon etwas einfallen, um die Reste der Opposition mundtot zu machen«, sagte mein Vater und wiederholte, was er eine Woche zuvor gesagt hatte: »Ich lass' mich pensionieren.« Mein Vater war damals 51 Jahre alt. Er war so deprimiert, daß er die Krankheit, die er sich attestieren ließ, nicht zu simulieren brauchte. Nur noch zeitweise versah er seinen Dienst. Zu politischen Aktionen wurde er nicht mehr hinzugezogen, da er es bereits abgelehnt hatte, in die NSDAP einzutreten. Er ließ sich auch nicht umstimmen, als man ihm zu verstehen gab, nach Eintritt in die Partei könne er mit Beförderung rechnen. Er verzichtete auf eine Beförderung.

Ende März 1933

Der Filmjournalist und Drehbuchautor Heinrich Fraenkel erzählte mir, er als Jude wolle nicht in Deutschland bleiben, er würde versuchen, in London Fuß zu fassen. Ich hatte mit ihm schon einmal über meine journalistischen Absichten gesprochen, und er gab mir den Tip, mit bekannten Filmschauspielern Interviews zu führen. Er erklärte sich bereit, mich mit Renate Müller, einer sehr geschätzten Filmschauspielerin, bekannt zu machen. Etwa vier Wochen später rief mich Heinrich Fraenkel an: Seine Ausreise stünde bevor, aber die Verabredung mit Renate Müller habe er noch arrangieren können.

Es war ein amüsantes Gespräch zu dritt, aber zu einem Interview kam es nicht. »Das machen wir ein anderes Mal«, sagte die Schauspielerin. Sie hatte nämlich Aufregendes zu erzählen. Sie war gemeinsam mit anderen prominenten Filmleuten von Hitler zu einem Essen in die Reichskanzlei eingeladen worden. Als es zur Verabschiedung der Gäste kommt, wird sie von Hitler zurückgehalten, der sich dann ziemlich bald sein Jackett auszieht. Er will ihr, zu Renate Müllers Erleichterung, nur seine Armmuskulatur zeigen. Und er beginnt über körperliche Disziplin zu monologisieren. Die sei wichtig für Politiker und Filmstars, da diese ja im Blickpunkt vieler Augen stünden. Er erklärt ihr, es sei nicht einfach, stundenlang mit gestrecktem Arm im offenen Auto oder auf Paradeplätzen zu stehen. Er ermuntert sie, doch einmal den Arm hochzustrecken und hochzuhalten. Renate Müller schafft das nur eine Minute lang. Hitler zeigt ihr daraufhin, daß er das länger aushält, wobei er sie auffordert, seine Muskeln zu fühlen. Dann ist sie in Gnaden entlassen. Eine Szene, die Chaplin hätte spielen können.

KAPITEL 15

Mein Freund Leo Kerz emigriert

Es war ein Jahr später, wir lebten unter der Hitlerdiktatur, als ich mit meinem Freund Leo Kerz wieder einmal das »Romanische Café« aufsuchte. Noch immer ein Treffpunkt von Künstlern, Literaten und Journalisten. Leo und ich hatten den Eindruck, daß hier überzeugte Nazis nicht verkehrten, allerdings fehlten zahlreiche vertraute Gesichter.

Wir sprachen nur kurze Zeit über unser Lieblingsthema, das Theater, um bald die gegenwärtigen Verhältnisse zu diskutieren. Schon damals bewegte jene Menschen, die das Hitler-Regime ablehnten, und jene, die zu den politisch oder rassisch Deklassierten gehörten, die Frage, wie es soweit hatte kommen können, wieso Gewerkschaften, Reichsbanner, Sozialdemokraten und Intellektuelle nicht rechtzeitig den Aufstand gewagt hatten. Wir kamen auch auf Hindenburgs unrühmliche Rolle zu sprechen, erinnerten uns an die Reichspräsidentenwahl vom April 1932. Da wurde Hindenburg zum zweiten Mal zum Reichspräsidenten gewählt. Und drei Monate später? Hindenburg war es, der Papen ermächtigte, die sozialdemokratisch geführte Regierung in Preußen zu entmachten. Statt der Regierung Braun bestimmte von da an Herr von Papen als Reichskommissar, zu dem er ernannt worden war, die preußische Politik. »Damals«, sagte Leo, »wurde der Zeitpunkt verpaßt, den Generalstreik auszurufen und die Arbeiterschaft zu mobilisieren. Die Gewerkschaften

und die Sozialdemokraten haben versagt. Und Braun hat tatsächlich vor einem Unteroffizier und drei Soldaten kapituliert.«
– »Braun, einem Gegner der Nazis, einem Erzfeind der Nazis, einem Zivilisten, standen vier *bewaffnete* Soldaten gegenüber!« unterbrach ich ihn. »Was hätte er denn tun sollen? Hinter den vier Soldaten stand die Reichswehr, die sich unter dem Kommando des Generals von Rundstedt für diesen Gewaltakt ausdrücklich zur Verfügung gehalten hatte. Über Berlin und die Provinz Brandenburg wurde vom 20. bis zum 26. Juli 1932 der Ausnahmezustand verhängt. Es hätte ein Blutbad gegeben oder einen von vornherein verlorenen Bürgerkrieg.«
Ich überlegte, was weiter geschehen war, und versuchte, Leo von meiner Ansicht zu überzeugen: »Ich kann die Sozialdemokraten nicht verurteilen. Sie haben im vorigen Jahr verdammten Mut bewiesen, als sie im Reichstag am 23. März gegen das Ermächtigungsgesetz stimmten. Die Rede an diesem Tag von Otto Wels wird hoffentlich einmal in die deutschen Geschichtsbücher eingehen.«
»Bleiben wir bei der Rolle Hindenburgs«, beharrte Leo, »er hat das Unglück über Deutschland gebracht. Dank der Millionen Stimmen der Sozialdemokraten hatte er gegen seinen Konkurrenten Hitler die Wahl als Reichspräsident gewonnen. Gegen Hitler! Und diesen Hitler ernennt er dann zum Reichskanzler. Aber damit nicht genug. Am 22. Juni 1933 hatte Hindenburg nichts dagegen einzuwenden, daß die Sozialdemokratische Partei in ganz Deutschland verboten wird. So dankte Hindenburg seinen sozialdemokratischen Wählern. Nennt man das jetzt deutsche Treue?«
Ich habe versucht, unsere damalige Diskussion hier so wiederzugeben, wie sie mir in Erinnerung ist. Natürlich kann ich mich für den genauen Wortlaut nicht verbürgen, einen Satz von Leo habe ich jedoch nicht vergessen: »Wenn Deutsche so mit Deutschen

umgehen, möchte ich mich über das, was mit uns Juden geschieht, nicht beklagen.«

Beim Abschied sagte er nicht wie sonst: »Wir telefonieren« oder »Auf Wiedersehen«, sondern: »Leb wohl!« und fügte hinzu, was ganz ungewöhnlich war: »Grüß deine Eltern. Vielleicht kannst du meine Eltern einmal besuchen. Sie würden sich freuen. Sie sind sehr vereinsamt.« Und dann, im Umdrehen, sagte er noch rasch: »Helmut, ich bleibe nicht in diesem Land. Ich gehe weg. Morgen bin ich in Prag.«

Schreibversuche

Zu Hause, am Schreibtisch mit mir allein, begann ich Geschichten zu erfinden, Erzählungen. Auf Interviews mit Schauspielerinnen verzichtete ich. Um Geld zu verdienen, begann ich, Häuser zu verwalten. Das ließ mir ausreichend Zeit für meine Schreibversuche. Zwei kleine Romane entstanden, Unterhaltungsromane, die veröffentlicht wurden, jedoch wenig Beachtung fanden.

Einer der ersten Artikel, den ich in einer Zeitung unterzubringen hoffte, hieß: *Berlinern – die Ur-Sprache*. Was hatte Theodor Wolff mir mit auf den Weg gegeben? Ich dürfe nicht verzagen, wenn Zeitungen eingesandte Beiträge nicht brächten. Dennoch war ich betrübt, als der Artikel mit einer vorgedruckten Absage zurückkam. Ich habe mir den Artikel immer wieder vorgenommen, ihn mehrfach umgeschrieben, bis er eines Tages doch angenommen wurde, von der Feuilletonredaktion der »Vossischen Zeitung«.

Hier die letzte Fassung:

Die Sprachwissenschaftler irren dem Berlinern gegenüber. Berlinern ist gar keine Mundart. Berlinern ist – die Wahrheit muß ans Licht! – ein Gefühlsausbruch.

Wenn etwas entschieden und unabweislich wird, dann verfällt der Berliner in die Muttersprache seiner Vaterstadt. Man höre, wie er »Meine Kleene« sagt. Da ist Cello drin. Da ist Musik drin. »Meine Kleine« ist dagegen ein Substantiv mit Possessivpronomen. Wie aber läßt es sich erklären, daß er zwar »Meine Kleene«, aber nicht »Meine Olle«, sondern »Meene Olle« sagt? Antwort: Weil das Sprachempfinden des Berliners musikalisch ist.

Zornig ruft der Berliner: »Sie Herr Sie!« Das sind drei hochdeutsche Worte. Aber sie werden im Berliner Ton gerufen. Das »iiii« sitzt ganz vorn an den oberen Schneidezähnen. Es flirrt und blitzt wie ein gezogenes Florett. Oder wenn abschließend verkündet wird: »Und nu wird eene Molle jekippt« – da hört die Sprachwissenschaft auf. Sinngemäß wäre Hochdeutsch zu sagen: »Lasset uns eine Molle kippen!« Das ist ein Imperativ, sogar ein kategorischer Imperativ. Allein, derselbe Satz, berlinisch ausgesprochen, ist Schicksal, ist Kismet: Die Molle wird gekippt werden, und kein Mensch kann's aufhalten.

Schon diese drei Beispiele beweisen klipp und klar, daß das Berlinern nicht den Gesetzen der Grammatik folgt, sondern ein unabänderliches Naturgesetz ist. Nicht die Philologen, sondern die Psychologen könnten dieser einmaligen Sprache nachspüren. Hier handelt es sich nicht um Lautverschiebungen, nicht um »Perd« und »Pferd« oder »Leben« und »Lewen«, hier handelt es sich um eine Ur-Sprache. Der erste sprechende Mensch, der seinen Gefühlen Ausdruck verlieh, hat, meine ich, berlinert.

Die Grammatik dieser Ur-Sprache hat ihre eigenen Kniffe. Laien und »Außerhalbsche« (das sind die Erdbewohner außerhalb Berlins) glauben, mit dem Berliner »mir« wäre es getan. Tatsächlich verachtet der Berliner die grammatikalischen Fälle, weil das, was er aussagt, in jedem Fall richtig ist. Sein »mir« steht da! Sein »mir« ist ein Kerl, der sich nicht die Butter vom Brot nehmen läßt! Hochdeutsch heißt es: »Herr, mich wolln Sie reizen?« Auf »mich« liegt der Schwerpunkt, auf einem Wort mit stumpfem »i«. Das geht dem Berliner Ohr nicht ein. Das blanke »i« in »mir« hingegen kann den Ton tragen, und so lautet die Berliner Frage: »Herr, *mir* wolln Sie reizen?« Keineswegs sagt der Berliner jedoch: »Das reizt mir gar nicht«, sondern richtig: »Das reizt mich gar nicht.« Warum? Weshalb? Weil in dieser Satzstellung ein falsches »mir« unnötig, das heißt für den Rhythmus störend ist.

Indessen heißt es nun nicht etwa: »Wat ihn betrifft«, sondern: »Wat nu an iiihm is.« Im Berlinern hört eben die Sprache auf, eine bloße lautliche Verständigung zu sein. Man sage mehrmals »Was ihn betrifft« und »Wat nu an iiihm is«. Dann wird man verstehen, daß alle Sprachen nur noch die verstümmelten degenerierten Ableger einer urgewaltigen Muttersprache sind – und das ist das Berlinern. Diese Erkenntnis muß endlich an das Licht des Tages.

Noch etwas aber gehört zur Berliner Sprechmusik, so auffallend und eigenartig, daß es wesentlich hervortritt: das »Punktieren« der Silben. »Die Aabendausgabe! Die Aabendausgabe!« Das »Aaa« wird langgezogen auf Kosten der folgenden beiden Silben. Aus musikalischen Gründen verlängert der Berliner die Betonungs-Hauptsilbe um ein Achtel, und das folgende Achtel muß nun alle unbetonten Silben aufnehmen, ob es dazu Platz hat oder nicht.

Diese Sprache, das Berlinern, unterscheidet mit derbster Feinfühligkeit Wesentliches und Unwesentliches. Deshalb besteht sie auch in der Langform und in der Kurzform. Zuerst ein Beispiel für die Kurzform:

Auf die Frage an einen Handwerker nach einer bestellten Arbeit würde überall in der Welt mit dem nötigen Wortschwall geantwortet werden: »Das habe ich noch gar nicht fertiggemacht.« Der Berliner Handwerker antwortet in der Kurzform: Hachnojanichfäjemacht. Umgekehrt wird eine kleine Wochenend-Sehnsucht hochdeutsch nur den trockenen Ausdruck finden: »Ich möchte einen Ausflug machen!« Nun könnten Nichtlinguisten annehmen, ins Berlinische übersetzt müßte es heißen: »Ick möchte eenen Ausflug machen.« Lächerlich! Dieser Satz lautet richtig übersetzt: »Mensch, nu mal raus, un denn nischt wie rin, un denn so mittenmang zwischen die Umjebung, Mensch, un allet so mit 'm avec, Mensch, det wär mal Sache Lehmann!« – Sehn Se, da liecht Musike drin – Verzeihung, ich wollte sagen: Da liegt Musik drin, da liegt Seele drin. Übrigens taucht in diesem Satz die mythische Person des Herrn Lehmann auf. Es gibt da noch einen gewissen Herrn Ackermann (»Ackermann, da staunste!«) und Buchholz (»Da kenn' Se Buchholzen schlecht!«) – Namen, die aus dem Sagenreich der Berliner Seele auftauchen und eine überwirkliche Bedeutung haben. Ackermann ist ganz offenbar das Symbol des ewig suchenden Menschengeistes, Buchholz das des Menschentrotzes, der Berliner Prometheus, während Lehmann die Menschennot darstellt, denn wenn man »dasteht wie Lehmann im Hemde«, denn is fuffzehn – Verzeihung: Dann wird die Lage ungemütlich.

Die Syntax des Berlinischen ist genial einfach: Was wichtig ist, steht ganz vorn und ganz hinten. »Nischt dun könnt' ick bis Motzen« (»bis Motzen« ist ein Zeitbegriff, der keine Begrenzung kennt). Da steht es: »Nischt« und »bis Motzen«. Das sind die beiden Pfeiler, fundamental fest, zwischen denen das Geranke des übrigen Satzes schwingt. Die hochdeutsche Übertragung,

»Ich könnte bis ins Unendliche nichts tun«, wirkt dagegen krankhaft.

Damit sei die wissenschaftliche Betrachtung des Berlinerns abgeschlossen. Es gibt viel, wirklich traurig viel, Talmi-Berliner, Pseudo-Dialekte Außerhalbscher. Berlinern, meine Damen und Herren, ist kein Dialekt, sondern ein Gefühlsausbruch. Berlinern ist der Übergang von Sprache zu Musik.

Der Redakteur Wolfgang von Einsiedel hatte den Beitrag angenommen, aber er ist nicht in der »Vossischen Zeitung« erschienen. Nicht mehr erschienen. Seit dem 1. April 1934 existierte die Voss nicht mehr.

Was ich nicht für möglich gehalten hätte, schon im Februar 1933 hatte Hindenburg den Artikel 118/1 der Weimarer Verfassung über die Pressefreiheit außer Kraft gesetzt. Es hagelte Verbote. Zeitungen, die sich in den Augen der Partei noch nicht »gleichgeschaltet« hatten, wurden anfangs für eine bestimmte Anzahl von Tagen, bald von Wochen, dann »auf unbestimmte Zeitdauer« verboten, und schließlich wurde die oppositionelle Presse gezwungen, ihr Erscheinen einzustellen. Den angesehenen überregionalen Zeitungen – dem »Berliner Tageblatt«, der »Vossischen Zeitung«, der »Frankfurter Zeitung« – wurde das Leben von Goebbels besonders schwer gemacht.

Die »Vossische Zeitung« hatte wohl am meisten zu leiden. Es gab sie in Berlin seit 1704. Bedeutende Publizisten hatten das Blatt über zwei Jahrhunderte geprägt. Sie hatte Kulturgeschichte gemacht. Das berühmt gewordene »Extrablatt der Freude«, mit dem die Voss, wie man sie nannte, am 20. März 1848 die endlich gewonnene Freiheit, den Fortfall der Zensur, feierte, gehört der deutschen Zeitungsgeschichte an. Lessings Feder hatte einst das Feuilleton in der Voss ins Leben gerufen. Später gewann Theodor Fontane mit seinen anschaulichen, feinfühligen, oft auch amüsanten Theaterkritiken in der Voss während zweier Jahrzehnte kulturelle Bedeutung in der Berliner literarischen Welt.

Als die »Vossische Zeitung«, wirtschaftlich notleidend, am 1. Januar 1914 vom Ullstein Verlag übernommen wurde, führte sie noch den Untertitel »Königlich privilegierte berlinische Zeitung von staats- und gelehrten Sachen«. Das änderte sich erst im November 1918, als das Kaiserreich versank und die Republik ausgerufen wurde. Von jetzt an lautete der Untertitel verkürzt: »Berlinische Zeitung von Staats- und gelehrten Sachen«. Wirtschaftlich blieb die Voss auch in den Händen des Ullsteinhauses ein Zuschußobjekt. Aber Ullstein sah in ihm die Krönung der journalistischen Vielfalt. In dem reichen Blätterwald des Hauses, ihren erfolgreichen Zeitungen und Zeitschriften der verschiedensten Art, nahm die Voss eine Sonderstellung ein, die Familie Ullstein war stolz auf eine Redaktion, die am Niveau des Blattes festzuhalten wußte. Als der Verlag 1933 gezwungen wurde, sich von mehreren der verdienten jüdischen Mitarbeiter zu trennen, als die Redaktion die liberale Haltung und die außenpolitische Aufgeschlossenheit einschränken mußte und als andere Objekte des Hauses ebenfalls durch die veränderten Umstände Einbußen erlebten oder eingestellt wurden, begannen die Ullsteins sich zu fragen, wie es redaktionell und wirtschaftlich bei der Voss weitergehen solle. Redaktionell war das wirklich nicht einfach. Der Leitartikler Julius Elbau, der 1930 die Nachfolge des genialen Georg Bernhard als Chefredakteur angetreten hatte, schied aus. Nun war Erich Welter, bis dahin bei der »Frankfurter Zeitung«, Chefredakteur der Voss. Gewiß, in Anbetracht der politischen Situation und im Vergleich zu den meisten Zeitungen anderer Verlage machte er noch immer ein gutes Blatt. Aber die zunehmenden Eingriffe des Propagandaministeriums waren deprimierend.

Am Sonnabend, dem 24. März 1934, teilte der Verlag in einer

kurzen, »An die Leser der ›Vossischen Zeitung‹!« überschriebenen Notiz auf der Titelseite des Blattes mit: »Die Ausgabe eines Blattes vom Stil der ›Vossischen Zeitung‹ ist nach unserer Ansicht beendet. So haben wir denn aus freien Stücken den schmerzlichen, aber folgerichtigen Entschluß gefaßt, die ›Vossische Zeitung‹ aufzugeben und sie nach dem Ende dieses Monats nicht mehr erscheinen zu lassen.«

Im Feuilletonteil der Voss hatte es der Nachfolger von Monty Jacobs, der junge Literarhistoriker und Übersetzer Wolfgang von Einsiedel, fertiggebracht, den Geist des Blattes bis zuletzt zu bewahren. In den letzten Ausgaben der »Vossischen Zeitung« erschienen drei umfangreiche Aufsätze: *Drei Jahrhunderte.* Sie enthielten die Geschichte der »Vossischen Zeitung«, fesselnd erzählt, eigenwillig formuliert, inhaltlich und sprachlich von seltenem literarischen Gewicht. Ich zitiere daraus:

»...wer sich das Wissen von der fruchtbaren und bunten Fülle dessen bewahrt hat, was Volk, deutsches Volk, deutscher Geist heißt und immer heißen wird, mag wohl, indem er von einer Vergangenheit dankbar Abschied nimmt, sich des fröstelnden Gefühls einer Verarmung erwehren müssen.« Der Verfasser hatte mit Welter und Einsiedel vereinbart, daß die Aufsatzreihe namenlos erscheint. Eingeweihte wußten, wer der Verfasser war: Theodor Heuss.

Einen Beitrag für die letzte Seite der letzten Nummer hatte Ortéga y Gasset verfaßt: Erinnerungen aus seiner deutschen Studienzeit. Dieser Beitrag erschien mit einer Abbildung seines Marburger Philosophieprofessors Hermann Cohen.

Auch der Fortsetzungsroman des norwegischen Dichters Olav Duun lief in der letzten Nummer aus. Er schloß mit den Sätzen: »Turid und er saßen auf dem Deck. Das Schiff fuhr nach Norden. Beide fuhren ihrer Zukunft entgegen, wie die Leute früher sagten.« *Der Gang durch die Nacht* hieß der Roman.

Die Fortsetzungsromane waren stets mit Bedacht ausgewählt worden. Georg Hermanns *Jettchen Gebert*, Fontanes *Irrungen, Wirrungen*, Maxim Gorkis *Lebenserinnerungen* oder auch Remarques *Im Westen nichts Neues* hatte die Voss zuerst veröffentlicht.

Die Nachricht vom Ende der Voss erreichte mich in einem Augenblick, in dem ich gerade mit Wolfgang von Einsiedel in Kontakt gekommen war. So zerschlug sich meine Hoffnung, nicht nur Beiträge in der Voss zu veröffentlichen, sondern auch Zugang in dieses legendäre Haus Ullstein zu finden. Wenn in journalistischen Kreisen vom »Geist des Hauses« die Rede war, handelte es sich immer um das Ullsteinhaus.

»Einsiedel war«, schrieb Heinrich Satter, der dem Ullstein Verlag von 1928 bis 1945 als Journalist angehörte, »der erste unter den Redakteuren und Schriftstellern aus dieser Zeit, der später in enge Verbindung mit Helmut Kindler trat. 1956 ging er auf dessen Antrag ein, die Herausgabe von *Kindlers Literatur Lexikon* auf der Grundlage des in Italien von Bompiani erstellten *Dizionario delle Opere di tutti i Tempi e di tutte le Letterature* unter Mitarbeit zahlreicher Fachgelehrter wissenschaftlich vorzubereiten.«

Wolfgang von Einsiedel wurde, nachdem die »Vossische Zeitung« am 31. März 1934 eingestellt worden war, Redakteur der »Neuen Rundschau« unter Peter Suhrkamp im S. Fischer Verlag.

Für die Mehrzahl der Berliner war es kein Verlust, daß es die »Vossische Zeitung« nicht mehr gab. Sie hatte stets, gemessen an den Massenblättern gerade auch aus dem Hause Ullstein, eine bescheidene Auflage. Aber fast 250 Jahre, also über Generationen, hatte sie ein treues Publikum, eine Schicht gebildeter, politisch liberaler Leser. Die bescheidene Auflage änderte nichts daran, daß der politische und kulturelle Einfluß des Blattes groß war, zu vergleichen mit dem des »Berliner Tageblatts«, dem es allerdings schon vor dem durch die Naziherrschaft verursachten Auflagenrückgang wirtschaftlich schlechtging.

Im »Berliner Tageblatt« gab es zwiespältige Gefühle über den Fortfall der »Vossischen Zeitung«. Einerseits war man alarmiert und in großer Sorge, wie es mit dem »Berliner Tageblatt« weitergehen solle, andererseits konnte man damit rechnen, daß bisherige Leser der Voss jetzt zum »Berliner Tageblatt« greifen würden.

Die zwei oder drei Artikel, die ich Wolfgang von Einsiedel für die »Vossische Zeitung« zugedacht hatte, bot ich nun dem »Berliner Tageblatt« an. Aber noch bevor der erste dort erschien, ereignete sich im Ullsteinhaus etwas, was alle Zeitungsleute in Berlin in helle Aufregung versetzte.

»Herr Reichsminister – ein Wort bitte!«

Vier Wochen nach dem Tod der »Vossischen Zeitung«, im April 1934, wurde die Wochenzeitung »Die Grüne Post« aus dem Ullsteinhaus für drei Monate verboten. In wenigen Jahren hatte sie sich der sagenhaften Auflage der »Berliner Illustrirten« angenähert. Da der personelle und redaktionelle Aufwand bei der »Berliner Illustrirten« erheblich kostspieliger war als bei der »Grünen Post«, fielen ihre Gewinnzahlen unter dem Strich größer aus als die der »Illustrirten«. »Die Grüne Post« hatte der damals als Reiseschriftsteller außergewöhnlich erfolgreiche Richard Katz geformt, unter dessen Chefredaktion das Blatt 1927 im Ullstein Verlag gegründet worden war.

Der Erfolg der »Grünen Post« ließ die Nazis nicht ruhen. Sie brachten eine schlechte Kopie auf den Markt: »Die Braune Post«, von den Redakteuren des Ullsteinhauses »Die braune

Pest« genannt. Solange sie existierte, hinkte sie der »Grünen Post« hinterher, bis sie eines Tages, da hatten die Nazis das Ullsteinhaus schon »arisiert« und erworben, die »Braune Post« in die »Grüne Post« einbrachten.

Soweit sind wir aber noch nicht. »Die Grüne Post« vom 29. April 1934 hatte einen Artikel gebracht: *Herr Reichsminister – ein Wort bitte!* Ehm Welk, der Chefredakteur geworden war, wollte testen, ob es Goebbels ernst gewesen sei mit seiner Rede zehn Tage zuvor, in der er die Gleichförmigkeit von Zeitungsinhalten beklagte und eine mutige Sprache der Presse forderte.

Die Folgen dieser Veröffentlichung waren schlimm: Der größere Teil der Auflage wurde beschlagnahmt und die Zeitung für drei Monate verboten. Ehm Welk wurde festgenommen und in das KZ Oranienburg eingeliefert.

In seinem Artikel hatte Ehm Welk unter anderem geschrieben: »Und so darf ich von meinem Redaktionstisch aus die Gleichförmigkeit der Presse auch so sehen: Wir geben der ›Grünen Post‹ als der ersten großen deutschen Sonntagszeitung einen bestimmten Inhalt und eine bestimmte Gestalt... Wenn man heute in so vielen deutschen Ländern die von uns gefundene Form des Blattes bis in zufällige Einzelheiten kopiert und den Inhalt zu kopieren versucht und so eine traurige Gleichförmigkeit auch noch der Sonntagszeitungen in Deutschland schafft – Herr Reichsminister –, sollen nun wir wieder eine neue Form suchen?«

Dieser offenkundige Hinweis auf »Die Braune Post« war einer der Punkte, die Goebbels in Rage gebracht hatten.

Kollegen von Ehm Welk, die in den Augen von Goebbels nicht belastet waren, erreichten, daß Ehm Welk nach einer Woche aus dem Konzentrationslager entlassen wurde. Aber in die »Grüne Post« durfte er nicht mehr zurückkehren. Diese war, nachdem andere Objekte des Hauses bereits dezimiert waren, für den Verlag wirtschaftlich unentbehrlich. Die Nazis wollten mit dem Verbot der »Grünen Post« das Haus Ullstein wirtschaftlich entscheidend schwächen, um die Eigentümer in dieser oder jener Form zur Aufgabe zu zwingen.

Der Todesstoß von Heß

Im Frühjahr 1933 war Fritz Ross, der mit einer Enkelin des Gründers des Hauses verheiratet war, als Vorsitzender des Aufsichtsrates der Ullstein AG an die Stelle seines Schwiegervaters getreten. Ross war mit Professor Albrecht Haushofer von der Berliner Universität befreundet und kannte auch dessen Vater gut, den General a. D. Karl Haushofer. General Karl Haushofer war seit dem Frühjahr 1933 ebenfalls Mitglied des Aufsichtsrats der Ullstein AG geworden. Die Familie Ullstein hatte ihm außerdem einen Teil der Aktien der Firma übertragen. General Haushofer war mit dem Stellvertreter des Führers Rudolf Heß herzlich befreundet. Fritz Ross bat ihn, einen Termin bei Heß zu erwirken. Heß war bereit, General Haushofer und Fritz Ross zu empfangen. Wie dieses Gespräch verlaufen ist, hat nach dem Zweiten Weltkrieg Fritz Ross auf die Bitte von Heinz Ullstein einem kleinen Kreis in der Wohnung meiner Frau Nina erzählt. Peter de Mendelssohn, der bei diesem Gespräch auch zugegen war, hat es festgehalten. Fritz Ross berichtete:

»Heß empfing mich außerordentlich frostig, trotz einer kurzen, sehr freundlichen Einführung durch Karl Haushofer. Ich erklärte Heß, daß die augenblicklichen Maßnahmen, welche der Propagandaminister gegen den Ullstein Verlag durchführe, einen wirtschaftlichen Zusammenbruch des Unternehmens zur Folge haben werde.

›Wer ist heute der Besitzer des Verlages?‹ fragte Heß.

›Zum größten Teil die Familie Ullstein, die den Verlag seit 1877 zu einem Unternehmen von Weltgeltung aufgebaut hat.‹

›Mich interessiert nur, ob er noch in jüdischen Händen ist.‹

›Die Familie hat sich von ihrer aktiven Tätigkeit zurückgezogen.‹

›Das genügt nicht. Sagen Sie Ihren Verwandten, wenn sie bisher noch nicht verstanden haben, daß der Verlag nicht in jüdischen Händen bleiben darf, so werden wir andere Maßnahmen ergreifen, um ihnen das beizubringen. Ich bin überzeugt, daß sie diese Maßnahmen dann verstehen werden. Sie haben vierzehn Tage Zeit.‹

Heß stand auf. Mich traf ein kalter Blick aus seinen unheimlichen Augen. Er reichte mir nicht die Hand, während er sich von Karl Haushofer freundschaftlich verabschiedete. Die Unterredung mit dem Stellvertreter des Führers, die keine fünf Minuten gedauert hatte, war zu Ende. Das Vernichtungsurteil über die größte deutsche Verlegerfamilie war gefallen. Schweren Herzens ging ich zurück in die Kochstraße und teilte dort das niederschmetternde Ergebnis der Unterredung mit.«

Die Stellungnahme von Heß versetzte der Familie Ullstein den Todesstoß. Der Ullstein Verlag wurde »arisiert«.

Als ich im Herbst 1934 den Eltern von Leo Kerz und seiner Schwester Lotte einen Besuch machte, erfuhr ich, daß sie in vierzehn Tagen emigrieren würden, und zwar nach Holland, wo sie sich eine neue Existenz schaffen wollten. Sie rechneten damit, daß Leo dann aus Prag zu ihnen nach Den Haag übersiedeln würde.

»Wir werden uns nicht wiedersehen«, sagte Leos Schwester mit Tränen in den Augen.

»Wir werden uns wiedersehen«, sagte ich.

KAPITEL 16

Feuilletons in drei großen Zeitungen

Im »Berliner Tageblatt«

Das »Berliner Tageblatt« konnte die Voss um fast fünf Jahre überleben – was aus heutiger Sicht kein Vorteil gewesen ist.

Seine Blütezeit verdankte das Blatt – ich habe es schon erwähnt – Theodor Wolff. Ihn vor allem hatte Goebbels gemeint, als er seinen Mitarbeitern anriet, doch einmal die alten Jahrgänge des »Berliner Tageblatts« zu studieren: »Diese Juden konnten schreiben!«

Auf die Entlassung von Theodor Wolff bestanden die Nazis 1933 sofort. Aber eine völlige »Gleichschaltung« wäre nicht im Sinne der Nazidiktatur gewesen. Man wollte das Blatt »benutzen«, insbesondere auf seinen Ruf im Ausland nicht verzichten. Infolgedessen mußten die Machthaber der Redaktion einen gewissen Spielraum, einen größeren als anderen Blättern, lassen. Einige Zitate mögen dokumentieren, welchen Freiraum, so eingeschränkt er war, das »Berliner Tageblatt« unter seinem neuen Chefredakteur Paul Scheffer in Anspruch nahm. Am 4. April 1933 schrieb der Verlagsleiter Karl Vetter in einem an die Leser gerichteten Beitrag über Haltung und Linie des »Berliner Tageblatts«: »Die deutsche Nation und in ihr die deutschen Juden, die seit Jahrhunderten Deutschland als ihre Heimat lieben – eine Liebe, über deren Tragik in diesen Tagen vielleicht nur sehr

wenige nachdenken –, haben in ihrer gemeinsamen Geschichte Schweres ertragen. Von dem gemeinsamen Weg in die Zukunft sollte kein staatsbewußter Deutscher ausgeschlossen werden.«
Am 13. April 1933 veröffentlichte die Redaktion einen Beitrag *Geistige Gleichschaltung*, in dem es heißt: »Die akademische Gleichschaltungsaktion wird ergänzt durch den Erlaß des neuen preußischen Studienrechts... Zur Studentenschaft zählen künftig nicht die deutschen Staatsbürger, sondern die Volksbürger. Man huldigt dem großdeutschen Einheitsgedanken und öffnet den Stammesbrüdern aus Österreich weit die Pforten zur Mitarbeit, aber man schließt die deutsch-jüdischen Studenten von der akademischen Selbstverwaltung aus. Sollte man sich nicht vielleicht etwas mehr in die Seelen dieser jungen Menschen hineinversetzen, deren Väter und Großväter oft schon in Heidelberg oder Marburg, in Bonn oder Freiburg als gleichberechtigte cives academici studiert haben und die sich nun, mögen sie ihr Heimatland noch so glühend lieben, als Fremde, als Bürger zweiter Klasse fühlen müssen?«

Scheffer setzte sich immer wieder für Redakteure ein, die den strengen Vorschriften des Schriftleitergesetzes nicht genügten. Unter den freien Mitarbeitern befanden sich noch längere Zeit jüdische Journalisten, deren Beiträge Scheffer unter einem Pseudonym veröffentlichte. Es ist wahrscheinlich der einzige Fall im Dritten Reich, daß ein jüdischer Auslandskorrespondent so lange an prominenter Stelle schreiben konnte: Rudolf Herrnstadt in Warschau.

Zu den jüngeren Mitarbeitern zählte Karl Korn, der 1934 eintrat und dem bald die Literaturseite und die Sonntagsbeilage »Geistiges Leben«, in der Redaktion »Geistiges Nachtleben« genannt, unterstanden. Korn war mir stets ein aufgeschlossener Gesprächspartner, er machte mir Vorschläge und druckte meine Berlin-Feuilletons. Ich bin ihm sehr zu Dank verpflichtet.

Scheffers Mitarbeiterin Margret Boveri, die 1956 das vierbändige Standardwerk *Der Verrat im 20. Jahrhundert* und 1965 die Dokumentation über das »Berliner Tageblatt« während der Hitlerzeit, *Wir lügen alle*, veröffentlichte, berichtet: »Es kam Scheffer eben darauf an, die Leser, die Tag für Tag in den engen Rahmen nationalsozialistischer Anschauungen gepreßt wurden, in die Weite und Verschiedenartigkeit der Welt zu führen. Das führte von Ausgrabungsberichten Herta Snells aus Griechenland bis zu Rexroths Serie über seine Trawlerfahrt im Nördlichen Eismeer; von Theodora Wendlands Schilderungen des Lebens in China zu R. F. Keilpflugs routinierten Reiseberichten über Afrika und Südamerika. Helmut Kindler machte einen Gang durch Bukarest, ›das Paris des Balkans‹... Ein Feuilleton also, wie wir es auch heute aus unseren guten Zeitungen kennen.«

Der Anzeigenteil des »Berliner Tageblatts« schrumpfte von Monat zu Monat. Es gab fast nur noch Inserate einiger jüdischer Firmen wie zum Beispiel von dem traditionsreichen Kaufhaus Gerson. Im Dezember 1936 wurde Scheffer genötigt, seinen Posten aufzugeben. Karl Korn betrachtete Scheffers Ausscheiden als das Ende seiner Lehrzeit.

In der Redaktion des »Berliner Tageblatts« war das Entsetzen groß, als Erich Schwarzer sich im Januar 1937 als neuer »Hauptschriftleiter« in SS-Uniform vorstellte. Bald war der Untergang des »Berliner Tageblatts« nicht mehr aufzuhalten. Viele jüdische Abonnenten verzichteten auf ein Blatt, das ein SS-Mann redigierte. Immer mehr jüdische Abonnenten wanderten aus. Die dablieben, konnten sich eine Zeitung oft finanziell nicht mehr leisten. Im Inseratenteil gab es zum Schluß fast nur noch Todesanzeigen von Hinterbliebenen verstorbener Juden.

Karl Korn entschied sich, in den S. Fischer Verlag zu wechseln, in die damals von Peter Suhrkamp herausgegebene Zeitschrift

»Neue Rundschau«, wo er Wolfgang von Einsiedel ablöste, der es im »Dritten Reich« einfach nicht mehr ausgehalten und sich in London niedergelassen hatte. Einsiedel hatte auch unter der amusischen Atmosphäre gelitten, die unter Peter Suhrkamps Leitung im Verlag herrschte, wie er mir später erzählte. Karl Korn geht in seinem Urteil noch weiter, empfand, Suhrkamp sei nicht intellektuell gewesen. Im Ersten Weltkrieg als Stoßtrupp-führer von der Art Ernst Jüngers, hoch ausgezeichnet, fühlte sich Suhrkamp Auseinandersetzungen mit dem Propagandaministe-rium stets gewachsen. Was Korn am meisten an seinem Verleger störte, war dessen Gabe, Freudlosigkeit zu verbreiten.

Freudlosigkeit hatte mittlerweile aber auch die Redaktion des »Berliner Tageblatts« ergriffen.

Für das Feuilleton und damit auch für meine Beiträge war seit Korns Weggang Paul Fechter zuständig. Erich Schwarzer wurde durch Dr. Eugen Mündler abgelöst, der trotz seiner Integrität und seines Bemühens das Blatt nicht retten konnte. Es gab weder genügend Abonnenten noch Inserenten. 1938 verfügte Goebbels die Auflösung der Zeitung.

In der »Frankfurter Zeitung«

Eines Tages erhielt ich einen Anruf von Max Geisenheyner, der ein Redaktionsbüro der berühmten »Frankfurter Zeitung« in Berlin unterhielt. Er hatte Artikel von mir im »Berliner Tage-blatt« gelesen und meinte, ich wüßte doch, daß an einem Tag jeder Woche in der »Frankfurter Zeitung« »unter dem Strich« der Platz für das *Berliner Feuilleton* reserviert sei. Ich solle doch mitmachen. So schrieb ich eine Zeitlang Beiträge für das »Berli-ner Tageblatt« *und* für die »Frankfurter Zeitung«.

Die Geschichte der »Frankfurter Zeitung« während der Nazijahre hat Heinrich Satter folgendermaßen zusammengefaßt:

»Die ›Frankfurter Zeitung‹ kam 1934, ein Jahr nach Beginn des
›tausendjährigen Reichs‹ in den Besitz des IG-Farben-Trusts, der
die Mehrheitsanteile der 1856 von Leopold Sonnemann gegründeten großen liberaldemokratischen Zeitung erwarb. Dank dieses Mäzenatentums konnte sich die ›Frankfurter Zeitung‹ weiterhin die umfassendste Auslandsberichterstattung leisten. So
war auch Margret Boveri noch vor dem Ende des ›Berliner
Tageblatts‹ für die ›Frankfurter‹ nach Stockholm, New York
und Lissabon gegangen. Ende 1938 hatten sich aber die Zwecke,
welche die IG Farben mit der Zeitung, und zwar besonders mit
ihrem Wirtschafts- und Handelsteil, verfolgten, von selbst erle-
digt. Bis dahin brauchte man, vor allem im Hinblick auf die
militärische Aufrüstung, das Auslandsrenommee der großen
Publikationsorgane, ganz besonders das der ›Frankfurter Zeitung‹. 1938 wurde sie nun in aller Heimlichkeit in eine natio-
nalsozialistische Kontrollfirma überführt; Verlagsleitung und
Redaktion hatten keine Ahnung, daß das Blatt den Besitzer
gewechselt hatte. Die neuen Herren hielten die Zeitung, trotz
ihrer Unwirtschaftlichkeit, weiter am Leben. Und obwohl sie
›den Parteifanatikern ein Dorn im Auge war, räumte ihr Goebbels wegen ihres Ansehens im Ausland eine Sonderstellung
ein... Erst als sie im Sommer 1943 durch einen nicht genügend
lobenden Artikel über den Parteidichter Dietrich Eckart bei
Hitler persönlich Anstoß erregte‹, verfügten die neuen Machthaber ihre Schließung.«

Verlag und Redaktion in Frankfurt habe ich nie besucht; die
Zusammenarbeit aus der Entfernung jedoch verlief zu meiner
großen Freude völlig reibungslos.

Außer für das »Berliner Tageblatt« und die »Frankfurter Zeitung« – dort endete meine Mitarbeit 1939 – publizierte ich gelegentlich noch in anderen Zeitungen und Zeitschriften, zum Beispiel in der »Deutschen Allgemeinen Zeitung«. Von den überregionalen Zeitungen war sie diejenige, die am längsten »durchhielt«, nämlich – in den letzten Jahren dem Deutschen Verlag, wie der Ullstein Verlag jetzt hieß, angegliedert – bis zur Einstellung aller noch übriggebliebenen Berliner Zeitungen und Zeitschriften im Jahr 1945, unmittelbar vor dem Einmarsch der Russen.

Chefredakteur Karl Silex – der dann, Jahre nach dem Krieg, den von Erik Reger gegründeten Berliner »Tagesspiegel« leitete – bewies in den Nazijahren ein besonderes Geschick, sein Blatt von den übelsten Eingriffen des Regimes freizuhalten. Er konnte allerdings nicht verhindern, daß der Unterschied zwischen den ausgesprochenen Naziblättern und einer Zeitung wie der »Deutschen Allgemeinen Zeitung« mit der Zeit immer geringer wurde. Gewiß, das ganze Erscheinungsbild war und blieb, ähnlich wie beim »Berliner Tageblatt« und bei der »Frankfurter Zeitung« bis zu ihrer Schließung, zurückhaltender, seriöser, sachlicher. Was aber den Inhalt anbelangt, so mußten die Lügen der Regierenden verbreitet werden, und Kritik an politischen und militärischen Maßnahmen war ausgeschlossen.

Der Redaktion des Feuilletons gehörte Werner Fiedler an, der in diesem Ressort, wie Silex überliefert hat, alle an Einfallsreichtum übertraf. »Fiedler hatte sich einen Namen als Filmkritiker gemacht. Eines schönen Tages verfiel Goebbels auf die Idee, mit einem Federstrich die Kunstkritik abzuschaffen. Jetzt sollte es in der deutschen Presse keine Kritiker mehr geben, sondern nur noch ›Betrachter‹ – Kunstbetrachter, Theaterbetrachter, Mu-

sikbetrachter und Filmbetrachter. In seiner ersten ›Filmbetrach-
tung‹ stellte sich Fiedler zunächst dem erstaunten Publikum als
der brotlos gewordene Filmkritiker vor, der nun zum ersten Mal
als Filmbetrachter vor der Leinwand säße. Da er selbst noch
nicht wisse, wie er diese Rolle anpacken solle, habe er sich
entschlossen, das Publikum ganz einfach Szene für Szene an den
Betrachtungen des Bildbetrachters teilnehmen zu lassen. Fiedler
schilderte also die Gefühle, die sich seiner als Filmbetrachter
bemächtigt hatten, während der Film vor ihm abrollte. Er
erzählte minuziös, worüber er sich gefreut und worüber er sich
geärgert hatte, welchen Schauspieler er mit Genuß betrachtet
und welchen mit geringerem Genuß. Kaum zuvor war ein Film
so madig gemacht worden.«
Wir Journalisten hatten Respekt vor diesem journalistischen
Einfall. Wir waren aber auch nicht ganz ohne Sorge, ob Goebbels das hinnehmen würde. Wir dachten an Ehm Welk. Aber,
wie erzählt wurde, habe Goebbels gute Miene zum bösen Spiel
gemacht.
1946 konnte ich Werner Fiedler als Mitarbeiter der von Heinz
Ullstein und mir in Berlin verlegten Wochenzeitschrift »sie« und
noch im gleichen Jahr als Chefredakteur der Kunst- und Literaturzeitschrift »REVUE« gewinnen, die ich später, 1948/49, in
München in eine aktuelle Illustrierte umwandelte, in der Hoffnung, damit Geld zu verdienen.

KAPITEL 17

Und dann liebt man diese Stadt

Anwalt der kleinen Leute

Heinrich Satter erinnert an die Artikel von mir, die zwischen
1934 und 1939 erschienen sind: »Kindler lieferte regelmäßig
Feuilletons und Impressionen aus dieser Stadt, in der er geboren
war, die er liebte und an der er litt.

Daß ihn Berlin als Mittelpunkt des Kultur-Rummels der NS-Zeit
nicht mehr besonders interessierte, versteht sich von selbst. Seine
Themen waren die ›kleinen Leute‹, die weit weg vom ›Ku'damm‹
lebten, das kleine Glück und das große Elend, die Einsamen und
die Originale, wie man jene lieblos nennt, die oft Träger schwerer Schicksale sind.

Kindler spürte sie auf in dieser noch immer unvergleichlichen
Stadt, und er hat sich als ihrer aller Anwalt verdient gemacht.«
Ich freue mich, daß ich mich mit jeder meiner journalistischen
Arbeiten aus diesen schrecklichen Jahren identifizieren kann.
Vielleicht ist der Leser geneigt, sich in drei der hier folgenden
Feuilletons, gewissermaßen Kostproben, mit »meinem« Berlin
bekannt zu machen.

Quer durch Berlin zieht sich eine Mauer, etwa sechs Meter hoch, einige zehn Meter breit und viele Kilometer lang: die Stadtbahn. Über Flußarme, Kanäle und Straßenzüge hinweg schwingt sie sich in weiten Bogen, so daß niemand recht diese merkwürdige Mauer mitten durch die Weltstadt bemerkt. Ihre Stützpfeiler sind etwa neun Meter voneinander entfernt. Diese »Stadtbahnbogen« sind voneinander abgetrennt und vermietet. Dircksen hieß der Erbauer der Stadtbahn, und die Dircksenstraße zieht sich vom Alexanderplatz bis zur Börse hinunter.

Hier sind die Stadtbahnbogen der Zentralmarkthalle. Ein süßlicher Geruch nach faulenden Obstabfällen und scharfer Heringslake preßt sich einem in die Kehle. Früh um vier Uhr rasseln Autos und Pferdefuhrwerke von den Vororten heran. Kisten mit Obst, Kisten mit Fischen, Kisten mit allem, was die Stadt auffrißt, werden zu Barrikaden übereinandergetürmt. Auf Schiebekarren, auf Kippkarren schieben die »Markthelfer« die Ware hin und her, brüllend, um in diesem rasenden Kaleidoskop Schubbahn zu bekommen, brüllend, um den Käufer zu finden. Wagen an Wagen, handelnde, schreiende Menschen, die fast zerquetscht werden von Kisten und Ballen und Karren und Pferden und rangierenden Autos – vier Uhr morgens.

Wer abends durch die Dircksenstraße schlendert, sieht unschöne Häuser, Fassaden, die das Wetter zerfressen und zerfurcht hat, sieht eine ganz einsame Straße mit den verschmierten Lichtreflexen der alten Laternen. Die Türen der Stadtbahnbogen sind geschlossen. Eiserne Gitter. Aus den Fenstern winden sich häßliche Metallraupen: dünne Rohre der eisernen Öfen. Hier und da ist Licht hinter den Scheiben, ganz dünnes, kaltes Licht wie in fröstelnden Warteräumen auf kleinen Umsteigestationen.

Ist diese Stadt irgendwo besser zu begreifen als in dieser nächtlichen Straße? Warteräume. Umsteigestationen. Berlin ist so unpathetisch wie kaum eine andere Stadt in der Welt. Die Berliner »kalte Schnauze« nennt die Dinge schonungslos, wie sie sind. So ein Berliner Wort haut wie ein Fußtritt gegen schönfarbige, blanklackierte Dinge, daß der Lack abspringt und der kahle Untergrund nackt hervortritt. Umsteigestation der Waren. Warteräume der Arbeitenden. Das ist Berlin jenseits der lichttrunkenen Glanzstraßen.

Die Kisten, »Käfige« genannt, stehen an den Wänden der Stadtbahnbogen. Man kann sie erkennen, wenn man das Gesicht gegen die Scheiben preßt. Und nun erkennt man auch die Karren in der Ecke: Rollkipper auf zwei kleinen Rädern. Einer vor dem andern. Wie das hölzerne Skelett eines Riesenwurmes.

Am Ende der dunklen Straße ist noch Licht in einem Laden. Hier hat ein »Billardsalon« eröffnet. Diese Salons findet man plötzlich überall in Berlin. Große, leerstehende Läden werden gepachtet und »Salon« getauft. Darin steht ein Billard neben dem andern. Englische, russische. Die Stunde kostet fünfzig Pfennige. Eine Stunde Spiel ist nicht teurer, als wenn man zu zweit im Lokal seine Molle kippt. Wenn man eintritt, schlägt einem der kalte Rauch billigster Zigaretten entgegen. An der Decke klebt eine dünnbrüstige Birne und wirft mehr Schatten als Licht in den Raum. Die Tische sind fast alle besetzt. Hin und her rollen die Kugeln, prallen dumpf gegen die Banden und poltern in die Löcher. Die Zigaretten gehen dabei nicht aus. Der Kampf der Kugeln wird manchmal vom Kampf der Worte abgelöst, Worte von blendend scharfem Herzstich, Worte aus knochentrockenem Humor, die dann die Spalten der Witzblätter füllen. Aber der innerste Berliner Humor liegt tiefer. Er liegt darin, daß diese Männer in »diesem riesig jemütlichen Salong« ihre Zeit vertreiben, während die Trostlosigkeit des Raumes doch bis unter die

Hirnhaut dringt. Der Berliner ist völlig unpathetisch, auch sich selbst gegenüber. Umsteigestation. Warteräume. »Wat nich is, kann noch werden.« So nimmt er der Lebensschwere jede Tragik und grinst darüber als ein unverwüstlicher Pessimist. »Wart man nur ab, et wird schon schiefgehen!« Und damit hat er sich zum Souverän der Situation gemacht.

Jetzt stellen zwei ihre Billardqueues weg. Sie schlendern schweigend über die Straße, die Hände in den Taschen, den Kopf in den Kragen hineingezogen unter dem kalten Wind. Sie lassen sich drüben ihre Karren herausgeben und rollen damit dem Alexanderplatz zu.

Da weiß man: Das ist wahrhaft Berlin. Nicht Vergnügungszentrum und nicht Mietskasernen sind diese Stadt, die viel zu unpathetisch ist, um sich in Plakaten und Phrasen zu offenbaren. Karren und Kugeln... Arbeit und Spaß, beides unter dem Licht funzliger Sparsamkeit. Warteräume. Umsteigestation. Trostlosigkeit? »Det is doch sehr scheen hier!« Da wird der ironische Pessimismus zum unzerbrechlichen Optimismus.

Lebenswille, Lebensfreude, Lebenstrotz... man schämt sich, diese hochtönenden Worte auszusprechen, wenn man abends durch die Dircksenstraße geht. Diese Worte klingen aus den arbeitsgewohnten Karren unter den Stadtbahnbogen, sie klingen aus dem Grinsen, mit dem der Berliner das fatale Schicksal ansieht. Man muß diesen Abendspaziergang gemacht haben, wenn man die unzerstörbare, innerste Kraft dieser Stadt begreifen will. Und dann liebt man diese Stadt.

Im Wettbüro

Ich habe einen neuen Freund. Karl ist sein Name.
Im Norden Berlins, wo Fenster an Fenster in den Häuserfronten

verrät, wie Stube an Stube liegt – dort leuchtet in prunkvollen Gold-Buchstaben »Wettbüro« an einer Ladenscheibe. Der Raum ist mit unwahrscheinlich viel Stühlen angefüllt. Überall hängen Pferdesport-Zeitungen, soweit sie nicht, zerlesen und dünngerieben, in den Händen der »Professionellen« knittern. Die hier sitzen, sind fast immer Invaliden der Arbeit oder des Lebens. Sie erhalten von den Kassen eine Rente oder von den Kindern ein Altenteil, und das Brot muß gestreckt werden und das Fleisch sparsam geteilt, damit noch einige Groschen für das Wetten abfallen. Ihre Hosen wissen nicht mehr, was Bügelfalten sind, und ihre Oberhemden wissen selten etwas vom Kragen.

Sie kommen nicht weg vom Wettbüro. Wenn es eröffnet wird, quellen sie hinein. Im Nu sind alle Stühle besetzt. Draußen mag der Regenwind heulen, draußen mag Sonnenhitze brüten – hier drinnen gibt es nur Führringe und Starter und todsichere Tips und Versucher, Quoten, Jockeis, Pferdenamen. Nüchterner kann es nirgends aussehen als in diesem Raum, der mit Ausdünstungen und dem Qualm billigster Zigaretten gefüllt ist, und phantastischer können nirgends Namen klingen als hier »Adria«, »Galathee«, »Chicago«. Aber diese Männer hören die Namen nur als Tip. Sie qualmen eine neue Zigarette an, schieben sie hängend in den Mundwinkeln, schieben die Mütze ins Genick und warten fiebernd die Ergebnisse ab.

Wer nicht peinlich auffallen will, muß mittun. Eine Mark ist nach staatlicher Bestimmung der Mindesteinsatz. Wenn es gute Quoten gibt, bekommt man also für nur eine Mark fünf oder sechs zurück. Das ist blankes, rundes Geld für diese Männer. Unruhig stapfen sie auf und ab. Wenn das Ergebnis kommt, knittern sie ihre Tickets auseinander. Meist haben sie nichts gewonnen. Der die Wetten annimmt, ist der »Maker«. Den Maker möchten sie einmal blamieren durch eine richtig »geschmissene Sache«, so einem Außenseiter mit siebenhundert und mehr, und dann richtig rangegangen sein mit dem Einsatz – das gönnen sie dem Maker, dem sie ihr Geld geben müssen.

»Na, Sie haben ja gewonnen«, sagte einer neben mir. Und das war Karl. Das Rennen war schon gelaufen, in dem ich gesetzt hatte, und ich durfte für die eine Mark zwei Mark zwanzig kassieren. Mit Karl kam ich in ein Gespräch. Dadurch erfuhr ich, was ich vorher gar nicht wissen konnte. Die Wetter hier hatten alle keine Mark zum Setzen. Sie taten sich zusammen. Groschenweis wurden die zusammengesucht, die denselben Tip hatten. Bis die Mark voll war. Mit zwanzig Pfennig war der eine beteiligt, ein Krösus mit fünfzig, ein anderer mit zehn. Also bekommt er fünfzig oder sechzig Pfennig zurück, wenn die Quote gut ist.

Stunden vergehen. Ich habe mich verschiedentlich bei Karl beteiligt, im ganzen mit Gewinn. Die Luft ist kaum noch auszu-halten. Neue drängen herein. Sie sind pitschnaß, weil draußen ein Gewitterregen niedergegangen ist. Regen... das bedeutet hier nur: anders setzen. »Juliane« läuft auf trockenem Gelände in anderer Form als in nassem. Daß Regen durch die Zwirnsfä-den bis zur Haut drang, das ist ganz uninteressant. Interessant ist nur, ob es auch in Strausberg oder Hoppegarten geregnet hat! – Nun quillt auch noch die verdampfende Nässe aus den Jacken. Einige packen ihre Brote aus und schlingen sie, geistesabwesend. Was da an Menschen kommt: der Schlächter mit seinen Fünf-Mark-Einsätzen oder der Mann von gegenüber, der immer gleich zwanzig setzt – das weckt nur ihre Neugier, ob der es schaffen wird. Und würden sie alle ihre Groschen und Fünfziger verlieren und der Schlächter trüge sie davon – sie würden sich doch diebisch freuen, weil der Maker das Geld nicht bekam!

Karl duzt mich bereits. Karl hat mich bereits eingeladen, mal zu seiner Laube rauszukommen, weil sein Vetter ein großartiger Kerl ist. Nun werden die letzten Rennen »eingeläutet«. Die meisten stehen schon auf. Heute hat es nicht geklappt. Aber es klappt einmal. Da hat doch einmal – jeder weiß das hier –, der Soundso hat doch damals… Irgendein damals ist die Fata Morgana dieses Raumes. Jetzt ist die böse Stunde des Wettbüro-Schlusses, die alle Männer aus dem Reich wirft, in dem sie eigentlich zu Hause sind. Nirgend habe ich Wetter gesehen wie im Norden Berlins. Verbissen, zäh.

Karl hat im letzten Rennen zehn Mark auf »Ingeborg« gesetzt. »Ingeborg«, das wird schnell bewiesen, ist in schlechter Form. Die Zeiten ihrer letzten Rennen sind hier jedem bekannt. Und sie braucht auch nicht den Jockei X. mit seinen 48 Kilogramm, sondern einen schweren. Alles das wird ohne laute Leidenschaft, aber mit bohrender Hartnäckigkeit vorgebracht. Inzwischen ist das Rennen beendet, und Ingeborg hat gewonnen. Mit guter Quote. »Seht ihr«, erläutert Karl, »man muß sich das Geld für den Einsatz von einem Dämlack pumpen.«

»Dämlack« kommt von dämlich. Der Dämlack war ich.

Ich blieb noch mit meinem neuen Freund zusammen, während die andern hinausschlenderten. »Auf morgen!« Auf morgen. Und übermorgen. Und jeden Tag.

Zaungäste

Es war schon Nacht. Manchmal hörte man noch fern das Singen der Straßenbahn in einer Kurve oder das Knattern eines Autos oder den gleichmäßigen Trabtakt eines Zugpferdes, aber sonst war es still in diesem Winkel der Weltstadt hinter der Nikolaikirche. Hier liegen noch Gäßchen, mittelalterlich ineinander verlaufend. Unter dem Schein einer Laterne erkennt man hinter Schauscheiben sogar alte Waffen und Ritterrüstungen.
Ein alter Mann steht vor mir.

»Bitte kommen Sie mit, kommen Sie mit mir!« Er hastet die wenigen Schritte zum Gassenende hinauf, weist mit seiner alten Hand in das Nachtdunkel hinein und fragt: »Ist denn das alles so? Ist denn das alles da, was ich sehe?«

Vor uns, nachbarlich zum Molkenmarkt, der früheren Hinrichtungsstelle, liegt das Stadthaus. Vor Monaten standen hier noch dumpfe Häuserfronten. Sie lenkten den Verkehr wie die Stellwände einer Bob-Bahn durch die Kurven zum Alexanderplatz. Nun sind sie niedergerissen. Ein weiter Platz ist entstanden und gibt den Blick zum Stadthaus frei. So fremd, so anders, so unvertraut wirkt es, wie es da aus dem Nachtdunkel herüberschimmert.

Jedes Menschen Kindheitserinnerungen ranken sich um ein Haus, eine Straße, um ein Stückchen Wirklichkeit, deren Bild er durch die Jahre trägt. Was mochte dieser alte Mann neben mir empfinden? Häuser und Straßen waren hier gewesen, Höfe und Treppen, auf denen er mit seinen Kameraden herumgetollt war. Das Leben spülte ihn davon, in fremde Städte. Nun war er heimgekommen und sah, daß seine Erinnerung Bilder vorgetäuscht hatte, die unter der Spitzhacke zertrümmert waren. Jeder Schlag traf ein Stückchen Jugendzeit derer, die hier gewohnt, gelebt hatten. Das alte Berlin der alten Berliner wurde von Architekten und Bauarbeitern entwendet.

Das alte Berlin? Gibt es denn ein altes Berlin, wie es etwa ein Alt-Frankfurt gibt? Wer die Gegend des Römerberges durchschreitet, fühlt die Sicherheit der Seßhaften, die schöpferische Kraft der Stadt, in der Menschen zusammenwohnen von Generation zu Generation. Die gleiche Haustür ist es dort, aus der das Kind zur Taufe, das Mädchen zum Altar, der Alte zum Friedhof begleitet wurden. Steinchen um Steinchen bauten die Familien auf, ein festes Gefüge, so fest wie die Häuser selbst.

Solch ein »Altes Berlin« gibt es nicht. Zwar hat man einmal

Wanderungen durch Alt-Berlin eingerichtet und mit gänzlich unberlinischem Pathos und dem Talmi-»Berliner Humor« gewürzt – die echten Einwohner dieser Stadt sahen dem mit einem kühl-herzlichen Lachen zu. Um die südwestliche Spitze der Museumsinsel ist diese Altstadt gelagert, deren anschaulichstes Gesicht vielleicht die versteckte, unbekannte »Schweinsgasse« ist. Dann entstand das Berlin um den Gendarmenmarkt, in einem fast klassisch-preußischen Stil. Das ist die Stadt der Jettchen-Gebert-Zeit. Sie wurde »alt«, als die Gründerjahre einsetzten und die stukkatierten Ungeheuer gebaut wurden, die man etwa um den Alexanderplatz herum beobachten kann. Und auch sie wurden »Altberlin«, denn der moderne Baustil brach sich Bahn, und noch zwischen Stukkatur und Glattmauer liegen die Bauten in Friedenau und Schöneberg.

Nein, es gibt ehrlich keine Altstadt hier. Sie ist immer neu, und das Neue kann veralten, aber nur, weil eben ein wiederum Neues entstand. Es gibt nur eins: ein Neuberlin. Und so sind auch die Menschen dieser Stadt. Sie hängen zärtlich an dem, was ihre Jugend war, doch sie reißen es selbst nieder, um Geräumigeres zu schaffen. Sie schleppen nicht veraltetes Lebensgerümpel mit sich herum. Die Berliner wohnen in ihren Häusern, doch sie »leben« nicht in pathetischem Sinne darin. Altberlin? Neuberlin? Berlin! Was gestern war, ist überholt. Man denkt an das Morgen. Ja, diese Stadt steht immer zwischen gestern und morgen.

Langsam wendet sich der Alte neben mir zurück. »Entschuldigen Sie«, sagte er verlegen, »es hat mich so erschreckt, daß hier alles ganz anders ist.« Etwas Unzufriedenheit und etwas Schwermut lag in seiner Stimme. Er schritt dem Molkenmarkt zu. Dort blieb er stehen, sah mißbilligend das ganz fremde Bild dieses Platzes, ging weiter und hemmte wieder seinen Gang, als die Brücke nicht mehr vor ihm lag. Sie schwingt sich im Bogen jetzt dort über den Fluß, wo einmal die Sparkasse gestanden hat. Alles ist anders geworden. Der Alte trabte den Bretterzaun entlang, der die neue Brücke noch abschließt. Nun kann vielleicht eine Motte dem Licht widerstehen, keineswegs aber kann ein Berliner sich der Anziehungskraft eines Bretterzaunes entziehen. Er muß wissen, und wenn es die Seligkeit kostet, er muß unbedingt wissen, was dahinter liegt.

Der Alte ging unschlüssig hin und her. Er suchte ein Astloch, das einen Durchblick gestattete. Er suchte eine Lattenritze. Doch blank und sauber, fest aneinandergefügt, standen die Bretter da. Nun hob er sich auf die Zehen. Es langte nicht, um über den Zaun hinwegzuspähen. Zwei, drei Passanten kamen. Sofort ging der Alte langsam auf und ab, um seine brennende Neugier zu vertuschen.

Und nun tauchte ein Junge auf. Ein Berliner Junge. Man sah es sofort: Er konnte den Zaun nicht aus den Blicken lassen. Er sah nicht mehr auf den Weg und rannte den Alten an.

»Du möchtest wohl gern einmal sehen, was dahinter los ist?«

»Und ob«, antwortete der Junge.

Der Alte gab seiner Stimme so viel weltferne Würde, wie es ihm nur möglich war. »Dann werde ich dich auf meine Schulter nehmen, und du kannst darüber wegsehen!« Und er tat's. Der Junge war prachtvoll ernährt und gewiß kein leichtes Stück. Die alten Beinchen zitterten, ehe der Mann den Bengel hochgehoben hatte. Aber nun war es geschafft.

»Aha, hier wird geschachtet«, sagte der schultergetragene Beobachter. Der Alte fragte zurück. Seine Stimme klang nicht mehr in geziemender Würde, sie wurde von der lieben Neugier gefärbt. Und dann hub die Unterhaltung an. Der Junge erklärte, was er sah und wie er sich den Zweck der Bauunternehmungen auslegte. Der Alte fragte zurück, in steigender Begeisterung. Soso, eine neue Brücke wurde hier? Und eine neue Schleuse? Und eine

Uferstraße mit neuen Häusern? Immer höher schlugen die Wogen der Begeisterung. Die beiden auf der Brücke waren bereits ein Herz und eine Seele. »Dann sollen sie hinterher gleich drüben die Kästen niederreißen, bis zum Schlesischen Tor durch, und die ganze Spree umleiten...« Die Zaungäste entwarfen die phantastischsten Pläne. Sie kannten keine Grenzen mehr im Entwurf des zukünftigen Berlin. Hier war ihr echtes Element: der Bauzaun. Berliner sind nun einmal Zaungäste. Altes niederholen. Neues aufrichten. Unermüdlich weiter, fortschreiten, verbessern. Ganz gleich, ob da ein Geländer war, auf dem man selbst einmal verbotenerweise heruntergerutscht war. Fort damit, das Bessere her. Jedem Techniker und Architekten mußte schwindlig werden, wenn er das Gespräch der zwei dort hörte. Da gab es einfach nichts, was stehen blieb, und was die Phantasie in der einen Minute großzügig aufrichtete, wurde bereits in der nächsten wieder als unpassend niedergerissen. Zwei Berliner, ein alter und ein junger, standen dort am Bauzaun. Zwei Generationen, zwischen gestern und morgen. Zwei Menschen dieser Stadt zwischen gestern und morgen. – Dann rannte der Junge zum Alexanderplatz weiter, und der Alte schritt dem Spittelmarkt zu. Er sah sich nicht mehr zum Stadthaus um, das durch das Nachtdunkel schimmerte über einen Platz hinweg, der einmal Straße und Haus und Leben und Kindheit gewesen war. Sicherlich bewegten den Alten weiterhin überraschende Möglichkeiten, wie man dieses Berlin gründlich modernisieren könnte. Und sentimental ging er dabei bestimmt nicht zu Werke. Sonst wäre er nicht in dieser Stadt aufgewachsen, die sich nicht verblüffen läßt.

KAPITEL 18

Insel Berlin

Wir schreiben das Jahr 1936, in dem ich zwei- oder dreimal von Bukarest nach Berlin kam. Von Berlin aus fuhr ich dann einmal für eine Woche nach Holland und die darauffolgende Woche nach London. Sonst lebte ich, wie der Leser weiß, von zwölf Monaten etwa neun in Bukarest.

Einen der ersten Tage nach meiner Rückkehr aus London verbrachte ich mit Gerhard Grindel in einer unserer Lieblingskneipen. Ich sollte ihm vor allem herzliche Grüße von Leo Kerz ausrichten, den ich in Den Haag, wo er mit seinen Eltern und seiner Schwester lebte, besucht hatte. Die Eltern von Leo hatten sich dort eine neue kleine Existenz aufgebaut. Die Arbeit von Leo und seiner Schwester Lotte bestand in der Hauptsache darin, den Eltern als Austräger der von ihrem Vater angefertigten Halbfabrikate zu helfen. Das war natürlich völlig unbefriedigend. Lotte besuchte eine Musikschule und wollte die Eltern nicht verlassen. Leo hingegen war im Begriff, sich um ein Visum für ein anderes Land zu kümmern, denn es gab für ihn in Den Haag keinerlei Möglichkeiten, sich beruflich weiterzuentwickeln.

In London traf ich mich mit Ruth Schüfftan, meiner Regieassistentin-Kollegin aus Berlin. Ihr Vater, ein international gefragter Kameramann, der Erfinder des berühmten Spiegelverfahrens, das nach seinem Namen benannt ist, hatte sowohl in London als auch in Paris Möglichkeiten, im Film zu arbeiten. Die Eltern luden mich bei wunderschönem Wetter zu einer Hafenrundfahrt ein. Ich war überwältigt von dem, was ich sah, und stimmte Eugen Schüfftan zu, der die politische Klugheit Englands rühmte. Mit Respekt und voller Bewunderung sprach er von der Neugestaltung des British Empire zum British Commonwealth, dem damals schon sieben souveräne Staaten angehörten.

Über Begegnungen mit anderen jüdischen Bekannten lag vielfach Wehmut; vielen ging es miserabel, manche bangten außerdem um Angehörige, die noch in Deutschland waren. Immer wieder wurde ich gefragt, ob den Nürnberger Gesetzen vom Herbst 1935 wohl noch weitere rassistische Maßnahmen folgen würden.

So verlief nun, nach meiner Rückkehr aus London, das Gespräch zwischen Gerhard Grindel und mir nicht ohne Bedrückkung. Es machte Gerhard auch zu schaffen, daß ich in einigen Wochen nach Bukarest zurückfahren würde. Er lebte von Artikeln, die er unter einem Pseudonym schrieb und die ich als angeblicher Urheber an verschiedene Zeitschriften und Zeitungen schickte. Der Umweg über Bukarest war natürlich eine Erschwernis für ihn und für mich. Seine Hauptbelastung bestand in der Mitgliedschaft bei der Liga für Menschenrechte, die 1933 verboten worden war. Hinzu kam eine jüdische Großmutter oder ein jüdischer Großvater, so daß auch sein »Ariernachweis« nicht lupenrein war.

Nach dem Essen kamen Gerhard und ich wieder auf die politische Lage zu sprechen.

Überraschend fragte er mich: »Kennst du hier in Berlin einen Nazi?« Ich schüttelte lachend den Kopf, und Gerhard sagte: »Berlin ist eben immer noch eine Insel.« Natürlich beschäftigte uns das Thema Politik. Wir erinnerten uns an die Wahlen vom März 1933, nachdem Hitler Reichskanzler geworden war. Das

Sensationelle war, daß in *Berlin* trotz des Wahltrommelfeuers von Goebbels lediglich 31,3% ihre Stimmen für Hitler abgegeben hatten. Nur der Wahlkreis Köln-Aachen lag mit 30,1% der Stimmen noch darunter. Während die Wähler in Ostpreußen auf 56,5% und die Wähler in Pommern auf 56,3% der Stimmen für die Nazis gekommen waren, hatte in der Reichshauptstadt noch nicht einmal jeder dritte Berliner Hitler gewählt. Wie gesagt, Gerhard Grindel und ich kannten keine Nazis. Karl Korn hat sich einmal daran erinnert, daß er bei dem Versuch in Verlegenheit gekommen sei, sich an einen einzigen überzeugten Nazi im Mosse-Haus zu erinnern, wo das »Berliner Tageblatt« und viele andere Zeitungen und Zeitschriften gedruckt wurden. Außer dem Fahrstuhlführer, von dem schon die Rede war, kannte er keinen. Und den kannte er auch nur vom Wegsehen. Karl Korn erinnert sich:

»Unter den Metteuren herrschte über die ›Nazis‹ nur Spott und Ablehnung. Wenn es unter den minderen Chargen, den Gehilfen, schon damals Nationalsozialisten gegeben haben sollte, so haben sie den Mund nicht aufgemacht.«

Ein schwerer Schlag für die jüdische Bevölkerung war der Erlaß der Nürnberger Gesetze. Aber trotz der Nürnberger Gesetze und all der skandalösen, widerwärtigen Maßnahmen, die ihnen bis dahin vorausgegangen und wovon insbesondere jüdische Ärzte und Anwälte sowie die Kulturschaffenden betroffen waren – im Geschäftsleben Deutschlands, vor allem Berlins, gab es trotz der Boykottaufrufe noch immer eine beträchtliche Anzahl jüdischer Firmen. Deren Häuser, Läden und Wohnungen sollten erst in der »Reichskristallnacht«, in der Nacht vom 9. auf den 10. November 1938, mit den Synagogen zerstört werden.

In der Geschichte der Judenverfolgung spielt das Jahr 1936 eine besondere Rolle. In diesem Jahr fanden die Olympischen Spiele statt. Als Berlin im Mittelpunkt der an diesem Ereignis interessierten Weltöffentlichkeit stand, als Gäste nicht nur aus allen europäischen, sondern auch aus vielen außereuropäischen Ländern Berlin aufsuchten, zeigte sich »Hitlers Hauptstadt« als blühende urbane Metropole, so daß die Ausländer den Eindruck bekamen, daß alle Meldungen über die Verfolgung politischer Gegner und des jüdischen Bevölkerungsteils übertrieben sein müßten. Die Jahre 1936 und 1937 bildeten die Stille vor dem Sturm. Nicht nur im Ausland festigte sich der Gedanke, daß Hitler der Welt nichts zuleide tun würde, sondern auch innerhalb Deutschlands waren viele jüdische Unternehmer und viele jüdische Familien der Auffassung, daß mit weiteren Schikanen, Demütigungen und Diffamierungen kaum mehr zu rechnen sei. Jüdische Menschen schöpften wieder Hoffnung, glaubten an *das* Deutschland, das sie so geliebt hatten. Ein folgenschwerer Irrtum!

Zu den jüdischen Firmen, die produzierten und fast ausschließlich nichtjüdische Angestellte und Arbeiter beschäftigten, gehörten alteingesessene Berliner Firmen der Textil-, Bekleidungs- und der Modebranche. Als mein Bruder Heinz-Werner mit seinen knapp siebzehn Jahren vom Königstädtischen Reform-Realgymnasium in Berlin abging, wollte er Textilkaufmann werden. Und er begann am 1. April 1938, im sechsten Jahr der Naziherrschaft, in einer jüdischen Firma seine Lehre, in der »Textil-Gesellschaft Glauchau mbH nebst Schwesterfirma Eisner und Kirchhein GmbH« in Berlin C 2, Brüderstraße 3. Die Firma wurde geführt von dem Seniorchef Eisner, dessen Sohn Dr. Eisner sowie den Partnern Kirchhein senior und junior.

Es muß Anfang des Jahres 1939 gewesen sein, als mein Vater in Erfahrung brachte, daß die Verhaftung der Familien der beiden Firmeninhaber bevorstünde. Mein Bruder alarmierte den Seniorchef Eisner, der an eine Verhaftung einfach nicht glauben wollte und den Rat, die Firma aufzugeben und abzureisen, nicht akzeptierte. Er wurde ebenso wie die Familie seines Partners wenige Tage danach abgeholt. Lediglich Dr. Eisner jun. nahm die Warnung meines Bruders ernst. Mein Bruder besorgte für ihn, Frau und Kind Flugtickets nach London und brachte ihn in seinem kleinen Auto zum Flugplatz. Dr. Eisner hat in London erneut eine Textilfirma aufgebaut, was er meinem Bruder nach dem Krieg in einem langen Brief mitteilte mit der Einladung, in seine englische Firma einzutreten, er solle sich als Familienmitglied betrachten.

Mein Bruder konnte sich nach dem Krieg jedoch nicht dazu entschließen, sich aus der elterlichen und bald auch der Bindung zu einer Lebensgefährtin in Deutschland zu lösen. Aber den Brief hat er sorgsam aufbewahrt.

Die Frage nach den Moskauer Schauprozessen

Wie gesagt, 1936, im Jahr der Olympischen Spiele, empfanden Gerhard und ich Berlin noch als eine Insel. Es gab mehr Nichtnazis als Nazis. Man brauchte in Berlin nicht unbedingt mit »Heil Hitler« zu grüßen. Weite Kreise der Berliner Bevölkerung nahmen »die Sache« noch keineswegs so ernst, wie sie zwei Jahre später werden sollte. Es ließ sich, auch wenn ich mir über Hitlers Kriegspläne im Unterschied zu vielen Bekannten keine Illusionen machte, in den ersten fünf Jahren der Naziherrschaft in Berlin noch immer leben.

Gerhard und ich hatten uns festgeredet. Wir kamen auf die Sowjetunion zu sprechen, und Gerhard fragte mich, ob ich etwas über die schrecklichen Schauprozesse wisse, die sich unter Stalin in Moskau abspielen sollen. Er habe gehört, daß in einer »großen Säuberung« nicht nur zahlreiche potentielle Gegner, sondern auch Hunderttausende treuer Anhänger Opfer dieses Terrorsystems geworden seien und weitere Menschen um ihr Leben bangten. Von alldem hatte ich noch nichts erfahren.

Gerhard Grindels Erzählung über die Situation in der Sowjetunion beschäftigte mich sehr. Als ich im Jahr darauf, 1937, erfuhr, Lion Feuchtwanger habe nach einer Moskaureise und einer Begegnung mit Stalin ein Buch geschrieben, beschaffte ich mir in Bukarest die Neuerscheinung. Sie hieß *Moskau 1937. Ein Reisebericht für meine Freunde.*

Ich muß vorausschicken, daß ich Lion Feuchtwanger als Autor verehrte, seitdem ich seinen Roman *Erfolg* kannte, den ich als Kunstwerk und als politische Prophetie schätzte. *Erfolg* zeugte von dem ungewöhnlich politischen Scharfblick des Autors. Infolgedessen vertraute ich seinem Bericht über die Verhältnisse in der Sowjetunion. Um so mehr, als er dem Schauprozeß, in dem Karl Radek und 16 weitere Angeklagte vor Gericht standen, beigewohnt hatte, worüber Feuchtwanger schreibt: »Das Ganze glich weniger einem Prozeß als einer Diskussion, geführt im Konversationston von gebildeten Männern.« Feuchtwangers Bericht war insgesamt eine Laudatio auf die sowjetische Politik: »Die ganze, große Stadt Moskau atmete Zufriedenheit und Einverstandensein, mehr als das: Glück.« Außerdem sah er in der Sowjetunion die einzig entschiedene Anti-Hitler-Macht. Nach der Lektüre dieses Buches hielt ich das, was ich von Grindel gehört hatte, für Gerüchte, die aus Voreingenommenheit und haßerfüllter Gegnerschaft resultierten.

Nun, Feuchtwanger hat mich in die Irre geführt. Schwer nachzuvollziehen, daß *er* sich derart in die Irre hatte führen lassen, nicht zuletzt von Stalin, der Feuchtwanger in einem Gespräch stark beeindruckt hatte. Allerdings hat Feuchtwanger insofern recht behalten, als er in der Sowjetunion diejenige Macht sah, die er, sollte es soweit kommen, für fähig hielt, sich in einem Krieg der Nazis gegen die Sowjetunion zu behaupten.

KAPITEL 19

Kompromisse

Der ständig zunehmende politische Druck, auch auf den Feuilletonteil der Presse, ließ mich 1938 nach möglichst unverfänglichen Zeitschriften Ausschau halten. Der Verlag Ullstein hatte am 15. November 1937 drei seiner Publikationsorgane, nämlich »Elegante Mode«, »Bazar« und »Modenwelt«, zu einer neuen Zeitschrift, die »Neue Modenwelt«, vereinigt. Im selben Jahr war auch die Umbenennung des berühmten Hauses in »Deutscher Verlag« verfügt worden. Die »Neue Modenwelt« hatte eine Beilage, die sich »Die kleine Zeitung« nannte. Sie brachte Unterhaltung in vielen Variationen, war geistreich, kultiviert und amüsant gemacht. Der Redakteur dieser Beilage hieß Dr. Raimund Pretzel. Ihm schickte ich einen Beitrag; er wurde angenommen. Ich schickte einen zweiten Beitrag, der ebenfalls erschien. Jetzt stellte ich mich Dr. Pretzel vor, der mich ermutigte, für die nächsten Nummern weiterhin Glossen und Feuilletons zu liefern.

Eines Tages vertraute Pretzel mir an, er habe dank der Bemühungen der Zeitschriftendirektoren des Hauses, Dr. Carl Jödicke sowie Johannes Weyl, des späteren Verleger des Süd-Verlages und des »Südkuriers« in Konstanz, eine Reise nach London für eine große Reportage genehmigt erhalten. Sie war nicht für die »Modenwelt«, sondern für eine der anspruchsvolleren Zeitschriften des Hauses gedacht. Pretzel ließ mir gegenüber keinen

Zweifel daran, daß er in London bleiben wolle. Und Weyl, der darüber unterrichtet war, hatte nicht gezögert, ihm bei diesem Arrangement zu helfen. Pretzels Stuhl aber hatte er für mich reserviert. »Auf diesem Stuhl hat schon Vicki Baum gesessen«, sagte er mir. So redigierte ich eine Zeitlang die Beilage der »Neuen Modenwelt«.

Im Herbst 1945, der Krieg war zu Ende, stand Raimund Pretzel eines Tages vor unserer Wohnungstür in Berlin. Er hatte in London, am »Observer«, den Schriftstellernamen Sebastian Haffner angenommen. 1977 werde ich Sebastian Haffner vorschlagen, seine inzwischen legendär gewordenen *Anmerkungen zu Hitler* zu schreiben.

Filmmagazin »Der Stern«

Im September 1938 brachte der ehemalige Verlag Ullstein eine Zeitschrift heraus: das Filmmagazin »Der Stern«. Die Vorbereitungen – Chefredakteur Kurt Zentner war eigens nach Amerika geschickt worden – waren natürlich Tagesgespräch im Kasino des Hauses; und nicht nur dort. Ich wandte mich an Dr. Zentner mit der Frage, ob ich mitarbeiten könne. Der hatte sein Team zwar schon vollständig beisammen, aber er nahm mich doch noch in die Redaktion auf. Peter de Mendelssohn fand in seinem so informativen Werk *Zeitungsstadt Berlin* für den »Stern« von damals nur drei Worte: »Eine läppische Filmzeitschrift«, und er hatte recht. Aber genau das hatte ich gesucht: ein nichtssagendes, weitgehend unpolitisches Unterhaltungsblatt! Eine Illustrierte im Miniformat, die von Filmfotos lebte – die gab es ja gratis – und die darum auch nur zehn Pfennig kostete. Dieser Umstand war aber wieder mit ein Grund dafür, daß die Auflage binnen weniger Monate auf über eine Million Exemplare stieg.

Der Start erwies sich für mich als gar nicht einfach. Beim Eintritt in eine Redaktion mußte man damals, wenn man kein prominenter Publizist war, erst einmal einen Platz finden, wo man sich hinsetzen konnte. In einem der Zimmer saß Joachim Bremer, den ich dem Namen nach kannte – von Theaterkritiken, amüsanten Theaterkritiken in der »B. Z. am Mittag« oder im »12 Uhr Blatt«. Von einer Sekretärin hatte ich erfahren, daß in seinem Zimmer ein zweiter Schreibtisch stand, an dem niemand säße. Ich klopfte an. Bremer sagte: »Herein!« Ich brachte mein Anliegen vor. Sein Gesicht verdüsterte sich. Ich sagte, ich würde ihn bestimmt nicht stören. »Aber nicht mir gegenüber«, knurrte er. »Schieben Sie sich den Schreibtisch drüben an die Wand.« Ich tat es und nahm Platz. Als kurz darauf sein Telefon klingelte, fuhr er mich an: »Gehen Sie hinaus, solange ich telefoniere.« Ich ging hinaus. Später, nachdem ich wieder an »meinem« Schreibtisch saß, setzte er mir auseinander, warum er nicht in meinem Beisein wichtige Telefongespräche führen wolle. »Wichtige«, betonte er. »Also«, erklärte er mir, »ich habe zehn Jahre gebraucht, um mit bekannten Künstlern so sprechen, so telefonieren zu können, wie ich es jetzt tue. Ihre Geheimnummern zu erfahren hat viel Mühe gekostet. Wenn Sie hier im Zimmer sitzen, sehen und hören, was ich mache, erfahren Sie in einem Monat, wozu ich zehn Jahre gebraucht habe.«

So war das. Aber es blieb nicht so. Zwei oder drei Wochen später fragte er mich, ob ich statt seiner die Anny Ondra, die Frau vom Schmeling, interviewen wolle. Ich wollte. Und ich erhielt außerdem den Auftrag, Zarah Leander zu interviewen. Ich muß sagen, es hat mir Spaß gemacht.

Der Redaktionsposten wurde noch in anderer Hinsicht für mich zu einer Lehrzeit: Unter Zentner und dem Layouter Alfred Will, den ich 1946 in Berlin an unsere Kunstzeitschrift »REVUE« verpflichtete, habe ich das Metier der Bildredaktion und des

»Spiegelns« gründlich gelernt. Ich habe aber noch etwas begriffen: wie schwer es ist, Unterhaltung zu produzieren. Die Mitwirkung in einer Werkstatt der Unterhaltungsbranche hat zweifellos dazu beigetragen, daß man mich später bei literarischen und kulturpolitischen Diskussionen manches Mal sagen hörte: »Ich bin gegen geistigen Hochmut.« Die Verbindung, die ich als Redakteur des »Stern« zu den Pressestellen der drei großen deutschen Filmfirmen, der Ufa, der Tobis und der Terra, unterhielt, brachte mir weitere Erfahrungen, außerdem die Verbindung zu einem Mann, der bald ein väterlicher Berater wurde: Erich Knauf, Leiter der Terra-Pressestelle. Erich Knauf war der engste Freund des Vater-und-Sohn-Zeichner e.o. plauen, der den neuen Machthabern wegen seiner politischen Karikaturen in sozialistischen Zeitungen und als Illustrator einiger Erich-Kästner-Bücher ein Dorn im Auge war. Kästner, Knauf und Ohser, die drei Erichs, verband eine herzliche Freundschaft. 1943 wurden Ohser und Knauf denunziert. Ohser entzog sich der Vollstreckung des Todesurteils durch Erhängen in der Zelle, Erich Knauf wurde am 2. Mai 1944 hingerichtet – zu einem Zeitpunkt, als ich mich in Haft befand und, ohne von Knaufs Schicksal etwas zu ahnen, ihn, der im Ersten Weltkrieg mit dem EK I ausgezeichnet worden war, als Leumundszeugen angegeben hatte...

Der Kriegsausbruch, von Hitler von langer Hand vorbereitet, veränderte vieles. 1940 sollte »Der Stern«, als »kriegsunwichtig« eingestuft, auf Grund einer Verfügung des Propagandaministeriums eingestellt werden. Aber dem Verlag gelang es, das Oberkommando der Wehrmacht davon zu überzeugen, daß in dieser schweren Zeit vor allem die Soldaten eine eigene kleine Zeitschrift brauchten. Mit viel Unterhaltung und noch mehr schönen Bildern, auch aus Film und Varieté. So wurde »Der Stern« 1940 in die »Erika« umgewandelt.

Im Oberkommando der Wehrmacht in der Bendlerstraße in Berlin gab es die Abteilung Wehrmacht-Propaganda (WPr), die in Heer, Marine und Luftwaffe unterteilt war. Die Gruppe WPrV (Heer) unterstand dem Militärwissenschaftler Oberstleutnant Dr. Kurt Hesse, der Nichtnazis, die von der Wehrmacht eingezogen worden waren, als Mitarbeiter bei sich aufnahm. Zu ihnen gehörte der Journalist Werner Fiedler von der »Deutschen Allgemeinen Zeitung«, der Oberleutnant Erich Welter von der »Frankfurter Zeitung« sowie der Autor des Kriegsdramas *Die endlose Straße*, Sigmund Graff. Hauptmann Graff wurde dazu ausersehen, die Zeitschrift »Erika« zu betreuen.

»Erika« war das letzte Groschenblatt, aber neben dem später gegründeten mehrsprachigen und glanzvoll aufgemachten, vor allem für den Vertrieb in den besetzten Gebieten bestimmten »Signal« die einzige Publikumszeitschrift, die nicht dem Propagandaministerium, sondern dem Oberkommando der Wehrmacht (OKW) unterstand. »Das Ganze war ein Modell für die Möglichkeiten, die Machthaber gegeneinander auszuspielen[11].« An die Stelle von Kurt Zentner, der in die »Berliner Illustrirte« zurückkehrte, trat Ewald Wüsten – aber nur dem Namen nach. Blattmacher der »Erika« durfte von der ersten Nummer an ich sein. Bald stand im Impressum hinter dem Namen von Wüsten in Klammern: beurlaubt. Aber auch das war vorübergehend; ab 1941 zeichnete ich als Hauptschriftleiter. Das OKW hatte dafür gesorgt, daß ich in die Reichspressekammer aufgenommen wurde, und zwar ohne die seit langem für die Aufnahme vorgeschriebenen politischen Schulungskurse absolviert zu haben. Johannes Weyl hatte sich beim OKW dafür eingesetzt. Daß die Sache klappte, war um so erstaunlicher, als ich ja nie Parteimitglied der NSDAP geworden bin. Vom Wehrdienst wurde ich freigestellt.

Graffs erstem Besuch sah ich mit einiger Sorge entgegen. Er erschien, korpulent, dabei behende, in Uniform und setzte sich meinem Schreibtisch gegenüber. Er war überrascht, einen so jungen Mann wie mich als Chefredakteur vorzufinden. Das Gespräch kam mühselig in Gang, doch als wir auf das Theater zu sprechen kamen und ich ihm sagen konnte, daß ich *Die endlose Straße*, die von ihm und Carl Ernst Hintze verfaßt worden war, gesehen hätte, taute er spontan auf. Sein Theaterstück hatte mich sehr gefesselt. »Es war ein Stück, das den Krieg nicht verherrlichte und nicht verdammte«, resümiert Günther Rühle. Allerdings vermochte Leopold Lindtbergs eindringliche Inszenierung dieses Stückes in Berlin dem Zuschauer den Eindruck eines Antikriegsstückes zu vermitteln. Es hatte nicht nur starke Szenen, sondern Graff und Hintze hatten es auch von falschem Heldentum freizuhalten gewußt.

Sigmund Graff erschien einmal wöchentlich in der Redaktion, um mit mir sowohl über die letzte Nummer der »Erika« zu sprechen als auch Themen für die nächsten Ausgaben zu erörtern. Beim zweiten oder dritten Besuch bat er mich, einen aus der Wehrmacht verabschiedeten Oberstleutnant namens Albert Benary zu beschäftigen. Zögernd vertraute er mir an, daß Benary aus rassischen Gründen aus der Wehrmacht verabschiedet worden war. Ich ging auf seinen Vorschlag gern ein und gestand ihm, daß auch ich einem Freund, der Schreibverbot hatte, Aufträge erteilte, nämlich Gerhard Grindel. So entstand allmählich ein fast freundschaftliches Verhältnis. Seine politische Einstellung deckte sich zwar nicht mit der meinen, aber in bezug auf das Dritte Reich bestand zwischen ihm und mir Übereinstimmung. Er war nie Nazi gewesen, sondern ursprünglich ein Anhänger der Deutschnationalen Partei. Hitler und seine Helfershelfer hatten es fertiggebracht, aus einem ursprünglich monarchistisch-konservativ eingestellten Schriftsteller, der er war, einen entschiedenen Gegner des Nazisystems und auch einen entschiedenen Gegner des von Hitler angezettelten Krieges zu machen.

Auch mit Benary, der mich öfter in der Redaktion besuchte, kam ich in ein vertrauensvolles Verhältnis. Er wußte immer amüsante Geschichten zu erzählen, von denen ich mich an folgende besonders gern erinnere: Als Offizier im Ersten Weltkrieg hatte Benary einen Soldaten als sogenannten »Burschen« zur Verfügung, der seinen früheren Vorgesetzten später einmal jährlich in Berlin besuchte. Benary und seine Frau luden ihren Gast jedesmal in die »Skala« ein, ein beliebtes Varieté mit sensationellen, internationalen artistischen Nummern. Als bei einem dieser Besuche die »Drei Codonas« auftraten und die Zuschauer mit ihrem berühmten dreifachen Salto mortale in atemlose Spannung versetzten, wandte sich der Gast an Frau Benary mit den Worten »Nich wahr, jnädije Frau, det is Kunst.«

»Det is Kunst« wurde ein geflügeltes Wort von meiner Frau und mir, das wir immer dann benutzen, wenn uns Kunst geboten wird, die wir nicht für Kunst halten.

Hauptmann Graff machte mich eines Tages darauf aufmerksam, daß in meinem Büro kein Hitlerbild aufgehängt sei. Er fände das zwar sympathisch, hielte es aber für angebracht, meine Gesinnung doch etwas zu tarnen. Beim nächsten Besuch schenkte er mir dann ein Hitlerbild, das ich allerdings nicht, darauf bestand ich, in meinem Zimmer aufhängen ließ, sondern in dem unserer Leserbrief-Abteilung. Damit gab sich Hauptmann Graff zufrieden. Nicht ohne Reiz ist in dem Zusammenhang die Episode, daß eines Tages die Chefredakteurin der »Koralle«, Claire With, einen ranghohen Besucher aus dem Propagandaministerium erwartete und zu mir gestürzt kam, um sich für diesen Besuch unser Hitlerbild auszuleihen. Für mich war die gute Beziehung zu Graff von großer Wichtigkeit, denn er sorgte für meine Uk-Stellung.

»Helmut Kindler«, schreibt Heinrich Satter, »war der jüngste Chefredakteur des Hauses. Natürlich fiel er auf, und nicht nur seiner erstaunlich raschen Karriere wegen. Er wirkte, bei aller gelegentlichen Burschikosität, reifer, konzentrierter, als es sein Alter hätte vermuten lassen. Er gefiel den Frauen, und niemand bezweifelte das Gerücht, dem zufolge er lange mit einer sehr bekannten und überaus sympathischen Filmschauspielerin liiert sei. Die Männer schätzten seinen präzisen Witz – aber er hatte auch Humor, ja sogar Charme, in jenen Tagen eine Rarität. Und seine Begabung, Menschen von Rang im Gespräch zusammenzubringen, war damals schon unübersehbar. Zweifellos verdankte er es nicht nur seinen beruflichen Fähigkeiten, daß er als Chef akzeptiert wurde; nicht allein von der Redaktion, auch von den meist weitaus älteren Mitarbeitern, die ihm Beiträge für ›Erika‹ lieferten. Daß er gar nichts vom Sport hielt, konnte man ihm nicht übelnehmen. Vielleicht hing diese Animosität damit zusammen, daß die Machthaber eben diesen längst zur ›nationalsozialistischen Leibeserziehung‹ und vormilitärischen Ausbildung umfunktioniert hatten. Und Kindler haßte alles, was nur entfernt nach Ausbildung roch. Er nahm nur den Rat von Leuten an, die für ihn Autoritäten waren. Zu ihnen gehörte, was die Leibesübungen anging, der leibhaftige Satan der NS-Propaganda, Winston Churchill (›No sport!‹).

Über ›Erika‹, ›die frohe Zeitung für Front und Heimat‹, so lautete der volle Titel, wäre nicht allzuviel zu berichten, wenn man nicht wüßte, daß Kindler eine eindeutig antinazistische Redaktion um sich versammelt hatte, die ihn in seinem unentwegten Bemühen, politisch ›erwünschte‹ Beiträge und ›heroische‹ Bildberichte auf ein Minimum zu beschränken, unterstützten. Auch zu Nichtnazis, die an verschiedenen Stellen des Verlages saßen, knüpfte Kindler Beziehungen; zum Teil hatte er sie schon während seiner Zeit als Redakteur des ›Stern‹ geknüpft.

Zu ihnen gehörte der bedeutende Literaturwissenschaftler Paul Wiegler, dem man eine verhältnismäßig unauffällige Position verschafft hatte und den Kindler für eine literarisch durchaus ernstzunehmende, dabei aber auch für Unvorgebildete lesbare Rubrik mit Auszügen aus der Weltliteratur unter der Überschrift ›Erlesenes‹ für ›Erika‹ zu gewinnen vermochte. Paul Wiegler wiederum kümmerte sich um Erik Reger, der, sorgfältig von ihm und dem Verlagsdirektor Weyl abgeschirmt, als ›freier‹ Mitarbeiter halbtags in einem winzigen Zimmer arbeitete. Reger hatte in einer Folge ›Naturgeschichte des Nationalsozialismus‹ im Herbst 1931 in der ›Vossischen Zeitung‹ vor dem Heraufkommen der Hitler-Bewegung gewarnt und mit seinem ebenfalls 1931 erschienenen Krupp-Roman, oder besser gesagt Anti-Krupp-Roman, *Union der festen Hand*, Reaktion und Nationalsozialismus herausgefordert. Der Dritte im Kreis der Gesinnungsfreunde im Deutschen Verlag war der Werbechef des Hauses, Fritz Prengel. Diese drei und Kindler sahen und sprachen sich täglich. Es war eine Zelle, die im Kontakt zu manchen anderen Mitarbeitern des großen Verlages den Geist des alten Ullstein-Hauses in diese böse Zeit hinüberrettete. Die ›Zelle‹ tauschte Informationen aus und verstand es, auch Autoren und Journalisten, die wie Kindlers Freund, Gerhard Grindel, Schreibverbot hatten, getarnt zu beschäftigen.«

In Graffs Erinnerungen heißt es: »Der Deutsche Verlag gab auch die von uns besonders in der Bildberichterstattung unterstützte Illustrierte ›Erika‹ heraus, deren Titelpräsentantin – eine junge Berlinerin, die etwa so aussah, wie der Soldat sich sein ›Ideal‹ vorstellte – fast in jeder Nummer in irgendeiner Reportage aus der Heimat auftauchte. Die Landser, deren zahllose Briefe sie beantwortete, wußten bald alles von ihr, mit der einzigen Ausnahme, daß sie verheiratet war. Selbstverständlich hatte man sich auch vertraglich gegen jede ihrer Rolle zuwiderlaufende

Veränderung ihrer Figur gesichert. Hauptschriftleiter der ›Erika‹ war Helmut Kindler, der seine 27 Jahre geschickt durch eine dunkle Hornbrille zu kaschieren verstand. Er ging bereitwillig auf die Anregungen ein, die ich ihm im Namen Hesses übermittelte. Ein Stein fiel ihm, wie mir selbst, vom Herzen, als wir nach kurzer Zeit feststellten, daß wir in politischer Hinsicht konform gingen. Die Redaktion, in der ich den Graphiker Alfred Will, die Zeichner Hans Kossatz und Horst v. Moellendorff sowie die Photographen Hilmar Pabel und Joseph Donderer kennenlernte, setzte sich nämlich nur aus Hitler-Gegnern zusammen. Ein anderer wäre in ihr, glaube ich, fast undenkbar gewesen.«

In einem der Redaktionsmitglieder hatte ich mich jedoch geirrt. Hitlers Geburtstag nahte, und wir mußten einen Geburtstagsbeitrag bringen. Einen der Redakteure, den ich wie alle anderen für einen Antinazi hielt, bat ich, den Beitrag zu schreiben. Als er ihn mir zur Begutachtung brachte, verlor ich die Fassung: Der Beitrag war eine einzige unerträgliche Hymne. Als ich dem Mitarbeiter sagte, daß ich diesen Beitrag unter keinen Umständen veröffentlichen würde, er sei das reinste Kirchengeläut, stand er auf, machte eine knappe Verbeugung und verschwand mit den Worten: »Die Konsequenzen haben Sie zu tragen.«

Ich eilte in die Direktionsetage und bat, Herrn Weyl umgehend sprechen zu können. Er empfing mich sofort. »Worum handelt es sich?« fragte Weyl. Ich sah ihn an, blieb noch Sekunden stumm, um dann zu sagen: »In meiner Redaktion sitzt ein Nazi.«

Ich muß erwähnen, daß Weyl mit mir noch nie ein politisches Gespräch geführt hatte. Aber ich spürte, daß er das Regime haßte. Nach meinem provokativen Satz blickten wir uns an. Er ließ nicht erkennen, was er dachte. Sein Schweigen kam mir endlos vor. Schließlich sagte er: »Kann man den Mann nicht in eine andere Redaktion versetzen?« Meine Antwort: »Darum wollte ich Sie gebeten haben.« Ich habe Weyl sehr geschätzt. Er war einer der beeindruckendsten Menschen in meinem Leben, der mich, den jungen Redakteur, gefördert hat, ohne es zu erkennen zu geben. Ich denke an ihn voller Dankbarkeit.

Nach dem Gespräch rief ich Erich Knauf in der »Terra« an, der mir einmal anvertraut hatte, er habe in seiner Presseabteilung große Schwierigkeiten, weil nicht einer der Angestellten in der Partei sei. Er brauche einen Nazi. Wenn ich einen wüßte, solle ich ihn ihm nennen.

Ich berichtete Knauf am Telefon, was sich ereignet hatte, und mein bisheriger Redakteur erhielt an diesem Tag gleich zwei Angebote: eins von Johannes Weyl und eins von Erich Knauf. Er nahm die hochbezahlte Stellung in der »Terra-Filmgesellschaft« an, erschien noch einmal bei mir, um mir im Stehen zu sagen, er wisse, wem er seine neue Stellung zu verdanken habe. Ich sagte gar nichts. Auf einen Händedruck verzichteten wir.

Es gab natürlich häufig redaktionelle Probleme. So war Sigmund Graff beispielsweise jedesmal mit naiven Bildergeschichten aus dem ach so schönen Soldatenleben einverstanden, während ich unter dem verharmlosenden Inhalt »meiner« Zeitschrift gegenüber der teuflischen Realität und Grausamkeit des Hitler-Krieges, dem SS-Terror, der täglichen Willkür und dem Rassenwahn litt. Immer wieder wich ich auf Filmberichte, Theaterpremieren, auf Ballett und Artistik aus, auf Schauspielerporträts, hübsche Mädchen und unpolitische Karikaturen oder auf unterhaltsame Serien wie »Landschaften des deutschen Humors« oder auch auf die literarische Serie »Erlesenes« von Paul Wiegler, der nach dem Krieg gemeinsam mit Johannes R. Becher die Zeitschrift »Sinn und Form« mit Peter Huchel als Chefredakteur herausgeben wird.

Für meine Zusammenarbeit mit Hauptmann Graff hier zwei Beispiele. Graff schreibt an die zuständige Dienststelle:

»Mitteilung von Hpt. Graff. OKW/WPr V bittet den Bildberichter Hilmar Pabel, Berlin-Wilmersdorf, Forkenbeckstr. 97, Tel. 89 69 35, Wehrnr. Berlin IX 10/158/14/4, ab 20. 5. 1940 für 14 Tage zur Prop. Ers. Komp. einzuberufen.

Pabel, der bei der Prop. Ers. Kp. Potsdam bereits militärische Grundausbildung erhalten hat, soll sofort nach Einkleidung zu einer Prop. Kp. an die Front (Holland/Belgien) geschickt werden. Er soll dort für die von OKW/WPr V betreute Zeitschrift ›Erika‹ eine Reihe von Aufnahmen machen. Sein Fronteinsatz soll für längstens 14 Tage erfolgen. Nach evt. früherer Erledigung seiner Aufnahmen soll P. auch schon vor Ablauf der 14 Tage zur Prop. Ers. Kp. zurückkommandiert und von dort sofort entlassen werden. Es wird gebeten, Pabel von der Prop. Ers. Kp. Potsdam aus zu einer besonders geeigneten Prop. Komp. in Marsch zu setzen. Die Themen, über die Pabel berichten soll, werden mit P. vereinbart.«

Ein anderes Beispiel: Die U-Boot-Mannschaft des Kapitänleutnants Lehmann-Willenbrock bat darum, ihnen den Karikaturisten Hans Kossatz zu schicken. Sie bäten ihn, einen Sägefisch als Glücksfigur am Turm des U-Bootes anzubringen.

Der Wunsch ließ sich mit Graffs Hilfe erfüllen.

Aus Nordafrika schreibt ein Wehrmachtsangehöriger: »Nochmals vielen Dank für das Erika-Bild, das jetzt zwischen MG und mehreren tausend Schuß hängt und das ganze Zelt verschönt.« Und immer wieder wurde die Bitte geäußert, die leibhaftige Erika möge Truppenteile besuchen. Tatsächlich hat sie, jeweils mit einem Bildberichterstatter, Soldaten in Norwegen, Polen, Frankreich, an der Kanalküste, Soldaten in Kasernen, auf Übungsplätzen und in Lazaretten aufgesucht. Alle diese Einsätze bewerkstelligte Hauptmann Graff.

Natürlich gab es auch über die eine oder andere vorgesehene

Veröffentlichung Meinungsverschiedenheiten zwischen Graff und mir. Und Kritik an der Zeitschrift übten außerdem der Chef der gesamten Wehrmachtspropaganda (also der Propaganda für Heer, Luftwaffe und Marine), Oberst von Wedel, sowie weiterhin der Chef der Wehrmachtspropaganda Heer, Oberst Hesse. Hauptmann Graff sicherte sich häufig dadurch ab, daß er von mir verlangte, den einen oder anderen Beitrag nicht nur ihm, sondern auch anderen Dienststellen zur Begutachtung vorzulegen. Diese Zensurmaßnahmen machten mir zu schaffen, und sie verursachten Terminverzögerungen. Deshalb schaltete ich die Verlagsleitung ein. Dr. Carl Jödicke bat mich daraufhin um eine präzise schriftliche Auskunft, auf welche Weise die Zeitschriftenzensur vorgenommen werde und ob eine Vorzensur erfolge. Ich nahm das auf die leichte Schulter, verfaßte eine Blödelei, aus der ich zitiere:

»Betr.: Zensur ›Erika‹
Gegenstand der Handlung: Ein Foto, darstellend ein feldgraues, männliches und ein weibliches Wesen, an einem Garten-Lokal-Tisch am Uferrand sitzend. Unterschrift: ›Ein Gefreiter hat gefreit. Hochzeitsreise zum Ausflugslokal.‹ Der militärische Betreuer der Zeitschrift, Oberleutnant S. G., hat gegen das Bild keine Bedenken. Aber eben dies findet er so bedenklich, daß er die Vorlage des Bildes im OKW als unumgänglich betrachtet.
Bild im OKW vorgelegt. Man klagte dort von 10 Uhr bis 10 Uhr 42, daß man gerade keine Zeit habe, und empfahl eingehend, die Bilder nicht immer in letzter Minute vorzulegen. Von 10 Uhr 57 ab (inzwischen wurde in der Schriftleitung angefragt, ob man denn bei dem herrschenden Zeitmangel nicht mit der Zeit besser disponieren könne?) bis gegen 11 Uhr 25 Versuche, die Genehmigung dieses Bildes anderer Stelle einzureden. Von 11 Uhr 26 bis 11 Uhr 26 ½ Betrachtung des Bildes. Urteil: ›Ein Gefreiter?

Warum ein Gefreiter? Wieso? Die Rangabzeichen, undeutlich erkennbar, lassen zwar die Möglichkeit offen, daß es ein Gefreiter ist, aber eindeutig ist das auf keinen Fall. Wir müssen bei militärischen Bildern auf peinlichste Genauigkeit Wert legen. Ändern Sie die Unterschrift! Und vor allem Urlaub! Auf diesem Bild, an der Landschaft zum Beispiel, ist die Jahreszeit, ja die Tageszeit fast, zu erkennen. So geht das nicht, in Hinsicht auf den feindlichen Informationsdienst. Wir müssen bei militärischen Bildern Genauigkeiten peinlich vermeiden. Die ganze Aufnahme ist militärisch so bedeutend, daß sie unbedingt dem Oberst von S. vorgelegt werden muß.‹

Oberst von S. erklärt, die Fachgruppe ›Gastwirtschaftsbetriebe‹ legt generell Beschwerde ein gegen Bilder, die nur schwach besuchte Gastwirtschaften zeigen. Und die Reichswirtschaftsstelle ersucht den Fotografen um Mitteilung: Hat er die von der Reichswirtschaftsstelle vorgeschriebenen Preistäfelchen auf Lokaltischen vor der Aufnahme entfernt, oder hat die betreffende Gastwirtschaft gegen die erwähnte Vorschrift verstoßen?«

Meine Blödelei schloß ich mit den Sätzen: »Heute ist das Bild ›Ein Gefreiter hat gefreit‹ mit der Unterschrift ›Mit KdF in den Feierabend‹ erschienen.«

Von seiten des Oberkommandos der Wehrmacht oder auch des Propagandaministeriums, das sich einzuschalten versuchte, gab es ab und zu Klagen, Kritik und Beschwerden über einzelne Veröffentlichungen. Meist gelang es, einschneidende Maßnahmen zu verhindern. Andererseits konnten sogar Filmberichte ein Nachspiel haben, wie beispielsweise ein Film über die bekannte Sängerin Jenny Lind, »Die schwedische Nachtigall«, mit Ilse Werner als Hauptdarstellerin. Ihr Partner war

Joachim Gottschalk. Wir alle wußten, daß er mit einer Jüdin verheiratet, aber dem Druck des Propagandaministeriums, sich scheiden zu lassen, nicht nachzukommen bereit war. Infolgedessen sollte er in der Presse nicht besonders herausgestellt werden. Gegen einen doppelseitigen Bildbericht mit Fotos aus dem Film, auf denen natürlich auch Gottschalk zu sehen war, hatte Hauptmann Graff nichts einzuwenden. Aber meinen Vorschlag, Gottschalk mit der Werner als Titelblatt der nächsten Nummer (Ausgabe vom Februar 1941, Nr. 9) zu bringen, fand er doch nicht ungefährlich. Schließlich aber war er einverstanden, und die Beanstandung, die prompt vom Propagandaministerium kam, wehrte Graff mit der Behauptung ab, weder er noch ich hätten sich je dafür interessiert, ob oder mit wem Gottschalk verheiratet war.

Eines Tages kam Goebbels zu Ohren, Gottschalk habe erklärt, lieber würde er Straßenkehrer, als daß er sich scheiden ließe. Das sollte er büßen. Goebbels verfügte seinen Ausschluß aus der Reichsfilmkammer. Der sensible Künstler fühlte sich immer stärker unter Druck gesetzt, und als ein Ausschluß aus der Theaterkammer drohte, geriet er in Panik. Er schied aus dem Leben und nahm seine junge Frau und sein Kind mit in den Tod. Das war am 7. November 1941. Seine Kollegen ließ das Propagandaministerium wissen, eine Teilnahme an der Beerdigung sei nicht angebracht. Zahlreiche Künstler haben sich indes darüber hinweggesetzt, unter ihnen Brigitte Horney und Gustav Knuth. Wenige Wochen nach der Gottschalk-Tragödie war ich einer Filmreportage wegen zwei Tage in München, wo ich Hans Schweikart traf, den ich aus Lampels *Pennäler* kannte; er hatte eine der Hauptrollen in dem Stück gespielt. Als ich ihn in München wiedersah, sprachen wir natürlich über den Wahnsinn des Krieges und die grausamen Judenverfolgungen. Das Schicksal Gottschalks, mit dem er kollegial und freundschaftlich verbunden gewesen war, hatte ihn aufgewühlt und deprimiert. Er hatte begonnen, wie er mir berichtete, eine Erzählung zu schreiben, die die Erinnerung an Joachim Gottschalk wachhalten sollte. »Wissen Sie«, fragte er mich, »daß Gottschalk soviel wie Gottesknecht oder Gottes Diener bedeutet?« – Hans Schweikart wollte seine Arbeit *Ehe im Schatten* nennen. Seine Erzählung wurde 1947 die Vorlage für den gleichnamigen DEFA-Film.

Als meine Uk-Stellung 1942 nicht mehr zu halten war, wurde ich am Tag meiner Einberufung in die »Berichterstaffel z.b.V. Ob.d.H.« (Berichterstaffel zur besonderen Verwendung des Oberbefehlshabers des Heeres) sofort von Oberstleutnant Hesse »angefordert«. Hesse verfügte, daß ich formell Sigmund Graff als Mitarbeiter zugeteilt wurde, tolerierte, daß ich Zivilerlaubnis erhielt und – man höre und staune – von der Dienststelle WPr V delegiert wurde, als Chefredakteur der »Erika« in den Deutschen Verlag zurückzukehren.

Mit Sigmund Graff kam ich immer wieder auf das Theaterleben zu sprechen; er bewunderte vor allem die Kunst und Zivilcourage von Gustaf Gründgens und Heinz Hilpert. Einmal erzählte er, wie sehr er wenige Jahre zuvor – es dürfte 1938 gewesen sein – in einer Hilpert-Inszenierung das Berliner Publikum bewundert habe. Graff sagte: »Folgendes wäre wohl in keiner anderen Stadt denkbar gewesen: Nach dem berühmten Satz des Marquis Posa ›Sire, geben Sie Gedankenfreiheit‹ brach in Gegenwart von Goebbels ein minutenlanger stürmischer Beifall los. Als es in der Pause hell wurde, schauten die Zuschauer zur Mittelloge im ersten Rang. Der Minister war verschwunden.«

Daß die »Erika« trotz der dramatischen Kriegsereignisse am Leben blieb, verdankte sie dem Briefwechsel mit ihren Lesern, der sich zu einem wahren Betreuungswerk ausgeweitet hatte. Die Auflage der »Erika« betrug 1942 meiner Erinnerung nach

550000 Exemplare. Unterlagen, die noch vorhanden sind, ist zu entnehmen, daß bei der »Erika« im Zeitraum vom 1. Januar 1940 bis 20. Februar 1942 216 500 Zuschriften eingegangen waren. 216 500 in sechsundzwanzig Monaten hieß, daß die gleiche Zahl Antworten geschrieben worden war. Der Inhalt der Briefe von Wehrmachtsangehörigen, die im Einsatz waren, hat mich stets beschäftigt, oft bewegt. Natürlich gab es immer wieder belanglose Fragen oder die Bitte um Vermittlung von Adressen junger Mädchen. Aber auch andere Briefe trafen ein: beschwörende Bitten um Anteilnahme an Problemen und Sorgen. So fragte ein Lazarettinsasse, ein Schwerversehrter, ob sich wohl in der Heimat noch ein Mädchen für ihn fände, aber er frage nicht nur für sich, sondern auch für Kameraden, die sich einsam und verlassen fühlten. Die Frage nach einer Heirat bewegte manche blutjungen Soldaten, die der Krieg von ihren Mädchen zu Hause getrennt hatte. Die Eltern rieten ihren 18- und 19jährigen Söhnen, die noch keinen Beruf hatten und keine Familie ernähren konnten, dringend von einer Heirat ab. Von »Erika« wollten die jungen Männer wissen, was sie tun müßten, um die Genehmigung für eine sogenannte Kriegstrauung zu bekommen.

Zahlreich war das Verlangen nach Auskünften über Berufs- und Fortbildungsmöglichkeiten. Es gab aber auch gänzlich andere Anliegen: Ob wir seiner Frau, schrieb ein Handwerksmeister, in einer Steuerfrage beistehen könnten. In Erbstreitigkeiten wurde ein juristischer Rat erbeten. Und zunehmend erreichten uns Briefe unserer Leser, die besorgt nachfragten, ob Angehörige ausgebombt worden seien. Auch Fragen nach Versorgungsansprüchen blieben nicht aus.

Und schließlich die Dankbriefe, Dank aus einem Feldlazarett für die 20 Feldpostpäckchen aus der Heimat, die »Erika« vermitteln konnte. Dank für Auskünfte. Dank für Hilfe. Und hin und wieder auch eine vor Glück überströmende Zuschrift, Hochzeits-anzeigen von jungen Menschen, die durch »Erika« miteinander bekannt geworden waren. Und jedesmal dazu die Bitte und Einladung an »Erika« dabeizusein, »wenn's geht, als Trauzeuge«.

Die Leiterin unserer Leserbriefredaktion, Frau Römer, war au-ßerordentlich fleißig und zuverlässig. Im Aussehen verkörperte sie den Typ der deutschen Frau. Vom recht lockeren Ton und bohemehaften Umgang meiner Redaktion ließ sie sich nicht anstecken. Nur eines machte ihr zu schaffen: daß wir alle gegen Hitler und seine Spießgesellen eingestellt waren. Sie konnte nicht glauben, daß Hitler diesen Krieg angezettelt hatte, daß er ein Verbrecher war. Doch waren wir sicher, sie würde uns nie denunzieren.

Die vielen Briefe, wöchentlich etwa 350, unterschrieb sie in der Regel selbst. Nur in seltenen Fällen kam sie mit der Bitte, einen Brief statt ihrer zu unterschreiben. Meist berührte ihre Antwort eine heikle politische Frage. In manchen Fällen war sie ihrer Stellungnahme nicht sicher oder wollte sich mit der Meinung, die sie bei mir eingeholt hatte, nicht oder nur höchst ungern durch ihre Unterschrift identifizieren.

Um solch eine Antwort handelte es sich auf die Anfrage einer Leserin, ob es statthaft sei, daß sie mit einem Italiener, den sie sehr schätzengelernt habe, eine Liebesbeziehung eingehen dürfe. Meine Antwort war, es gäbe keine Einwände, das sei ihre persönliche, eine private Entscheidung.

Wieso und durch welche Umstände dieser Brief der »Erika« Goebbels zur Kenntnis kam, ließ sich nicht feststellen. Jedenfalls erreichte mich eines Tages ein Telefonanruf, der Herr Minister sei außer sich und ich hätte mich morgen, 9.30 Uhr, bei der und der Dienststelle im Propagandaministerium einzufinden, es handle sich um meine unbegreifliche Stellungnahme als Hauptschriftleiter der »Erika« zu der Frage des Geschlechtsverkehrs einer deutschen Frau mit einer fremdvölkischen Arbeitskraft.

»Nein«, antwortete ich schlagfertig, wenn auch klopfenden Herzens, »es handelt sich um die Liebe einer deutschen Frau zu einem unserer Verbündeten, einem Italiener.«

»Was heißt hier Liebe«, schnarrte der Anrufer. »Jedenfalls erwarten wir Sie morgen früh.«

»Bitte«, sagte ich, »ich erwarte eine Vorladung bei der für die Zeitschrift ›Erika‹ zuständigen Dienststelle. Das ist nicht das Propagandaministerium, sondern das Oberkommando der Wehrmacht, das die Zeitschrift betreut.«

Schweigen, dann: »Sie hören wieder von uns.«

Ich alarmierte die Verlagsleitung. Stunden später rief Hauptmann Graff an, ich möge mich morgen früh statt 9.30 Uhr im Propagandaministerium um dieselbe Zeit bei ihm »zum Verhör« einfinden, wie er betonte.

Als ich am nächsten Morgen pünktlich zu ihm kam, sagte er, er habe sich verpflichten müssen, ein Protokoll anzufertigen. Er sei sicher, gemeinsam würden wir das hervorragend zustande bringen. Und ich muß sagen, in diesem Fall erwies er sich als ein ausgezeichneter Schriftsteller.

Tage später, als er turnusmäßig in die Redaktion kam, berichtete er, mit dem Propagandaministerium gäbe es keine Schwierigkeiten, und fügte hinzu, daß es manchmal hilfreich sei, wenn man im Zivilleben Regierungsrat im Ministerium für Volksaufklärung und Propaganda sei. Seine Abteilung im OKW erwarte lediglich, daß von seiten des Verlages der Frau noch einmal der Standpunkt der Redaktion dargelegt werde. Dr. Jödicke schlug vor, dem Brief einen Schlußsatz anzufügen, nämlich daß Verlag und Redaktion bei ihrer Stellungnahme »natürlich« davon ausgingen, daß es sich bei der Partnerschaft der Frau um einen nichtjüdischen Italiener handle.

Jödickes Schachzug, so unsympathisch er mir war, hat, wie ich hörte, dazu beigetragen, die Sache niederzuschlagen.

Monate später kam Graff in strahlender Laune zu der Wochenbesprechung, bat darum, aus der Kantine »Bier für alle« kommen zu lassen, schwenkte die Kopie einer der geheimen »Meldungen aus dem Reich«, schüttelte meine Hand und sagte wörtlich: »Meinen Glückwunsch, die ›Erika‹ wird vom Sicherheitshauptamt gerügt, ich werde vorschlagen, daß Sie zum Gefreiten befördert werden.«

Die geheime mehrseitige »Meldung aus dem Reich« hatte die Überschrift: »Zum Geschlechtsverkehr deutscher Frauen und Mädchen mit fremdvölkischen Arbeitskräften«.

»Aus allen Teilen des Reiches liegen zahlreiche Meldungen vor, aus denen hervorgeht, daß durch den Millioneneinsatz fremdvölkischer Arbeiter im Reich der Geschlechtsverkehr mit deutschen Frauen ständig zunimmt. Die Stimmung der Bevölkerung werde durch diese Tatsache nicht unwesentlich im negativen Sinne beeinträchtigt. Schon heute schätze man in maßgeblichen Kreisen allein die Zahl der von Fremdvölkischen mit deutschen Frauen gezeugten unehelichen Kinder auf mindestens 20000. Durch die Einziehung vieler Millionen deutscher Männer zum Wehrdienst, durch das Fehlen eines generellen Verbotes des Geschlechtsverkehrs für Ausländer und durch die Hereinnahme weiterer fremdvölkischer Arbeiter würden die Gefahren der blutlichen Unterwanderung des deutschen Volkes immer größer.

Nach den vorliegenden Berichten wird der Geschlechtsverkehr im wesentlichen auf folgende Punkte zurückgeführt:

1. In der Bevölkerung herrsche völlige Unklarheit darüber, inwieweit Beziehungen zu Angehörigen eines fremden Volkstums statthaft seien. Es fehle vor allem der innerdeutschen Bevölke-

rung durchweg jedes Empfinden für die Notwendigkeit einer sauberen Trennung zwischen Angehörigen verschiedener Völker, da sie bisher gar keine Gelegenheit gehabt habe, sich mit diesen Fragen zu befassen. So heißt es z.B. in Berichten:

Italienische Arbeiter haben oft Verhältnisse mit deutschen Frauen, darunter häufig mit deutschen Soldatenfrauen. Die deutschen Frauen berufen sich, wenn sie deswegen zur Rede gestellt werden, immer wieder darauf, daß die Italiener ja unsere Verbündeten und Freunde wären und daß ein privater Verkehr mit ihnen nur erwünscht sein könne.

In einem Falle habe eine deutsche Büroangestellte an die Zeitschrift ›Erika‹ geschrieben und um eine Stellungnahme gebeten, ob sie mit einem Italiener befreundet sein dürfe. Ihr sei von der Zeitschrift ›Erika‹ und unabhängig davon von der Schriftleitung des Deutschen Verlages der schriftliche Bescheid gegeben worden, daß nach dortiger Auffassung der Verkehr zwischen deutschen Frauen und italienischen Arbeitern im politischen Sinne erwünscht sei... Den deutschen Mädchen geht jegliches Gefühl ab, daß trotz der politischen Freundschaft zu gewissen Ländern, so z.B. mit Italien, ein Verkehr mit italienischen oder anderen fremdvölkischen Arbeitskräften vom rassebiologischen Standpunkt aus in jeder Hinsicht abzulehnen ist...«

Eines Tages wurde eine für mich bedeutsame Arbeitsteilung beschlossen: Ich arbeitete an drei Tagen der Woche als Graffs Hilfskraft in dessen Dienststelle, wobei ich die Aufgabe hatte, Kriegsbriefe gefallener Studenten für eine Anthologie zu sammeln, die allerdings nie erschien; an den übrigen drei Tagen redigierte ich die Zeitschrift »Erika«.

Sigmund Graff weiß aus der Zusammenarbeit mit mir im OKW folgendes zu berichten: »Entsprechend diesen und anderen Aufgaben genoß der Gefreite Kindler mein volles Vertrauen. Wenn

Eichelbaum, Spannaus, Hauffe usw. bei mir vorsprachen, knallte er die Hacken zusammen und ging diskret aus dem Dienstzimmer. Aber eine Viertelstunde später wußte er bereits das meiste, was sie an neuen Informationen bei mir abgeladen hatten. Ich war seiner Verschwiegenheit um so sicherer, als ich damals nicht ahnte, daß er mit allem, was er bei mir erfuhr, einen eigenen Widerstandskreis belieferte.« Da im Umkreis der Dienststelle viele Drähte zusammenliefen, erhielt ich Informationen, die einige Male von nicht geringer Bedeutung waren.

KAPITEL 20

Von Berlin nach Warschau

Die Europäische Union

Ich kann heute nur schwer sagen, wie ich ohne den Rückhalt in einer Widerstandsgruppe die Arbeit in der »Erika« und im OKW psychisch hätte aushalten können.

Ein freier Mitarbeiter der Filmzeitschrift »Stern« und der »Erika«, der Fotograf Enno Kind, vertraute mir eines Tages im Jahr 1940 an, es habe sich durch die Initiative eines Chemikers und eines Mediziners eine Gruppe von Antifaschisten gebildet. Er, Enno Kind, gehöre zu diesem Widerstandskreis, und wenn es mir recht sei, wolle er mich mit den Initianten bekannt machen. So lernte ich an einem Abend in Enno Kinds Wohnung neben seiner Frau, einer Juristin, den Wissenschaftler Dr. Robert Havemann und den Oberarzt des Robert-Koch-Krankenhauses Dr. Georg Groscurth kennen. Die Widerstandsgruppe nannte sich Europäische Union. Diese Formulierung ließ eine Zielrichtung erkennen, die mir sympathisch war. Die Zugehörigkeit zu einer Widerstandsgruppe kam mir sehr entgegen, nachdem die Verbindung zu Rudolf Herrnstadt infolge des Krieges abgerissen war. Die Europäische Union unterstützte und versteckte Verfolgte, besonders Juden, für die Lebensmittel auf dem Schwarzmarkt beschafft wurden. Später wird die Gruppe auch Kontakte zu ausländischen kasernierten Zwangsarbeitern in Deutschland herstellen.

Aus Vorsicht nahm ich nur an Zusammenkünften teil, die in der Wohnung der Familie Kind stattfanden. Schließlich mußte man immer auf das Schlimmste gefaßt sein. In diesem Fall konnte ich zumindest auf Enno Kinds Mitarbeit bei der »Erika« hinweisen und in dem Zusammenhang die Besprechung einer in Aussicht genommenen Reportage für die Zeitschrift vortäuschen. So habe ich auch zwei wichtige Mitglieder der Europäischen Union nie kennengelernt, nämlich den Dentisten Paul Rentsch, der seine Praxis in der Rankestraße hatte, und den Architekten Herbert Richter-Luckian, der durch seine beruflichen Verbindungen über Kontakte zu höheren Regierungskreisen verfügte. Er war beratender Architekt der Stadt Berlin und Angehöriger des Stabes von Reichsmarschall Göring. Hingegen nahm an Sitzungen bei Kinds fast immer Wladimir Broser teil, ein litauischer Sprachwissenschaftler, der Wehrmachtsgeneralen Russischunterricht erteilte. Schließlich traf ich auch häufig dort mit dem Regisseur Johann Alexander Hübler-Kahla zusammen, den ich von Piscator her kannte.

Havemann und Groscurth waren der Mittelpunkt der Gruppierung. Kennzeichnend für Havemann war sein Haß auf die Nazis, den wir zwar alle teilten, aber ohne dessen Verbissenheit. Großcurth, ein großer, schlaksiger Mann von 36 Jahren mit klugen, gütigen Augen, war tolerant und warmherzig. Er liebte die Menschen. Politisch sympathisierte er mit den Ansichten von Sozialdemokraten im Exil. Dr. med. habil. Georg Groscurth, geboren am 27. Dezember 1904 in Unterhaun bei Kassel, hatte seine medizinische Laufbahn bei Professor Hermann Zondek am Urban-Krankenhaus begonnen und dort wissenschaftlich über Fragen des Stoffwechsels und der Kreislaufphysiologie gearbeitet. Unmittelbar bevor Zondek 1933 seiner jüdischen Herkunft wegen entlassen wurde, setzte er noch ein Stipendium für begabte Wissenschaftler aus und bestimmte, daß Groscurth es als erster erhielt. 1932 wurde Groscurth Mitarbeiter in der Abteilung für Physikalische Chemie am Kaiser-Wilhelm-Institut in Berlin-Dahlem (heutiges Max-Planck-Institut). Hier begann seine Bekanntschaft mit dem Chemiker Dr. phil. Robert Havemann. Beide wurden 1933 im Zuge von Neubesetzungen am Institut entlassen. Im Dezember 1934 trat Groscurth als Assistenzarzt in die I. Innere Abteilung des Krankenhauses Moabit ein. Das Krankenhaus Moabit war die einzige städtische Anstalt in Berlin, die den Rang einer Universitätsklinik erhielt. Hier, im Krankenhaus Moabit, zog er Havemann mit zu seinen wissenschaftlichen Arbeiten heran. Im Labor der I. Inneren Abteilung im Dachgeschoß des Ostpavillons forschten sie über die Zellatmung und den Stoffwechsel der roten Blutkörperchen mit von Havemann selbst entwickelten Meßgeräten.

Als ich Ende 1940 durch die Vermittlung von Enno Kind mit Groscurth bekannt wurde, erfuhr ich, daß zu seinen Patienten der Stellvertreter des »Führers«, Rudolf Heß, gehörte. Von ihm und anderen Führern der Nazielite bezog Groscurth auch manche Information für seine Widerstandsarbeit.

Im Mai 1941 gab es eine politische Sensation in Deutschland: Heß war nach England geflogen. Für Groscurth war es auch ein persönlicher Schock, denn für ihn entfiel eine der Möglichkeiten, nach außen hin politisch unverdächtig zu erscheinen. Es gab zahllose Versionen über den geheimnisvollen Flug von Heß nach England. Viele Menschen knüpften daran Friedenshoffnungen. Das war jedoch eine verzweifelte Selbsttäuschung. Wir, Havemann, Groscurth, Enno Kind, Broser und Hübler-Kahla, waren uns über die Absichten, die Heß verfolgte, durchaus im klaren. In seiner Vermessenheit glaubte Heß, er könne die Engländer dazu bewegen, den Krieg mit Deutschland zu beenden, um Hitler freie Hand für einen Blitzfeldzug gegen Rußland zu geben. Heß wußte, was Hitler vorhatte.

Eine junge Frau brauchte Hilfe. Sie war Nichtjüdin. Weil sie Juden versteckt hatte, wurde sie von der Gestapo gesucht. Infolgedessen hielt sie sich verborgen, wohnte seit Monaten unangemeldet bei einer alten Dame in Grünau, einem östlichen Vorort von Berlin. Dort war sie erkrankt, schwer erkrankt, bekam furchtbare Schmerzen, hohes Fieber. Das war alles, was ich von Renée Christian in der Redaktion der »Erika« erfahren hatte. Ihr hatte sich die Großmutter der jungen Frau anvertraut. Frau Christian war zu mir gekommen, ob ich einen Arzt wüßte, der die junge Frau behandeln würde. Ich bat um Namen und Adresse der Erkrankten, fuhr in das Moabiter Krankenhaus, um mich mit Dr. Groscurth zu beraten. Der zögerte keinen Augenblick, besprach etwas, was ich nicht verstand, mit der Oberschwester, packte in einen kleinen Koffer Medikamente und Spritzen und fuhr mit mir nach Grünau, wo wir Käthe, wie wir sie hier nennen wollen, in einem erbarmungswürdigen Zustand vorfanden. Groscurth diagnostizierte eine Gallenblasenentzündung. Eine Operation war unerläßlich. Er versorgte sie mit Medikamenten und gab ihr ein oder zwei Spritzen.

So beunruhigend das Krankheitsbild war, noch mehr machte uns Käthes Identität zu schaffen. Es stellte sich folgendes heraus: Käthe hatte in ihrer Wohnung ein jüdisches Ehepaar bei sich aufgenommen, das schon vor längerer Zeit aus Dresden nach Berlin geflohen war. Ein Gestapobeamter, dessen Wohnung in Dresden sich im selben Haus befand wie die Wohnung, in der das jüdische Ehepaar lebte, hatte eines Abends die beiden angerufen und ihnen gesagt, sie sollten sofort verschwinden, sie müßten alles stehen- und liegenlassen, denn in zwei oder drei Stunden würden sie abgeholt.

Die nicht ungefährliche Fahrt des jüdischen Ehepaares nach Berlin gelang. Nach einigen Nächten bei entfernten älteren jüdischen Verwandten fand das Ehepaar aus Dresden Unterkunft bei Käthe im Berliner Bezirk Charlottenburg, der jungen nichtjüdischen Frau, die tagsüber als Bürokraft bei einer renommierten Berliner Handelsfirma beschäftigt war.

Eines Tages, als Käthe von ihrem Büro nach Hause kam, war die Wohnung leer. Sie bekam Herzklopfen. Es läutete. Vor der Tür stand die Portiersfrau: »Ihre Freunde haben Ihnen ja was Schönes eingebrockt. Die beiden wollten an 'n Wannsee. Wollten baden, untertauchen, verstehn Sie? Nicht wieder auftauchen!« – »Woher wollen Sie das wissen«, fragte Käthe. Die Portiersfrau berichtete, die beiden seien heute vormittag die Treppe heruntergekommen, da sei der Mann plötzlich ohnmächtig geworden und einige Stufen hinuntergefallen. Sie, die Portiersfrau, habe ihren Mann gerufen. Gemeinsam hätten sie den Herrn in die Wohnung zurückgebracht. Ihr Mann hätte dann einen Krankenwagen bestellt – gegen den Willen der Dame, die mitgefahren sei. Sie, die Portiersfrau, habe dann das Schreiben, das auf dem Tisch in der Wohnung lag, an sich genommen, um es ihr, der Frau Käthe, zu geben. Sie habe sich seit langem ihr Teil gedacht, und nun ließe es sich nicht länger verheimlichen, daß hier Juden versteckt waren. »Die Gestapo, die inzwischen hier war, wollte mir unterstellen, ich hätte das gewußt und gebilligt. Da ist aber mein Mann ausfällig geworden.« Käthe wußte darauf nichts zu sagen, schwieg. Da erklärte ihr die Portiersfrau: »Ich soll Ihnen ausrichten, Sie müßten sofort auf dem Polizeirevier erscheinen. Der Beamte sagte noch, an und für sich hätten Sie mit der Todesstrafe zu rechnen. Aber da Sie eine Kriegerwitwe sind, wird man vielleicht Gnade vor Recht ergehen lassen und Sie in ein KZ befördern. Da könnten Sie dann mit Ihren jüdischen Freunden Wiedersehen feiern.« – »Was soll ich nur machen«? – »Also«, schloß die Portiersfrau ihre Rede, »Sie sagen mir: ›Ich gehe sofort zum Polizeirevier‹, auch wenn Sie jetzt zur Erholung verreisen sollten, was ich an Ihrer Stelle täte.«

In dem Schreiben, das die Portiersfrau vor den Gestapobeamten versteckt hatte, las Käthe: »Wir fahren an den Wannsee, um uns zu ertränken. Wir dürfen Sie nicht länger gefährden. Gott beschütze Sie – und auch Deutschland, da Sie eine Deutsche sind.« Käthe ließ alles stehen und liegen, aber sie fuhr nicht fort aus Berlin. Ihre Großmutter hatte eine Freundin, eine resolute alte Dame, die ein kleines Einfamilienhaus in Grünau bewohnte. Zu ihr fuhr Käthe. Und bei ihr blieb sie.

Groscurth und ich kamen zu der Ansicht, daß Käthe wohl einen anderen Namen und Papiere brauche. Das alles müßte rasend schnell gehen, eigentlich vor Einlieferung in die Klinik. Es würde ein Wettlauf mit der Zeit werden. Käthe war kaum in der Lage, sich an diesen Überlegungen zu beteiligen. Wir berieten uns mit der Großmutter, die anwesend war, und deren Freundin. Die beiden alten Damen waren ganz bei der Sache. Wir kamen schließlich auf eine Lösung, mit der wir ein ziemliches Wagnis eingingen. Käthe sollte die Rolle ihrer jüngeren Schwester, der 23jährigen Gerda, übernehmen, die aus München angereist sei, um in Berlin ihre angeblich erkrankte Großmutter zu besuchen. Wir luden die Schwerkranke in Groscurths Wagen und fuhren mit ihr und der Großmutter in deren Wohnung im Bezirk Schöneberg. Von dort entschloß sich Groscurth, telefonisch ein Krankenauto zu bestellen. So kam »Gerda« noch am selben Tag in das Krankenhaus Moabit, zunächst auf die Innere Abteilung. In der Aufnahmestelle hat Groscurth selber die Personalien der Patientin angegeben und erklärt, die Papiere würden in den nächsten Tagen nachgereicht, sie befänden sich in einem Koffer, der noch bei der Aufbewahrung im Anhalter Bahnhof sei. Daß die junge Patientin jedoch keiner Krankenkasse angehörte, schuf Verwirrung. An dieses Problem hatte niemand von uns gedacht. Nun ja, hin und wieder gab es auch Privatpatienten.

Die neuen Papiere waren am übernächsten Tag fertig. Groscurth besuchte die Patientin in der Chirurgischen Abteilung, nachdem sie aus der Narkose erwacht war, und gab ihr die Papiere, damit sie eine der Schwestern bitten konnte, den korrigierten Paß doch bei der Aufnahmestelle für sie abzugeben.

Groscurth hatte noch am Abend vorher seinen Freund, einen Oberarzt aus der Chirurgie, dem er auch politisch vertrauen konnte, in groben Zügen in die Problematik eingeweiht. Groscurth hatte lediglich Mühe, seinem Kollegen glaubhaft zu machen, daß es sich diesmal nicht um die Tarnung einer jüdischen Patientin handelte. Der Chef seines Freundes war verreist, so konnte der Oberarzt über die Zimmer verfügen und hatte für »Gerdas« Verlegung aus der Internen Station in die Chirurgische Abteilung gesorgt, wo er die »Privatpatientin« in einem Einzelzimmer unterbrachte.

»Gerdas« Probleme waren längst nicht alle behoben, nachdem sie aus der Klinik entlassen worden war. Aber sie hat überlebt – hatte 1945 nur einige Mühe, wieder Käthe zu werden.

Bei einer Frontzeitung in Warschau

Mit dem Jahreswechsel 1942/43 endete meine Uk-Stellung, damit auch jede Tätigkeit für die »Erika«. Von Groscurth, Enno Kind und dessen Frau verabschiedete ich mich, Havemann ließ ich grüßen.

Laut Marschbefehl hatte ich mich bei einer Frontzeitung in Warschau einzufinden, die von einer kleinen Gruppe Kriegsberichterstatter gemacht wurde, die aus dem Zeitungsfach kamen. Diese Abteilung in Warschau gehörte zur Propagandakompanie 689.

Um einem ständigen Fronteinsatz zu entgehen, hatte ich auf folgende Weise vorzusorgen versucht. Ich hatte Dr. Rudi Pallas in der Charité aufgesucht, der mir eine Röntgenplatte eines schwerkranken Patienten verpaßte, die er mit meinem Namen versah. Aufgrund dieser Röntgenplatte erreichte ich vor dem Einsatz in Warschau, daß ich als nicht frontverwendungsfähig erklärt wurde. In Warschau angekommen, war mir klar, daß ich bei einer späteren Untersuchung nicht mit einer zurückliegenden Röntgenplatte aufwarten konnte. Also bat ich in einem Gesuch um einen zeitlich begrenzten Fronteinsatz, »obwohl ich nicht kriegsverwendungsfähig« sei. Ich erreichte eine sofortige Untersuchung, und wieder war die Röntgenplatte, die ja noch nicht einen Monat alt war und aus der berühmten Berliner Charité stammte, ausreichend, um mein Gesuch abschlägig zu bescheiden. Da ich mir aber tatsächlich vorübergehend ein Bild von dem Frontgeschehen machen wollte, wurde nach einiger Zeit meiner Bitte für einen zweimonatigen Einsatz stattgegeben.

Einige Mitglieder der Propagandakompanie 689 waren in Roslavl bei einer Bäuerin einquartiert, in der Nähe der Führung einer Heeresgruppe. Dort mußte ich mich Ende März bei dem Ic melden, der mit mir, dem Kriegsberichterstatter, einem Gefreiten, ein längeres Gespräch führte und mich anhand einer großen Wandkarte in die Frontlage einführte. Der Leiter unserer kleinen Gruppe, ein Maler im Leutnantsrang mit sympathischen zivilen Manieren, durfte im Gegensatz zu den ihm unterstellten Kriegsberichterstattern, die keine Offiziere waren, im Kasino mittags essen. Als er am nächsten Tag vom Essen zurückkam, rang er die Hände und sagte: »Was haben Sie gestern nur dem Ic gesagt?« Ich war mir keiner Schuld bewußt und wußte auch nichts zu erwidern. Da erfuhr ich, was der Ic, ein Oberst, unserem Leutnant stirnrunzelnd gesagt hatte: »Unsere Lage ist ja wirklich schlecht. Aber so schlecht, wie Kindler glaubt, ist sie nicht.«

Bei meinen Einsätzen habe ich keinen Russen zu sehen bekommen, aber in Unterständen und Schützengräben traf ich auf viele

junge deutsche Soldaten, deren Hitlergläubigkeit mich erschüt-
terte. Die meisten Offiziere, die ich kennenlernte, waren allerdings besorgt oder dem Nationalsozialismus gegenüber kritisch
eingestellt.

Nach zwei Monaten kehrte ich in die Redaktion der Frontzeitung nach Warschau zurück. In der Zwischenzeit war in Warschau etwas geschehen, was noch heute im Gedächtnis aller
Menschen sein sollte: der jüdische Aufstand im Warschauer
Ghetto und die gewaltsame Auslöschung der dort vegetierenden
Menschen. Eine todesmutige Gruppe Todgeweihter waren die
jüdischen Verteidiger des Warschauer Ghettos gewesen, die mit
verzweifelter Wut gegen die erdrückende Übermacht der deutschen Nazitruppen, SS-Männer und Polizei, gekämpft hatten.
Deren Auftrag war es, das Ghetto mit allen seinen Bewohnern zu
vernichten und keine Gefangenen zu machen. 1961 wird Leon
Uris in seinem Roman *Mila 18*, den wir verlegten, diese Tragödie
beschreiben. Das Haus Nummer 18 in der Milastraße war die
Zentrale der jüdischen Widerstandskämpfer gewesen. Hier hatten sie ihre Kommandostelle in den letzten entscheidenden
Stunden.

Eines Tages suchte mich ein polnischer Rechtsanwalt in den
Räumen, in denen die Redaktionsmitglieder der Frontzeitung
untergebracht waren, auf. Er war mit einer Berlinerin, die jetzt
Gerda Sakowicz hieß, verheiratet und hatte von ihr meine
Adresse erfahren. Nachdem er gesehen hatte, wie großräumig
wir, nahe der Redaktion und der Druckerei, untergebracht
waren, meinte er zu mir, es müsse doch möglich sein, hier
Waffen zu verstecken. So kam es, daß ich heimlich ein Waffenla-
ger, in der Hauptsache Pistolen, für die polnische Widerstands-
bewegung einrichtete und verwaltete.

Mir ging es in Warschau verhältnismäßig gut. Das hatte zwei Gründe. Erstens fühlte ich mich in der Redaktion wohl. Unter Crombach, dem Chefredakteur, der damals Leutnant war, herrschte ein ganz und gar ziviler Ton. Wir alle waren vom Fach und taten »unsere Pflicht«. Ich hatte völlig freie Hand, nachdem Crombach sich von mir hatte überzeugen lassen, daß die Zeitung mehr Unterhaltung bringen müsse. Ich richtete die letzte Seite als »Wunschseite der Landser« ein. Die Leser, Soldaten von Truppenteilen an der Ostfront, konnten Fotos schicken, sich aber auch Fotos und Schlagertexte wünschen. So entstand eine lebendige Zeitungsseite, die viel Anklang fand. Zwischen Crombachs Stellvertreter, einem Leutnant Erich Pecher, und mir, dem Gefreiten Helmut Kindler, entstand ein freundschaftliches Verhältnis, das noch heute besteht. Er, ein Wiener, und ich, ein Berliner, überboten uns in unseren Lobgesängen: er auf seine Stadt, ich auf die meine. Pecher hatte – und hat immer noch – den unnachahmlichen Charme und zugleich das unverkennbar nörglerische Wesen, das den gebürtigen Wiener ausmacht. Was ich mir damals nicht hätte träumen lassen, wir fanden nach dem Krieg wieder zusammen: Er wurde, brillanter Journalist, der er war, Redakteur unserer Zeitschriften »REVUE« und »BRAVO« in München[12].

Daß es mir gutging in Warschau, hat *noch* einen Grund. Mein Vetter Gustav Kindler mit Else, seiner Frau, und ihrem Sprößling, dem man meinen Vornamen gegeben hatte, lebten schon einige Zeit in Warschau. Der Konzern, in dem mein Vetter seit vielen Jahren in Hamburg tätig war, das Bergedorfer Eisenwerk, unterhielt enge Beziehungen zu der schwedischen Firma A. B. Separator in Stockholm, die wiederum eine Niederlassung in Warschau hatte, die Firma Alfalaval. Ihr Chef war der Schwede

Paul Troborg. Die beiden, Troborg und mein Vetter, bildeten in Warschau ein Gespann für den Vertrieb von Erzeugnissen im Molkereisektor.

Ich war an vielen Abenden und Wochenenden Gast meines Vetters und seiner warmherzigen Frau. Dank Paul Troborg und meinem Vetter wurde ich zu Zusammenkünften mit ihren polnischen Geschäftsfreunden in Restaurants eingeladen. Es wurde stets viel getrunken, und die Zungen lösten sich. Paul Troborg war Schwede, mit dem man offen sprechen konnte, und ich war für die Anwesenden Zivilist, da Crombach und Pecher stets meiner Bitte entsprochen hatten, mir Zivilerlaubnis zu gewähren.

Das alles erzähle ich, weil ich bei diesen abendlichen Trinkgelagen feststellen mußte, daß die polnischen Gäste, die von Troborg und meinem Vetter eingeladen worden waren, zwar ihr Los unter der Besatzungsmacht beklagten, aber keinerlei Solidaritätsgefühl für das Schicksal der Juden aufbrachten. Die Vernichtung des Ghettos in ihrer Stadt war für sie kein Grund für Mitgefühl. Die Brutalität ihrer unwiederholbaren Äußerungen gegenüber allem, was in ihren Augen jüdisch war, zeigte ihren tief verwurzelten Antisemitismus.

So gut ich es in Warschau getroffen hatte – militärisch und privat –, das, was ich sah und hörte, deprimierte mich.

Urlaub

Einen kurzen Urlaub verbrachte ich in Amsterdam. Dort wurde ein Film gedreht, für den Edith, meine damalige Frau, als Kostümberaterin verpflichtet war. In Berlin war sie eine gefragte Modezeichnerin. Edith hatte sich verändert, und auch ich hatte mich verändert. Unsere Ehe war nicht von Dauer.

Im Spätsommer 1943 hörte ich in der Redaktion unserer »Frontzeitung« einen Sender, den ich noch nie vernommen hatte: eine Rundfunkübertragung des Nationalkomitees Freies Deutschland. Es gab Nachrichten, Kommentare und danach eine Namensdurchsage deutscher Kriegsgefangener. Dazwischen waren als Pausenzeichen die ersten Takte des Liedes »Der Gott, der Eisen wachsen ließ« zu hören. Ziel der Sendung war es, über die tatsächliche militärische Lage, die nach Stalingrad für die deutschen Truppen zunehmend aussichtsloser wurde, zu informieren und den Deutschen die Augen über Verbrechen und Greueltaten ihres »Führers« zu öffnen.

Ich stellte den Sender jetzt fast täglich ein und erfuhr auf diese Weise, daß Walther von Seydlitz als Kommandierender General eines Korps im November 1942 vergeblich den rechtzeitigen Ausbruch aus dem Kessel von Stalingrad gefordert hatte. Auch der Vorschlag von Generalfeldmarschall Friedrich Paulus, dem Oberbefehlshaber der 6. Armee, die bei Stalingrad eingeschlossen war, einen Ausbruch zu versuchen, war von Hitler abgelehnt worden. Am 31. Januar 1943 entschloß er sich jedoch, mit dem Südkessel gegen Hitlers Befehl zu kapitulieren. So endete am 2. Februar 1943 die Schlacht um Stalingrad. Die Reste der geschlagenen Armee traten den Weg in die Gefangenschaft an: 90 000 Soldaten, mehr als 2000 Offiziere, 22 Generale, Paulus an ihrer Spitze.

In der Kriegsgefangenschaft schloß Paulus sich dem Nationalkomitee Freies Deutschland an, das, auf sowjetische Initiative am 12. und 13. Juli 1943 gegründet, nicht nur Rundfunksendungen brachte, sondern eine großangelegte Frontpropaganda durchführte.

Einer Rundfunksendung entnahm ich, daß das Nationalkomitee

am 21. Juli 1943 die erste Nummer einer Wochenzeitung herausgebracht hatte, die sich an die kämpfende Truppe und an die Kriegsgefangenen in Rußland wandte. Erst nach dem Krieg habe ich ein Exemplar dieser Zeitung zu Gesicht bekommen und war überrascht, daß sie als Emblem die Farben des deutschen Kaiserreiches zeigte: Schwarz-Weiß-Rot. Noch aufregender war für mich zu erfahren, wer der Chefredakteur dieser Wochenzeitung gewesen war: Rudolf Herrnstadt.

...und zurück nach Berlin

An einem Morgen im Herbst 1943, es war noch nicht einmal acht Uhr, ich lag noch im Bett, klopfte es energisch an meiner Zimmertür, die ich immer über Nacht abschloß, und eine Stimme, die mir fremd war, rief: »Aufmachen, Feldgendarmerie!« Im ersten Augenblick hoffte ich noch, es handle sich um einen schlechten Scherz von Erich Pecher oder anderen Kameraden der Frontzeitung, aber als ich die Tür öffnete, standen zwei »Kettenhunde«, wie die Feldgendarmen genannt wurden, vor mir. Ich wurde gefesselt, und die beiden nahmen mich mit. Auf dem Flur hatte die »Szene« nur ein Redaktionsmitglied beobachtet, Unteroffizier Dr. Wolf, ein Genforscher, dem ich nur noch zurufen konnte, er möge bitte in dem Wandschrank gegenüber meinem Zimmer die wichtigen Unterlagen für die Zeitung sortieren. Tatsächlich hat er den streng verschlossenen Wandschrank nach meinem Abtransport mit Handwerkszeug geöffnet und den unerwarteten Inhalt nie preisgegeben. In mühevoller Arbeit hat er allein die Waffen fortgeschafft. Erfahren habe ich das erst nach dem Krieg.
Im Keller einer Kaserne verbrachte ich die ersten drei Nächte. Dann »begleiteten« mich die beiden Feldgendarmen, die mich

festgenommen hatten, im Zug nach Berlin. Daß es Berlin war, gab mir wieder einigen Mut.

Das Wehrmachtsuntersuchungsgefängnis in der Lehrter Straße 61 nahm mich auf. Ich kam in eine Einzelzelle.

KAPITEL 21

Gedanken in der Zelle

In Haft, in einer Zelle – wie Ilse Stöbe, das war mein erster Gedanke. Ein Jahr war es her, seit sie verhaftet worden war; am 12. September 1942. Ich hatte es erst Ende Oktober von ihrer Mutter erfahren, hatte ihr im November und Anfang Dezember Päckchen geschickt, wartete täglich auf eine Nachricht. War sie verhört worden? Gefoltert? Lebte sie noch? Auch Groscurth und Havemann, die ich verständigt hatte, konnten nichts Näheres erfahren – trotz ihrer Verbindungen zu einigen Behörden. Enno Kind hatte gehört, schon die Nachfrage sei gefährlich und mit Briefen und Päckchen mache man sich verdächtig.

Vor meiner Einberufung Anfang Januar 1943 zu einer Propagandakompanie in Warschau wollte ich Edith, meiner damaligen Frau, eine Freude machen, und wir entschlossen uns zu einer Ski- und Weihnachtsreise nach Kitzbühel. Am Tag vor unserer Abreise erschienen unerwartet Ilses Mutter und deren Sohn Kurt Müller, ein Halbbruder von Ilse, bei meinen Eltern, um mich zu sprechen und den Rat meines Vaters einzuholen. Sie teilten uns mit, Ilse sei am 14. Dezember zum Tode verurteilt worden. Ich machte Kurt Müller noch am selben Tag mit Enno Kind bekannt, der Havemann und Groscurth alarmierte. Meinen Vater bat ich, ein Gnadengesuch aufzusetzen, und zwar ausdrücklich auch in meinem Namen unter Berufung auf meine Soldatenehre und meinen Redakteursstatus.

Immer wieder hatte ich von Warschau aus, wo ich einer Frontzeitung zugeteilt war, versucht, Nachricht über sie aus Berlin zu erhalten. Ja, täglich dachte ich, das Wunder müsse geschehen und ein Lebenszeichen von Ilse würde mich erreichen. Ilse war eine junge Frau, man würde sie begnadigen, sie nicht hinrichten. Ilse erschossen, enthauptet, gehängt – das wollte ich nicht glauben. Das Gnadengesuch meines Vaters würde gewiß ebenfalls etwas bewirkt haben.

Das waren meine Gedanken in der elenden Zelle, und ich betäubte mich mit den schönen Erinnerungen an sie. Die Begegnungen in all den Jahren, in denen wir uns kannten, wurden lebendig; beginnend 1930, ich am Theater, sie an der Zeitung. In den Augen anderer waren wir ja noch halbe, wohl frühreife Kinder gewesen. Theodor Wolff, ihr Chef, hatte sie mit seiner Kunst vertraut gemacht, dem Umgang mit dem Wort, dem geschriebenen. Ihr verdankte ich, daß der berühmte Chefredakteur mich, der ein Niemand war, empfing und sagte: »Lassen Sie sich nicht entmutigen, wenn die Redaktion Ihnen mehr Beiträge zurückschickt als annimmt. Und trinken Sie auf das erste Feuilleton, das von Ihnen bei uns gedruckt wird, ein Glas Sekt mit Ilse, die wohl Ihr Schutzengel ist.«

Die letzte Begegnung mit Ilse fand im Büro meines militärischen Chefs Sigmund Graff im Oberkommando der Wehrmacht statt. Dort suchte sie mich, im August 1942, also kurz vor ihrer Verhaftung, überraschend auf. Sie berichtete, es gäbe Fallschirmeinsätze über feindlichem Gebiet, und fragte mich, ob ich einen Weg wüßte, wie sie als Fallschirmspringerin mit besonderem Auftrag hinter den kämpfenden Truppen über sowjetischem Terrain eingesetzt und »abgesetzt« werden könne.

Ich mußte ihr sagen, daß das unmöglich sei. Ich war ratlos, spürte aber, daß sie nach einem Ausweg suchte, drohender Gefahr zu entgehen. Schließlich deutete sie an, ihr wäre auch mit

einem Marschbefehl an die Ostfront gedient, als Korresponden-
tin der »Erika«. Ich sah kaum eine Chance für einen solchen
Einsatz, versprach ihr aber, am nächsten Morgen mit Hauptmann Graff darüber zu sprechen. Dieses Gespräch verlief negativ. Er erklärte, er würde diesen Wunsch seinen Vorgesetzten erst
gar nicht vortragen.

Am Nachmittag desselben Tages holte sich Ilse die enttäuschen-
de Antwort. Sie faßte sich schnell, und ich fragte sie, ob sie noch
daran dächte, eine Verbindung zwischen ihrer Widerstandsgruppe und der Europäischen Union, der ich angehörte, herzustellen, was wir bei einem Ausflug an der Krummen Lanke zwei
Monate zuvor erörtert hatten. Sie meinte: »Im Augenblick ist
das zu gefährlich.« Wir gaben uns die Hand, und sie sagte: »Sei
vorsichtig, hörst du – ich bin dein Schutzengel.«

Erinnerungen, Erinnerungen, hier in der Zelle in Berlin im
Gefängnis an der Lehrter Straße 61.

Die Gedanken an Ilse, die Erinnerungen an viele Tage und
Stunden in all den Jahren wollten nicht abreißen. Übermütig
hatten wir uns einmal im Lichtenberger Stadtpark verabredet,
simulierten den Pennälerflirt, der zu unserer Schulzeit hätte
stattfinden sollen. Ilse liebte die Natur, und so fuhren wir mit der
Bahn ins Grüne, an den Wannsee, öfter allerdings in die östlichen Vororte der Stadt, nach Treptow, nach Grünau, an den
Müggelsee, in die Märkischen Wälder. Wir sprachen von Büchern, Zeitschriften, von Theaterstücken, Schallplatten und Filmen. Und von Radiosendungen, die in einer Zeit ohne Fernsehen
große Bedeutung hatten. Ja, und von der wirtschaftlichen Misere in Deutschland, von der Politik, den vielen, allzu vielen
Parteien.

Auch mein Aufenthalt bei ihrem über alles geliebten Rudolf
Herrnstadt seinerzeit in Warschau fiel mir ein. Uns drei verband
die Empörung über das Naziregime in Deutschland. Unsere

Befürchtung damals, Hitler würde eines Tages Rußland überfallen, hatte sich bewahrheitet.

Wie weit reichten die Erinnerungen zurück? Es gab noch kein Hitler-Regime, als wir unsere schönste Reise unternahmen – in die Hohe Tatra. Drei Abende dort mit Ilse und ihrer Freundin Ines, die bald meine Freundin werden sollte, sind unvergessen. Eines Tages erinnerte mich Ilse an ihr Versprechen, mich zu einem Konzert einzuladen. »Ja«, antwortete ich, »das bist du mir noch schuldig.« – »Wollt ihr einen Liederabend mit mir verbringen?« fragte sie Ines und mich. Natürlich wollten wir. »Wer singt denn?« wollte ich wissen. »Ich« war ihre Antwort. »Und wer begleitet dich?« – »Laßt euch überraschen.«

Das Hotel, in dem wir wohnten, hatte einen Raum für besondere Empfänge, in dem ein Klavier stand. An beiden Seiten der Klaviatur waren zwei Kerzenhalter angebracht, in denen lange weiße, noch unverbrauchte Kerzen staken.

Am Abend ging Ilse mit uns in den Empfangsraum, zündete die beiden Kerzen an und verdunkelte das Zimmer. Ines und ich setzten uns.

»Der erste Teil des Konzerts besteht aus Goethe-Verse, die Schubert vertont hat. Dann machen wir eine Pause. Im zweiten Teil hört ihr Heine-Gedichten, die Schumann vertont hat.«

Ilse schlug einige Takte an und sang dann, sich selbst begleitend, sechs oder sieben Lieder. Einige kannte ich, doch nur vom »Heidenröslein« wußte ich die Strophen auswendig:

> Sah ein Knab ein Röslein stehn,
> Röslein auf der Heiden...

Poesie und Musik verschmolzen ineinander.

Als Ilse aufstand, fanden Ines und ich nicht die Worte, die sie verdient hätte. Unser Dank blieb stumm.

Ilse sagte: »Entschuldigt mich einen Moment«, ging hinaus, um bald darauf zurückzukommen mit einer entkorkten Flasche und drei Sektgläsern: »Ich denke, wir genießen jetzt die Pause.« Dann folgte Lyrik von Heine, darunter aus Schumanns Zyklus »Dichterliebe« diese drei Strophen:

> Ich hab' im Traum geweinet,
> Mir träumte, du lägest im Grab.
> Ich wachte auf, und die Träne
> Floß noch von der Wange herab.

> Ich hab' im Traum geweinet,
> Mir träumt', du verließest mich.
> Ich wachte auf, und ich weinte
> noch lange bitterlich.

> Ich hab' im Traum geweinet,
> Mir träumte, du wär'st mir noch gut.
> Ich wachte auf, und noch immer
> Strömt meine Tränenflut.

Es war für uns alle ein beglückendes Erlebnis. Die Überraschung war überwältigend, zumal die gegenwartsbezogene Literatur und Musik sich damals wenig um Goethe- und Heine-Lieder kümmerten. Ilse Stöbes Stimme hatte nichts Künstliches, sie war schön, weil sie natürlich war. Sie, diese junge Revolutionärin, hatte ihre Seele preisgegeben. Ines und ich baten sie am nächsten Tag, doch noch einige Lieder zu spielen und zu singen. Sie ging darauf ein, probierte dieses und jenes, um dann mit drei ihrer Lieder zu voller Andacht zu gelangen – noch einmal mit Schumann, diesmal mit einem Gedicht aus Eichendorffs »Liederkreis«, einem Gedicht, dessen Verse schon Musik sind.

Für Minuten vergaß ich, wo ich mich befand, als ich in der Gefängniszelle den Anfang dieses Textes zitierte: »Es war, als hätt der Himmel / Die Erde still geküßt.« Die nächsten Zeilen versuchte ich mir allerdings vergeblich ins Gedächtnis zu rufen. Nicht viel anders ging es mir mit Schuberts »Du bist die Ruh, / Der Friede mild, / Die Sehnsucht du, / Und was sie stillt.« Ich wußte noch, wie sehr ich von den weiteren Strophen erschüttert war und daß Ines geweint hatte. Aber wer war der Dichter? Ich habe es vergessen, weiß nur noch, daß Ilse, bevor sie das Klavier zuklappte, ein kleines Brahms-Lied spielte und daß der Text von Clemens Brentano oder aus »Des Knaben Wunderhorn« war.

Der Tagtraum endete schlagartig. Ein wachhabender Soldat öffnete die Zellentür und schob mir einen Kanten Brot, einen Klecks Margarine und ein kleines Stück Wurst sowie einen schwarzen Becher Malzkaffee auf den Tisch. Wortlos.

In der ersten Nacht in der Zelle konnte ich kein Auge zutun. Alles war ekelhaft, denn ich war das Opfer einer wahren Invasion von Wanzen. Wenn ich mit der Hand über die Bettdecke fuhr, wischte ich sie scharenweise hinunter. Ich flüchtete mich abermals in die Vergangenheit, in Erlebnisse, die zehn Jahre zurücklagen, und landete mit meinen Erinnerungen in der Hohen Tatra, in den Winterferien mit Ilse Stöbe, als sie mich mit dem Mädchen Ines bekannt machte. An manchen Abenden gingen wir »lumpen«, was soviel hieß wie: Wir gingen uns vergnügen.

Und wenn Musikkapellen die damaligen Schlager spielten wie »Ich küsse Ihre Hand, Madame«, »Ramona« oder »Wenn der weiße Flieder wieder blüht«, tanzten Ilse und ich hingebungsvoll, Ines und ich jedoch engumschlungen. Die kleine Ines, zwei Jahre jünger als ich, entzückte mich, auch wegen ihrer Sprachgewandtheit. Ihr Deutsch war gepflegt, es war ihre Muttersprache, aber ihre Vatersprache war Ungarisch, und das klang verführerisch, obwohl oder weil ich kein Wort verstand. Ich war verliebt in sie; sie war verliebt in mich. Meine Ferienwochen gehörten Ines.

Hatte Ilse mich verkuppelt? Es hatte Augenblicke gegeben, in denen sich die Vertrautheit zwischen Ilse und mir unvermittelt in das Gefühl unlösbarer Zusammengehörigkeit, in den Wunsch nach dauernder Gemeinschaft hätte wandeln können – in große Liebe...

»Ich reise morgen zurück«, sagte Ilse, als sie, Ines und ich spät nach Mitternacht in unser Hotel kamen. »Herrnstadt ist in Berlin. Er wartet auf mich.«

Am nächsten Morgen verabschiedete sie sich von uns, küßte Ines zärtlich und drückte mir einen Kuß auf die Backe.

Mit Ines verbrachte ich einen der nächsten Abende in einem Lokal, in dem eine Zigeunerkapelle spielte. Und ich erfuhr, daß sie in einem der Ortschaft Käsmark benachbarten Winterlager, das Zigeunerfamilien bezogen hatten, ein sechzehnjähriges Zigeunermädchen kennengelernt und sich mit ihm angefreundet hatte. Sie hatte die Sprache der Zigeuner gelernt und kannte all die Lieder, die die Kapelle spielte. Der Zigeunerprimas war hingerissen, als sie eines der Lieder mitsang, mit ihrer kleinen, mich anrührenden Stimme.

Beim Abschied, als ich auf den Zug nach Berlin wartete, schenkte sie mir ein Kuvert. Es enthielt drei Zigeunerlieder, die sie für mich übersetzt hatte. Danke, Ines. Noch vierzig Jahre später habe ich an dich gedacht, als ich das Manuskript des Beitrages *Die Literatur der Zigeuner* las, das für unser großes Literaturlexikon bestimmt war. Ich zitiere aus dem Beitrag, in dem ich dich, Ines, dein Wissen und deine Zigeunerliebe wiederentdeckte: »In der Zigeunerlyrik kehren vier bestimmte Motive immer wieder: glühende Liebe, Sehnsucht nach dem Frühling, nach dem Wandern und nach Geselligkeit; denn den Zigeuner quält die Angst vor dem Alleinsein, und seine große Leidenszeit ist der Winter.

Zu den schönsten literarischen Schöpfungen dieses Volkes gehören die Totenklagen der Frauen. Jede Mutter, Ehefrau und Tochter wird angesichts des geliebten Toten zur Dichterin. Diese Klagen sind Gefühlsausbrüche, die keine Effekthascherei und keine Scham vor anderen kennen. Die Trauernde vergleicht sich mit einem Vogel, der den Tod eines geliebten Wesens besingt, und klagt, daß sie nun einsam wandern müsse und der Stein ihr Kopfkissen sei. Diese Lieder werden nicht eigentlich gesungen, sondern in nasalem Singsang mit langgezogenen Klagetönen gesprochen...«

Vieles von dem, was Martin Block, der Literaturwissenschaftler, erforscht hat, konnte ich – Jahrzehnte zuvor – Ines' Erzählungen entnehmen.

Als ich damals aus der Tatra nach Hause kam, sagte meine Mutter, eine Dame habe in der Zwischenzeit angerufen, sie habe ihren Namen nicht genannt, nur gebeten, Grüße auszurichten, von meinem Schutzengel.

Mit dem Gedanken an meinen Schutzengel schlief ich endlich ein – auf der Pritsche in der Zelle des Wehrmachtsuntersuchungsgefängnisses in Berlin, Lehrter Straße 61.

KAPITEL 22
Angst

In Berlin in Haft. Und keine Möglichkeit einer Verbindung zu Freunden, zu meinen Eltern. Ich war verzweifelt, versuchte aber, Haltung zu bewahren. Als ein Unteroffizier, der Dienst als Wärter hatte, einen Zigarettenstummel für mich fallen ließ, bückte ich mich nicht, hob den Stummel nicht auf, obschon ich nach zwei »Zügen« förmlich lechzte. Dreißig Zigaretten täglich waren bis zur Verhaftung meine Tagesration. Der Unteroffizier sah mich an. Ich sagte leise: »Danke.« Das versöhnte ihn.

Eines Tages entdeckte mich mein Bruder, als ich mit fünf oder sechs anderen Häftlingen zum Kohlenschaufeln auf der Straße unmittelbar vor dem Gefängnis eingeteilt war. Mein Bruder sprach mich an. Was für ein Augenblick! Wir durften zwar kaum zwei Sätze miteinander reden, doch durchströmte mich ein unbeschreibliches Glücksgefühl. Mein Bruder hatte sich vom Militär beurlauben lassen, um mich zu finden. Hinter ihm lagen böse Monate. Er war ein überzeugter Antimilitarist. Zur Vereidigung Mann neben Mann angetreten, ließ er sich in letzter Sekunde fallen. Er lag am Boden und stöhnte. Große Aufregung. Der herbeigerufene Militärarzt beugte sich über ihn, legte das Ohr auf seine Brust und konstatierte: »Spielt besser als Zarah Leander.«

Monatelang wurde er in einer psychiatrischen Anstalt untersucht, ob er Simulant sei. Es gelang ihm, die Prüfungen zu bestehen. So blieb ihm zwar die Todesstrafe, nicht aber der Militärdienst erspart.

Jetzt war er von Militärdienststelle zu Militärdienststelle gelaufen, von Gestapoamt zu Gestapoamt, von Haftanstalt zu Haftanstalt in Berlin, denn das hatte mein Vetter Gustav in Warschau herausbekommen, daß ich nach Berlin transportiert worden war. Beim Kohlenschippen vor dem Tor des Wehrmachtsgefängnisses entdeckte er mich. Das heißt, ich glaube, ich sah ihn zuerst. Er durfte nur Sekunden mit mir sprechen. Aber ich war glücklich. Nun wußten auch meine Eltern, wo ich war.

Ein Pfarrer besucht mich

Eines Tages besuchte mich in der Zelle ein katholischer Geistlicher. Mein Kontakt zum evangelischen Pfarrer, der mich einige Male aufgesucht hatte, blieb oberflächlich, zumal er meine Bitte, einmal mit meinen Eltern zu telefonieren, mit einem Kopfschütteln ablehnte. Der katholische Gefängnispfarrer hingegen, der mich mit seinem Besuch überraschte, war dazu, ohne zu zögern, bereit. Als er mich das zweite oder dritte Mal aufsuchte, kamen wir auf die Vollstreckung von Todesurteilen zu sprechen, und ich fragte ihn, ob ihm das Schicksal von Ilse Stöbe bekannt sei. Er verneinte. Beim nächsten Treffen aber sagte er mir, er habe seinen evangelischen Kollegen, der viele zum Tode Verurteilte betreut habe, nach Ilse Stöbe gefragt. Und dieser habe ihm geschildert, daß er die Genannte mehrmals während ihrer Haft gesprochen habe. Sein letzter Eindruck sei ihr Gang zur Guillotine gewesen — mit kahlgeschorenem Kopf, zwei Tage vor dem Heiligen Abend 1942.

Nun endlich wußte ich, daß das Gnadengesuch meines Vaters abgelehnt worden war.

Bei diesem Besuch richtete er mir Grüße von meinen Eltern aus, und wir kamen auf meine Kindheit und meine christliche Erziehung zu sprechen. Gegen Ende unserer Unterhaltung vertraute ich ihm an, wie sehr meine Eltern von einem Pastor, den sie schätzten, enttäuscht wurden beim Kirchgang an einem Sonntag nach der sogenannten Kristallnacht 1938. Die Geschichte ist erzählenswert:

Der Pastor, so hatten mir meine Eltern berichtet, stieg auf die Kanzel, um seine Predigt zu halten. Zur Verwunderung der Kirchgänger schickte er, den Blick forschend über seine Gemeinde gerichtet, seiner Predigt folgende Mitteilung voraus: »Diesem Gottesdienst sollen nur Gläubige beiwohnen, die von Hause aus, das heißt von ihren Vorfahren und ihrer Geburt her, Christen sind. Falls sich also unter Ihnen Männer oder Frauen befinden, die ihrer *Abstammung* nach Juden sind, so möchte ich die Betreffenden bitten, die Kirche zu verlassen.« Das Wort »Abstammung« betonte er. Der Pastor hielt inne. Wieder glitt sein Blick über die Anwesenden. Als sich niemand erhob, niemand die Kirche verließ, begann er seine Predigt mit dem Hinweis, er habe getaufte Juden durch das, was er als Christ und Nationalsozialist heute zu sagen habe, keineswegs verletzen wollen. Er habe es für besser gehalten, wenn Betroffene seiner heutigen Predigt fernblieben. Offenbar aber seien Menschen jüdischer Rasse ohnehin heute nicht zum Gottesdienst gekommen. »Vielleicht haben sie gestern ihren Sabbat gefeiert. Denn Jude, getauft oder nicht getauft, bleibt Jude.«

Der katholische Gefängnispfarrer sagte nach längerem Schweigen, daß sich bei den Protestanten eine größere Gruppe sogenannter *Deutscher Christen* gebildet habe, die das Alte Testament ablehne. Die Mitglieder dieser Gruppe seien nicht frei von Antisemitismus und verstünden sich als Nationalsozialisten. Er müsse aber hinzufügen, von der Sünde des Antisemitismus sei seine Kirche, die katholische, auch nicht freizusprechen. »In ihrer, der evangelischen Kirche, setzt sich erfreulicherweise Propst Grüber wenigstens für getaufte Juden ein.« Schließlich bekannte mein Besucher, für ihn sei das Alte Testament nicht weniger bedeutsam als das Neue Testament. »Freunde von mir und ich müssen unsere Gläubigen manchmal auch daran erinnern, daß Jesus[13] ein Jude ist« waren seine Worte.

An diesem Abend konnte ich auf meiner Pritsche in der Zelle nicht einschlafen. Das Gespräch mit dem katholischen Gefängnispfarrer wollte mir nicht aus dem Kopf gehen. Ja, Jesus war ein Jude. Ich sah ihn ans Kreuz genagelt vor mir – in der Kirche in Berlin-Lichtenberg, in der ein Pfarrer es fertiggebracht hatte, statt einer christlichen Predigt eine antisemitische Rede zu halten. Und war mein katholischer Pfarrer, der mir aus dem Herzen gesprochen hatte, nicht auch eingebunden in das Konkordat, das der Vatikan mit Hitler bereits 1933 geschlossen hatte? Ein Teufelswerk.

Ich grübelte und sah immer wieder den gekreuzigten Jesus vor mir, in der Kirche, die ich so gut kannte. In ihr war ich konfirmiert worden, von dem Pfarrer, den meine Eltern geschätzt hatten – bis zu dem Sonntag, an dem er sich »bekehrt« hatte zum Terror dieses gottlosen Nazisystems.

Jesus war ein Jude. Und ein Bild stieg in mir auf, das übermächtig von mir Besitz ergriff. Unerbittlich, unabwendbar, nein, nicht nur ein Bild, eine ganze Bildfolge. Unrealistisch, irreal. Es war kein Traum. Hellwach war ich, von einer Vorstellung ergriffen, die mich nicht freigab. Sollte ich das, was ich zu sehen glaubte, verdrängen? Mein Bewußtsein sagte mir: Das, was du dir vorstellst, gibt es nicht. Oder hatte ich es gelesen, erzählt bekommen, erträumt? Mein Unterbewußtsein verriet mir die tiefere Bedeutung eines Geschehens, das nicht geschehen sein konnte, das ich aber doch wahrgenommen hatte. Alle meine Sinne waren daran beteiligt. Es war mehr als eine Halluzination.

Der Pfarrer in der Kirche hatte – das ist, wie ich von meinen Eltern wußte, nach dem Pogrom 1938 tatsächlich geschehen – Menschen jüdischer Herkunft abgewiesen. Sie sollten die Kirche verlassen. Aber, und jetzt vollzog sich in meiner Phantasie ein Wunder:

Während einer Minute schien es so, als ob keiner die Kirche verlassen würde. Dann jedoch geschah hinter dem Rücken des Pfarrers etwas Unbegreifliches: Von dem Holzkreuz stieg der Gekreuzigte herab. Die Gemeinde, wie gelähmt, sah es mit Entsetzen.

Jesus durchquerte den Mittelgang, öffnete das Portal, verließ die Kirche und ging die menschenleere Straße hinunter. Der Pfarrer, irritiert, stieg, so schnell er konnte, von der Kanzel, folgte Jesus, holte ihn ein auf der Straße, schritt neben ihm her, suchte nach Worten: »Warum haben Sie die Kirche verlassen?« – »Sie haben mich aufgefordert zu gehen.« – »Aber Sie dürfen die Kirche nicht im Stich lassen.« – »Die Kirche hat mich im Stich gelassen. Ich bin ein Jude.« – »Wohin wollen Sie gehen?« – »Zu meinen Brüdern und Schwestern.« – »Die sind in der Kirche.« – »Nein, die sind in Auschwitz.«

Mein Verteidiger

Ein Wärter hatte mir einen Dr. Hans Aumann als Anwalt empfohlen. Er sei auf die Verteidigung von Soldaten spezialisiert, die wegen Wehrkraftzersetzung angeklagt seien.

Hans J. Aumann wurde mein Verteidiger 1944 vor dem Volksgerichtshof. Aumann hat seine Begegnungen und Erfahrungen in einem Buch festgehalten, bei dem es sich nicht um eine herkömmliche Lebensgeschichte handelt, sondern um Geschichten, aus denen sich für Aumann sein Leben zusammensetzt. Eine dieser Geschichten handelt von mir. Ich habe Aumanns *Mein Leben als Mischmasch* 1977 verlegt. Zu der Zeit lebte der Autor schon seit vielen Jahren als Vermögensberater in New York; 1980 starb er in Brasilien.

Als ich ihn das erste Mal im Gefängnis sah, hatte ich Zweifel, ob ich mich ihm anvertrauen sollte. Vor mir stand ein schneidiger Oberleutnant in Uniform mit einer Armprothese. Meine militärische Ehrenbezeigung, ohne Hitlergruß, fiel nicht überzeugend aus. Das schien ihn allerdings nicht zu stören.

»Ich habe mir hier in der Dienststelle des Gefängnisses Ihre Akten angesehen. Sie müssen wissen, daß mein Sozius aus unserer gemeinsamen Anwaltspraxis als Offizier und Pg, der er ist, hier im Gefängnis als Vertreter des Gefängniskommandanten amtiert.« Dr. Aumann muß mir angesehen haben, was ich dachte, denn er fügte noch hinzu: »Er ist clever und hat sich diesen Drückebergerposten beschafft, wovon ich profitiere.«

Der Bann war gebrochen. Dr. Aumann hatte aus den »Begleitakten« nicht viel erfahren. Lediglich, daß ich zwar Wehrmachtsangehöriger, aber Gestapohäftling sei. Die Gestapo würde mich auch vernehmen. Danach würde sich entscheiden, ob ich vor ein »ziviles« Gericht käme. Ein »ziviles« Gericht – das hieß statt Zentralgericht des Heeres oder Reichskriegsgericht: Sondergericht oder Volksgerichtshof.

Dr. Aumann sagte: »Es liegt noch nicht einmal ein Haftbefehl vor.« Dann erklärte er mir folgendes: Es gäbe eine Handhabung, wonach bei angeklagten Wehrmachtsangehörigen auch die in das Delikt verwickelten Zivilisten auf besonderen Antrag hin vor dem betreffenden Wehrmachtsgericht abgeurteilt werden konnten, um die umständliche Prozedur eines abgetrennten Verfahrens vor einem anderen Gericht zu vermeiden. Es gäbe

auch den umgekehrten Fall: Ein Wehrmachtsangehöriger konnte auf Anordnung an ein »ziviles« Gericht überwiesen werden,
wenn die Hauptangeklagten Zivilisten waren. Allerdings bedurfte das stets, auch bei Wehrmachtsangehörigen mit einfa-
chem Mannschaftsgrad, der zustimmenden Unterschrift von
General Keitel. In der Praxis kam so etwas aber nur in seltenen
Ausnahmefällen vor.

Als sich Dr. Aumann verabschiedete, sagte er, er käme nächste
Woche wieder. Dann, indem er mir die Hand gab: »Auf Wiedersehen, Helmut. Ich heiße Hans.«

Der Gedanke »Volksgerichtshof« machte mir angst, große
Angst. Und wie sollte ich mich auf die Vernehmungen vorbereiten? Ging es um meine Jahre zurückliegende Widerstandsarbeit
in Rumänien? Da Ilse Stöbe verhaftet worden war, konnte ich
das nicht ganz ausschließen. Oder, was ich am meisten befürchtete: War das Waffenversteck in Warschau entdeckt worden?
Dann war ich verloren.

Angst. Angst. Angst.

Beim nächsten Besuch eröffnete mir Dr. Aumann, falls ich vor
den Volksgerichtshof käme, sei er nicht sicher, ob er die Genehmigung bekäme, als Anwalt aufzutreten. Er habe noch nie einen
Angeklagten vor dem Volksgerichtshof verteidigt. Das vergrö-
ßerte meine Angst. »Vielleicht aber werde ich zugelassen. Und
vielleicht haben wir dort mehr Chancen als bei einem Militärge-
richt. Beim Volksgerichtshof ist ein Gefreiter eine Ausnahmeer-
scheinung. Wenn du selbstsicher, zackig auftrittst, die Hacken
zusammenschlägst und ›Heil Hitler‹ rufst, wirst du dir Sympathien erwerben. Du solltest das in der Zelle üben.«

Eines Tages, nach Monaten, endlich die Fahrt zur Gestapo, zu
einer Vernehmung. Sie verlief sachlich, ohne jede Drohung. Aber
ich blieb wachsam. Der Gestapobeamte fragte mich nach meinen Beziehungen zu Dr. Raimund Pretzel. Darauf war ich

überhaupt nicht gefaßt gewesen. Ich wüßte doch, daß der sich jetzt Sebastian Haffner nenne und im »Observer« schreibe – »Ein Landesverräter! Sind Sie das auch?« Im Brustton der Überzeugung verneinte ich die Frage. »Wie sind«, wollte er wissen, »Ihre Beziehungen zu Ilse Stöbe?« Ich hätte doch ein Gnadengesuch für sie einreichen lassen, im Dezember 1942, und zwar unter Berufung auf meine Soldatenehre und meinen Redakteurstatus. Es gelang mir, gelassen zu bleiben: Das beweise doch, wie harmlos meine Beziehungen zu ihr gewesen seien. Ich wagte nicht zu fragen, ob Ilse noch am Leben sei. Jetzt wartete ich angespannt auf Nennung des Namens Rudolf Herrnstadt. Doch er wechselte das Thema. »Sie haben der Europäischen Union angehört«, und noch bevor ich ja oder nein sagen konnte, fuhr er fort: »Leugnen Sie nicht. Ich komme gleich zur Sache.« Der Vernehmungsbeamte eröffnete mir, es läge eine Aussage vor, wonach ich der Gruppe einen Organisationsplan geliefert hätte. In diesem Plan wäre festgelegt, auf welche Weise die technischen Mittel des Deutschen Verlages – »Oder heißt es bei Ihnen noch immer: des Ullstein-Hauses?« –, des Druckhauses und des Zustelldienstes der Abonnementszeitungen eingesetzt werden könnten, und zwar nach einer »Beseitigung des Führers«.
»Das stimmt nicht« war alles, was ich in diesem Augenblick zu sagen wußte. Es stimmte aber.

Rechtsanwalt Aumann konnte Einblick in die Prozeßakten nehmen und ihnen eine gravierende Information entnehmen:
Es gab eine Belastungszeugin, die bereits eine zehnjährige Zuchthausstrafe verbüßte: die Frau von Enno Kind. Sie hatte, um ihren Mann zu entlasten, von dem sie nicht wußte, daß ihm vor der Verhaftung die Flucht gelungen war, schließlich zugegeben, Kindler habe verschiedene Pläne für den Fall, daß Hitler gestürzt würde, ausgearbeitet.

Es galt, diese Zeugin für die Verhandlung vor dem Volksgerichtshof zu einem überzeugenden Widerruf zu gewinnen. Das war auch deshalb denkbar, weil sie nach ihrer Verurteilung nichts mehr zu befürchten hatte.

Der ersten Verhaftungswelle der Mitglieder der Europäischen Union in Berlin war ich, wie man weiß, dadurch entgangen, daß ich zu diesem Zeitpunkt als Gefreiter bei der schon erwähnten Frontzeitung in Warschau war. Erst Jahre nach dem Zweiten Weltkrieg wurden mir Einzelheiten über das, was geschehen war, bekannt; und, wie wohl stets in solchen Fällen, auch widersprüchliche.

Während Elisabeth Kind mir nach dem Krieg lediglich erzählte, ein Spitzel der Gestapo, der als russischer Agent aufgetreten sei, habe Havemann, Groscurth, Rentsch und Richter ans Messer geliefert, las ich in einem Bericht den genauen Vorgang: Die Gestapo sei bei der Durchsuchung des Gepäcks eines sowjetrussischen Fallschirmagenten auf den Namen Dr. Paul Hatschek, ein Mitglied der Europäischen Union, und in Verbindung mit diesem auf ein Kennwort gestoßen. Da ein Unbekannter sich bald an Dr. Hatschek unter Nennung dieses Kennwortes wandte, fiel dieser auf ihn herein. Tatsächlich war der Unbekannte ein Gestapobeamter. Mit der Verhaftung Hatscheks, der im März 1944 mit seiner Frau und seiner Tochter hingerichtet wurde, begannen die Festnahmen. Groscurth, Havemann, Paul Rentsch und Herbert Richter wurden 1943 zum Tode verurteilt. Lediglich Havemanns Urteil wurde nicht vollstreckt. Ihm wurden in der Haftanstalt kriegswichtige Arbeiten übertragen. Sein Nachkriegslebenslauf in der DDR dürfte hinlänglich bekannt sein.

Elisabeth Kind erklärte mir Jahrzehnte nach Kriegsende, sie habe mich nie belastet, habe meinen Organisationsplan gar nicht gekannt. Nun war es keine Seltenheit, daß die Gestapo eine

Aussage erfunden und Akten gefälscht hat. Dann müßte ein anderes Mitglied der Europäischen Union meinen Plan preisgegeben haben... Die Gestapo konnte ihn sich nicht ausgedacht haben.

Über Groscurth erfuhr ich, er habe kurz vor seiner Hinrichtung im Abschiedsbrief an seine Frau jenen Satz geschrieben, den ich von ihm schon einmal gehört hatte: »Ich habe die Menschen geliebt.« Ich habe ihn sehr verehrt.

Am 14. April 1944 wurde mir der Haftbefehl ausgehändigt. Er lautete, der Schriftleiter Helmut Kindler »... ist dringend verdächtig, gemeinschaftlich mit anderen in den Jahren 1940–1943 in Berlin das hochverräterische Unternehmen, mit Gewalt die Verfassung des Reiches zu ändern, vorbereitet zu haben, wobei die Tat darauf gerichtet war, zur Vorbereitung des Hochverrats einen organisatorischen Zusammenhalt herzustellen und die Massen durch Herstellung und Verbreitung von Schriften zu beeinflussen, damit zugleich im Inland während eines Krieges gegen das Reich es unternommen zu haben, der feindlichen Macht Vorschub zu leisten und öffentlich versucht zu haben, den Willen des deutschen Volkes zur wehrhaften Selbstbehauptung zu lähmen oder zu zersetzen.«

Es war anzunehmen, daß der Ankläger wegen Feindbegünstigung, Wehrkraftzersetzung und Hochverrat dreimal die Todesstrafe beantragen würde. Sollte die Anklage zu entkräften sein, das heißt die Gestapo nicht über tatsächliche Beweise verfügen und Elisabeth Kind ihre Aussage widerrufen, war ein Freispruch nicht völlig ausgeschlossen. Und Aumann war froh, daß der Haftbefehl nicht den Verdacht des Landesverrats enthielt.

Die größten Sorgen bereitete uns, daß meiner Prozeßakte ein roter Schein, also ein Rücküberführungsbefehl, beilag, mit dem sich die Gestapo eine Handhabe für die wenigen Fälle sicherte, in denen die Anklage fallengelassen oder der Angeklagte mangels Beweisen freigesprochen wurde. In diesem Fall besagte der rote Schein, der »Freigesprochene« sei in ein KZ zu überweisen.

Monate vergingen. Meine Eltern erhielten Besuchserlaubnis. Meine Mutter steckte mir Zyankali zu, das sie für viel Geld aufgetrieben hatte.

Hans Aumanns regelmäßige Freundschaftsbesuche befreiten mich zeitweise von meiner Angst. Ich überlegte, was ich nach dem Krieg machen würde. »In jedem Fall Theater«, dachte ich. Oder vielleicht Zirkus. Alles mögliche fiel mir ein. Auch mit Zeitungsentwürfen beschäftigte ich mich. Tatsächlich war ich jetzt oft überrascht, wie schnell ein Tag vorüberging, zu schnell, fand ich. Ich begann es förmlich zu »genießen«, die Tage ungestört für mich zu haben, konnte auch wieder schlafen, obschon mich nachts ganze Schwärme von Wanzen überfielen, die ich von Zeit zu Zeit mit der Handfläche von der Wolldecke abstreifte.

Die mangelnde Verpflegung versuchte ich durch Phantasien auszugleichen, in denen ich mir bildhaft vorstellte, wie später wohl einmal mein Frühstückstisch aussehen könnte. Bald hatte ich die verrücktesten Ideen. So überkam mich jeden Morgen das Bedürfnis, ein Glas Wermut zu trinken!

In der Zelle bei Josef Müller

Dr. Josef Müller war ursprünglich Wirtschaftsanwalt. Nach Ausbruch des Zweiten Weltkriegs erwarb sich der nunmehrige Oberleutnant Josef Müller das Vertrauen von Admiral Canaris und dessen Stabschef Hans Oster. Von ihnen übernahm er den Auftrag, über den Papst eine Verbindung zur englischen Regierung herzustellen. Seine Bemühungen gegen die braune Diktatur und um Friedensschluß, die zu seiner Verhaftung führten, schildert er in seinem 1975, sechs Jahre vor seinem Tod, im Süddeutschen Verlag erschienenen Buch *Bis zur letzten Konsequenz*. Nach dem Ende des Zweiten Weltkriegs, dem Galgen mit knapper Not entronnen, wurde der oberfränkische Bauernsohn als Gründer der CSU unter dem Spitznamen »Ochsensepp« bekannt. Den Spitznamen erhielt er, weil er als Bub und auch noch als Student sein Taschengeld mit Kühehüten bei Bauern verdiente. Über diese vergnügliche Arbeit hat er einige Male mit meiner Frau Nina gesprochen, die als junges Mädchen in den Ferien bei ihren Großeltern am Bodensee stets hundert Kühe gehütet und, auf der Wiese liegend, in Wolkenschichtungen biblische, himmlische Bilder entdeckt hatte. Kühe sind heute noch ihre Lieblingstiere.

Doch zurück ins Jahr 1944, als ich Häftling war. Josef Müller hat in seinen Memoiren darüber berichtet:

»Im Januar 1944 sagte mir der zivilcouragierte Wärter, Unteroffizier Milkau, in einer Zelle eines anderen Flurs befände sich ein Gefreiter namens Kindler in Einzelhaft, ein Journalist, der im Herbst 1943 von der Feldgendarmerie in Warschau festgenommen und nach Berlin transportiert worden sei. Dieser Gefreite würde an den Volksgerichtshof abgegeben werden, was in Ausnahmefällen damals schon möglich war.

Milkau erzählte, Kindler sei ihm aufgefallen, weil er in seiner Zelle stundenlang auf und ab marschiere, vor jeder Kehrtwendung die Hacken zusammenschlüge, den Arm hochrisse und ›Heil Hitler‹ schrie. Er erklärte dazu: ›Ich übe.‹ Bei passender Gelegenheit fragte ich den Gefängniskommandanten Maass nach dem jungen Inhaftierten. Maass gab zu erkennen, daß er nichts dagegen habe, wenn Kindler tagsüber gelegentlich in meine Zelle verlegt würde. Wenn ich jetzt darauf gefaßt war, eine Unschuldslitanei zu hören, so hatte ich mich geirrt. Kindler wußte nicht, weshalb man ihn festgenommen hatte – es gab nämlich, wie er mir freimütig anvertraute, gleich mehrere Möglichkeiten für eine Anklageerhebung. Das Nervenaufreibende war, daß man ihn schmoren ließ. Er tröstete sich, und auch ich tröstete ihn mit dem Hinweis, daß der damit verbundene Zeitgewinn vielleicht die Rettung bedeuten könnte. Nach der Einlieferung in unser Gefängnis wurde er, wie die anderen verhafteten Soldaten, die auf ihre Verhandlung warteten und keine Offiziere waren, mit mehreren Gefangenen in eine Zelle gesteckt und zu Arbeiten, sogar außerhalb des Gefängnisses, eingeteilt.

Eines Tages bekam die Gefängnisverwaltung offenbar Kindlers Akten oder eine Anweisung der Gestapo, der Gefangene sei gefesselt in Einzelhaft unterzubringen. Das geschah. Schon nach einigen Tagen in der Einzelzelle, so berichtete mir Kindler, begann man das Anlegen der Handschellen zu ›vergessen‹. Er war davon sehr berührt: ›In solcher Situation erlebt man wieder, wieviel menschliche Anständigkeit es gibt.‹

Ein anderes Mal, als Milkau ihn brachte, sagte er lächelnd: ›Es ist eigenartig, mir ist eine Clownsnummer für den Zirkus eingefallen. Übrigens, falls ich durchkomme, gehe ich vielleicht zum Theater zurück.‹ Auf diese Weise erfuhr ich, daß er schon als Achtzehnjähriger an großen Berliner Bühnen als Regieassistent gearbeitet hatte und einige Zeit Piscator-Schüler gewesen war. Durch Piscators Inszenierungen war er wohl erstmals mit der radikalen antifaschistischen Politik vor Hitlers Machtübernahme in Berührung gekommen. Ich verstand ihn sehr gut, wenn er davon sprach, daß dem alliierten Zusammenschluß gegen Hitler ein Zusammengehen aller Gegner des Regimes in Deutschland entsprechen müßte. Kommunisten, Sozialdemokraten, Liberale, evangelische und katholische Gegner des Terror-Regimes müßten sich zusammenfinden und auch konservative Offiziere mit einschließen. Als ich mit Kindler die Problematik der Situation durchsprach, hatte ich das Empfinden, jetzt ballen sich neue Sorgen für mich zusammen. Kindler selbst gab meinen Erwägungen eine Stütze dadurch, daß er mir erklärte, für ihn sei seit dem 30. Januar 1933 ›Hochverrat‹ ein Gebot des Gewissens und ›Landesverrat‹ ein Gebot der Menschenrechte.«

Müller sagte in unserem Gespräch in der Zelle einen Satz, den er später in sein Erinnerungsbuch aufgenommen hat: »Hitler und seine Mordkomplizen waren die Landesverräter.« Ich lernte in ihm ein bayrisches Original kennen, ein Schlitzohr. Sein gedrungener Körperbau beeinträchtigte seine körperliche Wendigkeit überhaupt nicht. Und die Geschichten sprudelten nur so aus ihm heraus.

Ich erinnere mich, daß er einmal in der Zelle, mit überraschender Schnelligkeit hin und her gehend, während ich als Sitzplatz seinen Hocker benutzte, auf die Widerstandsgruppen zu sprechen kam, die Gestapo und Reichskriegsgericht mit dem Etikett »Rote Kapelle« versehen hatten. »Man schätzt, daß hundert Menschen hingerichtet worden sind.« Er nannte dann den Namen Harro Schulze-Boysen. »Schulze-Boysen soll der Chef der ›Roten Kapelle‹ gewesen sein. Mit dem Etikett ›Rote Kapelle‹ wurden Schulze-Boysen und sein Kreis als Rote, als Kommunisten, abgestempelt. Ich bezweifle, daß der Oberleutnant Schulze-Boysen ein Kommunist war. ›Rote Kapelle‹ – für die Nazis sind ja auch Sozialdemokraten Rote.«

Nach einer Pause fuhr er fort: »Außerdem ist mir bekannt, daß Mitglieder der NSDAP der Gruppe angehört haben, ebenso wie ehemalige Mitglieder der KPD. Hohe Beamte, die man im Zusammenhang mit Schulze-Boysen zum Tode verurteilt hat, waren doch schon von ihrer Erziehung her keine Kommunisten. Abgesehen davon sind ja die meisten Kommunisten Idealisten. Und es ist auch abwegig, Kommunisten den Patriotismus abzusprechen. Jedenfalls lass’ ich mir nicht weismachen, daß Heilmann, Gollnow und Gehrts Vaterlandsverräter gewesen seien. Alle drei waren Soldaten wie Schulze-Boysen.«

1947 erzählte mir Arnold Bauer, dessen Buch *Kindheit im Zwielicht* ich als junger Verleger publiziert habe, daß er mit Horst Heilmann oft zusammengetroffen war. Bauer berichtete, daß Horst Heilmann zwar ungewöhnlich interessiert, jedoch durch die Vorurteile seines hitlertreuen Elternhauses in seinem geistigen Betätigungsdrang eingeengt gewesen war. Arnold Bauer, der dreizehn Jahre Ältere, hatte Horst Heilmann mit der Literatur, die er ihm vermittelte, den ersten Anstoß gegeben, sich von der politischen Einstellung seiner Eltern zu befreien. Als Student im Auslandswissenschaftlichen Institut der Universität Berlin hatte Heilmann dann Harro Schulze-Boysen kennengelernt, der ein Seminar oder eine Arbeitsgemeinschaft leitete. Auf diese Weise wurde Horst Heilmann ein begeisterter Schüler und Bewunderer von Schulze-Boysen.

Josef Müller waren auch Einzelheiten des Oberleutnants Herbert Gollnow bekannt. »Er war der einzige, dem, ich kann nicht sagen, warum, der Tod durch Erschießen zugebilligt worden ist. Alle anderen wurden geköpft oder gehängt. Von Hans Oster weiß ich, daß Gollnow im Februar 1943 auf dem Schießplatz in Tegel erschossen worden ist.«

Schließlich kam Josef Müller auf Erwin Gehrts zu sprechen. »Der hat die Nazis gehaßt. Den Ersten Weltkrieg hat Gehrts als junger Leutnant mitgemacht, er war als Flieger eingesetzt. Zu Beginn der Nazijahre trat er in die wieder aufgestellte Luftwaffe ein und wurde zum Oberst befördert. Er gehört zu den vielen, die man in Plötzensee hingerichtet hat.«

Bevor ich mich in meine Zelle zurückbringen ließ, fragte ich Josef Müller, ob er wisse, ob auch Frauen verurteilt worden seien. Er wußte dies lediglich von Frau Schulze-Boysen, während er den Namen Ilse Stöbe nie gehört hatte.

Als Milkau kam, um mich in meine Zelle zurückzubringen, sagte Josef Müller zu mir: »Nehmen Sie meine Bibel mit. Sie finden vielleicht Trost darin.«

Ich muß sagen, daß ich in Jesus *den* Menschen sah, nicht Gottes Sohn. Seine Botschaft richtete sich an alle, auch an die Armen, die Unterdrückten, die Verachteten, die Verfolgten. Und das christliche Credo hatte ich aus Schule und Konfirmandenunterricht behalten: »Du sollst deinen Nächsten lieben wie dich selbst.« Ich wußte auch noch, daß ich diesen Kernsatz im Evangelium des Markus finden würde. Zunächst blätterte ich im Alten Testament. Nach einer halben Stunde glaubte ich meinen Augen nicht zu trauen: Im dritten Buch Mose, Kapitel 19, Vers 18, fand ich die Zeile: »Du sollst deinen Nächsten lieben wie dich selbst.« Also war es ein jüdisches Glaubensbekenntnis. Die christliche Kirche hatte es übernommen.

Nun begann ich in der Bibel der Feindesliebe nachzuspüren. Denn diese war zweifelsohne eine christliche Botschaft. Ich glaubte sie noch im Wortlaut zu kennen. »Man hat euch gesagt: ›Du sollst deinen Nächsten lieben und deinen Feind hassen. Ich aber sage euch: Liebet eure Feinde, segnet, die euch fluchen, tut wohl denen, die euch hassen, bittet für die, so euch beleidigen und verfolgen.‹« Matthäus 5, Vers 43 und 44.

Am nächsten Tag in der Zelle suchte ich im Alten Testament die Aufforderung, die Feinde zu hassen. Eine gegenteilige Textstelle fand ich bei Mose, wo es im zweiten Buch, Vers 4 und 5, sinngemäß heißt: Wenn du einem Ochsen begegnest, der deinem Feind gehört, so bring ihm den Ochsen wieder zurück. Und wenn du siehst, daß ein Esel unter seiner Last zusammengebrochen ist, der einem Mann gehört, der dich haßt, so steh ihm bei. Wo finde ich die Stelle, wo gesagt ist, du sollst deinen Feind hassen? Ich fand keine solche Stelle. Aber unter den Sprüchen Salomos (Spruch 25, Vers 21) steht geschrieben: »Hungert deinen Feind, so speise ihn mit Brot, dürstet ihn, so tränke ihn mit Wasser.« Wie konnten die Verfasser des Neuen Testaments Jesus den Satz zuschreiben, es sei gesagt worden, daß du deinen Feind hassen sollst? Ist es denkbar, daß Jesus eine Behauptung aufstellte, die nicht stimmte? Und ist es denkbar, daß er anmaßend und selbstherrlich, voller Pathos, erklärte: »Ich aber sage euch…« Tatsächlich sagte er doch mit anderen Worten das, was im Alten Testament zu lesen steht.

So fand ich nach einer durchwachten Nacht, als über Stunden Bombengeschwader Teile Berlins in Trümmer legten, in der Bibel nur *einen* Trost, einen Trost ganz anderer Art, und auch diesen wieder nicht im Neuen, sondern im Alten Testament. Es sind die Worte der jüdischen Propheten Micha und Jesaja, die viele Jahre später Leitsatz der Friedensbewegung werden sollten: »Macht eure Schwerter zu Pflugscharen und eure Spieße zu Sicheln!«

Der Aufruf von
fünfzig deutschen Generalen
am 8. Dezember 1944

Einige Zeit später steckte mir Unteroffizier Milkau drei Schreibmaschinenseiten zu und sagte, ich solle sie vernichten, sobald ich sie gelesen hätte.

Das tat ich auch.

Es war der Aufruf von fünfzig deutschen Generalen in sowjetischer Kriegsgefangenschaft, entworfen im »Bund deutscher Offiziere«, der im September 1943 aus dem nach der Schlacht von Stalingrad 1943 gegründeten »Nationalkomitee Freies Deutschland« hervorgegangen ist.

An Volk und Wehrmacht

Deutsche!

Aus tiefer Sorge um die Zukunft unseres Volkes, um unsere
heißgeliebte Heimat und um den Fortbestand Deutschlands
wenden wir deutschen Generale zusammen mit vielen Hundert-
tausenden Soldaten und Offizieren aus russischer Kriegsgefangenschaft uns in letzter Stunde an Euch, deutsche Männer und
Frauen…

Unser ganzes Volk ist jetzt restlos in den zerstörenden Kampf
hineingeworfen: An allen Fronten verbluten die Männer vom
Greis bis zum Knaben, in der Heimat leiden Frauen und Kinder
unter der zunehmenden Wucht feindlicher Luftangriffe im här-
testen Arbeitseinsatz. Noch nie hat ein Krieg so unsagbares
Unglück über unser Vaterland gebracht! Die Stunde des Zusam-
menbruchs unter der erdrückenden Übermacht der vereinigten
Gegner rückt immer näher.

<u>In diese Lage hat Adolf Hitler Deutschland geführt!</u>

Er hat unser Volk mit nationalen und sozialen Versprechungen
betrogen. Nur durch eine gewaltige Aufrüstung beseitigte er die
Arbeitslosigkeit, wir aber sahen darin einen allgemeinen wirtschaftlichen Aufschwung…
Im Taumel der ersten Erfolge erkannten wir nicht die schwere

Gefahr der maßlosen Pläne Hitlers, die uns in diesen unheilvollen Krieg hineinführten. Wir sind getäuscht und mißbraucht worden. Wir waren seine blinden Werkzeuge und wurden schließlich seine Opfer.

Der Staatsmann Hitler hat in der Heimat eine schrankenlose Willkürherrschaft errichtet. Er hat jeden mit anderen Ländern geschlossenen Vertrag gebrochen und die deutsche Wehrmacht, auf ihre Gehorsamstreue bauend, für seine Eroberungspläne und zur Unterdrückung anderer Völker eingesetzt. Auf seinen Befehl haben Himmlers Henker in den besetzten Ländern unmenschliche Grausamkeiten verübt und damit die Ehre des deutschen Namens vor der Welt mit Schande bedeckt...

<u>Der Krieg ist verloren!</u>

Das Ergebnis dieser Staats- und Kriegführung Adolf Hitlers für Deutschland sind Millionen von Toten, Krüppeln und Obdachlosen!

Trotzdem will Hitler den Krieg fortsetzen. Himmler und Goebbels malen Schrecken und Angst an die Wand vor der Rache der Feinde, vor dem angeblichen Bolschewisten-Terror und vor einer Versklavung unseres ganzen Volkes in hoffnungsloser Zukunft...

<u>Unser Volk aber darf nicht untergehen!</u>
<u>Deshalb muß dieser Krieg sofort beendet werden!</u>

Was aber kommt dann? fragt Ihr.

Wohl wird unser Vaterland von den Gegnern besetzt werden, aber das sinnlose Sterben hört auf.

Wohl werden die Sieger Sühne fordern für das ihren Völkern zugefügte Unrecht, aber nur diejenigen werden vor ein Gericht gestellt werden, die sich vor den Gesetzen der Kultur und Menschlichkeit als Verbrecher schuldig gemacht haben!

An Stelle von Terror, Willkür und Rassenhaß werden Recht, Ordnung und Menschlichkeit herrschen.

An Stelle des Elends und Schreckens ohne Ende wird Friede sein.

Durch unseren Fleiß und ehrlichen Willen wird mit jedem Schritt auf neuen Wegen der Tag näher rücken, an dem das deutsche Volk frei und gleichberechtigt seinen Platz unter den anderen Völkern einnehmen wird.

<u>Deutsches Volk, steh auf zur rettenden Tat gegen Hitler und Himmler</u>, gegen ihr unheilbringendes System!

Einig in allen Schichten, hast Du die Macht! Die Waffen zur Tat hast Du auch!

<u>Befreie Dich selbst</u> von dieser pflichtvergessenen und verbrecherischen Staatsführung, die Deutschland in den sicheren Untergang treibt!

<u>Beende den Krieg</u>, ehe durch den gemeinsamen Ansturm der verbündeten Gegner die Wehrmacht und das Letzte vernichtet wird, was uns in der Heimat noch geblieben ist.

Es gibt keine Wunder, die uns noch helfen könnten.

Deutsche, stellt durch Eure mutige Tat die Ehre des deutschen Namens vor der Welt wieder her und <u>tut damit den ersten Schritt in eine bessere Zukunft!</u>

Dieser Aufruf wurde vom ehemaligen Oberbefehlshaber der 6. Armee, Generalfeldmarschall Paulus, und folgenden Generalen unterschrieben:

Auf der letzten Rückseite der Schreibmaschinenabschrift dieses
Dokuments stand mit Bleistift, mehr gekritzelt als geschrieben,
ein Gedicht. Ich entzifferte:

Klage der Soldaten

General!
Wir sind des Kaisers Leiter und Sprossen!
Wir sind wie Wasser im Fluß verflossen…
Nutzlos hast du unser rotes Blut vergossen…
General!

General!
Wir sind des Kaisers Adler und Eulen!
Unsre Kinder hungern... Unsere Weiber heulen...
Unsre Knochen in fremder Erde fäulen...
General!

General!
Deine Augen sprühen Furcht und Hohn!
Unsre Mütter im Fron haben kargen Lohn...
Welche Mutter hat noch einen Sohn?
General!

Ich konnte dieses Gedicht nie vergessen. Als meine Frau und ich
1960 mit Kurt Fassmann, der uns nicht nur als Lektor und
Ratgeber nahestand, übereinkamen, er möge den Band »Ge-
dichte gegen den Krieg« herausgeben, zeigte ich ihm dieses
Gedicht. Er erkannte darin sofort Klabunds Nachdichtung eines
chinesischen Gedichtes. Und tatsächlich leitete Fassmann den
Band mit diesem Gedicht unter dem Titel »Klage der Garde« ein.
Als ältestes Gedicht der Anthologie stammt es aus dem Schi-
King, einer chinesischen Lyrikanthologie aus dem ersten Jahr-
tausend vor unserer Zeitrechnung.

1945

Das zweite Weihnachten in der Zelle liegt hinter mir. Hinter mir
liegen auch zwei Prozesse vor dem Volksgerichtshof, die aber
beide Male vertagt wurden, weil Elisabeth Kind wegen Bombenangriffen nicht rechtzeitig aus dem Zuchthaus überstellt werden
konnte. Der neue Termin fand Anfang Januar statt.
Mein Vater konnte bei früheren Kollegen erreichen, daß die

»grüne Minna«, in der ich gefesselt zum Volksgerichtshof transportiert wurde, unterwegs am Frauengefängnis diese Belastungszeugin »einlud«. Man hatte sie vom Zuchthaus Brandenburg einen Tag zuvor für die Verhandlung in ein Frauengefängnis nach Berlin verlegt. Während des Transports in der »grünen
Minna« konnte ich meine Aussage mit ihrer abstimmen. Ich
schenkte ihr einen verschrumpelten Apfel, den ich in der Hosentasche hatte. Aus der Belastungszeugin wurde eine Entlastungszeugin.

Am Tag der Verhandlung standen offenbar zahlreiche Prozesse
an. Die Angeklagten wurden bis zum jeweiligen Verhandlungs-
beginn in einem muffigen vergitterten »Wartesaal«, der über
dem Hof des Gerichtsgebäudes lag, untergebracht. Dann wurden sie einzeln aufgerufen. Als sie nach kurzer Zeit – zwischen
einer viertel und einer halben Stunde – in das Verlies zurück-
kehrten, waren ihre Hände auf dem Rücken gefesselt. Auf dem
Rücken gefesselte Hände bedeuteten Todesurteil. Nächster Aufruf. Bei Rückkehr war der Betreffende auf dem Rücken gefesselt.
Der nächste auch. Und der übernächste. Jeder. Nicht einer, der
mit vorn gefesselten Händen zurückkam, was Gefängnis oder
Zuchthaus bedeutet hätte.

Als ich in den großen Verhandlungssaal geführt wurde, war er
voll besetzt. Die Wehrmacht hatte für Zuschauer gesorgt. In
roten Talaren traten die Männer des Volksgerichtshofs hinter
den Richtertisch. Ich wurde hereingeführt. Man nahm mir die
Handschellen ab, ich knallte die Hacken zusammen, riß den
rechten Arm hoch und schrie: »Heil Hitler!«

Nach sekundenlanger Stille wurde ich angebrüllt, daß ich un-
würdig sei, mit »Heil Hitler« zu grüßen. Die erste Runde war
verloren. Mit den Sitten des Volksgerichtshofes war mein Anwalt wohl doch nicht vertraut genug. Aber er verstand es, als
kriegsversehrter Frontoffizier um Sympathien »für diesen Ge-

freiten Kindler« zu werben. Ich bewahrte militärische Haltung, antwortete kurz und präzise. Für die Rolle, die ich spielte, hätte ich den Ifflandring verdient, sagte mir Hans Aumann am nächsten Tag.

Die Belastungszeugin war als Entlastungszeugin standhaft. Ergebnis: »Freispruch mangels Beweisen«. Meine Eltern küßten mich.

Aber als Dr. Aumann protestieren wollte, weil die Beamten am Ende der Verhandlung mir wieder Handschellen anlegten, verwiesen sie auf den roten Rückführungsbefehl.

Die nun folgende Zeit war besonders schlimm. Josef Müller war schon vor Monaten in ein Konzentrationslager überführt worden, und jedesmal, wenn meine Zellentür aufgeschlossen wurde, dachte ich, jetzt würde mich dasselbe Schicksal treffen. »Eines Tages«, schrieb Aumann Jahrzehnte später in seinem Buch, sollte ich im Januar 1945 »abgeholt werden«, aber noch am selben Abend ins Gefängnis zurückgebracht werden. Das hörte sich phantastisch an. Zu schön, um wahr zu sein.

Nachts gab es Fliegeralarm, wie schon öfter im vergangenen Jahr. Einschläge der Bomben waren zu hören. Gäbe es eine Möglichkeit zur Flucht, falls die Lehrter Straße 61 getroffen würde? Oder mußte man in der Zelle verrecken, verbrennen? Gefühle zwischen Hoffen und Bangen.

An Walter Worm mußte ich denken, einen Jugendfreund. Er war Offizier der deutschen Luftwaffe, Pilot eines Langstreckenflugzeugs. Wo mochte er sein? Im Westen? Im Osten? Abgestürzt etwa? Ich drückte ihm die Daumen. Ich wollte ihn wiedersehen, am Leben wissen. (Er hat überlebt.)

Am nächsten Morgen wurde ich abgeholt. Und es geschah ein Wunder. Ich weiß nicht, mit wem Hans Aumann es ausgehandelt hatte, aber die Feldgendarmen, die mich zum »Weitertransport« in die halbzerstörte Synagoge in der Oranienburger Straße brachten, wurden mich dort nicht los. Mein Name stand nicht auf der Einlieferungsliste. Zurück ins Gefängnis.

Hans Aumann kam, um mir mitzuteilen, daß ich Frontbewährung bekäme. Frontbewährung konnte heißen: Strafbataillon oder reguläre Truppe. Zu meinem Befremden bekam ich den Befehl, mich nicht in einer der Dienststellen der Wehrmacht, sondern im Propagandaministerium zu melden. Dort wurde ich zu Ministerialrat Werner Stephan geführt. Ihm ging der Ruf voraus, unfanatisch und zugänglich zu sein. Tatsächlich verlief das Gespräch, das er mit mir führte, noch besser, als ich es zu hoffen gewagt hatte. Er eröffnete mir, daß meinem Gesuch, Frontbewährung zu erhalten, entsprochen worden sei. Er habe vor, dem Minister zu empfehlen, mich nicht in ein Strafbataillon, sondern in eine kämpfende Truppe zu versetzen. Ich erwiderte, daß ich, wie er wisse, mangels Beweisen freigesprochen worden, also politisch noch immer verdächtig sei. Stephan sah mich überrascht an, als ich fortfuhr, daß ich infolgedessen den Wunsch hätte, mich *politisch* zu bewähren, und das könne ich meiner Meinung nach nur, wenn ich wieder zur Propagandakompanie 689 käme. »Wenn ich Sie richtig verstehe«, sagte Ministerialrat Stephan, »legen Sie Wert darauf, sich politisch zu rehabilitieren.« – »So ist es« war meine Antwort. »Nun, Herr Kindler, eigentlich sollten Sie ja, wie Ihnen bekannt ist, in ein KZ überführt und dort politisch erzogen werden. Aber Ihrem Gesuch, statt dessen Frontbewährung zu erhalten, ist entsprochen worden. Es ist jedoch ausgeschlossen, Sie in Ihre alte Einheit zurückzuversetzen.« Es entstand eine längere Pause, bevor der Ministerialrat mir verschiedene Fragen stellte, die meine journalistischen Arbeiten beim »Berliner Tageblatt« und bei der »Frankfurter Zeitung« betrafen. Er schloß die Unterredung mit dem Satz: »Ich hoffe, ich kann erreichen, daß Sie zu einer

Propagandakompanie kommen. Melden Sie sich bei der Propaganda-Ersatzabteilung in Potsdam.« Er gab mir die Hand und sagte: »Viel Glück«, nicht: »Heil Hitler.«

Wenige Tage später wurde ich zu einer Propagandakompanie beordert, die in Waldenburg lag und bald darauf nach Mährisch-Ostrau verlegt wurde.

Anfang April 1945 drohte mir erneut Verhaftung. Ich sollte vor ein fliegendes Standgericht gestellt werden, weil ich ausländische Sender gehört hätte. Mit einem Unteroffizier, der mich vertraulich davon in Kenntnis gesetzt hatte und der von Hause aus ein Journalist wie ich war, entschloß ich mich zur Flucht. Er hieß Wolfgang Parth. Er war wie ich überzeugt davon, daß der Krieg verloren war. Wir handelten rasch und besonnen. Ich verfügte über Marschbefehle aus dem OKW, die ich bei mir hatte. Aber wie sollte *er* zu einem Marschbefehl kommen? Gemeinsam gingen wir in die Schreibstube, wo der Unteroffizier Parth dem diensttuenden Kameraden erklärte, er erwarte in der nächsten halben Stunde ein Gespräch von einer Freundin. Er denke, es sei das beste, er bliebe solange hier in der Schreibstube und vertrete ihn. So geschah es. Die Zeit benutzten wir, um aus einer Schublade das Formular eines Marschbefehls zu nehmen. Mein Marschbefehl lautete auf eine Rückfahrt nach Berlin zum OKW Abt. WPr. V c 2. Denselben Text setzten wir in das Formular für den Unteroffizier Parth ein, versahen das Formular mit Stempeln und einer dem Kompanieführer nachgemachten Unterschrift. Als der diensttuende Kamerad in die Schreibstube zurückkam, bedankte sich Parth bei ihm, daß er hier auf den angeblichen Telefonanruf hatte warten dürfen. Dann veränderten wir in unserer Unterkunft alles in der Weise, daß jeder annehmen mußte, wir beide hätten uns mit zwei Mädchen im Ort verabredet.

Wir fuhren im Zug von Mährisch-Ostrau nach Prag. Dort

stiegen wir um in einen Zug nach Berlin. Kurz vor Berlin, bei Bernau, wurde der Zug angehalten. Alle Insassen, Wehrmachtsangehörige und Zivilisten, mußten aussteigen und eine Baracke passieren, wo hinter einer Reihe von Schreibtischen Angehörige des Heeres, am nächsten Angehörige der Luftwaffe, am übernächsten der Marine, an einem weiteren Männer der Waffen-SS saßen. Jeder einzelne wurde zu jedem der Tische beordert, hatte sich auszuweisen und Fragen zu beantworten. Den meisten Soldaten und männlichen Zivilisten wurde die Weiterreise nach Berlin verwehrt. Sie wurden zu einer Sondereinheit oder zum Volkssturm zusammengestellt, um den Krieg zu gewinnen. Parth und ich mußten uns aufgrund unserer Heeresuniform zunächst an dem Tisch ausweisen, der für Heeresangehörige vorgesehen war. Wir waren auf das Schlimmste gefaßt. Aber unser Fahrtziel – Oberkommando der Wehrmacht und die bis ins einzelne formulierte Stelle, an der wir uns im OKW zu melden hatten – hielt den prüfenden Augen stand. In einem nahezu leeren Zug legten wir die kurze Reststrecke zurück.

Berlin hatte mich wieder.

KAPITEL 23
Max Bohne ist nicht Max Bohne

Als ich im April mit Parth in Berlin eintraf, war meine Stadt ein Trümmerfeld. Erstaunlich, daß dennoch so vieles funktionierte: Die S-Bahn fuhr, die U-Bahn fuhr, Straßenbahnen und Omnibusse setzten nur selten aus. Telefonleitungen wurden nach schwersten Luftangriffen schnell wieder instand gesetzt.

Zunächst fühlte ich mich verpflichtet, Wolfgang Parth unterzubringen. Er hat mich nicht nur auf dieser Flucht, sondern nach dem Krieg als Journalist, Mitarbeiter, Autor und Freund Jahrzehnte begleitet. Parth war ein großer Praktiker, zuverlässig und unauffällig. Jedes Thema ging er sachgerecht an. Seine beiden größten Erfolge wurden die Romane *Vorwärts Kameraden, wir müssen zurück*, den wir in der illustrierten Zeitschrift »Revue« abdruckten, und die Biographie *Goethes Christiane*, die Leser und Rezensenten erfreute. Damals, im April 1945, nahm die berühmte Tänzerin Tatjana Gsovsky auf meine Bitte hin Wolfgang Parth bis Kriegsende bei sich auf.

Noch wußte ich nicht, wo ich mich verborgen halten könnte. Aus meiner Widerstandstätigkeit in der »Europäischen Union« verfügte ich über drei Adressen mir Unbekannter, von denen anzunehmen war, daß sie Verfolgte oder Flüchtende aufzunehmen bereit wären. Die eine lag weit im Osten Berlins, die andere im Norden, die dritte aber in der Leibnizstraße in unmittelbarer Nähe des Kurfürstendamms. Also versuchte ich es zunächst bei

Bohne, Leibnizstraße 55. Ich war ziemlich aufgeregt und beunruhigt, denn ich wußte ja nicht, ob es die Betreffenden unter den genannten Anschriften noch gab beziehungsweise die Häuser nicht vielleicht ausgebombt und ausgebrannt waren. Aber das Haus Leibnizstraße 55 stand noch. Im Hausflur vieler Berliner Häuser gibt es den »stillen Portier«, eine große Tafel mit den Namen aller Mieter und der Angabe des Stockwerks. Ich las die Namen auf der Tafel und stieß tatsächlich auf den Namen Bohne mit dem Hinweis: Gartenhaus II. Stock. Ich hatte Herzklopfen, als ich vor der Tür stand und klingelte. Es öffnete mir eine hoch aufgeschossene jüngere Frau, Lehrerinnentyp, der ich das vereinbarte Codewort nannte, von dem ich nicht wußte, ob es noch galt. Aber die Dame ließ mich sofort eintreten und sagte: »Meine Tante kommt sofort.« Es erschien Frau Therese Bohne. Als ein ihr völlig Unbekannter wurde ich herzlich aufgenommen. Frau Bohne war eine patente Frau. Es könne gleich Fliegeralarm kommen, meinte sie, dann müßten alle in den Keller und dann würde man wissen wollen, wer ich sei. »Ich heiße Therese Bohne«, stellte sie sich vor, woraufhin ich sagte: »Ich heiße Helmut Kindler.« – »Nun«, sagte sie, »ich denke, wir geben Sie als Neffe aus. Üben wir doch mal gleich Ihre neue Identität. Die fängt übrigens damit an, daß wir du zueinander sagen müssen. Also jetzt umarm mich mal, Helmut, und sag zu mir: Ich freue mich, dich wiederzusehen, Tante Therese.«
Wir veranstalteten eine kleine Theatervorstellung. Meine Angst war völlig verflogen. Dann erklärte sie mir, daß ich mich mit ihrem Mann sicher gut verstehen würde. Sie erwarte ihn in etwa einer Stunde. Er sei der Luftschutzwart des Hauses. Darum brauchte ich keine Angst hier zu haben. Alle im Haus hörten auf sein Kommando. Am Nachmittag desselben Apriltages stand der Luftschutzwart Max Bohne vor mir. Er war herzlich und gab sich zackig. Er war ein unverbildeter Zeitgenosse, ein Mensch,

aktiv und aufgeschlossen, zu dem man sofort Vertrauen fassen konnte; ein Mensch, der es vermochte, sich auch in schwierigen Situationen zurechtzufinden. Abend für Abend führten wir viele Gespräche miteinander. Er erzählte mir, noch immer lebten Menschen in der Illusion, die Westalliierten würden, bevor die Russen Berlin erreichten, einen Separatfrieden mit Hitler-Deutschland schließen, um gemeinsam mit den Deutschen die sowjetrussische Invasion aufzuhalten. Tatsächlich hatte ja noch im Februar Himmler – man liest richtig: Himmler – mit Graf Folke Bernadotte, dem Präsidenten des Schwedischen Roten Kreuzes, Kontakte aufgenommen, um Möglichkeiten zu erörtern, die Anti-Hitler-Koalition aufzulösen, damit die deutschen Truppen, die im Westen gebunden waren, an die Ostfront abgezogen werden konnten. Wir fragten uns, ob Himmler im Ernst hatte annehmen können, die Westalliierten würden ausgerechnet ihn als Verhandlungspartner akzeptieren? Oder hielt er es für denkbar, durch diese Machenschaft seine Haut retten zu können?

Für den SS-Oberstgruppenführer Karl Wolff war das gewiß das vorherrschende Motiv, als er versuchte, Allan Dulles in der Schweiz für eine entsprechende Übereinkunft mit den Amerikanern zu gewinnen. Wolff bildete sich ein, er könne eine Kapitulation der deutschen Truppen in Italien herbeiführen – notabene ohne Hitlers Wissen.

Im März beauftragte Ribbentrop einen Legationsrat Hesse, über die britische Gesandtschaft in Stockholm Bedingungen für eine Kampfeinstellung der Westalliierten zu sondieren. Erfolglos.

Alle drei Missionen scheiterten: die von Himmler, die von Wolff und die von Ribbentrop. Weltpolitik und Weltöffentlichkeit, denen Hitler-Deutschland so viel Leid zugefügt hatte, bereitete es Genugtuung und Vergnügen, die deutschen »Helden« und »Herrenmenschen« zu Kreuze kriechen zu sehen.

Als es Fliegeralarm gab und ich mit Bohnes in den Luftschutzkeller gehen mußte, kursierte das Gerücht, eine Wunderwaffe in Hitlers Händen würde das Schicksal in letzter Minute wenden. Niemand wußte zu sagen, wie diese Wunderwaffe aussehen könnte, die sich dann als Strohhalm erwies, an den man sich vergebens geklammert hatte.

Der vergeblich herbeigesehnten Wunderwaffe folgte das »Wunder der Vorsehung«, als das Goebbels den Tod des amerikanischen Präsidenten Franklin D. Roosevelt pries. Nicht nur in Hitlers Umgebung hieß es jetzt: Das Schicksal des »Führers« wird dem Friedrichs des Großen gleichen. Diesem brachte der Tod der Zarin Elisabeth von Rußland am Ende des Siebenjährigen Krieges, als alles verloren schien, die politische und militärische Wende: Elisabeths Nachfolger schloß Frieden mit Preußen. Mit seiner reorganisierten Armee konnte Preußens König die Österreicher schlagen.

Auch Hitler scheint in dieser verzweifelten militärischen Lage der »Vorsehung«, die er so oft im Munde geführt hat, zu erliegen: Am 13. April diktiert er einen beschwörenden Aufruf an die »Soldaten der deutschen Ostfront!«, der mit den Worten endet: »In dem Augenblick, in dem das Schicksal den größten Kriegsverbrecher aller Zeiten [Roosevelt] von dieser Erde weggenommen hat, wird sich die Wende des Krieges entscheiden.« Zahllose Menschen in deutschen Städten und Dörfern sahen den Otto-Gebühr-Film *Der große König* (Drehbuch und Regie: Veit Harlan), der die militärische Wende des Preußenkönigs in einer dramatischen Bildfolge vorführt: von der Niederlage bei Kunersdorf zum Sieg bei Torgau.

Goebbels hatte in sein Tagebuch notiert: »Der Film wird hier zum politischen Erziehungsmittel erster Klasse.« *Der große König* wurde zum »Film der Nation« gekrönt, Otto Gebühr zum Staatsschauspieler ernannt.

Drei Tage nach Hitlers Aufruf, am 16. April 1945, beginnt der Großangriff der sowjetrussischen Truppen an Oder und Neiße gegen Berlin. Von diesem Tage an bis zum 8. Mai, so wird die sowjetische Geschichtsschreibung später festhalten, »verloren die Truppen der 1. und 2. Bjelorussischen und der 1. Ukrainischen Front an Gefallenen, Verwundeten und Vermißten 394887 Mann. Die meisten Opfer kosteten der Durchbruch an Oder und Neiße und die Kämpfe in Berlin.«

Als am 21. April, einen Tag nach Hitlers letztem Geburtstag, russische Truppen in die ersten Berliner Vororte eindringen, sich am 25. April der Ring um Berlin zu schließen beginnt, am 27. April Schukows Truppen in die Innenstadt von Berlin einbrechen, klammern sich Hitler und mit ihm noch immer ein Teil der in Trümmern und Kellern hausenden Berliner Bevölkerung an die letzte aller Parolen: »Die Armee Wenck wird Berlin entlasten.« Tatsächlich sollte die sagenhafte Armee Wenck in die Festung Berlin vorstoßen.

Am 29. April, der russische Ring um Berlin ist enger geworden, erfährt Hitler über einen Kurzwellensender, daß Mussolini in Italien öffentlich hingerichtet worden ist. An diesem Tag heiratet Hitler Eva Braun. Dann diktiert er sein politisches und privates Testament. Seine politischen Vermächtnisse bezeugen seine wahnhafte Vermessenheit. Während Deutschland besiegt ist und im Chaos versinkt, stößt Hitler den früheren Reichsmarschall Göring aus der Partei aus und entzieht ihm alle Rechte, die sich aus früheren Verfügungen ergeben könnten.

Für die Zeit nach seinem Freitod gilt unter anderem folgendes: Reichskanzler wird Goebbels, Parteiminister wird Bormann, Außenminister Seyß-Inquart, Rüstungsminister (man hat richtig gelesen: Rüstungsminister!) Saur, Finanzminister (wie bisher) Graf Schwerin von Krosigk, Oberbefehlshaber – tatsächlich

»Oberbefehlshaber« – des zusammengebrochenen Heeres: Feldmarschall Schörner.

Am folgenden Tag, es ist der 30. April, teilt das OKW Hitler mit, daß Wenck den Angriff auf Berlin nicht fortsetzen kann. Hitler und Frau begehen Selbstmord. Am Tag darauf, am 1. Mai, nehmen sich Goebbels und seine Frau mit den Kindern das Leben.

Am 2. Mai wendet sich Stalin in einem Sondertagesbefehl an die Rote Armee: »Heute, am 2. Mai, um 23.30 Uhr, salutiert die Hauptstadt unserer Heimat, Moskau, im Namen der Heimat den heldenmutigen Truppen der 1. Bjelorussischen und der 1. Ukrainischen Front mit 24 Artilleriesalven aus 324 Geschützen zu Ehren dieses historischen Ereignisses, der Eroberung Berlins.«

Fieberhaft hatte Max Bohne den Einmarsch der Russen erwartet. Drei Tage vor der Kapitulation, also am 29. April 1945, sagte Max Bohne plötzlich zu mir, und seine Stimme zitterte vor Erregung: »Ich vertraue dir jetzt etwas an, was ich niemandem sagen wollte, bevor dieser Krieg zu Ende ist. Aber ich kann es nicht mehr für mich behalten. Ich *muß* es dir sagen. Ich freue mich auf den Moment, wenn ich es allen sagen kann hier im Hause, wo ich den Luftschutzwart spiele.« Und dann kam der entscheidende Satz: »Du kennst meine Frau, Therese Bohne, und mich, Max Bohne. Du bist hier bei uns untergetaucht. Ich bin aber nicht Max Bohne, und Therese Bohne ist nicht meine Frau. Ich bin«, und er klopfte sich auf die Brust, »ich bin«, wiederholte er, »der Jude Moritz Jakob aus Breslau.«

Ich war fassungslos. Wie war das möglich? Wie konnte Moritz Jakob aus Breslau überleben? Wie konnte er in diesem Haus als Luftschutzwart amtieren? Er hatte keinen Paß, keinen Personalausweis. Doch brachte er es fertig, sich beim Postamt einen

Ausweis ausstellen zu lassen. Das taten nur jene Leute, die oft postlagernde Sendungen erwarteten. Dank des Briefträgers war er also in den Besitz eines Postausweises gekommen. Sein Bild klebte darin, und der Ausweis lautete auf den Namen Max Bohne, Leibnizstraße 55. Dabei war er natürlich polizeilich überhaupt nicht gemeldet. Infolgedessen hatte er auch keine Lebensmittelkarten und keine Kleiderkarten.

Und da geschah ein Wunder: Seit Jahren kaufte Frau Bohne ihre Lebensmittel in zwei benachbarten Geschäften, einem Geschäft, das sich damals noch Kolonialwarenladen nannte, und in einer Metzgerei. Einige Wochen nachdem Frau Bohne 1939 den jüdischen Flüchtling aus Breslau bei sich aufgenommen hatte, geschah das Unvorstellbare: Sie betrat das Lebensmittelgeschäft, um die Waren, die aufgerufen waren, in Empfang zu nehmen. Sie gab der Inhaberin die Lebensmittelkarte, von der die betreffenden Abschnitte für ein halbes Pfund Margarine, ein Pfund Mehl und drei Kilo Kartoffeln ordnungsgemäß abgeschnitten wurden. Eingepackt wurden ihr an diesem Tage jedoch nicht ein halbes Pfund Margarine, sondern ein Pfund Margarine, nicht ein Pfund Mehl, sondern zwei Pfund Mehl, nicht drei Kilo Kartoffeln, sondern sechs Kilo Kartoffeln. Einige Wochen später spielte sich das Entsprechende in dem Fleischerladen ab. Wortlos.

Das also hat es gegeben in dieser heimgesuchten Stadt. Neben Denunziation, Verschleppung, Folter und Ausrottung. Gewiß, ich weiß, in Ausnahmefällen, in wenigen Ausnahmefällen. In *zu* wenigen Ausnahmefällen.

KAPITEL 24

2. Mai 1945 – Berlin kapituliert

Seit Stunden Stille. Keine Stalinorgeln. Keine Granateinschläge. Keine Maschinengewehrsalven. Kein Schuß. Absolute Stille. Man glaubte, die Stille zu »hören«. Gestern konnte man noch telefonieren, obgleich fast ganz Berlin erobert war. Telefonate von einem Bezirk in den anderen: »Die Russen sind da!« Hier im Westen waren sie noch immer nicht. Ich ging aus der Wohnung. Moritz Jakob wollte mich aufhalten. Aber ich ließ mich nicht aufhalten, ging die Treppe hinunter, über den Hof, durch den Flur des Vorderhauses. Vorsichtig trat ich aus dem Haus, hielt mich dicht an der Hausmauer, sah nach links, nach rechts. Kein Mensch zu sehen. Die Häuser gegenüber wie ausgestorben. Angespannt blickte ich nach rechts zum Kurfürstendamm. Hier müßte sich doch Leben zeigen. Nichts. Eine tote Stadt. Ich wage einige Schritte. »Stoj!« Ein russischer Soldat, Maschinengewehr im Anschlag, faßte mich am Arm. Meine Reaktion verblüffte ihn – und mich auch. Ich war ohne Angst. Unsere Blicke trafen sich. Hatte ich feuchte Augen? Feuchte Augen vor Glück? Er muß mir angesehen haben, was ich empfand: Er war mein Befreier.

»Du, kein Nazi?« fragte er. »Ich kein Nazi!« antwortete ich. Es entstand eine Pause. Schließlich, indem er auf mein Handgelenk deutete, seine Frage: »Du keine Uhr?« Kopfschüttelnd erwiderte ich: »Keine Uhr.« Er ließ das Maschinengewehr hängen, griff in seine Hosentasche, holte mehrere Armbanduhren hervor, begutachtete sie, steckte sie bis auf eine wieder weg. Diese eine hielt er mir hin. Ich rührte mich nicht. Da ergriff er mein Handgelenk und band sie mir um. »Danke«, sagte ich. Er nickte mit dem Kopf, wurde ganz ernst und sagte, fast feierlich: »Krieg aus. Du kein Nazi«, drehte sich um und ging davon.

Ich rannte zurück in das Gartenhaus, nahm mehrere Treppenstufen auf einmal, stürzte in die Wohnung und fiel Max Bohne, der endlich nicht mehr Max Bohne, sondern Moritz Jakob war, um den Hals. »Die Russen sind da! Der Krieg ist aus!«

Moritz Jakob überraschte mich mit seinem Entschluß: »Zuerst will ich es Nina Raven sagen, du weißt schon, das ist die Frau, die mich immer mit Nachrichten von BBC versorgt hat. Und ich will ihr auch sagen, daß ich nicht Max Bohne, sondern Moritz Jakob bin. Komm mit! Es sind nur ein paar Häuser. Du mußt sie kennenlernen.«

Ich lernte sie kennen und kenne sie immer noch. Wir sind verheiratet. Am 2. Mai 1945 begann unser gemeinsamer Lebensweg.

Was für ein Tag!

Nina

Moritz Jakob hatte mir schon einiges von ihr erzählt, einer Schauspielerin, die ein Töchterchen habe, das eineinviertel Jahr sei und Georgette heiße. Nina Raven sei eine wirkliche Dame; er rühmte ihre Anmut, aber mehr noch, daß sie die Nazis haßte.

Es dauerte einige Zeit, bis ich aus *ihrem* Mund erfuhr, wie ihr Leben verlaufen war.

Von ihrem ersten Mann, dem Physiker Karlheinz Becker, dem Vater ihres ersten Kindes Manon, hatte sie sich scheiden lassen, als sie selbst noch fast ein Kind war. Zeit ihres Lebens hatte Nina eine Leidenschaft: lesen. Unter allen Büchern bewirkte eines eine »Initialzündung«: *Pan-Europa* von Graf Coudenhove-Kalergi. »Von diesem Augenblick an«, sagte sie, »war ich ein politischer Mensch, beseelt von der Utopie: Europa *und* Pazifismus.« Heinz Ullstein wird einmal von ihr schreiben: Nina, »diese kompromißlose, ja schon pathologische Pazifistin«, sei die einzige ihm bekannte Frau, die er sich »als obersten Feldherrn einer Armee vorstellen könnte«.

Ihr Weg, Schauspielerin zu werden, begann mit Versprechungen von Freunden ihres Mannes, zu denen auch Wolfgang Liebeneiner gehörte, der Manons Taufpate war. Nicht nur ihn, sondern andere, beim Film beschäftigte Freunde faszinierte Ninas garbohafte Schönheit. Auf deren Initiative hin kam es zu Probeaufnahmen bei der Ufa. Die Filmgewaltigen waren hingerissen, wollten aus ihr einen Filmstar machen. Goebbels jedoch, der sich den Streifen ansah, wünschte nicht, daß sie als Star aufgebaut wurde, da sie, seiner Meinung nach, kein »zeitnaher Typ« war. Daraufhin entschloß sich Nina, auf eine Laufbahn beim Film bis Kriegsende zu verzichten. Nur zweimal übernahm sie während der Nazijahre kleinere Filmangebote: Der Regisseur Wolfgang Staudte verpflichtete sie für einen Charlie-Rivel-Film, an dem sie als Artistin begeistert mitwirkte. Und Liebeneiner engagierte sie 1945 für einen Film, wobei die Dreharbeiten beim Endkampf um Berlin abgebrochen werden mußten.

Nina wollte nach Goebbels' Verdikt *Bühnen*schauspielerin werden und nahm Unterricht bei Agnes Straub. Diese sagte eines Tages zu ihr: »Wenn du dich endlich entschließen würdest, die Dame auszuziehen, könnte aus dir eine Orska[14] werden.«

Ihr erstes Engagement führte sie 1939 nach Elbing. Dort wurde sie noch vor der ersten Bühnenprobe vom Ausbruch des Zweiten Weltkriegs überrascht. Ihr Kollege Erich Hasberg, der der Anfängerin beistand, blieb bis zu seinem Tod ihr bester Freund;

über viele Jahre war er in München ihr Begleiter bei den Oster-
märschen[15]. Die Rolle, die sie in Elbing besonders gern spielte,
war die *Ingeborg* von Curt Goetz. Dem Intendant war entgangen, daß der Autor und dessen Partnerin, Valérie von Martens,
bereits 1933 emigriert waren.

Schon im zweiten Jahr spielte Nina Raven in Berlin; unter
anderem mit schönem Erfolg in Niccodemis *Scampolo* im »Ro-
setheater«. Dann holte sie das Kurfürstendamm-Theater für ein
Stück mit Rudolf Platte, mit dem das Ensemble anschließend auf
Tournee ging.

Zurück in Berlin, engagierte sie Georg Zoch, ein Regisseur und
Schauspieler, der als Schriftsteller zahlreiche Theaterstücke –
sein bekanntestes ist *Jenny und der Herr im Frack* – und mehr als
achtzig Filmdrehbücher verfaßt hat. Als er Nina Raven 1941
kennenlernte, hatte er allerdings beim Film bereits Regieverbot.
Auseinandersetzungen mit dem Propagandaminister und Ver-
höre durch die Gestapo waren dem vorausgegangen. Georg
Zoch wurde daraufhin Theaterproduzent seiner eigenen Stücke.
So für die Boulevardkomödie *Lügen haben schöne Beine,* in der
Nina Raven im »Komödienhaus« auftrat.

Die Zusammenarbeit mit Georg Zoch wurde im selben Jahr
durch Ninas Engagement für zwei Stücke im »Kleinen Theater
unter den Linden« unterbrochen. Georg Zoch war stolz auf ihre
Erfolge dort, in die sie sich mit Hilde Körber, die ihre Freundin
wurde, teilte. Zoch benutzte die Zeit für eine neue Arbeit, und
zwar für das Lustspiel *Ein Mann für meine Frau,* das er Nina
Raven widmete und 1942 mit ihr und Hilde Hildebrand wiederum im »Komödienhaus« herausbrachte. Es folgte für eine Tournee mit Nina Raven sein nächstes Boulevardstück *Eine Uhr
schlug dreimal.*

Zoch erkannte Nina Ravens künstlerische Möglichkeiten, hatte
auch nichts dagegen einzuwenden, wenn sie seine Regieführung

nicht nur bewunderte, sondern hin und wieder auch kritisierte. Er liebte Nina Raven, und er gewann sehr bald auch die Zuneigung ihres Kindes Manon.

Als er den Auftrag übernahm, für Danzig ein Volksstück zu schreiben, war ihm von vornherein klar, daß Nina die Hauptrolle verkörpern müsse: »die sinnliche Magd Paula« in *Gans, du hast den Fuchs gestohlen.*

Der gebürtige Danziger Zoch hatte als junger Schauspieler in seiner Geburtsstadt große Rollen gespielt. Bei den Proben zur Uraufführung seines Danzig-Stückes mußte er Ninas Rolle allerdings umschreiben, da sie Schwierigkeiten mit dem Danziger Dialekt hatte. Also erfuhren die Zuschauer, daß »die sinnliche Magd Paula« nicht bei ihren Eltern in Danzig, sondern bei ihren Großeltern am Bodensee aufgewachsen war. Georg Zoch führte Regie und spielte die männliche Hauptrolle.

Zwei Erlebnisse, die Nina Raven und Georg Zoch in Danzig hatten, blieben unvergessen. Nina Raven hatte ihre achtjährige Tochter Manon nach Danzig mitgenommen, die in den Wochen während der Proben unbedingt Unterricht bekommen sollte. Der Rektor einer Schule prüfte das Kind. In seinem Zimmer hingen drei große Bilder. In der Mitte ein Bild von Hitler, links und rechts Goebbels und Göring. Indem er auf das Hitler-Bild deutete, fragte er Manon: »Nun, mein Kind, wer ist das?« Manons Antwort kam unbekümmert: »Das ist Herr Hitler.« Natürlich hätte sie sagen müssen: »Das ist unser Führer Adolf Hitler.« Von »Herrn Hitler« hatte stets ihre Mutter gesprochen. Das taten nur jene wenigen Menschen, die das Hitler-Regime verabscheuten. Der Rektor ließ nicht erkennen, was er dachte, und fragte weiter: »Und wer ist auf dem Bild links?« Schweigen. »Nun?« – Manon: »Den kenne ich nicht.« – »Aber das andere Bild, das hast du bestimmt schon öfter gesehen.« Manon zuckte die Schultern und sagte: »Den kenne ich auch nicht.« Nina

Raven und Georg Zoch sahen sich erschrocken an. Wie würde das ausgehen? Doch der Schulrektor breitete seine Arme aus, ging auf Georg Zoch und Nina Raven zu und sagte strahlend: »*Endlich Menschen!*«

Bei dem zweiten Erlebnis ging es um Leben und Tod. Vorausschicken muß ich, daß die Uraufführung ein glorioser Erfolg wurde. Am nächsten Abend gab der Senat ein großes Fest für Georg Zoch und sein Ensemble, den Intendanten des Theaters und namhafte Bürger der Stadt. Nina Raven war die Tischdame des Senatspräsidenten.

Am Nachmittag und am Abend des Tages, an dem Georg Zoch, Nina Raven und Manon Wochen später mit dem Mitternachtszug nach Berlin zurückfahren wollten, besuchte Georg Zoch seine zahlreichen Freunde aus früheren Jahren. Bei diesen Abschiedsbesuchen wurde natürlich auch getrunken. Es wurde spät. Nina Raven packte im Schlafzimmer des Hotels Danziger Hof, in dem sie seit Wochen wohnten, die letzten Sachen in die Koffer, als Manon aus dem Zimmer nebenan gestürzt kam: »Daddy ist eben mit zwei Herren weggegangen.« Nina rief den Portier an, der ihre Frage bestätigte. Aus der Formulierung seiner Antwort – »Herr Zoch ist von zwei Männern ›abgeholt‹ worden« – war Nina Raven die Gefahr, in die Georg Zoch geraten war, sofort klar. Sie versuchte, den Senatspräsidenten telefonisch zu erreichen, mußte jedoch von seiner Frau hören, daß er erst am folgenden Morgen von einer Reise zurückerwartet wurde. Sie wolle ihrem Mann aber sagen, er möge sich mit ihr sofort in Verbindung setzen. Auch der Intendant des Theaters wollte zu erfahren versuchen, wohin man Georg Zoch gebracht hatte und was gegen ihn vorliege.

Es war etwa ein Uhr nachts, als Nina Raven sich bei der Gestapo Eintritt verschaffte. Den drei dort anwesenden Männern, denen sie sich als Verlobte Georg Zochs ausgab, machte sie klar, daß es sich zweifellos um eine vorbereitete Falle, eine ganz infame Denunziation handeln müsse. Leute, die sie nicht kenne, hatten Georg Zoch abends eingeladen, um ihn zu verabschieden. Nachdem er und sie seit Wochen gespielt hatten, habe man bis zur letzten Stunde vor der Abreise gewartet, um ihn abzuholen, und zwar so unauffällig wie möglich, da er ja in Danzig eine bekannte Persönlichkeit war.

Unvermittelt wurde Georg Zoch hereingeführt. Er spielte betrunken oder war betrunken. Nina und er wechselten kein Wort miteinander. Die Gestapomänner wollten durch diese Konfrontation offenbar etwas Verräterisches erfahren. Aber Georg Zoch lallte nur, und Nina Raven war in dem, was sie sagte, wohl so überzeugend, daß der Hauptsprecher seinen Ton änderte. Freundlich wandte er sich an sie: »Ich würde Ihnen gern helfen, wenn ich könnte. Aber die Entscheidung liegt nicht bei uns. Herr Zoch ist festgenommen und wird noch heute nacht in die Zentrale überstellt.«

Nina Raven verbrachte die Nacht voller Angst und Verzweiflung mit Telefonaten. Freunde, Kollegen und Verwandte in Berlin rief sie an. Alle waren erschüttert, aber keiner konnte oder wollte etwas tun.

Neue Hoffnung schöpfte Nina Raven, als am frühen Morgen der Senatspräsident anrief und sagte, er erwarte sie. Als sie im Rathaus in sein Zimmer trat, kam er ihr herzlich und voller Mitgefühl entgegen. Nachdem sie ihm alles erzählt hatte, sagte er: »Ich rufe den Chef der Gestapo an. Ich hoffe, Ihnen helfen zu können.« Er ging in ein Zimmer nebenan und kam nach wenigen Minuten betroffen zurück. Nina sah ihm an, daß es ihm schwerfiel, was er ihr zu sagen hatte: »Liebe gnädige Frau, fahren Sie noch heute mit dem Kind nach Berlin zurück. Ich konnte gar nichts erreichen. Ihr Mann soll gesagt haben: ›Bevor diese braune Beulenpest nicht ausgerottet ist, gibt es keine Hoffnung für Deutschland.‹« Und er fügte hinzu: »Ich kann daher gar nichts mehr unternehmen und Sie auch nicht.« Sie erwiderte: »Natürlich bleibe ich hier. Ich kann meinen Verlobten nicht allein zurücklassen und nicht wissen, was mit ihm geschieht. Was kann ich tun?« Der Senatspräsident: »Vielleicht empfängt Sie der Gestapochef, mit dem ich eben telefoniert habe.«

Sofort ging Nina in das Hauptquartier der Gestapo, wo sie, obwohl nicht angemeldet, nicht einmal warten mußte. Möglicherweise hatte der Senatpräsident noch einmal telefoniert. Vor dem Zimmer des Chefs der Gestapo saß auf einer Bank ein Mann, bei dessen Anblick Nina sofort spürte, daß er der Denunziant sein müsse. Ein Beamter öffnete Nina die Tür mit den Worten, der Herr General lasse bitten. (Ich vermute, daß die Anrede »General« sich damit erklärt, daß der Chef der Gestapo als höherer Polizeioffizier den Rang eines Brigadegenerals hatte.)

Der General wirkte sehr kultiviert und war außerordentlich höflich, so daß sie in ein offenes Gespräch mit ihm kam. Wieder erklärte sie, daß es sich nur um eine arrangierte Provokation und nachfolgende Denunziation handeln könne. Dann wies Nina darauf hin, daß sie als Offizierstochter niemals einen Mann heiraten würde, dem man eine derartige Gesinnung zutraue. Der General fragte daraufhin nach ihrer Familie, und es stellte sich heraus, daß er den Bruder ihres Vaters, den bayerischen Max-Joseph-Ritter, aus gemeinsamer Ausbildung kannte. Und auch der Bruder ihres Großvaters, Stadtkommandant von München, war ihm ein Begriff. Der Bann war gebrochen. Aus dem höflichen Gespräch wurde ein fast familiäres.

Der General sagte: »Einer Denunziation gehe ich niemals nach. Wenn es so ist, wie Sie mir glaubhaft versichert haben, können Sie Herrn Zoch mitnehmen.« Dann ließ er einen Regierungsrat kommen und ordnete an: »Veranlassen Sie, daß Frau Raven

Herrn Zoch mitnehmen kann.« Der Regierungsrat machte lauter Einwände und erklärte: »Das geht nicht. Er ist bereits im Keller.« Der General, dem diese Bemerkungen unangenehm waren, verlangte schroff: »Herr Zoch ist sofort freizulassen.« Der Regierungsrat warf ein: »Dann soll der Mann wenigstens zahlen. Diese Filmleute verdienen ja Unsummen. Der muß zahlen, Monat für Monat, bis zum Endsieg.« – »An wieviel denken Sie?« fragte der General. »3000 Mark«, lautete die Antwort. Daraufhin wandte sich der General an Nina Raven: »Was meinen Sie?« Ihre Antwort: »In einem solchen Augenblick möchte ich nicht handeln.« Der General entschied: »Monatlich 1000 Mark bis Kriegsende.«

Nina wartete, bis ihr Mann aus dem Keller heraufgebracht wurde. Sie sah ihm an, daß er Schlimmes durchgemacht hatte.

Nina heiratete kurze Zeit danach Georg Zoch. Sie lebten wieder in Berlin. Georg Zochs politische Belastung hatte zur Folge, daß er immer seltener Aufträge für Filmdrehbücher bekam. In dieser schwierigen Zeit erhielt er Nachricht von einem befreundeten Produktionsleiter der Deutschen Prag-Film, er würde ihm gerne Aufträge erteilen. Georg Zoch übersiedelte mit Nina und Manon nach Prag und kurz danach aufs Land nach Jevany, wo ihnen ein tschechisches Ehepaar, das sie in Prag kennengelernt hatten, sein Sommerhaus zur Verfügung stellte. Der Schulleiter des Dorfes unterrichtete Manon.

»Er und seine Frau wurden unsere Freunde«, erzählte mir Nina. Am 2. Februar 1944 brachte Nina in einer Klinik in Prag eine Tochter zur Welt. Manon bekam eine Schwester: Georgette. Die tschechischen Freunde kümmerten sich aufopfernd um Nina und Georg Zoch und die beiden Kinder. Daß dies in einem von Deutschen besetzten und terrorisierten Land möglich war, grenzt ans Wunderbare.

Und noch etwas geschah: Nina Raven erhielt für die kommende Spielzeit ein Engagement an das berühmte deutsche »Stände-theater« in Prag. Doch es gab keine »kommende Spielzeit«. Ab September 1944 wurden alle Theater geschlossen. Der »totale Krieg« war erklärt.

Acht Wochen nach Georgettes Geburt kam ihr Vater von einer durch den Beruf bedingten Reise nach Wien nicht mehr nach Jevany zurück. Die Nazis hatten ihn in Wien in der Nacht vom 30. zum 31. März 1944 umgebracht.

»Betrachten Sie uns als Ihre Eltern« waren die Worte des Schul-leiter-Ehepaars, die Nina nie vergessen wird. Vor kurzem, im November 1990, traf ein an Nina adressierter Brief aus Prag ein. Der Neffe des Schulleiter-Ehepaars, das vor Jahren verstorben ist, fragte an, wie es Nina und den Kindern gehe. Damals, 1944, war der Neffe fünfzehn Jahre alt...

Nina fuhr mit Manon und dem Baby im Oktober 1944 nach Berlin zurück, in einem Zug, in dem die Menschen zwischen aufeinandergestapelten Gepäckstücken, Kisten und Kartons eingepfercht waren. Eine grauenhafte Fahrt. Die Kinder waren voller Wanzenbisse. Für Manon gab es keine Möglichkeit, etwas zu trinken. Nur Georgette bekam trotz dieser Umstände die Brust.

In Berlin erwarteten Nina und die beiden Kinder entsetzliche Bombennächte. Im Luftschutzkeller stand sie – wie so viele andere – Todesängste aus. Von ihrem Baby konnte sie sich nicht trennen, aber wenigstens Manon wollte sie in Sicherheit wissen. Sie erreichte, daß Manon unter dramatischen Umständen ihrem Vater Dr. Becker nach Törwang in Bayern gebracht werden konnte, der dort Chef eines Forschungsinstituts war. So erlebte Nina die Kapitulation am 2. Mai 1945 in Berlin nur mit der kleinen Georgette.

An diesem Tag machte, wie gesagt, Moritz Jakob mich mit Nina bekannt. Noch bevor ich sie in meine Arme schließen konnte, schloß ich sie in mein Herz.

Die kleine Georgette schlug Purzelbäume, um mir zu gefallen. Sie hätte es gar nicht nötig gehabt, denn auch sie gefiel mir in der ersten Sekunde. Ich adoptierte sie.

Aber standesamtlich waren Nina und ich noch nicht verheiratet, weil Nina sagte, sie wolle Manon nicht vor vollendete Tatsachen stellen. Täglich überlegten wir, was wir tun könnten, um Manon aus der Evakuierung zurückzuholen. Die Schwierigkeiten, aus einer Zone Deutschlands in eine andere zu gelangen, waren zu der Zeit kaum zu überwinden, die Verkehrsverhältnisse waren katastrophal. Die wenigen Züge, die aus Berlin abfuhren, wurden gestürmt, Menschen, die noch mitwollten, erkletterten die Dächer. Da halfen uns, den amerikanischen lizenzierten Verlegern, Offiziere der Militärregierung. Mit einer Sondergenehmigung konnte Nina ihre Tochter in einem alliierten Zug 1946 nach Hause holen. Nach einigen Wochen erklärte Manon ihrer Mutter: »Du kannst ihn heiraten.« Als Hochzeitstag wählten wir den 2. Mai 1947, den Jahrestag der Befreiung Berlins.

Kehren wir zurück in die Tage nach der Berliner Kapitulation.

4. Mai 1945

Mit dem Fahrrad fuhr ich durch die Trümmerstadt in die Nähe des Prenzlauer Bergs, um Gerhard Grindel aufzusuchen. Je länger ich radelte, desto bestürzter wurde ich: Nirgendwo gab es Geschäfte, die geöffnet hatten. Nur einmal kam ich an einem Bäckerladen vorbei, vor dem eine Schlange stand. Als ich dort ankam, stürzten die Menschen auf mich zu, hielten mich an, nannten mich unter Hinweis auf meine rote Armbinde »Herr Kommissar« und baten inständig um eine Bescheinigung für ein Brot. Auf

Zettel, die mir gereicht wurden, schrieb ich: »Ein Brot. Kindler.«
Ich weiß nicht, ob so viele Brote vorhanden waren, wie ich Zettel
ausgefüllt hatte. Die rote Armbinde hatte Wunder gewirkt.
Gerhard Grindel traf ich erfreulicherweise an. Er war wieder
mitten in der Arbeit und hatte bereits mehr als die Hälfte einer
Kabarett-Revue zu Papier gebracht. Sie sollte den Titel *Made in
Germany* erhalten. Einer seiner Songs hieß »1930«; Mal her-
hörn, ihr guten / wir brauchen mehr Macht / wir brauchen
Rekruten. / dann sind die Hungernden / die arbeitslos lungern-
den / prima untergebracht. / Militär, stramme Haltung / Parade.
Famos. / Nationale Entfaltung. / Na also. Ganz groß. / Gott segne
das Handwerk: / Ein Heer brauch Monturen. / Die Aufrüstungs-
wirtschaft / kommt wieder auf Touren. Da er wußte, daß ich jetzt,
nach dem Krieg, wieder Regisseur werden wollte, fragte er mich:
»Was schlagen Sie vor?« Ich sagte, ich spräche noch heute mit
einer Schauspielerin, die ich kennengelernt hätte, und würde
versuchen, für die nächste Woche in irgendeiner Unterkunft die
ersten Proben für *Made in Germany* anzusetzen.
Zurück bei Nina Raven, erklärte ich ihr: »Sie sind engagiert.«
Ich erzählte ihr Einzelheiten der Kabarett-Revue und sagte, ich
dächte für die ersten Probentage an drei Schauspieler, nämlich
an sie, eine Kollegin und einen Herrn in den besten Jahren. Sie
zeigte sich begeistert und fragte: »Soll ich meine Freundin Roma
Bahn fragen, ob sie mitmachen will?« Roma Bahn, die in der
Uraufführung der *Dreigroschenoper* die Polly gespielt hatte,
war eine mütterliche Freundin von Nina. Nina machte sich
gleich auf den Weg zu ihr, ich begleitete sie. Bei Roma Bahn
trafen wir den Schauspieler Ernst Stahl-Nachbaur.
Nach kurzem Gespräch wurden wir uns einig, daß die erste
Probe am 8. Mai in Roma Bahns Wohnung stattfinden sollte,
vormittags elf Uhr. Dann radelte ich zurück zu Gerhard Grindel,
der als Autor unentbehrlich war.

Am 6. Mai, vier Tage nach der Kapitulation von Berlin, hörte ich von Moritz Jakob, am 11. Mai würde eine Feier auf dem Jüdischen Friedhof in Weißensee stattfinden und er wolle hingehen. Der 6. Mai war ein Sonntag. Der erste Sonntag nach der Kapitulation von Berlin. Man hätte ihn feiern mögen, denn es fiel kein Schuß mehr. Aber der *totale* Zusammenbruch, die *totale* Niederlage nach dem *totalen* Krieg ließ keine Sonntagsstimmung unter den hungernden Menschen in der zerstörten Stadt aufkommen. Zwischen den Ruinen der zerbombten und ausgebrannten Häuser lagen noch immer tote Soldaten, und ein Verwesungsgeruch lenkte den Blick auf öde Höhlen im Gemäuer, die einstmals elegante Läden waren. Dorthin hatten Berliner ausgeschlachtete Pferdekadaver gelegt. Die warme Maisonne verstärkte den süßlichen Verwesungsgeruch.

An der Ecke einer Seitenstraße des Kurfürstendamms reihten sich Frauen in einer Schlange vor einer Pumpe, um ihre Eimer mit Wasser zu füllen, die sie dann mühselig in ihre Behausungen oder Kellerräume eingestürzter Häuser schleppten. Unter ihnen Nina Raven. Die Gespräche der Frauen kreisten um die Frage, ob und wann die Vergewaltigungen wohl ein Ende nehmen würden. Nina Raven, nach den Umständen des brutalen Vorgehens *ihres* Rotarmisten befragt, antwortete, *sie* sei nicht vergewaltigt worden. »Nicht?« Wie war das möglich? Böse Blicke der Umstehenden suchten nach einem versteckten Gebrechen ihrer schönen Mitbürgerin.

Mit Moritz Jakob verabredete ich mich, mit ihm am Freitag zu der jüdischen Feier zu gehen.

An diesem Montag hatte ich zwei außergewöhnliche Erlebnisse, die mich aufwühlten.

Ich war morgens nach Zehlendorf aufgebrochen, um mich zu vergewissern, ob das kleine elterliche Haus in der von Bruno Taut gebauten Siedlung »Onkel Toms Hütte« noch stand. Ich fand es unversehrt und von entfernten Bekannten bezogen, deren Wohnung bei einem der schweren Bombenangriffe auf Berlin im Februar ausgebombt und ausgebrannt war. Meine Eltern waren schon seit einem halben Jahr auf ein Dorf in der Mark Brandenburg ausgewichen. Es hieß Friedersdorf, gehörte zum Bezirk Beeskow-Storkow, wo meine verstorbenen Großeltern mütterlicherseits eine kleine Klitsche mit einem herrlichen Obstgarten hinterlassen hatten. Als Kind verbrachte ich dort wunderschöne Ferien, plünderte die vielen Beerensträucher – Himbeeren, Johannisbeeren, Stachelbeeren.

Kaum war ich in Zehlendorf eingetroffen, als ich durch Fahrradklingeln auf einen Mann aufmerksam wurde – es war Hans Aumann, mein Verteidiger vor dem Volksgerichtshof. Wir fielen uns in die Arme. Und indem wir uns in die Arme fielen, bemerkte ich fassungslos, daß er zwei gesunde Arme hatte. Kennengelernt hatte ich ihn im Gefängnis mit amputiertem Arm. Folgendes stellte sich heraus: Dr. jur. Hans Aumann wurde als Offizier an der Ostfront mehrfach verwundet. Eine leichte Verwundung am Arm aber hatte ihm ein befreundeter Arzt als Armprothese maskiert. Dieses Geheimnis vertraute er mir jetzt an. »Ich konnte dir das vor dem Volksgerichtsprozeß nicht sagen und dich damit belasten.« Und dann gestand mir Hans Aumann, was er mir noch verschwiegen hatte: Er war Halbjude. Spontan reagierte ich mit dem Satz: »Deshalb warst du mir gleich so sympathisch.« Hans hatte es tatsächlich fertiggebracht, den

Halbjuden vor den Vollstreckern der Nürnberger Gesetze zu verschleiern.

Einige Stunden später hielten zwei Jeeps der sowjetischen Armee vor dem Haus. Zwei Zivilisten stiegen aus, und ich wurde starr, als der erste mir die Hand gab: Rudolf Herrnstadt. Es war kaum zu glauben! Ein Wiedersehen mit Rudolf Herrnstadt – ich hätte es mir nicht träumen lassen. Er sagte: »Ich freue mich, wir haben Sie gefunden.« Und dann erkannte ich das Gesicht des zweiten Besuchers: Fritz Erpenbeck, dem ich zuletzt 1930 bei Proben für Piscators Inszenierung von Plieviers Stück *Des Kaisers Kulis* begegnet war.

Herrnstadt und Erpenbeck waren am Tag zuvor aus ihrem Exil in Moskau zurückgekehrt. Herrnstadt erklärte mir, er müsse eine Zeitung ins Leben rufen, und fragte, ob ich ihm helfen wolle. Ich wollte. Ich war begeistert. »Dann können Sie gleich in den zweiten Jeep einsteigen. Wir fahren in das Redaktionsgebäude. Packen Sie ein paar Sachen ein. Sie werden dort während der ersten Tage übernachten müssen.« Ich bat Herrnstadt, erst bei Nina Raven und dann bei Gerhard Grindel vorbeifahren zu dürfen, da ich den beiden ja absagen mußte. So geschah es. Ich sagte die Probe ab. Und als wir auf dem Weg zu Grindel waren, erzählte ich Herrnstadt, was ich von meinem Freund wußte, und schlug vor, ihn ebenfalls an der vorgesehenen Zeitung mitarbeiten zu lassen. Herrnstadt war einverstanden, und Gerhard Grindel stieg mit in meinen Jeep.

Ich ahnte nicht, daß ich in diesem Augenblick meine Theaterarbeit zum zweiten Mal, und diesmal endgültig, aufgegeben hatte.

KAPITEL 25

Die Lieder sind verweht

Requiem auf einen Schutzengel

Der erste Abend mit Rudolf Herrnstadt in Berlin gehörte der Erinnerung an Ilse Stöbe. Er erzählte mir ausführlich, ohne seine Gefühle zu zeigen, über Ilses Leidenszeit nach ihrer Verhaftung am 12. September 1942. Ich erfuhr nun, daß sie am 14. Dezember vom Reichskriegsgericht zum Tode verurteilt und am 22. Dezember enthauptet wurde, nicht erhängt wie Legationsrat Rudolf von Scheliha.

Nach Ilse Stöbes Tod hat Herrnstadt in Moskau eine Russin geheiratet.

Genauere Einzelheiten über das Vierteljahr im Gefängnis, in welchem Ilse Stöbe zahlreichen Verhören ausgeliefert war, wußte er nicht, beispielsweise ob man Ilse gefoltert hatte. »Man weiß zwar, daß zahlreiche Mitglieder der von der Gestapo unter der Bezeichnung ›Rote Kapelle‹ verhafteten Widerstandsgruppen einer sogenannten Sonderbehandlung ausgesetzt waren, aber ich habe Grund zu glauben, daß Ilse nicht gefoltert worden ist.« Einer Antwort meiner weiteren Frage – »Hat Ilse der Organisation von Schulze-Boysen und Harnack/Kuckhoff angehört?« – wich er aus: »Ilse und Scheliha sind am selben Tag wie Schulze-

Boysen und dessen Frau, wie Harnack und Freunde von ihnen hingerichtet worden.«

Ob die Gruppe Ilse Stöbe, die an sich selbständig war, mit der Schulze-Boysen-Gruppe in enger Verbindung stand, weiß ich bis heute nicht.

Im dritten Band des Romans *Die Ästhetik des Widerstands* schildert Peter Weiss auf mehreren Seiten eine Zusammenkunft wichtiger Mitglieder der »Roten Kapelle«, unter ihnen Ilse Stöbe. Die Dialoge sind beklemmend. So läßt der Autor an einer Stelle Ilse Stöbe davon sprechen, daß sie Herrnstadt erwarte, ihren Freund, »aus der Sowjetunion, Sprung mit dem Fallschirm«. Gewiß, Peter Weiss schreibt keine wissenschaftliche Chronik, er ist ein Dichter. Doch kommen Dichter der Wahrheit nicht selten näher als Historiker, und gewiß hat er Ilses heimliche Hoffnung ergründet, eine Hoffnung, die sie am 12. September 1942 begraben mußte. Wie alles kam und wie sie die letzten Tage vor der Hinrichtung zwei Tage vor dem Heiligen Abend ertrug – wer kann es genau wissen?

Das Bild, das ich mir von dem Geschehen mache, resultiert aus Herrnstadts Bericht und aus Büchern, die ich in den Anmerkungen[Ziff.16] genannt habe. Auf Ulrich Sahms hervorragend dokumentiertes Buch *Rudolf von Scheliha* möchte ich besonders hinweisen. Ich habe Rudolf von Scheliha nie kennengelernt. Auch haben weder Ilse Stöbe noch Rudolf Herrnstadt mit mir über ihn gesprochen. Meine Darstellung Schelihas Verhalten, soweit es als Landesverrat verstanden werden kann, beruht nicht auf eigenen Wahrnehmungen oder Kenntnissen.

Ilse Stöbe wurde ein Funkspruch zum Verhängnis, den der *Direktor* in Moskau an *Kent* in Brüssel gesandt hatte und der von der Kurzwellen-B-Stelle der Wehrmacht in Prag am 28. August 1941 aufgefangen wurde. Die Funkabwehr hatte ein Jahr gebraucht, um ihn zu dechiffrieren. In diesem Spruch aus Moskau wurde *Kent* aufgefordert, der »wichtigen« Mitarbeiterin *Alta* einen Chiffrierschlüssel auszuhändigen.

Alta wurde identifiziert als Else Stobe, wohnhaft Berlin-Charlottenburg, Wielandstraße 37. In der Wielandstraße 37 hatte Ilse Stöbe gewohnt. Das mußte sie sein. Daraufhin wurde sie am 12. September 1942 verhaftet, allerdings in der Saalestraße 36, wohin sie verzogen war. Ilse Stöbe erklärte, sie sei nicht Else Stobe und nicht *Alta* und kenne keinen *Kent*. Sie wisse auch nichts von einem Chiffrierschlüssel und wohne nicht, jedenfalls nicht mehr, in der Wielandstraße 37.

Inzwischen wußte sich die Gestapo ihre Erkenntnisse über die geheimen Funkverbindungen zwischen Berlin und Moskau zunutze zu machen, indem sie die Zentrale in Moskau per Funkspruch anwies, sie möge einen Fallschirmspringer zu *Alta* nach Berlin entsenden, um Geldmittel für die Aktivitäten eines wichtigen Kontaktmannes zu überbringen.

Moskau schöpfte keinen Verdacht. Mit Funkspruch wurde aus der dortigen Zentrale geantwortet, in Ostpreußen werde *Heinrich Köster* mit dem Fallschirm abspringen, nach Berlin reisen und *Alta* aufsuchen.

Tatsächlich wurde am 23. Oktober der deutsche Emigrant *Heinrich Köster* bei Osterode, westlich Allenstein, mit einem Funkgerät von einem sowjetischen Langstreckenflugzeug abgesetzt, schlug sich nach Berlin durch, wo er am 28. Oktober eintraf. Beim vorgesehenen Treffen gab sich ihm gegenüber eine Abgesandte der Gestapo als *Alta* aus. Am 29. Oktober wurde der Fallschirmspringer festgenommen. *Heinrich Köster* hieß in Wirklichkeit Heinz Koenen.

Sieben Wochen lang hatte Ilse Stöbe alles geleugnet, allen Verhören standgehalten, ihr Wissen nicht preisgegeben. Nun, nach der Festnahme Koenens, war sie überführt, Herrnstadt in Moskau laufend Nachrichten aus dem Auswärtigen Amt geliefert zu haben. Dennoch blieb sie gefaßt, bewahrte Haltung.

Mit den Anschuldigungen des Anklägers Oberkriegsgerichtsrat Manfred Roeder gegen Ilse Stöbe und Rudolf von Scheliha wurde der Prozeß am 14. Dezember 1942 eröffnet. Roeders Antrag, die beiden zum Tode zu verurteilen, gab das Gericht statt.

Am 22. Dezember 1942 wurden außer Ilse Stöbe, Rudolf von Scheliha und dem Funker Kurt Schulze, der Ilses Gruppe zugerechnet worden war, weitere sechs Verurteilte hingerichtet: Harro Schulze-Boysen, seine Frau Libertas, Arvid Harnack, Kurt Schumacher, seine Frau Elisabeth und Hans Coppi.

Als Ilse mit kahlgeschorenem Kopf auf den Hinrichtungsraum zuging, näherte sich ihr, mit priesterlicher Gebärde, Pfarrer Poelchau. Sie stutzte und rief scharf: »Keine Gebete mehr!« In seinen Erinnerungen hat der Gefängnisgeistliche Ilse Stöbe als »ein schönes, kluges Mädchen, gewöhnt, politisch zu denken und zu arbeiten«, geschildert.

Von den Mitgefangenen hatte sie sich am 14. Dezember, acht Tage vor ihrer Hinrichtung, verabschiedet. Greta Kuckhoff berichtet, daß sie damals im Gefängnis auf derselben Abteilung wie Ilse Stöbe lag, der sie im Leben aber nie begegnet war.

Greta Kuckhoff ist eine der wenigen Angeklagten, die überlebt haben. Sie hatte Mithäftlingen in den ersten Dezembertagen 1942 erzählt, wie sehr ein Gedicht in einem Konzert mit Schubert-Liedern sie vor einigen Jahren bewegt habe; es hieß »Du bist die Ruh«. Sie müsse jetzt immer wieder daran denken. Eine der verhafteten Frauen wußte, daß Greta in Kürze, am 14. Dezember, Geburtstag haben würde, und fragte, soweit das möglich war, rundum, wem Text und Melodie des Liedes »Du bist die Ruh« vertraut sei; vielleicht könnte man Greta Kuckhoff mit dem Lied überraschen.

Am 14. Dezember 1942 wurde Herrnstadts Geliebte zum Termin abgeholt. Ein Gefühl der Angst und der Ohnmacht beschlich die eingekerkerten Frauen in ihren Zellen. Der Tag wollte kein Ende nehmen. Endlich, kurz vor Einbruch der Dunkelheit, hörte man, daß Ilses Zelle aufgeschlossen wurde, leiser als sonst. Man hatte sie zurückgebracht. Die Spannung wuchs ins Unerträgliche. Totenstille. Ringsum öffneten sich die Zellenfenster, die Frauen preßten ihre Köpfe an die Gitter. Plötzlich hörten sie fassungslos eine klangvolle, schöne Stimme, Ilses Stimme. Ilse sang, für Greta, die heute ihren 40. Geburtstag hatte, die Strophen, die auch ich schon einmal von ihr gehört hatte, damals in der Hohen Tatra, und deren Text ich bei Friedrich Rückert gefunden habe:

> Du bist die Ruh,
> Der Friede mild,
> Die Sehnsucht du,
> Und was sie stillt.

> Ich weihe dir
> Voll Lust und Schmerz
> Zur Wohnung hier
> Mein Aug und Herz.

> Kehr ein bei mir
> Und schließe du
> Still hinter dir
> Die Pforte zu.

Treib andern Schmerz
Aus dieser Brust!
Voll sei dies Herz
Von deiner Lust.

Dies Augenzelt,
Von deinem Glanz
Allein erhellt,
O füll es ganz!

Über die Stockwerke und bis in den Hof des Gefängnisses hinunter war Ilses Stimme zu hören gewesen. Dann herrschte Schweigen. Sekunden? Minuten – bis aus Greta Kuckhoffs Zelle ein herzzerreißendes Schluchzen die Stille durchbrach. Ilse Stöbe behielt ihre Fassung, rief vom Fenster aus: »Ich nehme von euch Abschied. Ich bin heute zum Tode verurteilt worden.«

So lange ist Ilse nun schon tot. Nach ihrer Hinrichtung schleppte man ihre Mutter in das Konzentrationslager Ravensbrück, wo sie elend zugrunde ging. Und auch Ilses Halbbruder Kurt Müller wurde von den Nazis umgebracht.
Wenn ich Ilse Stöbe in Gedanken vor mir sehe, kommen mir die Hotelabende in der Hohen Tatra wieder in den Sinn – die Goethe-Lieder und Heine-Lieder, die sie sang. Am Abend darauf die drei Lieder, zu denen auch Schuberts »Du bist die Ruh« gehörte. Die anderen beiden Lieder habe ich aufgespürt: »Mondnacht« aus Eichendorffs »Liederkreis« und Brahms' »O kühler Wald« von Clemens Brentano. In früheren Zeiten kannten viele Menschen diese Gedichte auswendig und hatten die Melodie im Ohr. In unserer, wie man sagt, liederlosen Zeit muß man Hermann Prey oder Dietrich Fischer-Dieskau[17] nach den Texten fragen:

Mondnacht

Es war, als hätt' der Himmel
Die Erde still geküßt,
Daß sie im Blütenschimmer
Von ihm nur träumen müßt.

Die Luft ging durch die Felder,
Die Ähren wogten sacht,
Es rauschten leis die Wälder,
So sternklar war die Nacht.

Und meine Seele spannte
Weit ihre Flügel aus,
Flog durch die stillen Lande,
Als flöge sie nach Haus.

O kühler Wald

O kühler Wald, wo rauschest du,
In dem mein Liebchen geht?
O Widerhall, wo lauschest du,
Der gern mein Lied versteht?

Im Herzen tief, da rauscht der Wald,
In dem mein Liebchen geht,
In Schmerzen schlief der Widerhall,
Die Lieder sind verweht.

Die Lieder sind verweht. Mit 31 Jahren mußte Ilse Stöbe sterben
– diesen Tod.

KAPITEL 26
Auf dem Jüdischen Friedhof in Weißensee

Die ersten Tage in der Redaktion gehörten noch nicht den
Vorbereitungen für die Zeitung, die Herrnstadt machen und die
»Berliner Zeitung« heißen sollte, da man Herrnstadts Rat und
Hilfe zunächst für eine Zeitung brauchte, die, von den Sowjets
herausgegeben, noch vor der »Berliner Zeitung« erscheinen
sollte: die »Tägliche Rundschau«.
Am Donnerstag nachmittag – es war der 10. Mai – bat ich
Herrnstadt, mich am folgenden Tag zu entschuldigen; ich hätte
eine Verabredung, die ich nicht absagen könne, womöglich
käme dabei auch etwas für unsere Zeitung heraus. Herrnstadt
war einverstanden.

Am nächsten Morgen holte ich Moritz Jakob in der Leibnizstraße 55 ab.
Es war ein langer Weg nach Weißensee. Auf den Straßen sahen
wir nur wenige Menschen, vorwiegend ältere, miserabel gekleidet, Frauen in der Überzahl. Schutt wurde weggeschaufelt,
Bretter vor fensterlose Löcher genagelt. Vereinzelt polterten
Jeeps der Roten Armee über Barrikadenreste und Steinbrocken
auf den aufgerissenen Straßen. Mehrmals begegneten wir pa-
trouillierenden Sowjetsoldaten, einmal mußten wir uns ausweisen. Moritz Jakob hatte noch immer den erschwindelten Post-
ausweis auf den Namen Max Bohne. Wir durften weitergehen.

Moritz Jakob fiel nicht nur mir, sondern den Passanten besonders dadurch auf, daß er einen dunklen Anzug und einen steifen schwarzen Hut trug. Das ist für einen Juden, der einen Gottesdienst besucht, Vorschrift.

Es war ein Fußmarsch durch halb Berlin bis zur Lothringer Straße in Weißensee, die heute Herbert-Baum-Straße heißt. Herbert Baum leitete bis zu seiner Festnahme eine jüdische Widerstandsgruppe in Berlin. Er, seine Frau und sechsundzwanzig Mitglieder der Gruppe, die meisten zwischen 19 und 23 Jahre alt, wurden 1942 hingerichtet. Unterwegs zum Friedhof erfuhr ich von Moritz Jakob, daß es noch gar nicht so lange her sei seit seinem letzten Besuch in Weißensee, dem größten jüdischen Friedhof in Berlin. Dort habe sich nämlich im Herbst vorigen Jahres eine kleine Gruppe von Juden, die wie er im Untergrund gelebt hätten, um einen Rabbiner versammelt, der mit ihnen das Laubhüttenfest gefeiert hatte. Versteckt hinter einer alten Trauerhalle auf dem Friedhof habe der Rabbi heimlich eine kleine Laubhütte aufgebaut. Natürlich sei es für ihn, den »Herrn Bohne«, genau wie für die anderen Teilnehmer ein erhebliches Risiko gewesen, nach Weißensee zu fahren. »Aber dieses religiöse Fest«, sagte mir Moritz Jakob, »hat mir die seelische Ruhe, die ich so dringend brauchte, geschenkt, hat mich wenigstens einige kostbare Stunden von allen Ängsten befreit. Ja, gestärkt fuhr ich in die Leibnizstraße zurück. Wir lebten damals ja bereits in der Gewißheit, daß der Krieg für Deutschland verloren war, unsere Befreiung nicht mehr lange auf sich warten lassen würde. Es hat dann aber doch noch erheblich länger gedauert, als wir gedacht hatten.« Natürlich hatte er im Jahr zuvor keinen Hut getragen. Das wäre zu auffällig gewesen. »Auf dem Friedhof habe ich im Herbst vorigen Jahres das hier aufgesetzt«, sagte er und zog eine Baskenmütze aus der Tasche. »Vielleicht willst du sie nachher aufsetzen.«

Was ich auf dem Friedhof gesehen, gehört und erlebt hatte, versuchte ich in der Nacht darauf zu beschreiben: eine Dankesfeier, die zugleich eine Trauerfeier war. Den Artikel *Laubhüttenfest* gab ich am nächsten Morgen Herrnstadt in der Redaktion der »Berliner Zeitung«, deren erste Nummer in der darauffolgenden Woche erscheinen sollte.

Herrnstadt überflog meinen Text – über die Bedeutung des Laubhüttenfestes, wie sie mir von Moritz Jakob vermittelt worden war; über namhafte jüdische Mitbürger Berlins, die auf dem Friedhof Weißensee ihre letzte Ruhe gefunden hatten; über die eindrucksvolle Befreiungsfeier am 11. Mai 1945 und daß ich nie in meinem Leben so viele Menschen habe weinen sehen – und sagte: »Diesen Beitrag bringt die ›Berliner Zeitung‹ nicht.« Auf meine Frage »Warum wollen Sie ihn nicht bringen?« antwortete er: »Es tut mir leid, aber ein Palaver über das Laubhüttenfest gehört nicht in unsere Zeitung. Ohnehin ist ›Laubhüttenfest‹ den Lesern kein Begriff.«

»Die Leser würden aber durch den Artikel erfahren, worum es sich handelt und was dieses Fest für religiöse Juden bedeutet.«

»In meinen Augen ist es reaktionär, ein Laubhüttenfest zu feiern.« Und Herrnstadt fügte noch hinzu: »Meschugge.« Über den jiddischen Ausdruck *meschugge* mußte ich lachen. Das wirkte befreiend. Auch Herrnstadt mußte jetzt lachen, was selten bei ihm vorkam. Unser Disput war jedoch noch nicht zu Ende. Ich bot an, den Artikel zu kürzen und umzuschreiben: »Wir verzichten auf die Formulierung ›Laubhüttenfest‹ in der Überschrift und beschränken uns auf den aktuellen Bericht der Feier vom 11. Mai.« Herrnstadt antwortete: »Die erste Nummer erscheint in einer Woche. Dann ist das doch kein *aktueller* Bericht mehr.« Ich wollte nicht nachgeben und meinte, wir könnten mit einer Meldung beginnen: »Dieser Tage fand eine Veranstaltung statt und so weiter.«

»Gehen Sie zu Feldmann mit Ihrem Artikel. Er ist ja auch Jude, wie ich. Wenn er der Ansicht ist, wir sollten ihn bringen, dann können Sie ihn in Satz geben.« Ich hatte in den Tagen, in denen die erste Nummer vorbereitet wurde, den russischen Offizier Feldmann kennen- und schätzengelernt. Seine Bildung und seine Herzensbildung waren außergewöhnlich, sein Deutsch musterhaft. Aber ich ging nicht zu ihm. Für mich war Rudolf Herrnstadt verantwortlich für die Redaktion.

Leider kann ich nach so vielen Jahren den Artikel im einzelnen nicht rekonstruieren. Noch immer erschüttert mich die Erinnerung an Moritz Jakobs Erzählung des heimlichen Laubhüttenfestes aus dem Jahr 1944, noch immer bewegt mich die feierliche Versammlung vom 11. Mai 1945, eine Versammlung von Juden, die, versteckt von Nichtjuden in Berlin, Folter und Vergasung entgangen waren, wenige, zu wenige. Ihr Beisammensein und die Ansprache ihres Rabbiners machten spürbar: Millionen fehlten im Mai 1945 bei den Befreiungsfeiern in Städten und Ländern dieser Erde – und doch war es Hitler und seinen Heerscharen, den irdischen Unmenschen, nicht gelungen, das Judentum zu vernichten.

Wenn ich heute in der Rückschau festzuhalten versuche, was ich als Nichtjude auf dieser ersten Feier, der ich nach dem Untergang des Hitlerreiches beiwohnte, empfand, so mangelt meinem Versuch nach den vielen Jahren die Unmittelbarkeit des Eindrucks. Aber ich sehe noch immer die Tränen in den Gesichtern der Frauen, der Männer und, was das Ergreifendste war, in den Gesichtern der Kinder. Der Rabbiner, der 1944, vor der Endzeit der Judenverfolgung, sich den Friedhof Weißensee für ein heimliches Laubhüttenfest ausgesucht hatte, war derselbe, der die Überlebenden am 11. Mai 1945 auf diesem Friedhof um sich versammelte, Martin Riesenburger. Er erzählte, daß das Spitzdach der mausoleumartigen Grabstätte des einstigen Kammersängers Joseph Schwarz auf diesem Friedhof verschiedenen Juden zeitweise als Versteck gedient hatte. Eine Glasplatte in der Mitte des Daches konnte man anheben, so daß links und rechts Platz für mehrere nächtliche Ruhelager entstand. Auf diese Weise seien einige Menschen dem Zugriff der Gestapo entkommen. Bald nach der Befreiung hat Martin Riesenburger in seinem Buch *Das Licht verlöschte nicht* Zeugnis abgelegt von dem, was geschah. Und Peter Melcher, einem nichtjüdischen Autor, ist eine außergewöhnliche Arbeit zu verdanken, die Dokumentation *Weißensee – ein Friedhof als Spiegelbild jüdischer Geschichte in Berlin*, worin er anhand abgebildeter Grabsteine den Spuren der Assimilation und Ausgrenzung, der Integration und Vernichtung der jüdischen Bevölkerung Berlins nachgeht. Das, was der Autor zeigt und schildert, ist wahrlich eine Reise wert, eine Führung – von Schulklassen zum Beispiel – durch den Jüdischen Friedhof Weißensee.

Die beiden Veröffentlichungen helfen meiner Erinnerung nach: Vergessenes wird wieder lebendig. Für einen Zeitungsbericht hatte ich mich damals verhältnismäßig kurz fassen müssen. Heute möchte ich die Grabsteine sprechen lassen. Auf viele hat mich Moritz Jakob bei einem Gang durch Teile des Friedhofs hingewiesen.

Gräberreihen auf dem Ehrenfeld für die Opfer des Ersten Weltkrieges sprechen Bände: Der jüngste deutsche Kriegsfreiwillige 1914 war der noch nicht ganz 15jährige Jude Eugen Scheyer. Viele Söhne jüdischer Familien hatten sich bei Kriegsbeginn 1914 freiwillig gemeldet. Jüdische Studentenverbindungen hatten sich geschlossen zum Kriegseinsatz gemeldet.

Steine einzelner Grabstätten aus der Zeit des Ersten Weltkrieges, deren Inschriften den Patriotismus jüdischer Bürger bezeugen, waren noch erhalten.

Ein Beispiel: »Freudig zog er in den Kampf, Werner Mosse,

Gefreiter im 8. Bayr. Feld-Artillerie-Regiment, geb. 16.6.1892, gef. 20.8.1914 bei Viviers-Metz.«

Ein anderes Beispiel: »Unserem geliebten einzigen Kinde, der Sonne unseres Lebens, Referendar Albert Lowinsky, Unteroffizier im 2. Garde-Feld-Artillerie-Regiment, geb. 5.12.1891, gest. f.d. Vaterland, Menin (Flandern) 25.11.1914.«

Ein letztes Beispiel: »Zum Gedächtnis an unseren unvergessenen Sohn und Bruder Waldemar Burchardt, geb. 23.11.1894, gest. 17.12.1917 am Monte Piano und dort vermißt.«

Gräber der ersten Opfer des erbarmungslosen Rassismus dokumentieren den Anbruch des Hitler-Regimes. Nicht alle Grabsteine der seit 1933 Begrabenen auf dem Friedhof Weißensee im Osten Berlins geben Auskunft von dem Leid, das über die Verstorbenen und ihre Angehörigen hereingebrochen war. Aus manchen der Inschriften läßt sich die Tragödie wohl ahnen, preisgeben wollten viele Berliner jüdischer Herkunft das unfaßbare Schicksal ihrer Familie nicht.

Wohin?

Die Flucht ins Exil hatte zwar schon 1933 eingesetzt, aber erst nach der Reichskristallnacht faßte eine größere Zahl jüdischer Mitbürger den Entschluß auszuwandern. Die Frage stellte sich: wohin? Etwa 160 000 Juden lebten 1932 in Berlin. Schätzungsweise 5000, vor allem ältere, bewahrte der natürliche Tod vor Deportation, Konzentrationslager und Vergasung, 90 000 gelang es, oft unter erbarmungswürdigen Umständen, Deutschland zu verlassen und so ihr Leben zu retten. Die Mehrzahl von ihnen fand Aufnahme in England, Palästina und den Vereinigten Staaten von Amerika.

Und die 65 000 Menschen, die nirgendwo Aufnahme gefunden hatten, unter ihnen alte, alleinstehende, kranke Menschen, die, von nichtjüdischen Freunden verlassen, außerstande waren, ihrem Schicksal zu entgehen? Manche Familien hatten die Ausreise für Kinder und Enkel bewerkstelligt, in zahlreichen Fällen dank zionistischer und ausländischer Kinderhilfswerke. Großeltern und Eltern sollten nachkommen, sobald die Kinder im Ausland genügend gespart hätten, um Aus- und Einreise ihrer Angehörigen zu ermöglichen. Nur wenige gewannen den Wettlauf mit der Zeit.

Inschriften auf Grabsteinen in Weißensee spiegeln den fortschreitenden Prozeß des faschistischen Rassismus, von Demütigung und Terror bis zur Vernichtung. Fehlende Inschriften verweisen auf ausgelöschtes Leben: »Gelegentlich läßt eine asymmetrische, nur zur Hälfte beschriftete Grabtafel das Schicksal des Ehepartners ahnen.« Moritz Jakob weist wortlos auf einen Stein, dessen linke Hälfte einem Berliner Mitbürger gewidmet ist, der 1941 im Alter von 74 Jahren verstarb. Später wird in der rechten Hälfte seiner Frau gedacht werden: »Ihr Atem erstarb in ihrem 64. Lebensjahr im Oktober 1944 in der Gaskammer von Auschwitz.« Darunter wird stehen: »Die aufopfernde, unvergeßliche Mutter und Großmutter ihrer Kinder und Enkelkinder in London und New York.«

Auschwitz – das war auch das Schicksal vieler anderer, die am 28. Februar 1943 aus Berlin deportiert wurden: »Geliebt, beweint und unvergessen.«

Blick auf fünf Gräber

Es wäre auf zahlreiche bedeutende Persönlichkeiten aus Berlin hinzuweisen, die in Weißensee bestattet worden sind: Gelehrte,

Ärzte, Anwälte, Kulturschaffende. An fünf Gräbern blieb ich länger stehen: am Grab von Theodor Wolff, am Grab von Samuel Fischer, am Grab von Moritz Heimann, am Grab von Lesser Ury und am Grab von Max Liebermanns Witwe.

Erster Halt war die Grabstätte von Theodor Wolff, dem Chefredakteur des »Berliner Tageblatts« in der Weimarer Republik, dessen Charisma die Redakteure der Zeitung zu Leistungen befähigte, die diesem Blatt ihr unverwechselbares geistiges und liberales Gepräge gaben. Theodor Wolff ging 1933 nach Paris, dann, nach der Besetzung von Paris, in den unbesetzten Teil Frankreichs und lebte in Nizza, bis die Gestapo auch dort eindrang. Sie ließen ihn in Nizza die Straßen kehren und zerrten ihn schließlich durch nicht weniger als elf verschiedene Konzentrationslager, bis er endlich im Schubgefängnis Invalidenstraße seiner Vaterstadt Berlin endete. Hier erkrankte er schwer und wurde im Zustand völliger Erschöpfung ins Jüdische Krankenhaus eingeliefert, wo er nach einer Operation am 23. September 1943, 75 Jahre alt, starb. Zu seiner Beisetzung erschien, es soll nicht vergessen werden, Paul Löbe, sozialdemokratischer Reichstagspräsident bis 1933.

Plötzlich stehe ich vor der Gruft eines Verlegers. *Eines* Verlegers? Ich meine: *des* Verlegers! Ich habe Samuel Fischer nicht gekannt. Aber er war mir nicht nur ein Begriff seit den letzten Jahren der Weimarer Republik, ich sah sein ausdrucksstarkes Gesicht vor mir, das Max Liebermann in einem seiner großen Bildnisse festgehalten hat.

Thomas Mann hat in den »Basler Nachrichten« einen Nachruf *In Memoriam S. Fischer* veröffentlicht, der mit einem Mahnwort schloß: »Ruhe sanft, alter Sami Fischer! Mögen die Erben Deines Werkes es mit Klugheit und ohne schimpfliche Nachgiebigkeit hinüberretten in Zeiten, die von großen humanen Ideen wieder etwas verstehen werden.«

Sieht man sich heute, 1990, das Programm des S. Fischer Verlages an, so kann man wohl sagen, Monika Schoeller, die seit Jahren den S. Fischer Verlag verkörpert, hat sich diese Mahnung gewiß zu Herzen genommen. Als herausragendes Beispiel seien die Tagebücher von Thomas Mann genannt, für deren Erscheinen sie gesorgt hat. Die ersten Bände edierte Peter de Mendelssohn, um die nachfolgenden kümmert sich mit bewundernswerter Sorgfalt und aufschlußreichen Anmerkungen Inge Jens.

Am Grab von Samuel Fischers langjährigem Lektor Moritz Heimann mußte ich daran denken, wie vielen Autoren er bis zu seinem Tod 1925 freundschaftlich verbunden war, wie viele Autoren er beraten und gefördert hat, als sie noch nicht berühmt waren, unter ihnen Thomas Mann, Hermann Hesse, Jakob Wassermann.

Nina Raven gehörte zu den Bewunderern von Jakob Wassermann. Aus dem Nachlaß Georg Zochs besaß sie viele seiner Veröffentlichungen, darunter die Romantrilogie *Der Fall Maurizius, Etzel Andergast* und *Joseph Kerkhovens dritte Existenz.* Der letztgenannte Titel war unter den Nazis nicht mehr erschienen, sondern kurz nach Wassermanns Tod im Amsterdamer Querido Verlag veröffentlicht worden.

Nach dem Krieg, im Sommer 1945, entstand nach vielen Gesprächen mit Peter de Mendelssohn ein freundschaftlicher Kontakt zwischen ihm und uns, Nina und mir. Später war auch Peters Frau Hilde Spiel in diese herzliche Beziehung eingeschlossen. Bei einer der Zusammenkünfte mit Peter kam das Gespräch auf Jakob Wassermann, und es stellte sich heraus, daß Nina und Peter eine hohe Meinung von Wassermanns Werken hatten, insbesondere von dessen Roman *Der Fall Maurizius.* Scharfsinnig analysierte ihn Peter, er verglich Wassermanns Schaffen mit Balzac und Dostojewski: »Ähnlich Dostojewski ist für Wassermann der Kriminalfall ein Anlaß zur Wiederherstellung von

Gerechtigkeit«, äußerte Peter. Nina überraschte ihn daraufhin mit einer Entdeckung.

»Im *Fall Maurizius* gibt es«, sagte sie, »noch eine interessante Gestalt, den Melchior Ghisels. Sie wissen sicher«, wandte sie sich an Peter, »daß in dem Roman Wassermanns Protagonist Etzel Andergast diesen Melchior Ghisels in dessen Wohnung aufsucht, weil er seinen Rat will. Die Charakterisierung des Melchior Ghisels stimmt fast wörtlich mit dem Porträt des väterlichen Freundes und Mentors Moritz Heimann in Wassermanns *Geschichte einer Freundschaft* überein, die in seinen *Selbstbetrachtungen* steht.«

»Das wußte ich nicht. Sie sind von Hause aus Literaturwissenschaftlerin?« reagierte Peter auf Ninas Hinweis.

»Nein, ich bin keine Literaturwissenschaftlerin, ich liebe die Literatur«, erwiderte Nina.

1947 konnte Nina für den 1945 von Heinz Ullstein und mir gegründeten Verlag in Berlin vom Carl Posen Verlag in Zürich die Rechte an der *Maurizius*-Trilogie von Wassermann für eine einmalige Ausgabe in Höhe von 10000 Exemplaren je Band erwerben. Für unseren Verlag war es besonders erfreulich, die Leser in Deutschland erstmals auch mit dem dritten Band der Trilogie, mit *Joseph Kerkhovens dritter Existenz*, bekannt machen zu können.

Auf meinem Rundgang mit Moritz Jakob entdeckte ich, daß auch der Maler Lesser Ury auf dem Weißenseer Jüdischen Friedhof bestattet worden war. Als er 1931 im 70. Lebensjahr starb, hatte die braune Pest die Macht noch nicht erobert. Mehr als die Hälfte seines malerischen Œuvres wurde während der Diktatur des Nationalsozialismus zerstört. Von seinen Porträts ist, soviel ich weiß, nur das frühe, in Pastellkreide gefertigte, einfühlsame Bildnis des Walther Rathenau erhalten geblieben, jenes Mannes, der 1922 wenige Monate nach seiner Ernennung zum deutschen Außenminister einem Fememord ehemaliger Freikorpsoffiziere zum Opfer fiel. Vierundvierzig Jahre wohnte Lesser Ury in Deutschlands Hauptstadt, die ihn immer wieder inspirierte. Hätte ich es mir finanziell leisten können, ich hätte mich für eines seiner Weltstadtbilder entschieden, für eine nächtliche Straßenszene mit den Lichtreflexen auf dem schillernden Asphalt. Lesser Ury war der erste Maler, dessen Bilder die Weltstadt Berlin widerspiegeln.

Vor den Deportationen in die Vernichtungslager flüchteten immer mehr Berliner Juden, denen jeder Ausweg versperrt war, in den Tod. Mehr als 1200 von ihnen, die vor ihrer Deportation den Freitod wählten, hat der Rabbiner Riesenburger seit 1941 hier begraben. Es gab Fälle, die im Ullsteinhaus bekannt wurden. Ich denke an die Nachricht, daß die Witwe von Richard Dehmel, Ida Dehmel, die jüdischer Abstammung war, aus Angst vor drohender Verschickung nach Theresienstadt am 29. September 1942 aus dem Leben schied. Auch Liebermanns Witwe endete auf diese Weise. In dem Moment, als Männer die Treppe heraufkamen, um die Fünfundachtzigjährige zu holen und am Bahnhof Grunewald in einen Viehwaggon zum Abtransport nach Polen zu laden, schluckte sie Veronal. Einen Tag darauf, im März 1943, starb sie im Jüdischen Krankenhaus, ohne das Bewußtsein wiedererlangt zu haben. Sie wurde hier in Weißensee beigesetzt.

An sie erinnern zahllose Bilder, die ihr Mann von seiner geliebten Frau gemacht hat: Skizzen, Aquarelle, Pastellbilder und Ölgemälde. Max Liebermann war acht Jahre zuvor, am 8. Februar 1935, gestorben. Seinem Sarg – er war nicht hier in Weißensee bestattet worden – folgten nur wenige Trauergäste, unter ihnen Ferdinand Sauerbruch, den Liebermann 1932 porträtiert hatte. Die deutsche Presse nahm von Liebermanns Tod keine Notiz, ausgenommen das »Berliner Tageblatt«. Karl Korn erinnert sich jener Nacht, in der die Nachricht vom Tode Max Liebermanns eintraf. Unverzüglich beorderte ihn der Chefredakteur Paul Scheffer in das hohe, alte klassizistische Haus am Pariser Platz, wo er Näheres in Erfahrung bringen sollte. Der würdige Nekrolog, der im »Berliner Tageblatt« erschien, war im Februar 1935 bereits ein politisches Wagnis.

Beim Gang durch die Alleen und Wege zwischen den Gräberreihen fielen mir die zahllosen Anekdoten ein, die von Liebermann erzählt wurden. Sie nahmen mir die Bedrückung, und auch wenn ich es für unstatthaft hielt, an diesem Ort an Dinge zu denken, die dem Leben und nicht dem Tod zugeordnet sind, wollte ich nicht länger die Steine sprechen lassen. Die menschliche Sprache, das Leben, verlangte nach ihrem Recht.

Ich erzählte Moritz Jakob jene schöne Anekdote, die vor Jahren im »Romanischen Café« die Runde gemacht hatte. Auf die Frage, ob er Hindenburg malen wolle, antwortete Liebermann: »Hindenburg *malen*? Den piß ick in'n Schnee.«

Moritz Jakob schüttelte sich vor Lachen. Jahre später, als er in der wiederhergerichteten Synagoge in der Fasanenstraße, Schammes, der Synagogendiener, geworden war, sorgte er dafür, daß die ganze jüdische Gemeinde die Geschichte erfuhr. Er hat sie so der Vergessenheit entrissen.

KAPITEL 27

Mein Abschied vom Journalismus

Am 15. Mai 1945 erblickte Berlins erste Tageszeitung das Licht der Welt: die »Tägliche Rundschau«, die als offizielles Organ der sowjetischen Militäradministration »für die deutsche Bevölkerung« herausgegeben wurde. Die deutsche Bevölkerung – das waren die etwa 2,8 Millionen Menschen in der Trümmerstadt Berlin. Herrnstadt, einer der Ratgeber dieser Zeitung, brachte mir zwei Tage vor Erscheinen einen Artikel über deutsche Exilliteratur, den ich redigieren sollte. Der Beitrag war etwas trocken, aber durchaus informativ. Ich machte nur geringfügige Änderungsvorschläge, für die sich am nächsten Tag ein junger sowjetischer Offizier bei mir bedankte. Sein Deutsch war tadellos, und ich fragte, wieso er es so vollkommen beherrsche. Seine Antwort habe ich nicht vergessen: »Wir Russen lieben die Sprache von Goethe und Marx.«

Goethe und Marx...

1988 wird Walter Jens in seiner Einführung zu den zwanzig Bänden »Kindlers *neues* Literatur Lexikon« schreiben, daß nach Goethe »die signifikanteste Zitierung des Begriffs ›Weltliteratur‹ zwei Schriftstellern zu danken ist: Karl Marx und Friedrich Engels, die im *Kommunistischen Manifest* eine ihnen vielleicht nicht bewußte Hommage an Johann Wolfgang Goethe in Weimar artikulierten«.

»Sechs Tage nach dem Erscheinen der ›Täglichen Rundschau‹, am 21. Mai 1945, erhielt Berlin seine zweite Tageszeitung, die ›Berliner Zeitung‹. Sie war schon weit eher eine ›deutsche‹ Zeitung und machte einen wesentlich zivileren Eindruck. Aber auch sie war ein charakteristisches Produkt der sowjetischen Pressepolitik... Sie wurde vom Kommando der Roten Armee herausgegeben und wurde von Major A.W. Kirsanow ›betreut‹. Allerdings lautete einen Monat später das Impressum der Zeitung: Herausgegeben im Auftrage des Magistrats der Stadt Berlin. Chefredakteur: Rudolf Herrnstadt... Neben Herrnstadt war der leitende Redakteur der ebenfalls aus Moskau heimgekehrte Fritz Erpenbeck, ehemaliger Dramaturg der Berliner Piscator-Bühne. Herrnstadt und Erpenbeck hatten die ›Berliner Zeitung‹ binnen weniger Tage auf die Beine stellen müssen, und das war nicht einfach gewesen. Wo sollte, wo konnte man in der chaotischen Trümmerwüste Berlin, in der es kein Telefon, keine Post, keine Verkehrsmittel und kaum befahrbare Straßen gab, eine Redaktion auftreiben... Die erste Nummer hatte im Unterschied zur ›Täglichen Rundschau‹ ein einigermaßen berlinisches Gesicht. Trotz ihres geringen Umfanges von nur vier Seiten wirkte sie frischer, lockerer, vertrauter. Ganz von fern mochte man an die alte Ullsteinsche ›B.Z. am Mittag‹ denken, und dieser Eindruck war nicht unbeabsichtigt. Eine dreispaltige Schlagzeile behauptete: ›Berlin lebt auf!‹«

Die Schlagzeile hatte *ich* gemacht, und zwar nach einer über Stunden währenden Diskussion, an der sich auch sowjetische Redakteure der »Täglichen Rundschau« wie der besonders sympathische Oberleutnant und spätere Major Feldmann beteiligten, der sieben Sprachen beherrschte. Überhaupt war die Allgemeinbildung der sowjetischen Offiziere verblüffend.

Man war mit meiner Arbeit offensichtlich zufrieden. Denn als erster deutscher Redakteur bekam ich am 24. Mai einen Ausweis, der besagte: Der Inhaber des vorliegenden Ausweises, Genosse Kindler, ist Berichterstatter der Redaktion der Tageszeitung »Berliner Zeitung«, die von der Polit-Verwaltung der Front für die deutsche Bevölkerung herausgegeben wird.

Ausgestellt ist der Ausweis von der 1. Bjelorussischen Front. Unterschrieben von Generalleutnant Galadschew.

Herrnstadt mußte sich das Plazet für viele Beiträge vom sowjetischen Oberst Kirsanow geben lassen, Kirsanows Vertreter Feldmann mußte sich auch Zensurbestimmungen fügen, die ich von Tag zu Tag immer bedrückender empfand. Enthusiasmus und Arbeitsfreude hielten nicht an. Der Grund hierfür waren nicht die verzweifelt primitiven Arbeitsbedingungen und immer neuen materiellen Schwierigkeiten, mit denen die Zeitung zu kämpfen hatte, nicht die mangelnden Lebensmittel, der Hunger und die ermüdenden endlosen Fußmärsche, wiewohl dies alles der Begeisterung eine schwere Belastung aufbürdete. Der Grund war vielmehr, daß die »Berliner Zeitung« von Tag zu Tag weniger der alten »B.Z.« glich, daß sie bei näherer Bekanntschaft wieder keine »deutsche«, sondern wieder eine kommunistische Zeitung war. Grindel und ich fühlten uns in einer Zwangsjacke.

Von vornherein hatte ich mich weniger dem politischen als dem kulturellen Teil gewidmet. Einen mit vollem Namen gezeichneten Artikel von mir in der Ausgabe vom 20. Juni 1945 habe ich aufbewahrt. Unter dem Titel »Kabarett oder Klamauk?« schrieb ich: »Ein Gedankenfilm läuft rückwärts – von der ›Katakombe‹ zum ›Tingel-Tangel‹, zu den ›Elf Scharfrichtern‹, zum ›Größenwahn‹ – bis in die Zeit zurück, da ›Schall und Rauch‹ von sich reden machte. In Berlin haben sich jetzt viele Kabaretts aufgetan. Was bringen sie? ›Programmnummern!‹… Namen, die elektrisieren, wirkten einst für das Kabarett: Max Reinhardt, Hans von Wolzogen, Wedekind, Mady Christian, Trude Hesterberg, Blandine Ebinger, Erich Weinert, Rosa Valetti, Ralf Benatzki, Friedrich Hollaender, Hanns Eisler, Walter Mehring, Kurt Tucholsky, Traven, Ringelnatz, Bert Brecht, Werner Finck, Ernst Busch. Viele Namen ließen sich hinzufügen! Keine der gegenwärtigen Kabarettbühnen in Berlin hat ein eigenes Gesicht… Es sei gar nicht von den Plattheiten und Abgeschmacktheiten die Rede, die entweder auf ›Politik‹ spekulieren oder auf Bier-, Sektrausch, Mädchenbeine und rote Beleuchtung… Wo ist der Nachwuchs, der wirklich Anmut zeigt? Wo gibt es lichtvolle, liebenswerte Gestalten, die uns durch ihre Innigkeit berühren? Wo gibt es auch nur einfach Schönes, Zartes? – Fast überall Hölzernes, Abgestandenes, Klamauk… Einst war das Chanson Reportage, in drei Strophen gedrängt. Es gibt nichts auf der Bühne, was eine derartige Konzentration und Intensität erfordert wie der Vortrag eines Chansons. Ohne Kostüm, ohne Dekoration, ohne das geringste Requisit steht vor einem rauchenden, trinkenden, zum Lachen gebracht werden wollenden Publikum ein Mensch, dem das Publikum zuhören soll… Chanson – das ist nicht das ›Kabarettlied‹ mit Froufrou und Chichi, es ist nicht der Tango mit Begleitgesang im Animierlokal…«

Eines Tages sagte mir Major Kirsanow, man habe mir eine Villa in Karlshorst zugedacht, die ich mir ansehen sollte. Ich fühlte mich ungut. Eine Villa in Karlshorst – das konnte nur bedeuten, mich als Journalist den Weisungen und der Zensur der sowjetischen Dienststellen zu fügen. Das wollte ich nicht, nachdem ich schon in sechs Wochen erlebt hatte, wie rigoros die Zensur ringsum ausgeübt wurde. Ich verstand zwar, daß zunächst, nach allem, was geschehen war, auf eine Zensur der Besatzungsmächte nicht verzichtet werden konnte, hatte aber bereits einen Teil meines Arbeitseifers eingebüßt angesichts des bürokratischen

Hin und Her, angesichts der Nachfragen, ob ein Thema gebracht werden dürfe und wie es gegebenenfalls zu behandeln sei. Die Entscheidungen wurden auch von Herrnstadt wiederholt als unsinnig oder als lachhaft empfunden. Und nach allem, was ich erfuhr, gehörte die Zensur zum sowjetischen Leben, nicht nur im Krieg. Ich aber sehnte mich nach Pressefreiheit.

Ich wurde krank, verzichtete auf die Besichtigung der mir zugedachten Villa, litt gleichzeitig aber auch unter dem bedrückenden Gefühl, Menschen, die mir zugetan waren und die ich als integer und hilfsbereit kennengelernt hatte, zu enttäuschen. Es waren jene Menschen, die unter unsagbaren Opfern die Welt von Hitler und seiner Bande erlöst hatten, Männer der Roten Armee, die Moritz Jakob und mich befreit hatten.

Herrnstadt arbeitete Tag und Nacht, obwohl er, wie ich von Erpenbeck wußte, lungenleidend war. Ich schrieb ihm einen Brief, bedankte mich dafür, daß er mir die Möglichkeit gegeben hatte, an der Gründung der »Berliner Zeitung« mitzuarbeiten, und teilte ihm meinen Entschluß mit, aus der Redaktion auszutreten. Ich wolle ihn in den nächsten Tagen aufsuchen, um mich noch persönlich von ihm zu verabschieden.

»Haben Sie unter einer Zensur von mir zu leiden gehabt?« eröffnete er das Abschiedsgespräch spöttisch. »Nein«, erwiderte ich, »aber ich habe erlebt, daß Sie vielfach nicht frei entscheiden können.« Herrnstadt schwieg. Sein Gesicht war undurchdringlich. Schließlich sagte er: »Erinnern Sie sich an unser Gespräch in Warschau vor Kriegsbeginn? Sie konnten sich mit der Diktatur des Proletariats nicht befreunden. Sie ist unerläßlich als vorübergehende Notmaßnahme. Ziel ist eine freie kommunistische Gesellschaft.«

Ich zögerte, sagte dann aber doch: »Eine freie kommunistische Gesellschaft ist eine Utopie.«

Herrnstadt erhob sich: »Unser Ziel mag eine Utopie sein. Aber was wäre das Leben ohne Utopie.« Das war keine Frage an mich, es war sein letzter Satz. Er gab mir die Hand. So trennten wir uns.

Chef vom Dienst des »Tagesspiegels« in West-Berlin

Heinz Ullstein, ein Enkel des Begründers der berühmten Verlegerdynastie, liebte das Theater, war unter dem Namen Heinz Hull einige Jahre als Schauspieler aufgetreten, aber bis zur »Arisierung« des Hauses Ullstein auch Mitglied des Aufsichtsrates gewesen. Er war der einzige aus der Ullsteinfamilie, der nicht emigrierte. Dank seiner außergewöhnlich couragierten nichtjüdischen Frau hat er in Berlin überleben können, zuletzt als von der NSDAP-Organisation Todt abkommandierter Wagenwäscher der Deutschen Reichsbahn.

Am 4. Juli 1945 begann der Einmarsch der Westmächte in Berlin, das in vier Sektoren eingeteilt wurde. Absprachgemäß räumten die Sowjets den westlichen Teil Berlins, über den Amerikaner, Engländer und Franzosen verfügten.

Die Amerikaner unterbanden zunächst jede Neubelebung des Ullsteinhauses, und die zu dem Unternehmen gehörende Druckerei in Berlin-Tempelhof war beschlagnahmt. Es lag jedoch nahe, daß Heinz Ullstein mit Hans Wallenberg, dem Chefredakteur des von der amerikanischen Militärregierung herausgegebenen Nachrichtenblattes »Allgemeine Zeitung«, Kontakt hatte. Beide Herren kannten sich aus den Jahren vor der Naziherrschaft. Hans Wallenberg, jetzt US-Offizier, war einstmals junger Redakteur in der »Vossischen Zeitung« in Berlin gewesen. Die »Allgemeine Zeitung« erschien in Berlin seit dem 8. August 1945, zwei Tage nach dem Abwurf der ersten Atombombe auf Hiroshima. »Ich glaube, noch keine Zeitung hatte für ihre erste

Nummer eine solche Sensation. Ich bin nicht sicher, ob ich nicht lieber auf sie verzichtet hätte«, sagte Wallenberg. Die »Allgemeine Zeitung« war dem gebürtigen Berliner und Vollblutjournalisten Hans Wallenberg übertragen worden, den die Hitler-Diktatur in die Vereinigten Staaten vertrieben hatte. Von Peter de Mendelssohn erfuhr ich, daß Wallenberg als Offizier der amerikanischen Kampftruppen den Krieg von der Landung in Nordafrika über Sizilien und Italien bis nach Deutschland mitgemacht hat. Er war ein Sohn des früheren Ullstein-Verlagsdirektors Dr. Ernst Wallenberg, Erfinder des Bestsellers *1000 Worte Englisch*.

Die westalliierten Siegermächte hatten das gleiche vor wie die östliche Siegermacht Sowjetunion, nämlich die eigenen Presseorgane baldmöglichst durch deutsche Zeitungen zu ersetzen, für die Lizenzen erteilt wurden. Der britische Presseoffizier Peter de Mendelssohn, den sich die Amerikaner für ihre Vorhaben »ausgeborgt« hatten, schlug Heinz Ullstein vor, mit geeigneten Mitarbeitern Entwürfe für eine Tageszeitung auszuarbeiten. Hans Wallenberg, für den ich einige Beiträge geschrieben hatte, empfahl mich Heinz Ullstein als geeigneten Mitarbeiter. Heinz Ullstein und ich verstanden uns sofort, schwelgten in Erinnerungen an seine und meine Theatererlebnisse im Berlin der Weimarer Republik. Übrigens war Heinz Ullstein bereits im Juni auf mich durch einige meiner Artikel in der »Berliner Zeitung« aufmerksam geworden. Er stellte ein Team zusammen, das eine Tageszeitung entwarf. Mendelssohn fand das Resultat inakzeptabel. Das sei eine Boulevard-Zeitung, viel zu populär. Die Information Control Branch erwarte eine Zeitung im Geist des alten »Berliner Tageblatts« und der früheren »Vossischen Zeitung«. Heinz Ullstein erklärte, eine solche Zeitung würde er gern lesen, aber die könne er nicht machen.

Peter de Mendelssohn fragte mich, ob ich wisse, wo der Schriftsteller Erik Reger lebe, ihm traue er zu, eine seriöse Tageszeitung in Berlin auf die Beine zu stellen. Er kannte den Industrieroman *Union der festen Hand*, für den Reger 1931 mit dem Kleistpreis ausgezeichnet worden war. In den zwanziger Jahren hatte Reger es zu einem der leitenden Mitarbeiter im Pressebüro der Firma Krupp gebracht und 1928 eine Wochenschrift »Westdeutscher Scheinwerfer« herausgegeben. Während der ersten Nazijahre nagte er mit seiner Familie am Hungertuch. Da druckte Karl Korn im »Berliner Tageblatt« von dem Autor, der Schreibverbot hatte, einen Roman in Fortsetzungen. Und dann »versteckte« ihn Paul Wiegler im ehemaligen Ullsteinhaus in einem kleinen Zimmer der Romanabteilung, wo er halbtags tätig war und wo ich ihn kennengelernt hatte.

Da Reger vorübergehend bei mir in Zehlendorf wohnte, konnte ich ihn mit Peter de Mendelssohn bekannt machen. Es entstand eine neue Gruppe, die Vorschläge und Probenummern für eine Tageszeitung entwarf, zu der ich wiederum gehörte. Federführend war Reger.

Inzwischen suchten die Amerikaner nach einer Möglichkeit, Heinz Ullsteins Wünschen entgegenzukommen. Gewissermaßen als Ersatz für die Ablehnung seines Entwurfes einer Tageszeitung bot man ihm die Lizenz für eine Frauenzeitschrift an, die die Amerikaner ohnehin im Sinn hatten, seit Ruth Andreas-Friedrich ihnen einen solchen Vorschlag gemacht hatte. Ihr wollte man aber eine solche Aufgabe nur in Verbindung mit erfahrenen Zeitungsleuten anvertrauen.

Die Probenummer einer Tageszeitung, die Regers Handschrift trug, gefiel Peter de Mendelssohn sehr. Und auch das Programm, das er für seinen förmlichen Lizenzantrag entworfen hatte, fand Zustimmung. Mir hatte Reger diesen Text, bevor er ihn absandte, zu lesen gegeben. Er beabsichtige, hatte er geschrieben, daß seine Zeitung »ein echtes Bindeglied zwischen der Sowjetunion und den westlichen Demokratien werde. Wir sehen an diesem Zusammentreffen der Nationen auf deutschem Boden in Berlin eine einzigartige Gelegenheit für eine Aussöhnung der Völker.« Mich bat Reger, Franz Werfels Roman *Das Lied von Bernadette* zu prüfen. Der österreichische Schriftsteller war kurz zuvor im amerikanischen Exil gestorben. Reger schlug vor, ihn vorabzudrucken und mit der ersten Folge gleich in der Nr. 1 der Zeitung zu beginnen. Ich war *für* den Abdruck, auch wenn ich Reger gegenüber mit einem Einwand nicht zurückhielt, der Roman enthalte viele phrasenhafte Stellen, die sich leider nicht ausmerzen ließen.

Reger wurde der Kopf einer Gruppe von drei weiteren Lizenzträgern: Walter Karsch, Edwin Redslob und Heinrich von Schweinichen, die am 27. September 1945 die erste von den Amerikanern lizenzierte Zeitung publizierte. Es war »Der Tagesspiegel«. Die Redaktionskollegen, an die ich mich erinnere, waren Hans Schwab-Felisch, dessen ausgewogene Beiträge später für die »Frankfurter Allgemeine Zeitung« und den von ihm herausgegebenen »Merkur« ich immer wieder als vorbildlich empfand, und Béla von Abonyi, den ich aus Prengels Werbeabteilung im Deutschen Verlag kannte und schätzte. Ich war der Chef vom Dienst, verfaßte aber auch den einen oder anderen Artikel. So schrieb ich gleich in der ersten Nummer einen Beitrag, in dem es hieß: »Unter den Spaziergängern, die an diesen letzten warmen Herbstabenden durch Straßen und Anlagen promenieren, bilden den Hauptteil wie überall in der Welt die Liebespaare. Sie gehen untergehakt, die Hände ineinander verklammert. Der Amerikaner hat sein Mädchen nicht anders untergefaßt als der deutsche Liebhaber. Und daß die Paare so wenig miteinander zu sprechen haben, liegt nicht nur daran, daß er eine andere Sprache spricht als sie. Alle Liebespaare in aller Welt zeigen die Eigenschaft, sich beim Spazierengehen zu verstehen, ohne miteinander zu reden.«

Dieser Beitrag führte dazu, daß die Exemplare, die von der amerikanischen Dienststelle in Berlin stolz nach Washington geschickt worden waren, sofort einen geharnischten Protest dortiger Frauenvereine auslösten. Man war empört über die von mir in dem Beitrag vertretene Fraternisation.

Natürlich hatte ich auch Gerhard Grindel mit Reger bekannt gemacht. Bald nach mir war er aus der Redaktion der »Berliner Zeitung« ausgeschieden und wurde freier Mitarbeiter des »Tagesspiegels«. Reger forderte und förderte mich. Wir kannten uns ja schon aus den Nazijahren im Ullsteinhaus, als ich die »Erika« machte. Jetzt entwickelte sich zwischen ihm und mir ein Vater-Sohn-Verhältnis.

Reger war nicht mit einem antikommunistischen Programm angetreten, vielmehr sah er in Berlin die Chance eines Bindegliedes zwischen Ost und West. Doch ein halbes Jahr später, im Frühjahr 1946, wird Reger gegen eine Vereinigung von SPD und KPD zur SED, die die Sowjets mit allen denkbaren Mitteln zu erzwingen suchten, Stellung beziehen. Zwang gehörte nicht zu seinem Verständnis von Demokratie.

Reger hat den politischen Stil des »Tagesspiegel« geprägt. Seine Leitartikel gediehen wie einst die von Theodor Wolff zu publizistischen Kunstwerken. Die Zusammenarbeit mit ihm, der als schwierige Persönlichkeit galt, war für mich eine Freude. Seine liberale Gesinnung bestimmte nicht nur den politischen, sondern auch den kulturellen Teil der Zeitung. Ich war der Meinung, wir sollten zu den immer heftiger werdenden Disputen um Thomas Manns Einstellung zu Deutschland nicht schweigen. Reger und ich fanden die Anwürfe und Polemiken gegen Thomas Mann absurd und kleinkariert, in denen ihm seine Absage, künftig wieder in Deutschland zu leben, geradezu als Landesverrat vorgehalten wurde. Ich fragte Reger, ob er einverstanden sei, daß Grindel sich im »Tagesspiegel« dazu äußere. Wenige Tage später lieferte Grindel seinen Artikel ab, in dem er die entgegengesetzte Auffassung von Reger und mir vertrat. Ich war sprachlos. Das hatte ich nicht für möglich gehalten und erklärte Reger: »Den Beitrag bringen wir nicht.« Ihn amüsierte es, daß ich mich so aufregte. »Warum sollte er nicht erscheinen? Sie können ja eine Erwiderung schreiben.« So geschah es. »Er kommt nicht zu uns«, stand am 6. Oktober 1945, von Gerhard Grindel geschrieben, im »Tagesspiegel« zu lesen, »Thomas Mann hat aus eigenem Entschluß die zweite Emigration vollzogen.« Gerhard Grindel warf ihm das vor.

Am 9. Oktober veröffentlichte ich im »Tagesspiegel« meine Entgegnung:

»Für Thomas Mann
Antwort an Gerhard Grindel

Kann man einen Menschen dreiteilen? Einen Entschluß, den er gefaßt hat, untersuchen und den Dichter dabei verstehen, den Menschen dabei begreifen, den Politiker aber dabei verurteilen? Der Entschluß ist bekannt: Thomas Mann hat die Bitte, er möge wieder nach Deutschland kommen, abgelehnt. Ein späterer Besuch, so sagte er, sei möglich, eine Rückkehr nicht.

Was, fragen wir, wäre die Freiheit, wenn sie einem großen Menschen nicht zugestände, sich seinen Lebenskreis zu wählen, in seinem Lebenskreis zu schaffen. Das heißt bei Thomas Mann, das heißt bei jedem Dichter, bei jedem Musiker, bei jedem Maler, bei jedem schöpferischen Menschen: aus diesem Lebenskreis geistig heraustreten, über ihn hinaus wirksam werden – für eine ganze Welt.

Nur aus solcher Anschauung heraus ist Thomas Manns Entscheidung zu verstehen. Gerhard Grindel schreibt: ›... er wird nicht schaffen mit jenen, die Deutschland heute verwandeln.‹ Das ist richtig in dem Sinne, daß er nicht unter uns schafft, nicht unter uns lebt, nicht unter uns wirkt. Aber es heißt doch nicht, daß er uns nicht meint, es heißt doch nicht, daß es nicht sein Werk ist, das sich an uns wendet.

Verübelt man ihm ›Kleinigkeiten‹, daß er an Haus, an Familie, an Freunde denkt und darauf nicht verzichten möchte? Zielen nicht all unsere sehnsüchtigen Wünsche, unser Verlangen nach Friedfertigkeit, dahin, jedem Erfüllung zu gewähren auch in seinem persönlichen Anspruch auf Lebensglück? Ist dieses private Lebensglück etwas Geringes? Ist dieses persönliche Reservat unserer menschlichen Existenz dem Zugriff der öffentlichen Bewertung auszusetzen? Weggehen? Auslöschen? Zurückkehren? Ein solch umschlossenes Leben, wie es Thomas Mann neu gründete, ist der Boden, auf dem er steht und aus dem heraus er wirksam ist.

Weshalb sollte er überhaupt zurückkommen? Was erwartet man von ihm? Daß er in Berlin ein Haus bezieht? Daß er im Berliner Rundfunk spricht? Daß er einen Posten bekleidet... in der Kammer der Kunstschaffenden? Daß eines der Volksbildungsämter Leseabende gibt mit einleitenden Worten von Paul Wiegler und der Zusicherung von Thomas Manns persönlichem Erscheinen?

Wir erwarten von ihm etwas Herrliches: seine Bücher. Wenn seine Worte, die er während des Krieges über das amerikanische Radio richtete, manche von uns aufhorchen, andere von uns unberührt ließen, so hat das nichts, gar nichts damit zu tun, ob sein Entschluß als eine zweite Emigration zu bezeichnen ist und ob wir sein Verhalten billigen oder nicht. Billigen? Haben wir dazu ein Recht? Wenn wir von seinem Entschluß hören und darüber nachsinnen, so muß unser Denken und Fühlen in dem geistigen Klima beheimatet sein, aus dem sein ganzes Wirken kommt. Die politische Seite, die ja von der seines Gesamtwirkens nicht zu trennen, nicht gesondert zu bewerten ist, sollte uns nicht zu falschen Schlüssen führen. Wir sollten dabei überlegen, daß in ihm ein Mensch in Amerika lebt, der unsere Sprache spricht, der unsere Sprache schreibt, der Menschen zu seinen Freunden zählt, die Bürger eines Landes sind, das uns nun helfen soll, den Weg zur Demokratie zu finden. In diesem persönlichen Lebenskreis wird die private Stimme Thomas Manns für uns, für Deutschland, lebendig sein und wirksam werden. Sie wird darüber hinaus allein dadurch, daß er ›drüben‹ lebt, ein Echo, eine Resonanz finden, die ihn zum Repräsentanten eines Deutschland macht, das wir erringen wollen. Der erschienene Artikel sagt am Ende zu dem Menschen und zu dem Dichter ›jenseits aller Vorbehalte‹ ja, um mit der Feststellung zu schließen, daß Thomas Mann aber kein Politiker ist.

Hier liegt ein Gedankenfehler: Der erschienene Artikel wollte ja nicht die Frage erhellen, ob Thomas Mann ein Politiker ist, sondern eine Stellungnahme sein, die Thomas Manns Entschluß, nicht zurückzukehren, zurückweist. Diese Zurückweisung aber ist in ihrer Konsequenz die Zurückweisung von Thomas Manns Schaffen. Der Gedankenfehler liegt offen: Die Betrachtungsweise, die von Thomas Mann ausgeht, verengt sich zum Schluß zu einer politischen Betrachtungsweise. Statt aber nun zu sagen: ›Als Politiker weisen wir Thomas Manns Entschluß zurück‹, erklärt sie: ›Ein Politiker aber ist er nicht!‹ Der Artikel sagt, daß er nach diesem Entschluß nicht ›in unsere Reihe‹ gehört. Zwölf Jahre lang wurden Menschen ›eingereiht‹. Thomas Mann steht darüber. Er gehört nicht in unsere ›Reihe‹, er gehört all denen, die sich von ihm und der Größe seines Werkes beschenken ließen und noch beschenken lassen wollen! Das aber werden nicht wenige sein.

Seine Worte ›kommen von einem anderen Stern‹. Ja, die, die sie unter uns vernehmen, werden von ihnen in eine andere Welt geführt, eine Welt voller Gedanken, eine Welt voll Schöpferkraft, eine Welt, die alles Sein umschließt, von der irdischen Unzulänglichkeit bis zu den himmlischen Heerscharen. Worte, die unser Denken, unser Fühlen weit über uns hinaustragen – zu einem ›anderen Stern‹.«

Reger war wohl der erste deutsche Journalist, der von der amerikanischen Regierung offiziell eingeladen wurde, nach New York zu fliegen. Die Einladung galt ihm und einem seiner Redakteure, den er namhaft machen sollte. Seine Wahl fiel auf mich. Tage später, wir waren schon auf dem Flugplatz Tempelhof, wurde ich zurückbeordert. Aus Washington war der Bescheid eingetroffen, daß ich in den USA unerwünscht sei. Den sich schon damals etablierenden McCarthy-Behörden in Amerika war meine antifaschistische Widerstandstätigkeit im »Dritten Reich« kommunismusverdächtig. Ich fiel als Fellow-traveller der Untersuchung »unamerikanischer Umtriebe« zum Opfer. Reger bedauerte die amerikanische Entscheidung sehr und hat sie während seines Aufenthaltes in den USA zu korrigieren vermocht.

Anfang November kam es zur Lizenzvergabe an Heinz Ullstein, Ruth Andreas-Friedrich und mich. Ullstein hatte mich den Amerikanern vorgeschlagen. Michael Josselson, U.S. Civ. Chief Of. Research Section für das Office of Military Government, Berlin Sector der Information Control Branch, und Peter de Mendelssohn hatten diese Wahl befürwortet. General McClure hatte ihr entsprochen. Offenbar bestanden gegen mich keine politischen Einwände mehr. Heinz Ullstein sagte mir, die Amerikaner hätten ihm dargelegt: »Wir schätzen Kindler als Journalist, wir schätzen ihn als Antifaschist, und er verdient eine amerikanische Lizenz, nachdem sechs Wochen Praxis genügt haben, ihm die Augen zu öffnen. Er hat die Konsequenzen gezogen und auf eine Karriere im Osten verzichtet.« Es gab noch ein kleines Vorspiel, einen Zwischenfall, könnte man sagen: Die Einladung zur Lizenzvergabe sollte mir persönlich überbracht werden. Vor dem Haus in Onkel Toms Hütte, wo ich vor meinem Umzug zu Nina am Kurfürstendamm mit meinen Eltern gewohnt hatte, hielt ein Jeep, dem ein amerikanischer Offizier entstieg. Meiner Mutter, die öffnete, fuhr der Schreck, einen Uniformierten vor sich zu sehen, derart in die Glieder, daß sie ihren rechten Arm hochriß und »Heil Hitler« rief. Die Szene wurde glücklicherweise dadurch entdramatisiert, daß Nina hinter meiner Mutter stand und sich vor Lachen schüttelte.

Der Abschied vom »Tagesspiegel«, noch mehr von Erik Reger, fiel mir sehr schwer, da ich mich in der Redaktion besonders wohl gefühlt hatte. Das Angebot, Verleger zu werden, wollte ich aber keinesfalls ausschlagen.

Teil III

Das gedruckte Wort

Verleger in Berlin

KAPITEL 28

Ein denkwürdiger Tag

3. Dezember 1945: mein 33. Geburtstag. Es war das erste Mal in meinem Leben, daß mir um Mitternacht gratuliert wurde. Nina hatte es fertiggebracht, für meinen ersten Geburtstag mit ihr eine Flasche Sekt aufzutreiben. Sie füllte zwei Gläser, und wir waren glücklich. An meine beiden letzten Geburtstage in der Zelle wollte ich in diesem schönen Augenblick nicht denken.

Am Morgen kam unsere kleine Georgette in mein Bett gekrabbelt, küßte mich und sagte: »Papi, ich gratuliere dir zum Geburtstag!« Ihr Glückwunsch für mich, ihren Papi, kam aus kindlichem Herzen. Von ihrem Vater, ihrem leiblichen Vater, wußte sie nichts. Als er umgebracht wurde, war sie acht Wochen alt gewesen.

Nina hatte mir erzählt, wie stolz Georg Zoch auf das kleine Geschöpf war. Ich nahm mir vor, dem Kind ein guter Vater zu sein. Ich empfand das kleine Mädchen als ein Geschenk für mich. Und es war auch ein Geschenk für unsere Ehe (die standesamtlich noch bevorstand). Wir empfanden das Schöne und dachten weniger an die Schwierigkeiten. Die gab es erst später. Manchmal sagten wir uns: Sollte Georgette uns eines Tages Kummer bereiten, dann dürfen wir diese lebensvollen Jahre mit ihr nicht vergessen. Ja, sie hatte Kredit in ungeahnter Höhe bei uns. Die Jahre vergingen. Es kamen Zeiten, da hatte Georgette ihren Kredit fast ausgeschöpft.

Nina und ich hatten vereinbart, Georgette erst an ihrem 16. oder 18. Geburtstag zu sagen, wer ihr Vater sei. Nina stand das Schicksal von Georgettes Vater vor Augen. Er hatte zu ihr gesagt: »Du weißt doch, Moses wurde ausgesetzt und von einer Tochter des Pharao angenommen.« Er sei auch »ausgesetzt« worden. Er heiße eigentlich Georg Austen, sei aber von einem Kutscherehepaar Zoch in Danzig adoptiert worden. Diese Kutschersleute seien die liebevollsten Eltern für ihn gewesen; sie hätten ihm auch den damals noch kostspieligen Besuch des Gymnasiums ermöglicht. Deshalb habe der Kutscher Zoch bei Begräbnissen den Leichenwagen gefahren.

Nina kann Georg Zochs Schilderung bis heute nicht vergessen: Ein Knabe liebt über alles seine Eltern, ohne zu ahnen, daß sie nicht seine Eltern sind. Sie haben ihn und seine ein Jahr ältere Schwester an Kindes Statt angenommen und beiden Kindern ihren Namen gegeben: Zoch. Eines Tages wird er von seiner Schwester getrennt. Sie wird von einer Frau mitgenommen, die er nicht kennt. Noch weiß er nicht, daß diese Frau die Mutter von ihm und seiner Schwester ist. Sie hat einen sehr reichen Mann geheiratet und ihre Tochter zu sich geholt. Der Junge beginnt zu ahnen, wer diese Frau ist, diese Frau, die ihn abgelehnt und ihn jetzt auch noch von seiner Schwester getrennt hat. Und er kennt seinen Vater nicht, weiß nichts von ihm. Die Herkunft bleibt im Dunkel. Aber daß es sich bei dem Ehepaar Zoch, das er liebt und das ihn liebt, nicht um seine Eltern handelt, das wird ihm klar. Er behält dieses Wissen jedoch für sich. Er will Vater und Mutter Zoch nicht kränken.

Später leidet er, für den kein Platz war, unter Platzangst. Vergeblich sucht er nach seiner Identität. Flieht in den Alkohol. J. H. Schultz, der Berliner Nervenarzt, der das autogene Training »erfunden« hat, hilft ihm, Rückfälle in den Alkohol zu verringern und seine kreativen Kräfte zu mobilisieren.

Manon war an meinem 33. Geburtstag, im Dezember 1945, noch bei ihrem Vater Karlheinz Becker in Törwang, wo Nina sie in den letzten Kriegsmonaten vor Bombenangriffen sicher wußte. Nachdem Nina sie 1946 endlich nach Berlin zurückholen konnte, wurde sie in unsere Absprache einbezogen. Sie hielt sich auch einige Jahre daran. Aber eines Tages erfuhr Georgette das, was wir, ihre Mutter und ich, ihr später behutsam und liebevoll mitteilen wollten, von ihrer großen Schwester; sie erfuhr es viel zu früh und ohne unser Wissen. Es war ein Schock für Georgette. Aus blinder Eifersucht hatte Manon die innige Beziehung zwischen Georgette und mir jäh zerstört.

Damals wußten wir noch nicht, daß sich die Adoption, die Annahme an Kindes Statt, schicksalhaft von Generation zu Generation wiederholen sollte. Georg Zoch war, wie gesagt, als Georg Austen zur Welt gekommen; aus seiner Tochter Georgette wird nach seinem Tod Georgette Kindler werden; und Georgettes Tochter Jessica Beecher wird eines Tages Jessica Skalecki heißen.

Jeder Romanleser würde die Adoptionskette, die ich hier beschreibe, als Erfindung des Autors bezeichnen.

Monate bevor Georgette 1968 ihr erstes Kind Jessica zur Welt brachte, hatte sie sich von Ralph Beecher, dem Vater des Kindes, scheiden lassen und von ihm verlangt, nicht nur aus ihrem Leben, sondern auch aus dem des Kindes zu »verschwinden«. Als sie 1972 Rolf Skalecki heiratete, war Jessica selig, nun auch einen Papi zu haben. Er adoptierte Jessica und blieb »ihr Papi« auch nach der Geburt seines Kindes Jennifer 1974.

Als Jessica im Internat in Salem war, begann sie darunter zu leiden, daß sie kaum etwas von ihrem biologischen Vater Ralph Beecher wußte. Das wenige, was sie von ihrer Mutter hörte, war negativ. Die vielen positiven Seiten ihres ersten Mannes hatte ihre Mutter verdrängt. So bat uns Jessica einmal, ihr doch alles, was wir über Ralph Beecher wußten, zu erzählen. Eines Tages, als Jessica ihre Schulferien bei uns in Küsnacht am Zürichsee verbrachte, stand entgegen jeder Erwartung der »verschwundene« Ralph Beecher vor unserer Tür. Es gab eine erschütternde Begegnung zwischen einem Vater und seiner Tochter. Als Ralph Beecher 1988 starb – Jessica hatte im Jahr vorher, 19jährig, den 23jährigen Bülent Yıldız in Istanbul geheiratet –, stand Jessicas Name in der »New York Times« unter den trauernden Hinterbliebenen. Jessica trauerte um einen Vater, von dem sie wußte, daß er als junger Mann, zu Beginn der Nazijahre, als rassisch Verfolgter Deutschland verlassen hatte und Amerikaner geworden war. Jessica ist stolz darauf, seine Staatsbürgerschaft »geerbt« zu haben. Und sie hat ihr erstes Kind, ein Mädchen, 1989 in den Vereinigten Staaten zur Welt gebracht. Sie gab ihrer Tochter zwei Vornamen: Gülşah und Sarah. Gülşah aus Liebe zu Bülent, ihrem türkischen Mann, und Sarah zu Ehren der Mutter ihres leiblichen Vaters, die sie allerdings nicht mehr kennengelernt hat. Jessica sagte uns, Gülşah-Sarah soll einmal eine deutsche Schule in Istanbul besuchen, damit sie sich später mit ihrem Großvater Rolf Skalecki unterhalten kann. Von ihm hat sich Georgette inzwischen auch scheiden lassen. Das hat seine Fürsorge für Jessica nicht gemindert. Rätselhaft bleibt, daß Georgette, ihre Mutter, dem Kind nach ihrer Scheidung den leiblichen Vater genommen hat.

Liebe und Geborgenheit hat Jessica bei uns, ihren Großeltern, und nun in der türkischen Großfamilie ihres Mannes gefunden. Die innige Beziehung zwischen ihr und mir bezeugt ein Telephongespräch vom Dezember 1988: Jessica ruft aus Istanbul an, ich bin am Apparat.

Jessica: »Opi, ich habe eine Frage an dich. Ich weiß, es ist eine Frage, die ich selber beantworten muß. Aber ich hätte doch gern gewußt, was du und Omi meinen. Opi, du hast mir doch immer die Pille geschickt. Wir hatten besprochen, daß ich mit einem Kind wenigstens zwei oder drei Jahre warten sollte. Das hatte ich auch vor. Aber die Familie hier gibt keine Ruhe. Und wenn Bülent ein Baby sieht, nimmt er es sofort auf den Arm. Opi, was soll ich machen?«

Meine Antwort fiel kurz aus: »Ich denke, ich brauch' dir die Pille nicht mehr zu schicken.«

Am 24. Oktober 1989 kam Gülşah-Sarah in Florida zur Welt.

Meine Gedanken haben nicht haltgemacht an meinem 33. Geburtstag. Sie kehren jetzt noch einmal an den erinnerungswürdigen Abend zurück. Manon war an meinem 33. Geburtstag noch nicht aus Bayern zurück, und ihre Abwesenheit brachte eine wehmütige Stimmung in die Geburtstagsfeier.

Aber es war ein besonderer Tag. Meine Eltern kamen mit meinem Bruder Heinz-Werner, und am Abend überraschten uns Heinz Ullstein mit seiner Frau Änne, um mir zu gratulieren. Vor allem aber begann an diesem besonderen Tag die Partnerschaft mit Heinz Ullstein. Es war zugleich mein Start als Verleger. Heinz Ullstein begutachtete im Laufe des Abends die nahezu druckfertigen Vorlagen für die erste Nummer der »sie«, die genau eine Woche später, Montag, den 10. Dezember, an den notdürftig wieder errichteten Kiosken in der Trümmerstadt Berlin verkauft werden sollte. Heinz Ullstein war des Lobes voll, und er unterstützte meine Bitte an Nina, doch nicht länger Theater zu spielen, sondern mir zu helfen.

So wurde der 3. Dezember 1945 auch der Geburtstag des Verlegerehepaars Nina und Helmut Kindler.

KAPITEL 29
»sie«

Die Wochenzeitung für
Frauenrecht und Menschenrecht

Wir

Die amerikanische Verlagslizenz für die Herausgabe einer Frauenzeitschrift war eher ein Problem als ein Geschenk. Uns plagte
nämlich die Frage: Wie wird man Verleger, wenn man kein Geld
hat? Geld, das war die Reichsmark, die noch immer galt, obwohl
sie eine zerrüttete Währung war. Man konnte nicht viel für sie
kaufen, aber es gab auch so gut wie nichts zu kaufen. *Eine* stabile
Währung gab es: die Zigaretten-Währung. Für Zigaretten konnte man fast alles haben. Wenn man keine Zigaretten hatte und
nicht hungern wollte, mußte man tauschen, zum Beispiel eine
Perserbrücke gegen ein Pfund Butter.
Am Tag der Lizenzerteilung besaß ich ganze fünfhundert
Reichsmark vom »Tagesspiegel«-Gehalt. Heinz Ullstein hatte
auch so gut wie kein Geld. Woher Ruth Andreas-Friedrich den
Betrag nahm, der für die Errichtung einer Verlags-GmbH nötig
war, weiß ich nicht mehr. Nina hatte Erspartes und gab Heinz
Ullstein und mir je 10000 Reichsmark, so daß wir eine GmbH
gründen konnten. Die Vorarbeiten für die Frauenzeitschrift
konnten beginnen. Heinz Ullstein, der zwanzig Jahre Ältere, was
ich allerdings nie als störend empfand, ließ mich mit Nina
Raven, mit Grindel, Parth und einigen anderen Probenummern
kleben. Ich gab der Zeitschrift den Titel »sie«.

Für mich gab es dabei nur eine »sie«. Das war Nina. Ich brauchte ihren Rat, ich brauchte ihre Mitarbeit. »Hör bitte mit dem Theaterspielen auf, mach wenigstens eine Pause, bis ich aus dem Gröbsten raus bin.« Sie machte eine Pause. Lebenslänglich. Mir zuliebe.

Wenn ich von meinem Weg als Verleger spreche, so ist das nicht korrekt. Wenn ich »ich« sage, sollte ich »wir« sagen; wir: Nina und ich. Wir wurden ein Verlegerehepaar: Helmut und Nina Kindler beziehungsweise Nina und Helmut Kindler. So oder so. Jedenfalls ist »ich« falsch. Obwohl ich »ich« sage. Auch in diesem Buch. Weil ich ein Egoist bin. Das bin ich (manches Mal auch nicht). Ich sage »ich«, obwohl ich Nina liebe. Liebe.

Vielleicht hätte die Liebe nicht gehalten – über so viele Jahre seit 1945. Jahrzehnte. Wenn ich Glück habe, wird es ein halbes Jahrhundert. Dann, am 2. Mai 1995, bin ich 82. Großer Gott.

Ja, vielleicht hätte die Liebe nicht fortwährend gehalten (mit Krisen natürlich), wäre Nina am Theater geblieben. Dann wäre jeder seinen Berufsweg gegangen. Und die Berufswege hätten weggeführt vom gemeinsamen Zuhause. Wir hatten aber nicht nur ein gemeinsames Zuhause, sondern auch ein gemeinsames Büro mit einem gemeinsamen Schreibtisch, an dem wir uns gegenübersaßen. Anfänglich konnte ich es mir nicht vorstellen, daß das gutginge. Aber es ging gut. Nina wußte auf diese Weise alles von mir, ich alles von ihr.

Ein Schreibtisch zu zweit ersetzt die Couch des Psychoanalytikers. (Auf der es wahrscheinlich schöne Heilerfolge gäbe, könnten sich Ehe- oder andere Partner gemeinsam auf ihr ausstrekken. Dies nur als Anmerkung und Tip für eine neue Ehe-Therapie-Schule: eine Couch für *zwei*!)

Jedenfalls weiß der Leser jetzt, weshalb ich dieses Kapitel »Wir« überschrieben habe: Das »Wir« galt zunächst unserer Zusammenarbeit für die »sie«. »Auch die fleißige und intelligente Mitarbeit von Kindlers Frau, Nina Raven-Kindler, ist dem Blatt zugute gekommen«, schrieb Walther G. Oschilewski in seinem Buch *Zeitungen in Berlin – Im Spiegel der Jahrhunderte.* Und Heinz Ullstein erinnert sich, daß ich ihm in unserer ersten Verlagsbesprechung sagte, ich hielte meine Frau für geeignet, an der Frauenzeitschrift, die wir damals planten, mitzuarbeiten. Ullstein schreibt: »Wir verabredeten eine Zusammenkunft in ›Jonny's Kleinem Künstlerrestaurant‹. Jonny Rappeport war der Generalsekretär des neubegründeten Deutschen Bühnen-Clubs und führte unterhalb der Räume des Clubs am Kurfürstendamm ein eigenes Lokal. Ich war darauf gefaßt, irgendeine Frau kennenzulernen. Nach dem, was Kindler mir gesagt hatte, mußte es eine intelligente Frau sein. Aber eine solche Frau, wie sie nun mit mir am Tisch saß, hatte ich überhaupt noch nicht gesehen. Dabei spreche ich nicht von ihren äußeren Vorzügen. Sie war einfach ein Phänomen.«

Das war sie, das ist sie und das bleibt sie.

Wie soll ich Nina beschreiben? Heinz Ullstein hat einmal gesagt, er ginge mit Lampenfieber an den Versuch, über Nina Kindler zu schreiben. Die Verehrung, die er ihr entgegenbrachte, hat ihm die Feder geführt. Die Liebe, die *ich* ihr entgegenbringe, verursacht bei mir kein Lampenfieber, vielmehr Herzklopfen. Als ich Nina am 2. Mai zum ersten Mal sah, erlebte ich, was Romeo beim Anblick von Julia empfand. Ihre Schönheit war verführerisch. Anfangs gewann ich den Eindruck einer mondänen Frau, was mich faszinierte. Dann überraschte sie mich mit Hausfrauentugenden, auf die ich überhaupt nicht gefaßt war. Ich sah sie einen Pullover für Manon und ein Höschen für Georgette strikken. Zwischen den Trümmerfrauen in Berlin war sie, wie man sagt, eine elegante Erscheinung. Sie war sehr gepflegt – gepflegt wie ihre Wohnung. Alles in einem: Nina war eine Dame. Manchmal versuchte ich, ihr Wesen zu ergründen, indem ich mir vorstellte, welche Rollen sie hätte verkörpern können. Als Nora in Ibsens *Puppenheim* kann ich sie mir nicht vorstellen, wenngleich sie den emanzipatorischen Prozeß der Nora zweifellos nachvollziehen kann. Ob sie eine dem Sünder verzeihende Solvejg in Ibsens *Peer Gynt* sein könnte, vermag ich nicht zu sagen. Die Kleopatra in Shakespeares *Antonius und Kleopatra* könnte sie gewiß spielen. Die Wandlungsfähigkeit einer zugleich zur Königin und zur Verführerin geborenen Frau ist ihr ohne weiteres möglich. Ihre Liebe weiß sie zu hüten und wohl auch zu verteidigen. So könnte sie die Alkmene in Giraudoux' *Amphitryon 38* gestalten, deren Liebe ihr die Kraft gibt, in ihrer Ehe Göttern zu widerstehen und gegen göttliche Willkür erfolgreich aufzubegehren. In Wagners *Tristan und Isolde* könnte für mich Nina die Isolde sein, da sie eine Liebe symbolisiert, die fortdauernde Sehnsucht ist.

Fortdauernde Sehnsucht. Liebe als ewige Wahrheit.

Der Mikrokosmos unserer gegenseitigen Beziehungen ist natürlich schwer in Worte zu fassen. Im Leben spielt sie nie eine Rolle, nie Theater. Fürsorge, Verantwortung und Aufopferungsfähigkeit zeichnen sie aus. Aufopferung für andere Menschen. »Ich sehe den andern« ist eine ihrer Formeln im autogenen Training. Sie liebt Helligkeit und Licht. Sie reist ungern, außer in der Literatur. Wenn sie jedoch reist, bevorzugt sie Fünfsternehotels oder ländliche Gasthäuser. Überhaupt liebt diese urbane Frau, der alles Kleinbürgerliche fremd ist, Bäume, Wiesen, Blumen. Und ihre Lieblingstiere sind Kühe. Als Kind hat sie in den Ferien 100 Kühe ihrer Großeltern gehütet. Sie ist ein disziplinierter, dabei leidenschaftlicher Mensch. Als ich sie einmal fragte: »Welche Rolle am Theater hättest du am liebsten gespielt?«, antwortete sie: »Die Blanche in Tennessee Williams' *Endstation Sehnsucht*.«

Die »sie« erschien erstmals am 10. Dezember 1945 im Handel und war im eigentlichen Sinne keine Zeitschrift, sondern, was Papier, Format und Aufmachung betraf, eine Zeitung mit wöchentlichem Erscheinen. So kurz nach dem Krieg war kein geeignetes Zeitschriftenpapier aufzutreiben, und erst recht nicht das Papier für einen festen Umschlag. Uns war das gerade recht. Ullstein, Nina und mir lag mehr an einer Wochenzeitung als an einer ausgesprochenen Frauenzeitschrift. War das Layout noch allein von mir, wobei neu war, daß der Titel nicht über die ganze Breite des Blattes lief, so war an der Konzeption bereits Nina beteiligt. Als ich ihr sagte, das Feuilleton würde »unter dem Strich« placiert, wie es früher allgemein üblich war, erwiderte sie: »Den Strich nehm' ich weg.« Bald fand ich, daß sie damit dem Feuilleton in Verbindung mit dem Kulturteil zu einer vorteilhafteren Präsentation verholfen hatte. Für Literatur und Feuilleton übernahm Nina alsbald die Verantwortung. Heinz Ullstein, der sich auf die kaufmännischen Angelegenheiten konzentrierte, war bei allen redaktionellen Fragen ein hervorragender Ratgeber. Ruth Andreas-Friedrich konnte sich allerdings mit der »sie«, so wie wir sie machten, nicht befreunden. Ihre anfängliche Mitarbeit war ohnehin geringfügig. Übereinstimmung zwischen ihr und uns beiden männlichen Lizenzträgern bestand in der gemeinsamen antifaschistischen Grundhaltung, und so waren wir damit einverstanden, daß sie bis zu ihrem formellen Ausscheiden im November 1946 im Impressum genannt wurde. Von da an firmierte die Firma als Heinz Ullstein-Helmut Kindler Verlag.

Die »sie« war von Anbeginn an der Frauenemanzipation und

der Forderung nach Gleichberechtigung verpflichtet. Das war gewiß fortschrittlich. Aber in Anbetracht dessen, daß in den ersten drei Nachkriegsjahren die sogenannten Trümmerfrauen in Berlin – wie auch anderswo – die Karren buchstäblich aus dem Dreck zogen, Sand, Schotter, Steine und Zementbrocken aufluden, wegkarrten und wieder abluden, also für die Enttrümmerung Berlins sorgten, in Anbetracht all dessen konnten Trümmerfrauen über Begriffe wie Frauenemanzipation und Gleichberechtigung sich nur amüsieren. Den Humor hatten ja die meisten der schwerarbeitenden Frauen behalten, die nicht satt zu essen und keine Kohle für die in ihren Behausungen und provisorischen Unterkünften aufgestellten Kanonenöfen hatten. Am Kanonenofen in der Kurfürstendamm-Wohnung von Nina, dessen Abzugsrohr aus dem Fenster guckte, redigierten wir Abend für Abend die Manuskripte für die »sie«. In diesen Jahren waren die politischen Verhältnisse in der Viermächtestadt so angespannt, daß für die meisten das Thema Frauenrecht nur wenig Bedeutung hatte. Was wird aus unserem Geld? Das war eine der Fragen, auf die die Menschen eine Antwort haben wollten. Frauenemanzipation? Hatten die Frauen, die im Krieg Witwen geworden waren, hatten die Frauen, deren Männer verschollen oder in Kriegsgefangenschaft geraten waren, Frauen, die alleine Entbehrung, Evakuierung, Bombennächte, Obdachlosigkeit durchgestanden haben, nicht Emanzipation bewiesen? Auf Belehrungen zu diesem Thema waren sie weiß Gott nicht angewiesen.

Curt Riess schrieb später über die »sie«:

»Man einigte sich schnell auf ein Programm. An erster Stelle sollte Politik stehen; auch der Leitartikel auf der ersten Seite sollte ein politischer Artikel sein. Dann sollte das Feuilleton ganz groß aufgemacht werden. Kindler und vor allem seine Frau wollten diejenigen Schriftsteller zu Worte kommen lassen, die unter den Nazis verboten gewesen waren... Erst an dritter Stelle sollte der Modeteil stehen. Man hatte so lange keine Zeit und keine Gelegenheit gehabt, sich modisch anzuziehen, es hatte ja an allem, vor allen Dingen an Stoffen, gefehlt. Jetzt war die Zeit für eine neue, zeitgemäße Mode. Zeitgemäß? Eine Mode, die der Trümmerumgebung angepaßt war... Man erfand unzählige Sparten für die ›sie‹. Da gab es: ›sie‹ und die Musik, ›sie‹ und das Buch, ›sie‹ und das Theater. Es gab im ersten Jahr in jeder Nummer einen Schlager mit Text und Noten. Es gab Berichte über emigrierte Schauspieler; Berichte über emigrierte Schriftsteller und Journalisten. Die Tatsache, daß Albers als ›Liliom‹ nach Berlin kam, wurde aufgemacht wie ein hochpolitisches Ereignis. Es gab Kochrezepte, der Zeit angepaßt, also Ratschläge, wie man Sauerampfersuppe schmackhaft macht oder was man mit Trockenkartoffeln oder ›Pom‹ anfangen konnte. Es gab – man bedenke – schon im April 1946 Artikel gegen die Kulturpolitik der Kommunisten in Ost-Berlin. Briefe an den Herausgeber respektive die Zeitung, in denen Wünsche geäußert wurden und auch Kritik... Die erste Ausgabe der ›sie‹ erschien am 10. Dezember 1945. Die verkaufte Auflage übertraf alle Erwartungen. Das heißt, man hätte viel mehr verkaufen können, aber man hatte nicht genug gedruckt. Man druckte mehr, und auch die nächsten Auflagen wurden restlos verkauft. Es kam dahin, daß schließlich die ›sie‹ nur noch, um einen Berliner Ausdruck zu gebrauchen, ›unter dem Ladentisch‹ verkauft wurde. Die Auflage stieg auf 130000, erstaunlich für eine Wochenzeitung. Erstaunlicher noch, daß diese Zeitung, die ja immerhin eine Frauenzeitung sein sollte und zum Teil auch sein mußte, obwohl die Amerikaner das nicht so ernst nahmen, größeren politischen Einfluß hatte als irgendeine Tageszeitung im Westen Berlins... Es besteht gar kein Zweifel daran, daß durch ›sie‹, wie ein Kritiker im ›Tagesspiegel‹ schrieb, ›der politische Horizont der

Frau größer gemacht wird, und diese Bestrebungen finden offensichtlich Resonanz im Leserkreis‹. So populär wurde die ›sie‹, daß selbst die ›Daily Mail‹ von ihr berichtete.«

Natürlich wurden Journalistinnen bevorzugt zur Mitarbeit herangezogen: Hilde Spiel, die aus dem Londoner Exil in ihre Heimatstadt Wien zurückkehrte und dann für längere Zeit mit beiden Kindern nach Berlin zu ihrem Mann Peter de Mendelssohn zog; Agnes von Zahn-Harnack, bis 1930 Vorsitzende des Deutschen Akademikerinnenbundes und bis 1933 Vorsitzende des Bundes Deutscher Frauenvereine; Katharina Kleikamp, eine Chronistin, über alle wichtigen Ereignisse und Entwicklungen in der Viersektorenstadt Berlin auf dem laufenden, engagiert, kultiviert und zuverlässig. Bis heute hat Nina mit ihr in ihrem Altersheim Kontakt. Ich denke an Ninas Freundin Hilde Körber, die Schauspielerin, mit der sie lange Zeit auf der Bühne stand und die vor allem karitative Beiträge beisteuerte; an die aus der Emigration zurückgekehrte Else Feldbinder, die für die »Berliner Reportage« zuständig war; an Hansi Bochow-Blüthgen, die für die »sie« literarische angelsächsische Texte übersetzte, und auch an Maria Dornow, die früher die hauswirtschaftliche Abteilung im Ullsteinhaus beim »Blatt der Hausfrau« geleitet hatte und die Tips für eine zeitgemäße Haushaltsführung veröffentlichte. Da waren Erika Berneburg, die ich aus ihren Zeiten als stellvertretende Chefredakteurin der »Modenwelt« kannte; Charlotte Rohrbach, die die ersten Modefotos lieferte, und die Gräfin Wedel mit ihren hervorragenden Modezeichnungen. Es gab auch männliche Mitarbeiter: Curt Riess zum Beispiel, dessen Beziehungen zur amerikanischen Militärregierung für uns wichtig waren. Unter den Mitgliedern der politischen Redaktion bewährte sich Fritz Wentzel, der in englischer Kriegsgefangenschaft nicht nur Germanistik, Geschichte und Philosophie studiert, sondern auch Demokratieverständnis erworben hatte.

Reiht man die Titelbilder der »sie« aus den ersten Berliner Nachkriegsjahren aneinander, so entsteht eine Chronik von beklemmender Aussagekraft. Bezeichnend das Titelfoto vom 27. Januar 1946: Trümmerfrauen mit Feldbahnloren, auf denen mit Kreide geschrieben steht: »Das kann doch einen Schipper nicht erschüttern.« Bewegend das Titelbild vom 25. August 1946: Ein etwa zehnjähriger jugoslawischer Waisenknabe, einer von 88 000 Leidensgefährten seines Volkes, der von der UNRRA-Organisation aufgegriffen wurde und in einem Belgrader Seuchenhospital darauf wartet, geimpft, untersucht, verpflegt und gekleidet zu werden. Über eine halbe Million jugoslawische Kinder verlor einen Elternteil. Die Gefühle eines Lesers der »sie« beim Anblick des Titelbildes vom 2. März 1947 lassen sich schwer beschreiben. Es zeigt, was der erbarmungslose kalte Winter angerichtet hatte. Ein Mann und eine jüngere Frau tragen eine ältere Frau aus einem Haus. Die Frau ist eine leichte Last, wiegt noch 35 Kilo, und ist in Lumpen und Fetzen gehüllt. Auf der Suche nach Erfrierenden und Erschöpften haben Polizei und freiwillige Helfer Hunderte dieser Elendsgestalten in ihren traurigen Schlupfwinkeln und Zimmerhöhlen aufgestöbert, um sie dem Hunger- und Kältetod zu entreißen. Im Innern des Blattes sieht man Erfrorene, die wie Bretter aus ihren Wohnstätten hinausgetragen werden.

Es gelang uns, für die kulturelle Spalte namhafte Publizisten zu gewinnen: für die Theaterkritik neben Heinz Hull, also Heinz Ullstein, vor allem Wolfgang Goetz und Walther Karsch vom »Tagesspiegel«; für die Filmkritik Friedrich Luft; für die Literatur Arnold Bauer; für die Musik Gerhard Grindel.

Gerhard Grindel, der uns, ebenso wie unser stellvertretender Chefredakteur Mario Passarge, vor allem in politischen Fragen beriet, war der Leitartikler des Blattes. Seine gescheiten Beiträge, die Unerschrockenheit und Witz verrieten, haben entscheidend zum Erfolg der »sie« beigetragen. Der Leser hatte den Eindruck, diese Leitartikel seien mit großer Leichtigkeit geschrieben, und merkte nicht, wieviel Arbeit in ihnen steckte. Nina und ich wußten, was Gerhard Grindel konnte, und hielten mit Anregungen, vor allem aber mit Kritik ihm gegenüber nicht zurück. Oft kam es vor, daß er nach einer erregten Debatte seinen Text in den Papierkorb warf und einen neuen verfaßte.

Am 22. April 1946 vollzog sich in der sowjetischen Besatzungszone Deutschlands auf Veranlassung der Besatzungsmacht die Vereinigung der Kommunistischen mit der Sozialdemokratischen Partei zur Sozialistischen Einheitspartei (SED). Der Versuch, den Zusammenschluß auf Groß-Berlin auszudehnen, scheiterte, und zwar am Widerstand der Berliner Sozialdemokratie und der von den Westmächten lizenzierten Berliner Presse. So wie Erik Reger im »Tagesspiegel« nahm Arno Scholz im »Telegraf« an dem Wahlkampf in Berlin 1946 leidenschaftlich Anteil, und mit nicht geringerer Verve setzte sich Gerhard Grindel in unserer Wochenzeitung »sie« dafür ein, daß West-Berlin nicht sowjetisch wird. Grindel wuchs über sich hinaus: Mit seiner kabarettistischen Erfahrung vermochte er, seine mit Eloquenz entworfenen Leitartikel so zu würzen und zu pointieren, daß sie zu einem Gesprächsthema von Berlin wurden. Bekanntlich ging die SPD mit überwältigender Mehrheit aus der Wahl hervor, während die CDU auf Platz zwei landete. Die SED war abgeschlagen. Der Kalte Krieg begann.

Die »sie« war dank des großen Erfolges in Berlin lebensfähig, doch fehlte ihr für das große Geschäft ein ausreichender Inseratenteil. Das hatte natürlich mit dem sich damals nur mühselig erholenden Wirtschaftsleben Berlins zu tun. Hans-Peter Scherrer schreibt in einem Artikel »Von der Annonce zur Kommunikationsstrategie«:

»Die ›sie‹ entwickelte sich zwar zu einer anspruchsvollen Wo-

chenzeitung, aber ihr Anzeigenteil blieb bedeutungslos. Kindler
störte das nicht. Zu der Zeit war er doch noch zu sehr Journalist,
als daß es ihn nicht gefreut hätte, infolge des geringfügigen
Anzeigenteils mehr Platz für die Redaktion zu haben.«
Der Erfolg der »sie« ließ die sowjetischen Militärbehörden nicht
ruhen, so daß sie im Sommer 1946 eine wöchentlich erscheinende Zeitung mit dem Titel »Für Dich« lizenzierten. Sie war in der
Aufmachung ein Plagiat der »sie« und inhaltlich ein Werbepro-
spekt für die SED.

REVUE – Eine illustrierte Kunstzeitschrift

Am 14. November 1946 genehmigten die Amerikaner dem Ver-
lag eine Kunstzeitschrift. Wir gaben ihr den Titel »REVUE«.
Werner Fiedler, der sich vor allem als Film*kritiker* und als
Verfechter einer Film*kunst* einen Namen gemacht hatte, über-
nahm die Chefredaktion, Alfred Will die grafische Gestaltung.
Über Musik schrieb Hans Heinz Stuckenschmidt, über Theater
Walther Karsch, über Film Werner Fiedler. Unter den zahlrei-
chen Mitarbeitern erinnere ich mich an Charlotte Rohrbach und
Ruth Wilhelmi, an Werner Borchmann und Hellmut Prinz, an
Hans Joachim Schneider und Gerhard Grindel, an Alfred Kantorowicz und an PEM, der aus dem Exil berichtete. REVUE war
ein Magazin für Kunst und Literatur, für das es im Nachkriegs-
Berlin ein Publikum gab.
Im Frühjahr 1948 übersiedelte Nina mit ihren Töchtern Manon
und Georgette nach München. Ich folgte zum Jahreswechsel
nach. Heinz Ullstein behielt die »sie«, bis er sie am 28. September 1952 einstellte. Diese Einstellung der »sie« im 7. Jahrgang
hing damit zusammen, daß die Amerikaner der Familie Ullstein
die früheren Titel aus ihrem Verlag freigegeben und das große
Druckhaus Tempelhof an sie zurückgegeben hatten. Das ermög-

lichte dem Ullstein Verlag, die erfolgreiche »Berliner Morgenpost« vom 26. September 1952 an wieder täglich herauszubringen. Die »sie« schloß ihren Rückblick mit den Worten: »Was die ›sie‹ einmal in der Woche war, das wird die ›Berliner Morgenpost‹ täglich sein: ein Blatt für die ganze Familie.«

Für mich hatte die »sie« noch eine Nachgeschichte. Ruth Andreas-Friedrich machte eine Entschädigung dafür geltend, daß sie bald nach der Gründung aus dem Heinz Ullstein-Helmut Kindler Verlag als Gesellschafterin ausgeschieden sei. Ich hatte zu der Zeit – ich muß es so ausdrücken – Spaß an prozessualen Auseinandersetzungen. Schon als Schüler besuchte ich, wenn ich Schule schwänzte, Gerichtsverhandlungen, da ich mit dem Gedanken spielte, einmal Strafverteidiger zu werden. Die Gerichtsatmosphäre zog mich an – wie später die Bühne. Ich war in Prozessen, auch in Wettbewerbsprozessen mit der Konkurrenz, ob als Kläger oder als Angeklagter, stets unbekümmert und emotional. In der Verhandlung mit Ruth Andreas-Friedrich in München ereiferte ich mich in meiner ausführlichen Erwiderung auf ihre Aussagen so sehr, daß ich meine Rede mit dem Satz beendete: »Ich schließe die Verhandlung.« Es trat absolute Stille ein. Der Vorsitzende des Gerichts behielt die Fassung, sah mich an und sagte vergnügt: »Ich schlage einen Kompromiß vor. Machen wir eine Pause.«

Mein emotionales Auftreten bei Gerichtsverhandlungen störte anfänglich meinen Anwalt. Bald allerdings registrierte er, daß ich damit Erfolg hatte. Und so einigten wir uns darauf, er solle mir, wenn er es für angebracht hielt, ein Zeichen geben, damit ich einen »mittleren Ausbruch« produzieren konnte.

Zwei, drei Jahre später, nach manchen verlorenen Prozessen, in denen ich mich im Recht gefühlt hatte, verlor ich die Lust an gerichtlichen Auseinandersetzungen. Und das hat meine Frau sehr begrüßt.

KAPITEL 30

Die ersten Bücher in Berlin

Von Beginn an war das Büchermachen mit dem Zeitschriften-machen verknüpft. Die erste Ausgabe der »sie« kam am 10. De-zember 1945 auf den Markt, das erste Buch im Herbst 1946: *Mamas Bankkonto*, eine sympathische Erzählung von Kathryn Forbes, und zwar nach einer Veröffentlichung in der »sie«.

Unser zweites Buch erschien zuerst nicht in der »sie«, sondern in der Kunstzeitschrift REVUE: der heitere Roman *Mr. Deeds geht in die Stadt* von Clarence B. Kelland. Beide Bücher gehören zu den Longsellern in den USA, beide Bücher wurden verfilmt.

Von den weiteren sechzehn Titeln, die wir in Berlin in den Jahren 1947 und 1948 verlegt haben, sind fünf vorher in der »sie« abgedruckt worden. Darunter Briefe über Thomas Manns Ro-man *Doktor Faustus*. Nina, eine leidenschaftliche Thomas-Mann-Leserin, hatte Peter de Mendelssohn gebeten, diese Briefe zu schreiben. In erweiterter Fassung kamen sie dann unter dem Titel *Der Zauberer* als Broschüre in unserer kleinen Buchabtei-lung heraus.

Kritiken aus der »sie«, die Walther Karsch während der Spielzeit 1945 und 1946 verfaßt hatte, verdienen Erwähnung – wir verlegten sie unter dem Titel *Was war – was blieb*. Für jeden Theater- und Literaturgeschichtler dürfte es interessant sein, nachzulesen, wie der Berliner Spielplan in den ersten beiden Nachkriegsjahren aussah.

Zu den Büchern, die der »sie« zu verdanken sind, gehört vor allem die 1947 erschienene Sammlung *verboten und verbrannt*. Ursprünglich hatten Nina und ich geplant, in der »sie« Leseproben der im Dritten Reich verfemten Literatur in Fortsetzungen zu veröffentlichen. Doch dann gelang es Heinz Ullstein, von der amerikanischen Militärregierung eine zusätzliche Papierzuteilung zu erhalten, so daß wir die vorgesehenen Leseproben in einer Sondernummer mit einem Umfang von sechzehn Seiten herausbrachten. Einem ständigen Mitarbeiter der »sie«, Richard Drews, und mir oblag die Arbeit an dieser Veröffentlichung.

Von den Schwierigkeiten der Materialbeschaffung zu Beginn des Jahres 1947 in dem vom übrigen Deutschland abgeschnittenen Berlin kann man sich heute nur schwer eine Vorstellung machen. Zwar hatten wir eine schmale Broschur deutscher Emigrantenlyrik aufgetrieben, die ein Jahr zuvor im Verlag Volk und Zeit in Karlsruhe von Erich Grisar herausgegeben worden war: Unter dem Titel *Denk ich an Deutschland in der Nacht* enthielt sie auf 72 Seiten Gedichte von sechzehn Autoren. Ein Abriß der deutschen Literatur im Exil von 1933 bis 1947 *Unter fremden Himmeln*, den F. C. Weiskopf in New York verfaßt hatte, lag noch nicht vor. Dieser Band, mit achtzehn Textbeispielen im Anhang, erschien erst 1948 im Dietz-Verlag in Berlin. Allerdings verdankten wir Weiskopf einige Informationen aus Artikeln, die er in der »Neuen Zeitung« veröffentlicht hatte, deren Feuilletonchef Erich Kästner hieß. Auch der von Oswald Mohr 1945 in einem Schweizer Verlag erschienene Band *Das Wort der Verfolgten*, die »Anthologie eines Jahrhunderts«, war uns unbekannt. Der Autor Oswald Mohr, der sich nach Niederschlagung des Hitler-Reichs als Bruno Kaiser zu erkennen gab, hat 1948 in einer zweiten Auflage, die nun in einem deutschen Verlag erschien, darauf hingewiesen, daß von der ersten Ausgabe wohl nur wenige Exemplare nach Deutschland gekommen seien. Auch daß 1947 bereits der erste, wenn auch nur bis Kriegsausbruch reichende Band der wichtigen Forschungen von Walter A. Berendsohn *Die humanistische Front* vorlag, wußten wir nicht. Der Band war 1946 vom Europa Verlag in Zürich verlegt worden. Die wertlose deutsche Reichsmark und die Devisenbestimmungen verhinderten damals noch weitgehend den Waren- und damit auch den Literaturaustausch mit dem Ausland. Die Zusammenstellung, die dann in der »sie« zustande kam und für die im Impressum des Blattes Richard Drews und ich gemeinsam verantwortlich zeichneten, bestand aus Leseproben von 113 Autoren, die dem Exil oder der sogenannten »inneren Emigration« der in Deutschland verbliebenen Autoren angehörten.

Aufgrund des erfreulichen Echos der Sondernummer stellten Heinz Ullstein und ich bei der amerikanischen Lizenzbehörde einen Antrag auf Papierzuteilung für eine Buchausgabe, die im Umfang bis zu 216 Seiten bewilligt wurde. Jetzt war es möglich, den Querschnitt zu erweitern. Schon für den Leitartikel der Sonderausgabe der »sie« hatten wir Alfred Kantorowicz gewonnen, der aus dem Exil nach Ost-Berlin zurückgekehrt war (und der Jahre später, nach seiner Flucht aus der DDR, von mir für den Kindler Verlag in München als Autor seiner *Deutschen Tagebücher* verpflichtet wurde). Ihn baten Drews und ich, uns bei der Erweiterung, vor allem im Hinblick auf die Exilliteratur, zu helfen. Kantorowicz übernahm diesen Auftrag. Für nichtexilierte Autoren konnten wir manche Anregung einer inzwischen in München erschienenen Lyrikanthologie *De profundis* entnehmen, die Gunter Groll im Jahr zuvor zusammengestellt hatte. Er hatte *Die Stillen im Lande* versammelt, insgesamt 65 Autoren mit Gedichten, die sie während der Nazijahre geschrieben hatten. Der verdienstvolle Band faßt allerdings den Begriff der »inneren Emigration« gelegentlich sehr weit.

Die Herausgeber Richard Drews und Alfred Kantorowicz waren unermüdlich um die Fertigstellung des Bandes besorgt. Sie erweiterten nicht nur den Hauptteil mit Leseproben von 113 auf 191 Autoren, sondern erfaßten im Anschluß an diese Dokumentation in einer *Summarischen Bibliographie* weitere Autoren mit Kurzhinweisen auf Leben und Werk und fügten am Ende dem Band noch eine Reihe von Namen in alphabetischer Reihenfolge an. Auf diese Weise konnten in der Buchausgabe *verboten und verbrannt* insgesamt 747 Schriftsteller und Publizisten vorgestellt werden.

Der auf holzhaltigem Papier in einer Auflage von 60000 Exemplaren gedruckte Pappband, der kurz vor Weihnachten 1947 herauskam, war Anfang 1948 vollständig vergriffen.

Für Nina und mich ist die Dokumentation *verboten und verbrannt* unser erstes wegweisendes Buch, das seine Urheberschaft unserer Zeitschrift verdankt. »Dem geistigen Erbe, das diese Sammlung auszeichnet«, wird 1961 Erhard Wendelberger, der damalige Verlagsleiter des Buchverlages, schreiben, »fühlen sich Helmut und Nina Kindler vor allem verpflichtet. Das drückte sich nicht nur darin aus, daß sie Alfred Kantorowicz, als er 1957 seine Professur in Ost-Berlin aufgab und in den Westen flüchtete, für sein *Deutsches Tagebuch* in ihrem Verlag ein Heim boten, sondern es offenbart sich auch von Jahr zu Jahr mehr in den Themen, die sie Autoren in Auftrag oder denen sie bei der Auswahl von Büchern den Vorzug geben.«

Daß uns Bücher, die der Buchhandel nach der Bücherverbrennung am 10. Mai 1935 nicht mehr verkaufen durfte, am Herzen lagen, bezeugt die Neuausgabe von Jakob Wassermanns Romantrilogie *Der Fall Maurizius, Etzel Andergast* und *Joseph Kerkhovens dritte Existenz*, die, wie der Leser sich erinnert, Ninas Initiative zu verdanken ist. Schon bei Erscheinen des ersten Bandes 1928 bei S. Fischer schrieb der Kulturchef der

»Neuen Zürcher Zeitung«, Eduard Korrodi: »Wenn Geister Werke dieser Zeit lesen könnten, ergriffe Dostojewski unter allen deutschen Büchern diesen Roman, denn er ist das deutsche Geschwister zu einer Weltdichtung Dostojewskis.« Den letzten Band der Trilogie, *Joseph Kerkhovens dritte Existenz*, hatte Wassermann im Mai 1932, neun Monate vor Hitlers Machtergreifung, zu schreiben begonnen und am 30. Oktober 1933, neun Monate nach Beginn des Hitler-Zeitalters, beendet. Am 23. Dezember 1933 schloß er mit Fritz Landshoff, der im Rahmen des Amsterdamer Querido Verlags die Abteilung »Die deutschsprachige Exilliteratur« verlegte, einen Verlagsvertrag ab, so daß *Joseph Kerkhovens dritte Existenz* 1934 posthum im Exil erscheinen konnte. Es war Wassermanns letzter Roman. Er starb nach längerer Krankheit am 1. Januar 1934 in Altaussee. Seine Freunde sagten, er sei aus Gram darüber gestorben, was seit einem Jahr in Deutschland geschah. In Deutschland, wo die Querido-Ausgabe nicht verkauft werden durfte, blieb das Buch unbekannt bis auf eine kleine Ausgabe der Jüdischen Buchvereinigung, die aber nicht öffentlich erhältlich war.

1935 veröffentlichte Wassermanns Witwe Marta Karlweis bei Querido in Amsterdam einen Gedenkband. In dem Geleitwort von Thomas Mann heißt es am Schluß: »Ein Gruß in die Ewigkeit ist dies, lieber Jakob, es wollte nichts weiter sein. Wie lange noch, und ich werde sein, wo Du bist, und woher wir alle kommen. Denn wir sind alle vom gleichen Stoff und vom gleichen Geiste auch. Den Gottvergessenen, die es in schändlicher Grausamkeit leugnen, wird nicht vergeben werden.« Er schrieb es in Küsnacht am Zürichsee am 17. Oktober 1935, in Küsnacht am Zürichsee, wo Nina und ich heute leben.

Es bereitete Nina und mir Genugtuung, daß wir die deutschen Leser nach dem Krieg nun auch mit *Joseph Kerkhovens dritte Existenz* bekannt machen konnten.

Später, in München, verlegten wir zahlreiche Werke von Exilautoren. In München sahen wir häufig Leonhard Frank und seine Frau und hatten mit ihm, dem Pazifisten aus den Jahren des Ersten Weltkriegs, intensive Gespräche über den Pazifismus und die Jahre seines Exils in den Vereinigten Staaten. Er berichtete von den vielen Besuchen bei Thomas Mann, der ihm aus seinem im Entstehen begriffenen Faustus-Roman vorlas, während Frank ihm aus seinen Romanen *Mathilde* und *Traumgefährten*, die er im Exil schrieb, immer wieder neue Folgen vorlesen konnte, über die sie dann diskutierten. Über den Roman *Traumgefährten* verfaßte Thomas Mann damals eine besonders schöne Kritik in der Basler »Nationalzeitung«.

Leonard Frank freute sich sehr, als wir ihm sagten, beide Romane verlegen zu wollen. Von seinen früheren Titeln brachte der Kindler Verlag die berühmten Romane *Die Räuberbande, Bruder und Schwester* sowie *Das Oxenfurter Männerquartett* als Taschenbücher auf den Markt.

1955 sah ich Hermann Kesten wieder, als Nina und ich in Rom waren. Es war unser erster Besuch dieser Stadt, und Hermann Kesten war unser Führer, der es verstand, uns nicht nur die Schönheiten Roms zu zeigen, sondern auch die Vergangenheit dieser Stadt, glückhafte und schmerzhafte, druckreif zu schildern. Er war überrascht, daß Nina so vieles von dem, was er uns zeigte, kannte. Sie war doch nie dort gewesen. Kesten wollte von ihr wissen, wie das zu erklären sei, und Nina antwortete: »Ich kenne diese Stadt aus der Literatur.« Diesen Satz hatte *ich* von Nina schon einmal gehört, und zwar in Paris. Sie, die wie ich Paris noch nie besucht hatte, kannte sich aus wie eine Einheimische. »Du weißt«, sagte sie zu mir, »ich reise nicht gern. Ich reise in der Literatur.«

Kesten zeigte uns in Rom auch »sein« Café, auch den Marmortisch, an dem er seine Bücher schrieb. Wo immer er sich aufhielt, waren die Cafés seine Studierzimmer, die kleinen Marmortische seine Schreibtische. Als er in München lebte, sahen wir uns häufig, und seine Essay-Sammlung *Meine Freunde, die Poeten* begründete unsere Zusammenarbeit.

Es gibt im Kindler Verlag viele Bücher von Autoren, die Hitler aus Deutschland verbannt hatte. In den mehr als dreißig Jahren zwischen dem Erscheinen des ersten Bandes der Jakob-Wassermann-Trilogie im Jahr 1947 und der Herausgabe der zehnbändigen Schriften der Anna Freud im Jahr 1980 veröffentlichte der Kindler Verlag Bücher folgender deutschsprachiger Autoren: Rudolf Bing, Willy Brandt, Max Brod, Wolfgang von Einsiedel, Heinrich Fraenkel, Leonhard Frank, Richard Friedenthal, Kurt R. Großmann, Peggy Guggenheim, Sebastian Haffner, Hermann Hakel, Stefan Heym, Robert Jungk, Alfred Kantorowicz, Hermann Kesten, Eugen Kogon, Fritz Kortner, Jürgen Kuczynski, Leo Lania, Robert Lucas, Monika Mann, Ludwig Marcuse, Peter de Mendelssohn, Heinz Frederick Peters, Walter Rilla, Paul Rosenstein, Hilde Spiel und Arnold Zweig, dessen subtiler psychologischer Roman *Novellen um Claudia* und dessen die Kriegslügen entlarvendes Buch *Erziehung vor Verdun* eine Vorstellung von der dichterischen Vielfalt dieses Schriftstellers vermitteln. Unter den Psychoanalytikern neben vielen anderen in der Reihe *Geist und Psyche*: Bruno Bettelheim, Helene Deutsch, Kurt R. Eissler, Sandor Ferenczy, Sigmund Freud, Viktor E. Frankl, Martin Grotjahn.

Für eine künftige Literaturgeschichte wird die Exilliteratur als *die* deutsche Literatur aus den Jahren der Hitler-Tyrannei Bestand haben. Dabei denke ich vor allem an Hermann Hesses *Glasperlenspiel*, Anna Seghers' *Das siebte Kreuz*, Bert Brechts *Mutter Courage* und Thomas Manns *Doktor Faustus*.

KAPITEL 31
Umzug nach München

Maria

Maria war ein Original. Nina hatte sie in den letzten Kriegsmonaten als Haushälterin engagiert.
Nach dem Krieg sprach sich bei Ninas Bekannten herum, Maria
müsse man gesehen und gehört haben. Uns war manchmal nicht
klar, ob Exilschriftsteller, die zu uns nach Hause kamen, Nina
und mich sprechen oder aber Maria kennenlernen wollten. Das
galt auch für britische Offiziere, die mit den Medien zu schaffen
hatten. Darüber wunderten wir uns nicht mehr, nachdem wir
zufällig ein Gespräch mitbekamen, das Maria mit Hugh Carlton
Greene führte, einem der namhaften BBC-Leute aus London.
Wir hörten, wie sie sagte: »Ich will Ihnen mal wat sagn, Herr
Jrien, wer hat denn Berlin so zujerichtet? Det waren Sie, Herr
Jrien, Sie und Ihre Engländer!«
Hugh Carlton Greene machte daraufhin überall Reklame für
Maria.
Kurz vor dem Ende des Jahres 1947 verließ uns unsere perfekte
Maria. Genauer gesagt: Nina hatte ihr gekündigt, weil sie nach
einer geringfügigen Auseinandersetzung mit mir meiner Frau
erklärt hatte: »Herrn Kindler hab ick nich mit übernommen.«
Der Abschied von Maria drei Tage vor Ninas Geburtstag am
5. Dezember 1947 brachte eine Überraschung. Ich muß voraus-

schicken, daß Nina zwei kostbare Brillantringe besessen hatte. Als sie sie nach den Kriegsjahren das erste Mal wieder hervorholte und ansteckte, weil der britische Theateroffizier Ashley Dukes sie zu einer Premiere eingeladen hatte, zeigte sie sie Maria mit den Worten: »Davon können wir, wenn die Zeiten nicht besser werden sollten, eine ganze Weile leben.«

Am nächsten Vormittag waren die Ringe verschwunden. Maria erklärte, Sowjetchen habe mit den Ringen auf dem Balkon gespielt und sie irgendwann auf die Straße geworfen.

Georgette war auf dem Spielplatz am Olivaer Platz einmal von einer Bekannten meiner Frau gerufen worden: »Komm, Georgettchen!« Die Kinder ringsum hatten »Sowjetchen« verstanden und fanden nichts dabei. Schließlich gab es viele Sowjets in Berlin.

Der Spitzname Sowjetchen blieb unserer kleinen Tochter eine Zeitlang erhalten.

Meine Frau konnte sich nur schwer mit dem Verlust der Ringe abfinden. Auf ihre Frage, ob Maria die Ringe denn nicht auf der Straße gesucht habe, gab sie zur Antwort, sie habe gehört, wie die Ringe gehopst und dann in dem noch immer lagernden Schutt aus den Resten einer Panzersperre vor dem Haus verschwunden seien. Spurlos.

Die Suche von Nina und mir war vergeblich.

Nun, Monate danach, kurz vor Ninas Geburtstag, verabschiedete sich Maria von uns. Sie gab meiner Frau ein Päckchen mit der fälligen Zigarettenzuteilung. Und dann sagte sie: »Hier habe ick noch etwas.« Es waren die Ringe! Meine Frau schrie auf: »Maria!« – »Ja«, sagte sie, »mir haben sie nich jepaßt, ick hab zu dicke Finger. Und als ick die Ringe einem Juwelier anbot, sagte der: ›Da könn Sie aber Unannehmlichkeiten kriejen.‹ – Hab' ick mir jedacht: Schenk ick sie jnädige Frau zum Jeburtstag!«

Anfang 1948 plädierte meine Frau für einen Umzug von Berlin nach München. Georgette war an Tuberkulose erkrankt, und unser Kinderarzt befürchtete, das Kind würde in der Trümmerstadt Berlin nicht gesund werden. Hinzu kam, daß unsere Verlagsarbeit unter der sowjetischen Blockade West-Berlins litt, die am 24. Juni 1948 begonnen hatte und fast ein Jahr dauern sollte. Die Berliner Bevölkerung empfand diese Maßnahme als reine Schikane, und nur wenige bedachten, daß es ein Verzweiflungsschritt der Russen war. Man muß es festhalten: Ihre Hungerblockade war unmenschlich. Die westlichen Besatzungsmächte und Adenauer hatten mit einer solchen Reaktion der östlichen Besatzungsmacht kaum gerechnet, sie aber doch verursacht. Verursacht durch die von der Bevölkerung begrüßte Währungsreform, die am 21. Juni verkündet und am 23. Juni auf West-Berlin ausgedehnt worden war. Für die Sowjetunion war klar, daß das Währungs- und das damit verbundene Wirtschaftssystem eine bewußte Abgrenzung Westdeutschlands von Ostdeutschland bedeutete, also den ersten Schritt, und zwar den entscheidenden, zur deutschen Teilung darstellte. Mit der von den Sowjets unverzüglich verhängten Sperrung der Land- und Wasserwege für den Personen- und Güterverkehr zwischen West-Berlin und Westdeutschland hoffte die Sowjetunion, die Westmächte an der Errichtung einer westdeutschen Regierung zu hindern. Vergeblich. Die Westmächte hatten bereits beschlossen, die drei westlichen Besatzungszonen zu einem eigenen Staat zusammenzuschließen. Mit der Konstituierung der Bundesrepublik Deutschland am 23. Mai 1949 wurde Deutschland endgültig gespalten. Am 7. Oktober 1949 zog Ostdeutschland mit der Gründung der Deutschen Demokratischen Republik nach. Während der Blockade war die Versorgung mit Lebensmitteln dank der amerikanisch-britischen Luftbrücke gewährleistet, die Papierzufuhr mit den Frachtflugzeugen jedoch war beschränkt, was auch die »sie« zu spüren bekam.

München – mein erster Einwand auf diesen Vorschlag meiner Frau war: »München? Da fährt man doch durch!« Als Junge hatte ich mit meinen Eltern einmal Ferien in den Alpen gemacht, in München hatten wir die Reise für eine Nacht unterbrochen. Der eine Abend hatte gerade zum Besuch des Hofbräuhauses gereicht. »München? Da fährt man doch durch« blieb ein geflügeltes Wort auch noch zu einer Zeit, als es mir nicht eingefallen wäre, von München wegzuziehen. Was wir aber eines Tages doch taten.

Eine Erkundungsreise

Nina und ich unternahmen zunächst eine Erkundungsreise nach München. Als amerikanisch lizenzierte Verleger durften wir die Blockade »brechen«, indem man uns die Fahrt in einem der alliierten Züge genehmigte. Es war die erste Reise von Nina und mir seit der deutschen Kapitulation. Was uns in München zuerst auffiel, war das Aussehen der Menschen. Im Gegensatz zu den Berlinern waren sie wohlgenährt. Einer unserer ersten Besuche galt Josef Müller, dem »Ochsensepp«, der zu diesem Zeitpunkt Justizminister und stellvertretender Ministerpräsident von Bayern war. Wir fielen uns in die Arme und sagten du zueinander. Nina und der Ochsensepp verstanden sich sofort in ihrer beider Leidenschaft fürs Kühehüten, ihre schönste Kindheitserinnerung. Die Unterhaltung zwischen dem Ochsensepp und mir litt nicht einen Augenblick darunter, daß ich meine Sympathie nicht für seine Partei, sondern für die SPD betonte. Vielmehr lud er mich und Nina an einem der nächsten Abende zu sich in seine

Wohnung in der Gedonstraße. Jede Woche versammle er dort eine Anzahl politischer Freunde, die mit ihm die CSU gegründet hatten. Unser Aufenthalt war allerdings so kurz bemessen, daß wir die Einladung nicht annehmen konnten. Und das war gut so. Denn dort hätte ich das erste Mal Franz Josef Strauß getroffen, der, wie viele sagten, Müllers Erfindung war. Das machte uns zu politischen Gegnern. Aber die gemeinsame antifaschistische Vergangenheit ertrug diese Belastung. Natürlich kam die Rede auf unsere Haft in der Lehrter Straße in Berlin; wir knüpften an das an, worüber wir damals gesprochen hatten. »Siehst du, Helmut, damals wußten wir noch nichts über die Männer vom 20. Juli. Unter den Hingerichteten der ›Roten Kapelle‹ sind Freunde von dir gewesen. Unter den Hingerichteten des 20. Juli befanden sich Freunde von mir.« Er legte seinen Arm um meine Schulter, als ich ihm sagte, ich teilte seinen Respekt vor Stauffenberg und den Offizieren des mißlungenen Putsches. Als ich fortfuhr, der Unterschied zwischen der Schulze-Boysen-Organisation und den Männern des 20. Juli bestünde darin, daß die einen von Anfang an gegen Hitler gewesen seien, die anderen aber nahezu fünf Jahre für Hitler gekämpft hätten, erwiderte Josef Müller: »Aber die Letztgenannten waren zum Äußersten entschlossen, als sie sahen, daß dieser Krieg ein Verbrechen war.« Mit leiser Stimme ergänzte ich, ich konnte es nicht unterlassen: »Zum Äußersten entschlossen, als sie sahen, daß der Krieg nicht mehr zu gewinnen war.«

»Es gab zahlreiche deutsche Militärs«, fuhr Josef Müller fort, »die schon *vor* Kriegsbeginn, vor dem Überfall auf Polen, das Schlimmste befürchteten. Generaloberst Blaskowitz hat nach dem Einfall in Polen die Ausrottungspolitik angeprangert. Zigtausende Polen, die Angehörigen der Intelligenz, wurden von der SS liquidiert. Sein Protest bei Hitler blieb wirkungslos. Hitler, tobsüchtig, veranlaßte Blaskowitz' Versetzung an die Westfront.« Nach wenigen Sekunden ergänzte Josef Müller: »Generalmajor Henning von Tresckow hat sich bereits von 1938 an mit Fragen des Widerstands auseinandergesetzt und als Erster Generalstabsoffizier der Heeresgruppe Mitte im Herbst 1941 eine militärische Oppositionsgruppe ins Leben gerufen. Gemeinsam mit Graf Stauffenberg hat er den Umsturzplan entwickelt. Tresckows letzte Worte vor seinem Tod waren: ›Ich halte Hitler nicht nur für den Erzfeind Deutschlands, sondern auch für den Erzfeind der Welt.‹«

Tresckows Satz, denke ich, könnte für alle gelten, die den deutschen Widerstand gebildet haben. Darin waren wir uns einig.

Am Tag darauf ging ich aufs Wohnungsamt und erkundigte mich nach einer Wohnung für meine Familie und Räume für einen Verlag. Mein Gesprächspartner dort, der Josef Söldner hieß, war elektrisiert, als ich das Wort »Verlag« aussprach. Schließlich war er ein ausgebildeter Druckfachmann.

Die ganze Angelegenheit gestaltete sich jedoch schwierig, da ich kein Münchner, kein Bayer, kein CSU-Mitglied und nicht katholisch war. Für Söldners Vorgesetzte, die er konsultieren wollte, schärfte ich ihm meine Trumpfkarten ein: Nina war katholisch, in München zur Schule gegangen, und ein Bruder von Ninas Vater »hing im Armeemuseum«. Ich konnte nachweisen, daß dieser Onkel meiner Frau Max-Joseph-Ritter war. Das soll »gezogen« haben.

Für die US-Besatzung, die konsultiert wurde, war ausschlaggebend, daß ich ein amerikanisch lizenzierter Verleger, mithin kein Nazi gewesen war.

Wir bekamen im schönen Stadtteil Harlaching, einem militärischen Sperrgebiet, eine Villa zur Miete überlassen, in der wir wohnen und im Januar 1949 Verlagsräume beziehen konnten. Allerdings war sie – von außen vermutete man das nicht – in

einem ruinösen Zustand. Es gab keine Fenster, keine Fensterlä-
den, keine Türen, nicht einmal Lichtschalter. Sogar das Holz der
Parkettböden war herausgerissen und wohl verheizt worden.
Die Instandsetzung verursachte Kosten. Und Geld hatten wir
nur wenig.

Josef Söldner wurde Jahre später unser geschätzter technischer
Herstellungsleiter.

Nina fährt voraus

Ich erwähnte es schon: Meine Frau fuhr im Frühjahr 1948 mit
Manon, ihrer Tochter aus erster Ehe, und Georgette nach
München voraus, während ich bis kurz vor Jahresende in Berlin
blieb. Von einem Umzug im herkömmlichen Sinn konnte man zu
diesem Zeitpunkt nicht reden. Der kalte Krieg befand sich auf
einem Höhepunkt. Für einen Möbeltransport von der Insel
West-Berlin durch die russische Zone nach Bayern gab es keine
Genehmigung. Dank Schmiergeldern, gefälschten Papieren und
der Umsicht von Fritz Wentzel, der den Güterwagen, in den wir
die Fracht auf der Gleisanlage eines Industriegeländes im britischen Sektor Berlins gemeinsam verladen hatten, kamen die
Möbel nach neun Wochen in München an. Wentzel, Redakteur
des Ullstein-Kindler Verlages, hat als ehemaliger Korvettenkapi-
tän auch für die Güterwaggonreise hervorragendes Naviga-
tionsvermögen bewiesen: Er hat die Ladung die ganzen Wochen
über begleitet, den Waggon vom britischen Sektor Berlins in die
Ostzone befördert, hat ihn von Zügen abgehängt, zeitweise
abgestellt, anderen Zügen angekoppelt und so fort, bis er München erreichte.

In München half meiner Frau Hans Wallenberg, der Chefredakteur der »Neuen Zeitung«, zunächst einmal mit beiden Töchtern

unterzukommen. Später nahmen Freunde von Heinz Ullstein in München, Hans Joachim Reiber und dessen Frau, unsere kleine Georgette vorübergehend bei sich auf, während er meine Frau zu den Dienststellen für eine Aufenthaltserlaubnis und die Erlangung von Lebensmittelkarten begleitete. Auf einem der Ämter wurde ihr beschieden, für Verleger sei eine andere Stelle zuständig, hier würden nur Lebensmittelkarten für Künstler, zum Beispiel Schauspieler, ausgegeben. Meine Frau, der vielen Laufereien und Umstände müde, beteuerte nun, Schauspielerin zu sein. Der Beamte füllte einen Fragebogen aus. »Welches Fach spielen Sie?« fragte er. Und Nina antwortete: »Jugendliche Liebhaberin.« – »Wo?« wollte der Beamte wissen. Antwort: »Im Ullstein-Kindler Verlag.« Zu Dr. Reibers Verblüffung bekam sie anstandslos die notwendigen Karten.

Dann richtete Nina eine Zweigstelle des Berliner Ullstein-Kindler Verlags in München ein, und zwar auf folgende Weise:

Als sie unsere Möbel, die aus Berlin eingetroffen waren, bei der Firma Schenker unterstellen ließ, entdeckte sie in der Nebenkoje dieser Firma eine Anzahl Schreibtische. Auf Ninas Bitte machte Dr. Reiber den Besitzer der Schreibtische ausfindig und unterbreitete ihm folgendes Angebot: »Bei Schenker müssen Sie für die Aufbewahrung bezahlen. Vermieten Sie uns die Schreibtische, dann bekommen Sie noch Geld.« So entstand das Verlagsbüro in München, aus dem sich nach dem Ausscheiden Heinz Ullsteins, der in Berlin blieb, ein Zeitschriftenunternehmen entwickelte, der Kindler & Schiermeyer Verlag, und ein Buchverlag, der bis heute unseren Namen trägt.

Verleger in München

KAPITEL 32

REVUE

Die aktuelle Illustrierte

München im Januar 1949 – ein schwieriger Neubeginn für Nina und mich. Die finanziellen Probleme, mit denen wir fertig zu werden versuchten, waren mit den Umständen bei der Gründung der »sie« in Berlin, als die Reichsmark noch existierte, nicht zu vergleichen. Die Situation war nach der Währungsreform noch bedeutend schwieriger geworden.

Um einen Zeitschriftenverlag auf die Beine zu stellen, brauchte man ein Vermögen. Das besaßen Nina und ich nicht. Hinzu kam, daß man mit einer Kunstzeitschrift wie der REVUE kein Geld »machen« konnte. Höchstens Geld verlieren. So entschlossen wir uns, die REVUE in eine aktuelle Illustrierte umzuwandeln. Aber eine wöchentlich erscheinende Illustrierte verschlingt noch mehr Geld als eine monatlich erscheinende Kunstzeitschrift. Rechnungswesen und Buchhaltung mußten etabliert werden. Für die Buchhaltung verpflichtete Nina Herrn Biedermann. Nomen est omen: Biedermann erschien uns für eine Buchhaltung genau der richtige Name. Eine Vertriebsorganisation war aufzubauen. Eine aktuelle Illustrierte sollte in ganz Deutschland und vielleicht sogar im Ausland verkauft werden, und zwar pünktlich am Erstverkaufstag in jeder Stadt, in jedem Dorf. Hier kamen Transportprobleme auf mich zu, mit denen ich mich noch nie befaßt hatte.

Die Umwandlung der Kunstzeitschrift REVUE in die aktuelle

Illustrierte REVUE wurde nur von den Berlinern wahrgenommen. Denn als Kunstzeitschrift war sie damals ausschließlich in Berlin verkauft und gelesen worden. Für den neuen Erscheinungsort München und das gesamte Absatzgebiet der Westzonen war mit der aktuellen Illustrierten REVUE eine weitere *neue* Zeitschrift auf den Markt gekommen, die sich inmitten einer bereits etablierten Konkurrenz behaupten sollte: Seit 1946 gab es die in Köln gegründete »Neue Illustrierte«, seit April 1948 erschien in München die zu diesem Zeitpunkt führende »Quick«, und seit dem 1. August 1948 wurde in Hamburg der »Stern« gemacht.

Ich brauchte Geld. Wir hatten keinerlei Bankverbindungen. Nina entsann sich eines besonders liebenswürdigen und vertrauensvollen Herrn in der Deutschen Bank, der sie im Sommer des vorausgegangenen Jahres anläßlich der Währungsreform beim Umtausch ihrer RM in DM beraten hatte. Dieser Herr gab unserem neuen Münchner Verlag einen Kredit, der für Papier- und Druckkosten der ersten beiden Nummern reichte. Wir waren zunächst gerettet.

Mit einem Paket von Exemplaren der ersten Nummer fuhr ich zum Münchener Hauptbahnhof und bot das Blatt in Zügen vor der Abfahrt an – bis die Polizei erschien und mir das untersagte. Mein Verkauf verstieß gegen die Abmachungen mit dem Bahnhofsbuchhandel. Ich hatte den Eindruck, daß sich die Zeitschrift verkauft. Manche Käufer hielten mich wohl für einen Studenten und gaben mir ein Trinkgeld. Das freute mich, half mir aber nicht weiter.

Wegen stets leerer Kasse erschien die zweite Nummer nicht, wie ursprünglich vorgesehen, eine Woche darauf, sondern erst vierzehn Tage später. Und bei der dritten Nummer mußte ich schon um Fristverlängerung der Druckrechnungen bitten. Die Papierlieferung für die vierte Nummer aber wurde von der Zahlung des

Papiers der dritten Nummer abhängig gemacht. Ich stand vor der Pleite. Um die Redaktion, die ich verpflichtet hatte und die ja auch ihr Gehalt bekommen mußte, konnte ich mich überhaupt nicht kümmern, da ich mit finanzstarken Firmeninhabern verschiedener Branchen, die ich als Partner und vor allem als Kreditgeber gewinnen wollte, verhandelte. Inzwischen hatten sich die damaligen Manager des Süddeutschen Verlages mit der Druckerei und mit der Papiergroßhandlung verbündet. Man sollte uns kein Papier mehr liefern und die Zeitschrift nicht mehr drucken. In dem Verlag, aus dem der Süddeutsche Verlag nach dem Zweiten Weltkrieg erwuchs, war nämlich früher die »Münchener Illustrierte« erschienen, und die Manager benötigten für ein Wiederaufleben eine Lizenz, die ihnen die Amerikaner nicht erteilten. Jetzt hofften sie, über den Umweg der REVUE mit der zuständigen amerikanischen Dienststelle zu einem Agreement zu kommen. Ich war mit meinen Nerven am Ende; schließlich meinte Nina:

»Frag doch mal Schiermeyer, ob er sich an unserem Verlag beteiligen will.« Fassungslos sah ich sie an. Wir kannten Herrn Dr. Schiermeyer schließlich nur vom Wegsehen. In Berlin hatten wir zweimal ein Restaurant verlassen, weil uns ein Mann am Nebentisch die Laune verdarb. Er war offensichtlich Gastgeber einer höchst fragwürdigen Männergesellschaft, die ihm in peinlicher Weise nach dem Munde redete. Er führte das Wort, rühmte sich seiner Geschäfte, war laut, lachte grölend über seine eigenen schlechten Witze, die wir nicht mit anhören wollten. Mit einem Wort, Dr. Schiermeyer war ein Angeber.

Seltsamerweise war er mit meinem Freund Gerhard Grindel gut bekannt. Grindel erzählte mir, Schiermeyer sei ein Geldmann und an zahlreichen Firmen beteiligt. Als Grindel heiratete, bat er mich, sein Trauzeuge zu sein. Als er mir sagte, sein anderer Trauzeuge sei Herr Dr. Schiermeyer, verzichtete ich auf die Ehre, und Nina und ich nahmen auch an der Hochzeitsfeier nicht teil. Doch jetzt in München, meinte Nina, sollte ich mich an Schiermeyer wenden. Was blieb mir übrig? Ich war bereit, ihn anzurufen. In den ersten Nachkriegsjahren gab es in Deutschland noch keinen Telefonselbstwähldienst für Ferngespräche. Man mußte die »Vermittlung« einschalten, die aber Fernverbindungen oft erst nach Stunden zustande brachte. Als Nina mir kurz vor Mitternacht sagte: »Ruf doch jetzt Herrn Schiermeyer in Bremen an«, erwiderte ich, das sei um diese Zeit doch völlig unangebracht. Sie meinte, erfahrungsgemäß käme die Verbindung ja erst nach Stunden zustande. Ich sträubte mich bis um zwei Uhr. Als ich das Gespräch in Bremen anmeldete, sagte Nina noch:

»Das wird sicher Stunden dauern.« Es dauerte nur drei Minuten. Ein verschlafener Schiermeyer meldete sich, und Nina soufflierte mir – was sie zu meinem Leidwesen noch heute bei fast jedem Telefonat tut –, was ich sagen sollte. Sie hatte mir nahegelegt: »Mach keine langen Reden, sondern frag ihn gleich, ob er sich an der REVUE beteiligen will.«

Er wollte. Seine Zusage lautete, er würde in zwei oder drei Tagen zu uns nach München kommen. Ich bat ihn, spätestens übermorgen hier zu sein, da ich sonst eine andere Entscheidung treffen müßte. Tatsächlich lief in zwei Tagen die Frist ab, die man mir für die Begleichung der Rechnungen gestellt hatte.

Die nächsten fünf Tage möchte ich nicht noch einmal erleben. Denn Schiermeyer kam nicht am zweiten Tag, nicht am dritten, nicht am vierten, sondern erst, ich hatte schon jede Hoffnung aufgegeben, am fünften. Die Druckerei konnte ich nach einer lang dauernden Besprechung in München noch einmal vertrösten, aber der auswärtige Papierlieferant wollte sich von seiner Forderung sofortiger Bezahlung der angelaufenen Beträge nicht abbringen lassen. Man wollte meinen Beteuerungen, die erforderlichen Beträge seien mir zugesagt, keinen Glauben schenken. Und tatsächlich war mir ja noch gar nichts zugesagt. Am Morgen des fünften Tages war mir klar, daß ich aufgeben mußte. Da erreichte mich der Anruf, Herr Dr. Schiermeyer sei auf dem Weg nach München unterwegs.

Am späten Nachmittag trafen fünf Herren ein, angeführt von Herrn Schiermeyer, der eine geöffnete Schnapsflasche in der Hand hatte. Die anderen vier torkelten bereits. Dr. Schiermeyer, groß und ungeschlacht, war ein Spekulant. Er sei risikofreudig, sagte er zu Nina und mir, was uns sehr willkommen war. Er würde sich gern an der REVUE beteiligen, mit 50 Prozent. Unter dieser Voraussetzung würde er einen Gesellschafteranteil mit 20 000 DM einbringen und unserer GmbH den benötigten Kredit, der mit fünfzehn Prozent zu verzinsen sei, zur Verfügung stellen.

Ich sagte:

»Einverstanden. Als Kredit schlage ich eine Million vor.« Er demonstrierte mir seine Freude am Risiko, indem er zuerst einen Schluck aus der Pulle nahm, dann sein Scheckbuch zückte und mir einen Scheck über eine Million DM überreichte. Wir waren gerettet.

Ab Nr. 4 lautete das Impressum der REVUE nun Kindler & Schiermeyer Verlag. Und ab Nr. 5 vom 13. März 1949 erschien die REVUE wöchentlich. Das Titelblatt dieser Nummer zeigte ein Porträt des Fraktionschefs der SPD, Professor Carlo Schmid, der bei der Gestaltung des Grundgesetzes eine bedeutende Rolle gespielt hat.

Ich möchte es vorwegnehmen: Gustav Schiermeyer ging mit all seinen Firmenbeteiligungen pleite, nur jene am Kindler & Schiermeyer Verlag blieb ihm erhalten; die Zinsen erhielt er pünktlich, und den Kredit konnten wir früher zurückzahlen, als ihm lieb war. An dieser Rückzahlung lag mir außerordentlich, denn ich wollte in meinen Entscheidungen frei sein. Jahre später, als er sterbenskrank war und ihn alle sogenannten Freunde verlassen hatten, haben Nina und ich ihm bis zum Tod beigestanden. Und als wir 1965 unseren Zeitschriftenverlag verkauften, erhielt seine Frau einen großen Anteil.

Zurück zu den Anfängen der REVUE, die, wie gesagt, nicht leicht waren. Die Auflage stieg nur langsam, und der Inseratenanteil ließ zu wünschen übrig. 1949 aber gab es einen Aufwärtsruck dank einer nahezu exklusiven Berichterstattung über einen Mann, der in ganz Deutschland von sich reden machte: den Heilpraktiker Bruno Groening, der als Wundertäter galt.

Beim Durchblättern der Nummern aus der ersten Zeit sieht man sofort, daß die Redaktion alles tat, um einem breiten Publikumsgeschmack gerecht zu werden! Die Redakteure wußten, daß wir im Wettbewerb mit den anderen Blättern nur mit einer hohen Auflage bestehen konnten, denn nur dann war die Markenartikelindustrie zur Anzeigenvergabe zu gewinnen.

In den ersten Jahren erschienen in der Redaktion wiederholt Besucher, die im Dritten Reich eine Rolle gespielt hatten, sei es, daß sie zu Amt und Würden, sei es, daß sie in Konflikt mit dem Hitler-Regime gekommen waren.

Viele »ehemalige« Nazis boten Material für Veröffentlichungen an, oft fragwürdiges Material, das sie besaßen oder glaubten beschaffen zu können. Generale wollten ihre Siege feiern oder ihre Westen weißwaschen.

Eines Tages meldete sich bei uns Generalfeldmarschall Kesselring an. Er wollte mit uns über seine Autobiographie sprechen, die er zu schreiben begonnen hatte.

Beim abendlichen Gespräch kam er sehr schnell auf das zu sprechen, was er zu schreiben beabsichtigte. Mit Zorn in der Stimme sagte er zu Nina und mir: »Stellen Sie sich vor, man hat mich in London von einem Juden vernehmen lassen, mich, einen

Edelmann.« Er ließ sich näher über das Verhör aus, kam immer wieder darauf zu sprechen, daß es sich um einen als britischen Offizier verkleideten Emigranten gehandelt haben müsse, und fragte, was wir denn dazu sagten, daß ihm das als Edelmann zugemutet worden sei.

Wir verstummten. Ich weiß nicht, ob er unser Schweigen in seiner maßlosen Überheblichkeit als Zustimmung aufgefaßt hatte, denn er parlierte weiter in dieser fatalen Weise.

Als Nina oder ich nicht umhinkonnten, ihm zu sagen, daß er doch wohl auch der Meinung sei, die Judenverfolgung sei ein Verbrechen gewesen, erwiderte er, er könne unsere Auffassung nicht teilen. Gewiß sei das Schicksal der Juden bedauerlich. Aber wir müßten doch zugeben, daß die Vergasung immerhin human durchgeführt worden sei.

Ich zögere, es hinzuschreiben. Er sagte: »...human durchgeführt worden sei mit Musik.«

Wir standen auf, und ich begleitete ihn zur Tür.

Meine Frau und ich haben dieses Erlebnis Konrad Adenauer in seinem Haus in Rhöndorf erzählt, der daraufhin sagte, es sei gut, das zu wissen. Kesselring habe sich nämlich beworben, am Aufbau der Bundeswehr mitzuwirken. Das käme nun natürlich nicht in Frage.

Um uns von der Konkurrenz zu unterscheiden, legten wir bei der REVUE zunehmend besonderes Gewicht auf Fortsetzungsserien und Fortsetzungsromane. Die meisten waren besser als ihr Ruf. Romane verfaßte Will Berthold, der ein großes Geschick entwik-kelte, seine Texte zu kürzen oder zu verlängern, je nachdem, wie erfolgreich sie anliefen. Erfolgreich waren auch die Romane von Marie Louise Fischer. Noch erfolgreicher unter zahlreichen Pseudonymen erwies sich Hans Habe. Im Gegensatz zu den meisten anderen Autoren, die einen vollständigen Roman ablieferten, der bearbeitet und in Fortsetzungen gebracht wurde, lieferte Habe jeweils nur die ersten drei Kapitel und schrieb nach den ersten drei Abdrucken lediglich Woche für Woche eine Fortsetzung für die nächste REVUE-Folge. Er lieferte sie meist in letzter Minute vor Druckbeginn der betreffenden Nummer. So hatte er uns in der Hand. Die Honorare für die einzelnen Folgen erhöhten sich von Folge zu Folge. Für den Fall, daß er uns mit einer Folge im Stich lassen sollte, hatte ich vorgesorgt. Ich hatte einen Text entworfen, dessen Anfang ich allerdings offenließ, um die Personen aus den vorhergehenden Folgen noch einmal auftreten zu lassen. Diese hatten nach meinem Manuskript dann ein Schiff zu besteigen, das unter dramatischen Umständen unterging. Das schützte uns einige Male vor seinen überhöhten Honorarforderungen. Ich glaube, man hatte ihm hinterbracht, daß ich ein Schlußkapitel in meiner Schreibtischschublade hatte. Eines Tages erschien Hans Habe und bat uns erstens um einen großen Geldbetrag als Darlehen und zweitens um die Hilfe unseres Steuerberaters. Habe, der damals in Österreich lebte, hatte in seinen Steuererklärungen zwar tatsächlich alle Einnahmen aus Büchern, Veröffentlichungen in Illustrierten wie der REVUE und sonstigen Zeitschriften und Zeitungen, Honorare auch für Radiosendungen und Vorworte genauestens angegeben, hatte sich nur in einem Punkt »geirrt«: Er setzte hinter die Beträge nicht »DM«, sondern »öS« (österreichische Schillinge). Auf diese Weise versteuerte er also nur einen Bruchteil seines Einkommens. Die Steuerbehörden kamen erst nach sechs Jahren dahinter und erklärten ihm, er könne sich nicht sechsmal geirrt haben. So verlangten sie nicht nur eine enorme Steuernachzahlung und eine beträchtliche Steuerbuße, sondern beabsichtigten auch, ein Gerichtsverfahren gegen ihn anzustrengen. Wir trafen mit Hans Habe folgende Vereinbarung: Erstens würden wir uns mit unseren Anwälten und Steuerberatern darum bemühen, daß es zu keinem Gerichtsverfahren käme. Zweitens sollten sich Anwälte und Steuerberater um eine Reduzierung der Buße bemühen. Drittens erklärten wir uns dem österreichischen Finanzamt gegenüber dazu bereit, auf die nicht gezahlten Steuern eine erhebliche Anzahlung zu leisten und für den Rest Abzahlungsbeträge zu vereinbaren. Dafür sollten wir, so Habes Vorschlag, für den Zeitraum der Abwicklung, also ungefähr zweieinhalb Jahre, seine gesamten Einkünfte verwalten. Gleichzeitig verpflichtete sich Herr Habe, keine Romane oder Fortsetzungsserien in den Konkurrenz-Illustrierten zu veröffentlichen. Aus sämtlichen Einkünften, die er zu erwarten hatte, sollte er von uns monatlich einen nennenswerten Betrag für seinen Lebensunterhalt bekommen. Mit dem Restbetrag sollten unsere Darlehen und Zahlungen an das Finanzamt abgedeckt werden.

So ist es auch geschehen. Allerdings verwechselte er einmal ein Kuvert. Wir erwarteten die nächste Fortsetzung eines Romans von ihm, fanden in dem Kuvert aber die Fortsetzung eines Romans, den er ohne unser Wissen für die »Quick« unter einem neuen Pseudonym geschrieben hatte. Der Betrag für diesen »Quick«-Roman lief natürlich nicht über unsere Buchhaltung. Wahrscheinlich hat er uns nicht nur mit der »Quick« hintergangen, sondern auch andere Beträge vorenthalten für Veröffentlichungen, von denen wir nichts wußten. Das eine muß man ihm lassen: Er war einfallsreich und außerordentlich fleißig.

Alle Rekorde schlugen die Romane, die von Hans Günther unter seinem Pseudonym Heinz G. Konsalik in der REVUE erschienen. Mit dem *Arzt von Stalingrad* begann sein Aufstieg zum Auflagenmillionär, ein Roman, dem ein aktuelles Geschehen zugrunde lag: die Rückkehr des publicityscheuen Arztes Dr. Othmar Kohler, der seine Entlassung aus russischer Kriegsgefangenschaft über Jahre verweigert hatte, um unter den primitivsten Verhältnissen schwerkranken Kameraden im Gefangenenlager als Arzt und Operateur beizustehen. Kohler hatte sich dem Verlag gegenüber bereit erklärt, alle Passagen, die mit seiner Arbeit im Gefangenenlager zusammenhingen, auf ihre Richtigkeit zu überprüfen und zu korrigieren.

Nina und ich hatten eine Einrichtung etabliert, über die man sich bei der Konkurrenz lustig machte, die sich aber als sinnvoll erwies. Wir versammelten, nachdem wir aus unserer Villa in ein Bürohaus umgezogen waren, Woche für Woche in unserem Konferenzraum etwa zwölf bis fünfzehn Nichtliteraten – Angestellte der Vertriebs- und Anzeigenabteilung, des Rechnungswesens, Frauen vor allem –, denen der Autor die jeweils nächste Folge vorlas, die dann kritisiert und meistens umgearbeitet wurde.

Einer der ersten Tatsachenberichte hieß: *Reise ohne Wiederkehr* von Robert A. Stemmle. »Er beruht auf dem Fall des Arztes Dr. Marcel Petiot, der die Rassengesetze der deutschen Besatzungsmacht ausnutzte, um in den Jahren 1941 bis 1944 siebenundzwanzig jüdische Flüchtlinge in Paris zu ermorden. Dem Autor ging es nicht nur darum, den Sachverhalt zu berichten. Er macht vielmehr die Geschichte eines Mörders deutlich, für dessen Handeln der verbrecherische Krieg eine der unlösbaren Voraussetzungen war. Den Krieg mit seinen plötzlichen Notlagen und der Entwurzelung vieler Menschen, den Krieg als den Entwerter des Menschenlebens hat Petiot mit kaltblütiger, rücksichtsloser Systematik ausgenutzt.« So urteilt der Kriminologe Hans Joachim Schneider über Stemmles Fortsetzungsserie in der REVUE. Die Konkurrenz unter den Illustrierten war groß. Sie überboten sich bei wichtigen aktuellen Ereignissen in den immer horrender steigenden Preisen für die besten und vor allem die schnellsten Bildreportagen. Selbstverständlich unterhielt jede von ihnen eigene Reporter in den großen Weltstädten. Dabei war die verhältnismäßig lange Druckzeit infolge der hohen Auflagen ein ständiges Handikap für die Aktualität, was auch nicht dadurch bewältigt werden konnte, daß rund um die Uhr in drei Schichten gedruckt wurde.

Erst 1954 näherten wir uns den Auflagen der Konkurrenz: Die »Quick« hatte 678 000 Exemplare, der »Stern« 655 000, die »Neue Illustrierte« 566 000 und wir, die REVUE, 516 000 Exemplare. Einige Jahre später überschritten alle vier genannten Illustrierten die Millionengrenze, und der »Stern« schob sich unter dem genialen Blattmacher Henri Nannen an die erste Stelle. Wieder einige Jahre später kämpften wir und »Quick« zeitweise wechselnd um den zweiten Platz. Große Auflagensprünge schufen aber auch erhebliche, neue finanzielle Probleme. Es kann für die Verleger einer Illustrierten wirtschaftlich gefährlich werden, wenn sie im Frühjahr plötzlich ihre Verkaufsauflage um, sagen wir, 200 000 Exemplare erhöhen können, weil sie nun wöchentlich entscheidend höhere Kosten für Papier und Druck aufbringen müssen, ohne sofort ein Äquivalent in Form einer erhöhten Inserateneinnahme zu erhalten. Denn das Inseratengeschäft wird im wesentlichen in Form von Jahresaufträgen vergeben. Der Verleger kann aber die Anzeigenpreise nicht von heute auf morgen erhöhen, um die riesigen Kosten, die durch den Verkaufserfolg entstehen, ausgleichen zu können.

Neben den Romanen und Serien entwickelte die REVUE im Laufe der Zeit einen weiteren Schwerpunkt in ihrer Bild- und Textberichterstattung: politisch gravierende Beiträge, die bekenntnishaften Charakter hatten.

Diese Tendenz der REVUE zu politisch und sozial orientierten Berichten verstärkte sich noch, als Reinhart Holl im April 1959 Chefredakteur der REVUE wurde. Reinhart Holl, mit bürgerlichem Namen Reinhart Hoffmeister, stand uns auch dadurch nahe, daß er mit Manon verheiratet war. Manon und Reinhart hatten zwei Kinder: Angeli, 1956 zur Welt gekommen, und den zwei Jahre später geborenen Thomas. Holl brachte seine Erfahrungen als Chefreporter des Nachrichtenmagazins »Der Spiegel« in seine Redaktionsarbeit ein.

»Sie haben gelogen, Herr Präsident!« griff eine Schlagzeile an, und die Leser erfuhren, wie einer der schlimmsten Euthanasie-Ärzte der Nazis, Dr. Werner Heyde, steckbrieflich als Mörder gesucht, unter dem falschen Namen Sawade über dreizehn Jahre lang von Kollegen, auch in hohen Ämtern der Bundesrepublik, gedeckt und versteckt wurde. Mit dem Aufruf »Sie dürfen nicht entkommen« forderte REVUE, die Kumpaneien mit den braunen Mördern aufzudecken und endlich mit Nachdruck die NS-Verbrechen zu verfolgen – statt die Prozesse zu verschleppen. Kampf gegen Rassismus, Wiedergutmachung durch die »Aktion Sühnezeichen« – das waren seinerzeit die Reportagen. Andere Artikel wandten sich gegen die neuen Notstandsgesetze, gegen eine Atombewaffnung der deutschen Streitkräfte, ein Plan, mit dem der damalige Bundesverteidigungsminister Franz Josef Strauß zu liebäugeln schien.

Eine der aufsehenerregendsten Reportagen, die wir je brachten, war »20 km bis Cottbus«, veröffentlicht in der REVUE vom 14. November 1959. Das Thema: wie fahrlässig das Bundesverteidigungsministerium mit dem Leben deutscher Soldaten umging. Zwei Düsenjäger vom 34. Jabo-Geschwader waren am 22. Oktober auf dem Fliegerhorst Memmingen gestartet und von ihrem Übungsflug nicht zurückgekehrt. Kein Notsignal war aufgefangen worden, sie blieben spurlos verschwunden. »Überfällig« hieß es auf der Einsatztafel der Einheit. Das war eine Story mit verschiedenen Aspekten: menschlich, militärisch, politisch. Holl schickte zwei Reporter nach Memmingen, und was sie vom Kommandeur des Geschwaders, Oberstleutnant Karl-Heinz Greve, erfuhren, alarmierte die Öffentlichkeit. Nach seinen Worten wurden Angehörige der Bundeswehr, die durch

Mißgeschick über den Eisernen Vorhang gerieten, durch Angst dazu gebracht, sich nicht wie Soldaten, sondern wie Ausbrecher oder Abenteurer zu verhalten. Vor Zeugen hatte Greve den REVUE-Reportern erklärt: »Da wir den Piloten immer wieder sagen, daß sie drüben eventuell zehn Jahre Zuchthaus zu erwarten haben, werden sie alles versuchen, sich nach dem Westen durchzuschlagen. Was glauben Sie, was die machen, wenn sie ein Schild sehen ›20 km bis Cottbus‹! Nichts wie weg mit dem Fallschirm und seitwärts in die Büsche!«

REVUE attackierte den Bundesverteidigungsminister Strauß direkt und fragte, ob es eine offizielle oder geheime Anweisung an bundesdeutsche Soldaten gebe, wie sie sich im Fall einer Notlandung jenseits des Eisernen Vorhangs zu verhalten hätten. Wörtlich heißt es in dem Artikel der REVUE: »Wir leben – auch mit den Ländern jenseits des Eisernen Vorhangs – nicht im Kriege! Ein Soldat, der sich als Soldat zu erkennen gibt, wird durch die Genfer Konvention geschützt – ein ›Partisan des Kalten Krieges‹ nicht! Wenn Sie eine solche Anweisung gegeben haben, dann haben Sie Unsinn gemacht, Herr Minister – gefährlichen Unsinn! Und jeder einzelne Soldat, der versehentlich über die Ostgrenzen der Bundesrepublik gerät, wird Ihren Unsinn teuer bezahlen müssen!«

REVUE verbreitete den Artikel schon vor dem Erscheinen der Nummer, und so herrschte im Bundesverteidigungsministerium bereits am 9. November 1959 helle Aufregung. Und da der Minister Strauß nicht anwesend war, ereignete sich eine Panne, die sowohl die Äußerung des Oberstleutnant Greve als auch den REVUE-Artikel voll bestätigte. Auf einer eilig einberufenen Pressekonferenz am selben Tag erklärte der Sprecher des Bundesverteidigungsministeriums, man könne den Soldaten, die hinter den Eisernen Vorhang geraten, keine konkreten Anweisungen hinsichtlich ihres Verhaltens geben. Die Situation bei einer Notlandung oder bei einem Absprung sei jeweils anders. Dann fügte er hinzu, es könnten ja auch Verwandte in der Nähe wohnen, die dem verunglückten Soldaten weiterhelfen würden. Aus diesem Grunde könne das Verteidigungsministerium weder sagen, man solle sich durchschlagen, noch man solle sich bei der Polizei melden.

Diese Erklärung wurde wenige Stunden später vom Verteidigungsministerium widerrufen. Strauß selbst sagte, alles, was die REVUE veröffentlicht habe, sei »unwahr«. Was wahr sei, sagte er nicht. Und er kündigte an, den redaktionell verantwortlichen Reinhart Holl wegen »Verrats militärischer Geheimnisse« belangen zu lassen.

Die beiden Düsenjägerpiloten kehrten nach dreiundzwanzig Tagen zurück. Sie hatten sich verflogen und waren in der Tschechoslowakei gelandet. Die Redaktion der REVUE aber ließ nicht locker und nahm den Minister Strauß noch einmal in die Zange: »Unsere Soldaten sind kein Freiwild!« stellte der Artikel am 28. November 1959 fest. Zudem präsentierte die Redaktion Stellungnahmen der britischen und amerikanischen Militärbehörden, wonach Soldaten ihrer Streitkräfte die klare Anweisung hätten, sich »grundsätzlich« und »sofort« den zuständigen Behörden zu stellen, wenn sie in den Ostblock geraten sollten.

Strauß konnte daraufhin nicht anders entscheiden; mit einiger Verzögerung übernahm er die vernünftige NATO-Regelung auch für die Bundeswehr.

Diese Niederlage konnte Strauß nie verwinden. In einem Nachhutgefecht warf er der REVUE eine »bewußte Fälschung des Sachverhalts« vor, weil REVUE die Wahrheit gekannt, aber nicht veröffentlicht habe. Und wieder sagte er nicht, was denn diese »Wahrheit« sei. Der Verlag und Holl verklagten daraufhin die Bundesrepublik Deutschland, »vertreten durch den Bundesminister für Verteidigung« auf Widerruf. Ein Geflecht von prozessualen Auseinandersetzungen entstand in wenigen Wochen, mit Rechtszügen bei Landgerichten und Verwaltungsgerichten, in dem sich außer unserem Rechtsanwalt Dr. Otto Gritschneder keiner mehr zurechtfand.

Unserer Anzeigenabteilung machte die Politisierung der Zeitschrift zu schaffen. Kritischer Journalismus wird ja gern als »links« abgestempelt. Unabhängig von der Parteipolitik vertraten wir entschieden unsere Standpunkte, und so war es selbstverständlich, daß wir auch konservativ eingestellte Mitarbeiter wie Diether Stolze beschäftigten, den langjährigen ZEIT-Mitherausgeber, der im Oktober 1990 tödlich verunglückte.

Im Kampf um Inserate wurde mit heißen Bandagen gekämpft. Zahlreiche Firmen entschieden sich dafür, vor allem aus Kostengründen, ihre Anzeigenserie an nur *eine* Illustrierte zu vergeben. Die Anzeigenvertreter der einzelnen Illustrierten arbeiteten nicht nur mit Argumenten, in denen sie die Vorzüge »ihrer« Illustrierten, sondern auch die vermeintlichen Schwächen der Konkurrenz herausstellten. Kritische Beiträge aus dem Bereich der Politik konnten in den Augen mancher Firmen solche »Schwächen« sein.

Auf Initiative von Ludwig Erhard wurde zur Förderung des von ihm entwickelten Konzepts einer sozialen Marktwirtschaft eine groß angelegte Anzeigenkampagne ins Leben gerufen: die Waage. Eines Tages wurden die Waage-Anzeigen der REVUE entzogen. Das war zu verkraften. Aber es hatte zur Folge, daß uns einige wichtige Industrie- und Handelsfirmen plötzlich nicht mehr mit Anzeigen bedachten. Schließlich blieb mir nichts anderes übrig, als zu versuchen, die Differenzen mit Bonn auszuräumen.

Oberst Schmückle, Pressesprecher des Verteidigungsministers, war sofort bereit, eine Unterredung mit Franz Josef Strauß herbeizuführen, und erwies sich als ungewöhnlich hilfsbereiter und verständnisvoller Gesprächspartner – ungeachtet unterschiedlicher Standpunkte.

Das Gespräch mit Franz Josef Strauß in Bonn eröffnete der Minister in der Form konziliant, inhaltlich hingegen einigermaßen überraschend: Er wisse, wer mich politisch so oppositionell beeinflusse, das sei meine Frau. Da er einen Gedankenaustausch sehr begrüßen würde, schlüge er vor, diesen doch einmal in aller Ruhe bei mir zu Hause zu führen. Ich solle wissen, daß er einer Einladung von meiner Frau und mir stets gern folgen würde.

Es war nicht leicht, zur Sache zu kommen. Ich gewann den Eindruck, daß auch ihm an einer Beilegung der prozessualen Auseinandersetzungen lag. Freimütig erklärte ich, mir läge sehr daran, die Zerwürfnisse aus der Welt zu schaffen. Strauß benutzte meine Äußerung, um darzulegen, er sei davon überzeugt, daß uns »weltanschaulich« mehr verbinde als trenne. In dem Zusammenhang beschwor er die Notwendigkeit militärischer Stärke, denn letzten Endes ginge es doch »uns beiden« um die, wörtlich, »Verteidigung des Abendlandes«. Ich muß sagen, Strauß war einfallsreich im Gebrauch patriotischer Klischees und Worthülsen. Mir fiel im Augenblick nichts Besseres ein, als zu erwidern, daß eine »Verteidigung des Abendlandes« mit militärischen Mitteln wahrscheinlich identisch sei mit »Vernichtung des Abendlandes«. Strauß verließ dieses Thema. Viel brauchte ich nicht mehr zu sagen, da er hauptsächlich monologisierte. Ich durfte zuhören, was mir nur recht sein konnte.

Zu meiner Überraschung schlug er vor, mit Schmückles Hilfe ein gemeinsames Kommuniqué aufzusetzen, das man veröffentlichen könne. Das aber wollte ich nicht. Er belehrte mich noch, daß es sich um Delikte handle, bei denen eine Rücknahme durch ihn oder mich gar nicht zulässig sei. Ich lachte und meinte, ich traute ihm zu, daß ihm ein solcher Rechtsbruch gelänge. Jetzt lachte er. »Also setzen wir nur ein Protokoll auf«, schlug er mir daraufhin vor. Mit meinem Vorschlag: »Ich denke, wir sollten gar nichts machen« konnte er sich nur mit Mühe befreunden.

Die Verabschiedung kam. Die war gekonnt. Bühnenreif. Er ergriff meine Hand, ließ sie nicht mehr los, sah mir in die Augen, um zu sagen, wie sehr er sich freue, daß wir uns so nahe gekommen seien. Und dann ließ er die Katze aus dem Sack. »Ich gehe davon aus«, sagte er, »daß nach Beilegung der Probleme die REVUE, die schließlich über eine Million Exemplare wöchentlich verkauft, sachliche Beiträge über die Bundeswehr bringt.« Er führte aus, daß wir uns doch Vorschläge überlegen sollten. Oberst Schmückle stünde uns für eine Realisierung gern zur Verfügung, und auch er selber wäre stets für mich ansprechbar. Sein Händedruck war noch fester geworden. Mein Hirn funktionierte jedoch. »Ich darf, Herr Minister«, erwiderte ich, »Ihren Hinweis doch so verstehen, daß Sie uns eine faire Opposition zubilligen.« Der Verteidigungsminister ließ meine Hand los und sagte: »So wollt' ich es verstanden wissen.«

Damit konnte ich zufrieden sein. Rechtsanwalt Gritschneder schenkte mir ein Buch mit der Widmung: »Dem Gesetzesbrecher aus Überzeugung.«

Stammler, Holls Nachfolger als Chefredakteur der REVUE, hatte dem Gespräch beigewohnt. Er beglückwünschte mich. Holl hatte sich kurz zuvor von der REVUE getrennt, um Henri Nannens Stellvertreter beim »Stern« zu werden, kehrte aber bald nach München zurück und übernahm die Leitung der Werbeabteilung unseres Hauses.

Die Ehe zwischen Manon und Reinhart hielt nicht, aber die Zuwendung und Liebe, die er seinen Kindern, Angeli und Thomas, entgegenbringt, hat uns immer sehr mit ihm verbunden. Wir schätzen Reinhart nicht nur als fürsorglichen Vater, sondern auch als engagierten Publizisten[18]. In Angeli und Thomas, beide bereits glücklich verheiratet, die mit ihren Studien – Angeli ist Kunsthistorikerin, Thomas Biologe – vor dem Abschluß stehen, sehe ich auch *meine* Enkelkinder.

Reinhart Hoffmeister wurde später Leiter des ZDF-Kulturmagazins »aspekte« und Moderator der Reihe »Litera-Tour«.

Ein oder zwei Monate nach der Unterredung mit Franz Josef Strauß in Bonn fragte ich Stammler, ob er einen Einfall habe, der unserer Vereinbarung mit dem Minister entspräche. Er meinte, es sei nicht ganz einfach, einen Beitrag über die Bundeswehr zu bringen, der meiner Zusage einer »fairen Opposition« gerecht würde. Ich konnte ihm nicht widersprechen.

Da kam uns ein Zufall zu Hilfe. Nina und ich sahen den von Erwin Leiser produzierten Film *Hitler* und baten Stammler, sich mit einigen Redakteuren diesen hervorragenden Film anzusehen. Meine Idee war: Dieser Film, der der Aufklärung unserer Vergangenheit dient, möge in den Kasernen der Bundeswehr gezeigt werden, worüber REVUE einen großen positiven Bild- und Textbericht bringen werde. Ein Fernschreiben von uns an das Bundesverteidigungsministerium blieb unbeantwortet. Und auf eine Mahnung ließ man uns wissen, daß der Herr Verteidigungsminister den Kommandeuren der Bundeswehr keine Befehle erteilen könne, den Film vorführen zu lassen. Wir wollten uns mit dieser Entscheidung nicht abfinden und kamen nach Verhandlungen mit einer Einheit in der Nähe Münchens zu einer Vereinbarung: Der Film durfte in der betreffenden Kaserne, allerdings nur Offizieren und Unteroffizieren, vorgeführt werden.

Wir druckten in der REVUE einen größeren Bericht, in welchem wir die Vorführung in dieser Kaserne als vorbildlich auch für andere Einheiten darstellten. Es bestand aber offensichtlich kein Interesse, die Nazivergangenheit mit den sogenannten »Bürgern in Uniform« zu diskutieren.

REVUE hielt an politischen Berichten fest, auch wenn ich auf die bunte Mischung, die eine Illustrierte ihren Lesern schuldig zu sein glaubt, nicht verzichten mochte. Manche Titelblätter signalisierten die Gesinnung der REVUE. Zwei Beispiele: REVUE brachte im Jahr 1963 anläßlich der Hundertjahrfeier der SPD als Titel ihre Traditionsfahne »Freiheit, Gleichheit, Brüderlichkeit!« Der auf dieses Titelbild bezogene Beitrag im Innern der Zeitschrift informierte über die Geschichte der Arbeiterbewegung. Ein REVUE-Titel aus dem Jahr 1964 zeigt zwölf Schriftsteller, die die Hölle des Ersten oder Zweiten Weltkriegs erlebt haben, was ihre Bücher bezeugen. »Nie wieder« war die Schlagzeile der Titelseite.

Farbige Romane

Um unsere Geldsorgen zu reduzieren, starteten wir eine Heftreihe, die wir »Farbige Romane« nannten, weil wir überzeugt waren, daß mit Romanheften Geld verdient werden könnte. Nina war von meiner Bitte, sie möge die maßgeschneiderten Romane beschaffen, nicht gerade begeistert, weil sie weder einen Heftroman kannte noch gelesen hatte. Dennoch übernahm sie auch noch diesen Nebenjob. Ich denke, es dürfte genügen, dem Leser eine Vorstellung von dieser Heftreihe zu vermitteln, wenn ich nachstehend den Text einer Anzeige, die wir in REVUE brachten, wiedergebe:

Farbige Romane
Sie möchten einen Roman an einem Abend auslesen?
Sie interessieren sich für Ihr Horoskop?
Sie lösen gern Rätsel?
Sie brauchen Rat in seelischen Nöten?

Sie wollen sich gut verheiraten?
Dann lesen Sie den

Farbigen Roman
für 30 Pf.

Weitere Werbemaßnahmen konnten wir uns damals kaum leisten.

Das Schönste

Der Gedanke an eine Kunst- und Literaturzeitschrift hatte mich
nicht verlassen. Ständig beobachtete ich den Zeitschriftenmarkt
und stieß unter den zahlreichen Objekten auf eine Zeitschrift,
die sich von den anderen völlig unterschied. Sie hieß »Das Beste«
und war außerordentlich erfolgreich. (Das ist sie heute noch.)
Ich stellte mir vor, eine Zeitschrift, die »Das Schönste« versam-
meln würde, müßte sich auch behaupten können. Zwar rieten
mir alle von dem kleinen Magazin-Format, das für »Das Beste«
charakteristisch war, ab, und auch der Titel wurde kritisiert. Auf
das Taschenbuchformat verzichteten wir, aber auf dem Titel
»Das Schönste« bestand der Vertrieb. Wir bemühten uns, ein
Abonnementsgeschäft aufzubauen, das aber nicht in dem Umfang zustande kam, wie wir es uns erhofft hatten.
Kurt Fassmann entwickelte gemeinsam mit Nina und mir einige
Probehefte, und im Oktober 1955 erschien die erste Ausgabe.
Kurt Fassmann, bis zu seinem frühen Tod am 5. März 1979 mit
52 Jahren einer der wichtigsten Gesprächspartner von Nina und
mir in allen literarischen Fragen, übernahm 1955 die Chefredaktion der neuen Zeitschrift. Fassmann, Nina und ich waren bei
dieser Zeitschrift nicht gewillt, uns auf Vorstellungen und Wünsche potentieller Inserenten einzulassen, die ein populärer gehal-
tenes Objekt bevorzugt hätten. So hatte »Das Schönste« es nicht

leicht, genügend Inserate zu bekommen. Der redaktionelle Teil sagte mir zu. Ich blättere in zwei Nummern und freue mich noch heute über die Wiedergabe des Bildes »Canzone Meridionale« aus der Galleria d'Arte Moderna in Florenz auf dem Umschlagtitel der Ausgabe. Das Bild weist auf einen Beitrag über Chirico hin, dem Werner Helwig den Titel »Argonaut der Selbsterkundung« gab. Im Innern der Ausgabe bildet ein Artikel »Bildersturm in Deutschland« einen Schwerpunkt. Im Ressort »Architektur« kommt Corbusier zu Wort, der eine Villa in Paris baute, ein neues Haus in einem alten Viertel. Im vorderen Teil des Heftes steht die Theaterberichterstattung von Joachim Kaiser. Er schreibt über Festspielaufführungen: in Bayreuth, in Bad Hersfeld, in Salzburg; außerdem beschäftigt er sich mit den Internationalen Theaterwochen für Studenten in Erlangen. Im Literaturteil erinnert Karl Heinz Kramberg an Leonhard Frank. Ferner widmet er eine seiner Betrachtungen Kurt Tucholsky, von dem die Redaktion einige unbekannte Briefe veröffentlicht. Für das Ressort »Das kommende Buch« entschied sich Fassmann zu einem Teilabdruck aus Tibor Dérys *Der unvollendete Satz* sowie aus Ludwig Marcuses Titel *Obszön*. Einer Beat-Anthologie ist ein Gedicht von Jack Kerouac entnommen, das sorgfältig interpretiert wird.

Das zweite Heft, das ich in der Hand halte, zeigt eine Büste von Jean Paul, die in dessen Arbeitszimmer aufgestellt ist. »Jean Paul und die Deutschen« ist tragendes Thema dieses Heftes anläßlich des 200. Geburtstages des Dichters. Im Innenteil des Heftes stoße ich auf eine zeitgeschichtliche deutsche Tragödie, nämlich die Veröffentlichung einer Dokumentation »Kirche und Nationalsozialismus«. Joachim Kaiser hat diesmal zwei Bühneninszenierungen in München besucht: Herbert Meiers Stück *Jonas und der Nerz* und Tennessee Williams' *Zeit der Anpassung*. Joachim Kaiser setzt sich aber auch mit zwei Berliner Inszenierungen,

Shakespeares *Richard III.* und von Einems *Danton*-Oper, kritisch auseinander. Von Kurt Fassmann, dem Chefredakteur, enthält dieses Heft einen seiner letzten Beiträge: »Bildersturm in Frankreich«.

Um das Anzeigengeschäft zu beleben, gaben wir eine demoskopische Untersuchung in Auftrag. Das Ergebnis: »Das Schönste« gehörte zu den Zeitschriften mit einem beträchtlich über dem Durchschnitt liegenden Anteil von Lesern mit Abitur, nämlich 39 Prozent. Leider blieb die Zeitschrift trotz aller Bemühungen in den roten Zahlen, so daß wir uns schweren Herzens entschlossen, sie 1963 einzustellen.

BRAVO

1955, die REVUE war etabliert und brachte erfreuliche Gewinne, hatte ich die Idee, eine Zeitschrift für junge Leser herauszubringen. Ich war auf den Gedanken durch Manon, Georgette und deren Schulfreundinnen und Schulfreunde gekommen. Ich hatte bemerkt, daß junge Menschen mit 14 Jahren bereits in die Konsumgewohnheiten der Eltern einbezogen waren, daß sie außerdem in der Regel über ein Taschengeld verfügten, das es ihnen erlaubte, sich manche Wünsche zu erfüllen. Die Sprüche der Fernsehwerbung waren ihnen in Fleisch und Blut übergegangen. Hinzu kam, daß zahlreiche Eltern es sich leichtmachten, pädagogische Pflichten durch Geschenke zu ersetzen, für gute Zeugnisse zum Beispiel. Aber auch für die Geburts- und Namenstage und das Weihnachtsfest durften Jungen und Mädchen Wunschlisten für Geschenke aufstellen. Töchter und Söhne brauchten auch für Sommerferien Freizeitbekleidung, für Winterferien Skiausrüstung mit allem Drum und Dran. Mir entging auch nicht, daß die jungen Leute oft erheblichen Einfluß auf

Käufe ausübten, die die Eltern für sich oder den Haushalt machten. Junge Menschen wissen, was »in« ist, haben offene Augen und Ohren.

Ich war über mich selber erstaunt, daß ich, der ich kein Kaufmann war, an ein Objekt dachte, bei dem ich von vornherein den Werbeträger im Auge hatte. Bisher war die Werbung auf die vielfältigen Konsumbedürfnisse junger Menschen überhaupt noch kaum eingegangen. Es war, meine ich, das einzige Mal, daß ich mich ausschließlich vom wirtschaftlichen Kalkül leiten ließ. Über Einzelheiten der Planung beriet ich mich mit Peter Boenisch, der damals Redaktionsmitglied der REVUE war und zwei oder drei Jahre später für einige Zeit als Chefredakteur in die REVUE zurückkehrte. Aus gemeinsamen Entwürfen wurde BRAVO am 26. August 1956 ins Leben gerufen.

Das Wichtigste zunächst war, den Vertrieb, das heißt die Kioske, die in Betracht kommenden Läden und die Bahnhofsbuchhandlungen, dafür zu gewinnen, eine genügende Stückzahl der neuen Zeitschrift zu bestellen. Nicht zuwenig, aber auch nicht zuviel. Es dürfte allgemein bekannt sein, daß es sich um ein reines Kommissionsgeschäft handelt: Der Zeitschriftenhändler gibt die nicht verkauften Exemplare an den Verlag zurück. Ich hatte einen verrückten Gedanken: Ich stellte zum selben Zeitpunkt die »Farbigen Romane« ein, teilte aber den Grossisten und allen Vertriebsstellen mit, daß die »Farbigen Romane« von der nächsten Woche an einen neuen Titel bekämen und daß sie auch bebildert sein würden. Den Lesern der »Farbigen Romane« teilten wir in der letzten Ausgabe auf einer ganzen Seite folgendes mit: »Ab Freitag nächster Woche finden Sie die ›Farbigen Romane‹ in BRAVO, der Zeitschrift im Hollywoodformat. Mehr Unterhaltung für den gleichen Preis!« Das relativ kleine Format als »Hollywoodformat« zu bezeichnen hatte ich mir einfallen lassen. Es bürgerte sich ein.

Natürlich waren Leser und Vertriebsleute erstaunt, als sie in der Woche darauf eine Zeitschrift in Händen hatten, die mit ihrer Vorgängerin nichts zu tun hatte. Ein neues Blatt war entstanden. Und ich hatte erreicht, daß Kioske und sonstige Verkaufsstellen zunächst über die gleiche Stückzahl wie bisher bei den »Farbigen Romanen« verfügten. Ein größerer Erfolg stellte sich aber erst dann ein, als anstelle von Peter Boenisch für die Chefredaktion Liselotte Krakauer gewonnen wurde.

Mit Liselotte Krakauer und ihrer Vertreterin Hanni Bartenschlager, mit Erich Pecher und Gert Braun bekam das Blatt einen Touch ins Mädchenhafte, was aber nicht nur mehr Mädchen, sondern auch mehr Jungen als Käufer anzog. Das Blatt war bunt, glitzernd, flimmernd, lebendig. Liselotte Krakauer war mit Nina und mir der Meinung, wir seien aber auch verpflichtet, uns um wichtige Themen ernsthaft zu kümmern. Die Redaktion versuchte zu ergründen, welche Probleme junge Menschen beschäftigen, berief in regelmäßigen Abständen Sitzungen ein, an denen Schüler und Schülerinnen, Lehrlinge, ein Psychologe und der populäre Pfarrer Sommerauer neben den Redaktionsmitgliedern sowie Nina und mir teilnahmen. Der Auflage kam eines Tages eine ausführliche Bild- und Textberichterstattung über James Dean zugute, das damalige Idol der Jugend, der durch drei Filme – *Jenseits von Eden, ...denn sie wissen nicht, was sie tun* und *Giganten* – bekannt geworden war.

Wir hatten in BRAVO eine Fortsetzungsfolge besonderer Art. Wir zerlegten Fotos berühmter Filmstars in mehrere Einzelteile. Beginnend mit dem Kopfteil eines männlichen oder weiblichen Stars auf einer BRAVO-Seite, erschienen die weiteren Körperausschnitte des jeweiligen Stars über zwölf Nummern. Die jugendlichen Leserinnen und Leser mußten also zwölf aufeinanderfolgende Ausgaben der Zeitschrift kaufen, um ihren Star beisammenzuhaben. Sie lösten die betreffende Seite aus den Heften, klebten die einzelnen Körperteile auf eine große Pappe und hatten nach zwölf Wochen ihren Star in Lebensgröße vor sich. Diese Poster waren ein Riesenerfolg, besonders James Dean.

Der Kult um ihn, vor allem nach seinem frühen Unfalltod, brachte mich auf einen Einfall. Um meinem Bruder, einem Textilfabrikanten und Textilversender, eine Geburtstagsfreude zu machen, erfand ich ein Inserat, in dem für seine Sportjacken geworben wurde. Zu seiner Überraschung fand mein Bruder in der betreffenden BRAVO-Ausgabe folgende Anzeige:

James Dean trug Lederjacken

James Dean trug auch Strickjacken

Am liebsten trug er die Leder-Strick-Jacken

Er trug sie in Rot

Er trug sie in Grün

Er trug sie in Cognac

Manchmal tauchte er sie auch in Cognac

Der Bestelleingang bei meinem Bruder war sagenhaft.

Da fällt mir ein, daß meine Eltern sich ein liebevolles Geschenk zum Geburtstag meines Bruders – an einem 6. Mai – ausgedacht hatten. Die kleine familiäre Feier fand in Dietramszell statt, wo meine Eltern wohnten. Mein Vater hatte Kirschen gekauft – die ersten, die es Anfang Mai in München gab und die sündhaft teuer waren. Diese Kirschen hatten meine Eltern über Äste und Zweige eines Baumes gehängt: ein Anblick, der uns entzückte.

Jahre später übertrafen vier Pilzköpfe in BRAVO den Erfolg von James Dean. Viele junge BRAVO-Leser, und nicht nur diese, haben die Musik der Beatles aus Liverpool ihren Eltern schmackhaft gemacht, so daß auch Mütter und Väter BRAVO-Leser wurden und mit ihren Kindern und deren Freunden über die Mitglieder dieser sensationellen Beatgruppe mitreden konnten. Die einzigartigen Schallplattenrekorde dieses Quartetts übertrugen sich auf BRAVO.

Wenn die Erfolgsrechnung aufging und BRAVO von 1961 an höhere Erträge abwarf als REVUE, lag das nicht so sehr am Anzeigenaufkommen, sondern an den relativ geringen Redaktionskosten. Die Zeitschrift benötigte keine Reporter, keine Auslandskorrespondenten und arbeitete auch zahlenmäßig im kleinen Team. Die Anzeigen- und Werbeleute, die im allgemeinen ihrer Zeit voraus sein wollen, hinkten im Fall BRAVO hinterher; es war entgegen meinen Erwartungen nicht leicht, einen angemessenen Anzeigenteil zu schaffen. Aber die steigende Auflage veranlaßte allmählich große Markenartikelfirmen, BRAVO doch als Werbeträger zu berücksichtigen. Der Verlag half der Werbung treibenden Wirtschaft bei ihren Entschlüssen, indem er über die Verbrauchergewohnheiten der Leser von BRAVO im Vergleich zu den Verbrauchergewohnheiten des Durchschnitts der Bevölkerung von Marktforschungsinstituten gründliche Untersuchungen erstellen ließ. So konnten zum Beispiel in der Zeit vom 14. November 1960 bis 10. Dezember 1960 4172 Befragungen durchgeführt werden, um zu repräsentativen Ergebnissen zu kommen. Während beispielsweise in Haushalten mit BRAVO-Lesern weniger elektrische Bügeleisen mit Temperaturregler als in anderen Haushalten vorhanden waren, lag die Zahl der elektrischen Plattenspieler bei Haushalten mit BRAVO-Lesern, die Zahl der Fotoapparate oder gar der Mopeds nennenswert höher. Auf die Frage, wieviel Paar Strümpfe in den letzten vier Wochen gekauft wurden, schnitten BRAVO-Leser mit 75 Prozent gegen 56 Prozent der Gesamtbevölkerung vorteilhaft ab. Der Verbrauch von Lippenstiften und mehr noch von Nagellack lag bei BRAVO-Lesern höher als bei Haushalten, in denen BRAVO nicht gelesen wurde. BRAVO-Leser hatten auch mehr Freunde und Bekannte als Nicht-BRAVO-Leser.

KAPITEL 33
Und wieder Bücher

Kehren wir in das für mich dramatische Jahr 1949 zurück. Die
REVUE kämpfte um ihre Existenz, und ans Büchermachen war
nicht zu denken. Es ging erst einmal um den Aufbau des Zeitschriftenverlages, und die damit verbundenen Probleme waren
kaum zu bewältigen. Kaufmann war ich nie gewesen, eine Bilanz
mußte ich erst lesen lernen.

Dennoch ging mir der Gedanke an neue Bücher nicht aus dem
Kopf: Erstens hatten wir kaum Zeit, zweitens nicht genügend
Geld, drittens weder Autoren noch Autorenrechte, und darüber
hinaus hatten wir im Haus keinen Platz, weitere Mitarbeiter
unterzubringen.

Aber an den Sonntagabenden überlegte ich mit Nina hin und
her. Trotz *verboten und verbrannt* war ich als Buchverleger
noch so gut wie unbekannt. Wir fragten uns, ob es einen Stoff
gäbe, der sich sowohl für eine erfolgversprechende Veröffentlichung in der REVUE als auch für eine Buchausgabe eignen
würde. Der Ton lag auf erfolgversprechend und repräsentabel.
In einer Zeitung hatte ich etwas über Sauerbruch gelesen. Sauerbruch, ja, er wäre repräsentabel. Seit dem Ende des Ersten
Weltkriegs war er zweifellos der berühmteste Arzt Deutschlands. Nach Marburg und Zürich hatte er von 1918 bis 1928
den Lehrstuhl für Chirurgie in München und seitdem in Berlin
an der Charité. Oft habe ich mich gefragt, wie es zu erklären sei,

daß selbst jedes Schulkind in Deutschland den Namen Sauerbruch kannte.

Ich erinnere mich, daß Rudi Pallas, der damals Medizin studierte, mich, der ich 16 oder 17 Jahre alt war, mit in Vorlesungen von Sauerbruch genommen hatte. Unvergessen blieb mir, wie er die Studenten im überfüllten Hörsaal ansprach, wie unkonventionell er dozierte. Es war hinreißend, offenbar ein Vergnügen für ihn und ebenso ein Vergnügen für seine Zuhörer. Er war ein Original, eine Kapazität, prominent *und* populär.

Ja, Sauerbruchs Leben – das ergäbe eine hervorragende Biographie. Aber wer sollte die schreiben? Ich kannte niemanden, dem ich eine solche Aufgabe zutrauen wollte. Ich kam nicht weiter, bis Nina sagte: »Fahr zu Sauerbruch, sprich mit ihm. Er soll sein Leben selber schreiben.« Würde Sauerbruch, 74 Jahre alt und emeritiert, einer der größten Mediziner der Welt, mich, einen Illustrierten-Verleger, empfangen? »Soll ich mich wie als Junge in Berlin bei Döblin als Patient bei ihm einschleichen?«

Ferdinand Sauerbruch

Sauerbruch empfing mich mit seiner Frau Ende März 1950 in seiner Berliner Villa im Grunewald. Er hörte mir geduldig zu und sagte dann:

»Nein, wenn ich meine Autobiographie zu schreiben beginne, dann wird das zu wissenschaftlich, jedenfalls für eine Illustrierte.« – »Aber du könntest dein Leben erzählen«, warf seine Frau ein. »Dein Freund Schwerdtfeger findet das auch.« Sie war von dem Plan angetan. Jetzt kam es darauf an, ihn umzustimmen. Sauerbruch schien nachzudenken und meinte dann, indem er seine Hand auf die Hand seiner Frau legte: »Ja, *dir* könnte ich mein Leben erzählen. Außerdem weißt du schon alles.« – »*Fast* alles«, unterbrach sie ihn. »Jedenfalls könntest *du* mein Leben schreiben.«

Dieser Gedanke sagte ihr jedoch nicht zu. Ich machte daraufhin folgenden Vorschlag: »Herr Geheimrat, Sie erzählen Ihr Leben unserem Chefreporter, der früher Chefreporter der ›Berliner Illustrirten‹ war. *Er* schreibt das auf, was *Sie* erzählen. Es entsteht auf diese Weise ein zwar nicht von Ihnen *geschriebenes*, aber von Ihnen *gesprochenes* Buch. Wenn Sie erlauben, mach' ich Sie mit ihm, Herrn Berndorf, bekannt.« Nachdenklich meinte Sauerbruch: »Es gibt ja sehr viel, was ich geschrieben habe. Das richtet sich zwar an meine Kollegen, aber manches kann man wahrscheinlich übernehmen.«

Gewonnen, dachte ich. Mit Hans Rudolf Berndorf würde er sicher gut auskommen. Berndorf verstand es wie kein zweiter, Menschen für sich einzunehmen. Er war das, was man einen Causeur nennt. Ich meine es nicht abschätzig.

Ich fragte Sauerbruch, ob er einen Vorschuß haben wolle. Er verneinte und erklärte allen Ernstes, übrigens ohne Widerspruch seiner Frau, daß er nicht verstünde, wieso er von mir ein Honorar bekommen solle. Schließlich, gab er zu bedenken, müßte *ich* den Chefreporter bezahlen. Dann müßte *ich* das Manuskript setzen und drucken lassen, das alles koste doch *mein* Geld. Ich beharrte auf einem Honorarangebot für den Abdruck in REVUE und auf 10 Prozent Tantiemen für alle Auflagen der Buchausgabe.

Ungefähr zehn Tage nach meinem Besuch bei Sauerbruch kam ein Brief an den Kindler & Schiermeyer Verlag, in dem der Professor schrieb, unter Bezugnahme auf Herrn Schwerdtfeger wolle er uns mitteilen, er würde seine Memoiren mit Hilfe von Herrn Berndorf schreiben und erwarte unsere Vorschläge.

Nun setzten wir uns mit Herrn Schwerdtfeger in Berlin in Verbindung. Es stellte sich heraus, daß Sauerbruch auf das, was

Schwerdtfeger für angemessen hielt, hörte. Schwerdtfeger war, wie ich später erfuhr, einer seiner früheren Patienten. Jedenfalls war er dem alten Herrn sehr ergeben, aber auch mir gegenüber fair und hilfreich. Mit meinem Honorarangebot an Sauerbruch war er einverstanden, eine Provision für sich lehnte er ebenso freundlich wie bestimmt ab.

Bei meinem nächsten Gespräch mit Sauerbruch in Berlin kam er auf die Tantiemen zurück. Er habe sich überlegt, daß sie im Falle seines Todes seinen Erben zufielen. Erbberechtigt seien seine Kinder aus erster Ehe, erbberechtigt sei auch seine von ihm geschiedene Frau, so daß für seine jetzige wenig bliebe.

Nun, ich bin mit Sauerbruch zu seiner ersten Frau gefahren, die auch in Berlin lebte, und habe nach einem frostigen, aber höflichen Gespräch erreicht, daß es unabhängig von allen bestehenden Verfügungen, die Sauerbruch getroffen hatte, für die Buchausgabe nur zwei Empfangsberechtigte geben sollte, nämlich seine erste und seine jetzige Frau. Jede der beiden bekäme die Hälfte.

Sie sind gut damit gefahren. Tatsächlich fielen die ersten Tantiemen erst nach seinem Tod an. Er starb eineinhalb Jahre später, am 2. Juli 1951. Nur wenige Wochen zuvor war das Manuskript fertig geworden.

Hans Rudolf Berndorf hatte den Auftrag gern übernommen. Ende Juni 1950 begannen seine Zusammenkünfte mit Sauerbruch. Berndorf erwies sich in *einer* Beziehung wahrhaft als Meister. Er verstand es nämlich, nicht nur geduldig den Sauerbruchschen Erzählungen zuzuhören, sondern Fragen zu stellen und Sauerbruch zu animieren, auf viele Einzelheiten einzugehen. Sauerbruch, ohnehin dafür bekannt, daß er Freunden gern zurückliegende und aktuelle Erlebnisse pointiert erzählte, ging auf alle Fragen, die Berndorf vorbrachte, ausführlich ein. So entstand ein sehr lebendiges Porträt.

Nach einem seiner Besuche bei Sauerbruchs zu Hause erzählte uns Berndorf, er habe erlebt, daß Sauerbruch während des Essens mit der linken Hand Zeitung lese. Frau Dr. Sauerbruch habe ihn vorher schon darauf aufmerksam gemacht. Jedenfalls war er sehr verblüfft, als Sauerbruch, nach dem letzten Bissen von der Zeitung aufsehend, seine Frau fragte: »Habe ich noch Hunger?« Frau Sauerbruch habe ihm dann erzählt, daß sich dieses Verhalten und diese Frage täglich wiederholten. Manchmal sage sie nein, manchmal sage sie ja. Sie sage immer dann ja, wenn sie das Gefühl habe, daß er mit dem Zeitunglesen noch nicht fertig sei. Nach dem Essen lege er die Zeitung beiseite.

Berndorf war überrascht, daß Sauerbruch bereit war, auch auf seine zahlreichen »Frauengeschichten« einzugehen. Da Berndorf sich bei diesem Thema nicht ganz wohl fühlte, übernahm ich es, mit Sauerbruch darüber zu sprechen. Es wurde kein schwieriges Gespräch, denn er wollte sich in dieser Hinsicht auf das verlassen, was Schwerdtfeger und ich für richtig hielten. Es ergab sich, daß ihm *eine* Beziehung am Herzen lag. Sie betraf Erna Hanfstaengl. Über sie war in den Nazijahren das Gerücht verbreitet gewesen, daß sich zwei berühmte Männer um sie bemüht hätten, nämlich Hitler und Sauerbruch. Ich gab Sauerbruch zu bedenken, daß es Erna Hanfstaengl vielleicht nicht recht sein könnte, in seiner Autobiographie vorzukommen. Sauerbruch bat mich, das zu klären, doch ich schlug vor, Erna Hanfstaengl gemeinsam aufzusuchen.

Erna Hanfstaengl lebte in Bayern. Wir hatten uns angemeldet. Ich kaufte Rosen, die Sauerbruch ihr überreichte. Nach unserem Besuch begann eine Tragödie, von der ich monatelang in Atem gehalten worden bin. Erna Hanfstaengl glaubte nämlich, Sauerbruch sei zu ihr zurückgekommen. Es gab keinen Zweifel, sie liebte ihn. Nach dem Besuch kam sie zu mir nach München, um mich davon zu überzeugen, daß sie für ihn viel besser sorgen könne, ihn viel besser pflegen würde als seine jetzige Frau. Dann wollte sie mich für einen abenteuerlichen Plan gewinnen: Ich sollte Sauerbruch in eine abgelegene Berghütte entführen, wo sie auf ihn warten würde.

Es war gar nicht komisch, zu erleben, wie Erna Hanfstaengl, eine alte Dame, ihre Tränen nicht zurückhalten konnte, als ich es ablehnte, ihr diesen »Gefallen« zu tun.

In den nächsten Monaten trafen Nina und ich uns häufig mit Sauerbruch und seiner Frau Margot, die wir sehr zu schätzen lernten. Als Ärztin kümmerte sie sich liebevoll um ihren Mann, war auch in bezug auf das Projekt, um das es uns allen ging, eine große Unterstützung.

Sauerbruch und ich wurden uns bald einig, wie seine Autobiographie aussehen sollte, und zwischen uns beiden entstand ein herzliches Verhältnis. Es bereitete ihm auch Freude, wie sehr ich mich für medizinische Probleme interessierte. Einmal hielt er mir einen Vortrag über Ludwig Rehn, der die erste erfolgreiche Naht am Herzen durchgeführt hatte. Sauerbruch amüsierte sich, daß ich mir Notizen dabei machte. »Sie hätten mein Assistent sein können.« Seine Frau sagte mir, das sei das größte Kompliment, das er einem jüngeren Menschen machen könne.

In dem Manuskript, das größtenteils bereits im August vorlag, hatte Sauerbruch sich, wie wir fanden, doch wohl zu vordergründig porträtiert. Ernst, Sinn und Lebensleistung waren unseres Erachtens zu kurz gekommen. Auch Frau Dr. Margot meinte in einem Brief: Es ist unser Wunsch, daß »die anerkannt wichtigsten Vorträge meines Mannes, die nicht nur neuartige Gedanken entwickeln, sondern auch einen tiefen Einblick in seine Persönlichkeit, seine ärztlich hohe Ethik und seine philosophische Weltanschauung vermitteln«, berücksichtigt werden.

Wir sprachen mit Berndorf darüber, was nicht ganz leicht war, denn wir durften ihn nicht kränken. Wir zogen jedoch einen unserer Autoren hinzu, den Mediziner E. H. G. Lutz, der in den darauffolgenden Jahren drei informative Bücher für uns geschrieben hat, das bekannteste *Die goldenen Hände.*

Die Probleme, um die es ging, wurden zum Teil dadurch thematisiert, daß ich inzwischen intensiv in Sauerbruchs Lebensgeschichte wie auch wissenschaftliche Arbeit eingedrungen war. Ich hatte mir, obgleich das damals noch verkehrstechnisch und postalisch verhältnismäßig schwierig war, das ganze Archiv, das sich auf dem Dachboden und im Keller von Sauerbruchs Villa in Berlin befand, nach München kommen lassen. Hier wurden Briefe, Schriften, Manuskriptentwürfe sowie die wissenschaftlichen Arbeiten sortiert und in vielen Nächten von mir gelesen.

Zu einer klärenden Besprechung luden wir Professor Sauerbruch und Frau im Oktober 1950 für einige Tage nach München ein. Drei Tage lang wurden Korrekturen vorgenommen. Vor allem aber wurde in einem Protokoll, als Ergebnis eingehender Besprechungen zwischen dem Professor und seiner Frau, Berndorf, Dr. Lutz, Nina und mir, festgehalten, was noch zu tun sei. Am Abend des 8. Oktober fanden wir uns in dieser Runde im Restaurant Walterspiel des Hotels Vier Jahreszeiten zu einem Essen zusammen. Meine Frau hatte sich allerdings entschuldigt. Sie stieß erst nach dem Essen wieder zu uns, als wir es uns schon in der Bar gemütlich gemacht hatten. Nina war leichenblaß, als sie eintrat. »Leichenblaß«, das sagt man so. Aber sie selbst spürte, wie angegriffen sie aussah. Sie hatte an diesem Abend auf die Premiere von Brechts *Mutter Courage* in den Kammerspielen in der Regie von Erich Engel und dem Autor nicht verzichten wollen. Stück und Aufführung mit Therese Giehse als Mutter Courage hatten sie, die das Theater so sehr liebte, überwältigt. Tags darauf sprachen Nina und Fritz Kortner, der auch in der Vorstellung gewesen war, über den Eindruck dieses Theaterabends. Kortner wird ihn später in seiner Autobiographie *Aller*

Tage Abend schildern. Die übereinstimmende Meinung über diese Vorstellung hatte zur Folge, daß Fritz Kortner in seine Zuneigung zu mir Nina einschloß.

Als wir uns an diesem Abend in München von Sauerbruch und seiner Frau verabschiedeten, überraschte er uns mit dem Vorschlag: »Von jetzt an werde ich auf Fragen, die mir Herr Berndorf und meine Frau zu Hause stellen werden, auf Tonband antworten.« So geschah es bis zum Mai des Jahres 1951.

Die Arbeiten zogen sich lange hin, weil Sauerbruch in den letzten Monaten physisch und psychisch leicht erschöpft war. Nur wenn er ausgeschlafen und frisch war, konnte er Erinnerungen in sein Gedächtnis zurückrufen, die noch eingefügt werden sollten. Und dank der unermüdlichen Hilfe seiner Frau kam es zu dem ersehnten Abschluß.

Noch einmal besuchte uns Sauerbruch mit seiner Frau in München. In unserer Wohnung in Harlaching sollte Nina ihm den zweiten Teil und dann den dritten Teil, mit dem die Erinnerungen abschlossen, vorlesen. Wir waren sehr bewegt, als Nina endete. Zu Sauerbruch gewandt, sagte sie: »Das war Ihr Leben.« – »Ja«, antwortete der Professor, »das war mein Leben.« Es wurde der Titel des Buches. Den Vorabdruck in der REVUE erlebte er nicht mehr. Er starb am 2. Juli 1951.

Am 15. September 1951 begann die REVUE mit dem Abdruck von Sauerbruchs Memoiren. Die Fortsetzungen waren noch nicht abgeschlossen, als kurz vor Weihnachten die Buchausgabe erschien. Die REVUE-Auflage hatte sich gefestigt, und die Buchausgabe von Sauerbruchs Erinnerungen *Das war mein Leben* übertraf alle Erwartungen. Und Nina und ich hatten unseren Buchverlag, den Kindler Verlag. Die ersten beiden Mitarbeiter für Vertrieb und Auslieferung unserer Titel an den Buchhandel mußten sich einen Schreibtisch des Zeitschriftenverlages im Keller teilen. Monate später verkleinerten wir unsere

Wohnräume im selben Harlachinger Haus, um weitere Mitarbeiter, vor allem für die REVUE, unterbringen zu können.

Das Druckhaus von Hans Holzmann in Bad Wörishofen konnte kaum mit dem Absatz Schritt halten. Sauerbruchs Memoiren wurden zu einem wahrhaft sensationellen, Jahrzehnte anhaltenden Erfolg. *Das war mein Leben* wurde in viele Sprachen, sogar ins Isländische, übersetzt. Mit schätzungsweise 1,5 Millionen Exemplaren blieb dieses Buch, das erste des Münchener Verlages, der größte Erfolg, den der Verlag mit keinem seiner anderen Bücher je wieder erreichen sollte.

Die Halbmonatsschrift »Die Gegenwart«, von Benno Reifenberg und Rolf Sternberger mit anderen Kollegen nach dem Weltkrieg herausgegeben, brachte am 15. März 1952 eine Kritik, in der es heißt: »Das Buch Sauerbruchs ist mehr als das von Schleich, der ein Märtyrer seiner Entdeckung, der Lokalanästhesie, und ein Bohemien wurde. Es ist medizinischer als das Axel Munthes *Buch von San Michele*, der weltmännisch farbenreich phantasiert. Es ist wärmer als das Buch des Psychiaters Hoche, dem ätzende Randbemerkungen und tödliche Kritiken allzuleicht eignen. Das waren die drei großen medizinisch-biographischen Bucherfolge. Sauerbruchs Arbeit war umfangreicher, schwerer, größer. Er hat die kranke Menschheit weiter gebracht.«

Es war eine Lust, Verleger zu sein.

Albert Schweitzer
Die Biographie einer Jahrhundertgestalt

Als ein Höhepunkt im Zusammenspiel von Zeitschriftenredaktion und Buchverlag ist auch die *Albert-Schweitzer*-Biographie von Jean Pierhal anzusehen. Nach dem Vorabdruck in der

REVUE veröffentlichte der Kindler Verlag die Buchausgabe. Ähnlich der literaturpolitischen Dokumentation *verboten und verbrannt* wurde die Biographie Albert Schweitzers richtungweisend für einen Programmschwerpunkt unseres Verlagshauses. Unser verstorbener Freund Eugen Kogon sah in dieser Biographie die Humanität als formierende Kraft, auf die es ankäme.

Zu dieser Schweitzer-Biographie hat Robert Jungk ein Vorwort geschrieben, in welchem er höchst phantasievoll – und an Phantasie mangelt es ihm wahrlich nicht – der Frage ausgewichen ist, wer der Autor Jean Pierhal, von dem nie jemand etwas gehört hatte, eigentlich sei. Nun, der Autor Jean Pierhal ist niemand anderer als Robert Jungk selbst. Ich weiß bis heute nicht, was unseren Freund Robert Jungk veranlaßt haben mag, das Buch unter dem Pseudonym Pierhal auf den Weg zu bringen, bin aber sicher, daß er nichts dagegen hat, wenn ich jetzt den Sachverhalt offenlege. Das Buch hatte auch ein Nachwort. Unser damaliger Lektor Hanns Arens hatte im Einverständnis mit Robert Jungk den griechischen Dichter Niko Kazantzakis für einen Epilog gewonnen, den dieser mit den Sätzen einleitete: »Niemals habe ich in meinem Herzen die beiden faszinierenden Persönlichkeiten voneinander trennen können, so weit durch die vergängliche Zeit auch geschieden, im Zeitmaß der Ewigkeit doch so vereint, ich möchte sagen, in Gottes Brust. Sie ähneln einander wie Brüder: der heilige Franz von Assisi und Albert Schweitzer.« Robert Jungk erinnerte mich neulich daran, wie sehr wir beide uns über Herbert Stegemanns Kritik im Berliner »Tagesspiegel« vom 14. Mai 1955 gefreut hatten. In ihr steht: »Man kann es nur mit dankbarer Freude begrüßen, daß Jean Pierhal eine Lebensgeschichte Albert Schweitzers vorlegt, die keine gelehrte Abhandlung, sondern ganz in seinem Sinne eine im volkstümlichen Erzählerton gehaltene ›Geschichte eines guten Menschen‹ ist, ein wirkliches Volksbuch, das jung und alt mit dem Leben und dem Denken Albert Schweitzers vertraut macht und durch ein tiefsinniges Vorwort Robert Jungks und einen Epilog des griechischen Dichters Niko Kazantzakis ebenso bereichert wird wie durch die zahlreichen Abbildungen, die Albert Schweitzer in den verschiedenen Etappen seines Lebens zeigen. Der Lebensgang Albert Schweitzers, der nach beendigtem Theologiestudium noch als Dreißigjähriger Medizin studiert, um im Jahre 1913 mit seiner jungen Ehefrau nach Afrika in das Quellgebiet des Ogave zu gehen, um dort das Spital von Lambarene zu errichten, ist zu bekannt, als daß er hier wiederholt werden müßte. Aber mit seiner karitativen Tätigkeit in Afrika ist das Wesen dieses einzigartigen Mannes nicht erschöpft. Die Geistlichkeit bewundert ihn als Theologen, die Musiker ehren ihn als den Schöpfer des gründlichsten Werkes über Johann Sebastian Bach, die Orgelbauer rühmen ihn als den Mann, der sämtliche Orgeln Europas kennt. Aber um seiner größten Tat willen, um jenes Spitals in Lambarene, das er im afrikanischen Urwald allein geschaffen hat, liebt und bewundert ihn jeder, der das Menschliche für den höchsten Wert des Lebens hält und in Persönlichkeiten wie Schweitzer das einzige Heilmittel einer an den Bazillen der Unmenschlichkeit erkrankten Generation erblickt.

Eine wertvolle Ergänzung dieses Volksbuches stellen die Briefe aus Lambarene dar, in denen Schweitzer in schlichter und einfacher Sprache von seiner ärztlichen Tätigkeit in Afrika erzählt. Wir erfahren von den Krankheiten in Afrika, Lepra, Lues, Malaria, Dysenterie, fressenden Geschwüren, der Schlafkrankheit und anderer Seuchen, die an Entsetzen alle europäischen Vorstellungen übertreffen, von medizinischen Behandlungen, Resultaten, Mißerfolgen, sowie von den außerordentlichen Schwierigkeiten, mit denen Schweitzer als Arzt, als Organisator zu kämpfen hat, Schwierigkeiten, unter denen die Trägheit und das Mißtrauen der Neger nicht die geringsten sind. Hier rundet sich das Bild dieses großen Mannes in einer Weise ab, die den Vergleich, den der griechische Dichter in seinem Epilog zu Pierhals Werk zwischen Schweitzer und dem heiligen Franziskus zieht, als zutreffend erscheinen läßt, und aus den schlichten Berichten Schweitzers über Operation und Krankenpflege weht uns ein Hauch jener Größe an, die nicht von der Welt ist, aber allein die Welt zu retten vermag.«

Exodus
Ein zeitgenössischer Roman ohne Beispiel

»Hat die REVUE tatsächlich den Roman *Exodus* von Leon Uris in Fortsetzungen gebracht?« fragte mich vor kurzem eine Lektorin, die es wie viele Leser erstaunlich fand, daß ein zeitgeschichtlicher Roman dieser Bedeutung zuerst in einer deutschen Illustrierten erschienen ist.

Mit der Schilderung einer dramatischen Episode, die im Mittelpunkt der ersten Hälfte des Romans von Leon Uris steht, beginnt Jerôme v. Gebsattel seinen Beitrag über *Exodus*: »Im Jahre 1946 hat England unter dem Druck der arabischen Welt die Einwanderung europäischer Juden in sein Mandatsgebiet Palästina für illegal erklärt und auf Zypern Auffanglager für jüdische Emigranten eingerichtet. Nach mehreren gescheiterten Versuchen, die englische Blockade zu durchbrechen und in Palästina zu landen, hat sich die jüdische Geheimorganisation ›Mossad Aliyah Bet‹ zu einer Verzweiflungsaktion entschlossen. Sie hat dreihundert jüdische Kinder auf einen altersschwachen Dampfer geladen, hat ihm den symbolischen Namen ›Exodus‹ gegeben und eine Dynamitladung im Maschinenraum verstaut. Die auf

Zypern anwesenden Journalisten sind verständigt. Mit der Drohung, das Schiff in die Luft zu sprengen, falls die Überfahrt nach Palästina verhindert würde, zwingen die Beauftragten der jüdischen Organisation die Engländer, dem Kinderdampfer freie Fahrt zu geben.« Und in der zweiten Hälfte des Buches behandelt Uris das Ringen um die Staatwerdung Israels. Dazu heißt es in Gerd Fischers Rezension von *Exodus* in der »Neuen Ruhr Zeitung«: »Zwischen Kanaan und der Wüste Negev entstand, inmitten feindlicher Umwelt, das modernste Gemeinwesen des Vorderen Orients. Stoff für einen Roman? Ja, Stoff für einen Roman!«

Nie werden Nina und ich unsere ersten Begegnung mit Leon Uris in München und seine Erzählungen aus Israel vergessen. Tief war der in den Vereinigten Staaten lebende Autor in die jüdische Geschichte und die Probleme der Existenz des jüdischen Staates eingedrungen! Allein zwei Jahre hatte er in Israel Recherchen für *Exodus* durchgeführt und ist für viele seiner anderen Veröffentlichungen immer wieder dort gewesen. Manche Sätze aus unseren Gesprächen mit ihm hören Nina und ich heute noch, zum Beispiel diesen: »Wenn man mich früher nach meiner Vita fragte, so antwortete ich: Ich bin ein Amerikaner; ich bin ein Schriftsteller; ich bin ein Ehemann; ich bin ein Vater meiner Kinder; und zum Schluß sagte ich noch: Ich bin ein Jude. Heute, nach allem, was geschehen ist, beantworte ich die Frage so: Ich bin ein Jude. Das ist immer mein erster Satz. Erst an zweiter Stelle: Ich bin ein Amerikaner. Dann: Ich bin ein Schriftsteller; und so fort.«

Wir sehen uns viel zu selten. Aber wenn Uris nach Europa fliegt, dann treffen wir uns, Nina, er und ich. In München. In Zürich. Sein Suchen nach Wahrheit verläßt ihn nie. Als er uns einmal in München, damals hatten wir noch unseren Zeitschriftenverlag, in unserem Verlagsbüro aufsuchte, stellte er Nina und mir die

Frage, ob es möglich sei, drei oder vier unserer Mitarbeiter zu interviewen, keine Redakteure, sondern Menschen, die mit der Literatur und dem Journalismus nichts zu tun hätten.

Wir baten einen Buchhalter, einen Setzer, einen Drucker und eine besonders tüchtige, sehr resolute Mitarbeiterin aus unserer Vertriebsabteilung nacheinander, zu uns heraufzukommen.

Die ersten drei Gespräche, Fragen und Antworten, verliefen erfreulich: aufschlußreich, aufrichtig und informativ. Dann nahm unsere geschätzte, pflichtbewußte Frau Treuer – nennen wir sie mal so – bei uns Platz. Was wir nicht wußten, sie lebte in Dachau. Die Frage, ob es in Dachau viele Anhänger von Hitler gegeben habe, verneinte sie. Ebenso die Frage, ob sie oder ihre Familie unter der Naziherrschaft hätten leiden müssen. Es sei eigentlich in all den Jahren alles wie sonst gewesen, meinte sie, nur der Krieg habe vielen Menschen das Leben gekostet. Auf die Frage von Uris, was sie von der Judenverfolgung wisse, erwiderte sie: »Gar nichts.« Auf den Hinweis, daß es doch in Dachau ein Konzentrationslager gegeben habe, sagte sie, davon wisse sie auch nichts. Dann besann sie sich und meinte, nach der Reichskristallnacht seien die Warenhäuser, die Juden gehört hätten, in deutschen Besitz gekommen, und zum Schluß des Krieges sei es schon schlimm zugegangen, »als die ganzen KZler« in den Ort geströmt seien...

Bei einem seiner Besuche aus den Vereinigten Staaten brachte uns Uris ein Exemplar von *Exodus* mit, das in russischer Sprache heimlich im Untergrund übersetzt worden war. Die Entstehungsgeschichte dieser Übersetzung aus dem Englischen vermittelt einen Eindruck von der außergewöhnlichen Wirkungsgeschichte des Romans *Exodus*, der in alle Kultursprachen übersetzt wurde.

Das »Southern California Council for Soviet Jews« hat in der

»Nasha Strana«, einer russischsprachigen Israeli-Zeitung, darüber berichtet:

»*Exodus* wurde 1963 in einem sowjetischen Konzentrationslager vom Englischen ins Russische übersetzt, und zwar in einem der Dubrovlag-Konzentrationslager im Sowjetischen Mordovia. Alle Beteiligten an diesem Unternehmen sind nach Israel ausgewandert, daher kann ich ungefährdet darüber berichten. Anatoli Rubin, der nach Jerusalem zog, erhielt außerhalb des Lagers ein Exemplar von *Exodus*. Das war im Jahre 1962. Im Jahre 1963 gab Rubin das Buch an Juden im Lager 7 weiter. Aber nicht alle Juden konnten Englisch, daher mußten Gruppenlesungen mit Übersetzungen organisiert werden. Schon bald wurde uns klar, daß das eine äußerst schwierige Angelegenheit war. Jede Zusammenkunft zum Lesen eines verbotenen Buches war sehr gefährlich, denn die *Exodus*-Sitzungen hätten unsere Haft verlängern können, und überdies arbeiteten viele von uns in verschiedenen Schichten, so daß die Lesungen immer wieder unterbrochen wurden. Zu allem Überfluß geschah dann noch etwas Ärgerliches: Rubin wurde beschuldigt, einem Gefangenen zur Flucht verholfen zu haben, und wurde zu Einzelhaft verurteilt. Zu jener Zeit kam uns eine ganz neue Idee: *Exodus* nicht mündlich ins Russische zu übersetzen, sondern schriftlich. Efim Goldberg und Avram Shifrin konnten Englisch. Aber Goldberg wurde krank, also diktierte Shifrin Aleksandr Guzman die Übersetzung, der später, Gott sei Dank, Wasserstationen in Israel reparierte. Der Wachtposten während des ganzen gefährlichen Unternehmens war Zolia Katz. Katz, ein alter Zionist und Kriegsverletzter des Zweiten Weltkriegs, war später in einer Metallfabrik in Tel Aviv tätig. Nach ihrer Tagesarbeit in einer Holzverarbeitungsanlage arbeiteten diese Männer des Abends weiter. Shifrin saß, mit einem Buch in der Hand, in einer Barackenecke auf der oberen Pritsche, während Guzman, sein

Notizbuch auf ein Stück Sperrholz gelegt, neben ihm Platz nahm und Shifrins Diktat niederschrieb. Katz ging derweil innerhalb der Baracken ›spazieren‹ oder postierte sich an der Tür, um uns zu warnen, falls eine Wache in die Nähe kam.

Da Shifrin kurz vor dem Ende seiner zehnjährigen Strafe stand, arbeiteten wir sehr, sehr angestrengt: Wir mußten schließlich innerhalb von zwei Monaten 600 Seiten übersetzen.

Spät in der Nacht, nach Abschluß der Übersetzung, wurde das Notizbuch an Zolia Katz weitergereicht, einen alten Insassen des Lagers, der schon seine dritte Strafe verbüßte. Er war der erste, der unsere Übersetzung las. Er gab sie dann weiter an andere Juden. Später stieß noch Boris Pedelsky zu dieser Gruppe.

Die Notizbücher mit der *Exodus*-Übersetzung gingen bei den jüdischen Insassen des Lagers von Hand zu Hand: Wir alle waren begeistert von dem Buch und diskutierten mit großer Anteilnahme darüber. Viele wurden daraufhin Zionisten. Aber es gab auch gefährliche Augenblicke. Einmal wurde bei einer Durchsuchung ein Teil des Buches gefunden, und es kostete sehr viel Mühe und geschicktes Agieren, um es von den Wachen wieder zurückzubekommen. Ein anderes Mal wäre die gesamte Übersetzung beinahe der Lagerleitung in die Hände gefallen: Der Oberaufseher kam zurück, um Shifrin noch einmal zu durchsuchen, nachdem wir alle angenommen hatten, die Durchsuchung sei beendet. Alles, was wir versteckt hatten, wurde wieder hervorgeholt. Aber das Schicksal war uns gnädig.

Die Übersetzung war für die Menschen im Lager angefertigt worden, und es ist schwer zu sagen, wer als erster auf die Idee kam, sie aus dem Lager zu schaffen und draußen in Umlauf zu bringen. Aber die Idee war eines Tages da. Wir beschlossen, das Manuskript zu kopieren.

Abermals mußten wir 600 Seiten schreiben. Wir schafften es an einem Tag. Wir trommelten alle Juden zusammen, denen wir so viel Vertrauen schenkten, daß wir ihnen das Buch zu lesen gegeben hatten. Außerdem zogen wir noch einige nichtjüdische Freunde hinzu und gaben eines Sonntagsmorgens jedem von ihnen zwanzig Seiten. Am Abend hatten wir zwei gleichlautende Manuskripte.

Als Shifrin entlassen wurde, gelang es ihm, eines dieser Manuskripte mitzunehmen. Er kopierte es auf einer Schreibmaschine in Karaganda, und so entstanden die ersten fünf Exemplare von *Exodus* in Russisch.

Das war im Jahre 1963. Shifrin schickte die Bücher nach Moskau, Riga, Leningrad und Kiew. Dort wurden sie vervielfältigt, und wir erlebten, wie dieses Buch Wunder wirkte: Fast jeder Jude wurde Zionist, nachdem er *Exodus* gelesen hatte. Denn für viele war dieses Buch ein Wendepunkt in ihrem Leben, und in der Sowjetunion denken sehr viele voll Herzlichkeit an Leon Uris, den Autor dieses Buches.«

(Die Übersetzung dieses Berichtes ins Deutsche besorgte Gisela Stege).

KAPITEL 34

Kollegenschelte

Hanns Arens, Cheflektor unseres Buchverlages, erzählte uns eines Tages strahlend, er habe eine Einladung zur Feier von Kästners 60. Geburtstag am 23. Februar 1959 erhalten.

Wir hatten auch eine Einladung bekommen, der wir allerdings nicht Folge leisten konnten. Seit langem schon war für die zweite Februarhälfte eine Reise geplant – nach Stuttgart, Frankfurt, Köln, Düsseldorf, Hannover und Hamburg, um bei den maßgeblichen Werbeagenturen, die die Anzeigenetats großer Markenartikelfirmen verwalteten (und zum Teil heute noch verwalten), in einem Vortrag mit anschließender Diskussion die Sachverhalte darzulegen, welche für REVUE als Werbeträger sprachen. Es war eine Tournee, die ich machen *mußte*; die Existenz der Zeitschrift hing vom Anzeigenvolumen ab. Vortrag und Diskussion waren zeitlich so gelegt, daß danach ein Mittagessen stattfand, bei dem Nina die Rolle der Gastgeberin übernehmen konnte. Wir mußten auf alle Themen gründlich vorbereitet sein, die debattiert wurden: auf die redaktionelle Arbeitsweise, auf die Bindung der Kioskkäufer durch Fortsetzungsserien und Fortsetzungsromane, die bei REVUE eine vergleichbare Rolle spielten wie heute diverse Fernsehfolgen von Woche zu Woche, sei es *Denver-Clan*, sei es *Die Schwarzwaldklinik*. Ich führte aus, welche Themen-, Bild- und Textreportagen in Vorbereitung seien, auf welche redaktionellen Aktivitäten – Preisausschreiben, Spendenaktionen – Leser- und Anzeigenkunden gespannt sein dürften. Ich ging auch anhand von Titelbildern auf Verkaufsschwankungen ein, zitierte Leserbriefe mit Stellungnahmen zu verschiedenen Beiträgen, die REVUE gebracht hatte. Nicht zuletzt versuchte ich, ein Porträt des REVUE-Lesers und der REVUE-Leserin zu entwerfen, wobei ich mich auf kostspielige demoskopische Untersuchungen berufen konnte, die von unserer Werbeabteilung in Auftrag gegeben worden waren und die der Soziologe und Marktforscher unseres Hauses Dr. Klaus Landgrebe ausgewertet hatte. Kaufinteressen und Kaufkraft des Lesers wurden demonstriert. Wir hatten uns aber vor der Reise auch über Lebensläufe, Familienverhältnisse und Hobbys von Inhabern und Leitern der Werbeagenturen erkundigt, was es Nina erleichterte, bei den gemeinsamen Mittagessen eine vertrauensvolle, persönliche Atmosphäre zu schaffen.

Dieser Reise wegen konnten wir an Kästners Geburtstagsfeier nicht teilnehmen. Wir baten Hanns Arens, Kästner unsere Geburtstagsgrüße zu übermitteln, und gaben ihm für ihn zwei Bücher mit: ein für den Buchhandel bestimmtes Vorausexemplar von Fritz Kortners Autobiographie *Aller Tage Abend* sowie den kleinen Band, den unsere Georgette mit elf Jahren geschrieben und wir ein Jahr später verlegt hatten. Das Büchlein hieß *Papi ist an allem schuld*, und Kästner hatte uns vor kurzem um ein Exemplar dieses Titels gebeten.

Nach der Rückkehr von der Tournee traf meine Frau im Verlagshaus zufällig Hanns Arens und fragte ihn sogleich, wie die Feier bei Kästner gewesen sei. Er zögerte mit der Antwort und sagte dann, er wolle es uns beiden genau erzählen. Es habe nämlich einen Eklat gegeben. Meine Frau wußte, daß ich etwa in einer Stunde von einer Bankverhandlung zurückkehren würde und schlug Herrn Arens vor, er möge nach dem Essen zu uns in unser Zimmer kommen.

Nina und ich mochten Erich Kästner sehr. Wir waren, wenn wir ihn sahen, jedesmal aufs neue überrascht, wie zurückhaltend, fast scheu, introvertiert Kästner war. Er hatte nichts von der Saloppheit vieler seiner Kollegen. Man wäre auch nicht ohne weiteres auf den Gedanken gekommen, daß dieser gepflegte kleine Herr Verfasser liebenswerter Kinderbücher, aber auch antifaschistischer Pamphlete war, daß Nina ihm als Teilnehmer eines Ostermarsches der Atomwaffengegner in München begegnen würde und wir, Nina und ich, ihn als Redner einer Antiatomkundgebung in München erleben sollten. Der Schriftsteller Robert Neumann charakterisierte ihn einmal boshaft als »halb Bürgerschreck und halb erschrockener Bürger«.

»Also, wie war es bei Kästner?« fragte ich am Nachmittag Hanns Arens. Arens berichtete: »Es ging um Bücher. Es hatte sich um Joseph Caspar Witsch eine Gruppe gebildet, die ihm zuhörte, als er von seiner Autorin Ricarda Huch sprach.« Nina unterbrach Hanns Arens und sagte: »Meine Lieblingsschriftstellerin«, und ich bekundete meinen großen Respekt vor dem Programm des Kiepenheuer und Witsch Verlages: »Er verlegt und fördert den jungen Böll, bringt aber zum Beispiel auch Saul Bellow.«

»Nun ja«, sagte Arens, »ich habe bis zu dieser Feier neulich bei Kästner auch nichts gegen Witsch gehabt, im Gegenteil. Aber als er behauptete, seine Autorin Ricarda Huch sei bedeutender als Thomas Mann, gab es Widerspruch, obgleich wir alle in diesem Kreis Bewunderer von Ricarda Huch waren. Wir fanden lediglich einen Vergleich zwischen beiden abwegig.« An dieser Diskussion beteiligten sich Walter Rilla, Hermann Kesten und Ursula von Kardorff, während Kästner nur zuhörte. Arens berichtete weiter: »Die Rede kam dann auf Thomas Mann. Witsch erklärte, er kenne alle Schriften von Tommy und sei mit dessen Werk wohlvertraut. Witsch fügte noch hinzu, er kenne auch die Sekundärliteratur zu Tommy. Für ihn war Thomas Mann Tommy. Ich habe Herrn Witsch dann«, fuhr Arens fort, »auf die Erinnerungen von Thomas Manns Tochter Monika angesprochen, auf ihr Buch *Vergangenes und Gegenwärtiges*.« Arens wußte, wie gern wir diese Erinnerungen »im Lichtkreis ihres Vaters« verlegt hatten. Monikas Schwester Erika hatte Nina und mir nach dem Krieg erzählt, Monika habe mit ihrem Mann, dem ungarischen Kunsthistoriker Jenö Lányi, ihre Eltern besuchen wollen, doch sei auf der Überfahrt nach New York im September 1940 ihr Schiff, die »City of Benares«, von einem deutschen U-Boot torpediert worden. Monikas Mann ertrank vor ihren Augen, sie wurde gerettet und gelangte zu ihren Eltern nach Kalifornien.

Arens schilderte uns die Reaktion von Witsch, nachdem er hinzugefügt hatte, Monika Manns Erinnerungen seien im Kindler Verlag erschienen. »Witsch bekam einen bösen Gesichtsausdruck und rief lautstark: ›Bücher aus dem Kindler Verlag lese ich nicht.‹ Woraufhin Walter Rilla, der seitwärts von ihm stand, sagte: ›Das ist mein Pech.‹ – ›Wieso *Ihr* Pech?‹ wollte Witsch wissen. ›Nun‹, erwiderte Rilla lachend, ›dann können Sie auch meine Romane nicht lesen, denn die erscheinen bei Kindler.‹ ›Das bedaure ich. Bücher von Ihnen gehören nicht in einen Illustriertenverlag.‹ Rilla meinte dazu: ›Ich denke, in einem Verlag, in dem zum Beispiel Bücher von Katherine Anne Porter erschienen sind, bin ich in guter Gesellschaft. Kennen Sie Katherine Anne Porter?‹

›Allerdings‹, polterte Witsch, ›ihre Kurzgeschichten sind einzigartig. Für die hat Herr Kindler sicher ein Vermögen gezahlt. Mit seiner Scheiß-Revue kann er sich das leisten.‹

Hermann Kesten, Kästners engster Freund, sagte leise, aber unüberhörbar: ›Ich habe nichts gegen Geldsäcke. Wenn sie gute Bücher machen, soll man sie loben.‹«

Hanns Arens hatte seinen Bericht noch nicht beendet. Er erzählte, am temperamentvollsten habe sich Ursula von Kardorff für Nina und mich eingesetzt und gesagt, sie lese die REVUE genausogern wie früher die »Berliner Illustrirte«. Am meisten war Witsch aufgebracht, als Frau von Kardorff erwähnte, die REVUE bringe unterhaltsame Romane, wie Vicki Baum sie früher für die »Berliner Illustrirte« geschrieben habe: »Das hat Witsch besonders getroffen, denn er verlegt ja nicht nur Ricarda Huch, sondern auch Bücher von Vicki Baum. Eine Stunde später waren die Kardorff und Witsch allerdings wieder ein Herz und eine Seele.«

Am Schluß klagte Arens, noch nie sei er so beleidigt worden wie an diesem Abend. Herr Witsch sei unverschämt geworden. »Stellen Sie sich vor«, sagte Arens zu uns, »er hat die Gewinne aus unserem Zeitschriftenverlag mit einem Bordellgeschäft verglichen.«

Über Jahre wurde ich von literarischen Verlagen als Außenseiter angesehen, als »Illustriertenverleger«. Damit hatten Nina und ich uns längst abgefunden. Der geistige Hochmut verschiedener Kollegen hatte uns kaltgelassen. Die meisten dieser Verlage, alteingesessene und seit Jahrzehnten renommierte, verfügten über einen Fundus von Verlagsrechten, hatten »ihre« Autoren, große Erfahrungen, Verbindungen zu Schriftstellern und Kritikern und oft sehr persönliche, freundschaftliche Verbindungen zum Buchhandel. Wir hingegen hatten mit Null angefangen, waren im Verlagsgeschäft Unbekannte, ohne Namen, ohne Autoren, ohne Verlagsrechte, ohne Bekanntschaften mit Buchhändlern, ohne internationale Kontakte und last, not least, ohne Geld. Wir hatten einzig und allein Einfälle. Und das Vergnügen, für Unterhaltung in Form einer Illustrierten zu sorgen, ließ ich mir nicht verderben – höchstens von der Konkurrenz, die großen zeitlichen Vorsprung hatte. Vor fünf oder sechs Jahren hätte mich Witschs Polemik nicht erstaunt. Aber wir schrieben das Jahr 1959. Nina und ich waren leidenschaftliche Buchverleger. Bevor Hanns Arens sich verabschiedete, erwähnte er noch, er nehme an, daß Kästner an dem Abend wohl deshalb geschwiegen habe, weil ihm daran lag, daß das Streitgespräch, das seine Geburtstagsfeier überschattete, endlich enden möge. Kesten habe ja das Ganze miterlebt und würde sicherlich bei nächster Gelegenheit mit uns über den Vorfall sprechen.

Mit Erich Kästner sprachen wir nie über die Sache. Er machte uns zwar bald nach seinem Geburtstag einen Besuch bei uns zu Hause, der aber weniger meiner Frau und mir galt, sondern, wie er eingestand, unserer mittlerweile 15jährigen Tochter Georgette. Es konnte uns nicht entgehen, wie sehr er Kinder mochte. Im Gespräch zwischen Kästner und Georgette ging es natürlich über Kästners vielgeliebtes Buch *Emil und die Detektive*, aber auch über Georgettes Erzählung *Papi ist an allem schuld*. Sie erzählte ihm, daß sie auch den Umschlag für das Buch gemacht habe. Kästners größte Freude waren drei Sätze, mit denen Georgette uns, ihre Eltern, charakterisiert hatte: »Man soll sich doch die Eltern stets als Vorbild dienen lassen. Nun ist Mami so fein und Papi so ordinär. Nach wem soll ich mich da richten?«

Mit Hermann Kesten war ich im Jahre 1959 seit 30 Jahren verbunden: 1929 wirkte ich 16jährig in seinem Stück *Die Heilige Familie* in Berlin mit; 1947 suchte ich Kestens essayistische Skizze über Döblin für den Band *verboten und verbrannt* aus; und im Januar 1959 kam ich mit Kesten überein, sein Buch *Meine Freunde, die Poeten* im Herbst desselben Jahres herauszubringen. In der Besprechung, die Nina und ich mit ihm einige Zeit nach Kästners 60. Geburtstag hatten, überraschte er uns mit dem Vorschlag, er wolle, wenn uns das recht sei, auf einer Veranstaltung unseres Verlages, also öffentlich, etwas zu dem Thema »ein Illustriertenverleger« sagen.

Es vergingen zwei Jahre, Anlaß war das 10jährige Jubiläum des Kindler Verlages in München. Wie gesagt, zehn Jahre zuvor hatten wir ein zweites Mal begonnen, neben den Zeitschriften auch Bücher zu verlegen. *Sauerbruch* war der Beginn und der Durchbruch in München. In seiner Rede im Hotel Vier Jahreszeiten in München sagte Kesten:

»Hier haben wir einen Verlag, der mit einer ›Illustrierten‹ begann und zu Büchern kam, die wie für eine bessere ›Illustrierte‹ verfertigt waren, und der Erfolg hatte und damit gute Bücher finanzierte und anfing, treffliche Bücher zu verlegen und, neben gemischter Ware, gute Literatur macht und mitunter beste Literatur verlegt und ehrgeizig genug wurde, um darnach zu streben, nicht nur zu den erfolgreichsten, sondern auch zu den besten Verlagen zu gehören, zu den Verlagen, die schöne Bücher mit schönen Gesinnungen vereinen wollen, und zu jenen nicht gar so häufigen Verlagen, die weder vor radikalen Büchern noch vor radikalen Autoren erschrecken, das heißt vor Autoren mit Überzeugungen... 1951 begannen Helmut und Nina Kindler ihren Buchverlag mit den Memoiren des Chirurgen Ferdinand Sauerbruch, mit dem Kindler seit 1949 verhandelt hatte. Schon in Berlin hatte Kindler einige Bücher gebracht, darunter *verboten und verbrannt*, eine sehr verdienstliche Übersicht der deutschen Literatur, die zwölf Jahre unterdrückt war; der Band wurde von Richard Drews und Alfred Kantorowicz herausgegeben. Die Memoiren von Sauerbruch verkaufte Kindler schließlich in 1 200 000 Exemplaren. Kindlers fanden Geschmack am Buchverlag. Da sie keine Autoren hatten, hatte Kindler eine Idee: Er brachte Biographien, Autobiographien und Reportagebücher, teilweise politischer Art, und da gute Biographien und Autobiographien nicht immer auf dem Markte liegen, gingen Kindlers daran, solche Bücher in Auftrag zu geben. Nach dem Chirurgen Sauerbruch schrieb Hans Killian seine *Aufzeichnungen eines*

Chirurgen, der Internist Bergmann schrieb seine Erinnerungen, ein bayerischer Prinz schrieb das Leben eines Papstes von heute, ein anderer Journalist das Leben von Adenauer. Bald wurde der Kindler Verlag im Buchhandel für seine Biographien bekannt. Es erschienen Biographien von Albert Schweitzer und von Ben Gurion. Walter Bauer schrieb die Biographie von Nansen. Kindler brachte die Autobiographie von Bernard M. Baruch, von Monika Mann, von Max Brod, von Willy Brandt (die Leo Lania aufgezeichnet hat), die Biographie von Ernst Reuter, die Willy Brandt und Richard Löwenthal verfaßt hatten, es erschienen die Erinnerungen von Fritz Kortner und von Heinz Ullstein, und das Stefan-Zweig-Buch von Hanns Arens, und die beiden deutschen Tagebücher von Alfred Kantorowicz, und das *Politische Testament* von Imre Nagy, und *Die Neue Klasse* von Milovan Djilas, und der Kastner-Bericht von Rudolf Kastner, und die Tierbücher des Zoologen Bernhard Grzimek, und der Bericht über den 20. Juli in Paris, und Kindlers Bildbiographien, 24 Bände bisher, darunter so vortreffliche wie der *Kästner* von Luiselotte Enderle, ein Buch, das klassisch bleiben wird, der *Hemingway* von Leo Lania, der *Brecht* von Kurt Fassmann, der *Leonardo da Vinci* von Richard Friedenthal, der *Goethe* von R. K. Goldschmit-Jentner. Und nun weitet sich der Verlag und steigt empor. Da erscheinen die Gedichte gegen den Krieg, eine Anthologie, die Kurt Fassmann herausgibt. Da erscheinen Verlagsautoren, mit mehreren oder mit Gruppen ihrer Bücher, Erfolgsautoren, ausgezeichnet durch ihre Stoffe, wie der Amerikaner Leon Uris, der Russe Simonow und andere, ausgezeichnet durch ihre Kunst, wie Aragon oder Max Brod, André Maurois oder Leonhard Frank, oder ausgezeichnet durch ihre humane und politische Bedeutung, wie Philip Noel-Baker und Erskine Caldwell, wie Leo Lania, Roger Ikor, Romain Rolland und Alfred Kantorowicz. Es erscheinen die Romane der Afrikaner wie Mongo Beti, Langston Hughes und Edouard Glissant. Kindlers gründen den Albert-Schweitzer-Buchpreis. Es beginnen die großen ehrgeizigen Verlagsprojekte, die Kulturgeschichte in 35 Bänden, von denen schon drei erschienen sind. *Griechenland* von Bowra, *Rom* von Michael Grant, *Mittelalter* von Friedrich Heer, und das große Literaturlexikon in zehn Bänden, in Anlehnung an den berühmten ›Bompiani‹, das unter Wolfgang von Einsiedel hundert Literaturen überschauen wird, und ein großes Malereilexikon in sechs Bänden, unter der Leitung von Rolf Linnenkamp.

Das hat ein Illustriertenverleger begonnen. À la bonheur!«

1967 starb Joseph Caspar Witsch. Zehn Jahre später erschien im Verlag Kiepenheuer und Witsch eine Sammlung ausgewählter Briefe von und an Witsch aus den Jahren 1948 bis 1967. Diesen Band schenkte mir eines Tages Hellmut Hartwich, über Jahre Vorsitzender des Verbandes der Versandbuchhändler, mit dem ich freundschaftliche Geschäftsverbindungen unterhielt. Als ich in dem Witsch-Band blätterte, fand ich einen Brief, den der Verleger am 3. März 1959, also eine Woche nach Kästners 60. Geburtstag, an Gerhard Szczesny, den damaligen Programmleiter am Bayerischen Rundfunk, geschrieben hatte. In diesem Brief kann man folgendes lesen:

»...Im übrigen gab es auf der Geburtstagsparty Kästners eine heftige Diskussion unter allgemeiner Anteilnahme der Betroffenen und der Nichtbetroffenen, zwischen Herrn Arens vom Kindler'schen REVUE-Verlag und mir, Herrn Rilla, Kurt Hoffmann, Hermann Kesten, Ursula von Kardorff, die das hübsche Buch bei Beck geschrieben hat, und noch einigen anderen erlauchten Literaten. Arens stellte mir eine dumme Frage, und ich schmiß ihm gleich seine REVUE an den Kopf, und er erklärte, daß die REVUE sich rechtfertige durch den Kindler Verlag und daß das hier verdiente Geld in Literatur investiert würde. Nun können Sie sich sicher vorstellen, mit welcher Vehemenz mir in diesem Augenblick der Kragen platzte. Diese Herren von RE-VUE und QUICK und STERN, die jede Woche mächtiger werden und mit Erfolg daran arbeiten, daß dieses an sich so dumme Volk noch dümmer wird, erlauben sich tatsächlich, literarische Verdienste zu beanspruchen. Ich habe Herrn Arens, glaube ich, davon überzeugt, daß er jenem Mann gleicht, der einen Puff einrichtet, damit ungeheuere Gelder verdient und damit ein Heim für gefallene Mädchen unterhält, und dann in den gefallenen Mädchen die Legitimierung sucht für die Mädchen, die er fallen läßt, und zwar sehr heftig. Herr Arens zog es vor, gegen 11 Uhr nach Hause zu gehen, wenig überzeugend, und das, was er als Rückzugsgefecht lieferte, war noch mäßiger als das, was die Wehrmachtsberichte des 3. Reiches so verzeichneten.«

1977, als dieser Witsch-Brief veröffentlicht wurde, wird Walter Jens in seiner Rede zu meinem 65. Geburtstag von mir sagen: »Ein Verleger, der am Boulevard begann und heute ein Inbegriff von Bonität ist – von Bonität in einem Bereich, der an der Grenze von belles lettres und Fachwissenschaft beheimatet ist: dem Kernbereich jener Humboldtschen Generalisten, an denen sein Verlagshaus so reich ist.«

Und der dtv-Verleger Heinz Friedrich hatte mir schon Jahre zuvor zur Aufnahme in den P.E.N.[19] gratuliert. Bis heute weiß ich nicht, wer vorgeschlagen hat, mich in den Club aufzunehmen. Es freute mich, daß ich offenbar Freunde hatte, die ich gar nicht kannte, Literaten, die meine Arbeit schätzten.
Die Kollegenschelte ist vergessen.

KAPITEL 35

Preisgekrönte Bücher

Nach dem Erscheinen der *Albert-Schweitzer*-Biographie stellte sich uns die Frage, auf welche Weise wir zu Neuerscheinungen kommen könnten, die Schweitzers Gesinnung verpflichtet waren. Hanns Arens hatte die Idee, einen Albert-Schweitzer-Buchpreis auszuschreiben, und stellte eine namhafte Jury zusammen, die die Preisträger bestimmen sollte. Bald mußten wir erkennen, daß wir uns da etwas aufgeladen hatten, was kaum zu bewältigen war. Unmöglich konnten wir die meisten zugesandten Manuskripte den Mitgliedern der Jury zur Beurteilung weiterleiten, da sie thematisch wie literarisch fast ausnahmslos unzureichend waren. Die wenigen Arbeiten, die übrigblieben, in der Regel zwei in jedem Jahr, schickten wir den Jurymitgliedern, von denen aber die wenigsten Zeit hatten, um diese Manuskripte zu lesen und sich ein Urteil zu bilden.

Walter Bauer: Die langen Reisen

So gab es immer wieder Probleme, bis wir endlich den Preis an Walter Bauer für dessen Nansen-Biographie *Die langen Reisen* vergeben konnten. Dem norwegischen Polarforscher und Zoologen, dem langjährigen Völkerbundskommissar für Flüchtlingsfragen und Friedensnobelpreisträger Fridtjof Nansen hatte

Walter Bauer ein würdiges Denkmal gesetzt. Das veranlaßte uns, die Preisverleihung im Rahmen einer Feier in der Kleinen Komödie vorzunehmen.

Meiner Begrüßungsrede folgte die Lesung eines Abschnitts aus Walter Bauers Buch durch Hans Schweikart, der diese Aufgabe auf meine Bitte hin gern übernommen hatte. Das Gedicht, mit dem Walter Bauer seine engagierte Rede schloß, hat Kurt Fassmann Jahre später in seine Anthologie *Gedichte gegen den Krieg* aufgenommen:

POSTKARTE AN JUNGE MENSCHEN

Gebt nicht nach, wie wir getan haben,
Folgt den Verlockungen nicht, denkt nach, verweigert,
Verweigert, lehnt ab.
Denkt nach, eh ihr Ja sagt,
Glaubt nicht sofort, glaubt auch dem Einleuchtenden nicht,
Glauben schläfert ein, und ihr sollt wach sein.
Fangt mit einem weißen Blatt an, schreibt selber die ersten Worte,
Laßt euch nichts vorschreiben.
Hört gut zu, hört lange zu, aufmerksam,
Glaubt der Vernunft nicht, der wir uns unterwarfen.
Fangt mit der stummen Revolte des Nachdenkens an, prüft
Und verwerft.
Bildet langsam das Ja eures Lebens.
Lebt nicht wie wir.
Lebt ohne Furcht.

Im Jahr darauf, 1957, erhielt den Preis der französische Schriftsteller Roger Ikor für seinen Roman *Die Söhne Abrahams*, für
den er in Frankreich bereits den begehrten Prix Goncourt verliehen bekommen hatte. Ein angemesseneres Buch für unseren
Preis konnten wir uns nicht vorstellen.

Bei der Feier hielt der Germanistikprofessor Dr. Maurice Colle-
ville von der Sorbonne, der der Jury des Schweitzer-Preises
angehörte, die Festtagsrede. Er sagte unter anderem:

»Es wird Sie ebenso wie mich von Anfang an seltsam berührt
haben, daß dieser Tag, diese Feier, dieser Festvorgang von einer
offensichtlichen Paradoxie begleitet ist, der nur die Wärme
unserer Empfindungen etwas von dem scheinbaren Widerspruch zu nehmen vermag. Es ist in der Tat paradox, daß ein
literarischer Preis, der von einem deutschen Verlag gestiftet
wurde, den Namen eines Mannes trägt, Albert Schweitzer, der
weitgehend vom Deutschen her geformt wurde und dem deutschen Kulturkreis angehört und der dennoch seit fast vierzig
Jahren die französische Nationalität besitzt! Paradox ist es auch,
daß in dieser alten bayerischen Stadt ein Franzose den Festvor-
trag hält, dem Sie dadurch eine Ehre erweisen wollen, deren
ganzes Ausmaß ihm bewußt ist, und der dennoch möglicherweise den Seufzer ausstoßen könnte: Warum haben Sie mich in
dieser Jahreszeit aus ›Meiner guten Stadt Paris‹ kommen lassen,
Sie, die Sie die Verse von Heinrich Heine aus seinem *Romanzero*
kennen:

> Es lebt sich so lieblich, es lebt sich so süß
> am Seinestrand in der Stadt Paris!

Eine weitere Paradoxie liegt darin, daß der Preisträger des
Albert-Schweitzer-Preises diesmal ein Franzose ist, als ob es im
Deutschland des Jahres 1957 nicht zahlreiche talentierte Schrift-

steller gäbe. Diese Zuteilung des Preises darf jedoch bei uns nicht zu dem eitlen und übereilten Schluß führen, daß im ganzen der französische Roman dem deutschen überlegen sei. Nichts wäre falscher und übertriebener. Im Gegenteil wäre es weit mehr angebracht, dieser Tatsache die für uns schmeichelhafte Feststellung folgen zu lassen, daß Sie einen französischen Schriftsteller haben ehren, Frankreich gegenüber eine freundschaftliche Geste haben machen und unserer lebenden Literatur gegenüber eine Anerkennung haben ausdrücken wollen, für die ich Ihnen von vornherein meinen aufrichtigen Dank aussprechen möchte.

Die letzte und nicht geringste Paradoxie des heutigen Tages liegt darin, daß dieser Franzose, den Sie hier mit einem Preis krönen wollen, seiner Herkunft nach Ausländer und Israelit ist. Er wird seine Belohnung aus Ihren Händen in der ›Stadt der Bewegung‹ entgegennehmen, in der Stadt einer Bewegung, die – Sie wissen dies noch besser als ich – eine antisemitische Bewegung war.«

In *meiner* Rede erwähnte ich, daß während der Nazijahre das Propagandaministerium offiziell Albert Schweitzer eingeladen hat, nach Deutschland zu kommen, um Orgelkonzerte zu geben. Goebbels wandte sich in einem Brief an Albert Schweitzer in Lambarene, den er *Mit deutschem Gruß* unterschrieb. Schweitzer fand für seinen Absagebrief einen passenden Schluß: *Mit zentralafrikanischem Gruß.*

Roger Ikor überraschte uns, indem er seine Ansprache auf deutsch hielt. »Es lag mir daran, mich in *Ihrer* Sprache an Sie zu wenden. Mich des Französischen zu bedienen, während ich es doch auf deutsch auch schaffen konnte, kam mir so vor, als wollte ich dadurch die Verschiedenheiten unterstreichen und die Schranken noch erhöhen, die es zwischen uns geben mag... Es ist doch immerhin ein deutscher Preis, der mir hier verliehen wird, mir – einem Franzosen, mir – einem Juden... Während des letzten Krieges war ich Infanterieoffizier; dann habe ich fünf

Jahre meines Lebens als Kriegsgefangener in einem Oflag in Pommern zugebracht. Das als Franzose. Als Jude hatte ich nicht körperlich unter der Verfolgung zu leiden, aber durch meine engsten Verwandten in meinem Herzen. Sie werden ohne weiteres verstehen, daß ich, wenn ich vom Schmerz und vom Glück spreche, von der Liebe und vom Haß, vom Krieg und vom Frieden und von der Versöhnung, das ganze Gewicht der Menschlichkeit in diese Wörter legen muß. Ich kann nicht anders. Sie kennen sicher den wunderbaren Leitsatz Spinozas: Wenn Haß mit Haß beantwortet wird, wann soll denn dann der Haß enden?«

Das Kapitel aus Ikors Roman, das dann Kurt Meisel vorlas, bewegte alle Anwesenden. Ich hätte mir für die Lesung keinen besseren als ihn vorstellen können.

Wettlauf der Waffen
Konkrete Vorschläge für die Abrüstung

Das war mein Buch. Weit über die Grenzen Englands hinaus hat der Labour-Politiker Philip Noel-Baker sein Leben der Abrüstung und dem Frieden gewidmet, weshalb ihm der Friedensnobelpreis verliehen wurde. Noel-Baker schildert in diesem Buch die Geschichte der Abrüstungsbemühungen, unternimmt eine eingehende Analyse der politischen Situation in der Mitte unseres Jahrhunderts und legt dar, daß und warum eine Zukunft frei von Kriegsangst möglich ist. Robert Jungk schrieb zur deutschen Ausgabe das Vorwort. Professor Dr. Alfred Marchionini, damals Direktor der Dermatologischen Klinik der Universität München, hielt als einer der Jurymitglieder die Festansprache. Unser Freund Fritz Kortner hat die Passage ausgesucht, die er der ergriffenen Festversammlung vorlas.

Ossietzky
Ein deutscher Patriot

Kurt R. Grossmanns Biographie wurde 1963 der Albert-Schweitzer-Buchpreis zuerkannt. Rudolf Augsteins Kritik im »Spiegel« vom 29. Januar 1964 ist eine ungewöhnlich informative Darstellung wichtiger politischer Ereignisse und Entwicklungen in der Weimarer Republik. Augstein schreibt, Ossietzky habe »das Schicksal dieses Staates wie kein anderer repräsentativ erlitten und geteilt. Er war, wie der Untertitel der Biographie verheißt, ›ein deutscher Patriot‹.«
Für die Ansprache zur Verleihung des Preises an Kurt R. Grossmann konnten wir Harry Pross gewinnen. In seiner Rede mit dem Thema »Publizistik und Gewaltlosigkeit« forderte er für eine Demokratie: die gewaltlose Gewalt der Publizistik.

Im Jahr 1964 entschlossen wir uns nach gründlichen Überlegungen, den Schweitzer-Preis nicht mehr zu vergeben. Nach wie vor war die Flut der untauglichen Einsendungen schwer zu bewältigen, so daß wir einige Male auf die Vergabe verzichteten. Das war aber nicht der einzige Grund für unseren Entschluß. Wir wurden darauf hingewiesen, daß ein Mitglied der Jury, der Bischof der Evangelischen Kirche in Berlin-Brandenburg, Dr. Dibelius, der höchste theologische Ämter innehatte, politisch anfechtbar war. Da ich der Kirche fern stehe, wollte ich mich des Herrn Dibelius wegen nicht einer öffentlichen Debatte aussetzen. Mit Einstellung des Schweitzer-Preises löste sich die Jury auf, wir dankten den Mitgliedern für ihre Verdienste und beendeten den Kontakt zu Dibelius.
Diese Absage an den Schweitzer-Preis bedeutete natürlich nicht, daß wir auf Bücher verzichten wollten, die dem Geist Albert Schweitzers genügten.

So legten wir Wolfgang Weyrauch nahe, ein Buch über die SOS-Kinderdörfer des Hermann Gmeiner zu schreiben, mit dem wir schon viele Jahre in freundschaftlichem Kontakt waren. Nina und ich hatten ihm für seine internationale Einrichtung »SOS-Kinderdorf« ein Haus am Ammersee gestiftet. Einen Teil der Erlöse aus dem Verkauf des Buches überwiesen wir an die SOS-Kinderdörfer, und auch Weyrauch verzichtete auf einen Prozentsatz seines Honorars. Der Autor gab seinem Buch den Titel: *Das erste Haus hieß Frieden*.

Für das zweite Buch, diesmal über Deutschlands größte und modernste Rehabilitationsstätte in Bethel, gewannen wir als Autor meinen Kollegen aus der Ullstein-Zeit, Heinrich Satter. Beth-El, das Haus des Herrn, heißt in der Bibel die geweihte Stelle, an der die Himmelsleiter die Erde berührt. Bethel, ein Vorort der Industriestadt Bielefeld mit über 11 000 Einwohnern, beherbergt 8000 Kranke: körperlich und seelisch Leidende, die auf ständige Hilfe angewiesen sind. Vor über hundert Jahren ist diese Oase der tätigen Hilfsbereitschaft entstanden. Heinrich Satter nannte sein Buch *Modell Nächstenliebe*. Das Geleitwort schrieb Bundeskanzler Willy Brandt.

KAPITEL 36

Zwei Staatsmänner

Konrad Adenauer

Konrad Adenauer ist der Titel eines Buches, das den Charakter einer Autobiographie hat, da es in enger Zusammenarbeit von Konrad Adenauer und dem Autor Paul Weymar entstanden ist. Der Untertitel »Die autorisierte Biographie« verdeutlicht, daß das Buch keine Zeile enthält, die Adenauer nicht gebilligt hätte. Neben Weymar gab es noch eine Mitwirkende: die junge Ärztin Roswitha Theile-Schlüter, Tochter des verstorbenen Nachbarn Adenauers in Rhöndorf, um dessen Kinder sich Adenauer während der Nazijahre stets väterlich gekümmert hat; auch Geschichtsunterricht hatte er ihnen gemeinsam mit seinen Kindern erteilt, um den nationalsozialistischen Geschichtslügen in der Schule entgegenzuwirken. Schon diese fürsorgliche Zuneigung, die Adenauer der jungen Frau entgegengebracht hatte, nahm Nina und mich für den Bundeskanzler ein, als wir das erste Mal mit ihm zusammentrafen. Das muß 1953, wenige Tage vor Pfingsten, gewesen sein. Er empfing uns mit den Worten: »Ich weiß, daß Sie um diesen Termin gebeten haben, weil Sie Pfingsten bei Ihren Kindern sein wollen, was ich gut verstehe.« Väterlich fragte er Roswitha, als wir in seinem Haus in Rhöndorf zu viert beieinandersaßen: »Hast du auch warme Wäsche an?« Bei der Gelegenheit erzählte er uns, daß er in Amerika vor allem anderen Babywäsche für eine Enkelin gekauft hätte, da ihm wegen politischer Verpflichtungen später dafür keine Zeit mehr geblieben wäre.

Es gibt wenige Menschen in meinem Leben, die mich so stark beeindruckt haben wie Adenauer, den wir beim ersten Treffen in seinem Haus in Rhöndorf als Gastgeber kennenlernten. Es gab Napfkuchen und Apfelschalentee. Nach einiger Zeit schlug er vor, das Gespräch bei dem schönen Wetter im Garten fortzusetzen. Als wir aufgestanden waren, blickte er in die Tasse meiner Frau und sagte: »Erst austrinken, dann gehen wir hinaus.« Im Garten gab es ein ausführliches und angeregtes Gespräch über den Plan der Biographie. Vor dem Verabschieden pflückte er Kirschen vom Baum, die er meiner Frau mit auf die Heimfahrt gab. Dann brachte er uns zum Gartentor und sagte: »Sie müssen hinüberklettern, ich kann den Schlüssel nicht finden.«

Bei einem unserer weiteren Besuche bei ihm zu Hause zeigte er Nina und mir seine Bildersammlung. Beglückt wies er auf mehrere herrliche Madonnenbilder hin, die er, so erzählte er uns, häufig betrachte, um aus ihrer Religiosität vor schwer lösbaren Problemen politischer Art immer wieder Kraft, Trost und Hoffnung zu schöpfen. Es waren zum größten Teil Bilder aus dem Mittelalter; die Namen der Maler, die er nannte, habe ich nicht behalten. Ein Bild gefiel mir besonders: »Die Heilige Familie« des holländischen Malers Gerard David. Es zeigt Joseph, Maria und das Jesuskind. Man sieht zwischen den Köpfen der Eltern den Kopf des Kindes, an die Wange der Mutter geschmiegt. Joseph hält in seinen Händen eine zugedeckte Schale. Auf dem Deckel der Schale liegen ein Apfel und eine Birne. Adenauer fragte: »Wieso gefällt Ihnen gerade dieses Bild so gut?«

Meine Antwort: »Es ist das überzeugende Porträt einer Familie. Joseph ist keine Nebenfigur. Das Bild ist nicht verklärt.«

Adenauer lachte und meinte: »Da muß ich Ihnen und Ihrer Frau doch eine Geschichte erzählen, die Sie amüsieren wird. Ich hatte ein Bild von hoher Qualität. Es gehörte ursprünglich zu einem Standaltar von Lucas Cranach. Nach anfänglicher Begeisterung begann mich etwas zu stören. Das Bild hatte nicht die Innigkeit der Madonnen- und Heiligenbilder, die ich so liebe. Der Cranach war doch immer mit dem Luther zusammen, dem protestantischen Reformator. Ich empfand Cranachs Bild als ausgesprochen evangelisch. Ich habe es getauscht. Sie sind doch evangelisch. Deshalb gefällt Ihnen dieses Bild der Heiligen Familie so sehr.«

Was mir dabei unwillkürlich durch den Kopf ging, habe ich für mich behalten. Auf der Nachhausefahrt sprach ich mit Nina darüber. Nina sagte, gewiß symbolisierten die wunderschönen Bilder, die Adenauer so beglückten, die innige Liebe der Mutter zu ihrem Kind. Meine Assoziation stimmte Nina nachdenklich: Sollen die vielen vaterlosen Bilder des Kindes Jesu nicht Marias »unbefleckte Empfängnis« suggerieren? Ist der Ausdruck »unbefleckte Empfängnis« für die Frau, die sich von dem geliebten Mann ein Kind wünscht, nicht entwürdigend? Muß eine Frau den Liebesakt der Zeugung als »Befleckung«, womöglich als sündhaft, empfinden? Gegen das gottlose Papstdekret von Marias »unbefleckter Empfängnis« sträubt sich mein religiöses Gefühl. Das Bild, das mir bei Adenauer so gefiel, ist nicht evangelisch, es ist wahrhaft menschlich.

Wir erlebten Adenauer häufig im Kanzleramt, wo er uns nie eine Minute hat warten lassen und wo er stets so schnell auf uns zukam, daß es uns kaum gelang, ihm entgegenzugehen. Anschaulich erzählte er von seiner Kindheit und Jugend, als er die Armut kennengelernt hatte; und als neugieriger Fragesteller wollte er vieles über die gegenwärtigen Lebensverhältnisse und den Alltag der Menschen, die uns umgaben, erfahren. Meine

Antworten waren ihm manchmal zu diplomatisch, und wenn er nicht zufrieden war, wandte er sich an meine Frau: »Frau Kindler, stimmt das?« Erst wenn meine Frau meine Antwort bestätigte, war er zufrieden. Mehrfach hatte er Schriften bereitgelegt, zu deren Urhebern meine Frau als Graphologin ihm etwas sagen sollte. Ich erinnere mich, daß anhand eines Briefes von Churchill ein langes Gespräch entstand.

Nina und ich litten, wenn der Autor Paul Weymar zugegen war, unter dessen salopper Kleidung. Entgegen den Gewohnheiten des Bonner Milieus trug er ausgebeulte Cordhosen, Rollkragenpulli und nie einen Schlips. Souverän setzte sich Adenauer über die Mißachtung der Etikette hinweg, denn er hatte begriffen, welch vorzüglicher Mitarbeiter Weymar war, der in jungen Jahren bei Ullsteins »Vossischer Zeitung« das journalistische Handwerk gelernt hatte. Eine, wie Adenauer fand, hervorragende Visitenkarte.

Übrigens war Adenauer sofort damit einverstanden, daß zahlreiche Kapitel seiner Biographie in der REVUE vorabgedruckt würden. Ihm war bewußt, und er sprach es auch aus, daß er damit Leserschichten erreichte, die sich sonst wenig für Politik interessieren. Er gab mir ein Foto von sich: »Das könnte für den Schutzumschlag des Buches geeignet sein. Aber bringen Sie mich nicht auf der Titelseite der REVUE, Herr Kindler. Die Leute wollen das Bild einer schönen Frau sehen, die Soraya zum Beispiel.« Nina und ich mußten lachen. Sein Porträt haben wir für den Schutzumschlag verwendet. Und als es soweit war, haben wir auf der Titelseite der REVUE nicht eine schöne Frau, sondern ihn abgebildet.

Mit den politischen Auffassungen des Bundeskanzlers Adenauer waren wir in mancher Hinsicht nicht einverstanden. Nina und ich konnten uns mit der Wiederbewaffnung der Bundesrepublik nicht befreunden. Wir sagten ihm, in unseren Augen sei es das vornehmste Ziel der Alliierten gewesen, Deutschland nach der Niederlage ein für allemal zu entwaffnen. Adenauer stimmte sofort zu, er habe in der Entmilitarisierung der Bundesrepublik auch die Voraussetzung für einen schrittweisen Abbau des Besatzungsregimes gesehen. Aber er habe erkannt, daß weitgehende Souveränität und Gleichberechtigung unseres Landes nur um den Preis der Militarisierung zu erreichen seien. Die Auffassung der Alliierten habe sich aufgrund des Ost-West-Konflikts radikal geändert. Er lehne nach wie vor eine eigene Wehrmacht für die Bundesrepublik ab, sei aber überzeugt, daß wir als Verbündete akzeptiert würden, wenn eine bundesdeutsche Wehrmacht in ein mehrstaatliches Verteidigungssystem einbezogen würde. Nina und ich sagten noch, wir seien darüber besorgt, daß namhafte, ranghohe Offiziere der Hitler-Wehrmacht nun wieder zu Amt und Ehre kommen sollten.

Wir behielten für uns, daß unsere Sympathie Gustav Heinemann gehörte, der sein Amt als Innenminister der Regierung Adenauer aufgab, nachdem er gegen Wiederaufrüstung und Wiederbewaffnung protestiert hatte.

Natürlich beschäftigten uns immer wieder Probleme, die den Inhalt der Biographie betrafen. Es beeindruckte mich, daß Adenauer interessante Unterlagen für Paul Weymar bereitgelegt hatte, zum Beispiel Protokolle über schwierige und temperamentvolle Auseinandersetzungen im Landtag. »Die dürfen in dem Buch nicht fehlen«, sagte Adenauer. Auch schlug er zu meiner großen Überraschung vor, Anträge der Parteien zur Sozialisierung der Schlüsselindustrien im Wortlaut aufzunehmen. Schließlich bat er mich, Weymar einige Aufzeichnungen von Anträgen der CDU-Fraktion zur Kenntnis oder auch zum Abdruck zu geben. In einem der von Adenauer mitunterschriebenen Anträge findet sich der Satz: »Das kapitalistische Wirtschaftssystem ist dem staatlichen und sozialen Lebensinteresse des deutschen Volkes nicht gerecht geworden.« In Adenauers Beisein stieß ich auf diesen Satz, der angekreuzt war. Als ich daraufhin auf das Ahlener Programm der CDU zu sprechen kam und erwähnte, daß darin eine Sozialisierung der Schlüsselindustrien vorgesehen sei, erwiderte Adenauer: »Ja, 51 Prozent der Anteile dieser Industriefirmen sollten an den Staat fallen. Wir sind aber in den Verhandlungen mit den Gewerkschaften, insbesondere mit dem DGB-Vorsitzenden Dr. Böckler, zu einer besseren Lösung gekommen, nämlich zur Mitbestimmung. Das ist einzigartig in der Welt.«

Unsere uneingeschränkte Sympathie und Bewunderung hatte Adenauer, als er uns seine Verhandlungen um den Israel-Vertrag schilderte. Er kam darauf bei mehreren unserer Besuche zurück und verbarg auch nicht, wie sehr ihn Verfolgung und Ermordung der Juden bewegten. Seinen Gesprächen mit Ben Gurion, sagte er einmal zu uns, habe er viel zu verdanken.

Bei einem unserer Besuche im Palais Schaumburg ging Adenauer auf den sogenannten Schuman-Plan ein, der am 11. Januar 1952 vom Bundestag ratifiziert worden war. Ich war sehr enttäuscht, daß die Sozialdemokraten gegen den Plan gestimmt hatten, und sagte Adenauer, daß ich die Haltung der SPD nicht begriffen hätte. Adenauer meinte lachend, er habe es auch nicht begriffen, nachdem doch der deutsche Gewerkschaftsbund sich für diese europäische Wirtschaftsunion ausgesprochen hatte, und zeigte uns das Glückwunschtelegramm, das ihm Jean Monnet nach der Ratifizierung geschickt hatte: »Europa ist geboren, lang lebe Europa.« Der französische Wirtschaftspolitiker Monnet hatte stets dezidiert seine Meinung dargelegt, daß Europa das weltpolitische Aus drohe, wenn es nicht gelänge, Europa zu einigen. Robert Schuman griff diesen Gedanken auf. Von Schuman sprach Adenauer geradezu verehrungsvoll. »Wahrscheinlich wissen Sie nicht«, sagte er zu uns, »wie übel ihm die deutsche

Geschichte mitgespielt hat. Aus eigenem Erleben ist er mit der deutschen Sprache und der deutschen Geschichte wohlvertraut. Er war im Ersten Weltkrieg ein deutscher Soldat gewesen! Wußten Sie das?« Nina und ich wußten es nicht. Adenauer erzählte uns sodann, Robert Schuman sei erst mit 32 Jahren nach der Rückgliederung von Elsaß-Lothringen 1918 französischer Staatsbürger geworden. »Im Zweiten Weltkrieg ist Schuman nach Deutschland deportiert worden, konnte fliehen und schloß sich der Résistance an. Er, der französische Politiker, ist mir, dem deutschen Politiker, ohne Vorbehalte entgegengekommen, übrigens ebenso wie de Gasperi. Der Schuman-Plan wäre ohne die Mitwirkung Italiens«, schloß Adenauer, »wahrscheinlich nie zustande gekommen.«

Heute ist vielfach vergessen, daß neben Schuman und Adenauer es gerade auch der ehemalige antifaschistische Widerstandskämpfer und Mitbegründer der Democrazia Cristiana de Gasperi war, der die Wichtigkeit einer westeuropäischen Einheit und Anbindung seines Landes an eine solche wirtschaftliche, politische und soziale Gemeinschaft voraussah. Später war der greise italienische Staatspräsident Allessandro Pertini, der als Sozialist vom faschistischen Regime Italiens verfolgt und verbannt worden war, einer der Wortführer der europäischen Union. Ich war mit Nina in Italien in unserem Ferienhaus am Tyrrhenischen Meer in der Toskana, als Pertini im Sommer 1985 in einer Rede vor dem EG-Parlament in Straßburg erklärte, er wünsche sich ein Europa, das eine vollständige und kontrollierte Abrüstung herbeiführt. Es interessiere ihn nicht, sagte er, ob man ihn einen Träumer nenne; es gehe um die Rettung der menschlichen Gattung. Italienische Freunde fragten uns, ob wir uns vorstellen könnten, daß ein deutscher Politiker eine solche Rede halten würde. Wir zögerten mit der Antwort. Dann meinte Nina, sie würde es Willy Brandt zutrauen. Heute, fünf Jahre später, würde

ich sagen: »Ja, Willy Brandt, aber auch Richard von Weizsäkker.«

Für Nina und mich ist Adenauers außergewöhnliche Persönlichkeit noch immer gegenwärtig. Wenn sich in der Zwischenzeit
deutsche Bundeskanzler als Enkel Adenauers rühmen, so kann
ich das nur komisch finden. Ich möchte aber nicht verschweigen,
daß uns in der Deutschlandpolitik Adenauers vieles zunehmend
mißfiel. So wurden Nina und ich Anhänger von Willy Brandt
und kritische Anhänger der Sozialdemokratie, allerdings keine
Parteimitglieder.

Willy Brandt

Kurz nach dem Tod Ernst Reuters erschien im britischen Verlag
André Deutsch eine politische Biographie des verstorbenen Regierenden Bürgermeisters von Berlin, verfaßt von Willy Brandt
und Richard Löwenthal. André Deutsch hatte von Reuters
Witwe und Sohn Edzard die Weltrechte erworben, so daß ich
mich bei ihm um die deutschen Rechte für den Titel *Ernst Reuter
– Ein Leben für die Freiheit* bemühen mußte. Ich versprach mir
von dem Buch, das ich nicht kannte, einen ungewöhnlichen
Erfolg für die REVUE. Die Berliner hatten Reuter geliebt, und
ich rechnete mit einer Auflagensteigerung der Zeitschrift in
Berlin um wenigstens zwanzig Prozent. Aber auch in Westdeutschland hatte Reuter stets eine gute Presse, die der REVUE
zugute kommen konnte. Als Reuter im September 1953 starb,
war ich betroffen, daß Adenauer es nicht für nötig gehalten
hatte, zur Beerdigung nach Berlin zu fliegen. Ich habe das
Adenauer auch einmal vorgehalten. Seine Antwort kam schnell
und präzis: »Ich wäre ein Heuchler, hätte ich an seiner Beerdigung teilgenommen. Ich konnte ihn nicht ausstehen.« Der Aus-

druck seines indianerhaften Gesichts verfinsterte sich, als er fortfuhr: »Ich war stets sein politischer Gegner. Unsere Gegnerschaft betrifft hauptsächlich die Deutschlandpolitik. Schon kurz vor oder nach der Beendigung der Berliner Blockade im Frühjahr 1949 wollte er mit den Russen über ein Gesamtdeutschland verhandeln. Und ich sollte im März und April vorigen Jahres auf die beiden Stalin-Noten eingehen. Sie wissen ja, was das bedeutet hätte: Neutralisierung Deutschlands.«

1956 lag die *Reuter*-Biographie in deutscher Sprache vor, und ich konnte sie endlich lesen. Aus meiner Voreingenommenheit, das Manuskript würde sich sicher für REVUE eignen, war ich ein ungerechter Beurteiler dieser umfangreichen Arbeit. Ich bat Willy Brandt, den ich bis dahin nicht kannte und der zu dem Zeitpunkt Vorsitzender des Westberliner Abgeordnetenhauses war, zu einer Besprechung nach München zu kommen. Ein frischer, sympathischer, jugendlicher Mann erschien. In einem großen Kreis von Mitarbeitern hielt ich mit meiner Enttäuschung über die *Reuter*-Biographie nicht zurück, obgleich mir diese historisch bedeutsame Publikation für den Buchverlag durchaus willkommen war.

Aber an diesem Tag sprach ich nur von meinen Einwänden und hielt mit heftiger Kritik nicht zurück. Brandt nahm das gelassen. Das Für und Wider abwägend, die richtigen Worte suchend, sagte er, er sei nicht imstande, das Manuskript meinen Wünschen entsprechend zu ändern. Er sei kein brillanter Schreiber.

Nina hatte unter der Schärfe meiner Darlegungen gelitten und fragte Brandt nach der Sitzung, ob wir ihn bitten dürften, mit uns zu Hause in Harlaching (aus dem der Verlag vor kurzem ausgezogen war) zu Mittag zu essen. Er war gern einverstanden, und das Gespräch beim Essen war entspannt. Mir gefiel seine natürliche Art und sein naturburschenhafter Charme. Das, was er aus seinem Leben, aus der Situation in Berlin und seinen politischen Vorstellungen für Deutschland zu erzählen wußte, zeugten von moralischer Lauterkeit und überragenden Fähigkeiten. Allerdings ging ich in meiner Einschätzung seiner Möglichkeiten nicht so weit wie Nina. Nachdem sich Brandt verabschiedet, ich ihn zum Wagen gebracht hatte und zurückgekommen war, fragte ich Nina: »Was sagst du zu Willy Brandt?« Sie sagte einen einzigen Satz: »Er ist ein zukünftiger Bundeskanzler.« – »Du spinnst!« war meine Reaktion.

Jahre später bedankte er sich in einem Brief vom 5. November 1969 für unsere Glückwünsche zum Bundeskanzler und schrieb: »Es ist gut, daß ich Sie letzten Endes doch nicht enttäuscht habe.« Ein längeres Postskriptum in diesem Brief lautet: »Natürlich erinnere ich mich daran, daß Sie mir 1960 erzählten, Ihre Frau habe nach meinem Besuch bei Ihnen 1956 gesagt: ›Das ist ein zukünftiger Kanzler.‹ Klaus Harpprecht schrieb mir: ›Übrigens sagte ich spätestens 1956 zu manchem unserer Bonner Freunde, daß du eines Tages deutscher Kanzler sein wirst.‹

In einem Gespräch mit Otto A. Friedrich wurde ich dieser Tage daran erinnert, daß sein Bruder, Professor Carl Friedrich, mich seinen Studenten gegenüber als künftigen Bundeskanzler bezeichnete, als ich im Februar 1958 eine Diskussion an der Harvard-Universität geführt hatte. Rolf Menzel, der mich Anfang 1959 auf meiner ›Weltreise‹ begleitete, schrieb mir aus New York: ›Ich möchte mir dennoch erlauben, über zehn Jahre zurückzudenken, an einen Abend in Tokio, als Senator Klein in einer engen Gesprächsrunde, in der aus sehr aktuellem Anlaß das Thema Berlin diskutiert wurde, plötzlich die Bemerkung einstreute, daß Willy Brandt einmal Bundeskanzler werden müsse. Ja, und dann kommt mir auch noch in den Sinn, daß mein verstorbener Freund August Enderle im Sommer 1944 bei einem Spaziergang in Stockholm zu mir sagte: ›Du wirst das wohl eines Tages machen müssen.‹

Aber bekanntlich ist es so, lieber Herr Kindler, daß es immer auch auf die geschichtliche Chance ankommt. Ohne das britische Debakel vom Frühjahr 1940 wäre Churchill vermutlich als Außenseiter in die Geschichte eingegangen. Ich sage das nicht aus Fatalismus. Außerdem kommt es darauf an, was man aus dem Auftrag macht, wenn er einem zufällt. Ich will mein Bestes geben.«

Wir haben dann noch drei Bücher von Willy Brandt, dem wir uns sehr verbunden fühlten, verlegt. Oder mit dem von Harpprecht herausgegebenen Buch *Willy Brandt – Portrait und Selbstportrait* sogar vier.

Nach seiner *Reuter*-Biographie kam bei uns 1960 sein Buch *Mein Weg nach Berlin* heraus – Leo Lania hat ihm dabei geholfen –, 1964 *Begegnungen mit Kennedy* und 1966 *Draußen*. Ich glaube, daß *Mein Weg nach Berlin* und *Draußen* ihre Bedeutung auch weiterhin behalten werden. *Draußen*, seine Schriften während der Emigration, wurden von Günter Struve herausgegeben. In einer einwöchigen Klausursitzung in Berlin haben Willy Brandt, damals Regierender Bürgermeister dieser Stadt, Günter Struve, Kurt Fassmann und ich noch einmal die Anordnung der Beiträge besprochen und festgelegt. Es war faszinierend zu erleben, wie konzentriert Brandt arbeiten konnte. Man hatte ihm in Deutschland vorgeworfen, während der Nazijahre »draußen« gewesen zu sein. Diesen infamen Angriff nahm ich auf und schlug vor, das Buch *Draußen* zu nennen. Das fand seine Billigung. Zurück in München erhob meine Frau gegen diesen Titel Bedenken und meinte, man solle das, was man Brandt vorwerfe, nicht als Titel benutzen, die Unbelehrbaren würden dadurch nicht weniger. Ich rief Brandt an und sagte ihm das. Die Antwort vom 5. April 1966 in einem seiner handgeschriebenen Briefe war: »Den Titel sollten wir, glaube ich, trotz der Gefahr des Mißbrauchs so lassen.«

Günter Grass verfaßte über *Draußen* im »Spiegel« eine umfangreiche bemerkenswerte Kritik, für die ich ihm Dank schulde.

Meine positive Einstellung zu Brandt hat sich in den Jahren bis
heute nicht geändert. Meine Frau sprach schon 1956 von seinem
Charisma. Ihr fiel auch auf, daß sich seine Schrift über all die
Jahre nie verändert hat. Sie sagt: »Brandts Schrift ist lebensnah,
frei von Anmaßung, sie erinnert mich an die Schrift von Albert
Schweitzer.«

Auf ein Buch sollte ich noch hinweisen, für das ich Dagobert
Lindlau als Herausgeber gewinnen konnte: *Dieser Mann
Brandt...* Der Band, im Herbst 1973 erschienen, enthält *Gedan-
ken über einen Politiker* von 35 Wissenschaftlern, Künstlern und
Schriftstellern. Es ist auffallend, daß viele der Beitragsverfasser
auf den Kniefall Brandts vor dem Mahnmal des Warschauer
Ghettos zu sprechen kommen:

Walter Seuffert (damals Vizepräsident des Bundesverfassungs-
gerichts in Karlsruhe) stellt die Frage: »War nicht jener Kniefall
in Polen eine Jahrhundertgeste?«

Georg Picht (damals Ordinarius für Religionsphilosophie an der
Universität Heidelberg) gibt die Antwort: »Durch Willy Brandts
Besuch in Moskau und durch seinen Kniefall in Warschau hat
das Wort ›Frieden‹ in der internationalen Öffentlichkeit eine
neue Bedeutung gewonnen.«

Horst Stern, Autor des Kindler Verlages, bezeichnet ihn als einen
Mann, »dessen Warschauer Demutsgebärde ihn zu den fernen
Gestalten alter Kaiserfresken entrückt«.

Die Schriftstellerin Luise Rinser schreibt in ihrem Beitrag: »Als
Brandt auf die Knie fiel, da war die Relation richtig: Er vertrat
jenes Volk, das hier sich schändlich benahm und das jetzt,
dreißig Jahre später, zu dickfellig, zu anmaßend, zu inhuman ist,
um diese Geste zu verstehen. Um dieses Fußfalls willen wird
Brandt in die Geschichte der Humanitas eingehen, und man

wird von ihm sprechen, wenn niemand mehr die Namen seiner Widersacher kennen wird.«

Nina sagte, nachdem sie alle Beiträge in Lindlaus Band gelesen hatte: »Das ist Brandt, ohne Pathos und völlig aufrichtig.«

Zeitgeschichten und Zeitgeschehen

Konrad Adenauer, Ernst Reuter und Willy Brandt sind nicht die einzigen Politiker, die im Kindler Verlag porträtiert wurden, wir veröffentlichten auch eine Bildbiographie über Churchill und eine über Theodor Heuss.

Politische Dokumentationen, die den Freiheitswillen in Osteuropa bezeugen, erschienen in unserem Verlag. Zu ihnen gehören die *Litwinow-Memoiren*, Aufzeichnungen aus seinen geheimen Tagebüchern, die eine schonungslose Chronik der sowjetischen Verhältnisse unter Stalin belegen. Ein bleibender Beitrag in der geistigen Auseinandersetzung mit Moskau ist auch Imre Nagys *Politisches Testament*. In Leo Lanias Roman *Jan Masaryk, der Außenminister* prallt das Credo des europäischen Humanisten in einem letzten großen Gespräch vor Masaryks rätselhaftem Tod im Palais des Prager Ministeriums auf die Bosheit des kommunistischen Doktrinärs. Ludvík Veselýs Biographie über *Dubček* zeigt dem Leser hinter der Legende, die sich nach der sowjetischen Okkupation um den Prager Frühling gebildet hat, den wahren Menschen. Jean-Paul Sartre hat in seinem Vorwort des Buches mit dem Moskauer Neostalinismus abgerechnet.

Die großen Erschütterungen der jüngsten Vergangenheit spiegeln sich in drei dramatischen Büchern. Unser Freund Werner Rings schrieb in seinem Buch *Leben mit dem Feind* über Kooperation und Widerstand im von Hitler-Deutschland besetzten und beherrschten Europa.

So wie uns das Buch des amerikanischen Autors Leon Uris *Mila 18* den heroischen Widerstand jüdischer Menschen im Warschauer Ghetto gegen die Nazitruppen vor Augen führt, schildert der polnische Schriftsteller Roman Bratny in seinem Buch *Kolumbus Jahrgang 20* den verbissenen Kampf der polnischen Befreiungsarmee gegen die deutschen Besatzungstruppen.

Auf zwei der zahlreichen Bücher, die Zeitgeschichte und Zeitgeschehen behandeln, möchte ich näher eingehen. Es sind Bücher zweier Autoren, denen wir, Nina und ich, uns immer freundschaftlich verbunden fühlten: Eugen Kogon und Robert Jungk. 1974 brachten wir Kogons Buch *Der SS-Staat* neu heraus, das er gleich nach der Befreiung aus seiner Konzentrationslagerhaft geschrieben hatte und das von seinem ersten Verleger zu seinem Leidwesen nicht mehr aufgelegt worden war. Kogon war von März 1938 bis zur Auflösung des Lagers durch die amerikanischen Truppen im April 1945 Häftling im KZ Buchenwald gewesen. Er selbst hat in der von Bodo Harenberg herausgegebenen Fachzeitschrift »Buchreport« 1975 folgendes geschrieben: »Ich muß kurz einiges zur Entstehungsursache der Wiederkehr des Buches sagen. Zwei Anregungen trafen aufeinander: die eine eines jungen Kollegen von mir, eines Politikwissenschaftlers und Juristen, die andere, bald darauf, von Helmut Kindler, dem München-Züricher Verleger. ›Ihr Buch *Der SS-Staat* ist seit längerem nicht mehr erhältlich‹, schrieb mir aus Tübingen der Kollege, und es müßte doch, so fuhr der Brief fort, als billiges Taschenbuch insbesondere für Studenten und Schüler zur Verfügung sein – wie soll man ihnen auf andere Weise besser erklären, was der Nationalsozialismus war? Dann der lapidare Satz: ›Wenn für eine billige Ausgabe ein Zuschuß gebraucht wird, teilen Sie es mir bitte mit, ich werde ihn bezahlen.‹ Dreiviertel Jahre später, als Helmut Kindler, ohne jede Ahnung von dem Brief aus Tübingen, mir sein Interesse an einer Neuauflage bekundete, kam es in rascher Zusammenarbeit zwischen dem Verleger, dem Mäzen und mir zur Ausgabe des Buches im Umfang der ursprünglichen 412 Seiten gleicher Größe und Ausstattung zum Preise von nur 8,– DM. Binnen weniger als dreier Monate nach Erscheinen, dies im Sommer und im Frühherbst des vergangenen Jahres, waren die ersten 20000 Exemplare der Neuauflage verkauft. Allem Anschein nach gibt es auch bei uns bedeutende Minderheiten der Heranwachsenden, der Studierenden, der in die gesellschaftliche Verantwortung Eintretenden, denen die Humanität als Grundlage und Maßstab aller Politik Sache des fortschrittlichen Verstandes und, wenn es in jedem Einzelfall darauf ankommt, noch so rational verhüllt, Sache auch des Herzens ist. Sie sind daher bereit, als lehrreich auch die Schattenseiten unserer Vergangenheit zur Kenntnis zu nehmen.«

In Anlehnung an Kogons *Der SS-Staat* nannte Robert Jungk sein im Kindler Verlag erschienenes Buch *Der Atom-Staat*. Er widmete es Kogon und hat sein Buch selbst vorgestellt:

»Seit meiner Warnung vor einem Atom-Staat werden jetzt endlich auch die möglichen politischen Konsequenzen einer Fortsetzung des Baus von Kernkraftwerken diskutiert. Die Gefährlichkeit der neuen Anlagen zwingt Behörden und Industrie zu einem bisher unbekannten Grad von Absicherung. Schon bis jetzt wurden Grundrechte angetastet und bürgerliche Freiheiten mißachtet. Doch das ist erst der Beginn. Neue Methoden der Überprüfung und Überwachung, die bereits vorbereitet wurden, warten auf ihre Anwendung. Eine neue Tyrannei müßte die fast unvermeidliche Begleiterscheinung einer Hochleistungstechnik sein, deren Risiken dem unvollkommenen Menschen über den Kopf zu wachsen beginnen.

Noch ist die Schwelle zum Plutonium-Zeitalter nicht überschritten. Noch ist es möglich, auf dem Weg in die totale Anpassung haltzumachen. Der Widerstand vieler einzelner in fast allen Industrieländern zeigt, daß sich die Bürger den ungeheuren Gefährdungen, die auf sie zukommen, nicht länger wort- und tatenlos unterwerfen wollen.«

Das Buch hilft schildernd und deutend diese Auseinandersetzung um eine der bedeutsamsten Zukunftsentscheidungen der Menschheit vertiefen. Es bemüht sich um eine Erhellung der gesellschaftlichen Folgen wissenschaftlich-technischen Fortschritts, die von den Politikern bisher zu oft vernachlässigt wurde.

KAPITEL 37

Zum Beispiel Max Brod

Autobiographien und Biographien bildeten einen Schwerpunkt im Programm des Kindler Verlages. Autoren von Biographien lernten wir kennen und schätzen. Ich denke an das *Gottfried-Keller*-Buch von Adolf Muschg und an das *Picasso*-Buch von Françoise Gilot. Enger noch waren die Beziehungen zu den Verfassern ihrer Autobiographien: zur Mozart-Sängerin Maria Stader, die ihrem Buch den schönen Titel gab: *Nehmt meinen Dank*; zu dem Sänger Hermann Prey und dem damaligen Chef der Metropolitan Opera Rudolf Bing. Ich denke an den Schriftsteller Max Brod. An ein Gespräch, das wir mit ihm hatten.

Er rief meine Frau an, als ich einige Tage lang Inserentenbesuche für die REVUE machte und außerdem nach langen Verhandlungen bei der Industrie- und Handelsbank in Düsseldorf einen langfristigen Kredit lockermachen konnte. Nina hatte gleich nach meiner Rückkehr eine Verabredung mit Brod im Hotel Vier Jahreszeiten ausgemacht. Wir kannten Brod, hatten wir doch sein Buch *Mira* verlegt, einen Roman der bewahrenden und der zerstörenden Liebe. Brod stellte seinen Roman unter den Leitspruch von Hofmannsthal: »Jeder Mensch nimmt, wenn er stirbt, ein Geheimnis mit sich ins Grab: wie es ihm, im geistigen Sinn, zu leben möglich gewesen sei.« Wir hatten Brod auch als Mitglied der Jury unseres Schweitzer-Preises schätzengelernt. Also trafen wir uns zu dritt.

Natürlich kamen wir auf die beiden Autoren zu sprechen, die Max Brod soviel zu verdanken haben: zuerst auf Jaroslav Hašek und dessen *Schwejk*-Roman, dann auf Franz Kafka und dessen Roman *Das Schloß*. Beide Romane hat Brod dramatisiert. Den *Schwejk* gemeinsam mit Hans Reimann für Erwin Piscator, der das Stück im Januar 1928 in Berlin herausbrachte. Es war ein *bleibender* Theatereindruck, den ich mit fünfzehn Jahren hatte. Wir kamen natürlich auf die Piscator-Inszenierung des *Schwejk* zu sprechen. Brod schien sich sehr zu freuen, einem Verleger gegenüberzusitzen, der die Uraufführung, die in die Theatergeschichte eingegangen ist, miterlebt hatte. »Es war eine glanzvolle Premiere«, sagte er.

Das war sie gewiß. Aber es störte mich, daß er auf sein Zerwürfnis mit Piscator nicht zu sprechen kam. Die Theaterwelt wußte, daß Piscator die Dramatisierung von Brod und Reimann als zu harmlos zurückgewiesen hatte. In den Augen des Theatermannes war das »nicht Hašek, sondern ein pseudokomischer Offiziersschwank«. Aber Piscator bestand darauf, Geschehnisse und Dialoge zu verschärfen, und Piscators Dramaturgenkollektiv, zu dem damals Bert Brecht gehörte, ging bei der Überarbeitung nicht zimperlich vor, um Piscators Forderung nachzukommen, nämlich »den ganzen Komplex des Krieges im Scheinwerfer der Satire zu zeigen und die revolutionäre Kraft des Humors zu veranschaulichen«. Der Erfolg dieser endgültigen Fassung in Piscators Inszenierung voller hinreißender bühnentechnischer Effekte, darin unterstützt von George Grosz als Bühnenbildner und mit Max Pallenbergs unnachahmlicher Darstellung als *Schwejk*, war triumphal. Bei den Hervorrufen aller Beteiligten waren nur Max Brod und Hans Reimann nicht auf der Bühne erschienen. Hatte das, fragte am nächsten Tag Emil Faktor in seiner Kritik im »Berliner Börsen-Courier«, einen Protest »gegen geistige Entmündigung durch das Piscator-Kollektiv zu bedeu-

ten?« Damals, 1928, mochte Brod die endgültige Dramatisie-
rung nicht als sein Werk akzeptieren. Jetzt, 1960, in unserem
Gespräch, nahm er den Erfolg des Stückes durchaus für sich in
Anspruch.

Als ich dann auf Brechts *Schwejk*, nämlich den *Schwejk im
Zweiten Weltkrieg*, zu sprechen kam, den Brecht in die Zeit der
Naziherrschaft im besetzten Prag gelegt hat, konnte ich Max
Brod lediglich einen Satz entlocken, nämlich: »In der *Habimah*
in Palästina habe ich mit dafür gesorgt, daß Brecht in den
Spielplan aufgenommen wurde.«

Ich ließ mich versöhnen. Weiß der Teufel, wie wir jetzt noch auf
Tucholsky kamen. Unerwartet und spontan griff er das Thema
auf: Tucholsky habe zwei Seelen in seiner Brust gehabt, eine
»poetisch-träumerische«, die er sehr bewundere, und eine »poli-
tisch-aggressive«, die ihm zuwider sei. Jetzt schwieg *ich*. Mir
war anzumerken, daß ich anderer Meinung war. Für mich lag in
seiner Antwort auch der Schlüssel für seine relativ unpolitische
Bewertung des *Schwejk*, die mir schwer begreiflich war und bis
heute schwer begreiflich ist. Und doch mußte ich mir sagen: Er
war es, der Hašeks tschechischen Hundeverkäufer Schwejk als
herausragende Gestalt der Weltliteratur erkannt und sich als
Kritiker mit Bravour für ihn eingesetzt hatte.

Brod wies uns jetzt darauf hin, daß er sich im Ersten Weltkrieg in
Prag nicht nur für Hašek, sondern auch für Janáček verwandt
habe. »Für wen?« fragte ich. »Für Leoš Janáček.«

Ich wußte, daß er ein Komponist war, mehr aber auch nicht.

Brod schüttelte den Kopf, gab zu verstehen, er wolle uns eine
einmalige Chance geben, Leben und Werk Janáčeks kennenzulernen, und fuhr fort, wir sollten *seiner* Autobiographie eine
Biographie Janáček folgen lassen, die er schreiben und uns
überlassen werde; wir könnten gleich den Vertrag besprechen.

Ich erwiderte, auch wenn zahlreiche Musikkenner mit Janáček

und seiner Musik vertraut seien, wir könnten ein solches Buch nicht machen, da es zu schwer zu verkaufen sei.

Ich fand, unser Kennenlernen stand unter keinem guten Stern. Als sich das Gespräch Kafka zuwandte, atmete ich auf. Meiner Frau, einer Kafka-Leserin, wie sie sich Brod nur wünschen konnte, durfte ich den Verlauf dieses Gesprächs getrost überlassen. Und was sie zu Brods Verdiensten um Kafkas Werk äußerte, fern von jedem Klischee und frei von herkömmlicher Schmeichelei, fand Brods Gehör: Seine verkniffenen Züge entspannten sich und machten einem gelösteren Gesichtsausdruck Platz. Die Rede kam bald auf Kafkas *Schloß*, das auch von Brod dramatisiert worden ist. Was veranlaßte mich nur in diesem Augenblick, mich wieder in die so erfreuliche Unterhaltung einzuschalten? Wahrscheinlich war ich eifersüchtig auf die Kenntnisse meiner Frau und wollte mich nicht dem Verdacht aussetzen, mich nie mit Kafka beschäftigt zu haben.

Um mein Wissen zur Geltung zu bringen, erwähnte ich, wie aufschlußreich ich Klaus Wagenbachs Buch *Franz Kafka. Eine Biographie seiner Jugend* fände. Brod fiel mir sofort ins Wort. Er war erzürnt. Unwillkürlich mußte ich daran denken, daß er für seine Autobiographie den Titel *Streitbares Leben* bestimmt hatte. Ich wollte alles andere als Streit mit ihm. Aber was hatte er an Wagenbachs Kafka-Biographie zu beanstanden? Nun, Wagenbach hatte geschrieben, die »nähere Freundschaft« zwischen Brod und Kafka habe 1908 begonnen. Brod jedoch pochte darauf, die Freundschaft habe von der ersten Begegnung an, das war 1902, bestanden. Daß sich echte Freundschaft in der Regel erst entwickelt, mochte Brod in diesem Fall nicht gelten lassen. Nun, er mußte es wissen.

Autoren und Verleger kommen fast immer auf ein Thema zu sprechen: die Kritik. Brod hatte in Prag als junger Mensch selber

Bücher, Theaterstücke und Konzerte rezensiert. Später, in Wien und Berlin, stand er mit manchen der damals berühmten Kritiker in Verbindung. Da konnte es nicht ausbleiben, daß der Name Alfred Kerr fiel. »Seine Theaterkritiken kennen Sie ja als Berliner«, wandte sich Brod mir zu, »aber wissen Sie, daß er einem Autor mit der Besprechung seines ersten *Romans* zum Durchbruch verholfen hat?« Der Ton lag auf Roman. »Ja«, sagte ich, »den *Zögling Törless* von Robert Musil in einer Berliner Zeitung, Musil war von einer kleinen Arbeit Kerrs über die Duse so angetan gewesen, daß er ihm den *Törless* zur Besprechung geschickt hatte.«

Nachdem ich diese Prüfung bestanden hatte, war aller Mißmut vergessen. »Wann war das ungefähr?« fragte Brod noch. Hier mußte ich passen. Freundlich belehrte er mich: »Viele Jahre vor dem Ersten Weltkrieg.«

Wir schwelgten in gemeinsamen Gedanken an Alfred Kerr. Kerr nicht als Theaterkritiker, Kerr nicht als Literaturkritiker, sondern Kerr als Dichter. Wir kamen zu einer unerwarteten Übereinstimmung, ließen einander nicht ausreden, übertrafen einer den anderen in Leseerinnerungen an poetische Prosastücke aus Kerrs Reiseschilderungen. Oft hatte ich Kerrs Eindrücke aus Bayern, in denen er Lebensart und musische Begabung seiner Bewohner geradezu beglückend vermittelt, meiner Frau vorgelesen! Brod und ich waren uns in unserer Kerr-Verehrung einig, Kerr war ein Dichter.

Wir waren darauf gefaßt gewesen, daß Kafka und Hašek, Zionismus und Pazifismus den Gedankenaustausch mit Max Brod bestimmen würden. Und nun waren es zwei Bücher von Alfred Kerr, die uns beflügelten.

Die Folgen unserer Zusammenkunft, unserer streitbaren Begegnung, unserer unerwarteten Übereinstimmung und unseres warmherzigen Abschieds schlugen sich Wochen später auf besondere Weise nieder, und zwar in folgender Einfügung Brods auf den Korrekturfahnen seiner Autobiographie:

> ...bis heute ist mir der Eindruck geblieben (und durch häufiges Wiederlesen aufgefrischt worden), daß Kerrs zweibändiges Werk *Verweile doch, du bist so schön* mit seinen bunten bayrischen, fränkischen, norddeutschen Städte- und Dorfbildern (nebst ergänzender Beschreibung ihrer eßbaren und alkoholischen Spezialitäten), ferner mit den Seiten, die der Erinnerung an seine frühverstorbene bauernkluge Frau gewidmet sind, zu den schönsten Büchern deutscher Sprache gehört.

Am Wochenende, das auf unsere Begegnung mit Max Brod folgte, fuhren Nina und ich mit unseren Töchtern Manon und Georgette nach Dietramszell. Dort hatten wir nach dem Krieg ein kleines Bauernhaus für meine Eltern erstanden, die wir nicht allein in Berlin lassen, sondern in der Nähe von uns in München wissen wollten. Wir erwarben es in keinem guten Zustand, aber meine Frau hat es mittlerweile in einen Schmuckkasten verwandelt. Sie ließ auf Außenwände die personifizierte »Poesie«, die »Musica« und die »Flora« sowie eine Darstellung der biblischen »Ruhe auf der Flucht« malen.

An besagtem Wochenende bat Manon, doch allen etwas vorzulesen. Ich dachte an unser Gespräch mit Max Brod wenige Tage zuvor und fand im Bücherregal noch Kerrs Band *Die Welt im Licht – Verweile doch.* »Meinem Helmut an Weihnacht 1945« hatte meine Frau hineingeschrieben und ein Lesezeichen vor der Seite 99 eingelegt. Dort beginnt das Kapitel »Gruß an Bayern«. Kerrs Werk: fünf Bände *Die Welt im Drama* und zwei Bände *Die Welt im Licht* waren das erste Weihnachtsgeschenk, das mir Nina 1945 unter den Tannenbaum gelegt hat. Das vergißt man nicht. Ich las an diesem Abend in Dietramszell Abschnitte aus dem Beitrag »Wie Gott in Bayern« vor. Darin heißt es:

»Ich glaube nach allem, was ich gesehen, geatmet, getrunken; nach allem, wovon man beglückt war; nach allem, wofür eine hochfliegende Dankbarkeit aufkam (dieser Satz dauert ewig und drei Tage) – ich glaube, trotzdem ich das Wort ›Wie Gott in Frankreich‹ zu oft bejaht, um es jetzt feig zu leugnen; ich glaube, man soll mitunter sprechen: ›Wie Gott in Bayern‹.

Da steht ein Lindenbaum, so stark, wie sonst vier oder fünf starke Linden zusammen. An diesen Stamm heften sie eine Mutter Gottes. Unsagbar schön. In Mannshöhe hängt sie, auf etwas Eiförmiges gemalt, im blauen Mantel, grüßend, stumm, die Mutter des Heilandes. Weiße Blüten haben sie um das Bild gesteckt – und seitwärts eine Hand – voll Feldblumen.

Wessen Denkart in ganz andre Richtungen geht (nämlich die meine), der möchte vor diesem Bild am Stamm doch den Hut abnehmen. Was man erschüttert sieht, ist nicht eine Mutter Gottes – sondern eine Mutter; als sie noch jung war. Und man weiß von neuem, daß zwar die große Kunst immer von einzelnen Menschen gemacht wird: daß sie aber verbreitet, ausgebaut, gesteigert, versüßt, verhimmlischt werden kann durch die Hunderttausende; durch die Unbekannten; durch die Namenlosen; durch das Volk.«

»Ob Alfred Kerr einmal in Dietramszell gewesen ist?« sinnierte Manon. »Man könnte es denken«, sagte sie.

KAPITEL 38

Simonow, Aragon, Ehrenburg

Zwischen dem Sowjetrussen Konstantin Simonow, dem Franzosen Louis Aragon und dem Wanderer zwischen Moskau und Paris, Ilja Ehrenburg, gibt es mancherlei Beziehungen. Als ich Simonow zum ersten Mal sah, sagte er mir: »Ich habe gehört, Sie verlegen auch Aragon.« Ehrenburg, den wir 1963 in Stockholm trafen, empfing Nina und mich mit der Begrüßung: »Da Sie Simonow verlegt haben und auch den ganzen Aragon-Zyklus *Die wirkliche Welt* bringen wollen, habe ich mir gedacht, für meine Memoiren könnten Sie der richtige Verleger in Deutschland sein.« Er sagte es auf russisch. Seine Begleiterin übersetzte uns seine Worte.

Konstantin Simonow

Alfred Andersch ruft mich an

Am 25. August 1979 rief mich Alfred Andersch an, Simonow, der schwer erkrankt in einer Moskauer Klinik liege, würde, sobald er reisefähig sei, man denke, in sechs Wochen, gern eine Nachkur in der Schweiz machen. Andersch meinte, mit einer Einladung könnte ich, sein deutscher Verleger, ihm sicher eine Freude bereiten.

Mir war der Hinweis willkommen; ohnehin hatte ich damit

gerechnet, Simonow im Oktober auf der Frankfurter Buchmesse zu treffen. Dort wollte ich mit ihm über die Buchpremiere seiner *Kriegstagebücher* in der Bundesrepublik Deutschland sprechen. Die Einladung hat ihn nicht mehr erreicht. Am 28. August, ich war gerade in Bologna, erreichte mich der Anruf meiner Frau, Simonow sei tot.

Übrigens war es auch mein letztes Telefonat mit dem deutschen Schriftsteller Alfred Andersch. Er starb am 21. Februar 1980 im Alter von 66 Jahren.

Ein Buch und ein Theaterstück

Es ist dreißig Jahre her. Der Kindler Verlag in München hatte einen Vertrag abgeschlossen, Simonows Buch *Die Lebenden und die Toten* in deutscher Sprache herauszubringen. Ich wußte bis dahin wenig von Simonow. Doch da wir damals in unserem Verlag die Herausgabe eines mehrbändigen Literaturlexikons vorbereiteten, fragte ich die Redaktion, welche Bücher von Simonow darin behandelt werden würden. Unter den Manuskripten, die man mir gab, befand sich auch eine Interpretation eines dreiaktigen Dramas mit dem Titel *Russische Menschen*, und ich erfuhr, daß es am 12. Juli 1942 im Teatr dramy in Moskau uraufgeführt worden war. In meiner Phantasie versuchte ich mir zu vergegenwärtigen, wie das damals war im Sommer 1942. Die Sowjetunion hatte den Angriff der Hitler-Armeen auf Moskau abgewendet. Aber in vielen Teilen des Landes wurde erbittert gekämpft. Wie war es möglich, daß zu diesem Zeitpunkt ein Theaterstück in Moskau uraufgeführt wurde, das im Herbst 1941 in einer Stadt an der russischen Südfront spielt, in der ein kleiner Teil der sowjetischen Truppen, von den Deutschen umzingelt, sich in einer aussichtslosen Lage befand. Simonow war, so erfuhr ich, als Kriegskorrespondent mit der Lage an der Front vertraut gewesen. Und wie war das damals in Deutschland? Die deutschen Heeresberichte verfälschten und verschleierten den Verlauf des Krieges in der Sowjetunion. Ich ließ mir aus dem Archiv der Münchner Staatsbibliothek ein Exemplar des »Völkischen Beobachters«, das »Kampfblatt der nationalsozialistischen Bewegung Großdeutschlands«, vom 12. Juli 1942 kommen. Ich lese: »...auch im Lügen werden die Juden in Moskau unsicher... Jetzt erst beginnt man zu begreifen, wie sich das Scheitern der bolschewistischen Winteroffensive und die erfolgreichen deutschen Gegenzüge auf der Krim und im Raum von Charkow auswirken, welcher Gegensatz zwischen der bedenkenlosen Massenaufopferung seitens des Sowjetkommandos und der überlegenen und planvollen deutschen Führung des Ostkrieges besteht.«

Die »bedenkenlose Massenaufopferung seitens des Sowjetkommandos« war eine Lüge des OKW, das den Tagesbefehl von Marschall Timoschenko kannte, den er am 10. Juli 1942 an seine Truppen gerichtet hatte. In ihm steht: »Die Truppenkommandeure haben ihren Ehrgeiz nicht darein zu setzen, die Positionen ohne Rücksicht auf die eigenen Verluste zu halten, sondern in elastischer Verteidigung zurückzuweichen, wenn dies nicht zu umgehen ist.«

Das muß man sich vergegenwärtigen, wenn man die erbarmungslose Forderung der deutschen Heeresführung kennt: »Ohne Rücksicht auf Verluste.«

Gespräche in Frankfurt und München

Die zweite Begegnung war eine leibhaftige Begegnung. Es war, wenn ich mich nicht irre, 1963. Auf der Frankfurter Buchmesse trat an unserem Ausstellungsstand ein Herr auf mich zu und stellte sich vor: Konstantin Simonow. Er wollte den Verleger, der seinen Roman *Die Lebenden und die Toten* in Westdeutschland verlegt hatte, kennenlernen. Klarheit, Einfachheit, Besonnenheit: das war der erste Eindruck, den ich sofort von ihm gewann. Da gab es keinerlei Mache.

Das allerdings empfand ich noch stärker zwei oder drei Jahre später, als wir uns in München wiedersahen. Wir aßen zu viert bei Walterspiel im Hotel Vier Jahreszeiten: er mit seiner Frau, Larissa Schadowa, meine Frau und ich. Das Gespräch, das sich zwischen beiden Frauen entwickelte, beileibe kein »Frauengespräch«, löste Simonows Zurückhaltung in wenigen Minuten. Simonow äußerte sich zu vielen Fragen freimütig und offen.

Ein Thema war das »Tauwetter«. Diesen Begriff hatte übrigens Ehrenburg geprägt. Der elegante und schöne Ilja Ehrenburg, der aussah wie ein bedeutender Tänzer, und der sehr sachlich wirkende Konstantin Simonow, bei dem man an einen Mathematiker oder Ingenieur hätte denken können – beide hatten viel Gemeinsames, waren Reporter, Chronisten ihrer Zeit, deren Berichte sich zu erschütternden Werken formten.

Die Lebenden und die Toten geben, wie Wolf Jobst Siedler im »Tagesspiegel« schrieb, »redlich Aufschluß über jene entscheidende Phase des Krieges, als das Schicksal der Sowjetunion an einem seidenen Faden hing«.

Ein anderes Thema war Pasternak. Simonow hatte sich auf einer der Buchmessen in Frankfurt, die er vor Jahren besucht hatte, an unserem Stand Gerd Ruges Bildbiographie über Pasternak geben lassen. Gerd Ruge, damals als Korrespondent in Moskau tätig, hatte nach vielen Gesprächen mit Pasternak und nach intensivem Quellenstudium ein überzeugendes Bild von Pasternaks Leben und Schaffen entworfen. Simonow, im Zweiten Weltkrieg Kriegsberichterstatter der sowjetischen Tageszeitung

»Krasnaja Swesda«, war von 1946 bis 1950 und von 1954 bis 1958 Chefredakteur der literarischen Zeitschrift »Nowi Mir« in Moskau. Er hatte die Veröffentlichung von Pasternaks Roman *Doktor Schiwago* in der »Nowi Mir« abgelehnt, und zwar nach gründlicher Überlegung gemeinsam mit seinen Redakteuren. Fünf Redaktionskollegen hatten mit ihm den Brief an Pasternak unterzeichnet.

Dann begann Simonow von seiner Bekanntschaft mit Pasternak zu erzählen, von dem er viele Gedichte, die er über alles schätzte, auf russisch zitierte. Pasternak war auch sein Reisegefährte auf einer seiner Fahrten an die Front gewesen, und wenngleich er daran festhielt, daß es seiner Meinung nach richtig gewesen sei, Pasternak sein Manuskript zurückzugeben und sich für einen Abdruck von Dudinzews Roman *Der Mensch lebt nicht vom Brot allein* in seiner Zeitschrift zu entscheiden, so zweifle er nicht an Pasternaks Ruhm. Als Lyriker würde Pasternaks Name künftig neben Blok, Majakowski[20] und Twardowski in der Weltliteratur stehen. Mit der politischen Sensation, die zwei Jahre später in der westlichen Presse um Pasternaks *Doktor Schiwago* entstand, mit dieser »Inszenierung« hatte er nichts zu tun. Für die Frage einer Buchveröffentlichung des Romans sei er nicht zuständig gewesen. Nach diesem Gespräch in München haben wir Simonow nie mehr gesehen.

Wir haben von ihm nicht nur *Die Lebenden und die Toten* veröffentlicht, sondern auch *Soldaten werden nicht geboren*, *Der letzte Sommer*, seine beiden *Kriegstagebücher* und auch *Tage und Nächte*. Über *Tage und Nächte* hat Stephan Hermlin geschrieben:

»Die siebzig Tage und Nächte von Stalingrad, denen hier ein Monument errichtet wurde, sind voller Trauer und Not, voll von flüchtigem Glück und Furcht, voller Einfachheit und Wahrheit. Einfachheit ohne Vereinfachung, Wahrheit ohne erhobenen Zeigefinger – es ist anzunehmen, daß diese Qualitäten dem Buch seinen großen Erfolg gebracht haben... Simonow bildet vor unseren Augen ebenso farbig wie behutsam eine große Anzahl ganz verschiedener Charaktere ab. Sein Buch wächst aus der großen psychologischen Tradition der Tolstoi und Turgenjew. Am Ablauf der Ereignisse wird auch die Reihe der seelischen Entwicklung der Personen ablesbar, die Simonow vor uns hinstellt... Äußerst zart schildert Simonow die Liebe des Hauptmanns und der Schwester Anja, die jeden Abend die Verwundeten über die Wolga ins Hinterland bringt und schließlich selbst schwer verwundet wird... Dies Leben und diese Liebe sind das herbe Gleichnis der Zeit, die den Krieg überwindet, so wie die schöne und gemessene Erzählung Konstantin Simonows ein Buch vom Krieg ist und den Frieden feiert.«

Als für Konstantin Simonow ein Gedenkband in Moskau aufgelegt wurde, schrieb ich darin ein Memento mori.

Louis Aragon

Nina und ich haben Louis Aragon nie kennengelernt. Zweimal hatte ich ihm geschrieben, nachdem wir schon ein Buch von ihm veröffentlicht hatten, aber seine Antworten fielen so reserviert aus, daß ich daraus schloß, er lege offenbar keinen Wert darauf, seinen deutschen Verleger kennenzulernen. Das hat meine Verehrung für ihn nicht beeinträchtigt.

Die europäische Literatur ist noch immer innerhalb ihrer Vaterländer erheblich eingeengt. Gesprächen mit Akademikern, die nichts mit Literatur oder Journalismus zu tun haben, entnehme ich, daß Aragon in Deutschland weitgehend ein Unbekannter ist; noch immer werden seine Bücher kaum gelesen. Heute liegt sein Gesamtwerk in französischer Sprache in sechsunddreißig

Bänden vor. Er gründete die Lettres françaises, kämpfte aus politischer Überzeugung im Spanischen Bürgerkrieg und war während der deutschen Besatzung die Stimme Frankreichs in der Résistance.

Da ich Aragon nie kennengelernt habe, möchte ich an meiner Statt Ehrenburg über ihn sprechen lassen, der eine ambivalente Einstellung zu ihm hatte, aber seine Bücher liebte. In seinen Memoiren schreibt er in einem Absatz:

»Ich brauche kein Wort darüber zu verlieren, was ohnehin jedermann weiß: Aragon ist ein großer Dichter und ein großer Prosaist, aber hier will ich etwas anderes sagen... Zum ›Wesentlichen‹ gehört bei ihm die Liebe zu Frankreich. Sie ist organisch und allumgreifend, sie diktierte ihm die Verse in den Jahren der Résistance wie den Roman *Karwoche*. Mir erscheint er als Erbe von Victor Hugo... Aragons Nähe zu Hugo besteht in der Brillanz, in der Beredsamkeit, in der Unverwüstlichkeit, in der Klarheit, im Zorn, in der Romantik der Realität und im Realismus des Romantischen. Freilich ist in Aragon mehr Bitterkeit, aber das liegt am Jahrhundert.«

Leider bekam ich vom DDR-Verlag nicht die Lizenz für Aragons historischen Roman *Karwoche*; sie war schon vergeben. Die Tetralogie *Die wirkliche Welt*, für die wir die Rechte dankenswerterweise erhielten, ist ein Zyklus, in den man sich einlesen muß wie in die Werke von Balzac oder Marcel Proust. Aragon beschwört »den Zauber einer fast schon vergangenen Welt ebenso wie die Realität der Gegenwart«. Das schreibt Elisabeth Endres in ihrem Beitrag über Aragon in unserer Enzyklopädie *Die Großen der Weltgeschichte*.

Nina und ich fanden die Übersetzungen der vier Bände hervorragend. Den ersten Band, *Die Glocken von Basel*, hat Alfred Kurella, den zweiten Band, *Die Viertel der Reichen*, Stephan Hermlin, den dritten Band, *Die Reisenden der Oberklasse*, Hans

Mayer[21] und den vierten Band, *Aurélien*, Karl Heinrich aus dem Französischen übertragen.

Jahre später veröffentlichte der Kindler Verlag Aragons kompliziertes Alterswerk *Leere Spiegel*, vorzüglich von Eva und Gerhard Schewe übersetzt, eine überwältigende Danksagung an seine Lebensgefährtin Elsa Triolet. Günther Zehm schrieb in seiner Kritik: »Es ist die Liebe zu Elsa, die hier noch einmal eine glanzvolle Apotheose erfährt.« Nina liebt dieses Buch ganz besonders.

Ilja Ehrenburg

Der erste Band der Ehrenburg-Memoiren erschien 1962 im Kindler Verlag. Den Boykott, dem die Veröffentlichung ausgesetzt war, habe ich auf Einladung von Eugen Kogon anläßlich des Europa-Gespräches 1965 in Wien ausführlich geschildert, das unter dem Motto »Brücken zwischen West und Ost« stand. Ich war eingeladen, im Rahmen dieses Symposiums über »Die deutsche Übertragung von Ehrenburgs Memoiren« zu sprechen. Das war kurz bevor meine Frau und ich unseren Zeitschriftenverlag und die Druckerei aufgaben, um uns nur noch dem Buchverlag zu widmen. Hier mein Vortrag in Wien:

Als ich mich im Herbst 1960 entschloß, die deutschen Rechte an den Memoiren Ilja Ehrenburgs zu erwerben, war uns, meiner Frau und mir, sowie unseren Mitarbeitern klar, daß dieses Buch in der deutschen Öffentlichkeit ein zwiespältiges Echo finden würde.

Wer kannte Ilja Ehrenburg in Deutschland, und wie kannte man ihn in Deutschland?

Nur ein relativ kleiner Kreis des Publikums konnte ein zutreffendes Bild von diesem Mann haben und seine Werke kennen, vor allem seine Romane, von denen viele in den zwanziger Jahren in deutschen Übersetzungen erschienen waren. Für den großen Teil des deutschen Publikums aber mußte angenommen werden, daß seine Vorstellung von Ilja Ehrenburg ausschließlich durch die Propaganda von 1933 bis 1945 bedingt war, die diesen russischen Autor als den Prototyp des bolschewistischen, deutschfeindlichen Literaten und Mordhetzer gegen die deutsche Bevölkerung hingestellt hatte. Nur wenige wußten, daß dieser Ilja Ehrenburg ein bedeutender Dichter, ein großer Kritiker und auch ein gründlicher Kenner des Deutschland von Weimar ist, ein Sowjetbürger, der wie wenig andere in Europa zu Hause war und die Passion des Kontinents in diesem Jahrhundert mit leidenschaftlicher Anteilnahme miterlebte.

Welcher Deutsche konnte sich schon einen Ilja Ehrenburg vergegenwärtigen, der 1922 den Namen Hitler zum erstenmal in einem Bierausschank am Berliner Alexanderplatz gehört hatte und darüber schreibt: »Die Deutschen lebten wie in einem Wartesaal, niemand wußte, was morgen geschehen würde… alles sah nach Zusammenbruch aus, doch die Fabrikschlote qualmten…«

Ehrenburg beschrieb das Deutschland der Inflation, der enttäuschten Hoffnungen, der nationalistischen Medizinmänner. »In einer überfüllten Straßenbahn betitelte man mich ›polnischer Hund‹. An der Wand eines gutbürgerlichen Hauses, neben dessen Eingangstür das Schild ›Nur für Herrschaften‹ angebracht war, entdeckte ich eine Kreideaufschrift ›Juda verrecke‹. Alles war überdimensional: die Preise, die Flüche, die Verzweiflung.«

Als zwanzig Jahre später die nazistische Wirklichkeit überdimensional wurde, nahm auch Ehrenburgs Empörung diese Proportionen an. Wir wissen: Die deutschen Armeen hatten die Sowjetunion überfallen, große Teile der Bevölkerung als

Zwangsarbeiter verschleppt, die Juden zusammengetrieben und »liquidiert«, die mühsam aufgebaute russische Industrie zerschlagen. Ehrenburg forderte die Rote Armee auf, den Angreifer zurückzuschlagen: »Tötet die Deutschen!« Dieser Satz, berechnet für die schwer kämpfenden Sowjetarmeen, wurde zum Kern einer nationalistischen Schauerlegende, die ihren Anlaß überleben sollte.

Mit dieser Legende hatten wir zu rechnen. Wir wußten, daß sie weiterlebte, wir wußten freilich nicht, in welchem Ausmaß sie noch wirksam werden könnte. Wir hatten dabei aber auch zu berücksichtigen, daß die politische Situation dieses geteilten Landes, die Frontstellung des Kalten Krieges und die damit verbundene politische Hysterie ernst zu nehmende Hindernisse für die Publikation der Ehrenburg-Memoiren in der Deutschen Bundesrepublik sein würden.

Wir hatten uns vorgenommen, die Ehrenburg-Memoiren in zwei Bänden zu veröffentlichen. Als die Übersetzung des ersten Bandes, der die drei ersten Teile der Ehrenburg-Memoiren umfaßte, abzusehen war, hatte sich die Situation für dieses Buch durch ein politisches Ereignis noch erheblich verschlechtert. Am 13. August 1961 war in Berlin der Verkehr zwischen den beiden Hälften der geteilten Stadt durch die Errichtung der Sperrmauer unter eine strenge Kontrolle gebracht worden – zweifellos ein sehr tiefer Eingriff in die Freiheit der Berliner Bevölkerung, der Empörung auslösen mußte. Sie alle wissen, was damals auf beiden Seiten gesagt und geschrieben wurde. Es konnte keine Frage sein, daß dieser Vorgang und seine Folgen ein neues Erschwernis für die Veröffentlichung der Ehrenburg-Memoiren in der Bundesrepublik darstellen mußte. Als wir uns dennoch im folgenden Jahr entschlossen, den ersten Band herauszubringen, machten sich diese Folgen sofort bemerkbar.

In England, Amerika, Frankreich, Italien und anderen Ländern war es eine Selbstverständlichkeit, ein Werk dieses literarischen Ranges herauszugeben. Und ausgerechnet in Westdeutschland sollte man diese Memoiren ignorieren? Aber weit stärker als befürchtet stieß die Ausführung auf ein feindliches Klima, bestimmt durch Emotionen statt Überlegungen und Unkenntnis statt Liberalität.

Das Sprachrohr des Rechtsextremismus in der Bundesrepublik, die in München erscheinende »Deutsche Soldatenzeitung«, hatte den Feldzug gegen die Ehrenburg-Memoiren schon am 6. Januar 1961 angekündigt. Damals hatte diese Zeitung eine Vorausnotiz gebracht, in der unter dem Titel »Kindler gibt Ehrenburgs gesammelte Werke heraus« zu lesen war: »Der Münchner Verleger Helmut Kindler wird seine verlegerische Leistung mit der Herausgabe der ›Gesammelten Werke‹ des Bolschewisten Ilja Ehrenburg, eines der schlimmsten Hetzer gegen die Deutschen, krönen. Wir Deutsche dürfen nun also bei Herrn Kindler bald ein Werk, sogar mehrbändig, erwerben, in dem wir eigentlich, wenn die Sammlung vollzählig ist, die berüchtigten Aufrufe Ehrenburgs 1945 an die ›Rote Armee‹ zum Mord und zur Vergewaltigung deutscher Frauen nachlesen können…« Unter der Notiz stand die Wiedergabe eines Aufrufs an die Rote Armee, der mit der Aufforderung: »Tötet die Deutschen!« beginnt und mit den Sätzen endet: »Es gibt nichts, was in den Deutschen unschuldig ist. Die Lebenden nicht und nicht die Ungeborenen.« Dieser Aufruf wurde einst von Goebbels, jetzt von der »Deutschen Soldatenzeitung« Ilja Ehrenburg zugeschrieben, obgleich weder die Authentizität des Aufrufs noch Ehrenburgs Urheberschaft nachgewiesen werden konnten.

Eineinhalb Jahre später, im Sommer 1962, als das Erscheinen der Ehrenburg-Memoiren in unserem Verlag bevorstand, brachte die »Soldatenzeitung« eine Serie von Beiträgen zu diesem Thema, die im Tonfall der oben zitierten Notiz gehalten waren und in großer Aufmachung Ehrenburg, meinen Verlag und mich auf infame Weise angriffen. Man versuchte, meine politische Vergangenheit zu verfälschen und mich moralisch und gesellschaftlich zu diffamieren.

Auf eine sogenannte »Ehrenburg-Dokumentation«, die die »Soldatenzeitung« brachte, antwortete ich, gemeinsam mit unserem Verlagsleiter Dr. Wendelberger, am 17. 7. 1962:

»Sehr geehrte Herren, wir haben die von Ihnen übersetzten Auszüge aus verschiedenen Artikeln Ilja Ehrenburgs gelesen und dabei auch aufmerksam Ihre Interpretation verfolgt. Wir müssen Ihnen sagen, daß wir beim Lesen dieser Auszüge, die uns nicht unbekannt waren, andere Empfindungen und Gedanken hatten als Sie. Wir konnten die Erinnerung an den unseligen Tag nicht unterdrücken, an dem Hitler im Namen Deutschlands Rußland überfiel. Wir mußten daran denken, was russische Menschen während der deutschen Besatzung zu erleiden hatten. Wir mußten daran denken, daß die sowjetrussischen Soldaten ihr Land auf Leben und Tod gegen unsere Soldaten zu verteidigen hatten, die einer schlechten Sache dienten: dem Eroberungswahn der Nazidiktatur. Deshalb sollte man es respektieren, wenn Ilja Ehrenburg in der größten Not seines Landes Aufrufe an die Sowjetarmee gerichtet hat, den Angreifer zu vernichten. Rußland hat im Kampf gegen Deutschland über 20 Millionen Menschen verloren. Das ist eine Anklage, die wir ebensowenig vergessen dürfen wie die Tatsache, daß die vielen gefallenen deutschen Soldaten zu den Opfern des von Hitler provozierten Krieges zählen. Dem Andenken der Toten sind wir es schuldig, das einzusehen. Wir möchten Sie bitten, unseren Brief in vollem Wortlaut zu veröffentlichen, und Ihnen sagen, daß wir Ilja Ehrenburgs Memoiren in Deutschland herausbringen werden.«

Die »Deutsche Soldatenzeitung« veröffentlichte diesen Brief am 20. 7. 1962 mit folgendem Kommentar: »Den Kindlerschen

Entschluß, dem westdeutschen Bundesbürger nunmehr endlich auch die ›Memoiren‹ des bolschewistischen Mordhetzers Nr. 1 zugänglich zu machen – ausgerechnet nach unserer Ehrenburg-Dokumentation –, empfinden wir, einschließlich der zynischen Begründung, als einen Schlag ins Gesicht des deutschen Volkes...«

Damit begann eine Kampagne, der bei genauer Betrachtung der Umstände eine besondere Bedeutung zukommt, weil sie, unabhängig von den Angriffen auf mich, erkennen ließ, daß in der Bundesrepublik Deutschland und in West-Berlin nazistische, rechtsradikale, antisemitische und verfassungswidrige Gruppen existieren. Sie stellen prozentual eine kleine Zahl dar. Ich halte sie keineswegs für repräsentativ für den Bewußtseinszustand der in der Bundesrepublik lebenden Deutschen allgemein – und natürlich gibt es derlei extreme Gruppen auch in zahlreichen anderen Ländern –, die Kernfrage scheint mir also zu sein, wie stark sind die demokratischen Kräfte in der Bundesrepublik? Wie wird die westdeutsche Gesellschaft mit solchen Gegnern der Freiheit fertig? Wie wirksam ist die Bedrohung unserer Verfassung tatsächlich? Nun – ich sollte in eigener Person erfahren, daß diese Bedrohung jedenfalls ziemlich wirksam ist. Jene rechtsradikalen Gruppen haben in der Bundesrepublik zweifelsfrei den Charakter von Kadern und sind schon heute in der Lage, aus diesen oder jenen Anlässen schlagartige Aktionen zu starten, die ihre gefährlichen Einflußmöglichkeiten deutlich machen.

Die Kampagne gegen mich erfolgte auf zwei Ebenen: auf öffentlicher Ebene und auf unterirdischer Ebene.

Die öffentliche Kampagne bediente sich vor allem folgender Organe:

1. der, wie ich schon ausgeführt habe, »Deutschen Soldaten- und National-Zeitung; sie hat jetzt den Titel: »Deutsche National-Zeitung«;

2. der »Deutschen Wochenzeitung«, ein in Hannover erscheinendes Blatt, das der »Deutschen Soldatenzeitung« nacheiferte;
3. des »Deutschen Wortes«; die Zeitschrift erscheint vierzehntägig in Köln.

Zu diesen drei Hauptorganen kamen noch einige Zeitungen der Vertriebenenverbände.

Die »Deutsche Wochenzeitung« in Hannover hat außerdem ihre Angriffe in einer Druckschrift »Bilanz« zusammengefaßt. Die Angriffe hatten den Tenor: »REVUE-Verleger Kindler rechtfertigt Mordhetzer Ilja Ehrenburg.« Das Ziel war offenkundig: Das Ansehen der von mir verlegten Zeitschrift REVUE beim Publikum und vor allem auch bei unseren Geschäftsfreunden in der Werbewirtschaft zu schädigen.

Die unterirdische Kampagne produzierte:
1. eine Druckschrift »Information – Dokumentation«. Als Herausgabeort war Vaduz angegeben. Es wurde der Eindruck erweckt, als handelt es sich um ein seit langem bestehendes, periodisch erscheinendes Informationsblatt – »Jahrgang 32« –, und es wurden falsche Impressumangaben gemacht. Nach den Ermittlungen der liechtensteinschen Polizeibehörden gab es aber weder in Vaduz noch sonst im Fürstentum Liechtenstein einen derartigen Informationsdienst; es gab weder die als Herausgeber noch die als Chefredakteure genannten Personen, nämlich: Leonid Graf Stamati und Dr. Schomberg; es gab nicht einmal die ebenfalls dort genannte Postbox 111.

2. Die zweite Druckschrift, die auf unterirdischer Ebene produziert wurde, war eine Schrift, die den Titel hatte: »Die Helmut-Kindler-Story«.

3. Die dritte Veröffentlichung auf unterirdischer Ebene war ein vervielfältigtes DIN-A4-Blatt, unterzeichnet von einem Aktionskomitee »Kampfbund für fortschrittliche Literatur«. Während die Druckschrift »Information – Dokumentation«, die als

Erscheinungsort Vaduz angegeben hatte, in Lindau und Zürich aufgegeben war, ist die »Helmut-Kindler-Story« von Konstanz und Zürich aus und die dritte Veröffentlichung, die den Absender »Aktionskomitee – Kampfbund für fortschrittliche Literatur« hatte, von Bremerhaven aus versandt worden.

Die Druckschrift »Information – Dokumentation« versuchte, mich politisch zu diffamieren. Die eine Unterstellung lautete: Kindler war kein Antinazi, sein Widerstand ist Schwindel, er ist nur ein Deserteur. – Die andere Verdächtigung: Er war Kommunist beziehungsweise hat während der Nazijahre für die Sowjets gearbeitet.

»Die Helmut-Kindler-Story« ging darauf aus, mich persönlich zu diffamieren. Es gab eine Anspielung auf Homosexualität und auch einen Hinweis auf Syphilis.

Die dritte Druckschrift, von der ich sprach, das DIN-A4-Blatt, trug besonders zur politischen Verwirrung bei. Denn darin wurde den Empfängern mitgeteilt, man solle den mutigen und fortschrittlichen Helmut Kindler unterstützen. Man solle seinen Zeitschriften Anzeigen geben, sich für den Absatz seiner Zeitschriften und Bücher einsetzen, er verdiene die Anerkennung aller fortschrittlich denkenden Deutschen.

Die drei pseudonymen beziehungsweise anonymen Druckschriften sind, wie gesagt, zum Teil aus dem Bodensee-Raum, zum anderen Teil aus Bremerhaven an folgende Empfängergruppen gesandt worden: an Buchhandlungen, Werbeagenturen, Industrieunternehmungen, Redaktionen, Offiziere der Bundeswehr in Deutschland sowie Persönlichkeiten des öffentlichen Lebens in Deutschland und der Schweiz.

Die Kampagne auf unterirdischer Ebene startete aber noch eine andere Aktion:

Am Samstag, dem 6. 10. 1962, abends, also nach Geschäftsschluß, wurden an den Schaufenstern vieler Buchhandlungen in den Städten Berlin, Hamburg, München, Nürnberg sowie in den meisten Universitätsstädten, wie Heidelberg, Göttingen und so fort, schlagartig rote Plakate angebracht, die folgenden Text hatten: »Es gibt nichts, was an den Deutschen unschuldig ist, die Lebenden nicht und die Ungeborenen nicht. Zerstampft für immer das faschistische Tier in seiner Höhle… Brecht mit Gewalt den Rassenhochmut der germanischen Frauen! Nehmt sie als rechtmäßige Beute! Tötet, ihr tapferen, vorwärtsstürmenden Rotarmisten, tötet! – Das schrieb 1945 der bolschewistische Literat Ilja Ehrenburg. Damit wurde er mitschuldig an der Ermordung und Schändung Hunderttausender Ostdeutscher. In dieser Buchhandlung ist man würdelos und geschmacklos genug, mit den Memoiren dieses größten Mordhetzers der Weltgeschichte Geschäfte zu machen nach dem Grundsatz: ›Geld stinkt nicht.‹«

Ich sagte vorhin, daß der Kampagne im Zusammenhang mit den Ehrenburg-Memoiren bei genauer Betrachtung der Umstände eine besondere Bedeutung zukomme, weil sie, unabhängig von den Angriffen auf Ehrenburg und auf mich, erkennen ließ, daß in der Bundesrepublik Deutschland und in West-Berlin nazistische, rechtsradikale, antisemitische und verfassungswidrige Gruppen existieren. Schon die Tatsache der Wahl von Pseudonymen für zwei der Druckschriften und die Wahl eines Anonyms für die weitere Druckschrift läßt auf Illegalität schließen, und ich meine, daß der Versand von pseudonymen und anonymen Druckschriften auf Grund der im Text innewohnenden Tendenzen keineswegs nur eine Herabsetzung für meinen Verlag oder für mich ist. Vielmehr glaube ich sagen zu können, daß eine solche Kampagne staatsbürgerliche und öffentliche Interessen berührt. Denn die Verbreitung von Tausenden illegal entstandener Druckschriften in Deutschland und in der Schweiz hat zum Ziel, verfassungsmäßig garantierte Grundrechte außer Kraft zu setzen und diejenigen, die diese verfassungsmäßigen Grundrechte respektieren, zu diffamieren, geschäftlich zu schädigen, ja sogar zu bedrohen.

Die illegalen Druckschriften sind mit ihren Verdächtigungen außerdem geeignet, die diplomatischen Beziehungen der Bundesrepublik Deutschland zur Sowjetunion zu stören. Hier wird bei den ohnehin angespannten Ost-West-Beziehungen politische Brunnenvergiftung mit dem Ziel betrieben, Hitlers Krieg gegen die Sowjetunion politisch und moralisch zu verharmlosen. Das aber ist Nazismus. Hinzu kommt, daß in den Schriften die verschiedenen Formulierungen, die Ehrenburg als Juden betreffen, geeignet sind, getarnte antisemitische Gefühle wachzurufen. Vor allem das DIN-A4-Vervielfältigungsblatt muß in seiner Widersprüchlichkeit den demokratischen Freiheitsgedanken gefährden, indem naiven oder politisch labilen Empfängern suggeriert wird, die Schrift stamme von einer kommunistischen Untergrundorganisation der Bundesrepublik oder komme aus der DDR. Hierdurch wird der Eindruck kommunistischer Gefahr projiziert. Vergröbert ausgedrückt: Nationalisten stellen kommunistische Druckschriften her, vertreiben sie und schaffen so den Anschein kommunistischer Untergrundbewegung. Mich stellt dieses DIN-A4-Blatt als Vorkämpfer des Kommunismus hin, um mir auf diese Weise Schaden zuzufügen. Denn bezeichnend ist, daß gerade diese Druckschrift im wesentlichen an wichtige geschäftliche Kunden unseres Zeitschriftenverlags versandt wurde.

Die Schlagartigkeit, mit der die anonymen Plakate an den Schaufenstern der Buchhandlungen in derselben Nacht in vielen Städten angebracht wurden, zeigt, daß auf Kommando in vielen oder allen Gebieten der Bundesrepublik und in West-Berlin einsatzfähige Gruppen zu illegalen politischen Maßnahmen zur Verfügung stehen. Dabei ist es verständlich, daß bei Buchhändlern der Gedanke an die sogenannte Kristallnacht wachgerufen wurde; sie mußten befürchten, daß den Plakatanschlägen das Zertrümmern der Schaufensterscheiben oder weitere Gewalttaten folgen würden. Sie sollten dem verfassungswidrigen Druck nachgeben und das Buch nicht führen, so wie die gesamte Öffentlichkeit gezwungen werden sollte, das Buch nicht zu kaufen, weil das eine politische Schande sei.

Die Schaufensterplakate wurden von den Passanten an einem Samstagabend bis den darauffolgenden Montag in der Früh gesehen. Über die Anschläge wurde gesprochen, und ein Teil der Presse hat darüber berichtet.

Die Bedrohung durch die Urheber der Kampagne liegt darin, daß derjenige, der Ehrenburg verlegt, verkauft oder ersteht, befürchten muß, daß ihm am Tage X das widerfährt, was den demokratisch gesinnten Deutschen, was Millionen Russen, Millionen Polen in den dunkelsten Tagen der deutschen Geschichte passiert ist: Sie wurden verfolgt, sie wurden umgebracht. Auch damals begann die Bedrohung mit illegalen Schriften, mit Plakataktionen, mit der Bedrohung von Personen des öffentlichen Lebens in Form von Drohbriefen oder Drohanrufen.

Das ist auch hier gegeben: Man propagiert, Ehrenburg sei ein Mordhetzer, die Russen seien Mörder, Hitlers Krieg sei gerechtfertigt gewesen. Man attackiert die Buchhändler und die Öffentlichkeit durch anonyme und pseudonyme Schriften über Ehrenburg, über mich, seinen Verleger in Deutschland, über meine Mitarbeiter. Man suggeriert, es gebe kommunistische Untergrundorganisationen, die für mich eintreten, also sei derjenige, der auf Grund der verfassungsmäßigen Grundrechte das Buch eines Russen verlegt, ein Kommunist oder Kommunistenfreund. Und die anonyme Druckschrift »Die Helmut-Kindler-Story« droht mit den altbewährten Sätzen: »Die Messer sind gewetzt. Das Urteil ist schon gesprochen.«

Die Kampagne hat noch weitere alarmierende Auswirkungen gezeigt: Mich erreichten damals zahlreiche Anrufe mit Äußerungen wie »Haus anzünden«, »Verlag anzünden«, »Höllenmaschine legen«; es gab Äußerungen wie »Du bist genau so eine große Judensau wie deine Autoren«. Es gab Anrufe, die nicht nur Ehrenburg und mich beschimpften, sondern es wurde von Telephonanrufern auch auf die »Dreckjuden Kortner, Kantorowicz, Ben Gurion und Uris« hingewiesen, deren Biographien bei uns verlegt sind. Weitere Kostproben aus Briefen: »Habe gelesen, daß Sie die Werke von Ilja Ehrenburg herausbringen. Es wäre tausendmal besser, wenn Sie statt dessen die Werke von Ernst Moritz Arndt herausbringen würden. Da aber in Ihrer Redaktion offenbar Leute sitzen, die alles Deutsche wie die Pest hassen, wäre das wohl etwas zuviel verlangt.« – Oder: »Ich stelle mir die Frage: Sind Sie Deutscher oder Deutschen-Hasser?« – Oder: »Unverständlich, wieso sich ein deutscher Buchverlag um die Herausgabe von Ilja Ehrenburgs Büchern bemüht. Ich finde, die Flut der Schmähungen durch Enthüllungen und Zeugnisse über unsere Verbrechen ausreichend, um den Büchermarkt zu versorgen. Falls Ihr Verlag sich allerdings in jüdischem Besitz befindet, ist Ihr Vorgehen natürlich verständlich, und ich bitte, in diesem Fall meine Zuschrift zu entschuldigen und nicht zu beachten.« Dieser Brief kam aus Duisburg. – Oder: »Seien Sie meiner tiefsten Verachtung versichert.« – Oder ein Brief aus den USA: »Ihre Handlungsweise läßt sich mit unseren Begriffen über Ehre, Anständigkeit und Vaterlandsliebe nicht vereinbaren.« – Oder: »Verräter, Deserteur, deutsches Schwein.« – Oder: »Sie erbärmliche Kreatur.« Absender: Rollkommando Düsseldorf. – Postkarten enthielten die Anschrift: An den Genossen Deserteur Kindler... An den Wegbereiter des Bolschewismus Kindler... – Die Verlagsadresse erhielt in einem Brief aus Hamburg den Zusatz: Bolschewistische Hochburg.

Es wurden auch Drohungen gegen »Kindlers Sippschaft und seine Freunde im Buchhandel« laut. Hier muß erwähnt werden, daß es zahlreiche deutsche Sortimenter gab, die sich auch nach der Schaufensterplakataktion nicht einschüchtern ließen. Aus Berlin-Friedenau kam ein Brief von Wolff's Bücherei: »Selbstverständlich bleibt das Buch von Ehrenburg im Schaufenster, und wir setzen uns weiterhin dafür ein. Wann werden wieder die Bücher jüdischer und russischer Autoren offiziell verbrannt? Sicherlich diesmal vor der Gedächtniskirche!« Die große Buchhandlung Weitbrecht & Marissal in Hamburg schrieb: »Wir haben den ersten Band der Erinnerungen Seite für Seite geprüft und keine Stelle gefunden, die uns als Deutsche beleidigt hätte. Wir halten das Buch für ein wichtiges europäisches Zeitdokument und wünschen, daß möglichst viele Menschen es lesen. Mit einem Boykott kann man Ehrenburg nicht totschweigen.« Die bekannte Münchner Buchhandlung Ernst Ludwig reagierte: »Die angeblichen Aufrufe von Ilja Ehrenburg, die die ›Deutsche Soldatenzeitung‹ und rechtsradikale Kreise immer wieder zitieren, sind nicht bewiesen. Ich halte Ehrenburg für einen bedeutenden Schriftsteller, dessen Rang im westlichen Ausland viel eher erkannt wurde als bei uns. Im Buchhandel sollte man die ›freiwillige Selbstkontrolle‹ nicht auch noch einführen.«

Und – das soll hervorgehoben werden – ein bemerkenswerter Teil der großen deutschen Presse hatte das Buch gewürdigt oder sich jedenfalls um eine angemessene kritische Auseinandersetzung bemüht.

Aber das hat die unterirdisch wirkenden Kräfte von ihren Boykottversuchen gegen das Buch keinesfalls abzuhalten vermocht. Die Schaufensterplakate waren Anfang Oktober 1962 angebracht worden, zu einem Zeitpunkt, als namhafte deutsche Zeitungen und bekannte deutsche Publizisten die Bedeutung des Buches bereits hervorgehoben hatten. Mit der Schaufenster-

Plakataktion hatte die Kampagne ihren Höhepunkt und – wie man annehmen möchte – ihr Ziel erreicht. Die Ehrenburg-Memoiren wurden mit einem Mal im Buchhandel nur noch wenig verlangt. Wenn in einzelnen Sortimentsbuchhandlungen Herren auftauchten, die sich nach dem Buch erkundigten, so geschah es nicht selten, daß sie den Buchhändler, wenn er die Memoiren vorliegen hatte, der Würdelosigkeit bezichtigten, ihn anpöbelten oder ihm drohten. Jedenfalls ging im Oktober 1962 der Verkauf plötzlich schlagartig zurück und hat sich nie mehr erholt. Die Verkaufsziffern zeigen deutlich, daß der Verkaufserfolg, der sich angebahnt hatte, damals abbrach, noch bevor das eigentliche Weihnachtsgeschäft, das bekanntlich für den Buchhändler von entscheidender Bedeutung ist, auf dem Höhepunkt war.

Wir hatten den ersten Band der Memoiren im August 1962 herausgebracht, und zwar in Form von zwei Ausgaben: einer Paperbackausgabe und einer Leinenausgabe. In den ersten drei Monaten wurden von beiden Ausgaben insgesamt nahezu 11 000 Exemplare verkauft. Seit dieser Zeit, also seit November 1962 bis heute, Juni 1965, sind verkauft worden: weitere 1500 Stück. Der zweite Band wird von uns Anfang des kommenden Jahres verlegt werden.

Lassen Sie mich zum Schluß kommen, zu einem Fazit. Das Fazit hat drei Aspekte. Zwei dieser Aspekte würde ich als erfreulich bezeichnen.

Erstens hat ein großer Teil der deutschen Presse die Kampagne nicht begünstigt, vielmehr die Herausgabe toleriert oder befürwortet. Der zweite erfreuliche Aspekt drückt sich in einem Dialog aus, den ich gestern hier in Wien mit einem Bekannten führte und der das alles von mir gehört hatte. Er sagte: »Wie kann man nur in einem solchen Land leben, wie kannst du es da überhaupt aushalten?«, und ich sagte ihm: Ich halte es aus, weil es möglich ist, das, was ich Ihnen, meine Damen und Herren, heute vorgetragen habe, ebensogut in München oder in Bonn vorzutragen, weil es möglich ist, die Wahrheit ungeschminkt zu sagen, auch wenn es unbequem ist und wenn es vielleicht auch materielle Rückschläge mit sich bringt. Der dritte Aspekt ist: Manchmal läßt sich nach dem Echo, das ein Buch findet, so etwas wie eine gesellschaftliche Diagnose stellen. In diesem Fall wäre es die Diagnose eines politischen Bewußtseinszustandes. Sie sieht – ich kann es nicht ändern – nicht günstig aus.

Betrüblich ist, daß es nicht nur Rechtsextremisten, unheilbare Nazis und aufs Haupt geschlagene Militaristen waren, die der Anti-Ehrenburg-Kampagne nachgaben. Es waren nicht nur Leute, die Picasso mit einem k schreiben, während ihnen durchaus geläufig ist, daß sich Goebbels mit oe schrieb. Die Ablehnung ging quer durch alle Bildungs- und Intelligenzstufen, und verdächtig oft waren solche Leute beteiligt, die sich selbst immer und jederzeit zu den »anständigen Deutschen« zählen. Jene trostlos und anscheinend unheilbar »Anständigen«, die sich heute schon an nichts mehr erinnern, was im »Dritten Reich« geschah. Dieses nationale Verhalten ist Schizophrenie: Man kann das eine tun und es am anderen hassen.

Das Buch, um das es ging, die Ehrenburg-Memoiren, ist eines der Dokumente, an denen der Zeitgenosse, gleich, in welchem Lager er steht, seine Position kontrollieren kann. Denn ich meine, Ehrenburg ist ein berufener Zeuge. Das sollte Anlaß genug sein, ihm das Wort zu erteilen, wenn unsere Vorstellung von einer literarischen Welt als Ausdruck eines bestimmten, von der Menschheit erreichten geistigen Niveaus keine bloße Fiktion ist.

Diesen Vortrag gab ich Ilja Ehrenburg, als Nina und ich ihn ein Jahr darauf in Stockholm trafen. Die Begegnung hat uns sehr beeindruckt. Er hatte eine Dolmetscherin bei sich, eine junge Frau, die mit einem der vier Stockholmer Bürgermeister verheiratet war. Wir gewannen den Eindruck eines Vater-und-Tochter-Verhältnisses zwischen den beiden. Wir wußten, daß Ehrenburg sich vorgenommen hatte, nicht mehr Deutsch zu reden.

Wir kamen am ersten Tag sehr rasch auf die deutsche Politik zu sprechen. Unser Hauptthema war Franz Josef Strauß, was zur Folge hatte, daß Ehrenburg am nächsten Tag Deutsch mit uns sprach. Er beherrschte die Sprache vorzüglich. Und auf meine Frage, wie es käme, daß er so gut Deutsch spräche, erhielt ich eine Antwort, die ich von einem jungen sowjetrussischen Offizier schon einmal im Mai 1945 in der Redaktion der »Berliner Zeitung« gehört hatte: »Wir lieben die Sprache von Goethe und Marx.«

Nach dem Mittagessen bei Stalmeesters kamen wir auf die deutsche Literatur zu sprechen, in der Ehrenburg sich hervorragend auskannte. Er war in sehr guter Stimmung und zitierte Goethe- und Brecht-Gedichte. Plötzlich fragte er nach belasteten deutschen Autoren und wollte wissen, ob sie in Westdeutschland schon wieder ihre Bücher verlegen dürften. »Ich denke an Benn«, sagte er dann und hielt mit seiner kritischen Meinung nicht zurück. Er erklärte, wenn auch nicht wörtlich, folgendes: »Benns Verhalten hat mich bestürzt. Wie konnte er, frage ich Sie, 1933 den Machtantritt der Nazis willkommen heißen, den neuen Staat begrüßen, sich mit dem Antisemitismus solidarisieren, er, der Jahre zuvor eine keineswegs nur literarische Liebesbeziehung zu Else Lasker-Schüler gehabt hatte?« Ehrenburg meinte, durch sie wäre er mit jüdischem Gedankengut vertraut worden, und verriet mir: »Benn widmete ihr auch einen seiner frühen Gedichtbände.« Dann fuhr er fort: »Ich weiß, Benn wurde bald von den Nazis befehdet, er war ernüchtert. Wie Ihnen sicher bekannt ist, schlüpfte er, um etwaigen Schikanen

der SS zu entgehen, bei der Wehrmacht unter. Das war nahelie-
gend. Er war in Berlin in der Kaiser-Wilhelm-Akademie für das
militärische Bildungswesen nach dem Abitur erzogen worden.«
Nina und ich waren verblüfft, daß ihm das alles bekannt war.
»Es ist ja erfreulich«, setzte Ehrenburg seinen Vortrag fort, »daß
er von der Naziherrlichkeit bald die Nase voll hatte. Und ich
habe auch nichts dagegen einzuwenden, daß er sich zum Wehrdienst meldete. Aber was war das für ein Wehrdienst? Ich habe
gelesen, Benn habe später erklärt, die Armee sei für ihn ›die
aristokratische Form der Emigration‹ gewesen. Empfinden Sie es
nicht«, wandte er sich an Nina, »als ungeheure Anmaßung, das
Wort Emigration in diesem Zusammenhang in Anspruch zu
nehmen? Er hatte sich nämlich nicht etwa an die Front gemeldet,
sondern als Militärarzt, der er schon im Ersten Weltkrieg gewesen war, in eine Dienststelle in Berlin, wo er wohnte. Er hatte
Wehrdienstschäden zu begutachten. Das machte er von 1937 bis
zum Herbst 1943. Das heißt, als Oberstabsarzt im Majorsrang
führte er ein privilegiertes Etappenleben. Nach 1943 wurde er
nach Landsberg an der Warthe versetzt. Wieder hatte er nichts
auszustehen. Ende Januar 1945 setzte er sich dann wieder nach
Berlin ab. Hier eröffnete er dann in den letzten Kriegsmonaten
eine Arztpraxis. Ich möchte bezweifeln, daß sich seine politische
Gesinnung wesentlich geändert hat.«
Ich bezweifelte das ebenfalls, nachdem mir Johannes Weyl, der
in Konstanz den Süd-Verlag aufgebaut hat, einen Brief von Benn
gezeigt hatte, der ihm 1946 geschickt worden war. Ich hatte den
Brief nicht mehr genau im Kopf, konnte aber Ehrenburg versichern, daß aus ihm eine unerträgliche Animosität gegen Emigranten, vor allem solche, die zurückgekehrt seien, spräche.
Ehrenburg bat mich, ihm doch eine Abschrift dieses Briefes zu
beschaffen und zuzusenden. Heute kann ich aus dem Brief
zitieren:

»Döblin ist, wie ich schon sagte, ein gigantischer Epiker. Er macht mit der rechten Hand Kunst, noch mit dem kleinen Finger der rechten Hand macht er mehr als fast alle übrigen Romanciers, aber die linke Hand weiß das nicht und behauptet programmatisch, das sei Soziologie und bezwecke politische Pädagogik. Hierin liegt der Kernpunkt unserer auch bis heute weiterbestehenden Differenzen...

Döblin ist also nun in Baden-Baden französischer Oberstleutnant; ich bin einverstanden, ja ich finde sogar diese Charge zu niedrig für seinen geistigen Rang... Man hat mir weiter erzählt, daß ich auf dem russischen Index nur mit zwei Büchern vertreten bin, nämlich *Der neue Staat und die Intellektuellen* und *Kunst und Macht*, als Gesamtpersönlichkeit wäre ich also frei und zur Herausgabe neuer Bücher befähigt. Aber alle diese Listen fluktuieren wohl und ändern sich auch vielfach... Es ist wohl nicht von der Hand zu weisen, daß diese Liste aus den Kreisen der Emigranten stammt, manches spricht dafür...

Wir sind hier inzwischen wahrhaftig durch den Wolf gedreht, mußten uns die nackte schmutzige Welt der ›Geschichte‹ in die Fassade werfen lassen, haben über sie die letzten Illusionen Gott sei Dank verloren, und nun kommen die von auswärts zurück und versuchen, uns die ollen Kamellen bis 1932 und ihre neuhinzugekommenen Ressentiments in den Rachen zu stopfen. Dies zu akzeptieren, wäre von uns nicht nur verkehrt, sondern verantwortungslos. Einige von uns jedenfalls sind weitergekommen und haben neue Erkenntnisse aus dem dialektischen Prozeß sich erkämpft.

Ich persönlich werde bestimmt nicht polemisch hierzu Stellung nehmen, aber diese Dinge auszusprechen aus der Verteidigungsstellung heraus, in der ich mich befinde, erlaube ich mir.«

An den Gesprächen am Abend mit Ehrenburg nahm auch unser Münchener Verlagsleiter Erhard Wendelberger teil, der mit uns nach Stockholm geflogen war. Das Gespräch über die Literatur wurde ein Gespräch über die Liebe. Ehrenburg zitierte Neruda, der gefragt, welche Vokabel für ihn die wichtigste sei, geantwortet habe: Liebe. Und dann brillierte Ehrenburg mit einem Vortrag, aus dem wir behalten haben, wie sehr er bedaure, daß es heute so wenig Gedichte und Romane gäbe, die von Liebe, Eifersucht und Tod handelten. Das war Ehrenburg.

Er starb 1967 in Nowo-Jerusalem bei Moskau. Briefe von ihm an uns, darunter zum Jahreswechsel 1966/67, schrieb er in Deutsch.

Auch einigen Freunden von Nina und mir fiel es nicht ganz leicht, die Herausgabe von Ehrenburgs Memoiren gutzuheißen. Ich denke an Fritz Unützer. Aber nach einer Diskussion in Dietramszell, die bis tief in die Nacht währte, ließ er sich umstimmen und zog seine Einwände zurück. Am Ende waren wir drei erleichtert, daß unsere Beziehung nicht gelitten hatte. Unützer besaß in Thankirchen, einer Nachbarortschaft von Dietramszell, ein herrliches Landhaus. Die stets erwiesene Herzlichkeit und Hilfsbereitschaft des inzwischen Verstorbenen taten uns wohl; seine Menschenliebe machte selbst vor Franz Josef Strauß nicht halt.

KAPITEL 39

Lektorat Nina Kindler

Graphologie

Nina hat einen sechsten Sinn. »Graphologen sollten das haben«, erklärte sie, die von 1950 bis 1957 eine graphologische Ausbildung bei Auguste Oesterreicher, seinerzeit Vorstand der Graphologischen Gesellschaft in München, absolviert und anschließend sich durch zusätzliche Studien über genetische Graphologie bei Wilhelm Hager und über Ausdrucksdiagnostik bei August Vetter fortgebildet hatte. Alle Personen, die sich in unserem Zeitschriften- und Buchverlag bewarben, wurden von ihr graphologisch begutachtet.

Folgendes Beispiel beleuchtet ihre Fähigkeit, »hell« zu sehen: In einem Jahr hatte sie die für den technischen Betrieb ausgesuchten Lehrlinge zwar graphologisch begutachtet, anschließend aber nicht persönlich kennenlernen können. Sie hatte also die Jungen und Mädchen noch nicht gesehen, als die Skiferien stattfanden. Diese Skiferien hatte meine Frau nach dem Krieg eingerichtet, nachdem Manon, als sie im technischen Betrieb eine Volontärzeit machte[22], zu Hause davon sprach, daß manche der Lehrlinge noch nie in ihrem Leben in den Ferien gewesen seien. Natürlich besaßen sie auch keine Skiausrüstung. Um diese jungen Leute kümmerte sich meine Frau, und auch um einen Studenten als Skilehrer für vierzehn Tage Winterurlaub.

Wie in jedem Jahr, fuhren wir am Sonntag nach Ferienbeginn durch den Schnee in Richtung Spitzing, wo die Lehrlinge in einer Hütte untergebracht waren. Diesmal kamen sie uns auf halbem Wege auf ihren Skiern entgegen. Und jetzt gab es eine ans Wunderbare grenzende Überraschung. Zunächst begrüßten wir die Jungen und Mädchen, die schon im zweiten oder dritten Lehrjahr bei uns waren. Dann kam die Reihe an die sieben neuen, die Nina und ich zu unserem Leidwesen noch nicht kennengelernt hatten. Sie sah jeden der neuen prüfend an, um dann zu sagen: Guten Tag, Hans; guten Tag, Erna; guten Tag, Hilde; guten Tag, Erwin; guten Tag, Günther; guten Tag, Ernst; guten Tag, Werner.

Sie hatte sich nicht geirrt, die Namen stimmten. Wie war das möglich? fragten alle. Woher wußte sie die Namen? Wie konnte sie uns unterscheiden? Auch ich fragte sie das.

Nina, fast verlegen: »Ich weiß es nicht. Ich habe nicht darüber nachgedacht. Ich kannte sie durch ihre Handschriften.«

Autogenes Training

Jeden Morgen beim Aufstehen sagt Nina: »Ich mach' noch meine Übung.« Meist erwidere ich: »Ja, mach nur ›toten Mann‹.« Diesen Eindruck – toter Mann – hatte ich empfunden, als ich Nina, es ist schon lange her, das erste Mal bei dieser Übung überraschte. Die Übung ist das autogene Training. Nina hat das autogene Training bei Helmuth Stolze in München gelernt und die Oberstufe bei dem Begründer des autogenen Trainings J. H. Schultz in Berlin. Natürlich begann mich dieses autogene Training zu interessieren, und ich lernte durch Nina nicht nur Professor Stolze in München, sondern auch Professor J. H. Schultz in Berlin kennen. Ich muß jedoch betonen, daß *ich* das autogene Training nicht praktiziere. Aber so viel weiß ich: Das autogene Training ist »konzentrative Selbstentspannung« und will seelische oder auch organische Verstimmung mildern, damit das Leben – genauer die Erfordernisse des Lebens in unserer Industriegesellschaft – besser bewältigt werden können.

Psychotherapie

Meine Frau las C. G. Jung. Infolgedessen las *ich* Sigmund Freud. Sie stand 1964 vor dem Abschluß einer siebenjährigen Lehranalyse bei G. R. Heyer, dessen tiefenpsychologische Lehre und Therapie, auch wenn er das nicht wahrhaben wollte, auf C. G. Jung zurückging, mit dem er über Jahre freundschaftlich verbunden war. Daß meine Frau 1957 in München zu Heyer und nicht zu einem Anhänger Freuds kam, hing zu dem Zeitpunkt noch damit zusammen, daß es nach der jahrelangen Verfolgung der Psychoanalyse durch die Nazis kaum Analytiker Freudscher Prägung gab.

Ich möchte noch hinzufügen, daß Nina einen Teil ihrer Lehranalyse nicht bei Heyer absolvierte, sondern bei dessen Mitarbeiterin Hilde Supan, mit der Nina und ich später bis zu ihrem Tod eng befreundet waren. Aber auch die psychotherapeutische Praxis, die Hilde Supan unterhielt, basierte auf C. G. Jungs analytischer Psychologie.

Außer ihrer Lehranalyse besuchte Nina über viele Jahre die Lindauer Psychotherapiewochen und zeitweise auch die Eranos-Tagungen bei Ascona. In Lindau vertieften sich nicht nur die Beziehungen zu J. H. Schultz, sondern auch zu Helmuth Stolze. Besonders wichtig war für Nina die Begegnung mit Erich Katzenstein, dem Züricher Neurologen, und dessen Frau Nettie Sutro-Katzenstein, die 1933 das »Schweizer Hilfswerk für Emigrantenkinder« gegründet hatte, durch das von 1933 bis 1947 nahezu 10000 heimatlose Flüchtlingskinder betreut werden konnten. Gershon Scholem, der jüdische Religionshistoriker, gehörte zu den Gelehrten, die Jahr für Jahr einen Vortrag auf der Eranos-Tagung hielten. Er besuchte uns mit seiner Frau mehrfach in unserem Feriendomizil in Brissago. Zwischen Nina und ihm entstand ein Sofortkontakt durch das gemeinsame Geburtsdatum, den 5. Dezember, aber auch wir hatten spontan Kontakt, da wir beide im Osten Berlins geboren sind. Obgleich er schon 1923 nach Jerusalem ausgewandert war, hörte man sofort, daß Berlinisch seine Muttersprache war. Unsere langen Gespräche kreisten um die politischen Verhältnisse in Deutschland und die Vergangenheit; er kam immer wieder auf Walter Benjamin zu sprechen, der auf der Flucht aus Portugal an der spanischen Grenze abgewiesen wurde, so daß er aus Verzweiflung Selbstmord verübte. Nina und ich wußten das, aber nicht, wie sehr Benjamin, ebenfalls ein gebürtiger Berliner, mit Scholem befreundet war. Und wir erfuhren von Scholem, daß er einen zwei Jahre älteren Bruder gehabt hatte, der als überzeugter Marxist in das Konzentrationslager Buchenwald kam und dort am 17. Juli 1940 ermordet wurde.

Als Hilde Supan starb, Jahre nachdem Nina ihre Lehranalyse beendet hatte, fand sich in ihrem Testament die Verfügung, daß ihre psychotherapeutische Praxis Nina übernehmen sollte.

Über all die Jahre merkte ich, was ich anfangs nicht wahrhaben wollte, daß Nina ihren Abschied vom Theater nie ganz verwinden konnte. Sie hatte es mir zuliebe getan. Noch heute bin ich überzeugt davon, daß sie eine große Schauspielerin hätte werden können. Und nun, zwanzig Jahre später, bot sich ihr erneut die Chance, sich selber auf einem Gebiet zu entfalten, auf dem sie sich zutraute, Erfolg zu haben. Sie hätte das gerne getan. Ein zweites Mal opferte sie eine eigene Karriere, um mir zu helfen.

Daß Nina sich immer wieder mit Jung beschäftigte, störte und ärgerte mich, weil meine Einstellung zu Jung auch eine politische Dimension hatte. Außerdem tat ich mich immer wieder schwer, Schriften von Jung zu verstehen. Das mag natürlich an mir liegen, aber ich finde ihn als Schriftsteller wenig überzeugend. Ganz anders Sigmund Freud. Er war ein Schriftsteller von hohen Graden, und er verstand es in meisterhafter Art, was immer er zu sagen hatte, so auszudrücken, daß es geradezu spannend war. Wie sehr bedaure ich, nicht der Verleger seiner Schriften zu sein. Ich weiß nicht, wie oft sich Nina meine Vorwürfe gegen Jung anhören mußte. Der Vorwurf betrifft nicht seine Lehre, auch wenn darin manches meiner Meinung nach unscharf und auch mehrdeutig ist. Ich versage seiner von Freud in einigen mir wesentlich erscheinenden Punkten abweichenden Auffassung nicht meinen Respekt. Es geht mir also nicht um einen wissenschaftlichen Angriff, der mir überhaupt nicht zusteht, sondern um Jungs politisch verhängnisvolle Rolle. Auf sie muß ich näher eingehen.

In der Januarausgabe 1934 des »Zentralblatts für Psychotherapie« kann man folgende Stellungnahme Jungs lesen: »Das arische Unbewußte hat ein höheres Potential als das jüdische; das ist der Vorteil und der Nachteil einer dem Barbarischen noch nicht völlig entfremdeten Jugendlichkeit. Meines Erachtens ist es ein schwerer Fehler der bisherigen medizinischen Psychologie gewesen, daß sie jüdische Kategorien, die nicht einmal für alle Juden verbindlich sind, unbesehen auf den christlichen Germanen oder Slawen verwandte. Damit hat sie nämlich das kostbare Geheimnis des germanischen Menschen, seinen schöpferisch ahnungsvollen Seelengrund als kindisch-banalen Sumpf erklärt, während meine warnende Stimme durch Jahrzehnte des Antisemitismus verdächtigt wurde. Diese Verdächtigung ist von Freud ausgegangen. Er kannte die germanische Seele nicht, sowenig wie alle seine germanischen Nachbeter sie kannten. Hat sie die gewaltige Erscheinung des Nationalsozialismus, auf den eine ganze Welt mit erstaunten Augen blickt, eines Besseren belehrt?«

Was immer auch Jung zum Ausdruck oder nicht zum Ausdruck hatte bringen wollen – seine Unterscheidung zwischen jüdischer und arischer Psychologie ist unmißverständlich. Man stelle sich vor, Freud hätte zwischen jüdischer und nichtjüdischer Psychologie unterschieden und – analog der Jungschen Auffassung – für das jüdische Unbewußte ein höheres Potential als für das nichtjüdische angenommen. Was hätte man Freud vorgeworfen? Er verbreite die Legende vom jüdischen als dem auserwählten Volk!

Jung hat sich mit den Machthabern des Dritten Reiches solidarisiert, die Freuds Psychoanalyse als »jüdische Sittenverderbnis« anprangerten und seine Schriften verbrannten, die seine Lehre verboten und Jungs Psychotherapie zur im NS-Deutschland geförderten Lehre erklärten.

Für Jung, den einstigen Mitstreiter der Freudschen Psychoanalyse, wäre es dank seiner Nationalität als Schweizer völlig ungefährlich gewesen, über die entstandenen wissenschaftlichen Gegensätze hinweg für den in Deutschland Verfemten, aber auch für Adler und für die vielen anderen jüdischen Psychologen einzutreten, ohne dabei im fachlichen Meinungsstreit um einen Deut nachzugeben. Jung hat das nicht getan. Er hat sich vor den Wagen einer »deutschen Seelenkunde« spannen lassen. Es gibt auch kein Anzeichen dafür, daß die Emigration der verzweifelten jüdischen Kollegen, ihre Flucht vor der Verfolgung in den Jahren der nationalsozialistischen Diktatur in Deutschland und nach Hitlers Einmarsch auch in Österreich, ihn jemals empört oder bewegt hätte. Nach dem Krieg bezeichnete er sein Verhalten während der Nazijahre lediglich als einen »Ausrutscher«.

Eines Tages sagte mir Kortner: »Ich gebe Ihnen das Buch zurück, das Sie mir vor zehn Jahren geliehen haben.« Es waren Molnárs Erinnerungen *Gefährtin im Exil.* Ich erinnere mich, Kortner hatte damals eine begeisterte Kritik von Benno Reifenberg in der »Gegenwart« über dieses Erinnerungsbuch gelesen. Und Kortner hatte mir beim nächsten Wiedersehen erzählt, wie sehr ihm im Jahre 1931 Molnárs Stück *Liliom* in der Berliner Volksbühne gefallen habe. Hans Albers hatte »Liliom«, den Schaukelbur-schen, gespielt. Kortner erzählte mir, damals seien ihm vor unbändigem Vergnügen die Tränen gekommen. Daran habe er beim Lesen der Erinnerungen denken müssen, denn da seien ihm vor Schmerz und Trauer über den Tod von Molnárs Gefährtin im Exil die Tränen gekommen.

Nach einer Pause sagte Kortner: »Heute leihe ich Ihnen ein Buch: ›die Freud-Biographie‹ von Ludwig Marcuse.« Übrigens machte er mich eines Tages mit dem Autor bekannt. Ludwig Marcuse und Fritz Kortner hatten im Exil Freundschaft ge-schlossen.

Marcuses Buch fesselte mich. Bald darauf fiel mir noch ein kleiner Band in die Hände, den der 1965 verstorbene Schweizer Literaturhistoriker Walter Muschg geschrieben hatte, nämlich *Freud als Schriftsteller.*

Als ich mir beide Bücher kaufen wollte, mußte ich hören, daß sie vergriffen seien. Vielleicht, dachte ich, könnte ich die Verlags-rechte für Marcuses *Freud*-Biographie erwerben, eine Neuaufla-ge bei Kindler könnte ein Ausgangspunkt werden für ein Umfeld von Büchern zum Thema »Freud und die Psychoanalyse«. Es wäre gewiß verdienstvoll, vergessene, unterdrückte und ver-schollene Titel von Psychoanalytikern einer jungen Generation bekanntzumachen. Tatsächlich fand ich bei Rowohlt kollegiales Verständnis für die Übertragung einer Lizenz der *Freud*-Biogra-phie von Marcuse an unseren Verlag. So eröffnete 1964 dieses

Buch einen neuen Schwerpunkt innerhalb der Produktion des Kindler Verlags. Damit knüpften wir auch erneut an *verboten und verbrannt* und die Exilliteratur an. Die erste Kritik nach Erscheinen des Marcuse-Buches erschien am 23. Februar 1965 in den »Nürnberger Nachrichten«. Der Rezensent Ludwig Baer schrieb über das Buch, »indem es die Beziehungen und Kontraste von Freud, Einstein und Marx zeigt; indem es die Diagnose der Angst dem Weltbild Kierkegaards entgegenstellt; indem es Gottesvorstellungen und Kulturfunktion in Freudscher Sicht klarlegt, gibt es eine wertvolle Hilfe, Freuds Bild vom Menschen zu begreifen«.

Es gelang uns, neue Bücher zur Thematik »Freud und die Psychoanalyse« zu finden, zum Beispiel *The Story of Anna O.* der amerikanischen Autorin Lucy Freeman, deren deutschsprachige Übersetzungsrechte wir bekamen.

Anna O. war Berta Pappenheim, eine der herausragenden Gestalten der deutschen Frauenbewegung, die den Jüdischen Frauenbund und Heime für entwurzelte, ausgestoßene Kinder gründete. Damals wußte noch niemand, welche Rolle die gebildete, kultivierte Jüdin aus einer reichen Wiener Familie bei der Entstehung der Psychoanalyse einmal spielen sollte. 1882 erzählte der Wiener Nervenarzt Dr. Breuer seinem Freund Sigmund Freud von dem Fall der Berta Pappenheim, die an schweren hysterischen Symptomen litt. Anhand der Krankengeschichte der Anna O. entwickelte Freud, wie man weiß, Theorie und Technik der Psychoanalyse.

Nina erwarb 1964 die Taschenbuchrechte an Anna Freuds berühmt gewordener Veröffentlichung *Das Ich und die Abwehrmechanismen* und eröffnete mit diesem Titel die Reihe:

In ihr wird sie eines Tages den Titel von Walter Muschg aufnehmen: *Freud als Schriftsteller*. Walter Muschg war einer der ersten, der in Freud nicht nur den Pionier der Psychoanalyse, sondern den »Herrn über die Sprache« gesehen hat.

Nina plante eine Reihe, die sich mit den vielfältigen psychologischen und psychotherapeutischen Themen auseinandersetzen sollte. So finden sich in ihrer Reihe Nachdrucke und Neuerscheinungen aller tiefenpsychologischen Richtungen, also neben der Freudschen Psychoanalyse sowohl die Jungsche analytische Psychologie als auch Adlers Individualpsychologie. Daneben die Neopsychoanalyse (Horney, Sullivan, Fromm), Daseinsanalyse (L. Binswanger, Medard Boss), Ehetherapie (Anne-Lise Heigl-Evers), Gesprächstherapie (Carl R. Rogers), Gruppentherapie (Foulkes, Kemper) und die Psychosomatik (Viktor von Weizsäkker). Zunehmend wurden auch entlegene Bereiche einbezogen wie zum Beispiel die pränatale Psychologie (G. H. Graber, A. Rascorski) oder die analytische Anthropologie (G. Roheim, Hans Kunz). Auch für Grenzgebiete (Montessori-Schulen, Steiners Waldorf-Schulen, Psychoanalytische Pädagogik) blieb die Reihe offen. Und natürlich kamen auch Sozialpsychologen, Lernpsychologen und Verhaltenstherapeuten zu Wort. Es gab auch einen Band von J. H. Schultz, dem Begründer des autogenen Trainings, sowie wichtige Publikationen von Autoren, die sich mit der Graphologie auseinandersetzten.

Für die graphologischen Titel erhielt Nina im Jahr 1982 das erste Diplom, das die Internationale Gesellschaft für Schriftpsychologie vergeben hat.

Den Schwerpunkt der Reihe bildete aber die psychoanalytische Literatur. Vier Bände von Georg Groddeck, vier Bände von Theodor Reik, fünf Bände der »sanften Freud-Rebellin« Karen

Horney, sechs Bände von Günter Ammon und nicht zuletzt Sigmund Freuds *Hemmung, Symptom und Angst* belegen es. Die Titel von Autoren, die sich in ihren Themen auf die Freudsche Psychoanalyse stützten, nahmen ständig zu.

Dem genauen Beobachter konnte dabei nicht entgehen, daß innerhalb dieses Programmteils Nina bei ihrer Wahl immer häufiger Titel bevorzugte, die sich mit der Psyche des Kindes beschäftigten. Anna Freuds zweiter Band in »Geist und Psyche«, den Nina »wiederentdeckt« hatte, nämlich Anna Freuds *Einführung in die Technik der Kinderanalyse,* signalisiert diese Entwicklung. Stellvertretend für zahlreiche andere Autoren seien noch die drei Bücher von John Bowlby *Mütterliche Zuwendung und geistige Gesundung, Trennung* und *Bindung* genannt.

Flankiert wurde »Geist und Psyche« durch eine von Jochen Stork eingeführte und herausgegebene Paperbackreihe *Die Psychologie des Kindes.*

Ich wußte, wie sehr Nina daran lag, die Schriften von Anna Freud zu verlegen. Deshalb vereinbarte ich mit Anna Freud eine Verabredung während eines in Wien stattfindenden psychoanalytischen Kongresses und bat sie um die Rechte an ihrem Werk. Sie lehnte meine Bitte ab – im Hinblick darauf, daß das Werk ihres Vaters im S. Fischer Verlag gut aufgehoben sei und sie eines Tages ihre Schriften eben diesem Verlag anvertrauen wolle.

An diesem Abend in Wien kam mir der Gedanke, in unserem enzyklopädischen Programm ein großes Informationswerk herauszugeben. Meine Frau nahm den Gedanken auf, und es kam zur Konzeption des fünfzehnbändigen Werks *Die Psychologie des 20. Jahrhunderts.*

Auf einer der folgenden Buchmessen sagte mir Frau Ilse Grubrich-Simitis, Anna Freud sei nicht nur von der Entwicklung von »Geist und Psyche« angetan, sondern schätze auch in unserem Hardcoverprogramm die wissenschaftlichen Bände, die sich mit der Psychoanalyse des Kindes beschäftigten. Ich hatte zudem den Psychiatrieprofessor Uwe Henrik Peters für eine Anna-Freud-Biographie *Ein Leben für das Kind* gewonnen. Das war ein schwieriges Unterfangen, denn der Autor, meine Frau und ich wußten, daß Anna Freud niemals einem Autor Material für ein solches Vorhaben zur Verfügung stellen würde. Uwe Henrik Peters legte in seinem Vorwort dar, er habe sich zunächst nicht mit dem Gedanken abfinden können, aus den schwer zugängigen und mühselig zu erschließenden Quellen das Leben und Wirken Anna Freuds darzustellen. »Das beharrliche Drängen von Nina und Helmut Kindler, aber auch die Ermutigungen, die mir Helene Deutsch, Martin Grotjahn und andere bekannte Psychoanalytiker zuteil werden ließen, veranlaßten mich schließlich dazu, mit der Arbeit zu beginnen.«

Anna Freud hat nach Erscheinen des Buches in einem Brief um einige wenige Korrekturen für die zweite Auflage gebeten, woraus wir entnehmen konnten, daß sie mit dieser Biographie einverstanden war.

Was viel wichtiger war: Ich erhielt auf meine zweite Anfrage, ob wir ihr Lebenswerk herausbringen dürften, eine Zusage.

Die Schriften der Anna Freud

Die Schriften der Anna Freud[23], die Krönung von Ninas verlegerischer Arbeit, umfassen zehn Bände mit insgesamt 3140 Seiten. In ihrem Vorwort schreibt Anna Freud: »Meine Arbeit, die im deutschen Sprachgebiet begonnen hat, kehrt mit dieser detaillierten und sorgfältig redigierten Veröffentlichung des Kindler Verlages in ihre ursprüngliche Heimat zurück… Die hier vorliegenden Arbeiten verfolgen den schwierigen Weg des Einzelmenschen von der Unreife zur Reife und seine Relevanz für die von der Psychoanalyse aufgedeckten und ins Licht gezogenen seelischen Konflikte und neurotischen Symptome der Erwachsenheit.« Von Band zu Band, vom Jahr 1922 bis 1980, wird ablesbar, was Anna Freud geleistet und bewirkt hat. Aus ihrem Wirken sei jene Tat hervorgehoben, die sie weltbekannt machte: die sogenannten Hampstead-Nurseries. Anna Freud gründete in Hampstead ein Kriegskinderheim, in dem sie gemeinsam mit Dorothy Burlingham sich jener Kinder annahm, die durch den Bombenkrieg ihre Eltern verloren hatten und obdachlos geworden waren.

Unser Weg zu Anna Freud führte uns auch in ihr Haus nach Hampstead, wo die Familie Freud seit dem Exil gewohnt hat. Zweimal waren wir Anna Freuds Gäste, genossen damals sehr die Wiener Kipferln, die Anna Freuds Haushälterin Paula Fichtl für uns gebacken hatte.

Das letzte Mal sahen wir Anna Freud im November 1981 bei der Entgegennahme des ihr von der Frankfurter Universität verliehenen Ehrendoktors und tauschten zu unseren Geburtstagen am 3. Dezember das letzte Mal gegenseitig Glückwünsche aus – kurz vor ihrem Tod. Ihr Telegramm hatte den Wortlaut: »congratulations for tomorrow. anna freud.«

Ich denke, Ninas vielfältige und breitgestreute Interessen lassen sich am besten mit zwei Beiträgen belegen, die sie neben tiefenpsychologischen Arbeiten verfaßt hat: mit einem politischen Artikel und der Einleitung zu einer von ihr herausgegebenen Lyrik-Anthologie.

Der Rektor der Bergischen Universität-Gesamthochschule Wuppertal und drei Herausgeber versandten am 18. Januar 1985 ein Schreiben an ausgewählte Persönlichkeiten mit der Bitte um Stellungnahme zu folgenden drei Fragen:

1. Gibt es heute eine einheitliche deutsche Nation bzw. eine einheitliche deutsche Nationalkultur, oder gibt es verschiedene deutschsprachige Kulturen und Nationen?

2. Welche Bedeutung hatte Ihres Erachtens die staatspolitische Einheit Deutschlands von 1871 bis 1945 für die Entwicklung der deutschen Nation, ihres geistigen Lebens und ihrer Kultur?

3. Wie denken Sie über die Aussichten der geistigen und kulturellen Entwicklung in beiden deutschen Staaten? Wie möchten Sie die Zukunft dieser Entwicklung sehen?

Die Antworten, im ganzen 58, wurden im Albrecht Knaus Verlag veröffentlicht. Nina schrieb:

»Kultur – Nation – Nationalkultur: große Worte, bedeutungsschwere Fragen!

Erinnern wir uns: Bismarcks deutsche Reichsgründung 1871, aus dem gewonnenen Krieg über Frankreich hervorgegangen, mit der Kaiserkrönung in Versailles als Demütigung des großen Nachbarn triumphierend vollzogen, betonierte die erste deutsche Teilung: Österreich war von der deutschen Staatsgründung ausgeschlossen. Preußens ›großer‹ König Friedrich II. hatte den Boden für diese Fehlentwicklung vorbereitet. Mit seinem schlesischen Eroberungskrieg begann 1740 der unheilvolle Dualismus der beiden deutschen Großmächte Österreich und Preußen, und mit dem Sieg Preußens über die Österreicher 1866 bei Königgrätz war die deutsche Frage für Bismarck gegen Österreich entschieden.

›Deutschland? Aber wo liegt es?
Ich weiß das Land nicht zu finden,
Wo das gelehrte beginnt,
    hört das politische auf.‹
schrieb Goethe.

1914 hat das deutsche Kaiserreich den ersten Weltkrieg entscheidend mitverschuldet. Die Weimarer Republik durfte dann
die Zeche bezahlen. 1939 hat das deutsche Hitlerreich den
zweiten Weltkrieg entfesselt. Den Preis für das, was Deutschland
unter Hitler der Welt angetan hat, müssen wir nun tragen: die
Annexion ehemaliger deutscher Ostgebiete, die Teilung
Deutschlands und als besondere Gegebenheit den Status von
West-Berlin.

Der Begriff Kultur ist vieldeutig. Und auch der Begriff Nation ist
nicht eindeutig. Jedenfalls sollten wir uns nicht an ihn klammern. Das schließt nicht aus, daß wir uns um persönliche
Beziehungen zu Verwandten, Freunden und Bekannten in der
DDR herzlicher und intensiver kümmern, daß Schüler- und
Jugendaustausch gefördert werden und wir darauf einzuwirken
versuchen, daß sich in der Politik die Beziehungen von deutschem Staat zu deutschem Staat entkrampfter entwickeln. Wir
sprechen dieselbe Sprache. Und es gibt eine Literatur deutscher
Sprache, die nicht nur von Autoren in der Bundesrepublik und in
der DDR, sondern auch von Autoren in Österreich und in der
Schweiz geschrieben wird. Die übergreifende deutsche Literatur
stützt die Vorstellung, es gäbe weiterhin eine den beiden geteilten deutschen Staaten gemeinsame Kultur. Aber darf man davon
ausgehen, daß das, was für die Vergangenheit galt, auch in einer
veränderten Zukunft so bleiben wird? Ist es möglich, eine
Nationalkultur zweier deutscher Staaten zu beschwören, nachdem beide von ›ihren‹ Supermächten aufgerüstet werden und als
Schlachtfelder für eine militärische Konfrontation ausersehen

sind? Da sich keine der etablierten Parteien in der Bundesrepublik der latenten Gefahr radikal widersetzt, müssen wir uns
wohl damit abfinden, daß die Kultur, auf Mikrofilme aufgenommen, bereits eingesargt ist: in atombombensicherseinsollen-
den Bunkern tief unter der Erde.

> ›Deutschland? Aber wo liegt es?
> Ich weiß das Land nicht zu finden,
> Wo das gelehrte beginnt,
> hört das politische auf!‹«

Ich finde, dieser Beitrag meiner Frau dürfte uns, die wir das
historische Jahr 1989 erlebt haben, auch heute noch interessieren.

372 Autoren – 372 Gedichte

Das von Nina herausgegebene Buch *Liebe* enthält Liebesgedichte deutscher, österreichischer und Schweizer Autoren vom
16. Jahrhundert bis zur Gegenwart. Katharina Kerr schrieb in
der »Zürichsee-Zeitung«: »Von jedem Autor wurde nur ein
Gedicht aufgenommen; dafür konnten auch unbekannte (und
vor allem mehr) Autoren berücksichtigt werden... Immer wieder werden durch die Liebesverse gesellschaftliche Normen
enthüllt... Die Sammlung beweist (wie anderes aus dem Kindler
Verlag) Mut.« Ninas Einleitung lautet:
»Den Umgang mit dem Thema Liebe scheint man in anderen
Ländern Dichtern deutscher Sprache am wenigsten zuzutrauen.
Dort hat sich ohnehin die Vorstellung erhalten, daß es wenig
lohnende lesbare deutsche Literatur gebe, eine Vorstellung, die
kaum zu revidieren ist. Wie es um die Meinung anderer Völker
über deutsche Liebesgedichte bestellt ist, geht aus dem erstmals

1973 erschienenen Taschenbuch hervor: ›The Penguin Book of Love Poetry‹. Mehr als neunzig Prozent der Liebesgedichte darin sind der englischsprachigen Poesie entnommen. Der Rest besteht aus Übersetzungen: aus dem Französischen, Spanischen, Russischen, Griechischen, Chinesischen, Japanischen, Persischen und so fort. Aber nicht *ein* Liebesgedicht wurde für wert befunden, aus dem Deutschen übertragen zu werden.

Ich habe mich bei der Auswahl der Gedichte von keinerlei literaturwissenschaftlichen Kriterien leiten lassen. Ich habe Gedichte ausgesucht, beiseite gelegt, wieder geprüft und schließlich nur *das* aufgenommen, was mir gefiel, mich entzückte, betroffen machte, mir zu denken gab. Die Sammlung spiegelt meine Neigung.

Die Gedichte stammen aus einem Zeitraum von vierhundert Jahren. 372 Autoren kommen zu Wort – mit 372 Gedichten. Üblich ist es, von denjenigen, deren Liebeslyrik überragend ist, mehrere Gedichte abzudrucken; und es ist mir zunächst auch nicht leichtgefallen, nicht so zu verfahren. Jedoch erschien es mir reizvoll, mich bei der Auswahl der Texte jeweils auf *ein* Gedicht zu beschränken, um auf diese Weise Raum für möglichst *viele* Autoren zu gewinnen. Dem Umfang einer Anthologie sind mit Rücksicht auf den Preis Grenzen gesetzt. Außerdem ist die Liebeslyrik von Dichtern deutscher Sprache, die Bedeutendes geschrieben haben, meist in Einzelausgaben erhältlich.

Ursprünglich hatte ich vor, mit einer größeren Anzahl von Autoren, die im sechzehnten Jahrhundert geboren sind, zu beginnen. Aber schließlich beschränkte ich mich auf zwei Autoren aus dieser Zeit. Deren Beispiele scheinen mir ausreichend und kennzeichnend; vielsagend für die Einstellung zu Liebe und Ehe, insbesondere zu der Rolle, die der Frau damals zugewiesen war. Der erste Beitrag dieses Bandes ist der Rat, wie ›Eine gescheite Frau‹ – ein dem ›Philosophischen Ehezuchtbüchlein‹

des Johann Fischart entnommenes Kapitel – sich verhalten soll. Es wurde 1577 veröffentlicht, also vor vierhundert Jahren. Auch wenn man davon ausgehen will, daß die Empfehlungen des Verfassers – eines sprachgewaltigen Humanisten, der mit ›Das glückhafte Schiff von Zürich‹ ein Bekenntnis zur schweizerischen Demokratie ablegte – als Satire auf gesellschaftliche Tugenden und Untugenden aufzufassen seien, ist bereits die Wortwahl verräterisch: Ehe*zucht*büchlein. Vergleicht man diesen Text mit Texten der Liebeslyrik unserer Gegenwart, offenbart sich ein Entwicklungssprung von vier Jahrhunderten Kultur- und Sittengeschichte. Man wird jedoch mehrfach feststellen können, daß einzelne Gedichte aus dem siebzehnten oder achtzehnten Jahrhundert nicht weniger modern erscheinen als solche aus jüngerer und jüngster Zeit. So zeigen die von Johann von Besser 1695 erschienenen Verse ›Nicht schäme dich / du saubere Melinde‹, daß Liebesgedichte damals keineswegs immer prüde sein mußten.

Was läßt sich über die getroffene Auswahl sagen? Nun, erschwerte bei einem Autor am Ende die Entscheidung zwischen zwei Gedichten die endgültige Wahl und war das eine voll leidenschaftlicher Empfindung, das andere kunstvoll, jedoch ohne Eigenes preiszugeben, so nahm ich das unmittelbare. Hin und wieder war ich auch vor die Frage gestellt, sollte ich dem formvollendeteren oder dem *inhaltlich* stärkeren Gedicht den Vorzug geben. Ich ließ mich von meinem Gefühl und meinem Geschmack leiten. Wieso gilt überhaupt meine besondere Zuneigung dem Liebesgedicht?

Als junges Mädchen waren es Lieder, die ich singen hörte und selber sang, Lieder von Hugo Wolf, von Brahms, Schumann, Schubert, von Richard Strauss. Noch heute bin ich bei manchen Gedichten befangen, bin nicht sicher, ob ich sie in dieses Buch aufgenommen hätte, hörte ich beim Lesen nicht die Musik.

Kaum wäre ich auf Karl Friedrich Herrosée gekommen; wer kennt schon seinen Namen? Aber da eines seiner Gedichte ein Lied von Beethoven wurde und sein Titel das Thema dieses Buches ist, nämlich ›Ich liebe dich‹, habe ich es berücksichtigt. Beethoven hat auch Aloys Heitteles unsterblich gemacht: Das erste und letzte Lied aus dem Beethoven-Zyklus ›An die ferne Geliebte‹ (›Nimm sie hin denn, diese Lieder, / Die ich dir, Geliebte, sang…‹) ist deshalb in diesem Band zu finden. Auf den gewiß harmlosen Text von Christian Felix Weiße ›Der Kuß‹ hätte ich womöglich verzichtet, wäre er nicht von Beethoven vertont. Gilt das auch für Friedrich Matthissons ›Adelaide‹?

Und wer sucht bei Ludwig Rellstab ein Liebesgedicht? Von ihm stammen die viel gesungenen Verse ›Leise flehen meine Lieder / durch die Nacht zu dir‹, die *Schubert* in seiner ›Schwanengesang‹-Folge, seinem letzten Werk, in Musik gesetzt hat.

Nicht alle Autoren, deren Gedichte *Richard Strauss* für seine Liedkompositionen gewählt hat, sind uns dem Namen nach geläufig. Gewiß, da ist Otto Julius Bierbaums ›Traum durch die Dämmerung‹; die Worte ›Weite Wiesen im Dämmergrau‹ lassen ein Bild in mir aufsteigen, das meinem Empfinden entspricht. Und dann hat Richard Strauss bei Adolf Friedrich von Schack ein Liebesgedicht entdeckt, das ich zu den schönsten zähle, die ich kenne: ›Breit über mein Haupt dein schwarzes Haar / neig zu mir dein Angesicht.‹ Auch auf Hermann von Gilms ›Stell auf den Tisch die duftenden Reseden / die letzten roten Astern trag herbei / und laß uns wieder von der Liebe reden / wie einst im Mai‹ möchte ich nicht verzichten.

Eduard Mörikes ›An die Geliebte‹ ist ein Gedicht, das ich auch dann ausgewählt hätte, wenn es nicht von Hugo Wolf in Musik ausgedrückt worden wäre. Da diese Anthologie aber von einem Autor stets nur *ein* Gedicht enthält, mußte ich ein anderes Lied Wolfs, das er Mörike verdankt, weglassen: ›So ist die Lieb, so ist die Lieb, mit Küssen nicht zu stillen.‹ *Meinem* Gefühl kommt Mörikes Gedicht: ›An die Geliebte‹ noch *mehr* entgegen: ›Wenn ich, von deinem Anschaun tief gestillt…‹

Immer wieder gab es Fälle, in denen die Musik mir die Entscheidung zwischen zwei oder drei Liebesgedichten eines Autors sehr erschwert hat. So hatte ich im Sinn, von Friedrich Rückert ›Ich atmet' einen linden Duft‹ aufzunehmen, offenbar weil mich Gustav Mahlers Komposition nicht losließ. Aber als ich dann von Rückert ein Gedicht fand, das ich seit langem nicht mehr gelesen hatte, stand die Wahl fest: ›Du bist mein Mond, und ich bin deine Erde.‹ Mir fiel dabei ein Gedicht von Ricarda Huch ein: ›Ich bin dein Schatten, du bist, der mich schafft.‹ In beiden Gedichten ist es die Musik der Poesie, die gefangennimmt.

Bei Mathilde Wesendonck war ich ganz unsicher. Sie gehört mit ihren Texten, die sie *Richard Wagner* widmete, weniger der Literatur- als der Musikgeschichte an. Doch da ihre Texte ein starkes Liebesgefühl ausdrücken, nahm ich aus dem Zyklus ›Fünf Wesendonck-Gedichte für eine Frauenstimme‹ ihr Gedicht ›Träume‹ auf.

Nicht selten wird Lyrik, die durch berühmte Komponisten zu Musik geworden ist, wieder als Dichtung entdeckt. Diese Anthologie enthält viele liedhafte Verse. Lyrik kommt von Lyra, der Leier, dem Instrument der hellenischen Dichter und Sänger. Und die ursprüngliche Bindung der poetischen Gattung Lyrik an Gesang und Musik ist nie gänzlich verlorengegangen.

Zu Beginn der Arbeiten an dieser Sammlung habe ich mich von der *Erinnerung* leiten lassen. Dabei dachte ich nicht nur an Lieder, die ich mochte, sondern auch an Gedichte, die ich seit langem, zum Teil seit meiner Jugend, liebe und immer wieder lese. Natürlich beschäftigten mich nicht nur Liebesgedichte. Im Laufe der Zeit, unserer unmenschlichen Epoche, die mit politischem Terror, mit Verdammung, Krieg und Vergasung hereinbrach, haben mich *andere* Gedichte bewegt: Zeugnisse der Teilnahme und Anteilnahme, Gedichte, die von den Opfern sprechen, die dem Zeitschrecken nicht ausweichen, die anklagen, das Gewissen nicht ruhen lassen – Appelle an die Menschlichkeit. Und doch habe ich immer wieder auch Liebesgedichte gelesen. Wenn ich nach einer Antwort suchte, halfen sie mir. Ich denke vor allem an Strophen von Ricarda Huch und Marie Luise Kaschnitz; später auch an Gedichte von Nelly Sachs und Ingeborg Bachmann. Ihr Werk bezeugt, daß Politik und Poesie sich nicht ausschließen.

Ricarda Huch, die mit 28 Jahren, 1892, als eine der ersten Frauen in Zürich promovierte, hatte sich schon unter dem Eindruck des Ersten Weltkriegs brennenden politischen Themen zugewandt (so in: ›Michael Bakunin und die Anarchie‹). 1933 trat sie unter Protest gegen das ›Reich der Hölle‹ aus der Preußischen Akademie der Künste aus.

Marie Luise Kaschnitz, 1901 geboren, drei Jahre nach Bert Brecht, hat wie dieser auf die Literatur unseres Jahrhunderts gewirkt: ›Nein, wir bedürfen nicht / Wieder der Kriege.‹ Von ihr stammen auch die Sätze: ›Ich war an meine Zeit gebunden und hatte die Botschaften weiterzugeben, die ich von meinen Zeitgenossen empfing.‹

Nelly Sachs, zehn Jahre älter als Marie Luise Kaschnitz, lebte sieben Jahre unter der Hitlerdiktatur in Berlin, bevor sie 1940 mit Hilfe von Selma Lagerlöf dem Konzentrationslager entging und nach Schweden entkam. Ihre Lyrik ist erfüllt von dem Leid und von der Hoffnung des jüdischen Volkes.

Die fünfunddreißig Jahre jüngere Ingeborg Bachmann aus Klagenfurt errang dank der Intensität ihrer Lyrik bald ebenfalls hohen Rang. Sie sagte: ›Der Schriftsteller ist mit seinem ganzen Wesen auf ein Du gerichtet, auf den Menschen, dem er seine Erfahrung vom Menschen zukommen lassen möchte (oder seine

Erfahrung der Dinge, der Welt und seiner Zeit, ja von all dem auch), aber insbesondere vom Menschen, der er selber oder die andern sein können und wo er selber und die anderen am meisten Menschen sind. Alle Fühler ausgestreckt, tastet er nach der Gestalt der Welt, nach den Zügen der Menschen in dieser Zeit.‹

In dieser Zeit... Zu ihr bekennen sich auch andere Schriftsteller, die in dieser Anthologie vertreten sind. Ihre Gedichte, manche verschlüsselt, andere offen und rückhaltlos, sind Ausdruck eines durch Erleben und Wissen veränderten Lebensgefühls. Dichter leben nicht mehr im elfenbeinernen Turm. Einige sprechen im Angesicht von Verfolgung und Vernichtung von Liebe. Beispiele dafür in diesem Band sind unter anderen Hilde Domin mit ›Wo steht unser Mandelbaum?‹, Manfred Streubel mit ›Nacht für Nacht‹ oder Walter Bauer mit ›Dennoch‹: Dennoch lieben wir uns. Die Unerbittlichkeit des Zeitgeschehens spricht ebenso aus Wolfgang Bächlers Gedichtüberschrift ›Eine junge Frau an ihren gefallenen Mann‹ wie aus Karl-Heinz Jakobs beschwörender Titelzeile ›Damit die Nacht nicht wiederkehre‹, geschrieben ›Für eine Jüdin namens Rut‹. Albrecht Haushofer schrieb sein Sonett ›Traumgesicht‹ nach dem 20. Juli 1944 in der Todeszelle in Berlin-Moabit.

In Deutschland und in Österreich während der nationalsozialistischen Zeit konnte ein Autor, der den Weg in die innere Emigration ging, mit Lyrik, die privates Glück beschreibt, Selbstbehauptung bewahren, Selbstbehauptung gegenüber Einmischungsversuchen von Behörden und Ämtern in das Privatleben. Im übrigen aber bin ich mit Erich Fried, dessen streitbare Verse vielfach ›gesellschaftskritische Denkzettel‹ sind, der Meinung: ›Ein Band Liebesgedichte bedarf keiner besonderen Erklärung oder Rechtfertigung, auch wenn – oder gerade weil – neuerdings oft verbreitet wird, es gebe heute keine Liebesgedichte mehr‹ (aus dem Nachwort seiner bei Wagenbach erschienenen ›Liebesgedichte‹).

Für den Leser kann ein Liebesgedicht eine Begegnung sein, eine Begegnung mit sich selber. Wem Liebeslyrik etwas bedeutet, dem kann sie helfen, zu sich selbst zu finden. Zu-sich-selbst-Finden heißt aber immer auch: sich dem *andern* zuwenden. Das gilt in gleichem Maße für viele solcher zeitgenössischen Texte, die sich nicht auf den ersten Blick als Liebesgedichte zu erkennen geben, die zunächst unzugänglich scheinen, unverständlich, vieldeutig. Um sich ihrem Sinn zu nähern, muß man sie mehrmals lesen. Wirre Worte gleichen oft wirren Träumen. Aber hinter Traumsymbolen und Traumallegorien verbirgt sich ein Sinngehalt. Freud hat gelehrt, scheinbar undurchsichtige Träume zu deuten. Traumreste haben ihre Entsprechung in Satzfragmenten, die sich *bewußtem* Verständnis oft entziehen. Das Lesen von Gedichten und das Eindringen in die Psychoanalyse haben die fortdauernde Bemühung um seelisches Gleichgewicht gemeinsam.

In unserer Empfindlichkeit gegenüber großen Worten sprechen uns auch Autoren an, die in ihrer Liebeslyrik dem Wort Liebe aus dem Weg gehen.

Ein Liebesgedicht verlangt vom Leser Zeit und innere Bereitschaft. Aus einem Gespräch über Bücher mit einem Anwalt, einem Arzt und einem Industriekaufmann möchte ich drei Zitate wiedergeben. Erstes Zitat: ›Ich habe keine Zeit, ein Buch zu lesen.‹ Zweites Zitat: ›Für einen Krimi finde ich immer Zeit.‹ Drittes Zitat: ›Ich lese die Bestsellerliste und richte mich danach.‹

Höchst selten, daß jemand auf Lyrik zu sprechen kommt, noch seltener auf Liebeslyrik. Die Intimität, die mit dem Lesen eines Liebesgedichtes verbunden ist, erzeugt Scheu. Liebesgedichte sind nicht nur himmelhochjauchzend, zu Tode betrübt. Sie können ausdrücken: überwältigendes Gefühl, stürmisches Begehren, Zweifel, Untreue, Verlassenwerden. Ein Liebesgedicht kann von der ersten Begegnung, von der Trennung, vom Tod handeln. Es kann Einsamkeit beklagen, Einsamkeit auch im Zusammenleben mit dem Partner. Günter Eich stellt die Frage: ›Wo bist du, wenn du neben mir gehst?‹, und Hans Magnus Enzensberger greift sie mit andern Worten auf: ›wo, die meine hand hält, gefährtin, verweilst du?‹

Die Themen der Dichter reichen von der Lieblosigkeit über den Wunsch, lieben zu können und geliebt zu werden, bis zur Liebeserfüllung. Für Liebende ist Liebe eine Zaubermacht. Ricarda Huch schrieb: ›O Wohlgeruch, o Glut! O Lust und Glanz! / O Qual, nie nah genug so nah zusammen! / Empfang uns endlich ganz, / Abgrund der Nacht, in deinen Liebesflammen.‹

Und bei Nelly Sachs heißt es: ›Geschirmt sind die Liebenden.‹ An sie, die Liebenden, wende ich mich mit dieser Anthologie.«

KAPITEL 40

Sachliteratur

Buchhändler unterschieden zu Zeiten unserer Großeltern zwischen dem schöngeistigen Buch und dem Fachbuch. Als Folge der Wissenschaftsexplosion hat sich zwischen beiden Buchgruppen das *Sachbuch* angesiedelt und heute seinen Standort innerhalb der Literatur gefunden. Zahlreiche Bücher im Kindler Verlag – auch solche, die in vorigen Kapiteln schon genannt wurden – zählen zur Sachliteratur. Wissen zu verbreiten, Aufklärung zu vermitteln betrachtete ich stets als verlegerische Aufgabe. Mit Robert Jungk bevorzuge ich statt der Bezeichnung Sachbuch den Begriff Informationsbuch. Der Leser hat Anspruch darauf, informiert zu werden, war einer meiner Leitsätze.

Anthologien

Dem Informationsbedürfnis versuchte ich schon in den ersten Verlagsjahren mit einigen Buchprojekten entgegenzukommen. Von *verboten und verbrannt* war schon die Rede.
Der Schweizer Schriftsteller Hans Rudolf Hilty machte Nina und mir, es dürfte 1960 gewesen sein, den Vorschlag, die Frage, in welcher Tradition das deutsche Gedicht, vor allem das moderne, stehe, mit einer Lyriksammlung *documenta poetica* zu beantworten. Sein 1962 erschienener Band ist dem Gedicht deut-

scher Sprache gewidmet. Diesem Band folgte unmittelbar ein zweiter Band: eine Lyriksammlung der englischsprachigen Literatur. Neben dem englischen oder amerikanischen Originaltext findet sich jeweils eine deutsche Nachdichtung.

Beide Bände erhielten von Kritikern und Literaturliebhabern viel Lob; gekauft wurden sie wenig.

Vergleichbar ist eine zweibändige Anthologie über die Prosa und Poesie seit 1945 in den europäischen Ländern. Sie nennt sich *Europa heute*. Das, was ich über dieses Werk, das Hermann Kesten herausgegeben hat, zu sagen wüßte, ist in der Kritik von Willi Fehse in der »Kölnischen Rundschau« enthalten. Ich wäre befangen, die beiden Bände, die ich sehr schätze, so emphatisch zu loben. Bei Fehse heißt es:

»In zwei Dünndruckbänden von jeweils rund 1200 Seiten werden über 400 Dichter und Schriftsteller aus 26 europäischen Ländern mit Erzählungen, Essays, Gedichten und Szenen vorgestellt. ›Die Absicht dieser Anthologie ist, Europa von heute in nuce zu geben‹, das einen vorzüglichen Gesamtüberblick bietet und vor Geist funkelt. Tatsächlich glückt es dem Herausgeber hier, aufzuzeigen, was die abendländischen Autoren in den Jahren von 1945 bis 1963 interessiert hat ›(soweit sie es sagen durften) und was das Publikum zu lesen bekam (soweit es sogar zwischen den Zeilen lesen konnte)‹... Diese außerordentliche Anthologie ist bei aller liberalen Reichhaltigkeit nach strengen Gesetzen und Prinzipien aufgebaut worden. Sie weiß sich im Dienst einer gewaltigen Sache; denn sie macht die Kräfte bewußter, die heute in Europa ihrer politischen Gestaltung und Verwaltung harren oder doch in Ost und West voller Sehnsucht nach Verständigung in Freiheit und Frieden sind.«

Von den über 400 Beiträgen habe ich noch heute Günther Weisenborns »Klopfzeichen« im Gedächtnis.

Herausgeber einer internationalen Reihe, der »World University Library« war der Londoner Verlag Weidenfeld & Nicolson. Lord Weidenfeld, ein ungewöhnlich einfallsreicher Verleger, hat für die internationale Ausgabe einen wissenschaftlichen Beirat aus zahlreichen Ländern versammelt, mit dem die Themen der einzelnen Bände besprochen wurden. Verleger der Länder, die sich an der Reihe beteiligten, schlugen ebenfalls Themen und Autoren vor. Die Reihe hat 68 Bände und behandelt nahezu alle geisteswissenschaftlichen und naturwissenschaftlichen Wissensgebiete. Im Kindler Verlag hat sich um dieses Projekt unser Cheflektorat, zeitweise unter Hans-Geert Falkenberg, gekümmert. In den deutschsprachigen Ländern erschienen die Bände unter dem Titel *Kindlers Universitäts Bibliothek*. Willy Brandt, damals noch Regierender Bürgermeister von Berlin, kam auf meine Bitte hin zur Vorstellung des Werkes nach Frankfurt zur Buchmesse.

Die deutschsprachige Sachliteratur

Später in Zürich kam ich auf die Idee, eine fünfbändige Reihe mit dem Band »Die deutschsprachige Sachliteratur« abzuschließen. Band 1 enthält die »Literatur der Bundesrepublik Deutschland«, herausgegeben von Dieter Lattmann; Band 2 die »Literatur der Deutschen Demokratischen Republik«, herausgegeben von Konrad Franke unter Mitwirkung von Heinrich Vormweg; Band 3 »Die zeitgenössische Literatur Österreichs«, herausgegeben von Hilde Spiel; Band 4 »Die zeitgenössischen Literaturen der Schweiz«, herausgegeben von Manfred Gsteiger.
Nun zum fünften Band: Nicht nur bei der Beobachtung der zeitgenössischen Literatur in den Vereinigten Staaten und in

Europa, sondern auch als Verleger in München und Zürich wurde mir die zunehmende Quantität und Qualität der sogenannten Sachbücher bewußt. Erstaunlicherweise war die Sachliteratur in der Literaturwissenschaft und den Literaturgeschichten bisher stets ein Stiefkind gewesen. Jedenfalls wurde mit unserem fünften Band »Die deutschsprachige Sachliteratur« zum erstenmal der Versuch unternommen, die Entwicklung der deutschsprachigen Sachliteratur seit 1945 darzustellen. Die Beiträge wurden unter der Voraussetzung geschrieben, daß die Grenzen zwischen populärem und wissenschaftlichem Sachbuch fließend verlaufen und daß Sachliteratur nicht so sehr an ihren populären Erfolgen gemessen, sondern danach beurteilt werden sollte, inwieweit sie ihrer selbstgestellten Aufgabe gerecht wird, nämlich wissenschaftliche Erkenntnisse einem breiten, interessierten Leserkreis zu vermitteln und das Gespräch zwischen den Einzelwissenschaften in Gang zu halten oder erst zu ermöglichen. Insofern vermittelt dieser Band auch einen Einblick in die Wissenschaftsgeschichte des gegenwärtigen Zeitalters und in die Problematik einer »informierten Gesellschaft«. Die Herausgabe dieses 992 Seiten starken Bandes übernahm Rudolf Radler. Einleitend beschreibt Ulf Diederichs Geschichte und Definition des umstrittenen Begriffs »Sachbuch«, dessen Zukunftsaussichten Robert Jungk abschließend behandelt.

Verleger in Zürich

KAPITEL 41

Das enzyklopädische Programm

Die Geschichte der Reihenwerke, Lexika und Enzyklopädien im Kindler Verlag ergäbe ein Fachbuch von mehreren hundert Seiten. Ganze Wände mit Leitzordnern, angefüllt mit Protokollen, Aktennotizen, Hausmitteilungen, Redaktionsvorschlägen, Herausgeberkommuniqués, dem Briefwechsel mit Autoren, den Berichten von Lektoren, den Beschwerden, den Glückwünschen, den Absagen und Zusagen, den Vertragsentwürfen, Vertragskorrekturen und Vertragsabschlüssen, wären durchzuarbeiten, um von der Vorstellung und Größenordnung der damit verbundenen Arbeit dem Leser ein Bild zu vermitteln. Es gibt auch einige schmale Leitzordner, deren Inhalt daran erinnert, wie viele Bankverhandlungen es gab, welche Kredite zu welchen Bedingungen beschafft werden mußten und wie die Finanzierung jedes einzelnen Werkes letzten Endes aussah. Ein Psychologe würde daraus entnehmen, daß ich ein risikofreudiger Mensch bin. Nina sagte: »Du bist ein Roulettespieler.«

Das enzyklopädische Programm diente ausschließlich der Information. Bis zum Erscheinen unserer ersten Enzyklopädie, *Kindlers Malerei Lexikon,* konkurrierten unsere Bücher – Belletristik, Biographien, Autobiographien und Sachbücher – mit den zahllosen Titeln anderer Häuser. Gegenüber jenen Verlagen, die schon seit dem Deutschen Kaiserreich oder seit der Weimarer Republik existierten, und das waren nicht wenige, mußten wir uns behaupten. Während alteingesessene Verlage über Autoren und Verlagsrechte verfügten, mußten wir von unseren Einfällen leben, Themen aufspüren und auf die Suche nach geeigneten Autoren gehen. Es dauerte einige Zeit, bis auch uns deutschsprachige Manuskripte zur Prüfung und fremdsprachige Bücher zur Übersetzung angeboten wurden. Mit dem von mir entwickelten enzyklopädischen Programm änderte sich alles. Mit ihm waren wir nahezu konkurrenzlos. Wir gingen ein immenses Risiko ein, doch das Wagnis gelang, der Kindler Verlag machte sich einen Namen. Für diesen Teil unseres Programms wurde Zürich der Verlagssitz, wenn auch unser Münchener Haus für *Kindlers Malerei Lexikon* und *Kindlers Literatur Lexikon* noch zwei Redaktionen beherbergte.

Malerei

Den Plan zu einem Werk über die Malerei faßte ich im Jahr 1957 nach dem Besuch einer Kunstausstellung. In der Halle des Museums hatte eine Buchhandlung einen Verkaufsstand mit Kunstbüchern aufgestellt. Die sah ich mir an. In der Hauptsache waren es Gemälde von *einem* Maler in einem Band, oder es waren Gemälde mehrerer Maler, die einer bestimmten Epoche angehörten. Ich dachte mir, es müßte reizvoll sein, die Bilder der wichtigsten Künstler der Weltmalerei alphabetisch zu ordnen, mit Hans von Aachen (1552–1615) zu beginnen und mit Franziscus de Zurbaran (1598–1664) zu enden. Aber ich war nicht sicher, ob ich das so machen sollte, denn es verstieß gegen alle herkömmlichen kunstgeschichtlichen Editionsverfahren. Auf der Frankfurter Buchmesse am 21. September desselben Jahres lernte ich abends in der Bar den britischen Verleger Walter Neurath von Thames & Hudson kennen, dem es ebenso wie

Weidenfeld gelungen war, in London einen Verlag zu gründen; beide stammten aus Wien und waren nach England emigriert. Walter Neurath ist lange tot. Aber der Verlag Thames & Hudson unter der Leitung seines Sohnes Thomas, unterstützt von seiner Schwester Constance und Neuraths Witwe Eva, ist heute einer der angesehensten Kunstbuchverlage in England. Constance steht uns besonders nahe. Sie hat die Anfangszeiten von *Kindlers Malerei Lexikon* mitbekommen, und zwar als junge Assistentin im damaligen Redaktionsteam.

Den Abend in der Bar des »Frankfurter Hofs«, als ich Walter Neurath kennenlernte, habe ich aus zwei Gründen in Erinnerung: Erstens mußte Nina überraschend nach Hamburg fahren, da Manons Tochter Angeli an diesem Abend zur Welt kam, zweitens fand Neurath, ein kunstverständiger Gesprächspartner, meine ungewöhnliche Konzeption ausgezeichnet. Er ermutigte mich, dieses Projekt in Angriff zu nehmen. Eine Zeitlang wollte Neurath sich mit einer englischen Ausgabe beteiligen, scheute aber dann doch den Kostenaufwand. Er blieb jedoch mein Ratgeber und half mit, ein internationales Herausgebergremium[24] für das Vorhaben des Kindler Verlages zu gewinnen. Mitherausgeber Rolf Linnenkamp leitete die Redaktion.

Da ich an die Bildqualität der einzelnen Vorlagen höchste Ansprüche stellte, ließ ich in meiner Besessenheit die Mehrzahl aller Gemälde in zahlreichen Ländern neu fotografieren. *Kindlers Malerei Lexikon* enthält immerhin 1200 farbige und 3000 schwarzweiße Reproduktionen! Die Gewinne aus der REVUE reichten nicht aus, um diese Kosten zu decken, doch die Erlöse aus BRAVO waren existenzrettend.

Die Kritik nahm das Werk begeistert auf. Ich greife eine Kritik heraus. Heinz Ohff schrieb im »Tagesspiegel«: »Man schaffe einen Nobelpreis für verlegerische Taten – der erste Preisträger stünde fest.«

Es war das erste Mal, daß wir mit dem Versandbuchhandel in Berührung kamen. Da große Reihenwerke nur einen verhältnismäßig bescheidenen Verkaufsanteil im Sortimentsbuchhandel erzielen, lernte ich auch für die weiteren großen Produktionen den Versandbuchhandel als Partner schätzen.

Literatur

Im Münchener Verlagshaus entstand neben der Redaktion des Malerei Lexikons sehr bald eine etwa fünfzehnköpfige Redaktion, die Wolfgang von Einsiedel für *Kindlers Literatur Lexikon* zusammengestellt hatte. Nach siebenjähriger Vorbereitungszeit erschien im Herbst 1975 Band I der auf sieben Bände angelegten Enzyklopädie. Das Ordnungsprinzip, die Behandlung literarischer Werke in alphabetischer Reihenfolge ihrer Titel, hat es vom *Dizionario Letterario Bompiani* übernommen. Ferner greift die deutsche Ausgabe auf das *Dictionnaire des œuvres* zurück, das Graf Bompiani gemeinsam mit dem französischen Verleger Laffont herausgegeben hat und dem ebenfalls das italienische Lexikon als Quelle und Modell zugrunde liegt. Dem Benutzer des vorliegenden Literaturlexikons wurden damit die Ergebnisse und Erfahrungen einer internationalen enzyklopädischen Unternehmung zugänglich gemacht.

Während das italienische und das französische Lexikon die Autoren der Gegenwart fast gänzlich unberücksichtigt ließen, sah sich die Redaktion von *Kindlers Literatur Lexikon* vor die Aufgabe gestellt, Werke aus mehr als 130 Literaturen zu behandeln, auch mündlich Überliefertes zu berücksichtigen sowie eine repräsentative Auswahl von Werken lebender Autoren aufzunehmen.

Die Bände I bis VI enthalten die Beschreibung und Interpretation von etwa 18 000 Werken, die von über eintausend freien Mitarbeitern verfaßt wurden. Jedem Artikel ist eine ausführliche Bibliographie beigefügt. Farbige Abbildungen auf Tafeln und Schwarzweißwiedergaben, Autographen sowie buch- und theatergeschichtliche Dokumente bieten einen Querschnitt durch die Buchkunst von ihren Anfängen bis heute und veranschaulichen die vielfältigen Zusammenhänge zwischen Literatur und bildender Kunst. Band VII enthält drei Register, die die Benutzung des Lexikonwerks erleichtern. Darüber hinaus bringt dieser letzte Band Gesamtdarstellungen von mehr als 130 Literaturen, verfaßt von Fachgelehrten, die auch die Auswahl der behandelten Werke mitbestimmten.

Diese weitgespannte Konzeption ist das Verdienst von Dr. Wolfgang von Einsiedel, der auch die Fachberater für dieses Unternehmen gewonnen hat. Wolfgang von Einsiedel war von mir am 1. Oktober 1958 verpflichtet worden. Er schloß seine Arbeit, wie von vornherein vereinbart, Ende 1964 ab. In Gert Woerner gewann ich im Herbst 1964 einen Chefredakteur. Dr. Gisela Uellenberg hat sich als engste Mitarbeiterin Dr. von Einsiedels zunächst ebenfalls um die literaturwissenschaftliche Planung verdient gemacht, um dann Gert Woerner als dessen Stellvertreterin bei der Aufgabe zur Seite zu stehen, dieses Lexikon zu einem zuverlässigen Nachschlagewerk von dauerhaftem Gebrauchswert zu machen.

Natürlich gab es Krisen, und so darf ich nicht verschweigen, daß es nach Imprimat des Buchstabens G zu einer schmerzlichen Trennung kam: Gert Woerner und Gisela Uellenberg schieden aus. Rolf Geisler übernahm die Chefredaktion. Rudolf Radler, von Anbeginn an Mitglied der Redaktion, stand ihm als Stellvertreter zur Seite und konnte sich bald darauf mit ihm in die Chefredaktion teilen. So war der weitere Ablauf, vom Buchstaben H bis zum Buchstaben T, gewährleistet. Dann gab es noch einmal einen Wechsel: Vom Buchstaben U an wurde Rudolf Radler gemeinsam mit Johanna Zeitler Nachfolger von Rolf Geisler. Für einen Ergänzungsband, der später folgte, übernahm Johanna Zeitler die alleinige Verantwortung. Welche menschlichen und sachlichen Tragödien sich hinter diesen personellen Veränderungen verbergen, kann der Leser nur ahnen. Die über die vielen Jahre währenden Krisen wurden von unserem Verlagsleiter Erhard Wendelberger immer wieder gemeistert, eine Zeitlang auch von dem überaus engagierten, versierten und aufopferungsbereiten Cheflektor Hans-Geert Falkenberg[25]. Wendelberger, das möchte ich bei dieser Gelegenheit sagen, hat meiner Frau und mir immer in schwierigen Situationen beigestanden. An die Probleme des Literatur Lexikons mit den ungezählten freien Mitarbeitern ging er in nüchterner Generalstabsarbeit heran. Seine Solidarität mit Nina, mir und dem Verlag bewies er in der entschiedenen Abwehr aller Angriffe, denen der Verlag bei Erscheinen der Ehrenburg-Memoiren ausgesetzt war.

Beiden Redaktionen, jener für das Literatur Lexikon und jener für das Malerei Lexikon, bin ich zu großem Dank verpflichtet.

Zoologie

Von allen Büchern des bekannten Zoologen Bernhard Grzimek war am erfolgreichsten *Kein Platz für wilde Tiere*. Mein Gott, wie viele Stunden hatten Professor Grzimek und ich damit verbracht, diesen Titel zu finden! Nachdem wir mehr als zwanzig Titel verworfen hatten, schlug ich vor: Kein Platz für wilde Tiere. Doch da Grzimek sofort zustimmte, kamen mir Bedenken, und ich versuchte, ihm und mir den Titel wieder auszureden. Vergeblich. Das war gut so, denn der Titel kam an. Ich habe mit Professor Grzimek nie eine böse Auseinandersetzung gehabt. Dennoch war es keine herzliche Beziehung. Das lag an mir. Genauer: an Nina und mir. Wir kannten nicht nur ihn, sondern auch seine sympathische Frau, die sich für ihn aufgeopfert hat. Wir haben erlebt, wie sie die riesigen Menschenaffen fütterte, pflegte und wusch, die Grzimek sich in seine Wohnung, über dem Frankfurter Zoo gelegen, heraufgeholt hatte. Wir erlebten, daß Grzimek von einer seiner Afrikaexpeditionen zurückkam – ohne Michael. Michael war tödlich verunglückt. Grzimek schrieb sofort ein Buch *Serengeti darf nicht sterben*. Ich habe es nicht veröffentlicht. Ich warf ihm vor, er mache mit dem toten Sohn Geschäfte. Dann ließ Grzimek sich scheiden, um Michaels Frau zu heiraten. Wenn es sachliche Auseinandersetzungen gab, drohte er in eingeschriebenen Briefen mit einem Anwalt. Anfangs regte mich das auf, bis ich dahinterkam, daß es gar nichts zu bedeuten hatte. Grzimek tat nämlich nach solchen Briefen so, als ob nichts gewesen wäre.

Die beiden großen Werke *Kindlers Malerei Lexikon* und *Kindlers Literatur Lexikon* brachten uns in finanzielle Schwierigkeiten. Zu dieser Zeit sagte meine Frau während einer Zugfahrt von Locarno nach München zu mir: »Wenn wir das nächste Mal 2. Klasse fahren müssen, weiß ich, wie schlecht es dem Verlag geht.« An meine Antwort im Zugabteil erinnert sich Nina noch heute: »Du brauchst dir keine Sorgen machen, ich habe eine Goldgrube.« Die Goldgrube war *Grzimeks Tierleben*. Grzimek hatte zwei Mitarbeiter engagiert, die ihm einen großen Teil der Herausgeberarbeit abnahmen: den Schriftsteller Herbert Wendt und den Zoologen Dietrich Heinemann. Grzimek, Wendt, Heinemann sowie Verlagsleitung und Lektorat unseres Hauses bemühten sich zunächst, Mitherausgeber zu gewinnen, die international Rang und Namen hatten. Das gelang. 217 Mitherausgeber aus aller Herren Länder wurden verpflichtet. Außerdem etablierte sich in München eine Redaktion. Für viele der Bände übernahm Erich Rössler die Produktionsleitung. Neben über 2000 informativen Textabbildungen gab es in den 13 Bänden etwa 1300 Farbtafeln, Farbfotos und farbige Ausklapptafeln mit mehr als 8000 Tierdarstellungen.

Die dreizehn Bände von *Grzimeks Tierleben* erschienen ab 1967 pünktlich in viermonatigen Abständen, was den Versandbuchhandel freute.

Wegen des überwältigenden Interesses an diesem Werk mußten ständig Nachauflagen gedruckt werden. Zudem gab es eine Übersetzung in Frankreich, eine in Holland, eine in Italien und sogar eine Übersetzung in Amerika.

Wann immer wir auf diesen »Bankier« des Kindler Verlages blickten, waren wir bester Laune.

Kulturgeschichte

Dieses Reihenwerk entstand als Koproduktion mit dem Londoner Verlag Weidenfeld & Nicolson. Federführend für das 35bändige Werk war der Initiant dieser vielgerühmten Reihe, George Weidenfeld, die hauptsächliche Redaktionsarbeit oblag dem Herausgeber Sir Ronald Syme. Es ging Lord Weidenfeld und uns darum, den Menschen als schöpferisches Wesen in seiner Entwicklung zu zeigen, seine Existenz von der Frühzeit bis zur Gegenwart neu darzustellen. Die Hochkulturen der Welt wurden ausgebreitet. Historische Tatsachen und ihre Zusammenhänge, klare Sicht und neues Wissen waren das Programm, auf das bedeutende Forscher, Universitätsprofessoren, Kulturkritiker und Archäologen der wesentlichen Sprach- und Kulturkreise verpflichtet wurden. Als Team bewältigten sie, was einem einzelnen heute nicht mehr möglich ist: die Grundzüge epochaler Entwicklungen darzustellen.

Zu den Titeln, die *wir* für »Kindlers Kulturgeschichte« in Auftrag gegeben und beigesteuert haben, gehören zum Beispiel die beiden Bände »Mittelalter«, die Friedrich Heer verfaßt hat, der später 26 Bände aus dem Gesamtwerk zu einer *Kulturgeschichte des Abendlandes* zusammenfaßte.

Weltgeschichte

Wir trennten uns 1965 von dem Zeitschriftenverlag und verkauften REVUE, BRAVO und die Druckereien. Der Abschied vom Zeitschriftenverlag fiel uns nicht leicht, fühlten wir uns doch mit vielen Mitarbeitern sehr verbunden. Der »Spiegel« spottete damals, Kindler habe bei der REVUE in achtzehn Jahren nicht weniger als dreizehn Chefredakteure »verbraucht«. Nach meiner Zählung waren es allerdings nur acht. REVUE-Redakteure, behauptete der »Spiegel«, »bewerteten sich nach ›Kindler-Einheiten‹: Ein ›Kindler‹ war ein halbes Jahr. Wer in letzter Zeit mehr als zwei ›Kindler‹ schaffte, galt als bravourös.« Nun, noch immer erinnere ich mich gern an die hervorragende und angenehme Zusammenarbeit mit Joachim Steinmayr oder Felix von Schumacher, jeder von beiden über Jahre erfolgreicher Chefredakteur der REVUE.

Auch von den Mitarbeitern des technischen Betriebs fiel mir die Trennung nicht leicht. Ich hatte die Mitarbeiter in den einzelnen Abteilungen, nicht nur in Setzerei und Druckerei, kennen- und schätzengelernt. Ich erinnerte mich an einen Bierabend, zu dem mich die Mitglieder des Betriebsrats eingeladen hatten, als der Vorsitzende des Betriebsrats in seiner Tischrede sagte: »Herr Kindler, wir haben Sie kennengelernt, und wir denken, wenn Sie nicht Arbeitgeber, sondern ein Arbeitnehmer wären, dann hätte man Sie zum Betriebsratsvorsitzenden gewählt.«

Jetzt hatte ich Zeit für den Buchverlag, mußte auch nicht mehr die Hälfte des Jahres in München sein. Von Zürich aus hatte ich schon beim *Malerei Lexikon*, beim *Literatur Lexikon* und bei *Grzimeks Tierleben* die wirtschaftliche Planung und die finanziellen Erfordernisse gesteuert. Aber nun war es möglich, auch die Konzepte für die großen Werke von der Schweiz aus zu dirigieren, zum Teil auch selber editorische Arbeiten zu übernehmen. Das inhaltliche Konzept für *Die Großen der Weltgeschichte* berieten Nina und ich mit Kurt Fassmann. Er wurde der Herausgeber unter Mitwirkung von Max Bill, Hoimar von Ditfurth, Hanno Helbling, Walter Jens, Robert Jungk und Eugen Kogon.

Lange diskutierten Verleger, Herausgeber und die beratenden Mitherausgeber über den Begriff »Größe«, um sich am Ende darauf zu einigen, daß in dieser Enzyklopädie Gestalten der Weltgeschichte wie Hitler oder Stalin ausgeschlossen bleiben mußten. Diese Enzyklopädie hatte ihre Standpunkte, wodurch andere Standpunkte ausgeschlossen wurden.

Nach dem Erscheinen der ersten Bände wurden die Folgebände mit erheblichen Verspätungen ausgeliefert, was in erster Linie auf Fassmanns Erkrankung zurückzuführen war. Wir gerieten in erhebliche Schwierigkeiten, da der Versandbuchhandel, der sich für das auf zwölf Bände projektierte Objekt eingesetzt hatte, auf pünktliche Lieferung im Hinblick auf die mit den Subskribenten vereinbarten Ratenzahlungen angewiesen war. Es kam, wie es kommen mußte: Der Versandbuchhandel stellte seine Werbung ein, so daß der erfreuliche Anfangserfolg ziemlich abrupt abbrach. Wir hätten Fassmann die Verantwortung abnehmen und einen neuen leitenden Herausgeber verpflichten sollen. Dazu konnte ich mich damals aber nicht entschließen, da ich auf Fassmanns Gesundung hoffte und außerdem wußte, wie sehr er diese Enzyklopädie als sein Kind betrachtete. Seine brillanten Einleitungen zu den einzelnen Bänden lassen das erkennen.

Fassmann war uns über Jahrzehnte so eng verbunden, daß ich nicht eine Entscheidung treffen konnte, von der ich annehmen mußte, er würde sie psychisch nicht verkraften. Doch sie kostete uns Millionen.

Nach langen Verhandlungen erklärte sich Georg von Holtzbrinck bereit, in die bestehenden Verträge mit Mitarbeitern und Beitragsverfassern einzutreten, mit anderen Worten, das Objekt zu übernehmen und fortzuführen.

Psychologie

Unsere enge Verbindung zu dem Familienkonzern in Stuttgart, entstanden mit der Übernahme unserer Enzyklopädie *Die Großen der Weltgeschichte*, führte dazu, daß Holtzbrinck 49 Prozent der Anteile von Kindler erwarb.

Die Partnerschaft blieb ohne Einflußnahme auf unsere verlegerischen Vorhaben. Ich hatte begonnen, ein fünfzehnbändiges Werk *Die Psychologie des 20. Jahrhunderts* vorzubereiten. Es war das größte, arbeitsintensivste und aufwendigste Unternehmen unseres Hauses[26]. Es lag natürlich auch im besonderen Interesse meiner Frau. Dank der geistigen und organisatorischen Unterstützung von Wolf Keienburg wurden alle auftretenden Probleme, und das waren nicht wenige, zur Zufriedenheit gelöst. Besondere Berücksichtigung sollten in dieser Enzyklopädie diejenigen Bereiche erfahren, in denen Psychologie als Hilfe für den kranken und ratsuchenden Menschen sowie für die Verbesserung der mitmenschlichen Beziehungen wirksam ist. Für uns endet die Psychologie in Theorie und Anwendung dort, wo sie vor dem Maßstab der Humanität versagt.

Ich schrieb eine umfangreiche Einleitung, in der es unter anderem heißt:

»Woher nimmt ein Verleger die Berechtigung, eine solche Enzyklopädie einzuleiten? Der Verleger darf, meine ich, stellvertretend für den Leser sprechen, der, ob er will oder nicht, mit im
Bunde ist: als Patient zum Beispiel. Aber der Leser ist nicht nur
als Patient betroffen. Der Alltag fordert ihm ständig psychologisches Einfühlungsvermögen und psychologisches Verständnis
ab; und allzu häufig erleben wir, daß wir versagen: in der
Zweierbeziehung, im Verhältnis zu Vorgesetzten und Mitarbeitern, in der Beziehung zu den Eltern, zu den Kindern und so fort.
Zu Hause, in der Familie, im Beruf – immer wieder erleben wir
Enttäuschungen, bereiten vielleicht selbst Enttäuschungen, müssen einsehen, daß wir uns in unserer Menschenkenntnis geirrt
haben, so daß wir in unseren Nöten Hilfe suchen: bei Ärzten,
Psychologen, Psychotherapeuten, Pädagogen.

Der Verleger als Leser – das ist durchaus wörtlich zu nehmen.
Vielfach ist er der erste Leser der Manuskripte; oft ist er auch an
den Gesprächen über den Inhalt der einzelnen Beiträge beteiligt
gewesen. Die Idee zu dieser Enzyklopädie kam mir am 26. Juli
1971, nach einem Gespräch mit Anna Freud in Wien. Zunächst
stand ich vor der Aufgabe, die Herausgeber zu gewinnen – eine
der wichtigsten organisatorischen Vorbereitungen. Schriftlicher
und mündlicher Meinungsaustausch war damit verbunden. Es
gab Zusagen und Absagen, Fragen und Rückfragen, Meinungsverschiedenheiten mit Herausgebern, Meinungsverschiedenheiten *zwischen* Herausgebern. Jeder Schritt der Verwirklichung
brachte neue Begegnungen mit Psychologen, Medizinern, Pädagogen und Biologen. Der Zugang zu Kliniken, Instituten, Hei-
men und Schulen ergab sich von selbst. So erhielt ich von der
Psychologie des 20. Jahrhunderts in der Praxis ein Bild vermittelt, wie es etwa ein Reporter erhält, der zu recherchieren
beginnt, allmählich tiefer in die Materie eindringt, um dann in
verhältnismäßig knapper Form Eindrücke und Gespräche wie-

derzugeben. Die Art der Zusammenarbeit, das Engagement aller an diesem Werk Beteiligten brachte es mit sich, daß Sachgespräche in persönliche Gespräche übergingen. Gespräche, die bekenntnishaften Charakter hatten. Fragen nach der Zukunft dieses oder jenes Fachs führten unvermutet zu der Frage nach der persönlichen Zukunft des Gesprächspartners. Dabei konnte es nicht ausbleiben, daß dieser oder jener Erfolg plötzlich in einem anderen Licht erschien, ja Mißerfolge offenbar wurden. Manchen beschlich ein Gefühl der Unzulänglichkeit: Waren seine Erfolge überhaupt seine Erfolge? Hätte eine andere Therapie nicht ebenso, ja vielleicht schneller geholfen, oder wäre der Behandelte nicht auch ohne jede Behandlung gesund geworden? Fragen über Fragen.

Als Verleger war ich in den letzten zehn Jahren darum bemüht, die psychologische, besonders die psychoanalytische Literatur zu verfolgen, und habe manches mit großem Gewinn gelesen (niemals etwas mit großem ›Gewinn‹ verlegt). Wenn man sich dann auch noch für Psychologie- und Medizingeschichte interessiert, stößt man auf zwei historische Modelle – Modelle für Aufgeschlossenheit und Toleranz, die, so denkt man, zukunftweisend hätten sein müssen: das psychologische Institut von Wilhelm Wundt in Leipzig und die psychiatrische Heilanstalt ›Burghölzli‹ in Zürich.

Warum, so fragt man sich, bleibt die Gegenwart hinter der Vergangenheit zurück; warum haben diese historischen Modelle zwar Schulen gefördert, aber nicht auch in ihrem Modellcharakter Schule gemacht? Genügt die Tatsache, daß auf diesem Feld alte und neue Auffassungen von Anfang an besonders unbarmherzig konfrontiert waren, um als quasi ›fortzeugendes Übel‹ die bis heute andauernde Verhärtung der Lager zu erklären? Allein gewiß nicht. Es gibt noch andere, sehr handfeste Gründe. Ich will dies nicht weiter vertiefen; nur soviel: Wissenschaft darf weder in Monopolen noch in Methodologien erstarren – beides zusammen ergibt nichts weiter als eine unbrauchbare, letztlich inhumane Standesideologie. Eine Verbindung herzustellen zwischen den bewußtseinspsychologischen und den tiefenpsychologischen Verhaltenswissenschaften und deren Integrierung in Medizin, Pädagogik und Berufsleben bleibt somit auch ein sozial- und gesellschaftspolitisches Ziel und ist ein Ziel auch dieser Enzyklopädie, die zu den Bemühungen um eine Änderung vorgefaßter Meinungen beitragen soll.

In dieser Erwartung tritt das fünfzehnbändige Werk nun seine Reise ins gelobte Land der Leser an. Mit jedem einzelnen Band hält er Teilwahrheiten in der Hand. Gäbe die Summe der Teilwahrheiten schon die ganze Wahrheit – wir wären am Ende wissenschaftlicher Forschung angelangt, also um eine der Möglichkeiten gebracht, die Leben lebenswert machen.«

In der Schweiz stieß ich darauf, wie frühzeitig sich das »Burghölzli«, die Psychiatrische Universitätsklinik in Zürich, unter Eugen Bleuler der Lehre von Sigmund Freud angenommen hat. Mit Eugen Bleulers Interesse an der Tiefenpsychologie entwikkelte sich allmählich auch in der Psychiatrie ein neues Verständnis für die inneren Triebkräfte des Menschen. Ich begann, Bleulers Schriften zu lesen. In der *Psychologie des 20. Jahrhunderts* war der Direktor der Nervenklinik der Universität Köln, Professor Uwe Henrik Peters, für den Band *Ergebnisse für die Medizin* verantwortlich. Als ich auf die Bedeutung Eugen Bleulers zu sprechen kam, rannte ich offene Türen bei ihm ein, und er vertraute mir in seinem Band den Beitrag *Die Schule Bleuler* an. Unter den 830 Beitragsverfassern dieser Enzyklopädie bin ich der einzige Laie. Ich habe diesen Beitrag besonders gern geschrieben. Es war für mich eine Danksagung an Kunst und Wissenschaft des Landes, in dem wir unser Zuhause gefunden haben. Für meinen ausführlichen Beitrag bedankte sich Anna Freud bei mir und schrieb, sie habe daraus Informationen gewonnen, die ihr bisher nicht bekannt gewesen waren.

Ich zitiere aus meinem Beitrag nur wenige Passagen: »In der deutschsprachigen klinischen Psychiatrie stehen zwei Schulen einander gegenüber: die deutsche Schule Kraepelin und die Schweizer Schule Bleuler. Emil Kraepelin personifiziert die offizielle Nervenheilkunde in Deutschland in der ersten Jahrhunderthälfte; Eugen Bleuler repräsentiert eine andere, liberale Schule, die zunehmend Einfluß auf die, vor allem amerikanische, Psychiatrie gewann. Kraepelin schrieb in einer 1921 erschienenen Arbeit *Über Entwurzelung*: ›Man darf wohl daran denken, daß namentlich der unerfreuliche Internationalismus des jüdischen Volkes durch die ihm auferlegte nationale Entwurzelung großgezogen wurde. Weiterhin aber ist auf die traurige Rolle jener Persönlichkeiten hinzuweisen, die sich selbst aus ihrer Stammesgemeinschaft ausschlossen. Leider scheint das deutsche Volk dieser Entwurzelungsgefahr in besonders hohem Grade ausgesetzt zu sein; ihr wird Vorschub geleistet durch die Eheschließungen mit Angehörigen fremder Völker‹ (1921, 5 f.). Bereits 1918 war er in seiner historischen Arbeit *Hundert Jahre Psychiatrie* nicht davor zurückgeschreckt, den Eingriff des Staates in die persönliche Freiheit zu empfehlen: ›Ein unumschränkter Herrscher, der, geleitet von unserem heutigen Wissen, rücksichtslos in die Lebensgewohnheiten der Menschen einzugreifen vermöchte, würde im Laufe weniger Jahrzehnte bestimmt eine entsprechende Abnahme des Irreseins erreichen können‹ (1918, 270). Zwanzig Jahre später sorgte ein ›unumschränkter Herrscher‹ für die Tötung ›unheilbarer‹ Geisteskranker. So kann kein Zweifel daran bestehen, daß es nicht zuletzt der Antisemitismus war, der es Kraepelin unmöglich machte, die Forschungen Sigmund Freuds vorurteilslos zu studieren.

Eugen Bleuler (1857–1939), der das ›Burghölzli‹ von 1898 bis 1927 leitete, hatte schon 1892 auf Freud aufmerksam gemacht, als er im ›Neurologischen Centralblatt‹ Freuds Aphasie-Arbeiten positiv rezensierte. Fritz Meerwein betont in *Hundert Jahre Kantonale Psychiatrische Universitätsklinik*, daß ›Bleulers Vertrauen in die wissenschaftliche Ernsthaftigkeit Freuds somit schon in voranalytischer Zeit begründet war‹ (1970, 45). 1896 prophezeite Bleuler in einer Besprechung von Freuds *Studien über Hysterie* in der ›Münchner Medizinischen Wochenschrift‹: ›Der Bericht eröffnet eine ganz neue Einsicht in den Mechanismus des Seelenlebens und liefert einen der wichtigsten Beiträge der letzten Jahre auf dem Feld der normalen (sic) oder pathologischen Psychologie.‹ Um 1901 beauftragte er seinen Mitarbeiter C. G. Jung, ein Referat über Freuds *Traumdeutung* für die Ärzte der Klinik auszuarbeiten. 1906 schrieb Eugen Bleuler in der ›Psychiatrisch-Neurologischen Wochenschrift‹ über *Freudsche Mechanismen in der Symptomatologie von Psychosen*. Wie sehr Jung über ein Jahrzehnt Freuds Grundsätze vertrat, bezeugt eine erst später gestrichene Stelle in Jungs 1909 publizierter Schrift *Die Bedeutung des Vaters im Schicksal des Individuums*; sie lautet: ›Wenn wir jetzt alle die weitreichenden Möglichkeiten der infantilen Konstellation überblicken, müssen wir sagen, daß unser Lebensschicksal im wesentlichen mit dem Schicksal unserer Sexualität identisch ist.‹

›Bleulers Denken war anfangs von Wundt beeinflußt gewesen. Er bemühte sich, die Unterschiede zwischen den gegensätzlichen Auffassungen von Wundt und Freud zu überbrücken und gleichzeitig herauszufinden, ob psychische Störungen am besten durch organische oder durch psychologische Ursachen erklärt werden können.‹

Freuds Psychoanalyse und Jungs analytische Psychologie sind aus Bleulers Wirken und damit aus der Geschichte der dynamischen Psychiatrie nicht wegzudenken. ›Bleuler und seiner Schule war es gelungen, mit Hilfe tiefenpsychologischer Einsichten bis dahin gänzlich unverständliche Symptome und Erscheinungen der Schizophrenie aufzuhellen.‹ Der Begriff ›Tiefenpsychologie‹, zweifellos mit Bedacht gewählt, ist Eugen Bleuler zu verdanken.

Hingabe an den leidenden Mitmenschen zeichnet die Schule Bleuler aus. Aus dieser Hingabe werden ihr neue Erkenntnisse zuwachsen.«

Anthropologie

Längere Zeit schon war ich parallel zur Fertigstellung der *Psychologie des 20. Jahrhunderts* mit Überlegungen zu einem Werk beschäftigt, das Grzimeks enger Mitarbeiter Herbert Wendt uns vorgeschlagen hatte. Nina fand seine Idee einer anthropologischen Enzyklopädie bedenkenswert. Es war jedoch bereits der Zeitpunkt gekommen, an dem wir uns von den großen wirtschaftlichen Problemen, die mit dem Verlegen von Büchern und vor allem Enzyklopädien nun einmal verbunden sind, allmählich befreien wollten. So begannen zugleich mit den Vorarbeiten an der neuen Enzyklopädie *Der Mensch* die Verhandlungen für eine Übernahme des Kindler Verlages durch unseren Partner. Ich war ihm dankbar, daß er mir nach Abschluß der Kaufverträge zugestand, die Administration des enzyklopädischen Hauses in Zürich noch einige Zeit wahrnehmen und die neue Enzyklopädie verlegerisch verantwortlich zu Ende zu führen. Wieder stand uns bis zum Erscheinen des zehnten Bandes, mit dem das Werk 1985 abschloß, Wolf Keienburg in bewährter Weise als Chefredakteur und Koordinator zur Seite.

Herbert Wendt, Autor zahlreicher biologischer, anthropologischer und ethnologischer Arbeiten, der den Menschen als Geschöpf unter Geschöpfen, nicht als Krone der Schöpfung sieht, übernahm die Herausgabe der ersten, naturwissenschaftlich orientierten Hälfte dieser Enzyklopädie.

Die Herausgabe des zweiten, geisteswissenschaftlich orientierten Teils lag in den Händen von Norbert Loacker, der sich mit der Erforschung unseres menschlichen Daseins aus geisteswissenschaftlicher und theologischer Sicht beschäftigt. Auch für ihn ist der Mensch ein Geschöpf unter Geschöpfen, aber doch einzigartig in seiner Stellung als kulturbegründendes Wesen.

Über 250 namhafte Wissenschaftler aller Disziplinen haben an diesem Werk mitgearbeitet, Naturforscher, Historiker, Mediziner, Pädagogen, Philosophen und Anthropologen aus Europa und den Vereinigten Staaten.

Das kulturbegründende Wesen Mensch, das durch Geist, durch Kunst und Wissenschaft unter allen Lebewesen eine Sonderstellung einnimmt, hat mit Hitler unter Beweis gestellt, daß Kultur und Barbarei sich nicht ausschließen. Himmler und Heydrich, die selbsternannten Herrenmenschen, fühlten sich deutscher Kultur verpflichtet: Himmler hatte das klassische Bildungsgut eines deutschen Gymnasiums, an dem sein Vater unterrichtete, mit auf den Weg bekommen; Heydrich konnte hingebungsvoll Geige spielen. Speer hatte musische Visionen. Schirach schrieb Gedichte. Goebbels war ein literarisch und philosophisch gebildeter Mann. Göring hatte Instinkt für Qualität in der Bühnenkunst; hätte er sonst Gustaf Gründgens zum Intendanten des Preußischen Staatstheaters berufen? Und Hitler? Er kam aus der Künstlerboheme, hatte gezeichnet und gemalt, Bauten und Städte entworfen, Theateraufführungen besucht, war von Wagners Musik besessen.

Wissen war *eine* Seite, mitleidlose Verfolgung von Mitmenschen, Folter und Mord die *andere* Seite ihres Wesens. Faustisches Grübeln war manchen, die Faustrecht praktizierten, nicht fremd. Künstler und Wissenschaftler, die Hitler 1933 zujubelten, hatten zwei Seelen in ihrer Brust. Deutsche Universitätsprofessoren sahen in Hitler den neuen Messias, unter ihnen zwei Nobelpreisträger, die Physiker Philipp Lenard und Johannes Stark. Sie überboten sich in ihrem Antisemitismus und in ihrer Beweihräucherung des »Führers«. Anthropologen – das mußte in einer Enzyklopädie, die die Anthropologie zum Thema hat, gesagt werden – wurden zu Menschenschlächtern: »Das Ahnenerbe« an der Universität Straßburg forderte für seine Arbeit jüdische Skelette an. In Auschwitz wurden daraufhin 79 Juden, 30 Jüdinnen, 2 Polen und 4 Menschen unbestimmter Nationalität vermessen und ausgewählt. Die 115 Männer und Frauen kamen anschließend in das Konzentrationslager Natzweiler, wo sie für die gewünschten Zwecke der Universität Straßburg in Skelette verwandelt wurden. In Monika Köhlers Roman *Die Früchte vom Mandelbaum* kann man es nachlesen.

Diese Enzyklopädie vertritt die Idee einer liberalen und humanen Zivilisation. Zivilisation ist von zivilem Verhalten nicht zu trennen. Der vielbeschworene neue Mensch kann nur der zivile Mensch sein. Kein Soldat kann künftig seine patriotische Aufgabe erfüllen: Für seine Kameraden kann er sich nicht mehr opfern; Heimat, Frau und Kinder kann er nicht mehr schützen. Die Bereitschaft, sein Leben hinzugeben, hat im Zeitalter der nuklearen Massenvernichtung ihren Sinn eingebüßt. Niemand mehr wird auf dem »Felde der Ehre« fallen. Hinterbliebene, die den Soldatentod ihres Mannes oder ihres Sohnes »in stolzer Trauer« anzeigen, wird es nicht mehr geben: nur Tote, Sterbende, Krüppel. »Die Überlebenden werden die Toten beneiden.« Unter diesem Motto versammelten sich 1500 Ärzte im September 1981 in der Hamburger Universität. Wer heute von Krieg spricht, weiß der, wovon er spricht? War das europäische Wehrwesen bis in das achtzehnte Jahrhundert durch das Söldnertum und mit der Geburt der europäischen Nationalstaaten vom neunzehnten Jahrhundert an von der Wehrpflicht, das heißt der staatsbürgerlichen Pflicht zum Waffendienst, bestimmt, so verweisen nun gegen Ende des zwanzigsten Jahrhunderts der »Bürger in Uniform« und mehr noch der zivile Ersatzdienst der Kriegsdienstverweigerer in der Bundesrepublik Deutschland auf das Fernziel einer entwaffneten Welt. Nur in ihr besteht die Chance, daß menschliches Leben nicht erlischt. Auf Mut und Tapferkeit warten friedliche Aufgaben.

Die Zerstörung allen Lebens: das ist kein Krieg. Es ist die Apokalypse. Woher also kommt der Mensch? Was also ist er wirklich? Und wohin geht er? Es liegt an uns, die Erde, unsere Erde, vor Zerstörung zu bewahren. Ein Aussteigen gibt es nicht. Es liegt an uns zu handeln. Das Gebot der Liebe als bewegende Kraft hat auch eine politische Dimension: die Friedensliebe[27]. »Auf den total gewordenen Krieg kann nur ein totaler Frieden die Antwort geben«, schrieb nach dem Zweiten Weltkrieg Helmuth Plessner. Auf seine Arbeiten wird in dieser Enzyklopädie immer wieder eingegangen; die moderne philosophische Anthropologie hat ihm Wegweisendes zu verdanken.

Die schwierige Entstehungsgeschichte des Werkes zog sich über neun Jahre hin. Folgende Daten in meinen Unterlagen belegen es:

15. 10. 1971: Herbert Wendt schlägt Helmut Kindler in einem Brief die Herausgabe einer Enzyklopädie *Der Mensch* vor. Herbert Wendt ist zu diesem Zeitpunkt noch intensiv mit den Supplementbänden von *Grzimeks Tierleben* beschäftigt.

2. 11. 1971: Helmut Kindler beruft eine Sitzung im Verlag in München ein. Verlagsleitung, Lektorat und Vertrieb diskutieren Wendts Vorschlag. Nina Kindler plädiert als erste dafür, ein solches Werk zu realisieren.

2.3.1972: Herbert Wendt und Helmut Kindler besprechen in der Zürcher Verlagszentrale die ersten Einzelheiten. Man einigt sich auf folgendes: Mit den Vorarbeiten soll Herbert Wendt nach Fertigstellung der drei Supplementbände von *Grzimeks Tierleben* beginnen. Vorläufig denkt man an ein sechs- bis zehnbändiges Werk. Herbert Wendt wird – wie bei *Grzimeks Tierleben* – zugestanden, die Herausgabe von seinem Wohnort in Baden-Baden aus zu bewerkstelligen.

31.1.1973: Herbert Wendt übermittelt Helmut Kindler den Entwurf einer Kapiteleinteilung für die Bände I bis VI und schreibt, daß die Vorschläge für die weiteren Bände VII und VIII in Kürze folgen werden.

10.2.1973: Kindler erwidert Wendt, daß er über den Entwurf mit Rudolf Radler und Kurt Fassmann gesprochen habe. Rudolf Radler ist zu der Zeit mit dem literatur- und kulturgeschichtlichen Programmteil des Verlages befaßt, Kurt Fassmann mit der Fortführung der von ihm herausgegebenen Enzyklopädie *Die Großen der Weltgeschichte*.

17.2.1973: Kindler telefoniert mit Wendt und lädt zu einer Klausurtagung über die Konzeption ein, an der Verlagsleiter Peter Nikel, Rudolf Radler und Kurt Fassmann teilnehmen sollen. Termin: 5. bis 7. März.

1.3.1973: Frau Wendt telefoniert mit Herrn Kindler: Ihr Mann sei erkrankt. Die Besprechung kann nicht stattfinden.

7.3.1973: Kindler schreibt an Wendt, er schlage eine Denkpause vor, damit sich alle Beteiligten mit der Konzeption beschäftigen könnten. Einer Sitzung mit Nikel, Radler und Fassmann sollten sehr rasch weitere Gespräche »mit einem Stab von Beratern« folgen.

9.5.1973: Wendt hat Einzelgespräche mit potentiellen Mitarbeitern geführt, um seine Vorstellungen zu stützen. Sie zielen auf ein biologisch orientiertes anthropologisches Werk ab mit einem

»Anhang über die philosophische Anthropologie«. Unabhängig davon haben sich Peter Nikel, Rudolf Radler, Kurt Fassmann und Helmut Kindler mit Wissenschaftlern aus den Fachbereichen Philosophie, Theologie, Linguistik, Psychologie, Geschichte, Zukunfts- und Friedensforschung über die Anlage des Werkes beraten.

6. 5. 1974: Ein Jahr danach kommt es zu einer Sitzung aller Beteiligten. Das Gesamtwerk soll aus acht Bänden bestehen. Über die ersten viereinhalb Bände gibt es bis auf die Frage der Sonderstellung des Menschen kaum noch Meinungsverschiedenheiten. In die ersten Bände werden die naturwissenschaftlich ausgerichteten Themen eingeordnet. Wendt akzeptiert außerdem die – wenn auch zunächst nur vorläufige – Konzeption der anschließenden geisteswissenschaftlichen Bände, erklärt jedoch, dafür könne er die Verantwortung nicht übernehmen. Es wird erwogen, Rudolf Radler von anderen Aufgaben freizustellen, um ihm die Herausgabe dieses Teils des Werkes zu übertragen.

7. 5. 1974: Über mögliche Mitarbeiter mit Wendt gesprochen.

30. 5. 1974: In mehreren Telefonaten versucht Kindler den Herausgeber für einen eigenen Band über *Die Sonderstellung des Menschen* zu gewinnen. Wendt legt dar, daß ein Beitrag im Umfang von zirka 50 Seiten über die Sonderstellung des Menschen genügen sollte, woran sich noch ein Beitrag über Portmanns Auffassung vom Menschen als physiologische Frühgeburt im Umfang von zirka 40 Seiten anschließen könnte.

18. 10. 1974: Wendt will die Themen *Körperliche Eigenarten* und *Seelisches Dasein* des Menschen zu einem eigenen Band erweitern. Mit anderen Worten: zu einem Band, der sich mit der Sonderstellung des Menschen in der Natur auseinandersetzt.

11. 11. 1974: Die Herausgeberverträge kommen zustande. Mitherausgeber und zuständig für den geisteswissenschaftlichen Teil des Gesamtwerkes soll Rudolf Radler sein.

7. 1. 1975: Die Zusammenarbeit zwischen Wendt und Radler verläuft harmonisch. Wendt schließt zahlreiche Verträge mit hervorragenden Wissenschaftlern ab.

4. 2. 1975: Kindler schlägt eine übergeordnete Gliederung des Gesamtwerkes vor, und zwar unter den Gesichtspunkten: Woher kommen wir? – Was sind wir? – Wohin gehen wir?

5. 6. 1975: Kindler gibt zu bedenken, das Werk mit einem Band über *Die Liebe des Menschen* abzuschließen. Da diese Überlegung konventionellen Vorstellungen von einer Anthropologie nicht entspricht, sind Beratungen mit Mitarbeitern unumgänglich. Verleger und Herausgeber sind überrascht, daß sich die meisten befragten Wissenschaftler mit dieser Idee befreunden.

21. 7. 1976: Eine Krise zeichnet sich ab. Helmut Kindler erhält von Rudolf Radler folgenden Brief: »Gestern habe ich Herrn Nikel gebeten, meinen Dienstvertrag mit dem Kindler Verlag am 31. 12. 1976 aufzulösen. Er hat die Kündigung akzeptiert. Ich möchte Sie heute von diesem meinem Entschluß unterrichten – und Ihnen gleichzeitig versichern, daß mir die Entscheidung nicht leichtgefallen ist. Aber mir wurde vor kurzem eine Position angeboten, die meinen Vorstellungen recht genau entspricht.«

Die Suche nach einem neuen Mitherausgeber beginnt. Dadurch gerät die Arbeit am zweiten Teil der Enzyklopädie völlig ins Stocken. Um so mehr, als Radler dank seiner siebzehnjährigen redaktionellen Erfahrung im Kindler Verlag auch in Fragen Koordination, Redaktion und Vorbereitung der technischen Herstellung Herbert Wendt zur Hand gegangen war.

14. 12. 1976: Kindler schließt einen Herausgebervertrag mit Norbert Loacker in Zürich, den er einige Monate zuvor als Romancier für den Kindler Verlag entdeckt hat. (Sein Roman *Aipotu* erschien 1980.)

26. 1. 1977: Rudolf Radler übergibt an Norbert Loacker und schreibt am darauffolgenden Tag an Herbert Wendt: »Ich darf

vorweg sagen, daß ich, nachdem ich Herrn Loacker kennengelernt habe, glaube, daß er ein sehr guter Mitherausgeber sein
wird, wenngleich er natürlich noch nicht die verlagstechnische
Routine besitzt, die ihm den ›Einstieg‹ sicherlich erleichtern
würde. Aber solche Dinge lassen sich verhältnismäßig leicht
durch wachsende Erfahrung im Laufe der Zeit erlernen.«

9. 2. 1977: Loacker wirbt bei Kindler um Verständnis dafür,
dem geisteswissenschaftlich orientierten Teil den gleichen Raum
einzuräumen wie dem naturwissenschaftlich orientierten. Loacker projektiert das Gesamtobjekt von zuletzt acht auf nunmehr zehn Bände. Ein elfter Band wäre dann noch für das
Gesamtregister notwendig.

19. 2. 1977: Kindler hat Wendt zu einer Sitzung mit Loacker
nach Zürich eingeladen. Wendts und Loackers Auffassungen
stimmen in mehreren Punkten nicht überein.

15. 4. 1977: Loacker und Kindler diskutieren erneut die Gliederung des abschließenden Bandes *Die Liebe des Menschen*. Die
bisherige Skizze hierfür von Radler sah vor: »Liebe als menschliche Beziehung; Liebe in Literatur, Kunst und Wissenschaft;
Liebe als gesellschaftliche Norm.« Im Einvernehmen mit Kindler entwickelt Loacker folgende neue Gliederung: »Die Liebe
zwischen Mann und Frau; Die Liebe zu Kindern; Das Gebot der
Friedensliebe.«

22. 7. 1977: Nachdem sich die Zusammenarbeit zwischen
Wendt und Loacker schwierig gestaltet, veranlaßt Kindler ein
Zusammentreffen bei Herbert Wendt in Baden-Baden. Wendt,
dem es gesundheitlich nicht gutgeht, nimmt zwar an der Sitzung
teil, hat aber seine Frau gebeten, Herrn Loacker den Katalog
seiner zahlreichen Einwände vorzutragen. Es ist noch hinzuzu-
fügen, daß Frau Wendt mit den Problemen vertraut ist; seit
Jahren ist sie Mitarbeiterin ihres Mannes. 1973 hatte sie im
Kindler Verlag einen engagierten Bericht über die Rassenunru-

hen in Amerika, *Freiheit, du bist ein böser Traum*, herausgegeben.

23. 9. 1977: Der Verleger schaltet sich in die Korrespondenz
zwischen Loacker und Wendt ein. Kindler begrüßt Loackers
Vorschlag, im Mittelband der Enzyklopädie den Übergang vom
naturwissenschaftlichen zum geisteswissenschaftlichen Teil zu
vollziehen. Konkret heißt das: Auf den ethologisch-soziologi-
schen Halbband, mit dem der Wendt-Teil abschließt, soll der
Halbband Geschichte folgen, mit dem der Loacker-Teil einsetzt.
Im ersten Teil des Bandes würden menschliche Abläufe als
Ergebnis der Evolution, im zweiten als Gestaltung der Freiheit
erklärt.

11. 2. 1978: Eine Aufstellung belegt: Über neunzig Prozent aller
Verträge mit den Wendt-Mitarbeitern sind unter Dach und
Fach.

1. 8. 1978: Herbert Wendt ist durch Krankheit gezwungen,
seiner Frau die restlichen Arbeiten seines Teils zu übertragen.
Ingeborg Wendt tritt in den Vertrag ihres Mannes ein, der am
31. Dezember 1978 endet. Die Zusammenarbeit mit ihr verläuft
reibungslos.

18. 9. 1978: Der Partner des Kindler Verlages, Georg von Holtzbrinck in Stuttgart, lädt Kindler, Nikel und Loacker zu einer
Besprechung nach Stuttgart ein. Kindler hat seinen Partner
vorher über den Stand der Arbeiten unterrichtet. In dieser
Besprechung wird das Konzept für die ersten fünf Bände als
einleuchtend bezeichnet, während Loacker mit zahlreichen Fragen, die seinen Teil betreffen, konfrontiert wird.

Ein Monat Denkpause.

12. 10. 1978: Kindler und Nikel diskutieren über das Objekt
erneut mit dem Partner in Stuttgart. Kindler akzeptiert folgende
Änderungswünsche: Erstens wird beschlossen, zahlreiche The-
menbereiche zu straffen, und zwar zugunsten der Einbeziehung

des Registerbandes in das zehnbändige Werk. Die Hinweise und Einwendungen im einzelnen erweisen sich als äußerst fruchtbar.

26.6.1979: Den Verlag erreicht die Nachricht, daß Herbert Wendt im Alter von 65 Jahren verstorben ist. Jahrzehnte hatte er unter den Nachwirkungen schwerer Kriegsverletzungen zu leiden. Unsere Enzyklopädie *Der Mensch*, die er begründet hat, wird mit seinem Namen verbunden bleiben.

15.4.1980: Kindler und Nikel legen mit Loacker die Erscheinungstermine fest:

1981/82: 3 Bände
1983: 3 Bände
1984: 3 Bände
1985: letzter Band

Wir entscheiden, zuerst Band IV *Die Sonderstellung des Menschen* als sogenannten Ansichtsband auszuliefern. Erscheinungstermin: 15. September 1981. Anschließend soll das Werk, beginnend mit Band I, in numerischer Folge erscheinen.

1.11.1980: Um das pünktliche Erscheinen des Werkes sicherzustellen, wird Wolf Keienburg gebeten, Lektorat, Redaktion und Koordination des Gesamtwerkes zu übernehmen. Keienburg ist zu diesem Zeitpunkt im Begriff, die Redaktion der 15bändigen Enzyklopädie *Die Psychologie des 20. Jahrhunderts* abzuschließen, so daß er sich der neuen Aufgabe widmen kann.

20.1.1981: Kindler schlägt drei Änderungen vor, die von Loacker und Keienburg gutgeheißen werden. Erstens ist Kindler der Meinung, daß sich in Band IV an die Themengruppe *Das seelische Dasein des Menschen* eine Themengruppe *Die geistige Welt des Menschen*, zweitens daß sich in Band V an die Themengruppe *Das geschichtliche Dasein des Menschen* eine Themengruppe *Der zivilisatorische Auftrag des Menschen* anschließen sollte. Drittens soll Band X nicht nur ein Register, sondern außerdem ein biographisches Lexikon der Anthropologie enthalten. Die Umstellungen und Erweiterungen haben nebenher zur Folge, daß nunmehr jeder Band thematisch in drei große Abschnitte eingeteilt ist.

30.1.1981: Keienburg entwickelt editorische Vorschläge. So soll jedem Beitrag eine kurze Zusammenfassung vorangestellt und jedem Band ein Glossar angefügt werden, das dem Leser alle Fachausdrücke erklärt.

Der erste Band der Anthropologie *Der Mensch* erschien 1982, der letzte Band im Dezember 1985.

Wenn ich heute auf unsere enzyklopädische Produktion zurückschaue, darf ich nicht vergessen in Erinnerung zu rufen, daß das große Echo verschiedener unserer Werke auf die Lizenzausgaben im Deutschen Taschenbuchverlag zurückzuführen ist. Vertragsverhandlungen mit dtv- Kollege Heinz Friedrich dauerten stets nur wenige Minuten bis zum Abschluß durch Handschlag. Das war einmalig. Einmalig waren aber auch die Erfolge, die Heinz Friedrich erzielt hat: Mit unserer *Kulturgeschichte des Abendlandes,* mit *Grzimeks Tierleben,* mit *Kindlers Malerei Lexikon,* mit *Kindlers Literatur Lexikon.* Gruß an den »Pensionär« und Präsidenten der »Bayerischen Akademie der Schönen Künste«.

KAPITEL 42

Der Fall Stefan Heym

Ich ging nicht mehr zur Schule, hatte aber noch Kontakt zum Sozialistischen Schülerbund der Friedrich-Ebert-Schule. Ich vermute, es war im Herbst 1931. In einer Sitzung diskutierten wir unter anderem über die Relegation eines Oberprimaners namens Helmut Flieg, der in einer Chemnitzer Zeitung ein aufrührerisches Gedicht veröffentlicht hatte. Das Gedicht interessierte mich, weil es einen Angriff auf General von Seeckt enthielt, der Reichswehroffiziere als Instrukteure für Tschiang Kai-scheks Kuomintang-Armee nach China schickte, auf einen Mann also, der mich schon durch mein Volontariat in Peter Martin Lampels Stück *Giftgas über Berlin* beschäftigt hatte. Das Gedicht lautet:

Exportgeschäft

Wir exportieren!
Wir exportieren!
Wir machen Export in Offizieren!
Wir machen Export!
Wir machen Export!
Das Kriegsspiel ist ein gesunder Sport!
  Die Herren exportieren deutsches Wesen
  zu den Chinesen!
  Zu den Chinesen!

Gasinstrukteure,
Flammengranaten,
auf arme, kleine gelbe Soldaten –
denn davon wird die Welt genesen,
Hoffentlich
lohnt es sich!
China, ein schöner Machtbereich,
Da können sie schorren und schreien
Ein neuer Krieg –
sie kommen sogleich,
mit Taktik und Reglement und Plänen
Generale, Majore!
Als ob sie Hyänen der Leichenfelder seien.
Sie haben uns einen Krieg verloren.
Satt haben sie ihn noch nicht –
wie sie am Frieden der Völker bohren!
Aus Deutschland kommt das Licht!
Patrioten!
Zollfrei Fabrikanten von Toren!
Wir lehren Mord! Wir speien Mord!
Wir haben in Mördern großen Export!
Ja!
Es freut sich das Kind, es freut sich die Frau.
Von Gas werden die Gesichter blau.
Die Instrukteursoffiziere sind da.
Was tun wir denn Böses?
Wir vertreten doch nur die deutsche Kultur.

1950 erschien ein Buch von Stefan Heym, aus dem Amerikanischen übersetzt, das den Titel *Der bittere Lorbeer* trug. Einer der
zahlreichen Besprechungen entnahm ich, daß dieser Stefan
Heym im Exil amerikanischer Staatsbürger geworden war und

seitdem seine Bücher in englischer Sprache schrieb. Ich erfuhr aber auch, daß Stefan Heym der jüdische Schüler Helmut Flieg war. Ich kaufte mir den Roman *Der bittere Lorbeer,* muß aber gestehen, daß ich ihn erst viele Jahre danach gelesen habe.

Nahezu zwanzig Jahre später veranlaßte mich unsere Cheflektorin Traut Felgentreff, ein Manuskript zu lesen: *Der König-David-Bericht* von Stefan Heym. Wieder war das Buch im englischen Original in einem New Yorker Verlag erschienen. Die deutsche Fassung, die ich in Händen hielt, fesselte mich, so daß wir diesen Roman verlegten. Noch heute bin ich davon überzeugt, daß der *König-David-Bericht* Stefan Heyms bestes Buch ist. Auf den *König-David-Bericht* gab es ein sehr erfreuliches Presseecho, aber auch Polemiken über die Tatsache, wie schändlich es sei, daß Stefan Heyms Buch nicht auch in der DDR gedruckt worden war. Heinrich Böll schrieb im »Spiegel« eine umfangreiche Kritik. Ich teile seine Meinung:

»Man möchte aus diesem Buch pausenlos zitieren. Stefan Heym ist durch die Nähte geschlüpft, die der *offizielle* David-Text hat; mit Phantasie, Witz und Frechheit entsteht da etwas, das an die Geschichte Chlodwigs, des Merowingers, erinnert, der ja auch am Anfang eines großen Reiches stand und wohl nicht sehr zimperlich war.«

Natürlich entwickelten sich gute persönliche Kontakte zu Stefan Heym und seiner Frau, so daß wir davon ausgingen, auch seine weiteren Bücher zu verlegen.

Nach dem 17. Juni 1953, dem Aufstand der Bauarbeiter in Berlin, wählte Heym sich dieses Ereignis als Sujet für seinen Roman *Der Tag X.* »Der Tag X« – so wurde der Aufstand auch von seiten der DDR-Regierung genannt. Ulbricht und das Zentralkomitee der SED behaupteten, es habe sich um einen vom Westen angestifteten Putsch gehandelt. Diese Auffassung machte sich, soviel ich weiß, auch Stefan Heym im *Tag X* zu eigen, dessen *König-David-Bericht* inzwischen doch in der DDR erschienen war.

Ich kann nicht sagen, welche Einwände die DDR-Behörden gegen den Roman *Der Tag X* hatten, aber nach einem langen Hin und Her kam eine Veröffentlichung in der DDR nicht zustande. Heym arbeitete den Roman um, und aus dem *Tag X* wurden schließlich *5 Tage im Juni*. Die würden mir sicher gefallen, meinte er, zumal er von seiner ersten Auffassung, es habe sich um einen vom Westen gesteuerten und von kapitalistischen Geheimdiensten inszenierten Putsch gehandelt, abgerückt sei. Ich erhielt sein Manuskript, ich sollte es lesen. Seit dem tatsächlichen Ereignis, dem 17. Juni 1953, waren inzwischen zwanzig Jahre vergangen, und es gab mittlerweile mehrere Untersuchungen über das Geschehen, so den Bericht von Arnulf Baring, *Der 17. Juni 1953*. Der Autor geht darin auf Zusammenhänge ein, die Stefan Heym in seinem Manuskript nicht berücksichtigt hat. Ich konnte ihm das nicht übelnehmen, denn schließlich lebte er in der DDR, wo einige Tatsachen, die von den damaligen Vorgängen nicht zu trennen sind, ein absolutes Tabu waren.

Ich war unschlüssig, was wir machen sollten. Einerseits wollte ich Stefan Heym nicht als Autor verlieren, den ich auch privat schätzengelernt hatte. Er hatte oftmals Zivilcourage den Herrschenden der DDR gegenüber bewiesen, andererseits aber fand ich, daß die *5 Tage im Juni*, abgesehen von der politischen Problematik, einfach unter dem literarischen Niveau des *König-David-Berichts* lagen. Sein Manuskript *5 Tage im Juni* war zweifellos spannend angelegt und vermittelte für den mit den Verhältnissen nicht vertrauten Leser den Eindruck der Authentizität, vor allem durch geschickte Eintragungen zwischen den Kapiteln, 63 an der Zahl, zu den Ereignissen über die Dinge, die sich vom 13. bis zum 17. Juni 1953 ereignet hatten. Aber mir mißfiel seine Darstellung. Leider konnte ich Stefan Heym nicht dazu bewegen, auf eine Veröffentlichung seines Romans zu verzichten, was ich, und zwar in seinem eigenen Interesse, für das Beste gehalten hätte. Ich fand, und das schrieb ich auch Stefan Heym, daß es sich bei seinem Roman streckenweise um Kolportage handle, was ich nicht angemessen fände. Nach Beratungen mit unserem Lektorat hätte ich mich deshalb entschlossen, das Buch nicht zu verlegen. Stefan Heym konnte es jedoch bei Bertelsmann unterbringen, wo es sogleich, 1974, herauskam.

Vor kurzem hat Stefan Heym unter dem Titel *Nachruf* bei Bertelsmann seine Erinnerungen veröffentlicht, in denen er auf meine damalige Ablehnung der *5 Tage im Juni* eingeht. Er schreibt: »...Und dann kommt der Absagebrief, von Herrn Kindler persönlich: Man habe, so schreibt der, keine politischen Einwände; der Fehler liege in dem Versuch, ein so großes Thema in die Form eines Unterhaltungsromans zu zwängen.«

Ich bin kein Historiker und kann nicht im einzelnen sagen, in welchem Ausmaß und in welcher Weise sich politische Entwicklungen in der Sowjetunion nach Stalins Tod vom 5. März 1953 auf die festgefahrene Deutschlandpolitik der DDR und auf den Aufstand vom 17. Juni, seine Vor- und Nachgeschichte, auswirkten. Ich weiß nur, daß es seit langem nicht nur Unzufriedenheit bei den Bauarbeitern und in anderen Teilen der Bevölkerung von Ost-Berlin und der DDR gab, sondern auch Unwillen innerhalb des Zentralkomitees gegenüber Ulbrichts autoritärer Führung der SED und seiner Wirtschaftspolitik. Besonders scharfe Kritik vor und nach dem 17. Juni äußerte ein Mann der SED-Führung, von dem in diesem Buch schon öfter die Rede war und der in meinem Leben eine erhebliche Rolle gespielt hat. Dieser Mann ist Rudolf Herrnstadt.

Gemeinsam mit Wilhelm Zaisser wurde er Sprachrohr der Reformer, die sich in den eigenen Reihen gebildet hatten. Zaisser war Minister des Staatssicherheitsamtes der DDR. Er beeindruckte durch vielfältige Erfahrung, nicht zuletzt als »General Gomez« im Spanischen Bürgerkrieg. Beide, Herrnstadt und Zaisser, verfügten über hervorragende Verbindungen zu führenden Sowjets in Moskau und zu Wladimir Semjonow, dem späteren sowjetischen Botschafter in Bonn, der damals, 1953, das Amt des Hohen Kommissars der sowjetischen Kontrollkommission in der DDR übernommen hatte.

Die Geschichte der DDR, sollte sie dereinst geschrieben werden, wird sich kaum mit dem »Fall Stefan Heym«, gewiß aber mit dem »Fall Rudolf Herrnstadt« beschäftigen.

Den vorstehenden Beitrag hatte ich im Frühjahr 1989 geschrieben. Heute ist der 12. November 1990. Es gibt keine DDR mehr. Inzwischen haben sich bereits zwei Historiker mit dem »Fall Rudolf Herrnstadt« beschäftigt. Und zwar eine Tochter aus Herrnstadts letzter Ehe: Nadja Stulz-Herrnstadt. Sie hat *Das Herrnstadt-Dokument* mit dem Untertitel »Das Politbüro der SED und die Geschichte des 17. Juni 1953« im Rowohlt Taschenbuch Verlag herausgegeben. Und vor kurzem las ich eine Anzeige, daß der in Berlin neu gegründete Links-Druck-Verlag demnächst eine Biographie über Herrnstadt von Helmut Müller-Enbergs veröffentlichen werde. Das Buch ist noch nicht erschienen, aber der Autor stellte mir eine Broschüre mit drei seiner Vorträge über Rudolf Herrnstadt zur Verfügung.

Nadja Stulz-Herrnstadt, 1946 geboren, ist Historikerin und lebt zur Zeit in Paris. Helmut Müller-Enbergs, 1960 geboren, ist Politikwissenschaftler und Mitarbeiter an der Freien Universität Berlin. Aus dem *Herrnstadt-Dokument* und den drei Vorträgen, die Helmut Müller-Enbergs in Berlin, Lüneburg und Erfurt gehalten hat, entnahm ich Fakten, die mir neu waren und die mich veranlassen, dieses Kapitel zu ergänzen.

Das *Herrnstadt-Dokument* enthüllt, wie tief die Krise der DDR-Führungsspitze vor, während und nach dem Aufstand vom 17. Juni 1953 war. Es enthält auch persönliche Details der Herausgeberin, die mich berührten, so wenn sie von Ilse Stöbe als der »ersten Frau« ihres Vaters spricht. Wir erfahren auch, daß Ulbricht schon 1945 Professor Sauerbruch gebeten hatte, Herrnstadts schweres Lungenleiden zu behandeln und sich außerdem bald danach bemüht hatte, Herrnstadt, dem Chefredakteur der »Berliner Zeitung«, einen Sanatoriumsplatz in der Sowjetunion zu beschaffen. 1947 war Herrnstadts Familie sehr besorgt, er könnte eine bevorstehende schwere Lungenoperation nicht überstehen. Aber sowohl vor wie auch nach den Operationen, denen er sich unterziehen mußte, bewahrte er äußerste Arbeitsdisziplin. Er machte bis zum Juni 1953 eine steile politische Karriere. *Das Herrnstadt-Dokument* ist als Manuskript 1956 entstanden. Für mich ist Herrnstadts Hinterlassenschaft allerdings insofern enttäuschend, als sie einen gebrochenen Mann zeigt, psychisch und physisch. Ich finde keine ausreichende Erklärung für Herrnstadts tiefen Absturz. Was hatte ihn über seine Kritik hinaus so verhaßt gemacht? Sah Ulbricht in ihm einen lästigen Intellektuellen jüdischer Herkunft? Erklärt sich Herrnstadts demütiger, streckenweise gewundener Rechtfertigungsversuch aus Angst? Angst, er könnte zu den nachstalinistischen Todesopfern gehören? Wie gesagt, er war ein schwerkranker Mann, fühlte sich zu Unrecht verurteilt, bangte um seine Familie, die ihm nach den Schicksalsschlägen während der Nazijahre den einzigen Halt gab. Seine Eltern, sein Bruder, seine Schwägerin und Ilse Stöbe, seine Lebensgefährtin, waren von den Nazis ermordet worden.

Helmut Müller-Enbergs stieß vor Jahren auf Herrnstadts ungewöhnliche parteikritische Texte im »Neuen Deutschland«. Margret Boveri konnte dem »alten Kollegen« Rudolf Herrnstadt aus dem »Berliner Tageblatt« attestieren, daß er »auch unter den neuen Verhältnissen sich die Unabhängigkeit des Denkens, die wir an ihm kannten, bis zu einem gewissen Grad bewahrt hatte«. Ein Beispiel aus einem Beitrag Herrnstadts im Jahr 1952: »Entspricht die Wirklichkeit in der DDR dem demokratischen Charakter unserer Gesetze? Entspricht das Leben in unserer Partei dem Demokratismus unseres Statutes? Sie herrscht noch nicht bei uns. Nicht in der Partei, nicht im Staat. Zahllos sind die Fälle, in denen die Initiative der Massen erstickt oder blockiert wird. Zahlreich sind die Fälle, in denen anmaßende Partei- oder Staatsfunktionäre mit dem Mittel des Kommandierens oder Einschüchterns ihre Linie durchsetzen, welche weder die Linie unserer Partei noch die des Staates ist.« Herrnstadt wandte sich auch an die Bevölkerung, wenn er schrieb: »Ihr seid nicht hilflos! Ihr kommt durch! Niemandem, wer es auch sei, ist erlaubt, Unrecht zu tun oder Unrecht gelassen mit anzusehen!«

Etwa zwei Monate nach Stalins Tod, im Mai 1953, empfahl die Sowjetunion eine politische Korrektur der DDR. Wirtschaftliche Schwierigkeiten und »Republikflucht« – es gab noch keine Mauer – verlangten eine Liberalisierung der ökonomischen Verhältnisse und ein Ende der noch immer stalinistischen Parteiherrlichkeit. Tatsächlich übte Ulbricht Anfang Juni, nach einschneidenden Maßnahmen, Selbstkritik und gab öffentlich zu, die Partei habe »in der Vergangenheit eine Reihe von Fehlern begangen«.

Dann kam der 17. Juni, der Aufstand der Bauarbeiter in Berlin sowie die Streiks und Demonstrationen in den industriellen Ballungsgebieten Bitterfeld, Halle, Leipzig, Merseburg, aber auch im Magdeburger Raum und in anderen Ortschaften. War jetzt die Stunde von Herrnstadt und Zaisser gekommen? Fast sah es so aus. Doch dann verkündete die sowjetische Besatzungsmacht am Mittag des 17. Juni den Ausnahmezustand. Starke Panzerverbände erhielten den Befehl, gegen Demonstranten mit Waffengewalt vorzugehen. Standgerichte wurden gebildet, die verhängten Todesurteile auf der Stelle vollstreckt. Am Abend war der Aufstand in Berlin niedergeschlagen.

Nach dem 17. Juni verfaßte Herrnstadt den dritten Teil des Entwurfes einer vom Politbüro des ZK der SED gewünschten Resolution, der er den Titel gab: »Der neue Kurs und die Erneuerung der Partei.«

Als Mitte Juli 1953 der Sturz des sowjetischen Innenministers Berija bekannt wurde, den man umgelegt hat, ging Walter Ulbricht in die Offensive. Mit ihm schwenkte auch der Hohe Kommissar Semjonow um. Die Ereignisse des 17. Juni 1953 wurden jetzt Herrnstadts Beiträgen im »Neuen Deutschland« angelastet. Seine Übereinstimmung mit Zaisser als »Fraktionsbildung« denunziert. Sein Bericht als »parteifeindliche Plattform« diffamiert. Zaisser und Herrnstadt wurde vorgeworfen, sie seien ein Sprachrohr der »faschistischen Provokation«. Tollkühn übernahm man die Anklagen gegen Berija. So hieß es zum Beispiel, Herrnstadt und Zaisser betrieben eine »kapitulantenhafte«, eine »sozialdemokratische« Politik.

Ich muß daran denken, wie groß Herrnstadts Abneigung stets gegen eine sozialdemokratische Politik war. Ich hatte es vor dem Krieg bei ihm in Warschau zu hören bekommen und nach dem Krieg während der ersten Wochen in der »Berliner Zeitung« wiederum erlebt. Nicht zuletzt veranlaßte mich meine Sympathie für die Sozialdemokraten, mich Ende Juni 1945 von Herrnstadt zu verabschieden.

Das Ende der Kampagne 1953 gegen die Genossen Zaisser und Herrnstadt war ihr Ausschluß aus dem Zentralkomitee der SED.

Herrnstadt verlor der Reihe nach seine Ämter: als Chefredakteur des »Neuen Deutschland«, als Mitglied der SED – er hatte die Mitgliedsnummer 12 – und dann sogar den Status eines antifaschistischen Widerstandskämpfers. Als er das ein Jahr vor seinem Tod erfuhr, hat er ein kurzes Schreiben an Ulbricht geschickt, in dem es heißt: »Es geht mir weder um eine Medaille noch um Geld, sondern darum, daß sich niemand seine Vergangenheit aberkennen lassen kann.« Daraufhin hat man diese Entscheidung korrigiert.

Herrnstadt war in ein Archiv nach Merseburg verbannt worden. Zaisser schlug sich recht und schlecht als Übersetzer durch. Er starb 1958 in Ost-Berlin. Herrnstadt mußte in die Nähe der Leuna-Werke ziehen. Man hatte den Ort mit Bedacht gewählt: dem schwer Lungenkranken sollte der Atem ausgehen.

1966 starb Herrnstadt im Alter von 63 Jahren. Freunde hatten, als er im September beigesetzt wurde, seinen Sarg mit der Fahne der internationalen Widerstandskämpfer bedeckt, den blauweißen Streifen und dem roten Dreieck der politischen Häftlinge in den Konzentrationslagern im Dritten Reich.

Nach Herrnstadts Tod erwirkte einer seiner letzten Freunde, Jürgen Kuczynski, der 1963 im Kindler Verlag in der Reihe unserer Universitäts-Bibliothek den Band *Das Entstehen der Arbeiterklasse* veröffentlichte, bei Erich Honecker eine Rentenzahlung an die Witwe. Vier Jahre nach seinem Tod, als die UdSSR ihre deutschen Widerstandskämpfer ehrte, zeigte sich, daß man seinen Namen auch in der Sowjetunion getilgt hatte. Von den Mitgliedern der seinerzeit in Warschau tätigen Gruppe wurden Gerhard Kegel und posthum Ilse Stöbe als antifaschistische Widerstandskämpfer ausgezeichnet. Herrnstadt galt als Unperson.

Am 30. November 1989 wurde Rudolf Herrnstadt – übrigens ebenso wie Robert Havemann – rehabilitiert.

KAPITEL 43
Auf der Frankfurter Buchmesse

Die jährlich in Frankfurt am Main stattfindenden Buchmessen sind nicht nur Jahrmärkte der Eitelkeiten. Es gibt Lesungen der anwesenden Autoren, Diskussionen mit Kritikern. In den Hallen und Bars der Hotels werden Vertragsabschlüsse besprochen und gefeiert. Das Wichtigste sind in den Messehallen die Stände der deutschen und der ausländischen Verlage, wo die Neuerscheinungen präsentiert werden. Nina und ich beschränkten uns in der Regel auf den Besuch der Stände deutscher Verlage, während wir häufig von Kollegen, Autoren und Bekannten an unserem Stand aufgesucht wurden. Aber auch viele Journalisten fanden den Weg zu uns.

Vor einigen Jahren wurde ich von einem österreichischen Rundfunkreporter interviewt. Mit Wiener Charme und »Küß die Hand, gnädige Frau« versuchte er zunächst, meine Frau einzunehmen. Hinter den Fragen, die er an mich richtete, konnte er seine Bosheit nur mühselig verbergen. Er hatte es auf eine Attacke unserer, wie er sich ausdrückte, »jüdischen Literatur« abgesehen. Er trug eine ältere Ausgabe der Zeitschrift »Capital« bei sich, die eine schwarze Liste deutscher Firmen abgedruckt hatte, die nach Meinung des Boykottbüros der Arabischen Liga wegen ihrer israelfreundlichen Haltung vom Handel mit der arabischen Welt ausgeschlossen bleiben sollten. Als einziger Buchverlag war auf dieser Liste der Kindler Verlag angeführt.

Der Reporter las mir den entsprechenden Text vor. Ich sagte ihm, ich hätte diesen Brief damals beantwortet, obschon mich ja arabische Boykottdrohungen geschäftlich überhaupt nicht berührt hätten. Schließlich hatten wir in erster Linie mit dem deutschen Sprachraum zu tun. Mit arabischen Verlagen standen wir kaum in Kontakt, wenngleich wir Werke der arabischen Literatur durchaus zu schätzen wußten. Allein in *Kindlers Literatur Lexikon* findet man rund 300 Analysen bedeutender Werke der arabischen Literatur. In unserer Kulturgeschichtsreihe ist zum Beispiel dem Band *Das Judentum* eine umfassende Gesamtdarstellung des Islam vorausgegangen.

Der Reporter hatte sein Tonband eingeschaltet, und ich weiß noch, daß ich zum Schluß sagte: »Verständigungspolitik im Nahen Osten, für die ich bin, hat zur Voraussetzung, daß Existenz und Existenzberechtigung des Staates Israel nicht in Frage gestellt werden.«

Der Kindler Verlag führte stets ein weitgefächertes Spektrum jener Bücher, die Judentum und Holocaust behandelten.

Exodus von Uris und Ikors *Die Söhne Abrahams* sind nicht die einzigen Titel, die den Fragen nachgehen, die die deutsche Vergangenheit uns hinterlassen hat. Es sind nicht nur deutsche Autoren, die der Kindler Verlag zu dieser Thematik aufgenommen hat. Das historisch bedeutsamste Dokument dürfte das Buch von Gideon Hausner sein, *Gerechtigkeit in Jerusalem*. Als Generalstaatsanwalt von Israel und Hauptankläger im Prozeß gegen Adolf Eichmann standen ihm alle erreichbaren Dokumente zur Verfügung, dazu die Zeugenaussagen der Überlebenden über die Deportation der Juden, die in der »Endlösung«, das heißt in der Vergasung, eskalierte.

Lucy S. Dawidowicz nannte ihren Bericht *Der Krieg gegen die Juden*. Er bietet dem Leser zum erstenmal eine vollständige Zusammenschau all der Fakten, die zum Holocaust führten.

Das Judentum von der biblischen Zeit bis zur Moderne ist eine von Johann Maier verfaßte Darstellung der politischen, religiösen, sozialen und kulturellen Geschichte der Juden von den Anfängen bis in unsere Zeit.

Einzeldarstellungen und Interpretationen von Bibel und Talmud bis zur zionistischen Moderne wurden vom Kindler Verlag unter dem Titel *Hauptwerke der hebräischen Literatur* veröffentlicht. Herausgegeben wurde der Band von Leo Prijs, ein Nachwort schrieb Laijb Fuks.

In den Staat Israel führt uns die Biographie von Robert St. John über *Ben Gurion*, den ersten Ministerpräsidenten des jüdischen Staates.

Der Ghetto-Roman von Edgar Hilsenrath *Nacht*, dessen erbarmungslose Schilderung mich erschüttert hat, fand zu meiner Bestürzung kaum Leser. L. Grosmans aus dem Tschechischen übertragener Roman *Der Laden auf dem Korso* und Ben-Gavriéls Roman *Das Haus in der Karpfengasse* hatten hingegen eine beachtliche Resonanz.

Die Herausgabe des Überlebensberichts einer jungen Frau aus Auschwitz-Birkenau verdanke ich unserer Cheflektorin Traut Felgentreff, die zu Recht darauf bestand, daß wir dieses Buch verlegen. Es heißt *Wo vorher Birken waren* und stammt von Krystyna Zywulska.

Von dem kanadischen Schriftsteller Mordecai Richler sind bei uns fünf Bücher erschienen: *Die Akrobaten, Der Boden trägt nicht mehr, Sohn eines kleineren Helden, Der Traum des Jakob Hersch* und *Joshua damals und jetzt*. »Mit Richler«, sagte ein deutscher Kritiker, »hat die kanadische Literatur ihren eigenen Philip Roth oder auch ihren ureigensten Saul Bellow gewonnen.« Ich kann ihm nur beipflichten.

Abschließend möchte ich noch auf Ezer Weizmans Buch *Eine Schlacht für den Frieden* hinweisen. Ezer Weizman, der Neffe von Chaim Weizman, dem ersten Staatspräsidenten Israels, wurde 1924 in Tel Aviv geboren. Ausgebildet von der Royal Air Force in Großbritannien, wurde er 1947 Offizier der israelischen Luftwaffe und nahm 1948 am ersten israelischen Luftangriff auf Ägypten teil. Von 1966 bis 1969 war er Generalstabschef der Luftwaffe und 1977 bis 1980 Verteidigungsminister. Fünf Kriege liegen zwischen dem 29. Mai 1948, als Ezer Weizman die ägyptische Infanterie- und Panzertruppen bei ihrem Anmarsch auf Tel Aviv bombardierte, und dem 20. September 1977, als er in einem Geheimflug mit einer amerikanischen Transportmaschine zu seinem ersten Treffen mit Präsident Sadat nach Ägypten flog. Meiner Meinung nach wird ihm im unumgänglichen Friedensprozeß mit den Palästinensern eine entscheidende Rolle zufallen.

Das Interview während der Frankfurter Buchmesse betraf noch andere Fragen. Er habe gehört, sagte der Reporter, daß ich immer wieder Bücher in Auftrag gäbe, und wolle nun gern wissen, wie ich zu Autoren und Themen käme. Ich habe es ihm anhand von zwei Beispielen erklärt.

Wolfgang W. Parth

Mit einem Buch meines Freundes und Verlagsmitglieds Wolfgang Parth hatten wir gerade einen beträchtlichen Erfolg erzielt: mit »Goethes Christiane«. In einer Lektoratssitzung hatten wir überlegt, mit welchen klassischen Frauengestalten wir unsere biographischen Projekte fortführen sollten. Einer unserer Mitarbeiter schlug vor, nach einem Autor zu suchen, der in der Lage und bereit sei, ein Buch über Charlotte von Stein und ihre Beziehung zu Goethe zu schreiben. Alle waren dafür und meinten, dafür gäbe es auch ein Publikum. Ich ärgerte mich über den

Vorschlag und plädierte für Goethes Ehefrau Christiane. Unsere Literaturbeflissenen zogen die Mundwinkel herunter. Einer von ihnen meinte geringschätzig: »Was heißt hier Goethes Ehefrau? Die Vulpius war schließlich seine Geliebte. Daß Goethe sie eines Tages geheiratet hat, haben Goethes Freunde nie verstanden.« Der Hochmut, der aus diesen Sätzen sprach, ließ mich bedenkenlos erwidern: »Für mich ist Charlotte von Stein eine frigide hysterische Ziege.« Leider war Nina in dieser Sitzung nicht anwesend, so daß sie nicht ausgleichend wirken konnte. Ich versteifte mich aber auf meine Meinung, und die Besprechung ging ohne Resultat zu Ende.

Anschließend nahm ich mir die Brockhaus-Enzyklopädie vor, in der ich unter dem Stichwort Goethe keine Christiane fand. Die gesellschaftlichen und politischen Klassenunterschiede hatten zur Folge, daß die Beziehung der Christiane Vulpius zu Goethe noch immer mit Herablassung behandelt wurde. Dann blätterte ich in Goldschmit-Jentners Goethe-Bildbiographie, die in unserem Verlag erschienen war, und atmete auf. Denn er wurde dieser bedeutenden Frau gerecht.

»Christiane Vulpius war in der Blumenfabrik von Bertuch beschäftigt. Die törichte Nachwelt hat rasch deshalb eine Fabrikarbeiterin aus der Kunstgewerblerin gemacht und übersah, daß die Vorfahren dieser Vulpius in der männlichen Ahnenreihe sozial gehobenerer Abkunft waren als etwa Goethes Ahnen. Rund 200 Jahre lang waren Pastoren und Juristen Vorfahren; der Urgroßvater, Pastor und Diakon, liegt unter der Kanzel der Wormstädter Kirche begraben. Aber all das kümmerte Mit- und Nachwelt nicht. Der Vater war ein einfacher Schreiber, soll ein Trinker gewesen sein, was weder bewiesen noch widerlegt werden kann.

Es spricht nicht für die Herzensbildung und die Ehrfurcht der Nachwelt vor dem Geiste, daß bis auf unsere Zeit an dem schönen und für Goethe notwendigen Herzensbunde gemäkelt wurde.«

Ich sprach mit Nina darüber, wir waren uns einig darin, daß Goethe letzten Endes aus jeder Bindung geflohen war – bis er Christiane kennenlernte. An ihr hielt er, allen Widerständen der Weimarer Gesellschaft zum Trotz, 28 Jahre lang, bis zu ihrem Tod, fest. Er machte sie zu seiner Ehefrau und gründete mit ihr eine Familie.

Dann fragten wir Parth, ob er dieses Buch schreiben wolle, und er erwiderte, er würde es gern versuchen. Parth war nicht nur ein hervorragender Journalist, sondern auch ein talentierter Schriftsteller, und er war an keine Thematik gebunden. Von seinem Antikriegsstück *Vorwärts Kameraden, wir müssen zurück,* das seinerzeit auch in der REVUE erschienen war, hatten wir zahlreiche Auflagen verkauft.

Parth machte sich an die Arbeit, und ich glaube, man kann sagen: Über Christianes Herkunft, die Vertrautheit mit ihrem Bruder August Vulpius, dem Erfolgsschriftsteller der damaligen Zeit, ihre Entwicklung, die Stellung, die sie im Haus am Frauenplan und in der Gesellschaft einnahm, ihre Warmherzigkeit, ihre Gefühlsstärke, ihre Treue, die herzlich erwiderte Zuneigung zur Mutter ihres Mannes, der Frau Rat in Frankfurt, und die Bedeutung, die ihr in Goethes Leben und Werk zukommt – darüber wird in diesem Buch zum ersten Mal anschaulich erzählt. Eines der schönsten Zeugnisse dieser großen Liebe sind die Römischen Elegien; unvergleichbar die Verse:

»Oftmals hab ich auch schon in ihren Armen gedichtet
Und des Hexameters Maß leise mit fingernder Hand
Ihr auf den Rücken gezählt
Sie atmet in lieblichem Schlummer
Und es durchglühet ihr Hauch mir bis ins Tiefste die Brust.«

Nina und ich hatten uns in Zürich im Kino einen Hitler-Film angesehen, der nach dem berühmten Hitler-Buch von Joachim Fest gedreht worden war. Der Film hält keinen Vergleich mit Fests Buch aus. Zwar haben mich einige Szenen, die in Berlin spielten, angerührt, aber Grauen und Terror der Hitler-Herrschaft wurden nicht sichtbar. Mich ließ der Film unbefriedigt, Nina war empört. Wir hatten ein langes Gespräch, das mit meinem Hinweis endete, ich würde am nächsten Morgen Sebastian Haffner anrufen.

Ich schätzte seine Kolumnen, die er in deutschen Zeitschriften schrieb, seine zeitgeschichtlichen Bücher, die in ihrer Klarheit unvergleichbar sind: *Preußische Profile, Preußen ohne Legende* und *Die deutsche Revolution 1918/19.*

Haffner freute sich, von mir zu hören, und ich erzählte ihm von dem Hitler-Film und daß mir der Gedanke gekommen sei, ihn zu bitten, ein kleines Buch zu schreiben, gewissermaßen Anmerkungen zu Hitler. Er war sofort ernsthaft interessiert, und ich kam mit ihm überein, am nächsten Tag zu ihm nach Berlin zu fliegen.

Er schrieb die *Anmerkungen zu Hitler.* Das Buch wurde einer der größten Erfolge des Kindler Verlags und ist in viele Sprachen übersetzt worden.

Der österreichische Reporter auf der Frankfurter Buchmesse stellte mir dann unvermittelt die Frage: »Welche Autoren hätten Sie gern verlegt?« Ich erwiderte, ohne zu zögern: »Freud, Tucholsky und Brecht.«

»Freud und Tucholsky, das paßt doch überhaupt nicht zusammen« war die Reaktion des Reporters. Ich konnte ihm erwidern, daß in Tucholskys Zimmer in den letzten Jahren seines

Lebens nur noch ein Bild hing: das Porträt von Sigmund Freud. Fritz J. Raddatz hat es in seiner Tucholsky-Bildbiographie, die ich verlegt habe, überliefert.

»Ich wußte nur, daß Sie die Sekundärliteratur zu Freud[28] beträchtlich erweitert haben, und was Brecht[29] betrifft, so hätte ich gern von Ihnen gewußt, ob Sie ihn mehr als Lyriker, als Stückeschreiber oder als Kommunist schätzen.« Wieder kam die Bosheit unseres Gesprächspartners zutage. Ich verzichtete darauf, ihm zu sagen, daß Brecht nie Mitglied der Kommunistischen Partei gewesen ist, sondern meinte: »In unserer Bildbiographie *Brecht* hat Kurt Fassmann dargelegt, Brechts Tragik liege darin, daß die sozialistische Wirklichkeit sich von seiner sozialen Leidenschaft entfernte. Ich glaube sagen zu dürfen, daß Brecht ein überzeugter Pazifist war.«

Unser Österreicher hatte aber noch einen Pfeil im Köcher: »Ich habe dem Buch von Albrecht Dümling *Laßt euch nicht verführen*, welches Brecht und die Musik behandelt, entnommen, daß Sie die Musik des Kommunistischen Komponisten Hanns Eisler besonders schätzen.«

Ich mußte lachen. Schließlich hatte nicht ich das Buch geschrieben, sondern der junge Musikwissenschaftler Dümling. »Der Autor schätzt Eislers Musik besonders. Ich schätze seine Musik auch, vor allem die vielen Songs von ihm, die Ernst Busch gesungen hat. Übrigens ist dieses Buch ein weiteres, aufschlußreiches Beispiel dafür, wie ich das eine oder andere Mal zu einem neuen Autor gekommen bin. Albrecht Dümling ist ein Autor, den ich im April 1976 ›entdeckte‹. In einem Sonderband der Zeitschrift *Das Argument* hatte ich einen Aufsatz *Eisler und Schönberg* gelesen, den ich besonders informativ fand. Bei der Redaktion der Zeitschrift in Berlin erkundigte ich mich nach der Telefonnummer des Verfassers, der mir völlig unbekannt war. Ich rief ihn an, und auf meine Frage sagte er mir, er sei ein

Musikstudent. Ich sagte, meiner Meinung nach fehle ein Buch über *Brecht und die Musik*. Ob er sich zutraue, das zu schreiben. Immer wieder traf ich mich mit ihm, und nach einer einwöchigen Klausursitzung in Zürich, wo wir Zeile für Zeile seines Manuskripts durchgingen, konnte das Buch erscheinen. Seit meinem Telefonat im Jahre 1976 waren neun Jahre vergangen. 1985 brachte der Kindler Verlag das Buch heraus.«

»Wenn Sie sich so engagiert haben, werden Sie doch auch die Meinung von Herrn Dümling über Eisler teilen.«

»Ich liebe die Musik von Kurt Weill.«

Der Rundfunkreporter verabschiedete sich bei meiner Frau mit »Küß die Hand« und bei mir mit den Worten: »Wie kann man in Zürich leben, da möchte ich nicht begraben sein.« Ich antwortete nur noch: »In Zürich wurden drei Große der Weltliteratur begraben: Büchner, Joyce und Thomas Mann.«

Auf der Rückfahrt setzte sich Nina ans Steuer, und ich spielte Tonbänder mit Songs von Weill und mit Songs von Gershwin, bis wir zu Hause ankamen.

Wenn ich Weill höre, denke ich an Berlin. Wenn ich Gershwin höre, denke ich an New York.

KAPITEL 44
Zeittheater

Dem Theater waren Nina und ich stets eng verbunden, und viele bedeutende Inszenierungen in München, Zürich, Berlin und Wien haben wir besucht. Auch in Frankfurt am Main waren wir einige Male im Theater, und zwar während der Jahre, in denen über Brechts Stücke in der Bundesrepublik ein Boykott verhängt war, dem nur wenige Theaterdirektoren widerstanden. Zu den Theaterleitern, die sich von dem »kalten Krieg« nicht anstecken ließen, gehörte Harry Buckwitz, der zahlreiche Brecht-Stücke auf die Bühne brachte. Später trafen wir uns mit ihm und seiner Frau immer wieder einmal in Zürich, wo er der Direktor des Schauspielhauses war.

Von allen Theaterstücken, die wir in all den Jahren sahen, will ich mich auf jene beschränken, die Nina und mir noch immer gegenwärtig sind.

Von Fritz Kortner als Schauspieler waren wir am stärksten berührt in Samuel Becketts Monodrama *Das letzte Band*, das Hans Schweikart 1961 in den Münchner Kammerspielen inszeniert hat. Nina und ich haben uns Kortners Darstellung dreimal angesehen, und kein Schauspieler, davon sind wir überzeugt, kann nach dieser genialen Darstellung den erfolglosen Schriftsteller Krapp nachspielen. Krapp spielt die Tonbänder ab, die er über Jahre aufgezeichnet hat. Er hört die Bänder ab und kommentiert sie. Zu den ergreifendsten Szenen gehört das an seinem

39. Geburtstag aufgenommene Band: Er möchte den glücklichen Augenblick einer Liebesbeziehung festhalten, der sich nicht festhalten ließ. Immer wieder spielt er diese Szene auf dem Band ab. Bis er das Band aus dem Gerät nimmt und wegwirft. Das letzte Band läuft leer weiter.

Frischs *Andorra* haben wir zweimal gesehen, in München von Hans Schweikart, in Berlin von Fritz Kortner inszeniert. Ein junger Mann, Andri, den man für einen Juden hält, nimmt schließlich jene Eigenschaften an, die eine voreingenommene antisemitische Umwelt ihm unablässig andichtet.

Vier Inszenierungen von Piscator tauchen vor mir auf. 1962 Brechts *Flüchtlingsgespräche* in München: ein tiefsinnig gewitzter Dialog von zwei deutschen Emigranten angesichts ihrer aussichtslosen Lage. Kaum zu glauben, daß der Intendant Hans Schweikart 1962 in München für sein Werkraumtheater Erwin Piscator gewinnen konnte, Brechts *Flüchtlingsgespräche* auf die Bühne zu bringen. Über dreißig Jahre haben Brecht und Piscator immer wieder gemeinsam Pläne gemacht. Doch nie war es zur Inszenierung eines Brecht-Stücks durch Piscator gekommen. Jetzt, Jahre nach dem Tod des Autors, realisierte Piscator ein Stück, das von Brecht gar nicht als Stück gedacht war.

1963 gab es die Hochhuth-Uraufführung *Der Stellvertreter* in Berlin. Hochhuths These: Papst Pius XII. habe vom Mord der Nationalsozialisten an den Juden gewußt, ohne dagegen protestiert zu haben. Folglich sei er an den Verbrechen im moralischen Sinne mitschuldig geworden.

1964 bringt Piscator Heinar Kipphardts Stück *In der Sache J. Robert Oppenheimer* in München auf die Bühne. In diesem Dokumentarstück verwendet Kipphardt die Protokolle des Untersuchungsverfahrens gegen Oppenheimer vor dem amerikanischen Sicherheitsausschuß. Letzten Endes ist Kipphardts Stück eine Warnung vor dem Atom-Staat.

Und 1965 inszeniert Piscator *Die Ermittlung* von Peter Weiss in Berlin. Weiss stützt sich auf die Zeugenaussagen im Frankfurter Auschwitz-Prozeß.

Eine geniale Inszenierung des Stücks *Ghetto* von dem Israeli Joshua Sobol hat Peter Zadek 1984 in Berlin besorgt. Es war das bewegendste Theatererlebnis für meine Frau und mich nach dem Zweiten Weltkrieg.

Heinrich Albertz, der damals mit seiner Frau noch in Berlin lebte, haben wir beschworen, das Stück *Ghetto* unbedingt zu sehen. In seinem Buch *Die Reise. Vier Tage und siebzig Jahre*, das 1985 im Kindler Verlag erschien, kann man lesen: »27. 10. 1984. Dies alles schreibe ich zwei Tage, nachdem ich endlich dem Drängen Helmut Kindlers nachgegeben und Joshua Sobols ›Ghetto‹ gesehen habe. Peter Zadek hat dieses unbeschreibliche Stück inszeniert, den Versuch, Leben und Sterben der Juden in Wilna 1942 in Farben und Liedern und Tänzen, ganz leise und in den schrillsten Tönen in Erinnerung zu bringen, die täglich verdrängte Erinnerung. Ich hatte mich sehr gesperrt. Ich konnte mir nicht vorstellen, wie man das Entsetzliche als Musical auf die Bühne bringen könnte. Aber dann schwemmte es wie ein Meer über uns hinweg. Von den ersten Tönen der Klarinette im dunklen Zuschauerraum bis zu dem grandiosen, grotesken, schockierenden Tanz der Opfer ohne Köpfe und dem letzten Schuß des SS-Mörders in Uniform. Das Unbeschreibliche, das ja doch tatsächlich, wie die grausigen Dokumente beweisen, geschehen war, beschreibend, auf den Punkt genau, die Lust und den Tod, die Hoffnung auf einen Rest Leben und die tiefste Verzweiflung. Oft so unerträglich genau, daß man versucht war, wegzuschauen, und dann doch fasziniert hinsah, wie man morden und wie man sterben kann, und bis zum letzten Augenblick leben.

Viele junge Menschen waren da bei diesem Theater unausweichlicher Wirklichkeit, aber auch viele alte. Sie klatschten zum Schluß enthusiastisch für die Leistung derer, die das jeden Abend darzustellen, zu singen, zu tanzen haben. Ich konnte es nicht. Ich saß. Starr, aber auf eine merkwürdige Weise glücklich. Am liebsten wäre ich auf die Bühne gegangen und hätte sie alle umarmt. Die noch atemlosen, vom Schweiß durchnäßten Spieler. Die Totentänzer, die Lebenstänzer.

Ich weiß nicht, wie es nun auf lange Zeit ›wirkt‹. Auf die, die noch ihre Mitverantwortung tragen, auf die Nachgeborenen, die sehen, wozu ihre Väter und Großväter fähig waren – oder was sie litten, die Mütter und die Kinder. Ich könnte mir denken, es ist tiefer gegangen als das bloße Vorstellen von Dokumenten. Ich hoffe es, hoffe es sehr.«

KAPITEL 45
Im Fieber

Heute ist Sonntag, der 4. Februar 1990. Gestern, nach einer ziemlich heftigen Grippe, hatte ich noch Fieber. Fieber, wie vor vielen Jahren, 1971, in Stockholm. Zwar hatte ich zu diesem Zeitpunkt mein Amt als Honorarkonsul von Chile aufgegeben, nachdem wir einen großen Teil des Jahres in der Schweiz lebten, aber noch immer konnte ich mich auf die Jahre als Konsul in München berufen, als Pablo Neruda den Nobelpreis erhielt. Für Neruda hatte ich mich immer interessiert. Chile hatte ihm, wie seinerzeit Gabriela Mistral, das Amt eines Konsuls übertragen. Ich bewunderte Nerudas politischen Mut und liebte seine Gedichte. »Ein Dichter, näher dem Tod als der Philosophie, näher dem Schmerz als der Intelligenz, näher dem Blut als der Tinte, erfüllt mit geheimnisvollen Stimmen, die er selbst glücklicherweise nicht deuten kann«, so begrüßte Federico García Lorca, der kurze Zeit später ermordet wurde, seinen Freund Neruda am Vorabend des Ausbruchs des Spanischen Bürgerkriegs, als dieser als Konsul seines chilenischen Landes in Barcelona eintraf.

Im allgemeinen lehnte ich große Feierlichkeiten ab. Aber ich hatte den Wunsch, an der Feier der Nobelpreisverleihung für Pablo Neruda teilzunehmen. Unter Berufung auf meine Konsulatsjahre für Nerudas Heimatland erbat und bekam ich eine Einladung. Eine sich anbahnende Grippe hatte ihren Höhepunkt erreicht, als ich auf dem Stockholmer Flughafen eintraf. Da das

Konzerthaus, in dem die Nobelpreisverleihungen stets stattfinden, von Grund auf renoviert wurde, fand die Feier in einem Kirchenraum statt, der die zweitausendfünfhundert Geladenen aufzunehmen vermochte. Der Eindruck war, wenn auch der prächtige Rahmen des Konzerthauses fehlte, durchaus festlich: die Damen in ihren langen Abendkleidern, die Herren im Frack oder Smoking wie ich. Fiebernd verfolgte ich, wie der neunzigjährige König Gustaf Adolf dem chilenischen Dichter den Preis überreichte und mit ihm sprach. Die Augen aller Gäste waren auf Nerudas kraftvolle Gestalt gerichtet.

Der Überreichung der Preise an die Preisträger folgte ein Bankett, das für tausend Gäste bestimmt war. Meine Einladung galt auch für dieses Bankett. Aber nachdem ich Gelegenheit bekam, Neruda die Hand zu reichen, verließ ich eiligst das Fest, um meiner Übelkeit Herr zu werden, die die vielen Tabletten gegen Grippe und Fieber ausgelöst hatten.

Neunzehn Jahre sind seitdem vergangen. Nach dem Grippeanfall vor wenigen Tagen erschienen mir gestern im fiebrigen Halbschlaf Bilder über Bilder, und eine innere Stimme sagte mir: »Denk einmal darüber nach, was du alles in deiner Autobiographie zu schreiben vergessen hast.« Kann das sein, fragte ich mich, daß ich Wichtiges vergessen habe? Und wieder antwortete mir diese innere Stimme: »Du hast über deine Jahre am Theater in Berlin, bis Hitler an die Macht kam, geschrieben; von den Jahren danach als Journalist; vom Überleben, eingesperrt in einer Zelle; untergetaucht bei Moritz Jakob, dem Juden aus Breslau, der selber untergetaucht war; und nach dem Zusammenbruch des Dritten Reiches hast du dein Leben mit Nina und eure gemeinsame unermüdliche Arbeit für den Verlag beschrieben, der heute unter eurem Namen fortlebt. Aber das war gewiß nicht alles.«

Danach überfielen mich im Fieber Bilder über Bilder. Als Pfadfinder, dreizehnjährig, sah ich mich den Groß-Venediger besteigen. Rudi Pallas führt die Gruppe an. Einige von ihnen sah ich 1983 wieder. Mit meiner Frau war ich nach Berlin geflogen. Dort traf ich fünf der Freunde, die damals Schüler wie ich waren. Achtundfünfzig Jahre waren vergangen. Aber ich erkannte sie sofort. Aus Heinz Schmidt war ein Arzt geworden, auch er war mit seiner Frau gekommen. Gerhard Marschel war Industriekaufmann, er hatte ebenfalls seine Frau bei sich. Alfred Busse war Pfarrer in der DDR, sein Zwillingsbruder Kurt pensionierter Oberstudienrat in Ost-Berlin. Beide hatten ihre Frauen mitgebracht. Zu meiner Freude sah ich auch »unseren Schweden«, der beim Aufstieg auf den Groß-Venediger dabei war, wieder: Konrad Lundberg. Als Junge hatte er mit seinen Eltern in Berlin gelebt. Nach 1933 war die schwedische Familie in ihre Heimat zurückgekehrt. Konrad hatte es zum Direktor einer schwedischen Bank gebracht. Es freute mich, daß er, »unser Schwede«, die weite Reise gemacht hatte, um seine deutschen Freunde aus der Jugendzeit wiederzusehen. Es gab viel zu erzählen, auch die Frauen verstanden sich. Es wurde ein wunderschöner Abend.

Die Bilder überschlugen sich. Im fiebrigen Halbschlaf gestern besuchte mich auch mein Schul- und Theaterfreund Leo Kerz. Tatsächlich hatte er Jahre nach dem Krieg plötzlich vor mir in München gestanden. Er war mit Piscator nach Berlin gekommen, um für dessen Inszenierung der Uraufführung von Hochhuths *Stellvertreter* die Bühnenbilder zu machen. Jahre später besuchte er Nina und mich noch einmal in München. Er erzählte mir, er habe vor, ein Buch zu schreiben, ein Buch über Piscator, über dessen Beitrag zur deutschen Dramatik. Piscator hatte im Berlin der Weimarer Republik den Ehrgeiz gehabt, das Publikum mit Theaterstücken junger deutscher Autoren bekannt zu machen. Leo Kerz hat das Buch nie geschrieben. Die Frage nach Eltern und Schwester ergab: Die Nazis hatten sie vergast. Er überlebte in mehreren Exilländern, zuletzt in New York, wo er 1976 starb.

Nicht alles im fiebrigen Halbschlaf war klar und deutlich. Auf einmal stand ein junger Mann vor meinen Augen, den ich nicht kannte, ihn nie gesehen habe. Er stellte sich mir mit den Worten vor: »Ich bin jung und reich und gebildet; und ich bin unglücklich, neurotisch und allein.« Diese Worte hatte ich doch schon einmal vernommen. Jetzt wußte ich, wer der junge Mann war. Er hatte am Zürichsee gelebt. Den Namen Fritz Zorn hatte er sich selbst gegeben, von Hause hieß er nicht Zorn, sondern Angst. Am 2. November 1976 war er gestorben, nachdem ihm sein Psychotherapeut, Dr. Caspar Frey-Wehrlin, gesagt hatte: »Kindler macht Ihr Buch.« Angst antwortete: »Das ist eine gute Nachricht.« Es war sein letzter Satz, bevor er einschlief. Und am Morgen nicht mehr erwachte.

Adolf Muschg hatte uns am 2. Oktober 1976 ein Manuskript geschickt und mir geschrieben: »Ich habe das Manuskript vom Buchhändler Dr. Schatzmann bekommen und nicht als der gleiche Mensch aus der Hand gelegt, der ich vor der Lektüre gewesen bin. Den Grund dafür werde ich Ihnen nicht breit erklären müssen, wenn Sie selbst die Probe machen. Das handelsübliche Reden von einem ›notwendigen‹ Buch ist hier einmal keine Phrase. Es ist auch ein Buch zum Erschrecken. Aber die anhaltende Stimmung ist: Befreiung, ja Freude; die Freude darüber, daß hier jemand seine Existenz noch einmal einholen durfte, bevor sie ihm, wie vorauszusehen, abhanden kommt. Ja, die Freude über einen Sieg sehr sonderbarer – leider – einmaliger Art. Meine Bitte, deren Dringlichkeit in der Sache liegt: Sie sollten dieses Buch herausbringen, und sehr bald; nicht obwohl von diesem Autor nach menschlichem Ermessen kein zweites zu erwarten ist, sondern weil. Wenn Sie ein Vorwort für nötig halten: Ich wäre dazu bereit, aus Überzeugung und Betroffenheit.«

Der Autor, der sich, wie gesagt, Fritz Zorn nennt, schildert in seinem Buch *Mars* seine psychotherapeutische Behandlung, der er sich einer schweren Neurose wegen unterzieht. Während dieser psychotherapeutischen Behandlung erkrankt Fritz Zorn, ein dreißigjähriger Gymnasiallehrer, an Krebs, gegen den er jetzt in einem verzweifelten Wettlauf anschreibt. Der Zusammenhang zwischen dem ihn zerfressenden Krebs und dem, was seit seiner Kindheit an ihm frißt, wird ihm allmählich deutlich: Der Krebs, das ist die somatische Form seiner Neurose. Und mit diesem Ereignis nimmt das Buch eine radikale Wende. Muschg schrieb das Vorwort.

Jetzt, das heißt gestern, halluzinierte ich, daß Fritz Zorn sich bei mir bedankt. Tatsächlich haben Nina und ich das Buch verlegt, dabei überzeugt davon, daß sich für *Mars* nur ein kleiner Leserkreis finden lassen würde. Aber das Gegenteil war der Fall: Das Buch wurde ein Bestseller, nicht nur in der Schweiz oder in Deutschland, es wurde auch das »Buch des Jahres« in Frankreich. Hellmuth Karasek urteilte im »Spiegel«: »Das Wichtigere scheint mir zu sein, wie dieses Buch Weltordnung und Gesellschaft, bourgeoise Lebensform und Lebensfeindlichkeit im eigenen ›Fall‹ zusammenfaßt zu einer der schonungslosesten Analysen eines Glücksbegriffs und Glücksstrebens, die sich aus dem Lebensverzicht speisen und im Lebensverzicht vernichten.«

Meine Fieberbilder werden zur Collage. In einer dieser mich irritierenden Collagen erkenne ich zwei Herren. Es ist dunkel. Es regnet. Beide Herren stehen unter einem Regenschirm, unter den sich auch noch eine Frau zwängt. Jetzt erkenne ich die beiden.

Der eine bin ich, der andere ist Erich Kästner, die Frau ist seine Lebensgefährtin Luiselotte Enderle. Meine Frau blieb des strömenden Regens wegen noch im Haus, in dem wir bis vor fünf Minuten zu Besuch waren. Wir waren Gäste von Norbert Handwerk, dem Chef der Werbefirma Inselfilm, gewesen. Es hatte eine heftige Auseinandersetzung über Handwerks reaktionäre politische Ansichten gegeben. Meine Frau, Kästner und ich waren ziemlich fassungslos. Und nachdem wir uns schnell verabschiedet hatten, blieben Kästner und ich in einer Pfütze im Regen stehen und ließen unserer Entrüstung freien Lauf. Wir schworen uns, nie wieder einer Einladung Handwerks zu folgen – um uns das nächste Mal wieder bei ihm zu treffen. Er hat schließlich viele liebenswerte Eigenschaften, und Eva, seine Frau, ist ein ungewöhnlich sympathischer Mensch.

Die Bilderflut, die das Fieber zaubert, löst Gedankenfluten aus. Nina wird von Sammy Drechsel gefragt, ob sie es denn immer noch mit mir aushalte. Die beiden mögen sich. Daß ich den Sammy nicht weniger mag, will Nina nicht glauben. Es ist aber so. Nina hat immer »eine kleine Angst in Sammys Augen« gesehen; diese kleine Angst bremste seine Frechheit, mit der er fast jedem begegnete. Doch Nina hatte noch mehr an Sammy entdeckt: Seine Angst resultierte aus seiner jüdischen Herkunft, aus dem, was er durchgemacht hat. Ich hatte nicht gewußt, wie viele Menschen den Sportreporter Sammy Drechsel geliebt haben, und wie viele Menschen den Kabarettgründer der Münchner Lach- und Schießgesellschaft verehrten. Ich übertreibe nicht, wenn ich sage, auf keiner Beerdigung so viele Menschen gesehen und so viele Menschen trauern gesehen zu haben als an jenem Vormittag, als sie Sammy zu Grabe trugen.
Und schon treten in meinen Fiebervisionen Dieter Hildebrandt und Klaus Peter Schreiner auf. In den frühen fünfziger Jahren

haben sich die Wege der beiden Studenten und des Sportreporters Sammy Drechsel gekreuzt – die Geschichte der Lach- und Schießgesellschaft ist eng mit diesen drei verknüpft. *Die Zeit spielt mit* nannten wir 1976 Schreiners Buch in unserem Verlag, das weit mehr ist als die »Biographie eines Kabaretts«. 1988 verlegte der Kindler Verlag wiederum ein Buch von Klaus Peter Schreiner: *Ins Schwarze geschrieben*, seine eindrucksvollen Erinnerungen an 30 Jahre Kabarett.

Während dies alles mir gestern durch meinen fieberheißen Kopf ging, laufen vor meinen Augen ganze Kabarettszenen ab. Mich läßt dabei ein Gedanke nicht los: Ins Kabarett gehen Menschen, die ähnlich wie Kabarettisten empfinden und denken, die die reaktionäre Politik bloßstellen. Es wird oft behauptet, politisches Kabarett bewirke nichts. Ich bin anderer Meinung: Es bewirkt viel. Es ist nämlich ein wunderbares Gefühl, einen Abend mit Menschen, mit jenen auf der Bühne und jenen im Zuschauerraum, zu verbringen, die alle gleichen Geistes sind. Es mag sich merkwürdig anhören, aber es ist so: Wann immer ich in der Lach- und Schießgesellschaft sitze, fühle ich mich geborgen.

Ein Bildwechsel stellt sich ein, vom Kabarett zum Theater. Kortner feiert seinen siebzigsten Geburtstag. Der Geburtstag fällt auf einen Sonntag. Am Abend zuvor gibt Hans-Jochen Vogel, damals Oberbürgermeister von München, ihm ein Fest. Die Kammerspiele sind für eine Sondervorstellung reserviert. Es gibt zahlreiche Ansprachen von Schauspielern. Und es gibt auch die Wiedergabe einer Tonbandaufnahme, die heimlich während einer seiner Proben gemacht wurde. Kortners Einwürfe auf diesem Tonband, amüsant, bissig, überraschend, verursachen Lachsalven. Kortner, schon etwas schwerhörig, wird argwöhnisch. Er hat den Eindruck, Schauspieler und Publikum machen sich auf seine Kosten lustig. Seine Ansprache fällt böse aus, beleidigend. Nach der Vorstellung findet im Rathaus im kleineren Kreis ein Nachtessen für ihn statt. Die prominenten Schauspieler der Kammerspiele sind zu Gast, Freunde, Kulturschaffende und Politiker. Die Atmosphäre während des Essens bleibt eisig, Kortner spricht kein Wort. Die Versuche seiner Frau, ihn umzustimmen, mißglücken. Es wurde ein trauriger Abend.

Schon Wochen vorher hatte Kortner gesagt: »Den Geburtstag zu Hause am Sonntag möchte ich nur mit Ihnen beiden feiern«, also mit Nina und mir. Nach der mißglückten Nacht waren wir uns nicht im klaren, ob er auf unseren Besuch noch Wert legen würde. Ich rief ihn an. Noch bevor ich zu Wort kam, sagte er: »Kindlerleben, hören Sie, meine Frau behandelt mich so, als ob sie mich in flagranti ertappt hätte. Habe ich mich gestern abend wirklich so unmöglich benommen?« Ich antwortete zögernd: »Ich möchte aus meinem Herzen keine Mördergrube machen...« Bevor ich weitersprechen konnte, rief er: »Machen Sie aus Ihrem Herzen eine Mördergrube, und kommen Sie mit Ihrer Frau!«

Es wurde ein wunderschöner Nachmittag.

Vor meinen fiebrigen Augen erschienen gestern auch Landschaftsbilder, Städtebilder. Nina hält mir in Brissago am Lago Maggiore eine frisch gepflückte Gardenie unter die Nase. Dieser Duft ist unbeschreiblich. Wo wir auch sind, in Rom, in London, in Paris, überall fragen wir in den Geschäften, ob es ein Gardenienparfum gibt. Auf einer unserer ersten Nachkriegsreisen kaufte ich um Mitternacht auf dem Markusplatz in Venedig bei einer Blumenfrau die erste Gardenie für Nina. Seither ist sie Ninas Lieblingsblume.

Ein ganzer Bildstreifen lief gestern vor meinen fiebrigen Augen ab. Tel Aviv, Jerusalem, Haifa. Der letzte Freitagabend in Haifa. Nach dem Essen sind in der Hotelhalle bald alle Tische besetzt.

Von den Nebentischen hört man die Gespräche. Ich verstehe sie nicht. Es sind Israelis, die ihre Sprache sprechen. Sie sind fröhlich. Ältere Paare beginnen zu tanzen. Zu einer Musik, die ein Mann, der Pilz heißt, dem Klavier mit Könnerschaft entlockt. Und er singt Schlager, singt in einer Sprache, die wir nicht verstehen. Dann singt er ein jiddisches Lied, dessen Inhalt ich zu verstehen glaube. Es folgen deutsche Schlager und Wiener Lieder. Es wird spät. Und die alten Menschen an den Tischen ringsum haben sich, wenn sie nicht tanzen, in ihre Gespräche vertieft. Je später es wird, desto lauter und intensiver werden die Debatten. Sie sprechen von früheren Zeiten. Und indem sie das tun, vergessen sie ihre »neue« Sprache. Ich glaube, sie wissen gar nicht, daß sie in ihre »alte« Sprache zurückfallen. Deutsch wird gesprochen. Im Berliner Dialekt. In anderen Dialekten. Im Wiener Tonfall. Die Menschen sprechen ihre Muttersprache. Die Sprache ihrer Heimat. Ihrer Heimat, aus der sie fliehen mußten. Gewiß, sie haben sich eingelebt in dem biblischen Land, haben auch die neue Sprache gelernt. Aber das, was war, bleibt.

Das fieberauslösende Nervenzentrum im Gehirn lenkt meinen Blick auf ein Plakat am Eingangstor der Passionskirche in Berlin-Kreuzberg, auf dem steht: Auf Initiative des Musikwissenschaftlers Albrecht Dümling und des Verlegers Helmut Kindler findet am 7. Mai 1985 zum vierzigsten Jahrestag der Beendigung des Zweiten Weltkriegs in dieser Kirche ein Berliner Friedenskonzert statt. In der Passionskirche in Kreuzberg hatte nach dem Ende des Zweiten Weltkriegs, und zwar bereits Ende Mai 1945, der erste Dankgottesdienst stattgefunden. Zu der Veranstaltung am 7. Mai 1985 spielte das Kammerorchester der Jungen Deutschen Philharmonie, das Scharoun-Ensemble Berlin sowie die Mitglieder der Gruppe Neue Musik Berlin. Mit David Shallon hatten wir einen Israeli und mit Brynmor Llewelyn Jones einen

Engländer als Dirigenten. Die Komposition eines Streichquar-
tetts »gewidmet den Opfern von Krieg und Faschismus« stammte von dem Sowjetrussen Schostakowitsch, das »Quartett auf
das Ende der Zeit« von dem Franzosen Olivier Messiaen, das in
einem deutschen Kriegsgefangenenlager entstanden ist. Heinrich Albertz und ich hielten jeder eine Ansprache.

Das »Quartett auf das Ende der Zeit« bewegte mich im Fieber
noch einmal, wühlte mich auf. Ich litt darunter, daß meine Frau
das Konzert nicht miterleben konnte – es war ihr nach einer
Operation nicht möglich gewesen, mit nach Berlin zu fliegen. So
habe ich dieses Konzert ihr dann zu ihrem Geburtstag geschenkt: Das Scharoun-Ensemble kam nach Zürich und wiederholte das Konzert für Nina und unsere Geburtstagsgäste. Im
selben Jahr schloß Gion Condrau seine *Geschichte der Anthropologie in Gestalten* mit einem Lebenslauf von Olivier Messiaen
ab.

Diese Geschichte der Anthropologie bildet den letzten Band der
Enzyklopädie *Der Mensch*, die Herbert Wendt und Norbert
Loacker herausgegeben haben und mit der ich mich endgültig als
Verleger verabschieden durfte. Bei Condrau heißt es:

»Messiaens Quartett, nur selten gespielt, ist eines der wichtigsten Werke der Musik des 20. Jahrhunderts. Die Uraufführung
hatte am 15. Januar 1944 stattgefunden: bei Hunger und Kälte
im Waschraum eines deutschen Kriegsgefangenenlagers, im Sta-
lag VIII-A in Görlitz, wo Messiaen zwei Jahre Kriegsgefangener
war. Dort hatte er es komponiert. Der zwanzigjährige Komman-
dant des Kriegsgefangenenlagers, selbst Musiker, fühlte sich
zwar an das Fraternisierungsverbot gebunden, stellte jedoch
dem unermüdlich komponierenden Gefangenen das Notenpa-
pier zur Verfügung.«

Und abschließend zitiert Condrau den Rezensenten der »Frankfurter Rundschau«, Hanns-Werner Heister, der das Resümee

zog: »Messiaens Musik, der historische Kontext ihrer Entstehung und der aktuelle ihrer Aneignung stärken etwas die Hoffnung, daß nicht nur der Schönheit, sondern auch der Menschheit ein baldiges Ende der Zeit erspart bleibt.«

Der Film lief gestern rückwärts – zurück bis ins Jahr 1942. Im
Halbschlaf nahm ich wahr, was so lange zurückliegt: Alle Plätze
in der U-Bahn sind besetzt. Einige Personen müssen stehen. Eine
ältere Frau steigt zu. Sie hat den Judenstern am Mantel. Ich weiß,
sie darf sich auch dann nicht setzen, wenn Plätze frei werden
sollten. Ich stehe auf und bitte sie, sich zu setzen. Sie zögert,
schüttelt den Kopf. Ich nehme ihren Arm, ziehe sie an meinen
Platz und drücke ihren leichten Körper auf die Bank. Keiner der
Mitfahrenden gibt zu erkennen, wie er über den »Vorfall«
denkt. Mit einem bekümmerten Lächeln sieht mich die Frau an,
als sie drei Stationen weiter aussteigt.
Ich hörte, daß Berliner sich immer wieder ähnlich verhalten
haben. Überliefert ist der Fahrgast, der eine sich ängstlich sträu-
bende, alte jüdische Frau nötigt, seinen Platz einzunehmen,
indem er lachend zu ihr sagt: »Setz dir hin, olle Sternschnuppe!«
Es gab sie, die Berliner, hinter deren Schnoddrigkeit sich Hilfsbereitschaft und Mitgefühl verbargen.

Das Telefon reißt mich hoch. Werner Rings ist am Apparat.
1951 hatte uns unsere erste Ferienreise nach dem Krieg nach
Brissago geführt. Damals kletterte ich bis zum hoch über Brissago gelegenen Goldregenwald, unberührt vom Tourismus. Als
Ruth Jungk, die Frau von Robert Jungk, hörte, daß wir in
Brissago ein Ferienhaus mieten wollten, sagte sie zu mir: Ihr
müßt Ruth und Werner Rings kennenlernen, die leben in Brissago. Die beiden wurden unsere besten Freunde. Werner Rings,
Journalist, Schriftsteller und Fernsehproduzent, ist längst

Schweizer Bürger geworden. Die erfolgreichste Buch- und Fernsehserie von Werner Rings, *Die Schweiz im Krieg*, bleibt unübertroffen als politische und zeitgeschichtliche Dokumentation.

»Ich habe kein Fieber mehr«, sage ich zu Nina nach dem belebenden Telefonat mit Werner und nach Ruths liebevollen Besserungswünschen.

Bei nun wieder klarem Bewußtsein fiel mir ein, wieviel ich Menschen zu verdanken habe, die nicht mehr am Leben sind – Leitbilder: Erwin Piscator (in meinen Berliner Theaterjahren), Johannes Weyl und Erik Reger (die mich als Journalist förderten), Heinz Ullstein (mein erster Partner als Verleger);

Freunde: Leo Kerz (Schulkamerad und Weggenosse in den letzten Jahren der Weimarer Republik), Gerhard Grindel (Weggenosse während der Nazizeit), Wolfgang Parth (Weggenosse seit 1945 bis zu seinem Tod 1982).

Der folgende Montag wird ein Enkeltag. Angeli und Thomas wollen uns besuchen. Von Jessica aus Istanbul und ihrer Schwester Jennifer aus Simbach kommen Briefe. Jessica schickt uns ein Foto ihres Töchterchens Sarah, das vor sieben Monaten, am 24. Oktober 1989, zur Welt kam und uns zu Urgroßeltern machte. Der Brief von Jennifer, ihrer jüngeren Schwester, kommt aus Niederbayern, wo sie bei ihrer Mutter Georgette lebt. Jennifer geht noch zur Schule. Auch sie hat Fotos beigelegt. Auf dem einen ist ihr Pony abgebildet, auf dem anderen sie selber in ihrem schönsten Kleid zum Tanzstundenabschlußball.

Ein erfreulicher Wochenbeginn.

KAPITEL 46
Ein Zwischenspiel

Wenn ich mich an die Jahre erinnere, in denen unser Literaturlexikon erschien, fällt mir eine Geschichte ein, die Carl Zuckmayer betrifft. Ich muß vorausschicken, daß Zuckmayer seit 1962 in
einer losen Verbindung zu unserem Verlag und zu mir stand. Er
war nicht unser Autor, aber Ludwig Emanuel Reindl, früher im
Ullsteinhaus Chefredakteur der Zeitschrift »Die Dame«, hatte
sich Zuckmayer und dessen Werk für eine unserer ersten Bildbiographien ausgewählt. Reindls Zuckmayer-Band ist informativ, vor allem auch vom Bildteil her, der biographische Text ist
einnehmend und unkritisch, was Carl Zuckmayer natürlich
gefiel.

Der Leser weiß aus dem ersten Teil meiner Autobiographie, wie
fasziniert ich von Zuckmayers Stück *Der Hauptmann von Köpenick* war. Ich werde die Uraufführung 1931 im Deutschen
Theater in Berlin nie vergessen. Auch spätere Aufführungen des
Stückes an anderen Bühnen habe ich mir angesehen, und jedesmal aufs neue gehörte ich zu den begeistert applaudierenden
Zuschauern. Die mehrfachen Verfilmungen des Stückes nehmen
einen der wenigen hervorragenden Plätze in der Geschichte des
deutschen Films ein. Zuckmayers Zuneigung zum Kindler Verlag, zu meiner Frau und mir, verstärkte sich nach Erscheinen des
dritten Bandes der Originalausgabe von *Kindlers Literatur Lexikon*. Zuckmayer rief mich an, er habe den Text über seinen

Hauptmann von Köpenick darin gelesen und möchte sich erstens bedanken, nicht nur bei uns, sondern auch bei dem Verfasser des Beitrages, Dr. Eckehart Nölle, heute Direktor des Deutschen Theatermuseums in München. Zweitens frage er, ob er das Lexikon mit Höchstrabatt beziehen könne. Natürlich war ich gern damit einverstanden.

Gelegentlich führten Zuckmayer, meine Frau und ich freundliche Gespräche, wobei er fast immer darauf zu sprechen kam, wie sehr es ihn freue, daß ich als junger Mensch die Uraufführung des *Hauptmanns von Köpenick* in Berlin gesehen hätte. So begeistert Nina und ich vom *Hauptmann von Köpenick* waren, so wenig konnten wir uns mit der politischen Gesinnung des nach dem Zweiten Weltkrieg uraufgeführten Zuckmayer-Stücks *Des Teufels General* abfinden. Nina und ich erlebten die Berliner Premiere dieses Stücks. Sosehr uns das Geschehen auf der Bühne bewegte, so sehr befremdete uns darin die offenkundige Kumpanei mit dem verflossenen Regime, welches Zuckmayer zur Emigration genötigt hatte. Aber wir waren allein mit unserer Meinung. Als enthemmter Beifall losbrach, sahen Nina und ich uns an. Wir waren, jeder für sich, außerstande, unsere Hände zu rühren.

Bald darauf erschien Band VI unseres Literatur Lexikons, in dem die Werke, die mit den Buchstaben Rb bis Tz beginnen, behandelt sind. Darunter also auch *Des Teufels General*. Der Germanist Dr. Michael Schmidt verfaßte einen Beitrag über dieses Stück, das die gute Beziehung zu Zuckmayer veränderte. Michael Schmidt hatte Zuckmayers Drama rückhaltlos analysiert.

»Der durchschlagende Erfolg des fast gleichzeitig mit den dargestellten Ereignissen, aber in der Sicherheit des amerikanischen Exils entstandenen Dramas auf den deutschsprachigen Bühnen der Nachkriegszeit ist aus heutiger Sicht ein schwer zu erklärendes Phänomen: Während die Zuschauer der Uraufführung,

Überlebende der deutschen Katastrophe, der vermeintlichen Tragödie eines zu später Einsicht in die wahren Zusammenhänge gelangenden Mitläufers zuzubelten, erweist sich das zur Kolportage verkommene idealistische Heldendrama ein Vierteljahrhundert später als Verharmlosung, ja als fatal unbewußte Glorifizierung der nationalsozialistischen Schreckensherrschaft.

Die Fragwürdigkeit des Stücks beruht nicht allein auf der politischen Ahnungslosigkeit und moralischen Skrupellosigkeit, mit der sich der überaus sympathisch gezeichnete Held einem Regime verschreibt, dessen Unmenschlichkeit durch die Verteufelung nur oberflächlich erfaßt wird, sondern vor allem auf Zuckmayers dramatischer Konzeption: Um auch in einem Stück über das Dritte Reich die potente Kraftnatur seines stereotypen Dramenhelden, dessen Schnoddrigkeit seine eigentliche Herzenswärme kaschieren soll, recht in Szene zu setzen, reduziert er das politische Hintergrundgeschehen zur bloßen Staffage, die jeder zeitkritischen Signifikanz enträt.«

Beim nächsten Zusammentreffen mit Kortner erzählte ich ihm und seiner Frau Johanna Hofer, daß uns kürzlich in Zürich am Paradeplatz Zuckmayer entgegengekommen sei, der in dem Augenblick, in dem er Nina und mich erkannte, demonstrativ weggesehen habe. Frau Kortner sagte daraufhin zu ihrem Mann: »Erzähl mal Herrn Kindler, was du mit Zuckmayer erlebt hast.« Und Kortner erzählte: Er schätze und kenne Zuckmayers Vermögen, volkstümliche, handfeste Stücke zu schreiben, die beim Publikum ankommen. Den *Hauptmann von Köpenick* zu schreiben sei aber nicht Zuckmayers Idee gewesen, sondern seine. Als Mitautor habe er, Kortner, auch anfangs Tantiemen bezogen. Zuckmayer habe aber später, während des Krieges, von Kortners Urheberschaft nichts mehr wissen wollen. Es gab darüber einen Briefwechsel, unter anderem einen an Zuckmayer gerichteten Brief vom 20. September 1956, dessen Kopie mir

Kortner zeigte: »Das beweisbare Ausmaß meines Anteils am ›Hauptmann von Köpenick‹, dessen weltanschauliche Haltung in striktem Gegensatz zu all Ihren sonstigen Stücken steht, besteht aus folgendem: 1. aus der Figur und der Köpenickiade ein Stück zu machen; 2. aus seiner politisch-geistigen Tendenz und 3. weitgehend aus seinem szenischen Aufbau. Ich möchte daran erinnern, daß Sie, Wochen nachdem Sie – nach langen, gemeinsamen Beratungen und nach der Lektüre des von mir und Leo Lania verfaßten Stückentwurfs – zu schreiben begonnen hatten, mir brieflich mitteilten, der Köpenickstoff eigne sich nicht für ein Bühnenstück. Insbesondere mein Vorschlag die Uniform betreffend, sagten Sie in Ihrem Brief, zeige, wie sehr meine Phantasie vom Film beeinflußt sei. Das ›Wandern‹ der Uniform sei Film und nicht Bühne. Und doch ist dieser Vorschlag ein wesentlicher Bestandteil des Stückes geworden. Sie waren drauf und dran, den Plan, den ›Hauptmann‹ zu schreiben, aufzugeben! In diesem Brief bitten Sie mich, Ihnen zu Hilfe zu kommen. So fuhr ich mit Hanna zu Ihnen nach Henndorf, und Hanna erlebte, wie Ihre Zweifel an dem Stoff, Ihre Einwände gegen ihn und meinen ›Film-Vorschlag‹ schwanden und einer Zuversicht wichen, die vor allem aus den von mir nunmehr erweiterten Vorschlägen für den szenischen Aufbau stammte. Zuckmayer, ich lege Ihnen ans Herz, sich doch eines Besseren zu besinnen. Ersparen Sie es mir, in einem schärferen Disput, bei dem die Öffentlichkeit nicht zu vermeiden wäre, mir die Anerkennung, das theatergeschichtliche Verdienst an diesem Stück durch noch lebende Zeugen und unumstößliches Beweismaterial – ich erinnere nur an meinen Tantiemenanteil – zu erkämpfen.

Ich möchte aber auch nicht versäumen, Ihnen zu sagen, daß, hätte ich den Stückeinfall, den szenischen Verlauf und meine sonstigen Einfälle und Vorschläge einem Dramatiker von geringerem Volumen überlassen, wäre sicherlich kein so außerordentliches und bleibendes Stück entstanden. Ich schmälere gewiß nicht die Größe Ihrer Leistung, wenn ich auf Anerkennung der meinen bestehe.

Für den Fall, daß die Nachricht, daß Sie Ihre Memoiren schreiben, nicht zutrifft, möchte ich hinzufügen: Es gibt auch andere Gelegenheiten für diese Berichtigung.«

Kortner bat dann seine Frau, den Brief herauszusuchen, den ihm Hans J. Rehfisch aus Hamburg am 6. November 1956 geschrieben hatte. Rehfisch ist unter anderem durch das von ihm gemeinsam mit Wilhelm Herzog verfaßte Theaterstück *Die Affäre Dreyfus* bekannt geworden, dessen Uraufführung in der Volksbühne in Berlin ich ebenfalls gesehen hatte. Aus Rehfischs Brief an den »lieben Kortner« zitiere ich:

»...der Zufall wollte, daß ich mir gestern abend den Film ›Der Hauptmann von Köpenick‹ ansah. Heute morgen kam Ihr Brief. Ein telefonischer Anruf bei Walter Proehl (Europa Film) gab mir Aufschluß darüber, daß

1. Realfilm die Rechte von Richard Oswald (*nicht* Terra) gekauft hat, dem Zuckmayer, vor 25 Jahren, die Verfilmungsrechte ›für alle Zeiten‹ verkauft hatte;

2. Zuckmayer von der REAL für seine ›Mitarbeit am Drehbuch‹ DM 25 000,– erhalten hat.

Ich selber habe keine Veranlassung, gegen Zuckmayer *persönlich* aigriert zu sein, da er mir niemals etwas zuleide getan hat. Aber da ich, wenn Sie mich vor Gericht als Zeugen benennen, meine Aussage wahrheitsgetreu zu machen hätte, sehe ich nicht ein, warum ich Ihnen nicht jetzt schon all das, was ich auszusagen haben würde, bekanntgeben sollte. Mein Gedächtnis in dieser Angelegenheit funktioniert außerordentlich präzis – weil *ich* eine sehr bestimmte Rolle darin spiele.

Im Verlauf des Sommers 1930 baten Sie mich, Sie in Ihrer

Grunewaldvilla zu besuchen, da Sie mir ›einen interessanten Vorschlag‹ zu machen hätten. Ich kam. Sie ließen mich ein ca. 40 Seiten langes Szenarium eines Bühnenstückes ›Der Hauptmann von Köpenick‹ lesen. Es gefiel mir sehr. Ganz besonders glücklich fand ich die Idee der ›wandernden Uniform‹. Sie luden mich ein, das Stück gemeinsam mit Ihnen auf einer 50/50-Basis zu vollenden und es als alleiniger Verfasser mit meinem Namen zu zeichnen. Ihr Motiv: Sie wünschten, dieses Stück am Deutschen Theater selbst zu inszenieren, und scheuten den gewärtigen Tratsch, daß Sie – um beim D. T. einen Regierungsauftrag zu erhalten – selber ein Stück vorlegen müßten, das Sie zum Verfasser oder Mitverfasser hätte. Ich lehnte Ihre Einladung dankend ab,

1. weil Ihr bereits vorhandenes Szenarium durchaus keines zweiten Autors bedurfte, sondern allenfalls einer gewissen Hilfe, betreffend das berlinische Kolorit der Dialoge, die ich ›für eine Kiste Zigarren‹, d. h. als *Freund* zu besorgen bereit war,

2. weil es meiner Berufsauffassung widerstrebte, mich als Autor eines Werkes zu benennen, das ein anderer geschrieben hatte. Da ich bei diesem Standpunkt verharrte, erklärten Sie mir, daß der erwähnte Opportunitätsgrund (Ihre Regie!) für Sie entscheidend sei – und ›dann müsse es eben Zuckmayer machen‹. Zuckmayer kam, nachdem ich gegangen war.

Einige Zeit später erzählten Sie mir, Zuckmayer habe, nach erheblichen Streitigkeiten mit Ihnen, das Stück dann doch in Ihrem Sinne vollendet und es zum Deutschen Theater gebracht. Allerdings habe er, und darüber waren Sie sehr erbost, die zwischen Ihnen getroffene Vereinbarung wegen der Regie einfach ignoriert und sich statt dessen damit einverstanden erklärt, daß Hilpert das Stück inszenieren würde. Ich empfahl Ihnen, unter diesen Umständen wenigstens dafür zu sorgen, daß Sie als Mitarbeiter genannt würden und einen Ihrem Urheberrecht entsprechenden Anteil an allen Erträgen (Tantiemen, Filmrechte usw.) erhielten. Ob Sie eine entsprechende vertragliche Sicherheit gefordert haben, ob Sie sie erhalten haben, weiß ich nicht. Ich erinnere mich aber, daß Sie mir eines Tages erzählten, Sie bekämen einen ›ausreichenden Anteil‹ an den Tantiemen.

Ich kann mir nicht vorstellen, daß Zuckmayer Ihre Urheberschaft (oder zumindest Ihre *Mit*urheberschaft) am ›Hauptmann von Köpenick‹ ernsthaft in Abrede stellt. Wahrscheinlich hat Ihr Verhalten in ihm den Glauben erweckt (oder ihn in dem Glauben belassen), daß Sie aus irgendwelchen Gründen mit dem Werk nichts mehr zu tun zu haben wünschten. Falls dem nicht so ist, müßten Sie ihn eines Besseren belehren. Wie bereits gesagt: Ich habe keinerlei Ursache, mich gegen Zuckmayer zu stellen. Aber meine besondere Position in den deutschen Autorenorganisationen erfordert von mir ein besonderes Maß von Korrektheit und Objektivität in urheberrechtlichen Streitigkeiten. Deshalb empfehle ich Ihnen, als kürzesten Weg, die Einberufung eines Schiedsgerichts, dem Sie beide sich freiwillig unterwerfen. Ich selber könnte vor einem solchen Gericht – und natürlich auch vor einem ordentlichen Gericht – nichts anderes aussagen, als was ich in dem vorstehenden Schreiben niedergelegt habe. Als Obmann des Schiedsgerichts würde ich Ihnen den Berliner Kammergerichtsrat Dr. Buechen empfehlen, der sich als Obmann der Schiedsgerichte zwischen Bühnenautoren-Verband und Bühnenverlegern bzw. Bühnenleitern bestens bewährt hat und allgemeines Vertrauen genießt.

Mit besten Grüßen, auch an Frau Hanna

Ihr Rehfisch«

Diese Erklärung von Rehfisch, sagte mir Fritz Kortner, sei von Zuckmayer nicht bestritten worden, aber: »Im juristischen Sinn waren meine Urheberrechtsansprüche verjährt.«

Dank Kortner ist *Der Hauptmann von Köpenick* Zuckmayers

bestes Theaterstück geworden, und Kortner hat mit seiner Vermutung zweifellos recht: »Zuckmayer hätte ohne mich den *Hauptmann von Köpenick* nie geschrieben. Und ohne mich hätte er aus der Köpenickiade vielleicht ein erfolgreiches, schwankhaftes Lustspiel gemacht. So aber ist eine überragende Satire entstanden, ein Zeitdokument des Wilhelminischen Zeitalters. Gäbe es das Stück *Der Hauptmann von Köpenick* nicht, hätte Zuckmayer wahrscheinlich gar nicht emigrieren müssen. *Des Teufels General* ist verräterisch.«

In seinen Memoiren schrieb Zuckmayer lediglich, daß ihm im Sommer 1930 die »Anregung zu einem Stoff« zuteil wurde, an den er zuvor nicht gedacht hätte: »Sie kam von Fritz Kortner, meinem lieben Freund, der sich meine Bewunderung und Zuneigung durch nichts verscherzen kann.«

Das Manuskript dieses Kapitels will ich heute Rudolf Radler schicken, der für *Kindlers Neues Literatur Lexikon* verantwortlich ist: Es ist aktualisiert und erweitert, zudem benutzerfreundlicher nach den Namen der Autoren geordnet.

Meine Bitte an Radler ist, im Beitrag über Zuckmayers *Der Hauptmann von Köpenick* Kortners geistige Miturheberschaft nicht länger zu verschweigen.

KAPITEL 47
Mein Abschied als Verleger

Von vielen Büchern, die Nina und ich in 35 Jahren verlegt haben, mußten wir uns trennen – aus Platzmangel. In der Gemeindebibliothek in Küsnacht werden sie, denken wir, gut »aufgehoben« sein. In einigen jedoch, die in unserer Bibliothek verblieben, blättere ich immer wieder: beispielsweise in dem von Nina herausgegebenen Band *Liebe*, beispielsweise in drei Lyrikbänden, die Bernd Jentzsch auf meine Anregung hin ediert hat. Der erste Band beschreibt »Erniedrigung und Vertreibung in poetischen Zeugnissen«. Für den Titel dieses Bandes wählte Jentzsch die erste Zeile eines Gedichtes von Max Herrmann-Neisse *Ich sah das Dunkel schon von ferne kommen*. Der Band enthält 94 Gedichte von 45 Autoren.

Der zweite Band beschreibt »Deportation und Vernichtung in poetischen Zeugnissen«. *Der Tod ist ein Meister aus Deutschland*: Für diese Zeile aus Paul Celans berühmtem Gedicht *Todesfuge* hatte sich Bernd Jentzsch als Titel des zweiten Bandes entschieden. Selten hat eine Zeile wie diese der Unmenschlichkeit eines Systems so überzeugend Ausdruck verliehen. Von der Verhaftung bis zur Asche von Birkenau dokumentiert dieser Band den nationalsozialistischen Terror und die von Hitler befohlene »Endlösung«. Der Band enthält 96 Gedichte von 55 Autoren.

Der letzte Band beschreibt »Rückkehr und Hoffnung in poetischen Zeugnissen«. Der Titel dieses Bandes, *Ich sah aus Deutschlands Asche keinen Phönix steigen,* ist Christoph Meckel zu verdanken. Der Band thematisiert Rückkehr, Hoffnung, Enttäuschung und Resignation der von Hitler Verfolgten, die überlebt haben. Die Gedichte belegen deutsche Zeitgeschichte von der Befreiung 1945 aus dem KZ über den 17. Juni 1953 bis zum Mauerbau 1961. Der Band enthält 100 Gedichte von 55 Autoren.

Jentzschs dreiteilige Lyrikanthologie zu den Themen Exil, Konzentrationslager und Befreiung sollte Schullektüre werden.

München ist jetzt wieder die Zentrale des Kindler Verlags, auch für das enzyklopädische Programm. Der Holtzbrinck-Konzern entschied, daß der Droemer Knaur Verlag, der wie S. Fischer und Rowohlt zu diesem Unternehmen gehört, den Kindler Verlag in sein Verlagshaus in München aufnimmt. Im Rahmen der Verkaufsverhandlungen bestanden Georg von Holtzbrinck und sein engster Mitarbeiter Werner Schoenicke darauf, die Reihe *Geist und Psyche* an den Fischer Taschenbuch Verlag zu übertragen. Man ging davon aus, daß die Reihe in einem bedeutenden Taschenbuch-Verlag größere Verkaufschancen hat. Nina und ich trauern ungenutzten Möglichkeiten nach. In der Enzyklopädie *Die Psychologie des 20. Jahrhunderts* stecken Hunderte *Geist-und-Psyche*-Bände. Zweit- und Drittverwertung waren von vornherein in die Kalkulation der großen Handbücher und insbesondere der psychologischen Enzyklopädie einbezogen.

Georg von Holtzbrinck interessierten im Kindler Verlag insbesondere die enzyklopädischen Werke. Zu meiner Genugtuung wurden inzwischen die Säugetierbände von *Grzimeks Tierleben* dank Wolf Keienburgs kundiger Arbeit aktualisiert. Und unter der qualifizierten Leitung von Rudolf Radler entsteht derzeit *Kindlers Neues Literatur Lexikon.*

Erfreulich war aber auch, daß »unsere« Autoren bereit waren, dem Verlag weiterhin treu zu bleiben. Als ersten bat ich Leon Uris, sich nicht vom Kindler Verlag zu trennen. Er entsprach meiner Bitte. 1989 erschien das elfte Buch von ihm bei Kindler. Besonders glücklich sind wir natürlich darüber, daß viele Kindler-Autoren sich weiterhin dem Verlag verbunden fühlen: Walter Jens, Sebastian Haffner, Horst Stern, Heinrich Albertz, Michael Kunze, Werner Schneyder[30]. (Einzig Dieter Lattmann, von dem wir sechs Bücher herausgebracht hatten, verabschiedete sich vom Kindler Verlag.) Dankenswerterweise entschied sich auch Dieter Hildebrandt, dem Nina und ich seit langem verbunden sind, sein herrliches Buch *Was bleibt mir übrig* im Kindler Verlag herauszubringen. Von Michael Kunze ist inzwischen sein zweites Buch *Der Freiheit eine Gasse* bei Kindler erschienen. Michael Kunze sagt, er sei mit Kindler aufgewachsen: Über viele Jahre war sein Vater, Dr. Walther Kunze, einer der geschätzten leitenden Redakteure unseres Zeitschriftenverlages. Noch heute haben wir Verbindung zueinander.

Wenn ich diese meine Erinnerungen abgeschlossen habe, werde ich viel Zeit haben. Viel Zeit für Nina. Meist werden wir unsere Abende mit Lesen verbringen. In »ihrem« Zimmer hat sie sich die Bücher aufgestellt, die ihr am Herzen liegen oder die sie lektoriert hat. (»Nina Kindler lektoriert mit dem Lippenstift«, hat Fritz Raddatz einmal behauptet. Mein Dementi lautet: Das ist eine Ente!) Zu Ninas Kindler-Bibliothek gehören: *Monsieur Proust* von Céleste Albaret; *Sinclair Lewis* von Mark Schorer; Michail Sostschenkos Autobiographie *Schlüssel des Glücks*. Ich entdecke die von H. F. Peters verfaßte *Lou*, eine Schilderung des Lebens der Lou Andreas-Salomé. Ich zähle noch auf: die Lebens- und Liebesgeschichte der beiden außergewöhnlichen Richthofen-Schwestern *Else und Frieda* von Martin Green; *Eine Ehe in*

Briefen der Katherine Mansfield, die Gabriel Marcel eingeleitet hat; *Porträt einer Ehe*, das Nigel Nicolson verfaßt hat; *Zelda*, die Biographie des amerikanischen Traumpaares Zelda und F. Scott Fitzgerald; *Harold and Maude*, der amerikanische Romanerstling von Colin Higgins, den unsere Tochter Georgette »entdeckt« und übersetzt hat. Und auf ihrem Nachttisch hat Nina vier Bücher des englischen Lyrikers Laurie Lee, die in unserem Verlag erschienen sind: *Des Sommers ganze Fülle, An einem hellen Morgen ging ich fort, Die Hügel der Toscana* und *Verzauberte Tage*.

Zeit haben. Natürlich nicht nur für Lesen. So ungern Nina reist, werden wir doch häufiger und länger in unserem Ferienhaus in der Toscana am Tyrrhenischen Meer sein, einem Paradies. Und wir freuen uns schon auf die Menschen, die uns vertraut sind, freuen uns auf ein Wiedersehen mit dem italienischen Verleger Gianni Merlini, dem Chef des Turiner Verlagshauses »UTET«, und seiner liebenswürdigen englischen Frau Madeline. Wahrscheinlich treffen wir auch, wie all die Jahre zuvor, den italienischen Arzt Professor Aldo Gandellini; wir lieben ihn und seine Frau.

Mit Dr. Joachim Borchart und seiner Frau Dr. Hannelore, die Ärztin ist, sind wir bereits verabredet. Borcharts haben ein Ferienhaus wie wir in der Pineta di Roccamare, ebenso unser Freund Günter Drews, einer der großen deutschen Textilfabrikanten. Er hat Charme und vermittelt den Eindruck eines Lebenskünstlers. Seine Handschrift beweist meiner Frau jedoch, daß dieses Erscheinungsbild nur eine Seite seines Wesens ist. Günter Drews verfügt nämlich über außerordentliche Tatkraft und ungewöhnlichen Durchsetzungswillen. Nach dem Krieg hat er sein Textilunternehmen ohne eigenes Kapital im württembergischen Schrozberg begründet, heute Stammhaus einer weitverzweigten Firmengruppe mit Filialen und Beteiligungen in anderen deutschen Städten und auch in Italien. Besonders stolz ist er auf sein Zweigwerk in Berlin, das er 1963 ins Leben rief. Dort hat er nach dem Fall der Mauer einen »Designer-Preis Berlin–Berlin« gestiftet mit Modekünstlern und Mannequins aus beiden Teilen der Stadt. Politiker waren eigens aus Stuttgart gekommen, um Günter Drews zu dieser Feier gemeinsam mit Berlins Oberhaupt Walter Momper zu beglückwünschen. Man bescheinigte ihm ein beinahe erotisches Verhältnis zum Markt. Nach dem Geburtstag des vereinigten Deutschland am 3. Oktober 1990 rief mich Günter Drews in Zürich an, um mir, dem Berliner, zu sagen, gewiß würde die Stadt wieder das werden, was Berlin vor Hitler gewesen sein soll.

Ich erwiderte, bei allem Optimismus und meiner Freude, daß West-Berlin keine Insel mehr sei, hielte ich das für ungewiß. Denn für das frühere Berlin fehlen drei Elemente. Erstens war Berlin nicht nur Deutschlands, sondern auch Preußens Hauptstadt. Preußen brachte große Mittel auf für weltweit berühmte kulturelle und wirtschaftliche Einrichtungen: für das Preußische Staatstheater, für das Preußische Staatsorchester, für preußische Museen, für die Preußische Akademie der Wissenschaften. Zweitens ist es fraglich, ob Berlin seine Bedeutung als Industriestadt wiedergewinnen kann. Drittens fehlen die jüdischen Mäzene: die jüdischen Unternehmer ebenso wie die jüdischen Künstler, die Berlin als Kulturstadt groß gemacht hatten. Mit einem offenen Brief appellierten am Tag der Vereinigung beider deutschen Staaten prominente Theaterleute an die Bundesregierung, die Grenzen für die russischen Juden zu öffnen. Die Erklärung zum 3. Oktober 1990 lautet:

»Die Regierung der Bundesrepublik Deutschland ist dabei, die Einwandererquote für russische Juden, die vor einem neuen, uralten Antisemitismus Schutz suchen, für die nächsten fünf

Jahre auf 3000 (also jährlich 600) zu beschränken. Man sagt sechshundert, weil Null nicht gut klingt. Der neue Staat verweigert in seiner ersten Stunde Lebenshilfe genau denen, die der alte Staat vor fünfzig Jahren mit Lebensvernichtung überfiel. ›Die Schutzflehenden‹ heißt das älteste überlieferte Theaterstück Europas, die Emigrantentragödie des Aischylos. ›Welch anderer Ort nähm' uns gütiger auf / Als Eure Stadt und als Euer Land‹, fragt da bittend, hoffend der Chor der Bedrohten. Wir Theaterleute deutscher Sprache haben ein besonderes Recht, eine besondere Pflicht, diese Bitte zu befürworten. Hätte es nämlich früher ›Einwandererquoten‹ gegen Juden aus Osteuropa gegeben, so wäre das deutsche Theater nicht durch Schauspielerinnen wie Bergner, Mosheim, Giehse, durch Operndirektoren wie Mahler, Walter, Klemperer, durch Regisseure wie Reinhardt, Jessner, Kortner belebt, erneuert worden. Die Arbeit und die Phantasie solcher Mitbürger brauchen wir gerade heute: Damit sich die Beschränktheiten, Gefährdungen beider deutscher Gesellschaften, in denen wir bisher lebten, auflösen statt addieren. Wir bitten die Regierung Deutschlands, im Namen der Würde und des Gedeihens dieses Landes, Juden aus Mittel- und Osteuropa die Einwanderung freizustellen.«

Unterschrieben ist der Brief von Ingrid Andree, Anne Bennent, Hermann Beil, Luc Bondy, Jürgen Flimm, Thomas Holtzmann, Thomas Langhoff, Jutta Lampe, Susanne Lothar, Ulrich Mühe, Heiner Müller, Ivan Nagel, Claus Peymann, Elisabeth Schwarz, Peter Stein, Gert Voss, Ulrich Wildgruber, Peter Zadek.

Am 3. Oktober 1990 fragten mich Bekannte, was ich dazu sage, daß die DDR abgedankt habe. Ich denke, *politisch* war die Auflösung der DDR, das heißt die Beendigung des Einparteien-, des Spitzel- und Denunziantensystems mit einem Diktator an der Spitze, überfällig. *Wirtschaftlich* hat sich dem Sozialismus der Kapitalismus überlegen erwiesen, der Kapitalismus, der sich unterdessen in zahlreichen Industrieländern zu einer freien Marktwirtschaft entwickelt hat und in Deutschland sogar eine soziale Marktwirtschaft für sich in Anspruch nimmt. So paradox das klingen mag, nicht zuletzt dank der Errungenschaften der sozialistischen Arbeiterbewegung wurde der praktizierte Sozialismus zu Fall gebracht. Der »Tagelöhner«, der sich kurzfristig um Lohn verdingte, war ohne jegliche Rechte. Erst dank der Arbeiterbewegung, die von der sozialistischen Bewegung und der Gewerkschaftsbewegung nicht zu trennen ist, wurde den uneingeschränkt kapitalistischen Produktionsverhältnissen allmählich Einhalt geboten.

Aber die Forderungen der Gewerkschaftsmitglieder beschränkten sich nicht auf Kürzung der Arbeitszeit und Erhöhung der Löhne; die Mehrzahl der Industriearbeiter erstrebte gesellschaftliche Anerkennung. Die Führer der marxistischen Parteien und der Gewerkschaftsfunktionäre entwickelten entsprechende Initiativen – in wirtschaftlicher, sportlicher, sozialer und kultureller Hinsicht. Bereits 1876 war die Zeitung »Vorwärts« als Zentralorgan der Sozialistischen Arbeiterpartei ins Leben gerufen worden. 1919 kam es mit Hilfe der SPD zur Schaffung der »Arbeiterwohlfahrt«. Die »Arbeiterwohlfahrt« schuf Kindergärten, Kinderheime, Jugendwohnheime, Ausbildungsstätten für soziale und pflegerische Berufe sowie Erholungs- und Kurheime, Krankenhäuser und Altenheime. In Vergessenheit geraten sind die Arbeiterbildungsvereine, die den ökonomisch Benachteiligten und gesellschaftlich Deklassierten den Zugang zur beruflichen Fortbildung ermöglichten und ihnen auch durch Vorträge, Kurse und Seminare zur Erlangung der zu kurz gekommenen Allgemeinbildung verhalfen – eine Aufgabe, wie sie heute den Volkshochschulen zukommt. In der Bücherstadt Leipzig kam es 1924 aufgrund einer Anregung des Bildungsverbandes der deutschen Buchdrucker zur Gründung eines Leserings, der Büchergilde Gutenberg, der Mitgliedern den Erwerb klassischer und zeitgenössischer Literatur in Form tadelloser und preiswerter Ausgaben ermöglichte. Die schon vor der Jahrhundertwende entstandenen Theaterbesucherorganisationen schufen sich nach einiger Zeit eigene Theater, beispielsweise die künstlerisch angesehene »Volksbühne« in Berlin.

Zunehmend wurde die Arbeiterschaft in die bestehende Gesellschaft integriert. Auch der lange Kampf um acht Stunden tägliche Arbeitszeit und der Fünf-Tage- statt der Sechs-Tage-Woche wurde gewonnen. Dem Arbeiter wurde nicht nur ein angemessener Lohn, sondern auch Freizeit, Kündigungsschutz, Mutterschutz, Streikrecht, Kranken- und Altersversicherung, Arbeitslosenunterstützung und Sozialrente eingeräumt. Zwar wird die 35-Stunden-Woche oder eine noch kürzere Arbeitszeit angestrebt, Mitbestimmung und auch Gewinnbeteiligung gewünscht, aber Not und Elend sind beseitigt. Das Verhältnis zwischen Unternehmer und Arbeiter hat sich gewandelt. Erfreulicherweise haben die Unternehmer längst eingesehen, daß unsere Industriegesellschaft auf einen Arbeiterstand angewiesen ist, der über ausreichende Geldmittel verfügt, um die Erzeugnisse kaufen zu können, die die Unternehmen massenweise produzieren. Der Klassenfeind wurde zum Tarifpartner. Aus dem Tagelöhner wurde der umworbene Konsument.

Weltweit steht nun die real existierende Marktwirtschaft auf dem Prüfstand.

Versäumnisse

Als ich mit einem ehemaligen Mitarbeiter über meine Autobiographie sprach, meinte dieser, ich müsse auch die wirtschaftlichen Probleme und Schwierigkeiten schildern, die ich bei meiner verlegerischen Wegstrecke zu bewältigen hatte. Ich erinnere mich: 1945 beginnen wir in Berlin ohne Geld und ohne Verlagsrechte. 1949 gibt es den noch schwierigeren Neubeginn in München. 1952 beteiligen wir uns in München an einer Druckerei. 1954 bauen wir ein Verlagshaus. 1960 eine Tiefdruckanstalt in Unterföhring. 1964 wird das Zürcher Büro Verlagssitz für die Enzyklopädien.

Oft wurde ich gefragt, woher das Geld kam, wie wir das alles finanzieren konnten. Nun, ich habe immer wieder investiert, Gewinne für Investitionen immer wieder aufgestockt durch Bankkredite. Ich habe mir darüber selten den Kopf zerbrochen. Ich war kein Kaufmann, aber ein Unternehmer. Daß ich dem wirtschaftlichen Teil kein eigenes Kapitel eingeräumt habe, darin sehe ich kein Versäumnis. Wenn ich an Vergangenes zurückdenke, so sind es Autoren, Themen und Bücher.

Und die Menschen, die unsere Mitarbeiter waren. Die Mehrzahl in München hatte es in den letzten Jahren nicht leicht. Denn etwa die Hälfte aller Monate war unser Schreibtisch in München verwaist, nachdem wir für die Realisierung unserer enzyklopädischen Werke an unser Zürcher Haus gebunden waren. Verlagschef Peter Nikel in München und der kaufmännische Geschäftsführer Klaus Jost haben sich um das Verlagsgeschehen verdient gemacht und es trotz der häufigen räumlichen Entfernung mir gegenüber nicht an Loyalität fehlen lassen. Mit ihnen hat sich unser Prokuristinnen-Terzett aufopfernd dem Verlag gewidmet: Traut Felgentreff (Cheflektorin), Elke Gerhart (Vertriebsleiterin) und Anna Marie Fiebig (Verkaufsförderung). In schwierigen Situationen stand Peter Nikel außerdem eine Lektorin bei, Ulrike Riemer; sie wurde seine Frau.

Aber ich wollte von meinen Versäumnissen sprechen. Erst in einem langen Gespräch mit Nina bin ich mir eines gravierenden Versäumnisses bewußt geworden:

Zeitschriftenverlag und Druckerei gehörten uns noch. In der Buchhaltung, aber auch in der Vertriebsabteilung, gab es Mitarbeiterinnen, Frauen, die ein Kind oder zwei Kinder hatten. Sie waren darauf angewiesen, Geld zu verdienen. Infolgedessen mußten sie ihre Kinder irgendwo unterbringen – bei einer Großmutter, bei Verwandten, bei Nachbarn. Oder sie lieferten die Kinder morgens in einem Kindergarten ab, der oft nicht auf ihrem Weg in den Verlag lag. Und holten die Kinder mittags ab. Nina bat mich, einen Kindergarten einzurichten. Ich hatte kein Ohr dafür, auch kein Geld und keine Räume für eine solche Einrichtung. Immer wieder verschlangen neue Buchprojekte, vor allem die Enzyklopädien, die Gewinne. Heute nehme ich mir das übel. Nina hat darunter gelitten, daß ich ihren Vorschlag überhört hatte. Es war kein Vorschlag. Es war eine Bitte. Weiß Gott, ich hätte auf eines der großen Werke verzichten sollen. Auch die Raumfrage hätte sich bei gutem Willen lösen lassen. Hätte, hätte, hätte.

Beginn und Ende

verboten und verbrannt empfinde ich als den eigentlichen Beginn meiner verlegerischen Arbeit. Sie steht aber auch am Ende meiner Verlegertätigkeit beziehungsweise am Beginn einer neuen Ära des Kindler Verlages. Dr. Karl H. Blessing, der alsbald nach meinem Abschied die Verantwortung für die Fortführung des Kindler Verlags übernahm, überraschte uns nämlich mit einer Neuauflage von *verboten und verbrannt*, zu der er mich um ein Vorwort und Walter Jens um ein Nachwort bat.

Ich muß sagen: Nina und ich freuten uns sehr über diese noble Geste.

Epilog

Von der Poesie der Einbildungskraft

> Ihr nennt mich Jude. Doch ich bin keiner.
> Aber da sie viele von ihnen vergast und
> erschlagen haben, wird man noch welche
> brauchen können. So werde ich mich melden,
> einer zu werden. Vielleicht nimmt man mich.
>
> Brecht

Mein Traum

Wir feierten Weihnachten wie jedes Jahr in Dietramszell. Unser Anwesen, ein kleines, vierhundert Jahre altes Bauernhaus, war damals, als wir es kauften, in einem erbarmungswürdigen Zustand, aber Nina sah vom ersten Augenblick an, was man daraus machen könne. Das ist ihr auch gelungen, vor allem dadurch, daß wir den an das Haus unmittelbar angebauten Stadel – in Norddeutschland würde man sagen: Scheune – in einen großen Wohnraum umwandelten, in den wir keine Zwischendecke einbauten. Der Tannenbaum, den meine Frau jedes Jahr Weihnachten für die Familienfeier schmückte, reichte über viereinhalb Meter nach oben bis in die Mitte des Dachgiebels.

Ich wollte, es war das Jahr 1981, der Familie die Freude nicht verderben und zeigte nicht, welch große Schmerzen ich hatte, Schmerzen, die nach den Feiertagen nicht mehr zu ertragen waren. Schließlich, in der Nacht vor Silvester, ließ meine Frau mich hoch fiebernd mit einem Krankenwagen in eine Münchener Klinik bringen. Es herrschte ein ungewöhnlicher Schneesturm. Meine Frau begleitete mich. Das heißt: Sie begleitete mich nicht nur bis zur Klinik, sondern ließ sich auch mit einliefern und schlief über die ganzen Wochen meines Aufenthalts in einem zweiten Bett in meinem Krankenzimmer.

Die Gallenblase war völlig vereitert. Die Ärzte erklärten, man könne mich unter diesen Umständen nicht operieren. Man müsse erst Fieber und Entzündung bekämpfen. Aber ich reagierte allergisch auf die Antibiotikabehandlung. Nachdem der zuständige Internist und der hinzugezogene Chirurg am Nachmittag des 5. Januar eine Operation unter diesen Umständen als zu gefährlich abgelehnt hatten, erklärten sie am späten Abend plötzlich, sie müßten am nächsten Morgen das Risiko einer Operation doch auf sich nehmen.

Ich dachte an meinen Vater. Er hatte im Sommer 1970 in dieser Klinik gelegen. Am Morgen des dritten Tages sagte er, kurz bevor er einschlief: »Der liebe Gott hat es immer gut mit mir gemeint. Jetzt will ich ihn bitten, mich sterben zu lassen.« Und wachte nicht mehr auf.

Der nächste Tag war ein Feiertag. Heilige Drei Könige. Also eine Notoperation, ausgerechnet an einem Feiertag.

Die Nacht über fieberte ich weiter stark, obschon Nina auf ihren Schlaf verzichtete und mir unermüdlich kalte Umschläge machte. Gegen fünf Uhr morgens sagte ich zu ihr: »Heute nacht war ich in New York.« Und von Fieber geschüttelt, erzählte ich ihr mit langen Unterbrechungen meinen Traum. Nina prägte sich jedes Wort ein und rekapitulierte ihn in Gedanken immer wieder, bis es hell wurde, um den Traum aufschreiben zu können. Hier ist er:

Ich war in New York. Von der offenen Plattform des Waggons eines U-Bahn-Zuges, der den Untergrund verlassen und auf einer

Trasse oberhalb einer Straße entlangraste, blickte ich auf die Häuser links und rechts unter mir. Es waren Reihenhäuser; eines an das andere gebaut, relativ kleine Häuser, nur einige wenige waren etwas größer. Polternd und klappernd fuhr der Zug, dessen Waggons schon uralt sein mußten, rasend schnell auf den Schienen. Bei meinem Blick auf die Straßen sah ich vereinzelt Männer und Frauen, die Frauen mit Kopftüchern, die Männer mit Payes und schwarzen Hüten. Unverkennbar Juden. Der Zug fuhr bis zu einem Haltepunkt, wo er aber nur den Bruchteil einer Sekunde anhielt, um unverzüglich wieder zurückzufahren, wiederum bis zu dem Haltepunkt, von dem aus er im selben Augenblick, in dem er hielt, auch schon wieder zurückfuhr – hin und zurück, hin und zurück, immer dieselbe Strecke. In der Straße erkannte ich »mein« Haus. Es war das kleinste. Ich glaubte zu wissen, wie es innen aussah: unten nur eine Küche und darüber ein Zimmer. Die Einrichtung sehr bescheiden, dürftig fast. Neben mir auf der Plattform standen viele Juden. Sie umarmten und küßten mich. Ihre Warmherzigkeit machte mich glücklich. Ich hatte das Empfinden, auch ein Jude zu sein. Und ich sagte aufatmend: »Ich bin heimgekehrt.« Der Zug fuhr immer noch. Hin und zurück, hin und zurück, in großer Schnelligkeit, und jedesmal wieder sah ich »mein« Haus. Ich erkannte die Hausnummer: 132. Ich wußte sofort, das ist mein *letztes* Haus. Ich wohnte nicht darin. Ich spürte, falls der Zug jetzt vor »meinem« Haus halten würde, dann wäre ich tot. Bei jeder Hin- und Rückfahrt wartete ich, ob der Zug halten würde, ohne Angst. Dennoch war ich jedesmal wie erlöst, daß der Zug nicht hielt, daß er weiterfuhr. Wie gesagt, ich wußte, das ist mein letztes Haus.

Nachdem ich aufgewacht war, fiebernd, wiederholte ich in Gedanken den Traum immer wieder. Und da fiel mir ein, daß

das Grab, in das man mich eines Tages legen wird, die Nummer
132 hat.
Ich überstand die Operation. Den Traum vergaß ich nicht. Ich
träumte den Ablauf noch mehrere Male, stets glücklich darüber,
daß die jüdischen Mitfahrer auf der Plattform dieses merkwür-
digen Zuges, der hoch über einer Straße in New York fuhr, mich
küßten und herzten. Und wiederum hatte ich dabei das Empfinden, ich sei auch ein Jude, und hörte mich dankbar sagen: »Ich
bin heimgekehrt.«

Der Traum verfolgt mich. Wie soll ich ihn deuten? Was hat
das Unbewußte mir vermitteln wollen? Hätte auch ich zu Beginn der Nazijahre Deutschland verlassen, hätte ich Leo Kerz
und den vielen anderen auf ihrem Weg in das Exil folgen
sollen? Dem Trauminhalt steht entgegen, daß mich kein jüdischer Vater gezeugt, keine jüdische Mutter geboren hat. Ich
versuche dem Geheimnis des Traumerlebnisses nachzuspüren
und seine Sinngebung als eine seelische Wirklichkeit zu empfinden. Meine Gedanken gehen in das Jahr 1929 zurück, als
ich den Satz aufnahm: »Solange es Antisemiten gibt, will ich
ein Philosemit sein.« Seitdem weiß ich, daß Antisemitismus
ein Seismograph ist, der den wahren Zustand einer Gesellschaft offenbart.

In New York

Der Leser weiß aus meinem Bericht über das Jahr 1945 in Berlin,
daß ich damals nicht nach Amerika hatte fliegen dürfen, da mir
die Einreise verweigert wurde. Das hatte ich nie verwunden.
Infolgedessen war ich nie in New York gewesen. »*Manhattan
Transfer* von Dos Passos und Gershwins *Rhapsody in Blue*

hatten«, schrieb Hilde Spiel in ihren Lebenserinnerungen vor ihrer ersten Amerikareise, ihr »längst ein Vorgefühl von New York eingeflößt.« So ging es mir. Hinzu kam, daß der Traum, der mich nach New York geführt hatte, mich nun schon über Jahre verfolgte. Ich mußte New York endlich kennenlernen. Wollte die Straße sehen, »mein« Haus mit der Nummer 132. Ich flog nach New York, fuhr noch am Ankunftstag mit der U-Bahn die Strecke, in der der Zug aus dem Untergrund auftaucht und über Teile von New York fährt. Tatsächlich, ich entdeckte eine Straße, meiner im Traum ähnlich; ich stieg auf der nächsten Station aus und stand seltsamerweise sehr bald vor einem Haus, das die Nummer 132 trug...

Hatte der Traum mein Leben verändert? Er hatte mich, wie gesagt, nach New York geführt. Der Traum war Realität geworden.

An einem meiner ersten New Yorker Abende war ich bei einem Psychoanalytiker eingeladen, der mit unserem Verlag in Verbindung stand. Wie er mir erzählte, hatte er mit 29 Jahren gleich nach dem Reichstagsbrand seine über alles geliebte Geburtsstadt Berlin verlassen und war nach Zwischenstationen – zuerst in Wien, dann in Prag – 1937 in New York gelandet. Ich sah mir die Bücher an, die ringsum die Wände seines Arbeitszimmers füllten. Es kam mir so vor, als ob die Bücher deutscher Sprache überwogen. Zu meiner Überraschung entdeckte ich auch unser Literatur Lexikon. Er bemerkte es und sagte: »Ja, meine Frau schenkte es mir vor zwei Jahren. Bald darauf starb meine Frau. Sie ist erst kurz vor Ausbruch des Krieges aus Berlin geflüchtet, und wir haben uns hier in New York kennengelernt und geheiratet. Als sie nach dem Krieg erfuhr, daß ihre Eltern vergast worden waren, ist sie ihres Lebens nie mehr recht froh geworden.« Nach einer Pause sagte er unvermittelt: »Wenn Sie mögen, spiele ich Ihnen eine ihrer Lieblingsplatten vor. Sie sind doch auch in Berlin groß geworden.« Er machte mich mit einer Nichte bekannt, die die Schallplatte auflegen sollte. Ich weiß ihren Namen nicht, obwohl sie am nächsten Tag bei einer schwierigen Verhandlung mit amerikanischen Verlegern als Dolmetscherin meinem schlechten Englisch nachhalf. Der Psychoanalytiker nannte sie Santa Rosa. Sie stammte aus Argentinien, wo sie an der Universität von Santa Rosa Germanistik studiert hatte.

Die Schallplatte enthielt die Songs aus dem *Berliner Requiem*, Weills Musik zu Brechts Text. Wir hörten schweigend zu. Ich empfand an diesem Abend Weills Musik als eine einzige Klage. Hat Weill womöglich in vielen seiner in Berlin vor Hitler entstandenen Songs das jüdische Leid vorausgeahnt und mit Brechts *Berliner Requiem* die jüdische Tragödie komponiert, so wie Gershwin in New York in seinen Songs den vielbeschworenen amerikanischen Traum komponiert hat?

Als Weills Musik verklungen war, erzählte mir mein Gastgeber: »Hier in New York habe ich dann erst 1941 wieder Musik von Weill gehört, Musik zu einem amerikanischen Bühnenstück, *Lady in the Dark*. Ich wollte dieses Musical sehen, weil es mein Fach, die Psychoanalyse, anhand des Schicksals einer Frau zum Thema hat. Es berührte mich«, fuhr mein Gesprächspartner fort, »daß Weill, dessen Musik in Deutschland verboten war, sich auf diese Weise der in Deutschland verbotenen Wissenschaft von Freud annahm. Natürlich in populärer Form für den Broadway. Weill konnte als Songschreiber Ira Gershwin, den Bruder von George Gershwin, gewinnen. Die Songs von *Lady in the Dark* bewirkten Weills Durchbruch. Amerika hatte den Flüchtling Weill aufgenommen, und er hatte sich von dem Land, das ihn verstoßen hatte, abgenabelt. Es war ein psychischer Prozeß. Er fühlte sich angenommen, angenommen als Amerikaner. Er sah sich jetzt nicht nur als ein amerikanischer Komponist, sondern als ein Mensch, der hierhergehörte, ein Bürger der USA – nicht nur dem Paß nach.« Zum Schluß hörte ich meinen Gastgeber sagen: »George Gershwin, der amerikanische Komponist, war gestorben. Kurt Weill, der amerikanische Komponist, war geboren.«

Weill und Gershwin – ein Thema, das mich schon seit Jahren beschäftigt hatte. 1959 hatte ich von Langston Hughes den Roman *Trommeln zur Seligkeit* verlegt. Langston Hughes war einer der bedeutendsten schwarzen Dichter Amerikas. Sein Kampf um die Rechte seiner farbigen Mitbürger hatte ihm den niederträchtigen Haß der »aufrechten« Amerikaner in der McCarthy-Ära eingebracht. Langston Hughes hat für Kurt Weills Broadway-Oper *Street Scene* nach dem Theaterstück von Elmer Rice die Gesangstexte geschrieben. »Kurt Weill ging«, schrieb Langston Hughes, »als er für *Street Scene* eine spezifisch amerikanische Nummer, nämlich den Blues, in der ersten Hälfte des ersten Aktes vorbereitete, mit mir in verschiedene Lokale in Harlem und hörte sich viele Blues-Aufnahmen an… Das Ergebnis war *A Marble and a Star*, komponiert in einem nationalen amerikanischen schwarzen Idiom.« Ein Song war geboren worden. 1966 fragte ich Langston Hughes in einem Brief, ob er sich vorstellen könne, ein Buch *Gershwin und Weill* zu schreiben.

Beide, Weill und Gershwin, waren jüdischer Herkunft. Weill, nur eineinhalb Jahre jünger als Gershwin, machte 1927 mit der Trennung von U-Musik und E-Musik Schluß: An Hand der Lyrik von Brecht »erfindet« Kurt Weill den Song. Und mit dem Song den Songstil. Er sagt der Arie Lebewohl, die oft nichtssagenden Text übertönt. Weills Songs hingegen verdeutlichen musikalisch die lyrische Botschaft. Weill vereinigt instrumentale und rhythmische Elemente des Jazz mit nie zuvor gehörten bittersüßen Melodien. (»Bittersüß« nannte der junge Brecht seine Geliebte Paula Banholzer, die Mutter seines im Zweiten Weltkrieg gefallenen Sohnes Frank.) Mit dem Song schuf Weill das unser Zeitgefühl ausdrückende neue Volkslied: Melodie und Wort sind untrennbar.

Gershwins Weg verlief anders: Ihn, der sich notdürftig mit der Komposition von Schlagern über Wasser hielt, faszinierten Ragtime, Charleston und Blues so stark, daß er aus ihnen einen eigenwilligen symphonischen Jazz zauberte. Eine eigene Gattung entstand, denn er vermischte die Musik, die schwarze Sklaven einst aus Afrika mitgebracht hatten, mit der klassischen abendländischen Musik. Sein jazzinspirierter Song eroberte den amerikanischen Konzertsaal. Beide, Gershwin und Weill, nahmen sich für ihre Schöpfungen Stoffe aus zwei thematisch verwandten Romanen. Auf George Gershwin hatte die Novelle *Porgy* von DuBose Heyward großen Eindruck gemacht: die Geschichte von dem armen verkrüppelten Porgy und dem Negermädchen Bess. Kurt Weill wiederum war von dem Roman begeistert, den Alan Paton geschrieben hat: *Cry, the Beloved Country (Denn sie sollen getröstet werden* heißt der Roman in deutscher Übertragung). Die Schrecken des Rassenfanatismus ist das Thema.

Gershwin und Weill, beide wußten, was rassische Diskriminierung für einen Menschen bedeutet. Gershwins Eltern waren eingewandert, um den antisemitischen Pogromen und der Enge des Ghettos in Osteuropa zu entgehen. Sie hofften, in New York teilhaben zu können am amerikanischen Traum. Kurt Weill war vor der brutalen Verfolgung in Deutschland geflohen.

Auf meinen Brief 1966 antwortete Langston Hughes, er wolle meinen Vorschlag gern erwägen, und schrieb: »Die Deutschen halten Weill zu Recht für einen Deutschen, die Franzosen für einen Franzosen, die Amerikaner für einen Amerikaner. Für mich ist er ein Schwarzer.«

Ein Jahr später starb Langston Hughes. Ich ließ den Plan fallen und begnügte mich mit der Neuauflage einer Gershwin-Bildbiographie von Antonio Mingotti und zwei Kurt-Weill-Biographien. Das eine dieser beiden Bücher *Weill und Brecht (Das musikalische Zeitalter),* mit einem Vorwort von Lotte Lenya, hat Gottfried Wagner, ein Urenkel Richard Wagners, verfaßt. Die andere Biographie *Kurt Weill* schrieb der amerikanische Publizist Ronald Sanders[31].

Wenige Tage hatten genügt, mir die Trennung von New York und ihren Menschen schwerzumachen. Einen bleibenden Eindruck nahm ich mit: In dieser Stadt hätte ich leben können, leben mögen. Leben, leben, leben. Kortner benutzte die jüdische Form der Zuneigung, indem er »leben« dem Namen eines ihm nahestehenden Menschen hinzufügte. Ich weiß nicht, wie lange wir uns schon kannten, als er eines Tages sagte: Kindlerleben. Kortner lebte nicht mehr. Auch seine Frau Johanna Hofer war inzwischen gestorben. Mit ihr hatten wir kurz vor ihrem Tod noch einmal im Walterspiel gegessen, an jenem Tisch, an dem ich vor seinem Tod mit Kortner diniert hatte. Es war sein nachdrücklicher Wunsch gewesen, Gastgeber zu sein und mich einzuladen. Ich konnte mich nicht mehr revanchieren. Dafür ist es zu spät. Ist es zu spät? Warum sollte ich nicht mit ihm Zwiesprache halten? Heute in vier Wochen beginnt das Laubhüttenfest. Einmal hatten uns unsere Zürcher Freunde Harry und Eveline Engelmayer eingeladen, einen der Abende in ihrer Laubhütte zu verbringen, die sie in jedem Jahr auf der großen Terrasse ihres Hauses errichten, von der man einen weiten Blick über den Zürichsee hat. Meine Freunde hier, Freunde in New York und Freunde in Israel sprechen nicht vom

Laubhüttenfest, sondern gemäß der hebräischen Bezeichnung von »Sukkot«. Ursprünglich ein Erntedankfest, gewann es seinen religiösen Charakter als Erinnerung an die vierzigjährige Wüstenwanderung der Kinder Israel, die Gott in Zelten oder Hütten hatte wohnen lassen. Die schönsten Laubhütten findet man in Israel, wo noch heute Laub und Zweige von Ölbäumen, Myrten und Palmen gesammelt werden, um aus ihnen die provisorischen Hütten zu fertigen oder die leichten Holzverschalungen damit zu schmücken. Wichtig bei der Laubhütte, der Sukka, ist das halboffene Dach, um den Blick gen Himmel und nachts hinauf zu der Sternenpracht richten zu können. Die Dachöffnung wird lediglich mit einem »Feststrauß« bedeckt, der tagsüber Schatten spenden soll.

Wenn ich nun Kortner zu einem Abschiedsfest einladen würde, zu einem Laubhüttenfest? Ich könnte Harry und Eveline bitten, uns für den einen Abend ihre Laubhütte auf ihrer Terrasse für ein Fest zur Verfügung zu stellen. Ich hatte gehört, daß es Sitte ist, an den ersten sieben Tagen des Festes die Seelen der sieben Stammväter der Kinder Israel zu bitten, neben den Familienangehörigen und Freunden in der Tafelrunde Platz zu nehmen. Die Stammväter hatten von einem Exil ins andere wandern müssen. Erst nach vielen Schwierigkeiten waren sie zu einem festen Wohnsitz und zur Ruhe gekommen. Sie sind die hohen Uschpisins, die hohen Gäste, die geehrt werden: Abraham, Isaak, Jakob, Josef, Moses, Aaron und David. So werde ich unsere Freunde bitten, mir für den *achten* Abend der Festwoche ihre Laubhütte zu überlassen. Die jüdischen Autoren, die wir verlegt haben und die nicht mehr am Leben sind, würde ich gern noch einmal sehen. Ein Wunschtraum. Wen könnte ich außer Fritz Kortner zu diesem Abschiedsfest einladen? Heinrich Heine? 1965 hatte ich eine Taschenbuchreihe seiner Werke heraus gebracht. Aber es wäre vielleicht besser, nur Zeitgenossen, Zeitzeugen einzuladen, Autoren, die im 19. Jahrhundert geboren wurden und in unserem Jahrhundert publiziert haben. Ich werde Anna Freud und Peggy Guggenheim bitten, an dem Laubhüttenfest teilzunehmen. Ich stelle die mögliche Gästeliste zusammen: An einem runden Tisch Anna Freud, deren gesamtes Werk wir verlegt haben. Von den verstorbenen Psychoanalytikern würde ich mir Theodor Reik als Gast wünschen, einen der ältesten Weggefährten Freuds, von dem unser Verlag seinen Bericht *30 Jahre mit Freud* und Nina außerdem in der Reihe *Geist und Psyche* den Titel *Das Verlangen, geliebt zu werden* verlegt hat. Natürlich werde ich Fritz Kortner bitten zu kommen. Auch Max Brod sollte nicht fehlen. Aber außerdem einige jüdische Autoren, deren Bücher wir ins Deutsche übersetzt haben: der Franzose Roger Ikor, der Sowjetrusse Ilja Ehrenburg und der Israeli Ben-Gavriêl.

An einem zweiten Tisch könnten Platz nehmen: die Amerikanerin Peggy Guggenheim, deren kostbare Sammlung Nina und ich in ihrem Palazzo in Venedig aufsuchten, bevor wir ihre freimütige Autobiographie *Von Kunst besessen* herausbrachten. Der namhafte amerikanische Wirtschaftspolitiker Bernard Baruch, dessen Erinnerungsbücher wir verlegten, könnte ihr Tischherr sein. Es wäre schön, ich könnte Arnold Zweig, Franz Molnàr und Alfred Kantorowicz begrüßen; auch Jakob Wassermann, den wir nicht mehr kennengelernt haben. Nicht zuletzt möchte ich Heinz Ullstein wiedersehen, mit dem meine und auch Ninas Verlegerexistenz 1945 begann.

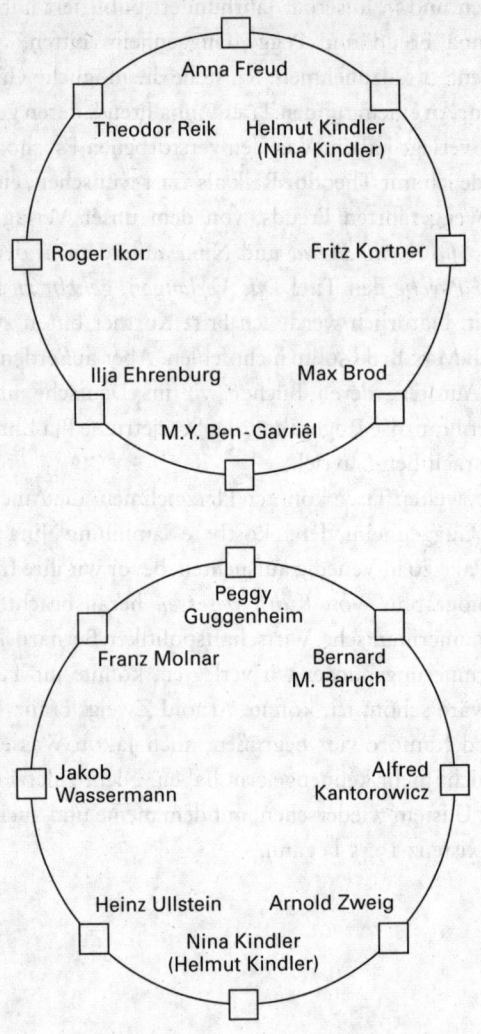

Anna Freud

Theodor Reik

Helmut Kindler
(Nina Kindler)

Roger Ikor

Fritz Kortner

Ilja Ehrenburg

Max Brod

M.Y. Ben-Gavriêl

Peggy
Guggenheim

Franz Molnar

Bernard
M. Baruch

Jakob
Wassermann

Alfred
Kantorowicz

Heinz Ullstein

Arnold Zweig

Nina Kindler
(Helmut Kindler)

Mein Wunschtraum erfüllte sich: alle kamen. Nina und ich konnten vierzehn verstorbene jüdische Autoren willkommen heißen. Zum Empfang hatte ich eine Schallplatte aufgelegt, eine Platte mit jiddischen Liedern des Volkssängers und Arbeiterdichters Mordechaj Gebirtig. Er war kein Dichter, sondern einfacher Tischler, der, in Krakau geboren und dort auch lebend, schon früh damit begonnen hatte, Lieder zu machen, Liebeslieder für seine Frau, Wiegenlieder für seine drei Töchter, Lieder vom Alltag der jiddischen Bewohner. Mordechaj Gebirtig ist bei der Vernichtung des Krakauer Ghettos umgekommen. Auch seine Frau und seine drei Töchter haben den Hitler-Terror nicht überlebt.

Als wir die ersten Gäste auf der Terrasse begrüßten, war von der Schallplatte Manfred Lemm zu hören, der zur Musik seines Ensembles Gebirtigs »Lidl fun goldenem Land« sang:

> »Oj, nem, guter klesmer, dajn fidl in hant
> Un schpil mir doss lidl fun goldenem land.
> Amol flegt majn mame mit harz un gefil
> Doss lidl mir singen. Oj, schpil ess mir, schpil!«

Text und Gesang nahmen die Gäste gefangen, schufen eine unverwechselbare Atmosphäre. Bald aber wurden Musik und Stimmen von dem Begrüßungsschwall unserer Gäste übertönt, die sich kannten, wiedererkannten oder sich miteinander bekannt machten; Hinzukommende umarmten sich und hießen sich willkommen. In das vibrierende Stimmengewirr mischte sich das Klingen von Sektgläsern, die ihnen von Viviane, einer liebenswerten Tochter unserer Freunde, gereicht worden waren und mit denen sie anstießen, um diese irdische Einladung zu feiern. Schalom, schalom, schalom. Deutlich konnten wir die letzte Strophe von Gebirtigs Lied vernehmen:

»Un her ich doss lidl, doss sisse gesang,
Dan welt ojfn harz asoj umetik bang –
Un ss'wilt sich, wi di mame mit harz un gefil,
Doss lidl mir singen – oj, schpil ess mir, schpil!«

Ich bemerkte, wie aufmerksam Max Brod dem jiddischen Text zugehört hatte. In seinen Augen standen Tränen. Eine feierliche Stille trat ein. Nun baten Nina und ich unsere Gäste, uns zu folgen. Aus dem dämmerigen Abendlicht betraten unsere Autoren die kerzenstrahlende Laubhütte. Die Mitte von zwei weißgedeckten Tischen, die den engen Raum füllten, schmückten zwei Glasgirandolen mit je zehn brennenden Kerzen. Die Tischordnung sah für jeden der beiden Rundtische acht Sitze vor: kleine, weißlackierte Korbsessel.

Nina nahm am Tisch neben Heinz Ullstein Platz. Ich war Anna Freuds Tischherr.

Nachdem sich alle Gäste gesetzt hatten, stand ich auf, um unsere Gäste zu begrüßen:

»Seien Sie herzlich willkommen! Hier in der Laubhütte! Das Wahrzeichen dieses Festes, habe ich mir sagen lassen, ist die Freude! Die Freude über den Ertrag der Olivenernte und der Weinlese, wofür Gott zu danken ist.

Nach meinem Kalender ist heute der 11. Oktober 1990, nach dem jüdischen Kalender der 22. Tischri des Jahres 5751. Heute, am 8. Tage der Laubhüttenwoche, am Shemini-Azeret, wollen wir das Schlußfest gemeinsam feiern. Laßt uns fröhlich sein, wie es morgen beim Freudenfest der Thora die frommen Juden halten. Der Dichter Joseph Roth hat in den zwanziger Jahren einem solchen Fest in einem der ›Schtetl‹ in Osteuropa beigewohnt und es folgendermaßen beschrieben:

›Die Chassidim faßten sich bei den Händen, tanzten in der Runde, lösten den Ring und klatschten in die Hände, warfen die

Köpfe im Takt nach links und rechts, ergriffen die Thorarollen und schwenkten sie im Kreis wie Mädchen und drückten sie an die Brust, küßten sie und weinten vor Freude. Es war im Tanz eine erotische Lust. Es rührte mich tief, daß ein ganzes Volk seine Sinnenfreude seinem Gott opferte und das Buch der strengsten Gesetze zu seiner Geliebten machte und nicht mehr trennen konnte zwischen körperlichem Verlangen und geistigem Genuß, sondern beides vereinte.‹

Verehrte Gäste! Die Gläser, die vor Ihnen stehen, werden jetzt gefüllt, gefüllt mit köstlichem Wein aus den von der Sonne verwöhnten Trauben, die die Rebbauern in den Weingärten von Erez Israel geerntet haben und die in den Kellereien von Rischon Lezion abgefüllt worden sind. Sie wissen ja, daß das Laubhüttenfest nicht nur als religiöses Fest begangen, sondern auch als Erntefest überliefert ist, da einst jedermann in die Rebgärten oder hinaus aufs Feld ging und in Zelten oder provisorischen Hütten wohnte, um Weinlese und Ernte auf den Feldern einzubringen, bevor die Winterregen einsetzten.

So, denke ich, ist es meiner Frau und mir als Nichtjuden erlaubt, diesen Abend mit Ihnen, unseren ehemaligen Autoren, festlich zu begehen, auch in Erinnerung an das geistige Werk, das Sie als Schriftsteller der Nachwelt hinterlassen haben. Die Laubhütte hier, diese provisorische Behausung, symbolisiert auch Unvollkommenheit und Vergänglichkeit. Sie läßt mich daran denken, daß die Lebenden nur vorübergehend Gast auf Erden sind.

Gestatten Sie mir, mit einem Zitat von Ezer Weizman zu enden. *Eine Schlacht für den Frieden* heißt sein Buch, das der Kindler Verlag 1981 verlegte. Im letzten Kapitel schreibt er: ›Es mag seltsam erscheinen, eine Friedensoffensive mit einer Schlacht zu vergleichen. Aber irgendwie sind sich Krieg und Frieden ähnlich. Beide sind Mittel, politische Ziele zu erreichen. Der Krieg ist die brutale Methode – Beweis dafür, daß der menschliche Verstand versagt hat. Dreißig Jahre Militärdienst und Blutvergießen haben mich gelehrt, wie dumm und sinnlos es ist, sich für Krieg zu entscheiden.‹

Möge auch das Leid ein Ende finden, das Juden und Palästinensern in Jerusalem und den besetzten Gebieten einander antun. Israelische Freunde versicherten mir, auch unter führenden Palästinensern gäbe es dialogbereite Friedensaktivisten, die einen palästinensischen Staat fordern, ohne das Existenzrecht Israels in Frage zu stellen. So soll zum Beispiel Faisal Husseini in Ost-Jerusalem an eine Entwicklung denken, wonach Israel, Palästina und Jordanien eines Tages einen Staatenbund bilden, der wirtschaftlich eng zusammenarbeiten könnte.

Ich darf Sie bitten, mit mir Ihr Glas zu erheben und darauf zu trinken, daß Israel von weiteren Kriegen und gewalttätigen Konflikten verschont bleibt, damit die Lebensuhr von Kindern und Kindeskindern nicht vorzeitig gewaltsam zum Stillstand gebracht wird.«

Die Gäste erhoben sich, um ihre Gläser zu leeren. Und noch bevor sie sich setzten, fragte mich Anna Freud leise: »Darf ich Ihren Gästen den Traum schildern, den Sie mir bei Ihrem letzten Besuch vor meinem Tod erzählt haben?«

Während sich alle gesetzt hatten, blieb Anna Freud stehen und schilderte den Anwesenden, unüberhörbar auch für die Gäste, die an dem anderen Tisch saßen, meinen Traum. Sie schloß mit den Sätzen: »Der Traum enthält eine Botschaft. Und eine Folge dieses Traumes ist dieser irrationale Abend. Wir erleben, der Phantasie sind auf Erden keine Grenzen gesetzt. Unwirkliches erscheint wirklich.«

Es blieb still in der Laubhütte. Alle sahen zu mir. Von meiner Befangenheit wurde ich dadurch befreit, daß unsere Freunde in der angrenzenden Wohnung die von mir ausgesuchte Kurt-Weill-Platte aufgelegt hatten. Lotte Lenya sang in ihrer unverwechselbaren Art die bekannten Songs aus der *Dreigroschen-oper*, aus *Mahagonny* und aus *Happy-End*. Nina und ich hatten tags zuvor ausprobiert, wie die Lautstärke am besten einzustellen sei, nämlich so, daß kein Ton verlorenging, aber jeder an seinem Tisch den Gesprächen folgen konnte.

An dem Tisch, an dem ich saß, waren Anna Freud und Theodor Reik rasch in ein intensives Gespräch gekommen. Theodor Reik erhob sein Glas und sagte zu Anna Freud: »Trinken wir in Erinnerung an Ihren Vater, dessen Persönlichkeit und Werk mein Leben bestimmt hat!« Anna Freud und Theodor Reik tauschten Erinnerungen aus, Erinnerungen an die gemeinsame Zeit in Wien. M. Y. Ben-Gavriêl war ebenfalls in Wien zur Welt gekommen, 1891, und hieß ursprünglich Eugen Höflich. Wie lange lag das alles zurück? Reik hatte seine psychoanalytische Praxis schon 1930, also drei Jahre bevor Hitler Reichskanzler wurde, von Wien nach New York verlegt. Jetzt wollte er von Anna Freud wissen, wie es in den »Hampstead Nurseries«, den Kriegskinderheimen, in den letzten Kriegsjahren zugegangen sei. Sie kümmerte sich um Kinder, deren Eltern vielfach nicht mehr am Leben waren. Sie erzählte von dem kleinen Jack, der immer zu weinen anfing, wenn sich ein Flugzeug näherte: »Er stürzte dann immer zu dem nächst erreichbaren Erwachsenen und rief: ›Flieger tut mir weh!‹ Allmählich gelang es unseren Helfern, ihn an die Flugzeuge zu gewöhnen. Nach vierzehn Tagen entdeckte er den Schweinestall, der zu dem Grundstück gehörte. Er glaubte, das sei ein Luftschutzkeller für die Schweine. Als wenige Minuten später ein Flugzeug zu hören war, lief er in den Schweinestall zurück und rief hinein: ›Flieger tut euch nicht weh!‹ Der Pflegerin teilte er mit: ›Die Schweinchen haben Angst.‹ Er hatte die Rolle des Geängstigten mit der eines Beschützers und Trösters der Schweine vertauscht. Auf sie übertrug er seine frühere Angst.«

Roger Ikor und Ilja Ehrenburg unterhielten sich in französischer Sprache. Bewundernd sagte Ikor zu Ehrenburg: »Sie sprechen besser Französisch als mancher Franzose.« Ehrenburgs Antwort war: »Ich liebe Paris und liebe Ihre Sprache«, und als er bemerkte, daß ich angestrengt zugehört hatte, lachte er mir zu und erhob seine Stimme, damit ich ihn über den Tisch hinweg gut verstehen konnte: »Mit Ihnen, Herr Kindler, spreche ich auch gerne Deutsch. Früher war die Sprache Goethes für mich Musik, heute macht sie mir angst, und zwar«, womit er sich wieder Ikor zuwandte: »seitdem die Deutschen in Paris einmarschiert waren. Ich habe es miterlebt. In den Lokalen tauchten Schilder auf ›Hier spricht man Deutsch‹. Die Huren säuselten: ›Mein Süßer‹… Vor dem Umgang mit ›unerwünschten Elementen‹ beschützte die Kommandantur die deutschen Soldaten. So wurde an der Eingangstür des Cafés *Dôme* auf dem Boulevard Montparnasse, das von Künstlern besucht wurde, ein Warnschild angebracht ›Deutschen Wehrmachtsangehörigen ist das Betreten dieses Cafés verboten‹.«

Jetzt bemächtigte sich Kortner meiner ganzen Aufmerksamkeit. Er sprach ungewöhnlich leise, so daß uns niemand verstehen konnte:

»Ich möchte Ihnen für diese Einladung danken, für diesen traumhaften Abend. Er hat uns alle förmlich beflügelt. Ich möchte Ihnen, lieber Herr Kindler, auch für viele Gespräche danken, die wir zu meinen Lebzeiten miteinander hatten. Es gab nur zwei Nichtjuden, denen ich meine Begegnungen mit Jesus anvertraut habe. Der eine war Friedrich Heer in Wien, der andere waren Sie in München. Ihr Traum hat mich daran erinnert. Ich erzählte Ihnen zwei Eindrücke, die mir als Bub widerfahren sind. In Wien bestaunte ich die Fronleichnamsprozession. Festlich gekleidete Mädchen trugen den nachgebildeten Körper von Jesus unter Gesängen und Musik vor sich her. Dieser

Jesus, ging mir durch den Kopf, sollte Gottes Sohn sein. Ich konnte das nicht fassen. Ich konnte das nicht glauben. Jesu Mutter, das wußte ich, war eine irdische Jüdin, die einen jüdischen Ehemann hatte. Dieser aber sollte ihren Sohn nicht nach Menschen Art gezeugt haben. Das Mysterium der unbefleckten Empfängnis blieb mir unbegreiflich.

Als ich Ihnen sagte, ich könne nicht glauben, daß Jesus Gottes Sohn ist, fragten Sie, Herr Kindler, ob wir denn an Gott glaubten. Indem Sie ›wir‹ sagten, richteten Sie diese Frage an sich und an mich. Und als wir uns eine Woche darauf wiedersahen, sagten Sie: ›Ich habe Ihnen die Antwort gebracht, die Antwort eines Mannes, den ich nicht weniger verehre als Sie: Ben Gurion, der nach der Gründung des Staates Israel dessen Geschicke als Ministerpräsident leitete.‹ Sie brachten mir die Antwort gedruckt mit. In Form eines Buches, das Sie verlegt hatten: *Gespräche von Moshe Pearlman mit Ben Gurion*. Darin äußert sich Ben Gurion zu Moshe Pearlmans Frage, ob er an Gott glaube. Ben Gurions Antwort: ›Ich glaube an die Existenz eines geistigen, ewigen, allumfassenden höheren Wesens, aber ich kann nicht behaupten, daß ich den Glauben der meisten meiner orthodoxen Freunde teile. Doch ich respektiere deren Glauben von einem Gottesbild, das sich mit meinem nicht deckt.‹

Sie und ich haben uns Ben Gurions Antwort zu eigen gemacht. Erinnern Sie sich daran?«

Wir hatten damals auch darüber gesprochen, daß man mir in der Schule im Religionsunterricht beigebracht hatte, Kern der christlichen Lehre sei die von Jesus verkündete Nächstenliebe. Es handelt sich aber um eine Übernahme aus dem *Alten* Testament. Dort heißt es: »Liebe deinen Nächsten wie dich selbst.«

Schließlich meinte Kortner: »Ich habe auch noch im Ohr, was Sie über das Jenseits sagten. Der Begriff impliziere ja schon, daß das Jenseits *jenseits* unseres Vorstellungsvermögens liege.«

Nach einer Pause kamen wir auf das Theater zu sprechen. »Wie oft«, sagte Kortner, »haben Sie sich über den *Kaufmann von Venedig* entrüstet. Wissen Sie, daß Zadek mich inzwischen übertroffen hat? Mit seiner Interpretation des Stückes im Burgtheater in Wien im Jahre 1988 wären auch sicher Sie einverstanden. In einem Interview erklärte Zadek: ›*Der Kaufmann von Venedig* ist ja nicht nur ein Stück über einen Juden, sondern auch ein Stück über Geld, über eine Geldgesellschaft.‹ Zadek stellt die Geschichte in eine Wall-Street-Welt hinein. Im Rialto gab es die Börse. Bei Zadek ist Shylock ein Börsianer, ein assimilierter Jude, der nicht im Ghetto lebt, sich nicht jüdisch kleidet und nicht jiddisch spricht.‹« Leider habe ich die Inszenierung nicht gesehen. Aber den Rezensionen entnahm ich, daß Zadeks Interpretation ein genialer Ausweg ist.

Ben-Gavriêl und Max Brod verband ihr tiefgründiger religiöser Glaube. Sie führten ein Gespräch über Israel, an dem sich bald auch Fritz Kortner beteiligte; er sprach mit Brod über einige Theateraufführungen, die er mit seiner Frau bei einem Aufenthalt in Tel Aviv besucht hatte. Plötzlich hielt Brod inne. Eine Stelle der Musik der Weillschen Platte veranlaßte ihn, »Psst« zu machen. Er stand auf, um mich zu fragen, ob ich wisse, daß Weill gegen Kriegsende den Auftrag bekam, ein jüdisches Werk zu komponieren. Ich dachte, schon wieder will er mich examinieren. Meine Antwort tat ihm wohl: »Für die Park-Avenue-Synagoge hat er einen ›Kiddush‹ geschrieben, ein Frage-und-Antwort-Spiel zwischen Kantor und Chor. Er hat die Komposition seinem Vater gewidmet und mit ›Purim 1946‹ datiert.«

Brod setzte sich wieder und fuhr fort, mit Kortner über seine Beziehung zu Kafka zu sprechen; ich hörte ihn sagen: »Man darf sich nun nicht etwa vorstellen, daß in diesem ganzen Freundschaftsverhältnis ich der Führende, Kafka der Gehorchende und Lernende war. Das Schöne und Einzigartige der gegenseitigen

Beziehung lag vielmehr darin, daß wir uns in der Führung gleichsam abwechselten, daß wir einander ergänzten und einander so viel zu geben hatten, daß bald der eine, bald der andere die Initiative übernahm.«

Kortner resümierte: »Kafkas Dämonie ist die des Alltags, über den man dann unversehens in die Hölle gerät. In begrenzten Kreisen genießt Kafka ja beklommenes Ansehen, Freud hingegen wird in Deutschland und in Österreich verdrängt. Jedenfalls wurde mein Bekenntnis zu Freud fast immer mit Kopfschütteln aufgenommen.«

An unserem Tisch war Freud noch immer ein Thema zwischen seiner Tochter Anna und ihrem Tischnachbarn Reik. Als ich mich in dieses Gespräch einschaltete und bei einer entsprechenden Gelegenheit erwähnte, daß ich allen Freud-Biographien Max Schurs Veröffentlichung *Sigmund Freud. Leben und Sterben* vorzöge, meinte Anna Freud mißbilligend, Schur hätte das Arztgeheimnis niemals preisgeben dürfen. Schur schildert in seinem Buch, daß er dem todkranken Freud die versprochene Sterbehilfe geleistet hat.

Der Sprechgesang der Lotte Lenya war verstummt. Für wenige Augenblicke war es völlig still. Vom Nebentisch hörten wir Molnárs Stimme, der seinen Zuhörern nach einem Gespräch mit Wassermann über Krankheiten und Herztransplantationen folgende Anekdote erzählte:

»Molnár: Bei einer Herztransplantation möchte ich gern das Herz von Heinrich Himmler haben, sagt ein Patient.
Wassermann: Warum?
Molnár: Es ist so wenig benutzt worden.«

Während die meisten schmunzelten, verzog Kantorowicz, der Molnár schräg gegenübersaß, keine Miene. »Diese Anekdote ist die Abwandlung einer Anekdote aus dem Hitler-Reich«, erklärte er und fuhr fort, »sie ist aber nicht heiter.« An beiden Tischen hörten ihm alle zu:

> »Ein SS-Offizier sagt im Konzentrationslager Treblinka zu einem Häftling, der zu 25 Peitschenhieben antreten mußte: Ich werde dir diese Strafe erlassen, wenn du errätst, welches meiner beiden Augen ein Glasauge ist. Antwort: Das rechte.
> SS-Offizier: Wie bist du darauf gekommen?
> Antwort: Es hat mich so menschlich angesehen.«

Stillschweigen, welches mehrere Minuten anhielt. Dann entschloß sich die resolute Peggy Guggenheim, sich an Bernard Baruch zu wenden: »Hätten wir uns zu Lebzeiten näher gekannt«, sagte sie, »hätte ich Sie um Börsentips gebeten.« Baruch antwortete: »Manchmal sind Bilder die besseren Vermögensanlagen.« Peggy Guggenheim runzelte die Stirn und sagte: »Ich finde es nicht schön, wenn Geldleute Bilder als Spekulationsobjekte kaufen.« Baruch: »Sie haben mir einmal einen Jackson Pollock verkauft. Der gefiel mir. Ich hätte mit ihm ein großes Geschäft machen können, wenn ich das Bild nach seinem tödlichen Autounfall verkauft hätte.«

Die Gläser mit Weiß- und mit Rotwein wurden wieder gefüllt. In wenigen Minuten sollte das Essen aufgetragen werden. Da hörte man, wie Ehrenburg seinen Nachbarn zur Rechten, Ben-Gavriêl, geradezu beschwor: »Diese Szene müssen Sie uns allen erzählen!« Es ging um eine Stelle in Ben-Gavriêls *Haus in der Karpfengasse*. Das Buch behandelt die deutsche Okkupation in Prag. Ben-Gavriêl erwiderte: »Ja, ich kann die Stelle fast auswendig. Ich habe sie auf vielen Leseabenden vorgetragen.« Vom Nebentisch kam ein Zuruf: »Etwas lauter, bitte.« So hörten die Gäste an beiden Tischen Ben-Gavriêl gespannt zu:

»Die alte Kauders hatte, nachdem sie den Zettel ›wegen Todesfall geschlossen‹ nach sieben Trauertagen von der Ladentür entfernt hatte, sieben Tage, die sie, wie es Vorschrift ist – den Sabbattag natürlich ausgenommen –, auf einem niedrigen Schemel sitzend, verbracht hatte, eine kleine, ganz entfernt Verwandte aus einem Waisenhaus in Mähren zu sich kommen lassen. Das sowohl körperlich wie geistig etwas zurückgebliebene Mädchen, das schnell ›die Milla von der Kauders‹ genannt wurde, hatte die Ware auszutragen und gelegentlich auch die Hühner zu füttern. Ein Außenstehender konnte nicht entnehmen, welche unausfüllbare Lücke der Tod ihres Mannes in der Witwe Kauders aufgerissen hatte. Aber es gab kleine Dinge, die einen Beobachter hätten nachdenklich stimmen müssen. So sagte sie dem Porges, der automatisch als Synagogendiener Nachfolger des alten Kauders geworden war, er möge die Kleider und die Wäsche des Verstorbenen an die Armen der Gemeinde verteilen. Als Porges die Sachen zusammenpackte und auch den nichts weniger als schönen steifen Hut von Kauders, den er Sommer und Winter getragen hatte, mitnehmen wollte, fuhr sie ihn an: ›Der Hut bleibt hier!‹, nahm ihm den Hut aus der Hand und schlug mit einem laut hörbaren Knall auf die Nähmaschine. ›Hier bleibt er, und keiner soll ihn anrühren!‹ Dieser Hut und seine Vorgänger hatten das Streitobjekt der Kauderschen Ehejahre gebildet, denn in all den Jahren hatte sich Herr Kauders nicht daran gewöhnen können, ihn an seinen Platz zu hängen. Stets warf er ihn, wenn er nach Hause kam, an einen Ort, wohin er nicht gehörte, am liebsten auf die Nähmaschine. Nun bekam er dort seinen ewigen Ehrenplatz, wo er verblieb bis zu den Tagen des Endes. Niemand wußte es, daß sie alltäglich, wenn die Milla nicht zu Hause war, aus dem Laden in die Wohnung ging, diesen alten Hut, diese Quelle ewigen Ärgers und Zankes, von der Nähmaschine nahm, ihn liebevoll abstaubte und ihn mit einer unendlich zarten Bewegung, die wohl niemand dieser scheinbar allen sentimentalen Gefühlen fernen Greisin zugemutet hätte, auf den viele Jahre lang verpönten Platz zurücklegte.«

An beiden Tischen verhaltener Applaus. Ben-Gavriêl war gerührt.

Das Essen wurde aufgetragen, eine koschere Küche. Es gab eine warme Vorspeise, und zwar gekochten Fisch in Eiersauce, die der Sauce hollandaise ähnelt, aber keine Butter enthält und infolgedessen leichter bekömmlich ist. Dann wurde die »Goldene Jouch« aus gekochtem Suppenhuhn mit feinen Nudeln serviert.

Die Stimmung an beiden Tischen war, wie man sagt, aufgeräumt. Alle redeten untereinander, miteinander und wohl auch übereinander. Wenngleich einige der Gäste wenig tranken, wurde im ganzen ungewöhnlich viel getrunken. Immer wieder hörte man inmitten des Stimmengewirrs: Zum Wohl! Cheers! A votre santé!

Das Hauptgericht bestand aus Ochsenzunge in süß-saurer Sauce, zubereitet aus einer frischen, also nicht geräucherten Ochsenzunge. In der Sauce schwammen mitgekochte Rosinen.

Die Lautstärke der Gespräche nahm zu. Nina und ich tauschten unsere Plätze, bevor das Dessert kam, Honiglekach, herrlich duftend. Als einige Minuten später nachgereicht wurde: »Nehmen Sie noch Honiglekach«, meinte Peggy Guggenheim in ausgelassener Stimmung zu Bernard Baruch: »Nehmen Sie doch noch Honiglekach, die mögen Sie doch!« Baruchs Antwort: »Vielen Dank, ich hatte schon fünf.« Peggy Guggenheim: »Sie hatten neun, aber wer wird denn hier zählen!«

Ich hatte unsere Freunde darum gebeten, nach dem Essen eine von Nina und mir ausgesuchte Gershwin-Platte aufzulegen. Ein musikalisches Feuerwerk eroberte die Laubhütte. Doch dann wurden die Töne gedämpfter. Eva Gauthier, die viele der Gershwin-Lieder aus der Taufe gehoben hatte, sang einige seiner schönsten Songs. Anschließend erklangen die Stimmen der ersten *Porgy-and-Bess*-Darsteller, die Stimmen von Ethel Merman, Ann Brown und Todd Duncan. Baruch war begeistert. Er sagte zu Kantorowicz: »Ich kenne die Musik der Neger. Ich hatte zahlreiche Schwarze auf dem Gut beschäftigt, das ich mir gekauft hatte. Ich habe mich stets für die Assimilierung unserer schwarzen Mitbürger eingesetzt. Ihre Musikalität hat mich immer fasziniert. Die Verbindung von echtem Jazz und abendländischer Symphonik zu einer neuen zeitgemäßen amerikanischen Musik ist Gershwin zu verdanken. Mit *Porgy and Bess*, das wir jetzt gerade hören, hat Gershwin wahrscheinlich weltweit mehr für die Rechte der Schwarzen erreicht als mancher fortschrittliche Politiker.« An beiden Tischen begann man, ihm zuzuhören, als er dann Anekdoten zum besten gab, die Molnár mit seinem liebenswerten ungarischen Akzent aus dem Englischen ins Deutsche übersetzte, weil nicht alle Gäste Englisch verstanden. So wurde der Fluß von Baruchs Geschichten immer wieder unterbrochen, weil Molnár nach dem passenden deutschen Wort suchte. Das erhöhte die Spannung, und alle konnten die folgenden Geschichten nacheinander in zwei Sprachen hören:

»Neger: Ich habe jetzt zur Religion gefunden.
Pastor: Das freut mich. Bereust du auch deine Sünden?

Neger: Ja, Pastor, das tue ich.

Pastor: Und willst du künftig auch gut zu deinen Nachbarn sein?

Neger: Ja, Pastor, sicher.

Pastor: Und alle deine Schulden zurückzahlen?

Neger: Vorsicht, Pastor. Jetzt redest du nicht mehr von der Religion, sondern vom Geschäft.«

Nach Baruchs zweiter Kostprobe aus seinem Anekdotenschatz wollte das Lachen an beiden Tischen kein Ende nehmen:

»Die weiße Hausfrau und ihr schwarzes Dienstmädchen kommen zur selben Zeit nieder. Nach eineinhalb Jahren kommt die Hausfrau atemlos angelaufen und berichtet dem schwarzen Dienstmädchen: ›Mein Jonny hat soeben sein erstes Wort gesprochen!‹ Da richtet sich das schwarze Kind im Kinderwagen auf und meint: ›Wirklich? Was hat er gesagt?‹«

Wassermann ließ sich von der vergnüglichen Laune anstecken und kam auf die Rabbi-Witze zu sprechen. Ein Beispiel:

»Ein Rabbi geht zum Schneider und läßt sich für eine Hose, die er bestellt, Maß nehmen. In drei Tagen soll sie fertig sein. Doch erst am Abend des siebten Tages ist es endlich soweit. Sagt der Rabbi: ›In sieben Tagen hat Gott die Welt erschaffen, und du brauchst sieben Tage, um eine Hose zu nähen?‹ – ›Ja‹, sagte der Schneider, ›aber die Hose paßt. Schau dir doch mal die *Welt* an!‹«

Bald fühlte sich jeder verpflichtet, eine Geschichte beizusteuern. Arnold Zweig fiel eine Israel-Anekdote ein:

»Ein Einwanderer aus Amerika ist vierzehn Tage in Israel und geht zu einem Friseur. Der Friseur schneidet ihn beim Rasieren ins Ohr. Das Ohr blutet, doch der Amerikaner sagt nichts. Der Friseur schneidet ihn in die Wange. Noch immer regt sich der Amerikaner nicht. Als der Friseur ihn das dritte Mal schneidet, rollen dem Amerikaner die Tränen das Gesicht hinunter. Da meint der Friseur: ›Heimweh, wie?‹«

Alle hatten sich längst gewundert, daß Kortner, bekannt für seine Anekdoten, die ganze Zeit über schwieg. Auf vielfaches Drängen entschloß er sich, eine wahre Begebenheit zu schildern:

»Bei meinem ersten Aufenthalt nach dem Krieg in meiner Geburtsstadt Wien traf ich eine hutlose, grauhaarige Frau, kleinbürgerlich angezogen, die auf der Straße stehenblieb, als sie mich sah.

›Sie sind doch der Herr Kortner‹, fragte sie. Ich bekannte mich dazu. ›Ich hab' Sie gleich wiedererkannt. Sie kennen mich wohl nicht mehr?‹ Ich hielt mich mit Naturlauten über Wasser, dann sagte ich, der andere Kontinent, auf dem ich lebte, die vielen anderen Menschen, denen ich dort begegnete, hätten das Vergangene, soweit es angenehm war, verdrängt. Darauf erzählte sie mir, wer sie war, wo wir uns kennenlernten und unter welchen historischen Umständen.

Es war kurz nachdem ich unter den bedrohlichsten Umständen Deutschland verlassen hatte und irrtümlicherweise zunächst nach Wien emigrierte. Ich wohnte im Hotel Imperial, dessen Gast ich während geraumer Zeit meiner eben abgeschlossenen Wiener Arbeit gewesen bin. Etwas abseits vom Imperial war damals ein für die besten Kreise bestimmter dezenter Strich gewesen. Unter den zwei oder drei sehr gut Gekleideten – und nicht nur dadurch Damen zum Verwechseln ähnlich – war jene nun Grauhaarige.

Sie machte mir ein wohltuend warmherziges Angebot. Ich habe es, schon durch das öftere Erzählen, wortwörtlich behalten: ›Servus, Fritzl (ich bitte zu bedenken, daß ich damals noch in jenen schrecklichen besten Männerjahren war), hams' dich außerg'schmissen aus Berlin. Kannst bei mir schlafen… umasunst.‹ Ich habe von diesem Angebot keinen Gebrauch gemacht, auch schon weil ich Gaben des Mitleids ungern akzeptiere. Nun stand sie, grau geworden, nach so vielen Jahren vor mir und hat durch Wiedergabe dieser Begebenheit ihre Identität festgestellt. Ich sagte ihr, daß ich mich ihrer ganz genau erinnere und ich jene Begegnung mit ihr oft und mit Wärme im Exil erzählt hätte. Eine Pause trat ein. Aus meiner Verlegenheit versuchte ich mir mit der etwas plumpen Frage zu helfen: ›Und was machen Sie jetzt?‹ Darauf kam ihre altenbergsche Antwort: ›I bin jetzt auf der Herrentoilette in einem Café… Wissen S', Herr Kortner, da ist ma halt immer noch a bisserl dabei!‹«

Theodor Reik brachte es fertig, die gelöste Stimmung noch einmal zu heben. Aus seinem Freud-Fundus steuerte er folgende Geschichte bei:

»Noch bevor die vereinbarte erste analytische Sitzung stattgefunden hat, erscheint der Patient bei Freud, um ihm mitzuteilen, daß er die Bekanntschaft eines reizenden Mädchens gemacht habe. Aber er wisse nicht, ob er es heiraten wolle, sein eigenwilliger Charakter mache ihm Sorge. ›In diesem Fall‹, meinte Freud, ›muß ich Sie an das Sprichwort erinnern, daß man eine Sorge nicht mit ins Bett nehmen soll.‹«

Unsere Gäste hatte das fortwährende Lachen erschöpft. Da fragte Heinz Ullstein, ob man ihm erlauben wolle, diesen Abend mit einer *ernsten* Geschichte zu beschließen. Nach allgemeiner Zustimmung berichtete er, daß schon seine Eltern aus der jüdischen Religionsgemeinschaft ausgetreten seien. Ihm habe erst Hitlers Propagandawirbel seine jüdische Abstammung bewußtgemacht und daß er in den Augen der Nazis kein Deutscher sei. Sowohl seine erste Frau als auch seine zweite Frau seien nach den damaligen Begriffen Arierinnen gewesen:

»Ich hatte Änne, meine zweite Frau, aus Liebe geheiratet. Aber wir hatten uns, als Hitler kam, schon lange auseinandergelebt und den ersten Scheidungstermin bereits hinter uns. Als die Deportationen begannen, erfuhr ich, daß ›arisch versippten Juden‹ nichts geschehen sollte. Da kam meine Frau, die diese Bestimmung kannte, zu mir und erklärte, daß wir zwar in der ersten Instanz, aber damit noch nicht rechtsgültig geschieden seien. Sie würde die Scheidungsklage gegen mich zurückziehen, wenn sie mich damit retten könnte. Sie hatte alle Demütigungen auf sich genommen, um mich zu retten. Ich war jetzt wieder ›arisch versippt‹. Als eines Tages dennoch ›arisch versippte‹ Juden aus ihren Wohnungen geholt wurden, gab es einen Aufstand der arischen Frauen. Es war der einzige Aufstand gewesen, der vor den Augen der Hitler-Schergen und der überhaupt während des Regimes in Berlin stattgefunden hat. Christliche Frauen, die während der zwölf Jahre zu ihren jüdischen Männern hielten, haben bewiesen, daß auch ein Hitler nicht alle Keime des Guten in Deutschland abtöten konnte. Unter den Frauen, die Sprechchöre bildeten, war auch Änne, meine Frau. Ich habe das einmal ausführlicher beschrieben und erklärt: ›Jede Frau kann sich mitgetroffen fühlen, wenn ich sage: ›Deutschland – Änne, das bist Du!‹«

Nach diesem Bericht wandte er sich an Nina mit den Worten: »In dem Buch *Spielplatz meines Lebens*, in dem mein Beitrag *Deutschland – Änne, das bist Du!* steht, habe ich auch versucht, dich, liebe Nina, zu porträtieren. Ich bin nicht ganz sicher, ob es mir gelungen ist. Aber es waren wunderschöne Jahre mit euch beiden. Vor genau 45 Jahren, 1945, sind wir im zertrümmerten Nachkriegs-Berlin Verleger geworden. Miteinander haben wir *verboten und verbrannt* verlegt. Damit hat es begonnen. Gern denke ich an die gemeinsamen Berliner Jahre. Ihr beide seid dann euren erfolgreichen Weg gegangen. Nun blickt ihr auf euer Leben zurück und habt euch an uns, die wir nicht mehr unter euch weilen, in dieser Weise erinnert. Über dich, lieber Helmut, habe ich einmal geschrieben, du könntest, müßtest du es, Kranke heilen, weil du dir in dem entscheidenden Augenblick einbilden würdest, Arzt zu sein. Und so ist es für mich nicht überraschend, daß deine Einbildungskraft dieses Fest in der Laubhütte zuwege gebracht hat.«

Vom Plattenspieler drang jetzt noch einmal Musik. Andächtig hörten alle unsere Gäste dem letzten Vers eines jiddischen Liedes von Gebirtig zu, das an die Kinderjahre erinnerte:

>»Kinder-jorn, ch'hob ajch ongewojrn,
>
>Majn getraje mamen ojch farlojrn,
>
>Fun der schtub nischto kejn flek,
>
>Fejgele is ojch awek,
>
>Oj, wi schnel bin ich schojn alt geworn.«

Dann verließen unsere Gäste die Laubhütte. Wir begleiteten sie durch die Räume unserer Freunde bis zur Wohnungstür. Ben-Gavriêl und Max Brod hielten am Türpfosten inne, an dem, wie bei jedem frommen jüdischen Haushalt üblich, eine Mesusah angebracht war: eine silberne Hülse, in der stets ein Pergament-röllchen mit zwei Zitaten aus dem 5. Buch Mose eingeschlossen ist. Ben-Gavriêl und Max Brod küßten die Mesusah, wie es gläubige Juden tun, wenn sie eine lange Reise antreten. Anna Freud und Fritz Kortner waren die letzten Gäste, die uns verließen. Anna Freud umarmte Nina – wortlos. Fritz Kortner umarmte mich. Er sagte nur ein Wort: Kindlerleben. Nina und ich gingen in die Laubhütte zurück und löschten die Kerzen.

Danksagung

Diese Autobiographie – zaghaft begonnen im Januar 1986, nach vielen Unterbrechungen abgeschlossen im Dezember 1990 – habe ich zum größeren Teil zu Hause in Küsnacht (am Zürichsee) geschrieben. Aber auch in Brissago (am Lago Maggiore), in unserem Ferien-Bungalow in der Pineta di Roccamare (am Tyrrhenischen Meer), in der Halle des Hotels »Vier Jahreszeiten« in München sowie im kleinen Bauernhaus unserer Familie im bayrischen Dietramszell sind einige Kapitel entstanden.

Ich möchte den Kreis der Empfänger dieser Danksagung weit fassen, möchte alle früheren Mitarbeiter von Verlag und Druckerei, mehr als tausend, einschließen. Ohne sie gäbe es keinen Kindler Verlag, infolgedessen auch nicht meine Autobiographie. Aus den Berliner Anfängen nach dem Zweiten Weltkrieg hören meine Frau und ich noch immer von Alfred Will, Grafiker und Maler, der seinerzeit unser Bildredakteur war; wir hören von der in Berlin lebenden Lektorin Marita Gleiss; wir hören von Helga Kohls-Kühn, die unseren Verlag im Berliner Buchhandel engagiert vertrat.

In München trifft sich unser ehemaliger Personalchef Hans Joachim Reiber von Zeit zu Zeit mit früheren Mitarbeitern, der »Kindler-Runde«, in einer Weinstube. Zu dieser Runde gehören viele der in meiner Autobiographie erwähnten Mitarbeiter, aber auch viele, die in meinem Buch nicht genannt werden konnten wie: Werner Heilmann, Ferdinand Huber, Wolfgang Jeschke, Manfred Kluge, Johann Koch, Johannes Kreuzer, Franz Peter Künzel, Ernest Landau, Dieter Lang, Wilhelm Sauritz, Gerd Seibert, Ingrid Ullrich, Dieter Vollendorf oder Klaus Wagner. Daß sie nicht vorkommen, liegt darin, daß dem Umfang eines Buches Grenzen gesetzt sind. Mein Manuskript, in seiner ersten Fassung im Frühjahr 1990 ein Konvolut von nahezu doppeltem Umfang, mußte entsprechend gekürzt werden. Ich hoffe, daß das mit Hilfe des erfahrenen Verlagslektors Rolf Cyriax meiner Autobiographie gut bekommen ist. Allerdings betrübt mich, daß einiges, was mir am Herzen liegt, diesen Streichungen zum Opfer fiel.

Manche Erinnerung kann ich nicht aus meinem Gedächtnis streichen. So waren für mich in meiner Kindheit nicht nur meine Großeltern väterlicherseits, sondern auch meine Großeltern mütterlicherseits sehr wichtig. Um beim Familiären zu bleiben: Unter den längst erwachsenen Kindern von Ninas verstorbenen drei Geschwistern stehen uns Richard Quaas mit seiner Familie und Irina Thiede mit ihrer Familie besonders nahe.

Infolge der Kürzungen fehlt auch die Schilderung meiner verlegerischen Initiative zur Gründung der Schweizer Boulevard-Zeitung »Blick« im Jahr 1959. Wenigstens soviel soll dazu gesagt sein: Als »Dütscher« wurde ich von der Fremdenpolizei alsbald zum Verzicht meiner Gesellschafteranteile genötigt. Ein kostspieliger Abschied.

Hingegen führte ein Gastspiel von 1986 bis 1988 als Berater bei den Vorbereitungen eines deutschsprachigen Lexikons in Reinhard Mohns imponierendem Medienimperium »Bertelsmann« zu erfreulichen Begegnungen: zuerst mit Ulrich Wechsler, der die Vortragsreihe »Reden über das eigene Land« zusammen mit dem Münchener Kulturreferat ins Leben rief, dann mit Günther Hadding, der es hervorragend versteht, musische Interessen mit

Organisationsvermögen und Verhandlungsgeschick zu verbinden. Auch mit dessen Mitarbeitern Helmut Hake und Max Oberdorfer habe ich noch Kontakt. Dem für das Lexikon verantwortlichen Herausgeber Professor Walther Killy sagte ich: »Wir hätten uns zehn Jahre früher kennenlernen sollen, dann...« – »Ja, dann«, setzte er meinen Satz fort, »hätten wir einige schöne Bücher miteinander machen können.« Danken möchte ich Walther Killy, daß er mich nach der Lektüre meines Prologs »Von der Poesie des Korbflechtens« ermutigt hat, meine Erinnerungen fortzuführen. Danken möchte ich Inge und Walter Jens, die mich, nachdem ich ihnen einige Abschnitte vorgelesen hatte, freundschaftlich kritisierten und mich veranlaßten, verschiedene Ereignisse in meinem Leben neu zu beschreiben. Entscheidend für mich war schließlich die rückhaltlose, dabei rücksichtsvolle Stellungnahme des Verlagschefs Karl H. Blessing. Seine Einwände deckten sich mit denjenigen meiner Frau, so daß ich daraufhin um eine weitgehende Umarbeitung meiner Autobiographie bemüht war. Allerdings habe ich mir nicht alle Vorschläge zu eigen gemacht.

Die Mehrzahl der von mir verfaßten Manuskriptteile habe ich in Zürich unserer langjährigen Sekretärin Rita Ehlers diktiert, die außerdem Unterlagen beschafft, Bücher ausgewertet, Karteien angelegt und Daten überprüft hat. Ihre Vorgängerinnen Maria Snetselaar und Gertrud Züst haben dank ihrer geordneten Hinterlassenschaften manche Nachforschungen erleichtert. Die Schlußarbeiten in Zürich übernahm gern Myra Tamayo. Für Nachfragen in München konnte ich mich stets auf Angelica Pöppel stützen. Sie begann als Stenotypistin im Kindler Verlag, wurde Sekretärin, dann Chefsekretärin von Nina und mir und schließlich eine kompetente Bildredakteurin.

Eine Freude war es in diesen Monaten für mich, früheren Mitarbeitern im heutigen Kindler Verlag in München wiederzubegegnen: Rudolf Radler, der jetzt »Kindlers Neues Literatur Lexikon« ediert; Bernd Walser, der für die Herstellung dieses Buches verantwortlich ist; Balbina Zink, die einige Male eigens nach Dietramszell kam, um verschiedene Kapitel abzuschreiben. Erfreulich ist es auch, auf kreatives Wirken früherer Mitarbeiter zu stoßen. Zum Beispiel auf Wolf Keienburg, der einem Lexikographischen Institut in München vorsteht. Auf Wilfried F. Schoeller in »Titel, Thesen, Temperamente« auf dem Bildschirm der ARD. Auf Isolde Ohlbaum, die die bedeutendste deutsche Fotografin in der Welt der Literatur geworden ist.

Nicht mehr danken kann ich den verstorbenen Freunden: Leo Kerz (Schulfreund und Weggenosse in den letzten Jahren der Weimarer Republik), Gerhard Grindel (Weggenosse während der Nazizeit), Wolfgang Parth (Weggenosse seit 1945 bis zu seinem Tod 1982).

Nicht mehr danken kann ich den Menschen, die für mich Leitbilder waren: Erwin Piscator (in meinen Berliner Theaterjahren), Johannes Weyl und Erik Reger (die mich als Journalisten förderten), Heinz Ullstein (mein erster Partner als Verleger) und Georg von Holtzbrinck (mein letzter Partner als Verleger).

Küsnacht, den 20. Februar 1991

Anmerkungen

1 ROBERT M.W. KEMPNER. Von seinem Chef Hermann Göring aus dem Staatsdienst entfernt, mußte er Amerikaner werden, um Nationalsozialisten vor Gericht zu bringen – als stellvertretender Hauptankläger der Nürnberger Prozesse.

2 MAMELOSCHN, auch Mammeloschen, ist im Jiddischen die Bezeichnung für Muttersprache.

3 LENIN heißt auch ein biographischer Essay, den Eugen Kogon in Band IX der Enzyklopädie »Die Großen der Weltgeschichte« publiziert hat.

4 RICHARD WILLSTÄTTER, der 1915 den Nobelpreis erhielt, war jüdischer Abstammung. 1924 legte er aus Protest gegen antisemitische Strömungen innerhalb der Fakultät seinen Lehrstuhl in München nieder.

5 DIE FÜNF BÜCHER MOSIS werden von den Juden als Thora (Lehrek, Gesetz) bezeichnet. Die fünf Bücher Mosis bilden Auftakt und Kernstück des Alten Testaments. Über die fünf Bücher Mosis haben Gisela Uellenberg und Konrad Koller gemeinsam einen ausführlichen Beitrag in »Kindlers Literatur Lexikon« verfaßt. Die Gestalt des Mose beschreibt ein Beitrag von Hermann Levin-Goldschmidt in Band I der Enzyklopädie »Die Großen der Weltgeschichte«.

6 HELGA BEMMANN hat 1990 im »Verlag der Nation Berlin« eine Tucholsky-Biographie veröffentlicht, die ich hervorragend finde.

7 SCHLICHTER IN DER LUTHERSTRASSE ist ein Bruder des Malers Rudolf Schlichter, der u. a. Porträts von Oskar Maria Graf, von Egon Erwin Kisch, von Helene Weigel und Bertolt Brecht geschaffen hat.

8 VON URSULA VON KARDORFF veröffentlichte der Kindler Verlag 1974 ihr Buch »Adieu Paris«.

9 GÜNTHER WEISENBORN schenkte mir nach dem Krieg einen Privatdruck seiner Erzählung »Klopfzeichen«. Sie hat nur einen Umfang von vier Seiten, enthält aber, wie mir Weisenborn sagte, den wichtigsten Bericht seines Lebens: als er nach Verhaftung und Überführung in eine Zelle im Keller der Prinz-Albrecht-Straße um sein Leben klopfte. W. verdankt den Klopfzeichen mit dem Zellennachbarn die Rettung seines Lebens. 1963 nahm Hermann Kesten die Schilderung Weisenborns in die Anthologie »Europa heute« auf.

10 KURT FREIHERR VON HAMMERSTEIN-EQUORD soll über Hitlers Vortrag empört gewesen sein. Hammerstein gehörte zu der kleinen Gruppe republiktreuer Offiziere. Als Gegner des Nationalsozialismus trat er 1934 als Chef der Heeresleitung zurück. Er wird dem militärischen Widerstand zugerechnet.

11 DAS ZITAT ist dem Beitrag »Vom Geist und Ungeist des Hauses« in Band 3 des Werkes »Hundert Jahre Ullstein (1877–1977)« von Heinrich Satter entnommen.

12 ERICH PECHER ist auch Verfasser der Bildbiographie »Johannes XXIII.«, die 1958 im Kindler Verlag erschienen ist.

13 JESUS ist auch der Titel eines Beitrages, den Gertrude Sartory in Band II der Enzyklopädie »Die Großen der Weltgeschichte« veröffentlicht hat. Hinzuweisen ist auch auf das Buch »Wer war Jesus von Nazareth?«, das Gerhard Strube 1972 im Kindler Verlag herausgegeben hat.

14 MARIA DAISY ORSKA war eine gefeierte, umjubelte Darstellerin in Rollen der »femme

fatale« wie Wedekinds »Lulu«. Mit 47 Jahren schied sie, drogensüchtig, 1930 in Wien aus den Leben.

15 OSTERMÄRSCHE waren jährliche Demonstrationszüge um die Osterzeit von Gegnern atomarer Rüstung. Ostermärsche gab es in Großbritannien seit den 1950er Jahren, in der BRD ab 1960, später auch in Österreich. Zu Beginn der 1980er Jahre knüpfte die Friedensbewegung wieder an die Tradition der Ostermärsche an.

16 LITERATUR ZU ILSE STÖBE UND/ODER RUDOLF HERRNSTADT:
Karl-Heinz Biernat und Luise Kraushaar:
»Die Schulze-Boysen/Harnack-Organisation im antifaschistischen Kampf«. (Dietz Verlag, Berlin-Ost 1972)
Margret Boveri:
»Wir lügen alle. Eine Hauptstadtzeitung unter Hitler«. (Walter Verlag, Olten 1965)
Heinz Höhne:
»Kennwort: Direktor«. (S. Fischer, Frankfurt 1972)
Gerhard Kegel:
»In den Stürmen unseres Jahrhunderts«. (Dietz Verlag, Berlin-Ost 1984)
Juri Korolkow:
»Die innere Front». (Verlag Volk und Welt, Berlin-Ost 1973)
Greta Kuckhoff:
»Vom Rosenkranz zur Roten Kapelle. Ein Lebensbericht«. (Verlag Neues Leben, Berlin-Ost. Lizenzausgabe: Röderberg Verlag, Frankfurt/M. 1974)
Klaus Lehmann:
»Widerstand im Dritten Reich. Widerstandsgruppe Schulze-Boysen/Harnack«. (VVN-Verlag, Berlin-Ost 1948)
Günther Nollau und Ludwig Zindel:
»Gestapo ruft Moskau. Sowjetische Fallschirmagenten im 2. Weltkrieg«. (Blanvalet Verlag, München 1979)
Harald Poelchau:
»Die letzten Stunden. Erinnerungen eines Gefängnispfarrers«, aufgezeichnet von Graf Alexander Stenbock-Fermor. (Verlag Volk und Welt, Berlin-Ost 1949)
Ulrich Sahm:
»Rudolf von Scheliha. 1897–1942. Ein deutscher Diplomat gegen Hitler«. (C. H. Beck, München 1990)
Rudolf Radler:
»Die deutsche Gruppe der Roten Kapelle« in: Leopold Trepper: »Die Wahrheit«. Autobiographie. (Kindler Verlag, München 1975)
Carola Stern:
»Ulbricht. Eine politische Biographie«. (Kiepenheuer & Witsch, Köln/Berlin 1963)
VVN/Westberlin (Hg.):
»Ehrenbuch der Opfer von Berlin-Plötzensee«. (verlag das europäische buch. Berlin-West 1974)
Peter Weiss:
»Die Ästhetik des Widerstands«. 3. Band. Roman. (Suhrkamp Verlag, Frankfurt/M. 1981)
Ilse Stöbe:
»Die Hohe Tatra« in: Neue Zürcher Zeitung vom 25. Februar 1934.

17 HERMANN PREY UND DIETRICH FISCHER-DIESKAU. Hermann Prey veröffentlichte seine Erinnerungen »Premierenfieber« 1981 im Kindler Verlag. Dietrich Fischer-Dieskau schrieb einen biographischen Essay über Franz Schubert für Band VII der Enzyklopädie »Die Großen der Weltgeschichte«.

18 REINHART HOFFMEISTER ist auch Herausgeber des 1980 im Kindler Verlag erschienenen Bandes: »Rolf Hochhuth – Dokumente zur politischen Wirkung«.

19 P.E.N. Abk. für poets und playrights (Lyriker und Dramatiker), essayists and editors (Essayisten und Herausgeber), novelists (Romanautoren). P.E.N. ist eine internationale Schriftstellervereinigung und hat Zentren in zahlreichen Ländern. Eine Charta, die Mitglieder zu unterschreiben haben, verpflichtet zur Bekämpfung von Rassen-, Klassen- und Völkerhaß sowie zum aktiven Eintreten für Pressefreiheit und Meinungsvielfalt. Der P.E.N.-Club hat durch engagierten Einsatz von Mitgliedern und Präsidien, zum Teil

gemeinsam mit »amnesty international«, für verfolgte Schriftsteller und Journalisten in aller Welt mehr getan als jede vergleichbare Organisation.

20 Vladimir Majakowski ist in den Augen des Schriftstellers Hugo Huppert der »Poet der Revolution«. Hupperts Beitrag findet sich in Band X der Enzyklopädie »Die Großen der Weltgeschichte«.

21 Hans Mayer eröffnet Band VII der Enzyklopädie »Die Großen der Weltgeschichte« mit einem meisterhaften Goethe-Essay, den er mit den Worten abschließt: »Der jahrhundertalte Versuch deutscher Schulen und Hochschulen, die Gestalt Johann Wolfgang Goethes als geistige Verpflichtung für jeden Deutschen zu etablieren, mußte notwendigerweise mißglücken. Goethe muß gesucht und gefunden werden. Dann aber vermag er zu erleuchten und auch, aller geschichtlichen Irrtümer ungeachtet, weiter zu leuchten: ›unendlich Licht mit seinem Licht verbindend‹.« (Die Bedeutung Goethes als Naturwissenschaftler wird in einem eigenen Beitrag von Werner Heisenberg in diesem Band der »Großen der Weltgeschichte« gewürdigt.)

22 Manon Hoffmeister hat später Psychologie studiert und war Jahre als Klinische Psychologin an der Universitäts-Kinderklinik in Tübingen beschäftigt. Heute hat sie in Tübingen eine psychoanalytische Praxis. Unsere Enzyklopädie »Die Psychologie des 20. Jahrhunderts« enthält in Band 3 ihre Arbeit über »Michael Balints Beitrag zur Theorie und Technik der Psychoanalyse«, die auch als Kindler-Taschenbuch erschien.

23 Die Schriften der Anna Freud wurden von Helga Watson und Michael Schröter ediert. Michael Schröter ist auch der von Anna Freud autorisierte Übersetzer für die nicht von der Autorin selbst hergestellten Fassungen.

24 Dem internationalen Herausgebergremium von »Kindlers Malerei Lexikon« gehörten an:
Germain Bazin, Paris (für die Französische Malerei), Horst Gerson, Den Haag (für die Niederländische Malerei), Lawrence Gowing, London (für die Englische Malerei), Jean-Claude Lemagny, Paris (für die Französische Malerei), Rolf Linnenkamp, München (für die Deutsche, Österreichische und Schweizer Malerei), Wojslaw Molè, Krakau (für die Osteuropäische Malerei), Alfred Neumeyer, Oakland (für die Amerikanische Malerei), Leif Østby, Oslo (für die Dänische, Finnische, Isländische, Norwegische und Schwedische Malerei), Sir Herbert Read, London (für die Malerei des 20. Jahrhunderts), Andrzej Ryszkiewicz, Warschau (für die Osteuropäische Malerei), Peter C. Swann, Oxford (für die Asiatische und Islamische Malerei), Joaquin Vaquero Palacios, Madrid (für die Portugiesische und Spanische Malerei), Luisa Vertova, Florenz (für die Italienische Malerei), Wolfgang Fritz Volbach, Rom (Von den Anfängen bis zur Tafelmalerei).
Zeitweise wurde dieses Kollegium noch um Heinz C. R. Martin (München), Herbert Marwitz (München) und für den letzten Band, ein Sachwörterbuch der Weltmalerei, um Kurt Fassmann unter Mitwirkung von Wilhelm Rüdiger erweitert.

25 Hans-Geert Falkenberg ist auch Herausgeber des Essaybandes »Die sieben Todsünden« als Kindler-Taschenbuch 1965. Stolz, Geiz, Völlerei, Wollust, Trägheit, Neid und Zorn sind die sieben Todsünden. Mit diesem Sündenkatalog setzen sich sieben englische und sieben deutsche Autoren auseinander.

26 Als Herausgeber der »Psychologie des 20. Jahrhunderts« gewann ich: Heinrich Balmer, Dieter Eicke, Hans Zeier, Gerhard Strube, Roger A. Stamm, Gerhard Steiner, Annelise Heigl-Evers, Peter Hahn, Uwe Henrik Peters, Walter Spiel, François Stoll, Hans Joachim Schneider und Gion Condrau.

27 Friedensliebe als politische Dimension. Ich muß folgendes vorausschicken:
Um die Einfügung dieser Anmerkung habe ich den Verlag nachträglich gebeten. An und für sich hatte ich mein Manuskript am 19. Dezember 1990 abgeschlossen und es nach letzten Korrekturen an diesem Tag dem Lektor, Rolf Cyriax, zur Weitergabe an die technische Herstellung ausgehändigt. Heute ist der 19. Februar 1991. Es ist Krieg. Seit einem Monat sterben Menschen am Golf. Und in diesen Tagen stellten mir Freunde die Frage, ob ich mich in Anbetracht des Golfkriegs noch immer zu dem bekenne, was ich an dieser Stelle und an anderen Stellen meiner Autobiographie zu den Themen Friedensliebe als politische Dimension, Friedensbewegung, Gewaltverzicht, Pazifismus, Kriegsdienstverweigerung, Lebenssicherung und Lebensbewahrung zitiert und geschrieben habe.
Meine Antwort betrachte ich nicht als Widerruf, vielmehr als eine nun notwendig

gewordene Ergänzung. Pazifismus kann sich nur behaupten, wenn Industrie, Handel, Wissenschaft und Politik – genauer: Industrielle, Kaufleute, Wissenschaftler und Politiker – sich die Ethik vorbehaltloser Lebensbewahrung zu eigen machen und wenn die Bevölkerung Politiker wählt, die Abrüstung, Exportverbot von Kriegsgütern und strengste Kontrolle verdächtiger Produkte durchsetzen.

Wenn jedoch Kriegsverhütung versagt, weil man die Beseitigung der Kriegsursachen sträflich vernachlässigt hat, weil Gier und Profit alles Tun und Handeln bestimmten, weil ein krimineller irakischer Machthaber zum umworbenen Empfänger genehmigter und getarnter Waffenexporte und ein bevorzugter Vertragspartner wurde, dann darf man sich nicht wundern, wenn Menschen, verzweifelt und ohnmächtig, demonstrieren und protestieren.

Aber *gewollt* hat den Krieg der irakische Machthaber. Er hat erbarmungslos Krieg geführt gegen Iran. Er hat Kurden in seinem Land mit Giftgasgeschossen umgebracht. Er hat gerüstet und gerüstet. Er hat Kuwait annektiert. Er verspricht aufgehetzten fanatischen Massen in Araberstaaten den Völkermord in Israel. Firmen aus der Sowjetunion, aus China, aus Frankreich und aus Deutschland lieferten die Waffen. Die deutsche Firma Messerschmitt-Bölkow-Blohm (MBB) verhalf dem Iraker dazu, die Reichweite seiner Raketen bis hin nach Israel zu erweitern. Und Thyssen Rheinstahl hat ihm in einem Liefervertrag eine Israel-Klausel zugestanden: »Wir und unsere Unternehmen boykottieren Israel wirtschaftlich und unterhalten keine Beziehungen zu Israel.«

Wenn hierzulande von Israel gesprochen wird, so hat man meist verdrängt, daß die drei Kriege, die Israel überlebt hat, dem kleinen Land von der arabischen Welt aufgezwungen worden sind. Und der Forderung nach einem Palästinenserstaat sollte als Forderung vorausgehen: die Anerkennung der Existenzberechtigung des Staates Israel von seiten der Palästinenser und aller arabischen Länder.

Was folgt aus alldem: Zur Verhütung des nächsten Krieges, nämlich eines Krieges gegen Israel, ist die Vernichtung Saddam Husseins und seiner Waffenarsenale unerläßlich. Deshalb verdienen die Amerikaner und ihre Verbündeten jede Unterstützung. Einem – hoffentlich in absehbarer Zeit – besiegten Saddam Hussein dürfen dann auch die in den Iran geflogenen Maschinen der irakischen Luftwaffe nicht mehr verfügbar sein. Er hat sie offensichtlich für den beabsichtigten Angriff auf Israel dorthin in Sicherheit gebracht. Sein Krieg gegen Israel muß mit allen Mitteln verhindert werden.

Ich sage das als Deutscher und als Nichtjude – in der Überzeugung, daß Lebenssicherung und Lebensbewahrung das höchste ethische Gebot pazifistischer Gesinnung sind. Jetzt geht es um die Lebenssicherung und Lebensbewahrung des jüdischen Volkes.

28 SEKUNDÄRLITERATUR ZU FREUD, die ich verlegt habe. Schwerpunkte zu Freud und die Psychoanalyse bilden erstens zahlreiche Titel der von meiner Frau Nina Kindler begründeten Reihe »Geist und Psyche«; zweitens mehrere Bände in dem 15bändigen Werk »Die Psychologie des 20. Jahrhunderts«. In diesem Werk sind zwei Bände ausschließlich »Freud und den Folgen« gewidmet. Aber auch in den beiden Bänden »Ergebnisse für die Medizin« und zwei weiteren Bänden »Konsequenzen für die Pädagogik« steht Freuds Lehre im Vordergrund, und auch im letzten Band »Transzendenz, Imagination und Kreativität« basieren wesentliche Kapitel auf Freud und der Psychoanalyse. Freud ist aber auch in anderen Sammelbänden des Kindler Verlages berücksichtigt. Schon in »verboten und verbrannt« findet sich als Leseprobe ein Abschnitt aus Freuds Schrift »Das Unbehagen an der Kultur«. In unserer Enzyklopädie »Die Großen der Weltgeschichte« hat Tobias Brocher in Band IX den Beitrag »Freud« veröffentlicht. Von Einzeltiteln im Kindler Verlag seien genannt: Jörg Drews »Freud anekdotisch«, Jürgen vom Scheidt »Der unbekannte Freud«, Jack J. Spector »Freud und die Ästhetik«, Adam Kardiner »Meine Analyse bei Freud«, Theodor Reik »Dreißig Jahre mit Sigmund Freud«.

29 SEKUNDÄRLITERATUR ZU BRECHT, die ich verlegt habe. Es begann mit Brechts »Ballade von dem Baum und den Ästen« in der Dokumentation »verboten und verbrannt«. In Band X der Enzyklopädie »Die Großen der Weltgeschichte« verfaßte Klaus Völker den Beitrag über Brecht. In »Kindler Literatur Lexikon« wurden 27 Werke von Brecht beschrieben und interpretiert; in der Neuausgabe sind es 29 Werke sowie ein eigener Beitrag über Brechts Lyrik. Kurt Fassmann schrieb eine vielgelesene Brecht-Bildbiographie. In seiner Studie »Bertolt Brecht« im Kindler Verlag untersucht Hellmuth

Karasek die Theaterstücke Brechts unter dem Aspekt, ob sie der unkritischen Haltung, die Publikum und Bühne ihnen gegenüber einnehmen, Vorschub leisten oder nicht. André Müller stellte in einem Band »Geschichten vom Herrn B.« für unseren Verlag zusammen. »Brecht in der Kritik«, herausgegeben von Monika Wyss, enthält Rezensionen aller Uraufführungen. Der Kindler Verlag hat Herbert Iherings Ausspruch »Bert Brecht hat das dichterische Antlitz Deutschlands verändert« als Titel für eine Sammlung gewählt, die sämtliche Arbeiten Iherings über Brecht enthält. Es müssen aber auch »Brecht und Weill« von Gottfried Wagner sowie das Werk »Laßt euch nicht verführen« über Brecht und die Musik von Albert Dümling in unserem Verlag genannt werden.

30 WERNER SCHNEYDER gewann ich 1982 für ein Kästner-Porträt. Es war das erste Buch des Satirikers und Kabarettisten im Kindler Verlag. Während die zuvor erschienene Bildbiographie, die Kästners Lebensgefährtin Liselotte Enderle verfaßt hat, von Liebe diktiert ist, kann sich Schneyder aus der Distanz eine kritische Würdigung Kästners erlauben und auch dessen langjährige Liebesbeziehung zu Friedel Siebert in Zürich offenlegen, aus der ein Sohn stammt, der 1957 geboren wurde und auf Kästners Antrag seit 1964 Thomas Kästner heißt.

31 KURT WEILL UND GEORGE GERSHWIN. In Dümlings Buch über Brecht und die Musik »Laßt euch nicht verführen« spielt auch Kurt Weill eine beträchtliche Rolle. George Gershwin, sein Leben und seine Musik werden nicht nur von Antonio Mingotti in der Kindler-Bildbiographie beschrieben, sondern auch kenntnisreich und kompetent in einem biographischen Essay in Band X der Enzyklopädie »Die Großen der Weltgeschichte« von Werner Burkhardt behandelt. Burkhardt geht es darin um die melodischen und harmonischen Grundlagen des Jazz.

Register

631

635